Heidelberger Fachbücher
für Praxis
und Studium

Modernes Verhandeln

Grundlagen – Leitlinien – Fallbeispiele

von

Willfred Hartig

Praeceptor für Moderne Rhetorik und Dialogik
Neckargemünd bei Heidelberg

I. H. Sauer-Verlag GmbH
Heidelberg

Die Deutsche Bibliothek – CIP-Einheitsaufnahme

Hartig, Willfred:

Modernes Verhandeln : Grundlagen – Leitlinien – Fallbeispiele / von Willfred Hartig. – Heidelberg : Sauer, 1995

(Heidelberger Fachbücher für Praxis und Studium)
ISBN 3-7938-7090-1

ISBN 3-7938-7090-1

Satz: Filmsatz Unger & Sommer GmbH, 69469 Weinheim

Druck und Verarbeitung: Wilhelm & Adam, Werbe- und Verlagsdruck GmbH, 63150 Heusenstamm

Umschlagentwurf aufgrund der Vorentwürfe des Autors: Horst König, 67067 Ludwigshafen

♾ Gedruckt auf säurefreiem, alterungsbeständigem Papier hergestellt aus chlorfrei gebleichtem Zellstoff

Printed in Germany

In Memoriam

Walter Hage

(30.10.1904 - 7.8.1979)

dem lieben Kollegen, Gesprächspartner
und Anreger dieses Buches

Vorwort

In unserer menschlichen Gesellschaft herrscht im Umgang miteinander seit langem ein verdeckter Notstand, zwar unterschwellig bekannt, aber gleichwohl öffentlich unerkannt und unverstanden – und daher auch ungelöst. Es ist der „Verhandlungsnotstand", d. h. eine gefährlichere Lücke als das vielberedete Ozonloch – nämlich die „Verhandlungslücke", die sich nicht nur in unserem Lande, sondern auf der ganzen Welt immer weiter ausbreitet.

Dazu nur zwei aktuelle Beispiele aus jüngster Zeit: 1. Da erfährt ein amerikanischer Außenminister, zweifellos im Rufe eines erfahrenen Verhandlers, bei seinem Peking-Besuch eine diplomatische Abfuhr, weil er den Spitzenpolitikern der Volksrepublik China mit dem Vorenthalt der Meistbegünstigungsklausel (MFN) im Warenverkehr mit den USA droht, falls sie in der Menschenrechtsfrage keine Konzessionen machten. Eine Regierung vor dem eigenen Volke und der ganzen Weltöffentlichkeit zum Nachgeben – und das heißt chinesisch zum „Gesichtsverlust" – zu zwingen: Kann man sich einen größeren diplomatischen „Fauxpas" vorstellen? Solche Methoden mögen allenfalls gegenüber der PLO oder Israel verschlagen, nicht jedoch gegenüber der Groß- und Atommacht China. – 2. Erst kürzlich beschuldigte der Botschafter einer engbefreundeten Macht in der Bundesrepublik in diplomatisch völlig unüblicher Manier öffentlich einen deutschen Außenminister „rüder Verhandlungsmethoden" und eines „Großmachtgehabes" gegenüber einem EG-Mitglied anläßlich der Beitrittsverhandlungen mehrerer EFTA-Staaten. Sehen wir hier nicht geradezu den berüchtigten „Elefanten im Porzellanladen" am Wirken? Gibt des denn keine Wege und Mittel, diesem verhängnisvollen Defizit an Verhandlungskunst im großen wie im kleinen wirkungsvoll entgegenzutreten?

Das hier vorgelegte Werk über Verhandlungsführung versteht sich als ein Buch, das auf dem deutschsprachigen Buchmarkt längst überfällig war: Es möchte anders, nämlich themenbezogener sein als die meisten anderen Bücher zu diesem Thema. Denn wer als kritischer Leser jene – leider viel zuvielen – Verhandlungsbücher zur Hand nimmt, bekommt dort zwar möglichst viele Tips und Tricks, diffus und flockig geschrieben, mit reichlich Psychologie serviert, aber eben nicht jenen roten Faden an die Hand, mit dem er wirklich den Einstieg in die diffizile Kunst des Verhandelns wagen könnte. Bei der

Mehrzahl der genannten Bücher wird man den Eindruck nicht los, als handele es sich eher um didaktische „Schnellschüsse", die den Autoren einen schnellen Bekanntheitsgrad, den Verlagen schnelles Geld, jedoch den Lesern wenig Gewinn bringen.

Das vorliegende Buch dagegen möchte für seine Leser „Nägel mit Köpfen" machen, d.h. Lösungen suchen und anbieten. Es will, mit anderen Worten, am Leitfaden der Idee von der Verhandlungspartnerschaft aufweisen, wie ergebnisbringende Verhandlungen aussehen müßten, wenn sich dies denn klären läßt. Es will damit zugleich auch zeigen, daß die Verhandlungskunst kein Geheimwissen mit sieben Siegeln darstellt, sondern rational erlernbar ist. Darum richtet sich dieses Buch auch nicht nur an gestandene Routiniers der Verhandlungsführung, sondern an alle Neueinsteiger, die einen ersten brauchbaren Zugang in diese schwierige Materie suchen. Es vermag diesen Einstieg zu vermitteln, *weil* es „aus der Schule (der Verhandlungskunst)" redet, statt um sie herumzureden, und allen ernsthaft Interessierten den erforderlichen Einblick hinter die Kulissen und in ihr Know-how geben kann. So versucht das Buch, auch neue Maßstäbe aufzurichten. Wie gliedert sich sein Aufbau? Er weist – ähnlich wie die „Moderne Rhetorik und Dialogik" – wiederum die bewährte Dreiteilung auf. Teil A: „Praxisgesteuerte Theorie" oder Theoretik mit der praktischen Umsetzung der Verhandlungstheorie und -strategie in Kategorienlehre, Instrumentarium und Psychologie des Verhandelns; Teil B: die „Theoriegesteuerte Praxis" oder Praktik mit der theoretischen Strukturierung und Durchdringung des Arsenals der praktischen Verhandlungs- und Gesprächstaktik; Teil C: „Historischer Überblick" oder Historik mit einer kurzgefaßten kritischen Aufarbeitung von über 3000 Jahren Negoziatorik (Verhandlungskunst) anhand höchst lehrreicher Analysen historischer Fallbeispiele (Kasuistik). Daraus mag der interessierte Leser unschwer erkennen, daß hier ein Buch aus der Praxis für die Praxis geschaffen worden ist, ohne daß dabei moderne Erkenntnisse zu kurz kommen.

Der Leser möge sich nicht an Wiederholungen bestimmter Schwerpunktthemen in den einzelnen Kapiteln stoßen. Sie sind beabsichtigt, um auf diese Weise beim Lernen einen Verstärkereffekt zu erzielen. Ein Literatur-, Personen- und Sachwortverzeichnis (letzteres auch als Begriffsregister verwendbar) wollen das Buch für alle Lernenden und Könner noch unentbehrlicher machen.

Das Buch ist *Walter Hage* (1904–1979) gewidmet. Wer war *Walter Hage?* Er war einer der Grandseigneurs und Kopioniere[1] auf dem

Gebiete der deutschsprachigen Rede- und Gesprächsschulung. Ursprünglich aus dem Kaufmännischen kommend, wo er sich in Hamburg, dem Tor zur Welt, bereits in jungen Jahren als geschickter Verhandler und Prokurist bewährte, stieß er schon 1936 zur berühmten Hamburger Rednerschule Fromm (gegr. 1923). *Charles Fromm* erkannte schnell seine große erwachsenenbildnerische Begabung und setzte ihn bald als Dozenten ein. Nach Kriegsdienst und amerikanischer Gefangenschaft (1941–1946) nahm er in seiner Vaterstadt die kaufmännische und lehrende Tätigkeit wieder auf. Nach dem Tode *Fromms* ab 1951 Mitinhaber der Rednerschule Fromm, widmete er sich nunmehr hauptberuflich der Lehrtätigkeit in Rede- und Gesprächsschulung. Seit 1955 selbständig, wirkte *Walter Hage* sodann fast ein Vierteljahrhundert als Wirtschaftspädagoge im deutschen Sprachraum. In dieser Zeit führte er unzählige firmeninterne und öffentliche Seminare in Rhetorik, Verkaufstechnik, Gesprächs- und Verhandlungsführung durch. 1971 erschien sein Hauptwerk „Gewinne mit dem Wort – Besser sprechen, erfolgreicher führen“, in dem er der Öffentlichkeit seine Erkenntnisse mitteilte. So fand sein Wirken nicht nur in glänzenden Seminarbeurteilungen, sondern auch in anerkennenden Buchkritiken eine echte Würdigung. Neben der Rhetorik bildete die Gesprächs- und Verhandlungsführung die andere wichtige Säule seines eindrucksvollen Schulungsprogramms. Nachweislich betätigte er sich bereits seit 1960 in diesem so wichtigen Areal, auch hier im Grunde ein Pionier. Während seiner gesamten Lehrtätigkeit – angefangen mit den Hamburger Rednerkursen bei *Fromm,* unterbrochen durch den Krieg, fortgesetzt in externen, internen und Spitzen-Seminaren bis hin zur letzten Veranstaltung im Mai 1979 – hat *Walter Hage* nach eigenen Angaben rund 40000 Teilnehmer durch seine Kurse geleitet. Eine sagenhafte Leistung, die ihm heute kaum jemand auf diesem Gebiet noch nachmachen dürfte!

Hohes rhetorisch-dialogisches Können und ein entsprechender Bekanntheitsgrad waren die eine Seite des Mannes *Walter Hage,* der brillante Unterhalter, interessierte Zuhörer, talentierte Hobbykoch und Hobbysänger seine andere Seite. Zähigkeit und Energie im Verfolgen seiner Ziele, aber auch Warmherzigkeit, Toleranz, Charme und Humor bestimmten seinen Charakter. In diesem Sinne bewahrten seine Freunde, der Verf. eingeschlossen, *Walter Hage,* der 1994 90 geworden wäre, weiterhin ein ehrendes Andenken.

1 Die beiden anderen großen Pioniere waren *Charles Fromm* (1884–1951) und *Heinz Elertsen* (1901–1983).

Danksagungen

Als *Walter Hage* 1979 verstarb, hinterließ er nur Skizzen zu einem Buch über Verhandlungsführung. Für die freundliche und bereitwillige Überlassung dieser Unterlagen sei hiermit Frau *Edith Hage*, seiner Witwe und Alleinerbin, nochmals gedankt. Ohne *Hages* Ideenreichtum und Erfahrungswissen, von dem der Verf. streckenweise Gebrauch machen durfte, wäre das vorliegende Werk mittelfristig wohl kaum zustande gekommen. So aber erfüllt es das Vermächtnis des vor 16 Jahren Heimgegangenen und führt nach seinem 90. Geburtstag die große Lehrtradition der Hamburger Fromm-Hage-Hasenbanck-Rednerschule würdig fort.

Weiterhin sei hier ganz besonderen Dank einem großherzigen und uneigennützigen Freund, seines Zeichens Jurist, ausgesprochen, der aus Bescheidenheit nicht genannt werden will. Ohne seine Denkanstöße in Manuskriptform hätten speziell die Kapitel II und IV des Buches nicht die klaren Konturen gewonnen, die sie jetzt besitzen.

Ganz besonderer Dank gebührt hier meinem Onkel Dr. phil. *Paul Hartig* (Jg. 1898), Oberstudiendirektor i. R., Konrektor (1952–1963) des Französischen Gymnasiums in Berlin (gegr. 1689 als Collège Royal Français), langjähriger 1. Vorsitzender des Allgemeinen Deutschen Neuphilologen-Verbandes (1962–1972) und Präsident des internationalen Fremdsprachenlehrer-Verbandes FIPLV (1971–1974) usw. sowie Träger hoher deutscher und französischer Auszeichnungen dafür, daß er trotz seines hohen Alters die Mühe nicht scheute, mir seine Kritik an Kapitel III und VIII des vorliegenden Buches zu widmen, die sich gerade durch ihre Akribie als sehr hilfreich erwies.

Ebenso gilt ein ganz herzlicher Dank meinem langjährigen Freund und Begleiter auf dem Denkwege Dr. jur. habil. *Hellmuth Hecker*, emeritierter Privatdozent für ausländisches öffentliches Recht sowie langjähriger Geschäftsführer (1955–1965) und kommissarischer Direktor (1971–1973) des Instituts für Internationale Angelegenheiten der Universität Hamburg, für seine Unterstützung in Rat und Tat, mit der er das Forschungs- und Entwicklungsvorhaben dieses Buches begleitete.

Ebenfalls sei hier meinem Freund und hilfsbereiten Weggenossen *Wasmut Reyer*, dem Begründer der modernen Argumentationsanalytik, für seine wertvollen Impulse und Anregungen bei der Neugliederung von *Schopenhauers* berühmten 36 eristischen Kunstgriffen (s. Kap. V, 1), die auch bei der Neugliederung der 60 *Hamilton*-Maximen (Kap. V, 2) zur Wirkung kamen, nochmals gedankt.

Schießlich möchte ich an dieser Stelle der Leitung des I. H. Sauer-Verlags, Heidelberg, nachhaltig für die großzügige Erlaubnis danken, 60 Maximen aus dem Werk *W. G. Hamiltons* übernehmen zu dürfen (s. Kap. V, 2), das in *Gerd Roelleckes* glänzender deutscher Übersetzung als „Logik der Debatte“ erschienen ist. Ähnlich wie die *Schopenhauer*-Strategeme werden die *Hamilton*-Maximen die Aussage dieses Buches nachhaltig ergänzen und abrunden. Außerdem sei der Verlagsleitung gleichfalls für die generöse Unterstützung bei der Beschaffung von einschlägiger, insb. historisch-politischer Fachliteratur vielmals gedankt.

Eines sei abschließend klargestellt: Dieses Werk, das sich als ein offenes Forschungsvorhaben versteht und nach 10 Jahren Vorbereitung und angestrengtester Arbeit vorgelegt wird, ist nicht Schlußpunkt, sondern Beginn eines Lern- und Dialogvorgangs zwischen Verfasser und Leser, zwischen Lehrer und Lerner. Dabei soll sich der Lehrer stets lernfähiger als seine Leser und Lerner verhalten und sich für konstruktive Kritik und Anregung jederzeit offenhalten. Im Geiste dieser Gesprächspartnerschaft – die alten Lateiner nannten das „Communicatio“ – ist das vorliegende Buch geschrieben worden.

So wünsche ich allen interessierten Lesern viel geistigen Gewinn bei der Lektüre dieses großangelegten Arbeits- und Lesebuches!

Neckargemünd, im Frühjahr 1995 *Willfred Hartig*

Biographische Notiz über den Verfasser

Willfred P. E. Hartig, Jahrgang 1933 (Hamburg), Studium der Philosophie, Pädagogik, klassischen und romanischen Philologie sowie der Indogermanistik in Hamburg und Heidelberg. Mehrjährige Lehrtätigkeit im privaten Gymnasialdienst, im Fernschulwesen und in der Erwachsenenbildung. Daneben Tätigkeit als Rezensent sowie Übersetzer von Werken aus Literatur und Wissenschaft. Rhetorik-Dozent, Privatgelehrter und Fachbuchautor.

Seit 1968 Nachfolger von *Heinz Elertsen* (Hamburg) in einer freiberuflichen Dozentur für „Moderne Rhetorik und Dialogik", führt *Willfred Hartig* Intensivkurse in wirkungsvoller Redekunst, Gesprächs- und Verhandlungsführung für Managerschulen, Unternehmen und Organisationen im deutschen Sprachraum durch (1968–1995: über 1000 Seminare für 150 Unternehmen). Im Jahr 1968 gründete *Willfred Hartig* in Heidelberg das „Seminar: Moderne Rhetorik + Dialogik" (SMRD), das er seit 1971 von Neckargemünd aus leitet und über das er – ab 1976 zusammen mit seinem Bruder *Holger E. Hartig* (HH) – die „Elertsen/Hartig-Schule der Rhetorik" repräsentiert, die nunmehr über 4½ Jahrzehnte (1948–1995) besteht. Mit dem bedeutenden Hamburger Wirtschaftspädagogen *Walter Hage* (1904–1979) bildete er schon 1973 als Kooperative die „Hage/Hartig-Schule des Verhandelns", die seitdem über zwei Jahrzehnte besteht und deren gesammeltes Erfahrungswissen in das vorliegende Buch miteingeflossen ist. 1993 nahm *Willfred Hartig* nach 25 Jahren erfolgreicher Lehr- und Forschungstätigkeit (1968–1993) den lateinischen Berufs- und Ehrentitel „Praeceptor" an.

In *Willfred Hartig* als Dozentengestalt vereinen sich praktische Erfahrung und denkerische Durchdringung auf seltene Weise. Seine Programmschrift „Rhetorik für Manager" aus der Management-Enzyklopädie (zuerst 1971, erneut 1984) stellt der Öffentlichkeit das vielfach bewährte „Drei-Phasen-Training" vor. Sein erstes Hauptwerk „Moderne Rhetorik und Dialogik" und seine „Kleineren Schriften zur Kommunikation und Rhetorik I (1968–1986)" umreißen deutlich seinen Auftrag in unserer nachindustriellen Gesellschaft. Als einer der führenden und erfahrensten Dozenten im Kommunikationsbereich konzentriert der Verfasser sein Wirken auf die Überwindung der Kommunikationslücke in unserem Gesellschafts- und Bildungssystem. Zu diesem Zwecke betreibt er praxisorientierte Rhetorik- und

Dialogikforschung (Rhetoristik/Dialogistik), wie sein zweites Hauptwerk „Modernes Verhandeln" bezeugt, das nach langjährigen Vorarbeiten und Seminarreihen nunmehr 1995 vorliegt. Wie die „Moderne Rhetorik und Dialogik" ist es ebenfalls nach dem bewährten Drei-Phasen-Prinzip aufgebaut. Daher erstreckt es sich 1. von der Theorie (Strategie und Psychologie) 2. über die Praxis (Taktik und Dialogik) bis 3. zur lehrreichen Historie der Verhandlungsführung (Negoziatorik) mit einer Sammlung historischer Fallbeispiele (Kasuistik). So will *Hartigs* zweites Hauptwerk durch seinen klaren Aufbau und seine geistige Strenge neue Maßstäbe auf diesem Gebiet setzen.

Inhaltsverzeichnis

Einleitung 21

Teil A: Praxisgesteuerte Theorie (Theoretik) 23

Kapitel I: Grund- und Grenzsituationen des Verhandelns ... 25

1. Verhandlungen im Alltags- und Privatleben (in eigener Sache) 25
2. Verhandlungen im Geschäfts- und Politikbereich (mit Partnern) 28
   § 1 Interne Verhandlungen (mit Partnern) 28
   § 2 Externe Verhandlungen (mit Partnern) 30
3. Verhandlungen im Geschäfts- und Politikbereich (mit Gegnern) 31

Kapitel II: Strategische Kategorien (Grundelemente) der Verhandlungsführung 35

1. Einleitung: Grundzüge der Verhandlungsführung (Begriffe, Definitionen, Kategorien, Strukturen) 35
2. Verhandlungsposition, -macht, -spielraum und -auftrag .. 37
   § 1 Die Verhandlungsposition als solche 37
   § 2 Die Verhandlungsmacht 38
   § 3 Die Verhandlungsspielräume 39
   § 4 Verhandlungsauftrag und -vollmacht (Richtlinien, Vorgaben usw.) 41
3. Verhandlungsgründe 42
   § 1 Sachzwänge 42
   § 2 Motive/Triebfedern 43
4. Verhandlungsgegenstände 45
   § 1 Interne Verhandlungen (mit Partnern) 46
   § 2 Externe Verhandlungen (mit Partnern) 46
   § 3 Externe Verhandlungen (mit Gegnern) 46
5. Verhandlungsziele und -zwecke 47
   § 1 Interne Verhandlungen (mit Partnern) 49
   § 2 Externe Verhandlungen (mit Partnern) 49
   § 3 Externe Verhandlungen (mit Gegnern) 49

6. Verschiedene Verhandlungsstrategien zur Zielerreichung .. 51
§ 1 Die Offensiv- oder Forderungsstrategie 51
§ 2 Die Defensiv- oder Konzessionsstrategie 52
§ 3 Die Konstruktiv- oder Problemlösungsstrategie 53
§ 4 Die Kombinationsstrategie 56
§ 5 Die Vertragspartnerschafts- oder Konsensbildungsstrategie 56
§ 6 Schlußbetrachtung 58

7. Verhandlungsinstrumente zur Zielerreichung 58
§ 1 Die Drohung 59
§ 2 Strafe und Benachteiligung 60
§ 3 Täuschung und Bluff 60
§ 4 Appelle 61
§ 5 Vorschläge/Angebote 62
§ 6 Die Meinungsbeeinflussung 63
§ 7 Konzessionen (Zugeständnisse) 64
§ 8 Konditionen 64
§ 9 Problemlösungen 65
§ 10 Die Vorteilspräsentation 65
§ 11 Die Sachargumentation 66

8. Richtige Verhandlungszeitpunkts- und Verhandlungsortswahl zur Zielerreichung 66

9. Verhandlungspsychologie und Menschenkenntnis zur Zielerreichung 70

10. Verhandlungs- und Gesprächsdialektik zur Zielerreichung 70

11. Verhandlungsergebnisse oder -erfolge 71

12. Schlußbetrachtung: Verhandlungsführung, Geschäftsmoral und das Gesetz der Tatvergeltung 71

13. Kategorien (Grundelemente) der Verhandlungsführung: Eine Zusammenfassung (2 Checklisten, 1 Definition) 77

Kapitel III: Wesensanalyse des Verhandlers und Verhandlungspartners/-gegners 80

1. Die Suche nach dem Wesensbild des Verhandlers 80
§ 1 Sein Persönlichkeitsprofil 80
§ 2 Sein Kompetenzprofil 84
§ 3 Sein Moralkodex 85

2. Das hermeneutische Instrumentarium des Verhandlers ... 87
§ 1 Das Erscheinungsbild ... 88
§ 2 Der Blickkontakt ... 89
§ 3 Die Gestik ... 90
§ 4 Die Mimik ... 91
§ 5 Der Sprechkontakt ... 92
§ 6 Das Denk-Sprech-Vermögen ... 94
§ 7 Die Kunst des aktiven Zuhörens ... 96
§ 8 Das schriftliche Gedächtnis ... 98

3. Das Verhandler-Image ... 99

4. Die psychotaktische Einstellung auf den Verhandlungspartner/-gegner ... 101
§ 1 Profile, Qualifikationen ... 101
§ 2 Verhandlungsverhalten ... 103
§ 3 Emotionale Ansatzpunkte ... 104

5. Den Anderen besser erkennen: unterschiedliche Verhandlertypen und ihre psychotaktische Einschätzung ... 105
§ 1 Grundfragen der Charaktereinschätzung ... 105
§ 2 Wege der Verhaltensbeobachtung ... 111
1. Das Auftreten kognitiver Dissonanzen ... 112
2. Die Tatsache der Polysemie (Mehrdeutigkeit) der menschlichen Körpersignale ... 113
a) Kinesik (Posen und Gesten der Körpersprache) 114
b) Proxemik (Lehre von den Distanzkreisen) ... 121
c) Mimognomik (Mimikerkennung) ... 123
d) Phonognomik (Stimmerkennung) ... 140
e) Übersicht und Checkliste zu Absatz 5 ... 155

6. Den Anderen besser durchschauen: 20 unterschiedliche Verhandlerprofile mit Katalog von Gegenmaßnahmen ... 157
§ 1 Einleitung ... 157
§ 2 Inhalts-Vorschau (Checkliste) zu Abschnitt 6 ... 158
§ 3 Die Verhandlerprofile 1–20 (Text) ... 159
§ 4 Anhang: Das Verhandlungsduell Kennedy–Chruschtschow (Wien 1961) ... 240

Teil B: Theoriegesteuerte Praxis (Praktik) ... 247

Kapitel IV: Taktik der Verhandlungsführung ... 249

1. Einführung in die Verhandlungstaktik ... 249
2. Das 5-Phasen-Modell der Verhandlungsführung ... 250

3. Das taktisch-technische Vorgehen nach dem 5-Phasen-Modell ... 252
§ 1 Phase 1: Die Startphase (Einstieg) ... 252
§ 2 Phase 2: Die Sondierungsphase (Positionsbestimmung) ... 256
§ 3 Phase 3: Die Entscheidungsphase (Verhandlungskern) 261
a) Verkaufsverhandlungen ... 262
b) Diplomatie- und Politikverhandlungen ... 268
§ 4 Phase 4: Die Ergebnisphase (Kulminationspunkt) ... 276
§ 5 Phase 5: Die Schlußphase (Ausstieg) ... 278

4. Das Rentabilitätsgesetz der Verhandlungsführung ... 278

Kapitel V: Kritikforum gegen Mißbrauch und Verwilderung in Gesprächs- und Verhandlungsführung ... 281

1. Einleitung in die Problematik ... 281
2. Arthur Schopenhauers „36 eristische Kunstgriffe" neu geordnet ... 283
3. Einführung zu Hamilton, „Parlamentarische Logik" ... 298
4. 60 Maximen aus William G. Hamilton, „Parlamentarische Logik" bzw. „Logik der Debatte" ... 299
5. Schlußbetrachtung ... 305

Kapitel VI: Spielregeln einer rechtverstandenen Verhandlungsführung ... 307

1. 40 Thesen und Leitsätze für ein zielbewußtes Verhandeln 307
2. 25 legitime Stöße, Finten und Paraden der Gesprächs- und Verhandlungsführung ... 312
3. 20 Fußangeln, Fehler und Fallen der Verhandlungsführung und deren Vermeidung (als Checkliste) ... 314

Kapitel VII: Das gesprächstaktische Instrumentarium der Verhandlungsführung oder 40 Dialogik-Bausteine in 5 Gruppen ... 321

1. Affirmative (bejahende) Taktiken ... 321
2. Defensive (abwehrende) Taktiken ... 323
3. Offensive (angreifende) Taktiken ... 326
4. Negative (verneinende) Taktiken ... 328
5. Interrogative (fragende) Taktiken ... 329

Teil C: Geschichtlicher Überblick (Historik) 339

Kapitel VIII: Vom gerechten und ungerechten Geben und Nehmen – Zur kasuistischen Geschichte der Negoziatorik (Verhandlungskunst) 341

1. Einleitung: Die zwei Hauptrichtungen des Verhandelns .. 341

2. Antiker Orient 345
   § 1 Ägypten 345
   § 2 China 346
   § 3 Indien 364

3. Antiker Okzident 378
   § 1 Hellas (Griechenland) 378
   § 2 Hellenismus (Diadochenreiche, Karthago) 397
   § 3 Rom 404

4. Spätantike 418
   § 1 Byzanz (Ostrom) – Persien 418

5. Mittelalter 432
   § 1 Deutschland – Frankreich 432
   § 2 Abendland – Morgenland 434
   § 3 Die Hanse 441

Literaturverzeichnis zu Kapitel VIII 451

Veröffentlichungen von und über Walter Hage 454

Veröffentlichungen von Willfred Hartig 455

Namenverzeichnis 457

Sachwortverzeichnis 465

Das Geheimnis der Verhandlung liegt darin, die wirklichen Interessen der betreffenden Parteien in Einklang zu bringen.
François de Callières (1645–1717)

Einleitung

Gleicht unsere moderne Daseinswelt nicht einer unendlichen Wiese, einer überdimensionalen Thingstätte, einem überallhin offenen Marktplatz (gr. Agora, lat. Forum)? Stehen wir alle nicht auf einem derartigen Präsentierteller und müssen auf ihm ständig unsere Interessen neu aushandeln und nachverhandeln, wenn wir menschlich, geschäftlich, wirtschaftlich und politisch bestehen wollen? Aber nannten nicht schon die alten Griechen die Welt einen großen Dialog? Wir können uns also nicht länger der Einsicht entziehen: Für uns Heutige als Bürger einer „Verhandlungsdemokratie" ist geradezu das Zeitalter des Verhandelns angebrochen. Darauf haben wir uns künftig einzustellen. Die Kunst des zielbewußten und ergebnisbringenden Verhandelns ist daher für jeden von uns, der in Zukunft hier noch wirkungsvoller mitreden und mithandeln will, ein unerläßliches Grund- *und* Führungswissen.

Die Kunst der Verhandlungsführung (Negoziatorik)[1] gehört nämlich zu den faszinierendsten Bereichen der angewandten Gesprächsführung (Dialogik). Definitorisch gesprochen ist die Negoziatorik (Verhandlungsführung) eine wichtige Erscheinungsform (Spezies) der Dialogik (Gesprächsführung), die ihrerseits als *eine* Gattung (Genus) der menschlichen Kommunikation[2] als dem übergeordneten Leitbild (Idee) untergeordnet ist. Als diese Sonderform der Gesprächsführung ist die Verhandlungsführung somit in ihrer zentralen Bedeutung für ein modernes und erfolgreiches Führen, sei dies nun in Wirtschaft, Politik oder anderswo, kaum zu überschätzen.

---

1 Neuprägung des Verf. für „Verhandlungskunst" und „Verhandlungsführung" als Erfahrungswissenschaft. Abgeleitet von lat. „negotiari", ursprüngliche Bedeutung „handeln, Handel(sgeschäfte) treiben"; dann spätlat. Bedeutung „verhandeln, unterhandeln, aushandeln", so auch im Ital. negoziare, Span. negociar, Franz. négocier, Engl. negotiate. Grundwort lat. „negotium" = (Handels-)Geschäft, Tätigkeit (neg-otium, wtl. Un-muße, Un-rast!). Zu lat. „negotiari" ist die griech. Entsprechung „pragmateúein", zu Negoziatorik die griech. Entsprechung „Pragmateutik". Fernziel müßte es sein, von der eher empirischen Negoziatorik zu einer generellen „Negoziologie", d.h. einer Wissenschaft vom Verhandeln zu gelangen.

2 Vgl. des Verf. Lexikonartikel „Kommunikation", Management Enzyklopädie, Bd. 5, Landsberg/L. 1983, S. 360–371.

Aber, so wird man zu Recht fragen, ist denn die Kunst der Verhandlungsführung überhaupt rational erlernbar? Oder ist sie nicht vielmehr Sache der Intuition und des irrationalen Fingerspitzengefühls? Ist es nicht ein geheimnisvolles Wissen, das man entweder besitzt oder nicht besitzt? Dem ist zu erwidern, daß die Verhandlungskunst eine vielfältige Erfahrungswissenschaft mit einer weit über 3000jährigen Tradition ist. Eine rechtverstandene Verhandlungskunst, die aus diesem kostbaren menschlichen Erfahrungswissen schöpft, kann aus ihm ohne Zweifel wichtige gültige Grundregeln und Leitlinien herausfiltern, die für den Aufbau unserer Verhandlungsgespräche außerordentlich hilfreich sein werden. Dabei dürfen wir freilich nie aus dem Blick verlieren, daß die unübersehbare und unvorhersehbare Vielfalt der Daseinswelt (ständig wechselnde Verhandlungssituationen, -gegenstände und -partner), der wir als Verhandler ausgeliefert sind, der rationalen Verstehbarkeit deutliche Grenzen setzt. Deshalb müssen wir parallel zum rationalen nun auch ein intuitives Verstehen entfalten. Dieses „Zwischen-den-Zeilen-Lesen" läßt sich aber, wenn es uns nicht von Natur angeboren ist, auch durch intensives Üben bis zu einem gewissen Grade antrainieren. Treffend faßte dies der große französische Denker *Blaise Pascal* (1623–62) in die Worte: *„Die Gewohnheit ist eine zweite Natur"* (Pensées 93; Brunschvicg). Also eine Natur, die an die Stelle der angeborenen ersten treten kann. Gewohnheit ist aber das Ergebnis von (An-)Gewöhnung, d. h. von „Training". Es ist mithin eine ausgewogene Synthese aus rationalem und intuitivem Verstehen und Wissen, das die Wesensstruktur der Verhandlungskunst ausmacht und bestimmt. Über das genaue Verhältnis beider Verstehens- und Wissensformen zueinander kann hier begreiflicherweise noch nichts Näheres verlauten. Wir wollen unseren Blick nunmehr auf die eingehende Darstellung dieser Elemente eines zielbewußten und ergebnisbringenden Verhandelns richten. Versuchen wir dazu anschließend eine vorläufige Definition:

> Verhandlungskunst verstehen wir als den – von dialogischer Kommunikation[3] getragenen – Einsatz rationaler und intuitiver Mittel und Maßnahmen aufgrund von Sachzwängen und Beweggründen zwecks Herbeiführung zielorientierter und ergebnisbringender Entscheidungen seitens unserer Mitmenschen bezüglich bestimmter Gegenstände, Sachfragen, Vorhaben, Streitpunkte usw.

3 Zum Versuch einer ersten Wesensbestimmung der Kommunikation vgl. die Ausführungen des Verf. im o.g. gleichnamigen ME-Artikel.

Teil A

Praxisgesteuerte Theorie (Theoretik)

Kapitel I

Grund- und Grenzsituationen des Verhandelns

1. Verhandlungen im Alltags- und Privatleben (in eigener Sache)

Wie wir bereits vernommen haben, erweist sich unsere Daseinswelt immer wieder als vielschichtige, große Verhandlungsebene, auf der es sich zu behaupten gilt. Doch um Ordnung in dieses bisweilen sehr unübersichtliche Tun und Lassen zu bringen, ist es wichtig und notwendig, eine gewisse Einteilung in verschiedene Verhandlungssituationen vorzunehmen.

Sollten wir hier nicht mit der Ebene beginnen, die uns am nächsten liegt, nämlich mit der Verhandlung in eigenem Auftrag? Ist die Verhandlung in eigener Regie und Sache, mit alleiniger Verantwortung und eigenem Risiko nicht das, was uns tagtäglich ins Haus stehen kann? Dann stehen uns oft stille Partner zur Seite, z. B. Frau und Kinder, Geschwister, Eltern usw., die von unseren Absprachen, Vereinbarungen oder Verhandlungsergebnissen betroffen werden. Greifen wir ein paar solche Situationen heraus: Es kann sich um einen Stellenwechsel handeln, der mit einem Umzug in eine andere Stadt verbunden ist. Es kann sich um die Verhandlung eines Hauseigentümers mit seiner Bank über einen langfristigen Kredit drehen, wobei die Frage der Sicherheitsleistung und damit der Belastung von Haus und Grundstück auftaucht. Der Verhandler nimmt damit die ganze Verantwortung nicht nur für die genannten Objekte, sondern auch für den Kreis der Betroffenen und aller dazugehörigen Interessen auf sich, die er alle zusätzlich berücksichtigen muß.

Aber gibt es nicht häufig genug interessante Verhandlungsmöglichkeiten, die wir ungenutzt lassen? Reizvolle Möglichkeiten, die wir deshalb nicht wahrnehmen, weil uns der optimistische Impuls fehlt oder die Furcht vor einem Mißerfolg groß ist? Sind es nicht gerade diese Mißerfolgserlebnisse, die uns unterschwellig blockieren können?

Bei welchem Autofahrer hat es nicht schon einmal gekracht? Da vergißt man nicht, wie grotesk manche Urteile ausfielen. Wurde die Auslegung des tatsächlichen Unfallhergangs nicht oft genug zum Lotteriespiel? Doch wie kamen jene Fehlurteile zustande? Erfolgte die Aussage vor der Polizei vielleicht noch unter Schock? Dann allerdings zeigen die Aussagen Schwachpunkte in der Objektivität, weil sie zu emotional erfolgten. Das erklärt im nachhinein vieles. Doch lassen wir uns von diesen Negativerfahrungen keineswegs entmutigen! Wenn wir verhandeln wollen, müssen wir uns immer ganz kühl und klar folgende Fragen stellen:

1. Lohnt es sich für uns zu verhandeln?
2. Haben wir genügend Geduld und Ausdauer (Zeit) dazu?
3. Verhandeln wir, um ungerechte Forderungen abzuwehren?
4. Verhandeln wir, um unser Recht durchzusetzen?
5. Haben wir bereits einige Verhandlungserfahrung?
6. Besitzen wir etwas Geschick in angewandter Psychologie?

Bleiben wir doch der Einfachheit halber gleich bei der Psychologie. Wie sie praktisch umgesetzt werden kann, mag uns folgendes Beispiel zeigen:

Ein junger Mann erwirbt in einem Kaufhaus eine Schallplatte aus einem Sonderangebot. Erst nach geraumer Zeit legt er bei sich zu Hause die Schallplatte auf und stellt nach ein paar Umdrehungen fest, daß sie eindeutig einen Fabrikationsfehler aufweist. Darauf geht er in die Musikabteilung des Kaufhauses zurück. Doch der Verkäufer weiß nicht so recht, wie er sich verhalten soll, denn bei einem Sonderangebot ist bekanntlich ein Umtausch von vornherein ausgeschlossen. Der Abteilungsleiter, der im Vorbeigehen die Szene beobachtet hat, macht – als kleiner Wink für den Verkäufer gedacht – eine abwimmelnde Geste. Der junge Mann, ganz Auge, registriert diese abwertende Bewegung und sieht hier seine Chance: Das ist ja ein klarer Fall von glatter Mißachtung des Kunden! Er geht sofort auf den Abteilungsleiter zu: „Guten Tag, ich habe Ihre Geste genau beobachtet. Wissen Sie, was das bedeutet? Eine glatte Mißachtung Ihrer Kundschaft in diesem Hause. Noch schlimmer, Sie haben sich nicht einmal die Mühe gemacht, meine Reklamation auch nur anzuhören! Habe ich nicht das Recht, für mein intaktes Geld auch intakte Ware zu bekommen?" Der junge Mann bekam eine vollwertige neue Schallplatte.

Worin besteht das Geschick des jungen Mannes, der eigentlich keine so starke Ausgangsposition hatte? Er hat es vermieden, die Verhandlung mit dem Abteilungsleiter auf einer Ebene zu eröffnen, auf der er selber schwach war: auf der Ebene des eigentlichen Sachverhalts (Sonderangebote werden nicht getauscht, der Kassenbon war nicht mehr auffindbar, es war schon geraume Zeit seit dem Kauf verstrichen, überdies hatte der Abteilungsleiter schon seine prinzipielle Ablehnung bekundet!). Er setzte vielmehr dort an, wo sein Gegenüber schwach war: auf der Ebene des Verhaltens. Hier war der junge Mann im Vorteil, denn der Abteilungsleiter mußte einsehen, daß sein oberflächliches Abwimmeln im Vorbeigehen sehr taktlos war.

Ergebnis: Um einen Fehler zu korrigieren, der mit dem eigentlichen Verhandlungsgegenstand nichts zu tun hatte, mußte der Abteilungsleiter – gegen seine ursprüngliche Absicht – einer Einigung über diesen Gegenstand zugunsten des Kunden zustimmen!

Und hier ein zweites Beispiel aus dem Alltag:

Kennen wir nicht den Satz: Frauen sind bessere Diplomaten? Das bedeutet nämlich, Frauen verhandeln häufig geschickter. Dazu folgende Situation: Eine Frau, energischer Typ, etwas undurchsichtig in ihrer Verhaltensweise, kommt in ein Textilfachgeschäft. Sie eröffnet ihr Verhandlungsgespräch so: „Mein Mann ist über meinen Geschmack entsetzt. Ich darf dieses Kostüm einfach nicht anziehen!" Die Geschäftsführerin, jung und selbstbewußt, mit geschäftlicher Liebenswürdigkeit und echtem Charme ausgestattet, hält entgegen: „Aber Sie wissen doch, daß Käufe aus Sonderangeboten nicht umtauschbar sind." Zuerst Schweigen auf beiden Seiten. Dann Angriff der Kundin, mit etwas herausforderndem Unterton in der Stimme: „Immerhin bin ich bei Ihnen seit Jahren ständige Kundin. Da müßte doch wohl eine Ausnahme möglich sein, oder?" Leichte Frostigkeit auf beiden Seiten. Nunmehr zieht die Kundin mit gequältem Gesichtsausdruck wie in Zeitlupe das Kostüm vom Ladentisch. Das signalisiert der Geschäftsinhaberin einen günstigen Moment zum Einlenken. Schließlich möchte sie eine alte Kundin nicht vor den Kopf stoßen und damit für immer verlieren. Also fragt sie mit versöhnlichem Unterton in der Stimme: „Was hätten Sie denn gern dafür?"

Das war ein typisches Verhandlungsspiel aus weiblicher Psyche! Der Sachgrund der Käuferin ist offensichtlich ziemlich dünn: Ihr Mann wird bei der Gesprächseröffnung als Anlaß für den Tausch nur vorgeschoben. Sehr wahrscheinlich hat sich die Kundin verkauft. Sie weiß, das darf sie nicht zugeben, denn das würde nicht ziehen. Die Chefin hingegen muß ihre Geschäftsgrundsätze wahren, denn es sind andere Kunden im Laden, die das Gespräch mithören. Der Trick mit dem bewußt verzögerten Zusammenlegen des Kostüms ist eine nonverbale psychologische Demonstration, weil sie als Kundin die Unentschlossenheit der Chefin irgendwie spürte. Das Risiko der Kundin war klein, sie konnte eigentlich nur gewinnen. Und so war es dann auch. Das Risiko der Geschäftsfrau war dagegen größer: die Neugierde der mithörenden anderen Kunden, der mögliche Verlust einer alten Kundin und die aus alledem folgende negative Mundpropaganda! So lenkte sie am Ende ein und gewann damit eine gute Kundin zurück.

Wer verhandeln will oder muß, sollte sich noch weitere Fragen stellen:

1. Habe ich Mut zu Initiative und Risiko?
2. Wie kann ich die Berechtigung meines Anliegens begründen?
3. Wie rolle ich den ganzen Fall am besten auf?
4. Finde ich dafür die passenden Worte und Formulierungen?
5. Was läßt sich in der Sache erreichen, d. h., versprechen meine Forderungen und Vorschläge auch Erfolg?
6. Bleibe ich dabei auf dem Boden der Realität, d. h., habe ich das nötige Augenmaß fürs Machbare?

Augenmaß und Fingerspitzengefühl, mit anderen Worten die richtige Mischung aus rationalem und intuitivem Verstehen, geben uns ein untrügliches Gespür für die Grenzen unserer Forderungen sowie für den günstigen Augenblick der Einigung und Zusage. Nur so lassen sich Verhandlungsschritte einleiten und erfolgreich gewinnen.

Den genauen Verhandlungsmix müssen wir uns jeweils selber zusammenstellen. Er kann z. B. bestehen aus: Höflichkeit – Angriff – ein bißchen Sturheit bzw. Hartnäckigkeit[4] – Nachgeben – neuer Anlauf – usw., bis das Ziel erreicht ist (oder nicht).

Diese Verhandlungstaktik muß freilich oft genug geübt werden, bevor sie erfolgreich ist. Unser notwendiges Fingerspitzengefühl wächst dann mit dem Bewußtmachen der geübten Abläufe und der dabei gewonnenen Erfahrungen. So können wir Verhandlungen erfolgreich bestehen.

2. Verhandlungen im Geschäfts- und Politikbereich (mit Partnern)

§ 1 Interne Verhandlungen (mit Partnern)

Interne Verhandlungen sind Zusammenkünfte („Meetings") auf Abteilungs- oder Spitzenebene innerhalb eines Unternehmens, einer Behörde, eines Ministeriums, einer politischen oder sonstigen Organisa-

4 *Fritz Kraemer*, der Entdecker und frühe Mentor des späteren Meisterdiplomaten *Henry Kissinger* (Jg. 1923), hob diese Eigenschaft an ihm einmal folgendermaßen hervor: „Hartnäckigkeit ... Ein wichtiger Wesenszug bei ihm. Er hat die Hartnäckigkeit von drei sizilianischen Eseln, und damit überwindet er alles." Aus: *M. Kalb* u. *B. Kalb*, Kissinger, Die definitive Biographie, Frankfurt/M., Berlin 1974, S. 48.

tion usw., und zwar innerhalb einer Abteilung, zwischen zwei oder mehreren Abteilungen oder zwischen einer Abteilung und der Firmenspitze, Behördenspitze usw. oder innerhalb eines Vorstandes oder zwischen Vorstand und Aufsichtsrat, innerhalb eines Parlamentsausschusses, innerhalb eines Kabinetts u.a.m.

Die Verhandlungsgegenstände: Sie können recht vielfältig sein. Dabei sind diese Gegenstände mit den Verhandlungszielen oft sehr eng verknüpft. Greifen wir wahllos einige Verhandlungsgegenstände heraus: Einführung neuer Fertigungstechnologien im Unternehmen (mit dem Ziel, einen Plan und einen konkreten Beschluß darüber zu fassen); Computerisierung der internen Datei (mit dem Ziel, einen Zeitplan und eine entsprechende Entscheidung darüber zu erarbeiten). Entsprechendes gilt für Themen wie die Einrichtung von Datenbanken, Einführung des Dialogverkehrs im Unternehmen, Optimierung des Informations- und Kommunikationsflusses innerhalb eines Unternehmens (einer Behörde, eines Ministeriums usw.), Einführung eines neuen Führungsstils innerhalb des Hauses, Verbesserung des Teamworks innerhalb von und zwischen einzelnen Abteilungen, Rationalisierungsmaßnahmen zwecks Kostenersparnis, Fragen der Firmenkultur zwecks Erarbeitung eines „Code of Ethics" bzw. einer Firmenidentität (CI), also firmeninterne Organisationsprobleme in Hülle und Fülle.

Die Verhandlungsziele: Sie sind in ihrer Struktur meist sehr gleichförmig: Fast immer geht es um die Erzielung einer Zustimmung, eines Konsenses, einer Konflikt- oder Problemlösung, einer Beilegung, einer Schlichtung, eines Kompromisses, einer Entscheidung (z.B. über die künftige Firmenpolitik), der einstimmigen Verabschiedung einer Maßnahme (z.B. der Investitionsplanung für das kommende Jahr) auf firmeninterner Ebene.

Alle diese genannten Gegenstände und Zielvorgaben erfordern umfangreiche Vorbereitungen, als da sind: Abstimmung eines günstigen Verhandlungszeitpunkts, Definition von Verhandlungsort (Räumlichkeiten), Verhandlungsdauer und Verhandlungsbesetzung (Teilnehmerkreis), rechtzeitige und umfassende Vorabinformation der Teilnehmer, Erstellung eines durchdachten Verhandlungsablaufs und Verhandlungskonzepts, d.h. also eine rationelle Abwicklung des gesamten Ablaufs vom Verhandlungsumfeld bis zum Verhandlungskern mit seinen Fragen ist geboten.

Knüpfen wir daher sogleich an das letzte Beispiel an, das unter den Verhandlungszielen genannt wurde: die Verabschiedung der firmeninternen Investitionsplanung für das kommende Jahr. Dazu sei folgende Ausgangslage angenommen: Die Vorstands- und Aufsichtsratsmitglieder eines Großbetriebs finden sich zu einer internen Sitzung zusammen, um gemeinsam die Budgetplanung für das kommende Jahr auszuhandeln und zu verabschieden. Die Wünsche der einzelnen Vorstandsmitglieder für ihre jeweiligen Ressorts betragen insgesamt DM 300 Mio. Der Aufsichtsrat hat jedoch schon durchblicken lassen, daß er höchstens Investitionen in Höhe von DM 200 Mio. genehmigen werde. Hier ist also ein Konflikt schon vorprogrammiert. Der Kampf um die größten Teile vom Kuchen kann beginnen. Nach Eröffnung der Sitzung durch den Aufsichtsratvorsitzenden ergreift der Vorstandssprecher das Wort und bittet entsprechend der Tagesordnung seine einzelnen Ressortchefs der Reihe nach darum, Stellung zu nehmen, d. h. ihre Forderungen vorzutragen und zu begründen. Jeder von diesen versucht alsdann, mit starken Argumenten und unter vollem Einsatz des persuasiven Instrumentariums die Priorität seiner Forderungen und seines Ressorts herauszustellen. Der berühmte „Ressortegoismus" feiert da seine Triumphe. Die Gegensätze prallen aufeinander. Mit welchen Begründungen wird der Aufsichtsrat die Forderungen der Vorstandsmitglieder zurechtstutzen? Wie wird man sich schließlich zusammenraufen? Vor allem, welchen Balanceakt zwischen den Forderungen seiner Vorstandskollegen und den Einwänden des Aufsichtsrats wird der Vorstandssprecher als diplomatischer Vermittler und knallharter Entscheider vollbringen? Fragen über Fragen. Doch weiter wollen wir diese interessante Problematik hier nicht anreißen.

§ 2 Externe Verhandlungen (mit Partnern)

Externe Verhandlungen sind z. B. Zusammenkünfte *zwischen* befreundeten Unternehmen, über- und untergeordneten Behörden, mehreren Ministerien (aus demselben Land oder verschiedenen Ländern), globalen Organisationen, Koalitionspartnern, politischen und/oder militärischen Bündnispartnern (Treffen einer EU-Ministerrunde usw.).

Die Verhandlungsgegenstände: Sie umfassen solche Themen wie eine Unternehmensfusion, Kooperationen auf geschäftlichem, wirtschaftlichem, wissenschaftlichem, kulturellem, politischem und militärischem Gebiet, partnerschaftliche Koordination wirtschaftlicher oder politischer Maßnahmen, Abstimmung der beiderseitigen (Geschäfts-)Politik, entsprechende Verträge über Zusammenarbeit, Bündnisabsprachen, Regelung bestimmter Probleme oder Streitfragen u. a. m.

Die Verhandlungsziele: Sie umfassen das Erzielen von Lösungen, Schlichtungen, Entscheidungen, Beschlüssen, Kompromissen, Vereinbarungen, Einigungen hinsichtlich der oben genannten Verhandlungsgegenstände.

Natürlich sind diese Verhandlungen nicht ganz so konfliktgeladen, weil beide Seiten ja meist in der Absicht zusammenkommen, aufeinander zuzugehen und zu einem Konsens zu gelangen, mögen die Details auch noch so vertrackt sein. Ein Einigungszwang ist hier in gewissem Grade schon vorprogrammiert.

Wählen wir daher zur Veranschaulichung hier eine Ausgangslage, die sich angesichts der grassierenden Fusionswelle in der Wirtschaft geradezu anbietet: In einem geschlossenen Absatzgebiet bestehen – neben einigen Kleinunternehmen – zwei dominierende Baustoffgroßhandlungen. Beide Firmen haben denselben Abnehmerkreis, jedoch sind die Schwerpunkte ihrer Sortimente verschieden. Da die Kosten des Vertriebsweges – Vertreter, Fuhrpark, Lagerhaltung, Baustellenbelieferung usw. – in der letzten Zeit erheblich gestiegen sind und somit den Gewinn gefährden, sinnt man in beiden Unternehmen nach optimaler Rationalisierung. Da zudem beiden Häusern bekannt ist, daß eine Konzernfirma demnächst beabsichtigt, mit einem gleichartigen Sortiment in diesen Markt einzubrechen, ist Gefahr im Verzug. Welcher Gedanke drängt sich beiden Geschäftsleitungen geradezu auf, wenn nicht der einer Kooperation mit dem Ziel eines Zusammenschlusses? Wären nicht die verschiedenen Sortimentsschwerpunkte bei demselben Kundenkreis eine ideale Ergänzung? Böte sich darum nicht mittelfristig eine Fusion als beste Lösung an? In der Verhandlung, an der beide Chefs mit ihren Prokuristen und Finanzberatern teilnehmen, soll dieses Ziel über den Weg einer Kooperation angestrebt werden; soviel zu dieser Verhandlungsgattung.

3. Verhandlungen im Geschäfts- und Politikbereich (mit Gegnern)

Externe Verhandlungen in ihrer eigentlichen und härtesten Form sind jedoch Zusammenkünfte *zwischen* Verhandlungsgegnern, Kontrahenten, Widersachern („counterparts“) im wirtschaftlichen und politischen Bereich.

Die Verhandlungsgegenstände: Sie können auch in diesem Bereich sehr vielgestaltig sein, wie z. B. Verkauf und Einkauf von Waren, Investitionsgütern, Dienstleistungen; Geschäftskonditionen, Preisverhandlungen, Tarif- oder Lohnverhandlungen; Erörterung von Reklamationsfällen, Schadensersatzansprüche, Vertragsverletzungen, Finanzierungsprobleme; Ausbau der Geschäftsbeziehungen, vorteilhafte Handelsbedingungen (etwa die „Meistbegünstigungsklausel"), Zahlungsmodalitäten; Koalitionsverhandlungen (zwecks Regierungsbildung), zwischenstaatliche Vereinbarungen, Abkommen, Verträge usw.[5].

Die Verhandlungsziele: Sie sind – ähnlich wie bei den vorangehenden Verhandlungsformen – darauf ausgerichtet, zu einvernehmlichen Regelungen, Bereinigungen, Klärungen, Problemlösungen, Abschlüssen von Vereinbarungen, Verträgen usw. zu gelangen. Dies immer mit den Leitgedanken, gerichtliche, wirtschaftliche oder politisch-militärische Zwangsmaßnahmen und Repressalien oder gar kriegerische Gewaltanwendung möglichst zu vermeiden oder zu beenden, um – wie unter zivilisierten Menschen üblich – eine friedliche Problem- und Konfliktlösung zu erzielen.

Selbstverständlich sind für externe Verhandlungen mindestens ebenso umfangreiche Vorbereitungen erforderlich wie für die oben genannten internen (s. dort).

Stellen wir uns daher zum Stichwort „Externe Verhandlung" einmal folgende Ausgangssituation vor:

Angenommen, da sei der Einkaufsleiter eines Unternehmens, das Elektronikbauteile herstellt. Vor ihm sitzt der maßgebliche Vertreter eines seiner Vorlieferanten. Es ist gerade ein sehr hartes Preisgespräch im Gange. Beide Seiten haben schon eine ganze Reihe von Tricks und Kniffen angewandt, von denen aber keiner zu einem greifbaren Ergebnis geführt hat. Der Einkaufsleiter muß erkennen, daß sein Verhandlungsgegner ihm ebenbürtig ist. Er ist ebenso geschickt und erfahren, verfügt über die gleiche Sachkunde und außerdem über die stärkere Verhandlungsposition. Denn die Zahl der Vorlieferanten ist begrenzt, die Nachfrage übersteigt auf absehbare Zeit die Fertigungskapazitäten bei weitem. Gerade der Halbleitermarkt bot, um beim Beispiel zu

---

5 *F. C. Iklé* unterscheidet in seinem hervorragenden Buch „Strategie und Taktik des diplomatischen Verhandelns" (dt. Gütersloh 1965) fünferlei Abkommen, die zu Gegenständen von Verhandlungen werden können: 1) Verlängerungsabkommen (Ziel: Fortsetzung des Status quo); 2) Normalisierungsabkommen (Ziel: Beendigung eines unnormalen Zustands, z. B. Krieg); 3) Neuverteilungsabkommen (Ziel: Neuverteilung zugunsten des Mächtigeren); 4) Neuerungsabkommen (Ziel: Neuordnung der Verhältnisse); 5) Abkommen zwecks Erzielung von Nebeneffekten.

bleiben, in den vergangenen Jahrzehnten das Schauspiel extremer Marktschwankungen[6].

Entscheidend in dieser oder einer ähnlichen Situation ist: Wir als Einkäufer sitzen gerade wieder mal am kürzeren, unser Kontrahent am längeren Hebel. Er ist uns an Sachkunde und Geschicklichkeit gewachsen. Wir können ihn nicht umstimmen oder unter Druck setzen. Reden wir uns nicht ein, solche zugespitzten Situationen gebe es kaum, und in dieser verfahrenen Lage sei weiteres Verhandeln eben zwecklos. Wer von uns kann schon sicher sein, nie in eine solche Grenzsituation zu geraten? Jetzt etwa die Verhandlungen abbrechen? Nein. Denn nun wird die Sache erst interessant! Analysieren wir die Lage, und wir erkennen: Gerade an dieser Grenzsituation, wo alles auf des Messers Schneide steht, werden wichtige Wesenszüge geschäftlichen Verhandelns besonders deutlich sichtbar. Denn soziologisch gesehen ist fast jede geschäftliche Verhandlung ein Zusammenstoß gegensätzlicher Interessen. Der Einkäufer will möglichst billig erwerben, der Verkäufer möglichst teuer veräußern; was der eine dabei gewinnt, verliert der andere (oder genauer: „entgeht“ dem anderen).

Seit sich in der Steinzeit die Anfänge von Handel und Wandel herausgebildet haben, geht es nicht mehr darum, dem Mitmenschen etwas gewaltsam wegzunehmen, sondern, wenn man etwas friedlich haben will, dem anderen etwas dafür zum Tausch anzubieten[7]. Vom Verteilungskampf blieb also nur noch das Feilschen (besser: das Aushandeln) um das Austauschverhältnis, d.h. den Preis, den jedes Ding bekanntlich hat. Seither dreht sich das Ringen unter Geschäftsleuten und Politikern nicht mehr darum, *daß man überhaupt etwas bietet*, sondern nur noch darum, *was* und *wieviel*. Und dieser „Kampf“ dauert bislang unvermindert an. Heute bezeichnen wir ihn etwas verfeinert als „Verhandeln“. Bleibt uns da angesichts dieser Erkenntnis nicht das deprimierende Fazit, daß unsere Verhandlungssitten, mögen sie mit den Jahrtausenden auch raffinierter geworden sein, im Grunde

---

6 Selbstverständlich ließe sich unser Fall auch beliebig abwandeln. Es könnte sich ebensogut um den Vertriebschef eines Käufermarktes oder um den Erwerber von Investitionsgütern handeln, deren Lieferfristen zu lang sind, oder um wichtige Dienstleistungen, für die es z.Z. nicht genügend Anbieter gibt. Entscheidend ist immer nur, daß wir in der schwächeren Position sind, wie oben gezeigt.

7 *Bismarck* in seiner wohltuend direkten Art bemerkte einmal gegenüber dem französischen Diplomaten *Mouy*: „Wenn jemand etwas von mir haben will, will ich zunächst wissen, was er mir bietet.“ Es geht also darum, jeweils den bestmöglichen Gegenwert zu erzielen.

über die Steinzeit nur wenig hinausgekommen sind? Reichlich übertrieben. Wirklich? Dann beobachten wir einmal genau unsere Kollegen und Vorgesetzten, mit denen wir zusammen in schwierige Verhandlungen einsteigen. Wir glauben, sie genau zu kennen. Wir meinen zu wissen, daß sie – trotz gelegentlichen Ärgers, den wir mit ihnen in der Firma haben – feine und anständige Menschen sind, zu Hause vielleicht gar zartfühlende Ehemänner und liebevolle Familienväter. Doch wie verändern sie sich, wenn eine zähe Verhandlung sich festfährt! Zunächst versuchen sie, mit allerlei Tricks und Kniffen die Gegenseite zu übervorteilen. Aber wenn diese auf der Hut ist und das gleiche versucht? Gefriert dann nicht das Lächeln? Wird die Stimmung nicht immer gereizter, wenn sich bei solch zähem Verhandeln die Fronten verhärten?

Dieses oft hartnäckige Gerangel scheint – zumindest vom Grundsätzlichen her – jedoch keineswegs tadelnswert. Tun wir als trick- und listenreiche Verhandler nicht alle nur unsere Pflicht? Denn wir haben die Interessen unseres Hauses (unserer Gruppe, unseres Staates usw.) zu fördern, und wir meinen, dies nur dadurch tun zu können, daß wir die andere Seite schädigen.

Oder sehen wir dies vielleicht falsch? Gibt es am Ende doch noch eine andere Ebene, auf der die Geschäftsinteressen weniger hart aufeinanderprallen, so daß dort ein gegenseitiger Ausgleich leichter möglich wäre? Oder sind wir so sehr in jahrtausendealten Denkschablonen verfangen, daß wir denkerisch gar nicht mehr dazu imstande sind, eine vernünftige Lösung unserer Verhandlungs- und Interessengegensätze zu finden?

Wie muß also die logische Formel zur Überwindung einer festgefahrenen Verhandlungssituation lauten? Doch wohl nur so:

> Der beiderseitige Nutzen aus einem Leistungsaustausch, über den man sich vorerst noch nicht zu einigen vermag, muß in der Folge derart gesteigert werden, daß eine Seite mit Blick auf den ihr zufließenden Mehrnutzen nachgeben kann. Mit anderen Worten: Aus Verhandlungsgegnern müssen Verhandlungspartner werden. „Verhandlungspartnerschaft" – das ist der Durchbruch zum neuen Stil des *modernen Verhandelns*!

Kapitel II

Strategische Kategorien (Grundelemente) der Verhandlungsführung

1. Einleitung: Grundzüge der Verhandlungsführung (Begriffe, Definitionen, Kategorien, Strukturen)

Das griechische Wort „Strategie" bedeutete ursprünglich einmal soviel wie „Heeresführung", dann Kriegskunst und Kriegsplan; später im übertragenen Sinne die vorausdenkend-planende Führung von „Gedankenarmeen" im geistigen, d. h. verbalen Gefecht und Wettkampf. Nicht das militärische, sondern das agonale (wettkämpferische) Element müssen wir künftig stärker aus diesem Wort heraushören und uns ständig vor Augen halten.

Auch die Verbindung der beiden Militärbegriffe „Strategie" und „Taktik"[8] mit der unbewaffneten und eher konsensstiftenden Tätigkeit des Verhandelns hat man bisweilen als unangemessen, ja ungehörig kritisiert. Sehr zu Unrecht. Denn Verhandeln ist Kampf – aber auf einer höheren geistigen Ebene[9]. Es ist der Wettkampf zwischen zwei Gruppen oder Parteien um das jeweils beste Ergebnis, die jeweils beste Lösung, den besten Kompromiß usw. Man könnte das Verhandeln wohl am treffendsten mit dem Gedankenkampf des Schachspiels oder auch des Pokerspiels vergleichen[10].

Doch worin besteht der Unterschied zwischen „Strategie" und „Taktik"[11] in der Verhandlungsführung? Diese Frage bedarf vorab einer Klärung: Wir verstehen unter „Verhandlungsstrategie" die Planung und umsichtige Vorbereitung einer Verhandlung, unter „Verhandlungsstaktik" das geschickte und planmäßige Vorgehen im Verhand-

8 Der berühmte preußische Militärtheoretiker *Carl von Clausewitz* (1780–1831) bestimmte „die Taktik (als) die Lehre vom Gebrauch der Streitkräfte im Gefecht, die Strategie (als) die Lehre vom Gebrauch der Gefechte zum Zwecke des Krieges".

9 In Abwandlung jenes bekannten *Clausewitz*-Zitats vom Krieg als Fortsetzung der Politik mit anderen Mitteln können wir die Verhandlung als Fortsetzung, genauer als Überwindung des physischen Kampfes mit rationalen Mitteln bezeichnen!

10 Als vergleichbare Sportdisziplinen böten sich uns hier am ehesten Tennis und Fechtkunst (im Rahmen des Sportfechtens) sowie Fuß- und Handball an.

11 Dies griechische Wort bedeutete ursprünglich die Kunst der Aufstellung der Truppen in der Schlachtordnung und das Manövrieren mit ihnen während des Kampfes.

lungsgespräch. Erfolgversprechende Strategie erfordert immer ein gutes Maß an Überlegung und Planung. Aber unsere Strategie im Sinne des angestrebten Verhandlungserfolgs wird erst dann voll zum Tragen kommen, wenn wir unsere Taktik gekonnt beherrschen (s. dazu Kap. IV). Umgekehrt würde eine noch so gute Taktik orientierungslos herummanövrieren und sich über die Runden mogeln, wenn sie nicht in ein Strategiekonzept mit klaren Leitlinien und Zielvorgaben eingebunden wäre. Wir erkennen daran, wie beide Begriffe sich gegenseitig bedingen und aufeinander angewiesen sind.

Bevor wir genauer auf die Strukturen und Inhalte der Verhandlungsführung eingehen, werfen wir zunächst einen Vorblick auf die 10 strategischen Kategorien (Grundelemente), ohne die ein sinnvolles, d.h. planmäßiges und ergebnisbringendes Verhandeln unmöglich wäre. Sie können aufgrund ihrer Allgemeingültigkeit einen Vergleich mit den Aristotelischen Kategorien[12] durchaus aufnehmen.

Wie lauten aber diese Kategorien oder Grundelemente einer erfolgreichen Verhandlungsführung, die wir bei unseren Vorbereitungen beachten müssen? Hierzu als knappe Übersicht eine neuartige Kategorientafel, die den systematischen Gang der anschließenden Darstellung im einzelnen bestimmen soll:

1. die Verhandlungspositionen
2. die Verhandlungsgründe
3. die Verhandlungsgegenstände
4. die Verhandlungsziele und -zwecke
5. die Verhandlungsstrategie(n) zur Zielerreichung
6. die Verhandlungsinstrumente zur Zielerreichung
7. die Verhandlungsort- und -zeitpunktwahl zur Zielerreichung
8. die Verhandlungspsychologie zur Zielerreichung
9. die Verhandlungsdialektik zur Zielerreichung
10. die Verhandlungsergebnisse oder -erfolge

Welche Strukturen werden für uns hier sichtbar? Wie ein Blick auf die Anordnung der 10 strategischen Kategorien beweist, sind diese im Sinne eines induktiven Problemlösungsverfahrens strukturiert. Die ersten drei Kategorien umfassen die situativen (1.) und ätiologischen

12 Der griechische Philosoph *Aristoteles* (384–322 v.d.Zw.) verstand unter „Kategorien“ aussagbare Grundbegriffe und damit Grundbestimmungen von Seiendem überhaupt, die er in seiner Kategorienschrift erläuterte.

(2.–3.) Grundelemente des Verhandelns, die übrigen sieben Kategorien die projektiven (4.) und teleologischen (5.–10.). Anders gesagt, die Kategorie 1. nennt den Ist-Zustand oder die Ausgangslage, Kategorien 2. und 3. nennen Verursachungsfaktoren, Kategorie 4. den Soll-Zustand oder die Zielvorgabe und Kategorien 5.–10. die Instrumente und Methoden zur Zielerreichung sowie das daraus resultierende Endergebnis. Wie wir sehen, weist diese Anordnung in sich eine erstaunliche logische Konsistenz und Schlüssigkeit auf.

Abschließend eine überleitende Bemerkung: Strategisches Vorgehen ist uns im Grunde gar nicht so fremd, sondern durchaus vertraut. In jedem durchdachten Agieren, in jedem Zweckgespräch findet sich unausdrücklich – manchmal aber auch ganz gewollt – eine gewisse Dosis Strategie. Erfolgversprechende Strategie läßt sich aber nicht aus dem Ärmel schütteln, sondern verlangt eben immer viel Überlegung, Planung und Vorbereitung. Wenden wir uns darum einer genaueren Darstellung und Ausarbeitung der oben genannten Kategorien zu.

2. Verhandlungsposition, -macht, -spielraum und -auftrag

§ 1 Die Verhandlungsposition als solche

Das Abstecken von Verhandlungspositionen erfordert eine realistische Einschätzung aller eigenen Stärken *und* Schwächen. Wir müssen unseren eigenen Standpunkt prüfen, ihn versachlichen, ihn gleichsam durch einen rationalen Filter schicken. Ähnliches gilt für die Einschätzung der Position der Gegenseite. Wir müssen uns in deren rationale – und emotionale – Aspekte hineindenken, um vor Überraschungen sicher zu sein. Dann können wir um so sicherer den richtigen Maßstab anlegen, wie das folgende Beispiel einer Positionsbestimmung als Bestandsaufnahme in 12 Schritten zeigt:

- Einschätzung der eigenen Position (mit Stärken und Schwächen)
- Keine vorzeitige Festlegung (mit Ja oder Nein)
- Abwehr von Überraschungsforderungen der Gegenseite (keinesfalls hier in Verbindlichkeiten einsteigen!)
- Eigene Rückzugsmöglichkeiten abstecken und offenhalten

- Einschätzung der Gegenseite (mit deren Stärken und Schwächen)
- Wirtschaftliche Situation auf der Gegenseite
- Mögliche Überraschungsmomente der Gegenseite
- Wertberücksichtigung der Geschäftsverbindung
- Umfang der Geschäftsverbindung
- Eigene Abhängigkeiten usw.
- Bisheriger Geschäftsverlauf
- Verläßlichkeit des Partners (Zahlungsmoral, Liefertreue usw.)

Wir sehen dabei zugleich, wie sehr eine Positionsbestimmung in den Bereich der reinen Strategieplanung hineinragt und deren Grundfesten berührt. Was bei einer solchen Positionsabsteckung jeden von uns natürlich besonders interessiert, ist die fundamentale Frage: Was macht eine starke (bzw. stärkere) Position aus? Was sind Merkmale einer starken Verhandlungsposition? Greifen wir einige heraus, als da sind: Produktvorteile, wohlbegründete Forderungen oder Rechtsansprüche, finanzielle (industrielle, politische, militärische) Macht, politische oder militärische Faustpfänder, Marktposition (z. B. Monopolstellung), Bekanntheitsgrad, langjähriges Erfahrungswissen, technisches Know-how usw. Auch ein beachtliches Paket von (Produkt-) Vorteilen ist auf jeden Fall eine gute Ausgangsposition, von der aus man die Verhandlung erfolgreich durchführen kann. Wir sehen also, worauf zu achten ist, wenn man seine Position aufbauen will.

§ 2 Die Verhandlungsmacht

Mit Blick auf die vorherigen Ausführungen leuchtet sofort ein, daß eine starke Verhandlungsposition zugleich auch ein Mehr an Verhandlungsmacht bedeutet. Diejenige Verhandlungsseite, die in der gegebenen Situation mehr Macht besitzt und damit am längeren Hebel sitzt, kann – ganz gleich, ob Kunde, Einkäufer oder Verkäufer – einfach mehr „Druck“ machen. Ihr stehen Droh-, Druck- und Strafmittel verschiedener Art zur Verfügung. Sie kann sich in ihrem Auftreten viel ungebundener geben und muß bei ihren Äußerungen weniger Rücksichten nehmen. Sie wird gleichsam massiveres „Geschütz“

auffahren („Politik der Stärke“) als die schwächere Seite. Das liegt in der Natur der Sache. Nennen wir daher abschließend einige dieser Maßnahmen: Erzeugung von Zeitdruck bei Verhandlungen; Drohung mit Vertagung oder Abbruch von Verhandlungen, Drohung mit gerichtlichen Schritten, politischen Maßnahmen (Abbruch der diplomatischen Beziehungen) oder militärischen Aktionen; gezielte Information über Parallelverhandlungen mit der Konkurrenz oder dem politischen Gegner; Drohung mit Lieferboykott oder Wirtschaftsembargo; Drohung mit Ausschluß von weiterer Belieferung; Drohung mit Kündigung oder Annullierung von laufenden Verträgen, Einfrierung oder Sperrung von Konten; Streik, Aussperrung usw.

§ 3 Die Verhandlungsspielräume

Zu Beginn sofort eine wichtige Grundregel. Sie heißt: Das Verhältnis von Verhandlungsposition und Verhandlungsziel bestimmt den Verhandlungsspielraum für den erreichbaren Verhandlungserfolg. Um dieses Ergebnis positiv zu beeinflussen, ist es wichtig, sich eine günstige Ausgangsposition zu verschaffen. Denn eine Position beim Verhandeln ist immer auch und vor allem *Ausgangsposition*. Mit ihrer Hilfe müssen wir uns einen genügend breiten Spielraum zwischen Minimal- und Maximalposition offenhalten. Also gilt es, die eigene Maximalposition (z. B. Geld-, Ersatz-, Preisforderungen) möglichst hoch anzusetzen, um sich selbst und der Gegenseite Verhandlungsspielraum zu schaffen[13]. Dabei werden wir kaum annehmen dürfen, daß die Gegenseite diese Maximalforderung widerspruchslos annehmen wird. Auf diese Weise aber sind beide Seiten gezwungen, sich aufeinander zuzubewegen, wenn sie denn eine Lösung (Abschluß, Ergebnis) wünschen. Damit kann das Aushandeln beginnen, bis ein akzeptabler Kompromiß erreicht ist. Während man seine Maximalposition möglichst hoch ansetzt, macht während der Verhandlung jede Seite den Versuch, die Minimalposition der Gegenseite nach unten zu drücken, dabei aber u. U. auch die eigene Minimalposition zu modifizieren, um auch auf dieser Ebene zu einer Einigung zu gelangen[14].

---

13 Man denke hier z. B. an die Tarifverhandlungen und -runden der Gewerkschaften mit den Arbeitgeberverbänden oder dem Staat. Vgl. dazu auch Kap. IV, S. 256 ff. u. 269 f.

14 Hier sei darauf hingewiesen, daß die Maximal- und Minimalforderungen und -vorstellungen als Teilelemente der Gesamtposition sich mit den Verhandlungszielen (S. 47 ff.) zwangsläufig überschneiden, also eine trennscharfe Abrenzung nicht möglich ist.

Abschließend noch eine derartige Situation als Anschauungsmaterial: Kommen wir zu diesem Zweck auf die Position des Einkaufsleiters in unserem Ausgangsbeispiel (Kap. I, 3) zurück. Je stärker die Marktposition seines Unternehmens ist, desto mehr Preiszugeständnisse wird er herausholen, und je schwächer diese Position ist, desto weniger:

Fall 1. Ist seine Position stark, so kann er die eigenen Vorteile und Stärken voll ausspielen. Er müßte sich also schon sehr ungeschickt anstellen, wenn er keinen gewinnbringenden Abschluß erzielen sollte.

Fall 2. Er hat allenfalls eine Patt- oder sogar eine schwächere Position. Wie weit er innerhalb des damit vorgegebenen Spielraums kommen wird, läßt sich im voraus selten auch nur annähernd richtig abschätzen. Es kommt jedoch immer auf den Versuch an. Je nachdem, um wieviel geschickter, erfahrener und sachkundiger er im Verhältnis zu seinem Gegenspieler ist, kann er durch Einsatz geeigneter Verhandlungsmittel manchmal sehr viel mehr erreichen, als er selbst angenommen hatte (d. h. nach seiner Verhandlungsposition erwarten konnte).

Fall 3. Die Ausgangsposition ist die gleiche wie im vorhergehenden Fall. Doch die Lage ist genau umgekehrt: Er hat einen zähen und überlegenen Verhandlungsgegner vor sich und an jenem Tag vielleicht noch ein persönliches „Tief“, also wird er wenig von dem herausholen können, was aufgrund seiner noch passablen Verhandlungsposition eigentlich „drin“ gewesen wäre. Dann empfiehlt sich nur eines: die Verhandlung vertagen (ohne die Türe zuzuschlagen!). Bisweilen gibt es Fälle, wo man zu sich sagt: „Es hat jetzt keinen Zweck. Es lohnt sich nicht. Alles weitere ist hier Zeitverschwendung!“ Doch meistens lohnt es sich, anschließend nochmals nachzudenken. War die eigene Verhandlungsposition einfach zu schwach? Hat man Fehler begangen, weil man nicht genügend vorbereitet in die Verhandlung gegangen ist? Dann heißt es, die eigene Verhandlungsposition schleunigst zu verbessern und zu verstärken. Hat man das geschafft, kann man einen zweiten Versuch wagen, und wenn nicht beim gleichen Kontrahenten, dann eben bei seiner Konkurrenz.

Fall 4. Erfordert jedoch die Verbesserung der eigenen Verhandlungsposition zuviel Zeit- und Kostenaufwand, ist es – sofern es sich nicht um eine Existenzfrage handelt! – meist ratsamer, das angestrebte Ziel überhaupt aufzugeben und ein anderes, leichter erreichbares anzuvisieren.

Fall 5. Er könnte in einer neuen Strategieüberlegung noch einen Schritt weitergehen und sich sagen, daß er aus seiner (zu schwachen)

Position ein zu hochgestecktes und damit falsches Ziel angestrebt hat. Nunmehr muß er versuchen, den gemeinsamen Nutzen des angestrebten Geschäfts für das eigene Unternehmen und seine derzeitigen Gegenspieler und potentiellen Partner (oder dessen Konkurrenz) zu erhöhen oder dasselbe auf dem Umweg über eine Kooperation auf der eigenen Produktions- und Handelsstufe zu erzielen. So kann man die eigene Position Schritt für Schritt verbessern und in der kommenden Verhandlung stärker – im Sinne einer Vertragspartnerschaft – auftreten.

§ 4 Verhandlungsauftrag und -vollmacht (Richtlinien, Vorgaben usw.)

Sofern nicht in eigener Sache verhandelt wird, ist ein Unternehmen oder eine Organisation Auftraggeber und Ausgangspunkt für eine Verhandlung. Bedeutung und Image eines Unternehmens können eine Verhandlung nachhaltig mitbeeinflussen. Es dient dem Verhandler gleichsam als wirtschaftliche Basis und als moralischer Rückhalt bei seinem Tun. Es wird dadurch zu einem unsichtbaren, aber gleichwohl anwesenden Mitträger des Verhandlungsgesprächs und verleiht seinem Repräsentanten somit eine unübersehbare Verhandlungsmacht. Freilich sollten wir diesen Faktor nur behutsam ins Spiel bringen oder ihn als Notbremse bei Gefahr im Verzug anwenden.

Aus dieser Lage heraus trägt das Unternehmen die umfassende Gesamtverantwortung. Dagegen trägt der Beauftragte eine Eigenverantwortung für sein Unternehmen und für sich selbst. Der beauftragte Verhandler sollte deshalb keinen Auftrag annehmen, der seinem eigenen ethischen Empfinden widerspricht und dessen Ziele er mit seinem Gewissen nicht vereinbaren kann. Er muß davon überzeugt sein, daß die Sache seines Unternehmens moralisch, juristisch und kaufmännisch vertretbar ist. Denn daraus resultiert seine Zuversicht, die Verhandlung erfolgreich durchzuführen.

Der Beauftragte oder Verhandler legitimiert sich durch Vorlage einer entsprechenden Vollmacht (Spezial-, Art-, Generalvollmacht) oder, falls er Prokurist ist, durch Vorlage des entsprechenden Auszugs aus dem Handelsregister, in dem er in seiner Eigenschaft aufgeführt ist. Alle weiteren juristischen Details sind in den einschlägigen Rechtslexika und Fachwerken nachzulesen.

Die genauen Verhandlungsrichtlinien und Vorgaben erteilt die Regierung, das Unternehmen oder die jeweils zuständige Abteilung. Sie sind die Leitlinie, an der der Verhandler sein taktisches Vorgehen auszurichten hat (eine geschäftliche Bindung, aus der er nicht aussteigen kann). Doch ist es seine Pflicht, diese Vorgaben als Positivum zu verstehen und mit entsprechendem Elan zur Durchsetzung zu bringen. Auch hier kann der Beauftragte auf gegenseitiger Absicherung und Abklärung seines Vollmachtumfangs und Verhandlungsspielraums (z. B. Absicherung der möglichen Zugeständnisse, Stufenplan einzuräumender Zugeständnisse) bestehen. So handelt er sich im nachhinein keine Rüge ein, daß er seine Vollmacht oder seinen Spielraum überschritten hätte.

Die Grundausrichtung seines Auftrags ergibt sich aus dem strategischen Konzept seines Unternehmens. Die genauen Aufgaben und Ziele sind eng gekoppelt an Rang und Vollmacht des Beauftragten sowie an den ihm eingeräumten Verhandlungsspielraum. Doch auch hier gilt, eine starke Leistung macht selbst innerhalb der Abhängigkeit unabhängig!

3. Verhandlungsgründe

„Von nichts kommt nichts“ (Ex nihilo nihil fit), erkannten schon die Römer und vor ihnen die Griechen. Auch Gründe „pro und contra“ kommen nicht von nichts. Dies gilt nicht allein für die Philosophie, sondern ebensosehr für Politik und Wirtschaft, und hier ganz besonders für Verhandlungen in diesen elementaren Bereichen. Genau besehen, sind es dort allerdings nicht Verstandesgründe, vielmehr Sachgründe, Sachzwänge, Interessenlagen und Motive (Beweggründe) oder gar Motivationen[15], welche zu Triebfedern unseres Handelns und Verhandelns werden und uns letztlich an den Verhandlungstisch treiben. Betrachten wir sie genauer:

§ 1 Sachzwänge

Besonders in Politik und Wirtschaft lassen sich derlei Gründe am treffendsten mit dem Wort „Sachzwänge“ umschreiben. Dazu einige Beispiele aus Vergangenheit und Gegenwart:

Weil die Gestehungskosten und Lohnnebenkosten im Inland immer weiter gestiegen sind, sehen sich bis jetzt schon viele deutsche Unter-

15 Unter „Motivation“ versteht man einen Motivmix oder eine Bündelung von Motiven (und Zwängen).

nehmen gezwungen, ihre Produktionsstätten teilweise in Billiglohnländer des Auslands zu verlagern und entsprechende Verhandlungen zu führen.

Weil die zerfallende Sowjetunion in ihrer Endphase eine katastrophale Mißwirtschaft hervorgebracht hat, sehen sich die Politiker der Nachfolgestaaten veranlaßt, mit den westlichen Wirtschaftsmächten erneut um verstärkte Wirtschaftshilfe zu verhandeln.

Weil der Druck der Weltöffentlichkeit auf sie wächst, sehen sich immer mehr Großunternehmen genötigt, bei ihrer Produktion in ökologischen Kategorien zu denken und mit den Umweltministerien entsprechende Verhandlungen zu führen.

Nennen wir noch einige weitere Drücke und Zwänge, die an den Verhandlungstisch treiben: Sicherheitsbedürfnisse, materielle Bedürfnisse, Hunger- und Naturkatastrophen, die drohende militärische Niederlage, dringende Bedarfsdeckung, Abwendung von Gefahren, strittigen Forderungen, Einigungszwänge, Notwendigkeiten jeder Art: Alles recht massive Verhandlungsgründe[16].

Auch die Vorgeschichte und ihre Begleitumstände müssen wir bei diesen genannten Faktoren zusätzlich in Betracht ziehen. Sie bilden deren Umfeld.

§ 2 Motive/Triebfedern

Doch auch die sogenannten „Motive“, deutsch treffend mit „Beweg-Gründen“ wiedergegeben, kommen nicht von nichts. Der amerikanische Psychologe *Abraham Maslow* (1908–1970), Erfinder der „Bedürfnis-Pyramide“, wies nach, daß unbefriedigte Bedürfnisse (Mangelerfahrungen) die geheime Triebfeder der Motive bilden und damit für die Entstehung von Motiven verantwortlich sind. Dies trifft sowohl für Einzelpersonen des Privatlebens und der Öffentlichkeit als auch für Vertragsparteien zu (die z. B. ein bestimmtes Motiv zur Geschäftsvoraussetzung machen können). Auch hierzu Beispiele aus der Gegenwart:

Weil rücksichtsloses Gewinnstreben und Geldgier ihre Triebfedern waren, handelten gewisse Firmen der westlichen Welt schmutzige Waffengeschäfte mit einigen Staaten des Nahen und Mittleren Ostens aus.

16 Neben Einigungszwängen gibt es z. B. auch Hinderungsgründe, die einen davon abhalten können, an den Verhandlungstisch zu gehen.

Weil der irakische Diktator *Saddâm Hussein* von Machtgier, Angriffslust und Ruhmsucht getrieben war, die er fadenscheinig kaschieren mußte, ging er 1990 vor seinem Überfall auf Kuwait ergebnislose Scheinverhandlungen mit den Kuwaitis ein.

Nennen wir auch hier weitere Motive oder Beweggründe, die an den Verhandlungstisch treiben: Rechthaberei, Ressortegoismus, aber auch verlockende Vorteile bzw. Angebote von Produkten, Investitionsgütern, Dienstleistungen usw. Also nicht allesamt ehrenwerte Motive. Doch davor dürfen wir als realistisch denkende Verhandler eben nicht die Augen verschließen, wenn wir am Verhandlungstisch Platz nehmen.

Der Heidelberger Psychologe *C. F. Graumann* hat in seinem Werk „Motivation“[17] dankenswerterweise eine Auflistung von Motivationsformen vorgelegt. Er stellt dort (S. 3) fest: *„Nun ist bereits unsere Umgangssprache ... nicht gerade arm an Motivationsbegriffen. Das verrät schon ein sicherlich begrenzter Überblick über die auch dem Laien vertrauten Begriffe für Motivationsformen* (s. Kasten).“

Ablehnung, Abneigung, Abscheu, Absicht, Affekt, Ansporn, Anspruch, Anreiz, Antrieb, Bedürfnis, Begierde, Bemühung, Bereitschaft, Beweggrund, Drang, Einstellung, Ekel, Entbehrung, Entscheidung, Entschluß, Erregung, Erwartung, Gefühl, Gesinnung, Gier, Haltung, Hemmung, Impuls, Initiative, Instinkt, Intention, Interesse, Konflikt, Laune, Leidenschaft, Lockung, Lust, Motiv, Neigung, Plan, Reiz, Scheu, Sehnsucht, Spontaneität, Stimmung, Streben, Sucht, Tendenz, Trieb, Triebfeder, Triebkraft, Überzeugung, Unlust, Verlangen, Voreingenommenheit, Vorliebe, Vorsatz, Vorurteil, Wahl, Werthaltung, Widerwillen, Willkür, Wunsch, Zwang.

Wörter der Umgangssprache, die Motivationsformen bezeichnen.

Auf S. 4 heißt es dann weiter: *„Werfen wir den Blick auf eine Liste von einhundert solcher Motivationsarten (s. Kasten) ... Auch bestätigt uns dieser Auszug von ‚Abscheu‘ bis ‚Zynismus‘, daß dasjenige, ‚woraus‘ nach vorwissenschaftlicher Menschenkenntnis ein Mensch handeln kann, auch der Form nach recht verschieden ist“:*

17 *C. F. Graumann*, Motivation, ersch. i. d. Reihe: Einführung in die Psychologie, Bd. 1, Frankfurt/M. 1969.

Abscheu, Achtung, Aggression, Angst, Antipathie, Ärger, Arglist, Bewunderung, Dankbarkeit, Dogmatismus, Durst, Egoismus, Ehrfurcht, Ehrgeiz, Eifersucht, Ekel, Empörung, Entsetzen, Entzücken, Feindseligkeit, Freude, Freundschaft, Furcht, Gehorsam, Geilheit, Geiz, Geltungsdrang, Gerechtigkeit, Gefühl, Gleichgültigkeit, Großmut, Habgier, Haß, Hingabe, Hoffnung, Humor, Hunger, Indolenz, Intoleranz, Kummer, Liebe, Machtstreben, Masochismus, Mißmut, Mißtrauen, Mitleid, Mütterlichkeit, Mut, Nachgiebigkeit, Nächstenliebe, Neid, Neugier, Opposition, Optimismus, Pessimismus, Pflichtgefühl, Rache, Rachsucht, Redlichkeit, Reue, Ritterlichkeit, Rücksicht, Rücksichtslosigkeit, Ruhmsucht, Sachlichkeit, Sadismus, Schadenfreude, Schaffensfreude, Scham, Schmerz, Selbstbehauptung, Sexualität, Sorge, Spott, Spottlust, Stolz, Strebsamkeit, Sympathie, Toleranz, Trauer, Treue, Trotz, Trunkenheit, Übermut, Unzufriedenheit, Verachtung, Verehrung, Vergnügen, Vertrauen, Verzagen, Verzweiflung, Wertschätzung, Widerwillen, Wille zur Macht, Wut, Zärtlichkeit, Zerstörungstrieb, Zorn, Zufriedenheit, Zynismus.

Wörter der Umgangssprache, die Motivationsarten bezeichnen.

Und schließlich S. 5: *„Wer sich in die Psychologie der Motivation einarbeitet, muß damit rechnen, daß er ein hochwichtiges, aber streckenweise auch unwegsames Gebiet betritt."*

Abschließend gilt es, noch folgende Einsicht zu gewinnen: Einerseits gibt es starke Überschneidungen und Verflechtungen zwischen Verhandlungsgegenständen und Verhandlungsgründen bzw. -ursachen, andererseits besteht ebenfalls eine starke Abhängigkeit zwischen den jeweiligen Beweggründen (Motivationen) des Verhandelns und den von ihnen angestrebten Verhandlungszielen. Gehen wir darum von der Betrachtung der Beweggründe zu derjenigen der Verhandlungsgegenstände über.

4. Verhandlungsgegenstände

Am Anfang unserer Überlegungen muß immer eine klare Abgrenzung der Verhandlungsgegenstände stehen. Legen wir uns eine Checkliste an, in der alle Einzelheiten genau festgelegt sind, über die wir eine individuelle Vereinbarung erzielen wollen, z.B. den jeweiligen Geschäftsgegenstand sowie Beschaffenheit, Gewährleistung, Liefermengen, Preise, Lieferfristen usw., also kurzum alles, was nicht den Allgemeinen Geschäftsbedingungen (AGB) oder dem Gesetz überlassen werden soll. Vermerken wir vor allem bei jedem wichtigen Punkt die jeweiligen Spannen, innerhalb derer wir äußerstenfalls Konzessionen machen wollen oder können (Minimalposition).

Wichtig um der Klarheit willen ist ebenfalls die Erkenntnis, daß Verhandlungsgegenstände und Verhandlungsziele nicht miteinander identisch, aber eng miteinander verknüpft sind. Greifen wir also nochmals einige Beispiele dazu heraus[18]:

§ 1 Interne Verhandlungen (mit Partnern)

Rationalisierungsmaßnahmen (mit dem Ziel der Kostenersparnis); Einführung neuer Fertigungstechnologien im Unternehmen (mit dem Ziel, durch technische Rationalisierung die Konkurrenzfähigkeit zu behaupten); Computerisierung der internen Datei (mit dem Ziel, die Zugriffszeiten drastisch zu verkürzen); Erstellung von Unternehmensleitsätzen (zwecks Schaffung einer Firmenidentität usw.); personelle Umstrukturierungen (zwecks Sicherstellung einer höheren Arbeitseffizienz); Schlichtung von Personalquerelen (zwecks Herstellung eines störungsfreien Betriebsklimas). Also alles interne Organisationsprobleme „en masse", die sich sämtlich entweder auf die Gegenwart oder (meist) auf die Zukunft beziehen.

§ 2 Externe Verhandlungen (mit Partnern)

Unternehmenszusammenschlüsse, Partnerschaften oder Kooperationen auf geschäftlichem, wirtschaftlichem, wissenschaftlichem, kulturellem, politischem und militärischem Gebiet, partnerschaftliche Koordination wirtschaftlicher oder politischer Maßnahmen, Änderungen der gemeinsamen Geschäfts- oder Verkaufspolitik, Abstimmung der beiderseitigen (Geschäfts-)Politik, entsprechende Verträge über Zusammenarbeit, Bündnisabsprachen, Regelung bestimmter Probleme oder Streitfragen zwischen Partnern u. a. m. Auch hier herrscht der Gegenwarts- oder Zukunftsaspekt bei den Verhandlungsgegenständen vor.

§ 3 Externe Verhandlungen (mit Gegnern)

Die Verhandlungsgegenstände können hier bisweilen auch eine Streitsache bezeichnen wie Erörterungen von Reklamationsfällen, strittige Forderungen aus einer Geschäftsverbindung, Schadensersatzansprü-

18 S. dazu Ausführungen auf S. 29–32.

che, Beseitigung einer Ungerechtigkeit, Vertragsverletzungen, Vertragsrevisionen. Selbstverständlich ist die Mehrzahl der Verhandlungsgegenstände in diesem Bereich jedoch positiver Natur, schließlich bilden sie ja den Motor allen Handels und Wandels, wie etwa Verkauf und Einkauf von Waren, Investitionsgütern, Dienstleistungen, ferner Geschäftskonditionen, Preisverhandlungen, Tarif- oder Lohnverhandlungen, Finanzierungsprobleme, Ausbau von Geschäftsbeziehungen (bis hin zu Gemeinschaftsunternehmungen), vorteilhafte Handelsbeziehungen (etwa die „Meistbegünstigungsklausel"), Zahlungsmodalitäten, Konditionen, Koalitionsverhandlungen (zwecks Regierungsbildung oder -umbildung), zwischenstaatliche Vereinbarungen, Abkommen, Verträge usw. Hier herrschen häufig Vergangenheits- und Gegenwarts- sowie z. T. Zukunftsaspekte vor.

Nunmehr wenden wir uns dem nächsten entscheidenden Punkt zu, auf den alle vorangehenden Bausteine, wie von einem magnetischen Pol magisch angezogen, unausgesprochen ausgerichtet sind, nämlich dem Verhandlungsziel.

5. Verhandlungsziele und -zwecke

Ziel einer jeden Verhandlung im wirtschaftlichen Sektor ist ein ganz bestimmter Geschäftsabschluß, d.h. ein Ergebnis. Der Gegenstand dieses Geschäfts, seine Qualität, Garantie und Haftung, Fristen und Termine, vor allem jedoch der Preis spielen bei der Erreichung des Ziels eine wichtige Rolle. Für alle diese Faktoren bestimmte günstige Konditionen zu erreichen, das macht unser Verhandlungsziel aus.

Wichtig ist dabei, sich von vornherein darüber klar zu werden, was wir davon voraussichtlich erreichen können und was nicht. Über die meisten Einzelheiten des Geschäftes läßt sich relativ leicht eine Einigung herbeiführen. Das verursacht höchstens ein paar zusätzliche Kosten und wirkt sich kaum auf den Preis aus. Aber damit sind wir wieder am Kern der Sache angelangt: beim Preis und allen sonstigen Punkten, wo die beiderseitigen Interessen in einen kontradiktorischen (Ja/Nein-)Gegensatz geraten. In ihm drohen die meisten Verhandlungen sich festzufahren. Deshalb müssen wir versuchen, dieses Problem zu entschärfen, wenn wir unser Ziel erreichen wollen.

Wir müssen uns also die fundamentale Frage stellen: Wie machen wir aus unserem Verhandlungsgegner unseren Verhandlungspartner? Genauer gesagt: Wie läßt sich der aus dem angestrebten Geschäft beiderseits erzielbare Gesamtnutzen[19] *so* verbessern, daß beide Seiten zu einer Einigung gedrängt werden?

Damit klingt das entscheidende Stichwort bereits an: Es ist die Idee des Gesellschaftsvertrags. Hier werden nicht bloß Leistungen gegeneinander ausgetauscht, entscheidend ist vielmehr der Gesellschaftszweck, zu dessen gemeinsamer Verfolgung man sich verbunden hat. Die Leistungen der Gesellschafter richten sich ganz danach, wie jeder von ihnen den gemeinsamen Zweck[20] am besten fördern kann. Nämlich jeder Gesellschafter ist der Gesellschaft aus ganz eigensüchtigen Motiven beigetreten, weil ja sein Anteil am gemeinsamen Geschäftserfolg höher ist, als er allein, d. h. ohne den Gesellschaftsabschluß, erreichen könnte.

Die Gesellschaft – im geschäftlichen Sinne – ist also das Musterbild eines Geschäfts, dessen Nutzen für jeden Beteiligten so groß ist, daß er alle eigensüchtigen Sonderinteressen seiner Teilnahme an der Gesellschaft freiwillig unterordnet. Um hier aber gleich eines klarzustellen: Das bedeutet natürlich nicht, daß der Ausweg aus jeder verfahrenen geschäftlichen Verhandlung in einer Gesellschaftsgründung zu suchen sei. Wo kämen wir dann hin? Die Erde würde bald mehr Gesellschaften als Bewohner beherbergen. Soweit können und brauchen wir nicht gehen. Vielmehr liegt zwischen dem reinen Austauschgeschäft auf der einen und dem Gesellschaftsverhältnis auf der anderen Seite ein so breiter Spielraum mit zahlreichen Zwischenstufen, daß sich fast für jeden Fall mit etwas mehr oder weniger Mühe eine Lösung finden läßt, die das gemeinsame Interesse so verstärkt, daß man die widerstrebenden Einzelinteressen mit gutem Willen auf beiden Seiten ausgleichen kann. Selbst wenn wir mit einem Kontrahenten keinen gemeinsamen Nenner finden können, werden wir in der Wettbewerbswirtschaft vermutlich Ausweichmöglichkeiten bei der Konkurrenz finden.

Nachdem wir auf diese Weise den Gedanken der Vertragspartnerschaft als das generelle Konzept des Ziels und der Zielerreichung kennengelernt haben, gilt es jetzt, noch einen Blick auf die speziellen

---

19 Diejenigen Leser, die juristische, aber auch betriebs- und volkswirtschaftliche Studien getrieben haben, werden sich an ihre schuldrechtlichen Vorlesungen erinnern und dabei an dasjenige Rechtsgeschäft denken, das sich von allen anderen gegenseitigen Verträgen wesentlich unterscheidet, ja bei dem umstritten ist, ob man es überhaupt noch zu den Austauschgeschäften rechnen kann: Das ist der Gesellschaftsvertrag.

20 Zweck meint soviel wie „angestrebte Wirkung bzw. Nutzen", Ziel dagegen eher „Endpunkt, Ergebnis, Abschluß", letzterer in des Wortes doppelter Bedeutung.

oder Einzelziele zu werfen, die uns beim täglichen Verhandeln konkret in Anspruch nehmen. Gehen wir darum nochmals entsprechende Beispiele dazu durch[21]:

§ 1 Interne Verhandlungen (mit Partnern)

Hier sind die Verhandlungsziele ihrer Struktur nach meist sehr gleichförmig. D.h., es geht fast immer um die Erzielung einer Zustimmung beider Seiten zu einem (Verbesserungs- oder Änderungs-)Vorschlag, um die Erreichung eines Konsenses über die Durchführung einer Produktionsumstellung oder Organisationsmaßnahme, d.h. einer entsprechenden Umstrukturierung, um die Lösung von internen Konflikten, Personalproblemen, Kompetenzstreitigkeiten, Abteilungsrivalitäten, aber auch Finanzproblemen usw., um Schlichtungen oder Kompromisse, um Entscheidungen (z.B. über die künftige Firmenpolitik), um die einstimmige Verabschiedung der Budgetplanung für das kommende Jahr durch den Vorstand usw. Also alles Ziele auf firmeninterner Ebene.

§ 2 Externe Verhandlungen (mit Partnern)

Auch hier bestehen die Verhandlungsziele im Erreichen von Vereinbarungen z.B. über eine Unternehmensfusion, eine partnerschaftliche Koordination wirtschaftlicher oder politischer Maßnahmen, eine Kooperation auf den verschiedensten Gebieten, eine Abstimmung der beiderseitigen (Geschäfts-)Politik usw. und im Erzielen entsprechender Lösungen, Entscheidungen, Beschlüsse, Schlichtungen, Kompromisse und Einigungen über die verschiedensten Verhandlungsgegenstände. Freilich werden diese Verhandlungen nicht ganz so konfliktgeladen sein wie diejenigen mit echten Gegnern. Denn beide Seiten kommen zusammen, um sich zu verständigen und zu einigen. Sie stehen aufgrund verschiedener Verstrickungen schon im voraus unter einem gewissen Einigungszwang, dem sie sich nicht entziehen können.

§ 3 Externe Verhandlungen (mit Gegnern)

Die Verhandlungsziele sind ähnlich wie bei den vorangehenden Verhandlungsformen darauf angelegt, zu einvernehmlichen Regelungen, Bereinigungen, Problemlösungen, Abschlüssen von Vereinbarungen, Verträgen usw. zu gelangen. Dabei mag unsere Verhandlungstaktik

21 S. dazu Ausführungen auf S. 29–32.

durchaus unterschiedlich sein, dementsprechend ob wir 1) unseren Nutzen maximieren wollen oder 2) nur etwas mehr als die Gegenseite haben wollen oder 3) eine gleiche Aufteilung anstreben.

Dies alles immer mit dem Leitgedanken, nach Möglichkeit gerichtliche, wirtschaftliche oder politisch-militärische Zwangsmaßnahmen und Repressalien (oder gar kriegerische Gewaltanwendung) zu vermeiden oder zu beenden, um – wie unter zivilisierten Menschen üblich – eine friedliche und ergebnisbringende Einigung in Problemfragen und Konfliktfällen zu erzielen.

Abschließend noch ein zweiter Versuch, den Komplex der Verhandlungsziele durchsichtiger zu gestalten. Hier können wir, summarisch gesehen, zwischen vier Hauptgruppen unterscheiden, bei denen es um folgendes geht:

Gruppe 1: expansive Ziele

Eine Absicht zu verwirklichen,
seinen Willen durchzusetzen,
geschäftliche oder politische Vorteile zu erzielen,
Transaktionen in die Wege zu leiten,
Verkaufserfolge zu erzielen,
die Minimalposition der Gegenseite zu verändern (z. B. den Preis des Anbieters zu drücken).

Gruppe 2: kreative Ziele

Die eigene Geschäftspolitik neu zu überdenken,
die eigene Verkaufsstrategie umzudenken und neu zu formulieren,
Entscheidungen entscheidungsreif zu machen und intern durchzuboxen.

Gruppe 3: kooperative Ziele

Einen Kompromiß zu ermöglichen,
einen Vergleich zu schließen,
Frieden zu schließen,
für beide Seiten (im Sinne der Vertragspartnerschaft) befriedigende Ergebnisse zu erzielen,
eine gerechte und sachliche Basis für eine gute künftige Zusammenarbeit zu schaffen.

Gruppe 4: regulative Ziele
Differenzen (Streitigkeiten) beizulegen,
Reklamationen aus der Welt zu schaffen,
Ungerechtigkeiten auszugleichen,
ungleiche Verträge zu revidieren,
Unrecht wiedergutzumachen,
ein gestörtes Arbeitsklima wieder zu harmonisieren,
eine gerechte Ordnung wiederherzustellen.

6. Verschiedene Verhandlungsstrategien zur Zielerreichung

Über das Wesen der Strategie wurden wir bereits eingangs (S. 35f.) aufgeklärt. Grob gerastert, können wir hier mindestens fünf Strategien unterscheiden[22]:

1. Offensiv- oder Forderungsstrategie,
2. Defensiv- oder Konzessionsstrategie,
3. Konstruktiv- oder Problemlösungsstrategie,
4. Kombination aus den drei vorhergehenden Strategien,
5. Vertragspartnerschafts- oder Konsensbildungsstrategie[23].

Wodurch kennzeichnen und unterscheiden sich diese Strategien?

§ 1 Die Offensiv- oder Forderungsstrategie („Alles-oder-nichts-Strategie")

Sie ist ein offensives, konfliktbereites Vorgehen. Denn die eine Verhandlungsseite, die sich einen entsprechenden Forderungskatalog ausgearbeitet hat, legt sofort ihr Angebot oder ihre Preisvorstellungen auf den Tisch, zu denen sie abschließen will (Maximalposition). Oder als Gegenstück gibt die eine Partei sogleich ihre Minimalposition bekannt, unter der sie nicht abzuschließen gedenkt. Mit beiden Maß-

22 Der Verf. ist in § 1–3 stellenweise den Ausführungen *E. Rehbinders*, Vertragsgestaltung, Frankfurt/M. 1982, S. 52–60, verpflichtet.

23 Das 5-Phasen-Modell der Verhandlungsführung auf S. 250ff. versteht sich ebenfalls als ein Beitrag in diesem Sinne.

nahmen kann man natürlich seine eigene Position festschreiben und die Reaktion der Gegenseite testen, die dabei u. U. ihre Gegenposition verkündet. Damit aber sind die Fronten bereits verhärtet. Manche wären jetzt froh, wenn sie von ihren wenig hilfreichen Selbstfestlegungen wieder herunterkommen könnten. Am Ende steht, wenn sich nichts mehr bewegt, die gefährliche Drohung mit dem Abbruch der Verhandlungen. Damit aber ist keiner Seite geholfen. Dies alles gilt es *zuvor* zu bedenken. Sollten wir uns jedoch einmal in diese Sackgasse verrannt haben, so gibt es doch noch gangbare Auswege, wie wir im Taktik-Kapitel (S. 266ff.) sehen werden. Wichtig ist, sich seinen eigenen Verhandlungsspielraum nicht zu früh und ohne Not einzuengen.

§ 2 Die Defensiv- oder Konzessionsstrategie

Sie ist ein eher defensives Vorgehen. Denn die eine Verhandlungsseite läßt sich bei ihrem Vorgehen vorwiegend vom „Do-ut-des"-Grundsatz[24] leiten. Um das Scheitern oder die Verlängerung der Verhandlung zu vermeiden, beinhaltet das Verhandlungskonzept bereits einkalkulierte Zugeständnisse (Konzessionen) sowie auch die zumutbaren Zugeständnisse, welche die andere Seite machen könnte und müßte. Wie sagte doch so zutreffend der Engländer *W. G. Hamilton* (1729–1796)? *„Man kann eine Kleinigkeit zugestehen, um in wesentlichen Dingen an Glaubwürdigkeit zu gewinnen."* Allerdings droht bei zu pedantischer Fixierung (z. B. durch vorherige Abfassung eines fertigen Vertragsentwurfs) die Gefahr, daß man aufgrund dieser Selbstfestlegung alle Konzessionen als Abweichungen vom quasi-definitiven Text auslegen kann. Damit wird der anderen Seite die Verhandlungslast aufgebürdet. Die Folge davon ist, daß die eigene Position so festzementiert ist, daß man verhandlerisch nicht mehr flexibel ist, weil man seine eigenen Festlegungen zu hoch geschraubt und die Konzessionsfreudigkeit der anderen Seite überschätzt hat. Wieder ist hier ein mögliches Scheitern der Verhandlung vorprogrammiert. Dies alles gilt es im *voraus* zu durchdenken. Hilfreich ist es daher, hier eine Nutzenabwägung anzustellen: Ist der Vorteil eines Vertragsschlusses zu geänderten Bedingungen dem Nachteil eines Scheiterns oder einer Verlängerung bzw. Verschleppung der Verhandlungen vorzuziehen? Oder liegen die Dinge genau umgekehrt, daß nämlich dem Nachteil des geänderten Vertrags der Vorteil einer längeren Verhandlungsrunde oder ggf. auch der Abbruch einer nutzlos gewordenen Verhandlung vorzu-

24 Lateinisch: „Ich gebe, damit du gibst".

ziehen wäre? Um Verschleppung oder Abbruch zu vermeiden, erfolgt jedoch, wie eingangs schon angedeutet, meist ein wechselseitiger Austausch von Konzessionen zwischen den Parteien. Merke auch hier: Es verhandelt sich leichter, wenn die Fronten noch nicht erstarrt sind[25].

§ 3 Die Konstruktiv- oder Problemlösungsstrategie

Sie ist ein konstruktives Vorgehen. Denn die eine Verhandlungsseite läßt sich bei ihrem Vorgehen nicht von egoistischen Interessen auf Kosten der anderen Seite leiten, sondern sie hat das Ganze im Blick, d. h. sie denkt, wie die Amerikaner sagen, „customer-oriented“[26]. Diese Strategie versucht also, für den Verhandlungsgegenstand, z. B. das Problem des Kunden, den Konflikt zwischen Partnern usw. eine dauerhafte Lösung zu finden, die beide Seiten befriedigt. Es könnte sich auch ein Kompromiß anbieten. Man wird also gemeinsam den Ist-Zustand (Mißstand) untersuchen, dann in die Ursachenforschung (Problemanalyse) einsteigen, um daraus einen Soll-Zustand (Zielvorgabe) zu formulieren und dann eine Palette von Problemlösungsvorschlägen und -verfahren zu entwickeln, mit denen man eine befriedigende Problemlösung und damit eine weitere gute Zusammenarbeit sicherstellen will. Hier läßt sich die Idee von der Vertragspartnerschaft mit dem Aufbau von gegenseitigem Vertrauen und einer langfristigen Vertragsstabilität eher verwirklichen. Allerdings müssen wir dabei beachten, daß sich diese Strategie primär für faktenbezogene Verhandlungsmaterien, insbesondere den technischen Bereich oder unternehmensinterne Fragen anbietet. Insofern ist ihre Anwendungsmöglichkeit auf bestimmte Ebenen begrenzt. Hierher gehören auch die folgenden Beispiele aus dem Bereich der Konfliktregelung:

---

25 Wie vermeiden wir derartige Einigungen und Festlegungen? Etwa so: „Betrachten wir das soeben Gesagte als vorläufige Erwägung. – Ich möchte dies als unverbindliche Vorschläge von Ihnen betrachten. – Wenn ich jetzt Stellung dazu nehme, ist das meine ganz persönliche Auffassung“ (also nicht verbindlich). So sich mehrmals absichern!

26 Engl.: „kundenorientiert“. In diesem Zusammenhang sei darauf hingewiesen, daß die Strategien von § 1 und § 2 eher einen kurzfristigen (und bisweilen kurzsichtigen) Charakter tragen, während die Strategien von § 3, § 4 und besonders § 5 einen mittel- oder gar langfristigen Charakter aufweisen.

Verhandlungsschema „Streitfall-Behebung"

1. Erörterung des Verhandlungsgegenstandes (Sache? Dienstleistung? Zahlung?)
2. Rechtliche Lage
3. Wer steht im Verzug und womit?
4. Feststellung der Höhe der überfälligen (bzw. Schadens-) Summe
   (a) angegebener Wert (überhöht); b) tatsächlicher Wert; c) Mindestforderung)
5. Vorgeschichte der Unstimmigkeiten (Ursachen – Hintergründe)
6. Stichtag der Auslösung (Zahlungsunterbrechung)
7. Wer wird beschuldigt? – Wer ist der Schuldträger?
8. Rechtsverhältnisse – Kompetenzen
9. Tiefere Ursache: Irrtum – Mißverständnis – Fahrlässigkeit – Strittigkeit – Verstoß gegen Treu und Glauben – Auslegungsmöglichkeiten
10. Angestrebtes Ziel: Wiederaufnahme der Zahlungen
11. Welche Einigungspunkte lassen sich finden?
12. Welche Streitpunkte gibt es noch?
13. Welche Möglichkeiten eines guten Kompromisses oder einer Konfliktlösung bieten sich an (Moratorium, Umschuldung, neue Finanzierung, neuer Ratenplan)?
14. Aufforderung, in das Angebot einzuschlagen und den Streit einverständlich beizulegen.

Verhandlungsschema „Schlichtung" oder „Vergleich"

1. Richtige Wahl von Zeitpunkt, Örtlichkeit und Räumlichkeit (ggf. Überprüfung der Verhandlungsvollmacht des Partners)
2. Sachliche Erörterung der Vorgeschichte, gestaffelt nach der Wertigkeit der Streitpunkte (Grundlage dafür bilden die Unterlagen und Beweismittel)
3. Abklärung der Verhandlungsspielräume (Ober- und Untergrenzen bei Forderungen und Konzessionen)
4. Abklärung der Nebenzugeständnisse (dadurch entfallen Vorwürfe, mit denen wir uns evtl. nachher herumschlagen müssen)
5. Eingehende Würdigung der Auffassung des Partners/Gegners
6. Schlichtungs- oder Kompromißvorschlag

Wichtig ist es bei diffizilen Verhandlungen, zuerst mit den unstrittigen Punkten und leichter lösbaren Fragen zu beginnen, bevor man sich im Laufe des ersten Drittels der Verhandlung behutsam an die schwierigen Fragen herantastet. Also vorsichtig vom Leichteren zum Schwierigeren vorrücken. Wer die leichteren Probleme gelöst hat, dessen Mut wächst, auch die schwierigeren Probleme anzupacken.

Konzept für Sitzung im Rahmen einer längeren Verhandlungsrunde

1. Darstellung des derzeitigen Sachstandes
2. Herausstellung der unstrittigen Punkte
3. Herausstellung der strittigen Punkte
4. Geleistete Beiträge zur Einigung auflisten
   a) Beitrag der Gegenseite – Taktik: Schmälerung
   b) Beitrag der eigenen Seite – Taktik: Hervorhebung
5. Formulierung und Fixierung dieser Zwischenbilanz
6. Vertagung bis zur nächsten Runde

Wichtig ist es auch bei einer solchen Runde, sich nicht durch die Sache, die Umstände oder Personen unter Druck setzen zu lassen, sich nicht durch Konzessionen zu verausgaben, sondern die Basis für eine partnerschaftliche Verständigung zu suchen, wenn dies möglich ist.

§ 4 Die Kombinationsstrategie (aus § 1–3)

Wie wir gesehen haben, wies jede der drei zuvor genannten Strategien ihre Stärken und Schwächen und dadurch einen jeweils eingeschränkten Geltungsbereich auf. Deshalb bietet sich uns die Überlegung geradezu an, ob nicht eine Kombination dieser drei genannten Strategien wünschenswert sein muß, wenn wir deren jeweilige Schwächen wettmachen wollen. Mithin müssen in einer künftigen Strategie offensive, defensive und konstruktive Elemente eine praxisnahe Synthese eingehen. Dies sollte das Ziel bei der Erstellung unserer Verhandlungskonzepte sein.

§ 5 Die Vertragspartnerschafts- oder Konsensbildungsstrategie[27]

Strategie ist nie Selbstzweck, sondern im Grunde immer *Strategie zur Zielerreichung*. Verhandeln im Zeichen dieser neuen Strategie bedeutet also: sich verständigen und sich einigen. Das Ziel des Verhandelns heißt in diesem Falle: Verständigung und Einigung – aber nicht auf Kosten des Partners. Wir müssen uns die Gewissensfrage stellen, ob es einen Schnittpunkt der Einigung gibt, d.h., wie weit wir und unsere Gegenseite gehen können. Denn beim rechtverstandenen Verhandeln darf es am Ende keine Gewinner und keine Verlierer geben.

Wie läßt sich diese Strategie der Vertragspartnerschaft an einem konkreten Beispiel umsetzen? Wenden wir uns dafür wieder unserem Ausgangsfall (S. 32f.) zu. Was könnte unser Einkaufsleiter beispielsweise angesichts einer festgefahrenen Verhandlung unternehmen? Ihm bieten sich zwei Optionen an:

1. Zunächst wird er wohl versuchen, durch Bedarfszusammenfassung seines Betriebs zu größeren Auftragsmengen und damit zu günstigeren Einkaufspreisen zu gelangen, und dies z.B. durch Konzentration auf wenige Zulieferer (auf einen einzigen ist meist zu gefährlich wegen zu einseitiger Abhängigkeit in bezug auf Leistungsfähigkeit und Liefertreue und einer daraus resultierenden Erpreßbarkeit). Auch eine Zusammenfassung von Aufträgen über längere Zeiträume durch Ab-

27 Vgl. weitere Einzelheiten S. 250ff., 5-Phasen-Modell der Verhandlungsführung.

schluß von Sukzessivlieferungsverträgen ist möglich. – Für reine Handelsunternehmen kommt evtl. in Frage, Ausschließlichkeitsrechte für den Vertrieb bestimmter Produkte in bestimmten Gebieten anzustreben, so daß sich größere Vertriebsanstrengungen lohnen würden, die wiederum den Weg zu höheren Umsätzen und niedrigeren Einkaufspreisen öffnen könnten. – Ein weiterverarbeitendes Unternehmen wird sich Gedanken machen, welche Verwendungsmöglichkeiten in der eigenen Produktion für die hier in Rede stehenden Bauteile sonst noch bestehen, ggf. in welchen neuen Produkten diese Teile Verwendung finden können. – Mancher Vorlieferant würde es sich etwas kosten lassen, wenn er sich dadurch Belieferungen für aussichtsreiche Neuentwicklungen sichern und so mittelbar neue Märkte für sein Unternehmen erschließen könnte. Er würde also ungünstigere Konditionen akzeptieren, wenn er sich dadurch diesen lukrativen Markt sichern könnte. Ein interessanter Aspekt!

2. Wenn er sich mit Kontrahenten aus anderen Produktions- oder Handelsstufen auf diese Weise nicht direkt arrangieren kann, wird er prüfen müssen, ob man nicht durch Kooperation mit anderen Unternehmen innerhalb der eigenen Handels- oder Produktionsstufe die eigene Position (und diejenige dieser potentiellen Partner) gegenüber Dritten so verbessern kann, daß man dann gemeinsam im Geschäftsverkehr mit anderen Stufen mehr Chancen hat. Durch Zusammenlegung von Einkauf, Fertigung, Forschung, Entwicklung, Vertrieb oder Werbung lassen sich, wie wir alle wissen, oft beachtliche Rationalisierungsvorteile erzielen, durch die dann alle daran Beteiligten in die Lage versetzt werden, den Kunden aus anderen Handelsstufen mehr zu bieten und dafür auch mehr Zugeständnisse von ihnen zu erhalten. – Man kann diese Kooperation auf bestimmte kritische Produkte und Geschäftsbereiche beschränken, sich im übrigen aber die Selbständigkeit erhalten. – Man kann zur Abwicklung bestimmter Arten von Geschäften Pools und Interessengemeinschaften bilden, ferner im Rahmen der – allerdings zunehmend engeren – gesetzlichen Schranken Kartelle und Syndikate. Gewöhnlich ergibt sich erst nach Bewährung in einer längeren Zusammenarbeit, ob man die bereits erprobte Partnerschaft schließlich in einem partiellen gesellschaftsrechtlichen Zusammenschluß, in einer neuen Gemeinschaftsgründung (joint venture) oder durch Austausch von wechselseitigen Beteiligungen ausbauen will.

Es geht hier selbstverständlich nicht darum, eine möglichst vollständige Palette aller geschäftlichen Kooperationsmöglichkeiten zu geben.

Entscheidend ist vielmehr, daß wir uns einmal ganz klar bewußt machen, wie vielfältig die Formen partnerschaftlicher Zusammenarbeit in unserem heutigen Wirtschaftsleben bereits sind und wie mannigfach die Möglichkeiten sind, sie zur Lösung unserer ganz spezifischen Probleme abzuwandeln. Dies zumindest dann, wenn unsere Geschäftsverhandlungen sich an den zugrundeliegenden Interessengegensätzen festzufahren drohen. Dann haben wir allen Anlaß, von diesem Maßnahmen-Arsenal Gebrauch zu machen.

§ 6 Schlußbetrachtung

Was soll die Strategieplanung fernerhin berücksichtigen? Sie muß sich – im Rahmen der oben genannten Strategien – mit dem Vorausdenken möglicher Züge und Gegenzüge sowie den möglichen Alternativen dazu befassen. Womöglich sollte sie die Strategien der Gegenseite erahnen oder gar erkennen, indem sie sich in deren Situation hineinversetzt und sich über ihre Neutralisierung ganz gezielte Gedanken machen. Sie muß sich auch konkret mit den möglichen Einwänden der Gegenseite und deren Widerlegung beschäftigen (s. dazu S. 263f. und Kap. VII, 1–5).

Planen wir bei alledem aber nicht zu perfektionistisch! Denn die meisten Verhandlungen bringen so viele unvorhergesehene Wendungen und Gesichtspunkte im positiven und negativen Sinne, daß man unbedingt beweglich bleiben muß, um sich bietende Chancen optimal zu nutzen und den im Verhandlungsablauf sich ändernden Risiken tunlichst auszuweichen. Was nützen uns z.B. reine Kostenargumente, wenn der Kaufinteressent sich auf Preisvergleiche mit der Konkurrenz zurückzieht? Dann helfen uns nur noch Hinweise darauf, daß das Konkurrenzprodukt einer geringeren Qualitätsklasse angehöre oder ein schlechteres Preis-Leistungs-Verhältnis habe und dgl. mehr. Wir können also nur in dem gewissen Rahmen planen, in welchem sich die Verhandlungen voraussichtlich bewegen werden. Für alle weiteren Details müssen wir uns auf unsere Unterlagen verlassen. Was wir davon hervorziehen, entscheidet den Verhandlungsverlauf, ist also schon Sache der Taktik, die in Kapitel IV entwickelt wird.

7. Verhandlungsinstrumente zur Zielerreichung

Strategien sind fast immer Pläne und Konzepte zur Zielerreichung. Jedoch gesteckte Ziele sind *eine* Sache, aber Mittel und Wege, die dorthin führen, sind eine *andere* Sache. Deshalb ist es für jeden Verhandler, der Erfolg haben will, einfach unerläßlich, dieses Arsenal zur Zielverwirklichung zu kennen und natürlich auch einzusetzen. Dies setzt allerdings eine genaue Auswahl und Prüfung der verfügbaren Verhandlungsinstrumente voraus. Welche Instrumente stehen aber uns als Verhandlern zur Verfügung?

Wir können hier grundsätzlich zwischen zwei Gruppen von Mitteln, nämlich den bedenklichen und den unbedenklichen, unterscheiden. Wenden wir uns zuerst den bedenklichen Instrumenten zu:

Diese Mittel und Methoden operieren *teilweise* in einer Grauzone der zulässigen Illegalität oder „etwas außerhalb der Legalität"[28]. Interessanterweise gibt es aber auch einen sehr weiten Bereich, in dem die erwähnten Mittel mehr oder weniger deutlich diesseits der Grenze zur strafbaren Handlung bleiben. Gleichwohl gilt: Je bedenklicher ein Mittel ist, das wir verwenden wollen, desto genauer sollten wir prüfen, ob wir es uns mit Blick auf die Gegenseite, die Dauer der angestrebten Geschäftsverbindung, die möglichen Rückwirkungen auf unser Verhandler-Image, unsere Stellung im eigenen Hause usw. auch wirklich leisten können. Denn die soziologischen Gesetze vom Gleichgewicht der Kräfte und von der Freund-Feind-Reaktion wirken so unerbittlich, daß ein kluger Verhandlungsstratege möglichst auf nicht einwandfreie Mittel und Methoden verzichtet. Er wird allenfalls dann seine Zuflucht zu ihnen nehmen, wenn sein geschäftliches Überleben, das Bestehen seines Unternehmens, seines Staates usw. auf dem Spiele stehen, d.h., wenn der mögliche Erfolg (hier: die Abwendung einer schweren Gefahr) die damit verbundenen Risiken (ein schuldhaftes Handeln, Befehlsnotstand usw.) in gewissem Grade moralisch rechtfertigt. Welche Mittel bieten sich uns hier konkret an?

§ 1 Die Drohung

Fangen wir gleich mit dem „schwersten Geschütz" an. Eine Drohung ist nur dann als Erpressung strafbar, wenn die Verbindung von Mittel und Zweck als verwerflich anzusehen ist, z.B. das angedrohte Übel außer allem Verhältnis zum erstrebten geschäftlichen Vorteil oder nicht in sachlichem Zusammenhang damit steht. Daher bleibt im Zusammenhang mit geschäftlichen Verhandlungen gerade die Andro-

28 Es bedarf eigentlich keiner Begründung, daß Management und Wirtschaftskriminalität nichts miteinander zu tun haben (*sollten*, muß man heute angesichts des außerordentlichen Anwachsens von Wirtschaftsstraftaten leider hinzufügen). An dieser Stelle seien auch Bestechung („Provisionen") und andere Formen der Korruption zur Beeinflussung von Verhandlungsergebnissen aufs schärfste verurteilt.

hung geschäftlicher Nachteile – solange nicht wettbewerbswidrige oder kartellrechtliche Tatbestände (z. B. Boykott) verwirklicht werden – grundsätzlich immer möglich. (Im politischen Bereich wird von der Drohung mit Pressionen, Repressalien und Ultimaten wesentlich stärker Gebrauch gemacht!)

§ 2 Strafe und Benachteiligung

Statt tatsächlicher oder vermeintlicher Vorteile stellt man der Gegenseite für den Fall weiteren Sträubens konkrete Nachteile in Aussicht. Besonders beliebt in der Praxis ist die Benachteiligung oder Nichtberücksichtigung bei künftigen Aufträgen und die verstärkte Zusammenarbeit mit der Konkurrenz. Ob dies jeweils klug ist, steht auf einem anderen Blatt.

§ 3 Täuschung und Bluff[29]

Sie sind sicherlich die subtileren Verfahren, denen wir heute – darüber darf es keine Illusionen geben – auf Schritt und Tritt begegnen. Diese ständigen Versuche, den anderen unmerklich „übers Ohr zu hauen“ oder „aufs Kreuz zu legen“, haben sich derart eingebürgert, daß man sich, besonders wenn man etwas juristische „Vorbelastung“ mitbringt, immer wieder fragt, wieso diese geschäftliche Alltagspraxis nicht wesentlich mehr Strafanzeigen erzeugt, als es tatsächlich der Fall ist[30]. Liegt es etwa nur daran, daß keiner kostbare Zeit darauf verschwenden will? daß fast alle mit Täuschung arbeiten? daß alle abgestumpft sind? daß keine Krähe der anderen ein Auge aushackt? Nein, so liegen die Dinge wohl kaum. Denn der Motivationsprozeß, der einem Geschäftsabschluß unter Kaufleuten vorangeht, ist doch erheblich komplexerer und diffizilerer Natur. Viel stärker spielen die

---

29 Täuschung heißt, die Gegenseite darüber im unklaren zu halten bzw. in die Irre zu führen, was wir wann, wie und wo tun werden. Bluff bedeutet, der Gegenseite bestimmte Konsequenzen (Nachteile, Strafen usw.) glaubwürdig anzudrohen, sie aber im Endeffekt nicht durchzuführen.

30 Auffällig ist allerdings, daß die zur Anzeige kommenden Betrügereien fast alle gegenüber Privatleuten begangen werden, d. h. gegenüber Rentnern, Hausfrauen sowie leichtgläubigen und geschäftsungewandten Personen. Aber der Grund liegt wohl vor allem darin: Wenn z. B. eine Hausfrau ein Elektrogerät an der Haustüre kauft, gibt es bei ihr nur einen sehr begrenzten Überlegungskreis: Dies Gerät soll ganz bestimmte Leistungsmerkmale aufweisen, außerdem mögen noch ein paar andere Gesichtspunkte sowie der Preis von Belang sein. Über solche Dinge wird dann vom betreffenden Klinkenputzer im Bedarfsfalle geschwindelt, und dann ist bei den Opfern die Schmerzgrenze ganz schnell erreicht.

Eigenschaften der beabsichtigten Investition eine Rolle, dazu die jetzigen und künftigen Marktverhältnisse, ferner das Beschäftigungsproblem, der Absatz, die technologische und konjunkturelle Entwicklung mit all ihren schwer durchschaubaren Chancen und Risiken. Über vieles davon wird zwar in den Verhandlungen gesprochen, doch entziehen sich diese komplexen Zusammenhänge meist einer klaren Formulierung. Nur über eine Anzahl wichtiger Details werden klare Angaben gemacht. Das übrige sind Meinungen, Ansichten, Mutmaßungen, schwer beweisbare Behauptungen usw. Man erwägt dieses und gibt jenes zu bedenken, muß wieder mit anderen Dingen rechnen, aber kann sich auch darauf nicht ganz verlassen und dgl. mehr. Wer will hier schließlich feststellen, die eine Seite habe ganz bestimmte Vorstellungen gehabt, die andere Seite habe das bemerkt und den erkannten Irrtum bewußt genährt oder gar ausgenutzt, und gerade das sei dann ursächlich für den Vertragsabschluß geworden? Das kann selbst der eine Gesprächspartner kaum vom anderen behaupten[31].

Wir können daraus zweierlei schließen: Einerseits gibt es auch heute noch eindeutige Fälle von Täuschung im kaufmännischen Leben, die dann als Betrug strafbar sein können, wenn sie den Getäuschten zu einer für ihn nachteiligen Vermögensdisposition veranlaßt haben. Andererseits führt jedoch die Vielfalt des modernen Geschäftslebens meist zu einer derartigen Ausdünnung der strafrechtlich potentiell relevanten Tatbestände, daß sich hier ein außerordentlich weites Feld der zulässigen Meinungssteuerung und -beeinflussung eröffnet. Mit diesem Schritt haben wir aber die Zone der bedenklichen Mittel verlassen. Wir überschreiten hiermit die Grenze von den bedenklichen hin zu den unbedenklichen oder legitimen Mitteln und Methoden. Wir wenden uns dieser interessanten Gruppe zu, die sich in emotionale und rationale Maßnahmen unterteilen läßt. Hier zuerst die emotionale Seite.

§ 4 Appelle

Appelle sind seit der Zeit der homerischen Griechen (s. Kap. VIII, 3, § 1) ein bewährtes Mittel der Meinungsbeeinflussung. Appelle am Verhandlungstisch sollten rational geplant sein, aber können sowohl an die rationale als auch an die irrationale, d. h. emotionale Wesenshälfte des jeweiligen Verhandlungspartners oder -gegners adressiert

31 In der Politik und besonders in der Diplomatie erfreuen sich Täuschung und Bluff nach wie vor großer Beliebtheit und gehen auch meist völlig straffrei aus, wird hier doch fürs eigene Vaterland gelogen, getäuscht und geblufft!

sein. Sie wollen sich z. B. an den gesunden Menschenverstand des Anderen, an sein kaufmännisches Gewinnstreben, an seine moralischen oder humanitären Gefühle wenden oder ihn auch auf die einmalige Gelegenheit eines derart günstigen Geschäftsabschlusses bzw. auf den welthistorischen Moment des anvisierten Vertragsabschlusses, der so nie wiederkehren wird, hinweisen. Appelle möchten der jeweils anderen Seite etwas überzeugend nahebringen, das eigentlich im Interesse beider Seiten liegen sollte, obwohl diese Ausgewogenheit oft leider nicht gegeben ist. Aber sie wollen dem Anderen auch zusetzen und seinen inneren Widerstand emotional und/oder rational weichklopfen. Sie wollen mit Macht dem Kopfe des Anderen eine neue Perspektive, nämlich unsere vermitteln! Hier aber können Appelle die Grenze des moralisch Zulässigen überschreiten. Sie begeben sich in die Grauzone der Manipulation oder gar der geduldeten Illegalität! Dies gilt insbesondere für die Angst-Appelle, die Erzeugung von Schuldgefühlen, die eindringliche Beschwörung nicht wirklich vorhandener Gemeinsamkeiten usw. Während wir selber derlei Mittel tunlichst meiden sollten, ist bei ihrem Einsatz durch die Gegenseite für uns allergrößte Skepsis geboten.

§ 5 Vorschläge/Angebote

In der Verhandlungskunst sind Vorschläge und Angebote wichtige Mittel zur Zielerreichung. Sie sollen der anderen Seite das Ja zum Geschäfts- oder Vertragsabschluß, zur einvernehmlichen Regelung usw. schmackhaft und möglich machen. In einer Verhandlung sind Vorschläge gewissermaßen Formen der Einladung, des Anerbietens und Entgegenkommens, hinter denen freilich eine bestimmte Absicht oder gar ein bestimmter Plan steckt. Vorschläge werden daher im allgemeinen nicht aus der Luft gegriffen, sondern vorab geplant.

Wer am Verhandlungstisch als erster einen Vorschlag macht oder mit ihm der Gegenseite zuvorkommt, kann damit das Gesetz des Handelns an sich reißen. Allerdings ist auch hier Vorsicht geboten, weil wir damit vorschnell und zu früh einer Selbstfestlegung zum Opfer fallen könnten, aus der wir nachher nur schwer wieder herauskommen können. Also sollte ein Vorschlag im frühen Verhandlungsstadium immer im Ungefähren und Unscharfen bleiben.

Was aber, wenn die andere Seite schneller einen Vorschlag auf den Tisch legt als wir? Zum einen können wir sie dann, wenn sie sich damit zu früh und zu weit aus dem Fenster legt, ganz schnell festnageln; zum anderen können wir auch einen Gegenvorschlag oder gar einen überraschenden Alternativ-Vorschlag lancieren, mit dem wir den Vorschlag (bzw. die Vorschläge) der Gegenseite modifizieren, abwehren oder durchkreuzen können. Unsere Vorschläge sollten mit Konditionen und Konzessionen gekoppelt sein. Außerdem müssen wir den Vorschlag der Gegenseite daraufhin prüfen, ob er in sich seriös, realisierbar und ausgewogen ist. Andernfalls die Finger weg von diesem Scheinvorschlag! Aber so ist immerhin der Weg eingeschlagen, der von einem interessanten, aber bewußt unscharf gehaltenen (Lock-)Vorschlag zu einem klar definierten Einigungs- oder Kompromißvorschlag führen kann (vgl. auch Kap. IV, 3, § 3, A).

Das Angebot ist dagegen eine Sonderform des Vorschlags. Es ist eine ganz gezielte Sonderform. Denn sie entspringt unserem eigenen Entschluß. Wer in sein Angebot keine Luftblasen hineinpackt, sondern wirklich etwas „zu bieten" hat, sei dies im materiellen wie im ideellen Sinne, der appelliert damit z. B. an gesundes Besitz- oder Gewinnstreben des Anderen, an die wirtschaftliche Vernunft oder den politischen Einigungswillen des Verhandlungspartners oder -gegners usw., auf dieses einzugehen und zu einem günstigen Abschluß zu kommen. Allerdings wenn man etwas bietet, muß man auch wissen, was man dafür als Gegenwert, Gegenkonzession oder Gegenleistung fordern oder bekommen kann. Hier gilt es, das Rentabilitätsgesetz (s. Kap. IV, 4) im Blick zu behalten.

§ 6 Die Meinungsbeeinflussung[32]

Die vorangehenden Überlegungen haben uns schon gezeigt, daß es meist gar keiner Vorspiegelungen usw. bedarf, wenn es uns gelingt, die *Wertung* des vorliegenden Sachverhalts in den Köpfen der Gegenseite in unserem Sinne zu beeinflussen. Selbst dann, wenn die andere Seite erkennt, daß z. B. unsere Ware auch nicht besser ist als die der Konkurrenz, ja unsere Preise sogar etwas höher und die künftigen Absatztendenzen eher fallend sind, wird sie u. U. doch erneut von uns kaufen. Und warum? Weil wir gezielt an ihre verborgenen Kaufmotive appelliert haben, z. B., wie nützlich die dauernde Geschäftsverbindung zu einem leistungsfähigen Großunternehmen oder zu einem besonders erfahrenen Spezialisten der Branche, wie vorteilhaft und

32 Anläßlich der Revisionsverhandlungen über den Panamakanal-Vertrag 1973/74 argumentierte die panamaische Seite zwecks Änderung der amerikanischen Beurteilungskriterien dahingehend, der Vertrag sei ein Relikt des Kolonialismus und folglich ein Unrecht, das aus der Welt zu schaffen sei. Änderungen zugunsten Panamas würden dann von den USA als gerechte Lösung und nicht als panamaischer Gewinn und amerikanischer Verlust bewertet (*Iklé,* a. a. O., S. 207).

imagefördernd unsere bekannte Marke in ihrem Angebot und wie wichtig ein gut sortiertes Lager für ihre Lieferfähigkeit und ihren Umsatz sein können. Die Verhandlungspartner sollen die Zusammenarbeit mit uns angemessen würdigen lernen. Von „Vorspiegelung falscher Tatsachen" kann hier keine Rede sein. Wir haben lediglich die Beurteilung vorhandener, nachprüfbarer und richtig erkannter Fakten und Zahlen beim Verhandlungspartner in unserem Sinne positiv beeinflußt und ihm damit vermutlich sogar einen guten Dienst erwiesen. Es ist uns gelungen, die Bewertungsskala des Gegenübers zu unseren *und* zu seinen Gunsten zu revidieren. Das leistet übrigens jede ehrliche, vom Überlegenheitswert der eigenen Ware oder Idee motivierte Überzeugungsübertragung!

Nun zur rationalen Seite: Hier ist eine klare Sichtung der Verhandlungsmittel geboten. Denn wir können, um unsere Verhandlungsziele zu erreichen, verschiedene Wege der Verstandes- und damit Entscheidungsbeeinflussung einschlagen.

§ 7 Konzessionen (Zugeständnisse)

Wir können unserem Verhandlungsgegner oder -partner entgegenkommen und ihm sachliche Zugeständnisse machen. Das ist immer am kostspieligsten. Billiger kommt es meist, wenn wir die Gegenseite zu einer „Zug-um-Zug"-Verhandlung (nach dem „Do-ut-des"-Prinzip) bringen können und uns durch unsere Konzessionen Gegenkonzessionen einhandeln. (Manche bringen es auch fertig, dem Gegenüber für seine sachlichen Konzessionen nur persönliche Vergünstigungen anzubieten. Ferner werden bisweilen sachliche Zugeständnisse oder persönliche Vergünstigungen lediglich vorgetäuscht. Seien wir gegenüber diesen „krummen Touren" auf der Hut!)

§ 8 Konditionen

Konditionen (la. con-dicio, wörtl. das Miteinander-Reden, d.h. Verabredung, Vereinbarung) sind Bedingungen, die im Rahmen von Verhandlungen und Vertragsabschlüssen von beiden Seiten ins Spiel gebracht werden können. Sie bestehen aus bestimmten (Sonder-)Vereinbarungen, Absprachen, Abmachungen, Bestimmungen, Verpflichtungen, aber auch Vorbehalten, Einschränkungen, Auflagen oder Vorbedingungen, Voraussetzungen, Vorsichtsmaßregeln.

Privatrechtlich bedeuten Konditionen soviel wie „Vertragsklauseln", die eine wechselseitige Verknüpfung (Junktim), aber auch eine aufschiebende oder auflösende Wirkung bezüglich bestimmter Sachverhalte und Vereinbarungen herstellen können.

Konditionen im kaufmännischen Sinne umfassen einzelne Vertragsbestandteile wie Preise, Liefer- und Zahlungsbedingungen, Garantiefristen usw. Wenn diese nicht – wie in den AGB (Allgemeine Geschäftsbedingungen) häufig vorformuliert – von einer Vertragspartei der anderen bei Vertragsabschluß einseitig auferlegt werden, dann ist gerade hier ein wichtiger Ansatzpunkt für ein Aushandeln gegeben. Sich diese AGB auferlegen zu lassen, darf freilich nur die schwächere Vertragspartei hinnehmen. Eine Vertragspartei mit gleichstarker oder stärkerer Marktmacht wird dies nicht dulden müssen. Auch hier sind dann die Türen offen für ein Aushandeln.

Konditionen sind somit eine Art Hebel, mit dem wir beim Verhandeln und Vertragsabschluß günstigere Ergebnisse für die eigene Seite herausholen können. Konditionen sind aber auch eine Art Riegel, den man den überzogenen Forderungen der Gegenseite vorschieben kann. Sie werden so zu einem äußerst wichtigen Verhandlungsinstrument.

§ 9 Problemlösungen

Wir können unserem Verhandlungspartner gezielte Problemlösungsvorschläge unterbreiten oder entsprechende Verfahren anbieten. Wir zeigen ihm damit, daß wir „kundenorientiert“ denken und uns in seine Schwierigkeiten hineinversetzen können. Das bewirkt eine rationale und meist auch eine emotionale „Öffnung“ des Gegenübers. Er erkennt nämlich, daß uns nicht einseitiger Interessenegoismus an den Verhandlungstisch treibt, sondern daß wir sein Wohl gleichermaßen im Auge haben. Das schafft Vertrauen beim Partner und kann eine langdauernde, stabile Vertragspartnerschaft zur Folge haben. Glaubwürdigkeit verkürzt den Weg zum Verhandlungserfolg!

§ 10 Die Vorteilspräsentation

Vorteile sind Pluspunkte sachlicher (oder auch gefühlsmäßiger) Natur. Vorteile sind Wertvorstellungen, die von den Parteien gegenseitig ins Spiel gebracht werden. Vorteile sind gleichsam „Lockvögel“, die den Partner zur Abgabe von Zugeständnissen bringen sollen. Gebündelte Vorteile ergeben ein Paket von Anreizen, um das verhandelt, gefeilscht und getauscht wird (z. B. Geld gegen Besitz, Besitz gegen Geld). Der menschliche Interessenegoismus ist Triebfeder für das Aushandeln von möglichst vielen Vorteilen, bei möglichst wenigen Vorteilen für die andere Seite. Daher geraten große Verhandlungen häufig zu einer Art Schachspiel, zu einer „Zug-um-Zug"-Verhandlung nach dem Grundsatz von Leistung und Gegenleistung. Aber was nützen uns die schönsten, markantesten, einleuchtendsten Vorteile, wenn wir sie nicht gut präsentieren? Also müssen wir darauf achten, daß sie wirkungsvoll herausgestellt werden. Das oben genannte Paket setzt sich aus Vorteilsargumenten zusammen, die es auszuspielen gilt. Solche Argumente sind z.B. die Konkurrenzlosigkeit unserer Ware, unsere Produkte, deren Preisgünstigkeit, Leistungsfähigkeit, Formschönheit, Farbgebung, Bedienungsfreundlichkeit, Servicefreundlichkeit, technischer Höchststand usw. Wir müssen die Kunst üben, Vorteile angebotswürdig zu präsentieren.

§ 11 Die Sachargumentation

Damit sind wir bei derjenigen Gruppe von Verhandlungsmitteln angelangt, die am ergiebigsten sind, nämlich den argumentativen. Wir bedienen uns hierbei harter Fakten, überprüfbarer Zahlen und eindrucksvoller Meßwerte oder Leistungsmerkmale, feststehender Gesetzesparagraphen, Begründungen, Beweismittel, schlüssiger Beweise usw. Checken wir dazu genau ab, inwieweit unsere einzelnen Argumente einer Nachprüfung standhalten, das eingesetzte Zahlen- und Informationsmaterial zutrifft (und evtl., ob sanfter Druck den Erfolg beschleunigen kann). Für jedes Argument sollten wir im Falle seines Versagens mindestens ein oder zwei Alternativen parat halten, mit denen wir weiteroperieren können. Überlegen wir sodann, bei welchen Verhandlungspunkten es voraussichtlich Schwierigkeiten geben wird, und wie, falls wir unseren Widerpart schon kennen, wir seinen zu erwartenden Widerstand am besten überwinden können. Abschließend überprüfen wir, ob unsere Verhandlungsposition und unsere Verhandlungsziele den ganzen Plan rechtfertigen. Das ist eine ausgezeichnete Kontrollüberlegung, mit deren Hilfe wir nochmals alle Einzelheiten durchgehen können.

8. Richtige Verhandlungszeitpunkts- und Verhandlungsortswahl zur Zielerreichung u. a. m.

Diese Maßnahmen gehören in den größeren Rahmen der organisatorischen Vorbereitungen zur Zielerreichung. Sie bilden in gewissem Sinne eine Sonderabteilung der im vorangehenden Abschnitt aufgeführten Verhandlungsinstrumente. Denn sie bearbeiten das Vor- und Umfeld von Verhandlungsstrategie und -taktik und befassen sich gezielt mit folgenden Punkten:

1. Zeitpunkt

Die Terminabstimmung (Messen sowie in- oder ausländische Feiertage oder politische Ereignisse beachten!); dabei terminliche Einengung vermeiden, wenn zeitlicher Abschluß nicht klar vorhersehbar. – Doch wie steht es mit der Wahl des rechten Zeitpunkts? Dazu stellt der italienische Staatsdenker *Machiavelli* (1469–1527) fest: „... *daß die Menschen bei ihrem Tun, vor allem bei bedeutenden Handlungen, den Zeitumständen Rechnung tragen müssen. Wer durch schlechte Mittel- und Zeitpunktwahl oder seine Charakterstruktur mit den Zeitumständen nicht fertig wird, wird meist kein Glück mit seinen (Ver-)Handlungen haben; genau umgekehrt geht es denen, die auf die Zeitumstände angemessen reagieren können.*" (Diskurse über Livius III, 8). S.a. Kap. VIII 2, § 2 *(Sun-Dse)*, S. 350f. passim u. 355.

2. Zeitdauer

Zeitplan mit Beginn und Ende; veranschlagte Zeitdauer; Pauseneinteilung, evtl. Arbeitsessen (dabei Durchstehvermögen beachten und eigene Erschöpfung vermeiden, weil sonst u.U. eigene Objektivität bei zu langen Sitzungen verlorengeht – Zermürbungstaktik!).

3. Tagungsort

Drei Ortswahl-Möglichkeiten:
Auf eigenem Boden (Heimspiel), signalisiert Stärke, Macht, Überlegenheit.
Auf fremdem Boden (Gastspiel), signalisiert Schwäche, Ohnmacht, Unterlegenheit.
Auf neutralem Boden, signalisiert Ausgewogenheit, keinen Prestigegewinn oder -verlust. – Auch Kostenüberlegungen sollten in die Wahl des Tagungsortes einbezogen werden!
Wichtig: möglichst ruhige und angenehme Atmosphäre und Umgebung: Das dient zur Unterstreichung der Bedeutsamkeit einer Verhandlung[33].

---

33 Von welch entscheidender Bedeutung die richtige oder verkehrte Wahl des Verhandlungsorts sein kann, beweist folgende Notiz aus Capital 6/1994, S. 21: „Am Fehlschlag beim ICE-Geschäft mit Südkorea ist Verkehrsminister *Matthias Wissmann* nicht ganz unschuldig. Als der südkoreanische Wirtschaftsminister *Chung Jai-suk*

4. Räumlichkeit

Konferenzraum lieber zu groß als zu klein (genau umgekehrt wie bei einer rednerischen Veranstaltung!); auf ausreichende Belüftung bzw. Klimatisierung achten, desgleichen auf gute Beleuchtung! Konferenzmobilar abchecken: Tischform: Runder Tisch baut Hierarchien und Spannungen ab, rechteckig-langgestreckter Tisch baut durch Gegenübersitzen Konfrontationen auf. Tischhöhe: 70–72 cm. Konferenzgestühl: bequem, aber körpergerecht, mit Armlehnen. Sitzordnung abklären und Namensschilder für Sitzordnung erstellen lassen.

5. Service usw.

Sympathische Bedienung; Getränke (auf den Konferenztisch gehören nur nichtalkoholische Getränke, dasselbe gilt für Pausengetränke!). Speisen: Bei gemeinsamem Essen und Arbeitsessen als Gastgeber Speisenfolge festlegen bzw. auswählen; auf Bereitstellung von Pausengebäck achten. Rauchen während der Verhandlung möglichst vermeiden; während der Pausen dagegen für Raucher in Pausenzonen Tabakwaren bereithalten. Bei länger als einen Tag dauernden Verhandlungen auch Unterbringung für Verhandlungspartner und eigene Mannschaft abklären.

6. Gerätetechnik

Audiovisuelle Hilfsmittel als Verstärker im Überzeugungsprozeß der Verhandlung: Flip-Chart, Dia- und Tageslichtprojektor, Videorecorder + Bildschirm usw.: Ein Bild sagt mehr als 1000 Wörter. Heute sind Präsentationen wichtiger als Kanonen! Wir leben im Zeitalter der Visualisierung.

---

um ein Gespräch bat, wollte *Wissmann*, in Unkenntnis asiatischer Mentalität, ihn in einer VIP-Lounge am Frankfurter Flughafen abfertigen. Der prestigebewußte Südkoreaner sagte ab – jetzt verdienen die Franzosen das Geld.“

7. Sachhaltige Vorbereitung

Bereitstellung von Konferenzunterlagen, von wichtigen Briefwechseln, Dokumenten und Dokumentationen, Beweis- und Belegmaterial, Résumés von Vorbesprechungen oder Vorverhandlungen, Schriftsätzen usw.; Erstellung einer Konferenzmappe für die Teilnehmer der eigenen Gruppe; ggf. Tonbandeinsatz (Erlaubnis des Verhandlungspartners erforderlich!); Erstellung einer Tagesordnung mit Kollegen, Partnern, Gegnern[34].

---

34 Gerade mit den beiden letztgenannten Personengruppen können wir erhebliche Schwierigkeiten beim Erstellen und Ausarbeiten einer Tagesordnung für eine Verhandlung, eine Konferenz usw. bekommen. Dasselbe gilt für die Abklärung von entsprechenden Verfahrensfragen. Sehr anschaulich haben dies der britische Historiker *Gordon A. Craig* und der amerikanische Politologe *Alexander L. George* in ihrem Buch „Zwischen Krieg und Frieden. Konfliktlösungen in Geschichte und Gegenwart", dt. 1984, TB-Ausg., München 1988, S. 212f. beschrieben: „Bevor inhaltlich verhandelt wird, manchmal sogar schon bevor die Beteiligten sich verbindlich auf die Aufnahme von Verhandlungen festlegen, müssen sie sich über Zeit und Ort, eine Tagesordnung und andere Modalitäten einig werden, wie etwa über Protokollfragen und über die Frage, auf welcher diplomatischen Ebene (ob auf Außenminister-, Botschafter- oder nachgeordneter diplomatischer Ebene) die Gespräche stattfinden sollen. Über jede dieser Verfahrensfragen kann es zu Meinungsverschiedenheiten kommen. Eine langwierige Auseinandersetzung um Verfahrensfragen kann geradezu ein böses Omen für Verhandlungen sein, indem es anzeigt, wie weit die beiden Seiten auch in den inhaltlichen Fragen voneinander entfernt sind ... Denkbar ist auch, daß eine Seite Uneinigkeiten in Verfahrensfragen bewußt zu taktischen Zwecken ausnützt – um Nebengewinne, wie etwa propagandistische Effekte einzustreichen, um Härte und Entschlossenheit zu demonstrieren, um Zugeständnisse zu erwirken oder sich in eine vorteilhafte Verhandlungsposition zu bringen. Streitigkeiten über Verfahrensfragen scheinen in unserer heutigen Zeit sehr viel häufiger vorzukommen als früher. Daß das Tauziehen um scheinbar nebensächliche verfahrenstechnische Probleme heute mit einer Hartnäckigkeit betrieben wird, die früheren Diplomatengenerationen fremd war, hat sicherlich damit zu tun, daß wir in einem Zeitalter leben, in dem erbitterte ideologische und andere Differenzen an die Stelle der kulturellen Homogenität getreten sind, die das alte europäische System kennzeichnete und diplomatische Prozesse erleichterte. ... Was die Tagesordnung betrifft, so kann es vorkommen, daß die Parteien sich weder darüber einigen können, welche Fragen überhaupt behandelt werden sollen, noch darüber, wie die einzelnen Punkte formuliert werden und in welcher Reihenfolge sie zur Sprache kommen sollen." Wir sehen daraus, welche Probleme und Vertracktheiten bereits im Vorfeld der eigentlichen Verhandlung lauern können, und das nicht nur im politischen, sondern auch im wirtschaftlichen und kaufmännischen Bereich.

Hier ein Wort zur internen Erstellung oder gegenseitigen Abstimmung der Tagesordnung: Dort gilt es, bei Anordnung der Tagesordnungspunkte (Agenda) vom Leichten zum Schwierigen fortzuschreiten. Denn das Schwierige zu Anfang könnte die Verhandlung schon zu Beginn in die Krise treiben. Dazu *F. Iklé* (a.a.O. S. 224):

„Als die sechs Minister des Gemeinsamen Marktes sich in den Jahren 1959 und 1960 über eine lange Liste von Zollposten zu einigen hatten, richtete es die Kommission sorgfältig so ein, daß mit der Diskussion über jene Produkte begonnen wurde, bei denen eine Einigung am leichtesten war. Als die Beteiligten schließlich noch wenige Punkte vor sich hatten, sahen sie sich unter Druck, ihre unterschiedlichen Meinungen durch einen Kompromiß auf einen Nenner zu bringen."

Wir sehen also, was eine geschickte Gestaltung der Tagesordnung an Vorteilen erbringen kann. Dieses Vorgehen ist jedoch nur ein Teil der von uns zu wählenden Verhandlungsstrategie.

9. Verhandlungspsychologie und Menschenkenntnis zur Zielerreichung

Dies sind zu komplexe Komponenten, als daß man sie auf wenigen Seiten abhandeln könnte. Der „human factor" ist der größte Unsicherheitsfaktor und die große Unbekannte, auf die wir uns bei der Gegenseite am Konferenz- und Verhandlungstisch einstellen müssen, wenn wir Erfolge erzielen wollen. Deshalb ist im vorliegenden Buch diesem Thema ein ganzes Kapitel mit mehreren Abschnitten gewidmet (s. Kap. III).

10. Verhandlungs- und Gesprächsdialektik zur Zielerreichung

Sie ist die Kunst, mögliche Einwände, Widersprüche, Behauptungen und Gegenargumente der anderen Seite im Verlaufe des Verhandlungsgesprächs aufzulösen und zu entschärfen. Sie gehört neben den unter Abschnitt 6 genannten Maßnahmen zum unerläßlichen Instrumentarium des zielbewußten und erfolgreichen Verhandlers. Daher und wegen der Komplexität des Themas ist ihr ein eigenes Kapitel (s. Kap. VII) gewidmet, in dem 50 Dialogikbausteine, in je 5 Gruppen untergliedert, das Thema umfassend behandeln.

11. Verhandlungsergebnisse oder -erfolge

Verhandlungsergebnisse oder -erfolge und Verhandlungsziele sind meist nicht identisch, wie die Praxis zeigt. Häufig bleiben diese hinter jenen zurück, bisweilen stimmen diese mit jenen überein, selten nur übertreffen diese jene. Fehlergebnisse und Mißerfolge machen dann ein Neuverhandeln oder Nachverhandeln erforderlich. Was also müssen wir bei Verhandlungen beachten, wenn sie „ergebnisbringend" sein sollen? Ihre Ergebnisse müssen sich am Gesetz der Rentabilität („Einträglichkeit") orientieren, wenn sie den Namen verdienen wollen. Wie aber lautet dieses Gesetz, das für die Erzielung guter Ergebnisse unerläßlich ist? Alle Verhandlungsergebnisse sind nach ihrem *relativen* Ertrag zu beurteilen, d. h., nicht am augenblicklichen Erfolg zu messen, sondern am Gesamtaufwand, der zu dem jeweiligen Ergebnis führte. Anders gesagt, das beste Verhandlungsergebnis kann für ein Unternehmen oder einen Staat wertlos, ja ruinös sein, wenn es nicht in einer angemessenen Relation zu den Zugeständnissen, mit denen es erkauft wurde, sowie zum Zeit-, Geld- und Kraftaufwand steht, den wir durch die Verhandlungen, ihre Planung und den Aufbau einer eigenen Verhandlungsposition erbracht haben. Rentabilität und damit ein gutes Verhandlungsergebnis heißt also: Überschuß des Ertrags über den zuvor investierten Gesamtaufwand (Zeit, Kraft, Kosten usw.). Daran müssen sich unsere Verhandlungserfolge messen lassen.

12. Schlußbetrachtung: Verhandlungsführung, Geschäftsmoral und das Gesetz der Tatvergeltung

Wir haben die Verhandlungsführung bisher vorrangig unter dem Gesichtspunkt der Zweckmäßigkeit betrachtet. Dabei war gelegentlich auch von Verhandlungsmitteln wie Drohung und Täuschung die Rede, die vom moralischen Standpunkt aus als bedenklich und zweifelhaft, ja unter bestimmten Voraussetzungen sogar als verwerflich angesehen werden müssen. Einige Leser sind vermutlich befremdet darüber, daß dies bisher ohne nennenswerte moralische Stellungnahme geschehen ist, andere mögen die Auffassung vertreten, Geschäft und Moral vertrügen sich nicht, und wer auf dem einen Gebiet Erfolg haben wolle, der dürfe sich um das andere nicht kümmern.

Es läßt sich leider nicht leugnen, daß moralisch mehr oder weniger angreifbare Methoden in ganz erheblichem Maße zum geschäftlichen Alltag gehören, vom politischen Alltag ganz zu schweigen. Ebenso unzweifelhaft ist es, daß sich gewöhnlich die Geschäftserfolge derjenigen vergrößern, die diese Methoden möglichst skrupellos anwenden. Die „Virtuosen" unter ihnen gehen dabei bis hart an die Grenzen der Legalität, und gelegentlich, wenn sie sich von Öffentlichkeit und Gesetzeshütern unbeobachtet fühlen, wohl auch darüber hinaus, wie das geflügelte *Höcherl*-Wort („etwas außerhalb der Legalität") bezeugt. Ein juristisches Lehrbuch prägt hier sogar den Begriff der „zulässigen Illegalität". Das ist ein beunruhigendes Phänomen! Je konsequenter sie sich in jener schmalen „Grauzone" zwischen Legalität und Illegalität bewegen, ohne wirklich schwerwiegende Risiken der Strafbarkeit einzugehen, desto erfolgreicher werden sie im allgemeinen operieren können.

Die Frage lautet, ob es überhaupt einen Sinn hat, hier die herkömmliche moralische Elle anzulegen. Denn diejenigen, die es angeht, haben diesen Maßstab offensichtlich längst über Bord geworfen und lassen sich auch schwerlich dadurch allein beeindrucken, daß andere ihn noch verwenden. Ist diese Situation nicht alarmierend?

Trotz alledem herrschen in den genannten Bereichen (Geschäfts- und Politikwelt) immer noch gewisse Kräfte und Gesetzmäßigkeiten vor, die außerordentlich wirksam sind und normalerweise die schlimmsten Auswüchse verhindern oder doch zu Sonderfällen machen, die sich – bislang noch – nicht verallgemeinern lassen. Wenden wir uns darum diesen wirkenden Kräften und Mächten zu.

Wie würden z. B. *wir* selbst reagieren, wenn es einem Mitmenschen gelungen wäre, uns auf mehr oder weniger unerfreuliche Weise „aufs Kreuz zu legen"? Wir wären sicherlich – mit Recht – sehr empört. Der Betreffende wäre für uns erledigt. Vielleicht würden wir bei nächster Gelegenheit sogar versuchen, uns zu revanchieren. Und wohl jeder andere würde vermutlich ähnlich reagieren. Daraus läßt sich unschwer der Schluß ziehen: Wer die Straße zu seinem Erfolg mit anrüchigen Mitteln pflastert, schafft sich scharenweise Feinde, und er muß davor zittern, daß sie alle sich gegen ihn verbünden.

Hier zeichnet sich ein soziologisches Regulativ ab, das seit langem bekannt ist:

Das Gesetz vom Gleichgewicht der Kräfte

Es läßt sich auf folgende Formel bringen: Wo immer ein Mensch, ein Unternehmen oder ein Staat erheblich stärker wird als seine Umgebung, dort wächst die Neigung, allen anderen Hader zu vergessen und sich gegen den Störenfried zusammenzuschließen, um zu seinem geschäftlichen oder politischen Übergewicht ein wirksames Gegengewicht zu bilden. Nur so kann das Gleichgewicht der Kräfte aufrechterhalten und der Gerechtigkeit auf Erden ein Dienst erwiesen werden.

Es handelt sich also hier um ein eminent wichtiges, wenn auch ungeschriebenes Gesetz, das sich auf die Dauer in allen zwischenmenschlichen Beziehungen durchsetzt. Es gilt zwischen Einzelpersonen im Privatleben genausogut wie im Geschäftsleben zwischen Gruppen, Verbänden und Unternehmen oder im Politikbereich zwischen Parteien, Staaten und Weltorganisationen. Für seine Wirksamkeit liefert die Weltgeschichte zahlreiche Beispiele. Als klassisches Beispiel mag hier die britische Außenpolitik der Neuzeit dienen, die das Gesetz vom Gleichgewicht der Kräfte (balance of powers) auf dem europäischen Kontinent vom 16. bis zur Mitte des 20. Jahrhunderts zu einer der wichtigsten Maximen ihres Handelns erhoben hatte. Die daraus resultierende Real-Politik mit all ihren guten und schlimmen Folgen ist sattsam bekannt.

Dies Gesetz vom Gleichgewicht der Kräfte wirkt jedoch auch selbsttätig, sogar wenn es nicht so meisterhaft konsequent zum eigenen Nutzen eingesetzt wird wie lange Zeit von der englischen Regierung. Es ist gewissermaßen das Regulativ der ausgleichenden Gerechtigkeit auf dem Markt der Macht und der Mächte. Denn je mehr Feinde sich jemand durch sein rüdes Vorgehen in seiner Umwelt geschaffen hat und je erbitterter deren Neid, Haß und Rachegefühle sind, desto erbarmungsloser wird sich dieses Gesetz gegen ihn auswirken. Mit anderen Worten, je stärker und umfassender jemand seinem eigenen wirtschaftlichen oder politischen Erfolg mit Mitteln nachhilft, deren Einsatz seine Umwelt überwiegend ablehnt, desto mehr trägt er selbst dazu bei, seinen angestrebten Erfolg auf die Dauer zu untergraben und zu zerstören[35].

---

35 Klassische Beispiele aus unserem Jahrhundert sind dafür bereits der nationalsozialistische Diktator *Adolf Hitler* (1889–1945), der durch seine verbrecherische Politik

Sicherlich werden viele jetzt die Frage stellen, wieso es denn angesichts der hier aufgewiesenen Gesetzmäßigkeit möglich sei, daß eine ganze Reihe sehr bekannter und erfolgreicher Unternehmer sich offenbar ungestraft durchsetzen und behaupten konnte, obwohl diese genügend Übergriffe begangen hatten, die eigentlich konzentrische Reaktionen ihrer Umwelt gegen sie hätten auslösen müssen.

Nehmen wir als Beispiel nur die Methoden, deren sich der alte *John D. Rockefeller* (1839–1937) beim Aufbau seines Standard-Oil-Imperiums bediente. Sie sollen selbst in der wahrhaft nicht zimperlichen Ellenbogengesellschaft zur Gründerzeit der amerikanischen Großindustrie sehr häufig heftigen Widerspruch erregt haben.

Doch gerade der Fall *Rockefeller* ist, genau besehen, ein gutes Beispiel für die Richtigkeit der hier vertretenen Erkenntnis. Denn wir dürfen nicht übersehen, daß gerade Rockefellers allzu hemdsärmeliges Vorgehen bei seiner Konzentrationspolitik es war, das in den USA die Entstehung der Antitrustpolitik und -gesetzgebung wesentlich gefördert hat, die schließlich zur Zertrümmerung des übermächtigen Standard-Oil-Konzerns führte. Wenn diesem Industrie-Tycoon gleichwohl ein großer und nachhaltiger Erfolg beschieden war, so verdankt er dies einem ganz anderen Faktor, ohne dessen Darstellung die hier aufgewiesene Gesetzmäßigkeit nur unvollständig wiedergegeben wäre.

Denn wir müssen auch folgendes beachten: Genau wie man sich durch eigenen Machtgewinn und die Anwendung verwerflicher Mittel Feinde schafft, so erwirbt man sich durch positive Leistungen und Wohltaten, die einzelnen, vielen oder gar der Allgemeinheit zugute kommen, viele Bewunderer, und durch Beteiligung der Mitmenschen an eigenem Nutzen und Wohlstand neue Freunde und Verbündete. Alle Großen, deren wirtschaftlichen oder politischen Aufstieg wir heute bewundern, haben dies in hohem Maße erkannt und in diesem Sinne gehandelt. Sie erbrachten Leistungen für das Gemeinwohl oder die Volkswirtschaft, sie setzten in ihrer Branche neue Maßstäbe für technischen und ökonomischen Fortschritt und ließen durch Beteiligungsmodelle und Stiftungen ihre Mitarbeiter und Mitmenschen an den Unternehmensgewinnen teilhaben. Das gilt auch für *Rockefeller*, einen Wegbereiter der „Weltmacht“ Erdöl, ohne die unsere heutige

---

den 2. Weltkrieg (1939–1945) und damit seine eigene Vernichtung und die des Deutschen Reiches heraufbeschwor; oder der irakische Diktator *Saddâm Hussein*, der durch seine Kuwait-Annexion Golfkrise und Golfkrieg (1990–1991) und damit seine katastrophale Niederlage auslöste.

Energiewirtschaft nicht denkbar wäre. Das gilt aber auch für viele andere Groß- und Kleinunternehmer sowie für ganze Unternehmen.

Erst das Resultat beider Entwicklungen, der Sympathie- und Antipathiewerte, der Plus- und Minusrubrik, der Freund- und Feindreaktionen, wie man es vereinfachend nennen könnte, bestimmt das berufliche, geschäftliche oder politische Schicksal dessen, der diese beiden Reaktionen seiner Umwelt durch eigenes Handeln hervorruft. Es liegt an jedem einzelnen von uns, hier das Optimum zwischen der kombinierten Freund-Feind-Reaktion seiner Umwelt für sich herauszufinden, d.h., zwischen den Aufwendungen zugunsten anderer, mit denen er sich die positiven Reaktionen erkaufen muß, und den geschäftlichen Vorteilen auf Kosten anderer, mit denen er sich die negativen Reaktionen einhandelt.

So ist auf überraschend wirksame Art dafür gesorgt, daß auf Dauer niemand seiner Umwelt geschäftlich mehr nimmt, als er ihr hierfür gibt. Wer sein Verdienst-Schuld-Konto (und Verdienst und Schuld sind moralische Kategorien!) auf der Minusseite zu weit überzieht, wird unweigerlich über kurz oder lang geschäftliche bzw. politische Rückschläge erleiden, ja möglicherweise sogar völlig scheitern. Wer dagegen sein Verdienst-Schuld-Konto auf der Plusseite überzieht, wird unweigerlich über kurz oder lang geschäftliche bzw. politische Erfolge ernten, ja möglicherweise als Menschenfreund und Wohltäter in die Geschichte eingehen.

Wegen gewisser Verzögerungseffekte im Guten wie im Bösen mag diese Rechnung für den Beobachter vordergründig, d.h. sofort wahrnehmbar, nicht immer aufgehen. Die Mühlen in diesem Bereich mahlen bekanntlich langsam. Aber daß diese Gesetzmäßigkeiten des Gleichgewichts der Kräfte, der Freund-Feind-Reaktion bzw. des Verdienst-Schuld-Kontos in unserer Daseinswelt teils offensichtlich, teils unterschwellig wirksam sind, wird jeder aufmerksame Beobachter der Dinge nicht abstreiten können.

Allerdings dürfen wir uns diesen Prozeß nicht im Sinne einer simplen quantitativen laufenden Kontoführung wie bei einem Bankinstitut vorstellen. Vielmehr haben wir es hier mit einem vorwiegend qualitativen, sozusagen moralischen Kontokorrent zu tun, dessen Wirkungen – anders als bei einem Bankkonto – meist nicht sofort durchschlagen. Hier entscheidet die qualitative Summe der Soll- und Habenposten, die sich laufend verändern kann. So kann z.B. ein Spitzenmanager, der seinem Unternehmen, seinen Mitarbeitern und seinen Geschäftsfreunden viel zu bieten hat, sich in seiner Politik auf längere Zeit auch erhebliche Verstöße gegen die Geschäftsmoral erlauben, ohne damit in der Regel den vordergründigen Gesamterfolg seiner Karriere in Frage zu stellen. Er gilt dann eben als einer jener Menschen, die in ihrer Branche nicht viele Sympathien genießen, sich aber – wegen ihrer Verdienste für die Firma – auf ihrem Posten als nur schwer ersetzbar erwiesen haben. Dieser Ausgang vermag uns aus rein moralischer Sicht gewiß nicht voll zu befriedigen. Doch diese Möglichkeit von sich zu weisen, hieße die Augen vor der Lebenswirklichkeit zu verschließen. Aber es ist nicht auszuschließen, daß es zu dieser Karriere noch ein Nachspiel gibt: Der Topmanager ist zwischenzeitig in Pension gegangen, und plötzlich holen ihn seine einstmals abgeschossenen Giftpfeile – wie ein Bumerang – ein und treffen ihn völlig unerwartet und unvorbereitet. Seine Vergangenheit holt ihn ein, weil seine dubiosen Praktiken durch Zufall entdeckt und an die Öffentlichkeit gelangt sind. Er muß nun vor einen Untersuchungsausschuß oder gar vor ein Gericht treten und sein Tun verantworten, so er es kann. Sein lang geplantes Leben als Ruheständler in „otium cum dignitate“[36] kann sich in eine wahre Hölle verwandeln. Vor dieser Lebenswirklichkeit die Augen zu verschließen, wäre für Führungskräfte in Wirtschaft (und Politik) allerdings eine Vogel-Strauß-Politik mit katastrophalen Folgen für die Betroffenen[37].

Doch welche abschließende Einsicht ergibt sich daraus für uns als Verhandlungs-Praktiker? Es ist folgende Lehre:

> Im moralischen *„Kontokorrent der Verhandlungsführung“* schlagen sich unsere Gerechtigkeit und Ungerechtigkeit, unsere Verdienste und Verbrechen, unsere Fairneß und Gemeinheit auf einer höheren, aber daseinsimmanenten Ebene in Form von Plus- und Minuspunkten verschiedener Wertigkeit nieder. Diese schlagen über kurz oder lang auf einzelne Begehungs- und Unterlassungstäter oder ganze Begehungs- und Unterlassungstätergruppen im Guten wie im Bösen zurück. Der genaue Verrechnungsmodus ist natürlich schwer zu entschlüsseln, aber es gibt Gründe genug, an seinem Vorhandensein nicht zu zweifeln. Unser moralisch-rechtliches Verhalten am Verhandlungstisch ist darum mitentscheidend für unseren Langzeiterfolg (oder -mißerfolg) als Verhandler.

36 Aus dem Lateinischen: In „Muße mit Würde“, nach einem *Cicero*-Wort.

37 Im indo-buddhistischen Kulturkreis ist dieses Phänomen seit Jahrtausenden als das Gesetz der (nach)wirkenden Tat (karman) bekannt.

13. Kategorien (Grundelemente) der Verhandlungsführung: Eine Zusammenfassung

Checkliste 1: Kategorientafel der Verhandlungsführung (Langfassung)
Jeder, der verhandeln muß, sollte sie kennen, wenn er systematischen Erfolg haben will. Daher unterscheiden wir hier folgende 10 Kategorien in entsprechender Reihenfolge. Sie beziehen sich auf unser Verhandlungskonzept, in dem unsere Strategie begründet ist. Die Kategorientafel gliedert sich in:

1.	*Unsere Verhandlungsposition*, die durch unsere Verhandlungsmacht und Verhandlungsspielräume, aber auch durch unseren Verhandlungsauftrag, unsere Verhandlungsvollmacht definiert ist. S. 37
2.	*Unsere Verhandlungsgründe*, d. h. Sachzwänge, Interessenlagen oder auch Motive und Triebfedern, die uns an den Verhandlungstisch bringen. S. 42
3.	*Unseren Verhandlungsgegenstand (bzw. -gegenstände)*, d. h. die strittige(n) Sache(n), offene(n) Streitfrage(n), Probleme, Vertragsabschlüsse, Vertragsrevision(en), um die am Verhandlungstisch gerungen wird. S. 45
4.	*Unser Verhandlungsziel oder -zweck*, d. h. dasjenige, was wir angesichts der vordergründigen Mittel als tieferen Sinn und Endzweck unseres Agierens am Verhandlungstisch erblicken und anstreben. S. 47
5.	*Unsere einzuschlagende(n) Verhandlungsstrategie(n)*, nämlich die durchdachte Planung und Abwägung derjenigen Vorgehensweisen, Maßnahmen und Gegenmaßnahmen, die uns zu einer ergebnisbringenden Zielerreichung führen können, d. h. letztlich akzeptable Ergebnisse versprechen; ferner das Erkennen und Neutralisieren von gegnerischen Strategien. S. 51

6.	*Unsere Verhandlungsinstrumente*, d.h. die Taktikbausteine zur Zielerreichung wie z.B. Drohungen, Strafen, Repressalien, Ultimaten, Bluffs, aber auch Konzessionen, Meinungsbeeinflussungen, Problemlösungsvorschläge, Vorteilspräsentationen, Sachargumentationen oder Appelle, Lockangebote, Kompromißangebote usw. S. 58
7.	*Unsere richtige Verhandlungszeitpunkts- und Verhandlungsortswahl*, weil der günstigste Zeitpunkt und eine geeignete Umgebung mit entsprechender Atmosphäre gute Voraussetzungen für ein Gelingen der Verhandlung(en) sein können. S. 66
	Da wir es am Verhandlungstisch aber nicht mit Robotern und Automaten, sondern mit Menschen zu tun haben, müssen wir besonders den Komplexen 8.–9. Rechnung tragen:
8.	*Unsere Verhandlungspsychologie und Menschenkenntnis*, mit denen wir uns auf die Person(en) auf der anderen Seite des Verhandlungstisches einstellen müssen. S. 70
9.	*Unsere Verhandlungsdialektik*, d.h. die Kunst, die möglichen Einwände, Ausreden, Behauptungen und Gegenargumente, aber auch die tieferliegenden Widerstände bei unseren Verhandlungspartnern/-gegnern im voraus zu erkennen, und die Kunst, diese anschließend samt ihren Gegenstrategien zu entkräften oder zu widerlegen. S. 70
10.	*Unsere vermutlichen Verhandlungsergebnisse oder -erfolge*, d.h. das, was uns bei realistischer Lagebeurteilung als durchsetzbar und im Sinne des Rentabilitätsgesetzes als akzeptabel und damit vertretbar erscheint (Minimal- und Maximalergebnis). S. 71

Checkliste 2: Kategorientafel der Verhandlungsführung (Kurzfassung)

Jeder Verhandler sollte sich, bevor er am Verhandlungstisch Platz nimmt, folgende Fragen in Form dieser *kondensierten* Checkliste vorlegen:

Wenn ich verhandle, dann:

1. Von wo aus (Ausgangsposition, Verhandlungsmacht)? S. 37
2. Warum, weshalb (Grund, Gründe)? S. 42
3. Worum, worüber (Gegensta(e)nd(e), Streitpunkte)? S. 45
4. Wozu (Zweck, Endziel)? S. 47
5. Wie (einzuschlagende Strategie zur Zielerreichung)? S. 51
6. Womit, wodurch (Instrumente zur Zielerreichung)? S. 58
7. Wo und wann (günstigster Zeitpunkt und Ort zur Zielerreichung)? S. 66
8. Mit wem, gegen wen (Personen: Partner/Gegner)? S. 70
9. Gegen was, wogegen (Einwände, Gegenargumente, Widerstände)? S. 70
10. Mit welchem Erfolg (vermutliches Ergebnis)? S. 71

Dies also sind die 10 Grundfragen und Grundelemente (Gebote) des Verhandelns, über die wir uns vor jeder Verhandlung klar werden sollten! Sie erweisen sich als unbestechliches Analyse-Instrument der eigenen Erfolgsaussichten in jeglicher Verhandlung.

Abschließend eine knappe, endgültige Begriffsdefinition der Verhandlungskunst

Verhandlungskunst verstehen wir als den – von dialogischer Kommunikation getragenen – positionsgestützten, zeit- und ortsgebundenen planvollen Einsatz rationaler, intuitiver und emotionaler Mittel und Maßnahmen aufgrund von Sachzwängen und Beweggründen angesichts personeller, argumentativer und sachlicher Widerstände zwecks Erzielung ergebnisbringender, akzeptabler Entscheidungen, Vereinbarungen, Abkommen usw. mit unseren Verhandlungspartnern/Verhandlungsgegnern bezüglich bestimmter Gegenstände, Sachfragen, Vorhaben, Streitpunkte, Probleme usw.

Kapitel III

Wesensanalyse des Verhandlers und Verhandlungspartners/-gegners

1. Die Suche nach dem Wesensbild des Verhandlers

Wie wir wissen, ist die Verhandlung eine besondere Erscheinungsform des Dialogs. Das griechische Wort „Dialog" meint aber: etwas *miteinander* durchsprechen. Zu einem solchen Gespräch gehören also mindestens zwei: die Person des Verhandlers und die des Anderen, d. h. des Partners oder Widerparts. Mit anderen Worten, ein Dialog ist ohne den oder die Anderen nicht möglich.

Die Person des Verhandlers auf beiden Seiten und deren personale Strukturen sind jedoch im bisherigen Gang unserer Untersuchung viel zu wenig ins Blickfeld geraten. Daher tut es not, daß wir uns dem personalen Element in der Verhandlung (the human factor), ohne das ein Verhandlungsgespräch existenziell gar nicht möglich ist, endlich zuwenden. Hierbei kann uns für den praktischen Bereich, in dem wir uns nunmehr bewegen, keine noch so tiefschürfende typenpsychologische Erörterung hilfreich sein, sondern fast nur angewandte Verhandlungsethik und Verhandlungspsychologie. Dazu wiederum ist es unerläßlich, die Person des Verhandlers und seines Gegenübers einer eingehenden Betrachtung zu unterziehen, was leider in den meisten Verhandlungsbüchern sträflich vernachlässigt wird.

Aufgrund dieser Sachlage gliedert sich das vorliegende Kapitel in zwei Hälften: Die Abschnitte 1.–3. befassen sich mit dem Wesensbild des Verhandlers, d. h. unserer Position, die Abschnitte 4.–6. mit dem des Verhandlungspartners bzw. -gegners, dieser unbekannten Größe.

Hatten wir bisher nur die rationalen Strukturen und pragmatischen Komponenten der Verhandlungsführung erörtert, so richten wir jetzt unseren Blick auf das mental-emotionale Element des Verhandlers und des Verhandelns sowie auf deren Anforderungsprofile und „Ehrenkodex" (Code of Ethics):

§ 1 Sein Persönlichkeitsprofil

Hier stellen sich uns sofort folgende grundlegenden Fragen: Wie sollte das Persönlichkeitsprofil bzw. Charakterbild des Verhandlers beschaffen sein? Aus welchen Bausteinen setzt es sich zusammen? Wie sehen diese im einzelnen aus?

Darüber gibt uns am überzeugendsten der französische Diplomat und Minister *Ludwigs XIV.*, *François de Callières* (1645–1717), Auskunft. Als Zeitgenosse des 17. Jahrhunderts ein Vertreter des Rationalismus, verfaßte er sein großes Werk „De la manière de négocier avec les souverains" (Wie man mit Herrschern verhandelt), erschienen 1716 in Amsterdam. Es ist im strengen Geiste des französischen Rationalismus geschrieben und gilt bis heute als das gelungenste Handbuch über diplomatische Verhandlungskunst. *Callières* bemerkt dort u.a.[38]:

„Der gute Diplomat muß haben: *Beobachtungsgabe*, *Fleiß* und *Aufmerksamkeit*, die *sich nicht* von Genüssen und wertlosen Vergnügungen *ablenken lassen*, ein *gesundes Urteil*, das die Dinge so einschätzt, wie sie sind, und geradewegs auf den kürzesten und natürlichsten Wegen *auf das Ziel losgeht, ohne sich* in bedeutungslose Klügeleien und Spitzfindigkeiten *zu verlieren*.

Der gute Verhandler muß die *Gabe des Scharfsinns* haben, die ihn befähigt, *die Gedanken* der Menschen *zu erkennen* und aus der leisesten Bewegung ihrer Gesichtszüge zu schließen, welche Leidenschaften in ihnen erweckt wurden.

Der Diplomat muß *schnell* und *wendig*, ein *guter Zuhörer*, *höflich* und *liebenswürdig sein*. Er soll weder darauf bedacht sein, als geistreicher Kopf zu gelten, *noch so streitsüchtig sein*, daß er eine geheime Information ausplaudert, nur um einen zwingenden Beweisgrund anführen zu können. Vor allem aber muß der gute Verhandler *genügend Selbstbeherrschung* besitzen, um dem Drange widerstehen zu können, zu sprechen, bevor er genau überlegt hat, was er sagen will. Er darf *nicht in den Irrtum verfallen*, anzunehmen, eine geheimnisvolle Miene, mit der aus einem Nichts Geheimnisse und aus der geringsten Kleinigkeit Staatsangelegenheiten gemacht werden sollen, sei etwas anderes als ein Zeichen von Borniertheit. Er darf Frauen den Hof machen, aber *nie sein Herz verlieren*. Er muß verstehen, *Würde* vorzutäuschen, auch wenn er keine besitzt, aber dabei allen geschmacklosen Prunk vermeiden. Auch *Mut* ist eine wesentliche Eigenschaft, denn ein ängstlicher Mensch kann nicht hoffen, bei einer geheimen Verhandlung Erfolg zu haben. Der Verhandler muß die *Geduld eines Uhrmachers* besitzen und darf *keine persönlichen Vorurteile* haben. Er muß *von ruhigem Wesen* sein, Narren mit Heiterkeit ertragen können und soll sich weder dem Trunk, dem Spiel, den Frauen, noch der *Reizbarkeit* und *anderen Launen*, Stimmungen und Phantasien ergeben. Außerdem soll der Verhandler *Geschichte und Memoiren studieren, mit ausländischen Einrichtungen und Gewohnheiten vertraut* sein und imstande sein, *zu erkennen*, bei wem in irgendeinem fremden Lande die *wirkliche höchste Staatsgewalt* liegt. Jeder, der den Diplomatenberuf ergreift, müßte *Deutsch*, *Italienisch und Spanisch* ebensogut sprechen wie Lateinisch,

38 Zitiert nach *Harold Nicolson*, Kleine Geschichte der Diplomatie, a.d. Englischen übersetzt von *A. Seiffhart*, Frankfurt/M., 1955, S. 86–87.

dessen Unkenntnis für jeden Mann der Öffentlichkeit eine Scham und Schande bedeutet, weil es die gemeinsame Sprache aller christlichen Nationen ist. Auch in *Literatur, Naturwissenschaft, Mathematik und Rechtswissenschaft* sollte er Kenntnisse haben, und schließlich muß er *gut Gäste bewirten können*. Ein guter Koch ist oft ein ausgezeichneter Versöhner."

Was *Callières* uns in diesen Ausführungen vorstellt, ist ganz sicher die Idealgestalt des vollendeten Diplomaten und Verhandlers, wie es sie – zum Glück – wohl nie geben wird[39]. Gleichwohl nennt diese bemerkenswerte Auflistung von Eigenschaften einen Sollzustand, den jeder angehende Verhandler nach Kräften anstreben müßte. *Callières* errichtet eine Landmarke, die wir künftig bei unserem Tun und Lassen nicht mehr aus den Augen verlieren dürfen. Wir versuchen daher, in teilweiser Anlehnung an ihn eine zusammenfassende Aufstellung von Charakter-Eigenschaften zu geben. Sie bietet innerhalb ihrer einzelnen Absätze zugleich eine gewisse Bündelung gleichartiger und verwandter Begriffe:

a) Logisch-intellektuelle Qualifikationen des Verhandlers

Schnelle Auffassungsgabe, (intuitives) Verstehen der Phänomene und Situationen, Blick fürs Wesentliche (d.h. Unterscheidenkönnen zwischen wesentlich und unwesentlich), analytisches Denken, gesunde Urteilskraft, Klugheit, Präzision

Logischer Scharfsinn (nicht Spitzfindigkeit!), Augenmaß (fürs Machbare), ungetrübter Blick für die Realitäten, Vorurteilslosigkeit und Objektivität (der Lagebeurteilung), untrügliche Entscheidungsgabe, kritisches Abwägen

Umsichtigkeit, Überlegtheit (nicht Unüberlegtheit!), Planungsgabe

Beweglichkeit, Kombinationsgabe, Wendigkeit, Geschmeidigkeit (diplomatisches Verhalten)

Fähigkeit zur Selbstkritik

Problemlösungsfähigkeit

Gedächniskraft, Merkfähigkeit

39 Der französische Moralist *Joseph Joubert* (1754–1824) bemerkte dazu einmal bissig, aber geistreich: *„Un homme comme il faut, est un homme comme il ne faut pas!" [Ein Mensch, wie er sein soll, ist ein Mensch, wie er (lieber) nicht sein sollte!].*

Standpunkttreue (nicht Prinzipienreiterei!), positive Lebenseinstellung

b) Kommunikativ-interpersonale Qualifikationen des Verhandlers

Kontaktbereitschaft, Gesprächsbereitschaft, Dialogfähigkeit

Fähigkeit zur Kooperation (Teamarbeit) in einer Verhandlergruppe

Formulierungsgabe, Darstellungsgabe, Redegabe

Schnelles Reaktionsvermögen, Schlagfertigkeit, Wendigkeit, Anpassungsfähigkeit

Spontaneität, Improvisationsgabe, Einfallsreichtum (Phantasie)

Überzeugungsgabe, Beherschung psychologischer Ansprechweisen

Beobachtungsgabe, Kenntnis der Körpersprache, Menschenkenntnis, Welterfahrung

Zuhörenkönnen, Zwischen-den-Zeilen-lesen, Schweigenkönnen, Verschwiegenheit (Diskretion), Vertraulichkeit

Einfühlungsgabe, Behutsamkeit, Vorsicht

Bewußtheit, Wachheit, Wachsamkeit (geschärftes Wahrnehmungsvermögen)

Glaubwürdigkeit, Ausstrahlung (Charisma), Sympathiegewinnung

Zuverlässigkeit, Aufrichtigkeit, Ehrlichkeit, Wahrheitsliebe, Berechenbarkeit

Sachliche Höflichkeit (nicht Schmeichelei!)[40], Liebenswürdigkeit, Charme, Humor

Würde, Fairneß, Menschenachtung statt Menschenverachtung![41], Toleranz gegenüber Mentalitätsunterschieden und anderen Meinungen

40 Gezielte Höflichkeit als Mittel gegen Aggression und Arroganz, mit Humor gewürzt, macht Gefühlsexplosionen zur Seifenblase: psychologische Verpackung notwendiger Wahrheiten!

41 Menschenverächter gehören von Rechts wegen nicht an den Verhandlungstisch, weil sie dort nur größtes Unheil stiften können.

Gespür für die tatsächliche Machtverteilung auf der anderen Seite, in einer Firma, einem Staate usw.

Geschmack (ästhetische Urteilskraft), Kunstsinn und -verständnis

Gastfreundlichkeit (d. h. ein guter Gastgeber sein können)[42]

Friedfertigkeit, Unprovozierbarkeit, positive Lebensauffassung

c) Voluntativ-emotionale Qualifikationen des Verhandlers

Durchsetzungswille (Härte), Behauptungswille, Zielstrebigkeit, Unbeirrbarkeit, Arbeitswille (Fleiß)

(Wage-)Mut, Risikobereitschaft

Charakterfestigkeit, Selbstvertrauen, äußere (physische) und innere (psychische) Selbstsicherheit (Stabilität), Streßstabilität, (Durch-)Stehvermögen, hohe Belastbarkeit

Seelische Ausgeglichenheit (Harmonie), ruhiges und gelassenes Wesen, hohe Frustrationstoleranz (d. h. „dickes Fell", nicht Dünnhäutigkeit!), innere Gelassenheit (sich nicht aus der Ruhe bringen lassen), äußere Haltung (Contenance), Unerschütterlichkeit der Gemütsverfassung

Illusionslosigkeit (somit Unenttäuschbarkeit)

Selbstbeherrschung bzw. Selbstkontrolle (der eigenen Gefühle, Antipathien usw.), Vermeidung von Überreaktionen, Unabhängigkeit von (Augenblicks-)Launen und Stimmungen

Geduld, Kunst des Zuwartens, Abstand wahren können

Unkompromittierbarkeit, Unkorrumpierbarkeit (Unbestechbarkeit), Unerpreßbarkeit, Unkäuflichkeit, Suchtfreiheit, sittliche Sauberkeit, geordnetes Leben

§ 2 Sein Kompetenzprofil

- Kenntnisse und Erfahrung in der Verhandlungsführung, Vertrautheit mit dem Verhandlungskonzept (Strategie und Taktik), Vertrautheit mit dem Verhandlungsgegenstand bzw. der Verhandlungsmaterie

42 *Bismarck* war ein wahrer Meister in dieser Kunst. An der üppigen Speisetafel bezauberte und erweichte er seine Verhandlungspartner.

- Sach- und Fachkompetenz im eigenen Arbeits- bzw. Tätigkeitsbereich, allgemeines Sach- und Fachwissen der Branche bzw. des Arbeitsgebietes
- Fremdsprachenkenntnisse (mit Blick auf das größere Europa und Übersee), Kenntnisse in Rhetorik, Dialogik (Gesprächsführung) und Präsentationstechnik
- Allgemeinbildung: Vorkenntnisse in Politik und Geschichte, in Wirtschafts- und Rechtskunde, ggf. auch in Naturwissenschaften und Technik usw.
- Für Verhandlungen im Ausland: Vertrautheit mit den jeweiligen Landessitten und dortigen Gepflogenheiten.

§ 3 Sein Moralkodex (Code of Ethics)

Hier sei nochmals *François de Callières* zitiert, der auf unvergleichlich klare Weise die Merkmale und Grundregeln des ehrlichen Verhandelns (konstruktive Negoziatorik) zusammenfaßt[43]:

„Ein Diplomat muß daran denken, daß aufrichtiges Handeln die Grundlage des Vertrauens ist; er soll mit anderen offen über alles sprechen, mit Ausnahme dessen, was er geheimzuhalten verpflichtet ist ... Ein guter Verhandler wird sich, um in seiner Mission Erfolg zu haben, nie auf Täuschungsabsichten oder auf Versprechungen, die er nicht halten kann, verlassen. Es ist ein grundlegender und weitverbreiteter Irrtum, ein kluger Verhandler müsse ein Meister der Täuschung sein. Tatsächlich ist Täuschung ein Maßstab für die geistige Armut dessen, der sich ihrer bedient; er beweist damit, daß er nicht genügend Verstand besitzt, um durch gerechte und vernünftige Mittel Erfolge zu erzielen. Ehrlichkeit ist hier und überall die beste Politik; eine Lüge hinterläßt immer einen Tropfen Gift, und selbst der glänzende, durch Betrug erzielte diplomatische Erfolg ruht immer auf einer unsicheren Grundlage, weil er bei der unterlegenen Partei ein Gefühl der Erbitterung, den Wunsch nach Rache und einen Haß hervorruft, der immer eine Drohung für den Feind sein wird ... Die Anwendung der Täuschung in der Diplomatie ist von selbst begrenzt, weil ‚Lügen kurze Beine haben'. Abgesehen davon, daß eine Lüge eines großen Gesandten unwürdig ist, so schadet sie tatsächlich einer Verhandlung mehr als sie nützt, weil sie, wenn auch vielleicht heute ein Erfolg durch sie erzielt wird, eine Atmosphäre des Argwohns schafft, die morgen weitere Erfolge unmöglich macht ... Der Verhandler muß daher ein rechtschaffener und wahrheitsliebender Mann sein; nur so kann er sich Vertrauen verschaffen."

Ein ähnlich hartes Urteil wie über Lüge und Täuschung fällt *Callières* im folgenden auch über die Mittel der Drohung und Gewaltanwendung, wenn er sagt:

---

43 Aus „De la manière de négocier avec les Souverains", zitiert nach *H. Nicolson*, s. dazu S. 81 f. (Fn. 38).

„Drohungen schaden jeder Verhandlung, weil sie oft eine Partei zu Unbesonnenheiten treiben, die sie vermieden hätte, wäre sie nicht herausgefordert worden[44]. Es ist wohlbekannt, daß verletzte Eitelkeit Menschen oft zu Handlungen veranlaßt, die sie bei einer nüchternen Beurteilung ihrer eigenen Interessen vermieden hätten ... Ein durch Gewalt oder Betrug erzielter Erfolg steht immer auf unsicherem Boden; umgekehrt verspricht ein auf gegenseitigem Nutzen beruhender Erfolg, spätere Erfolge nach sich zu ziehen. Ein Gesandter muß seinen Erfolg auf Offenheit und Ehrlichkeit gründen; wenn er versucht, durch Schlauheit und Hinterlist oder Anmaßung zu gewinnen, so betrügt er sich selbst."

Eine deutlichere Sprache läßt sich hier gar nicht wünschen. Diese Verurteilung verstärkt sogar noch die Ausführungen zum selben Thema auf S. 56ff. dieses Buches. Aber es kommt noch eindrucksvoller, wenn *Callières* klarsichtig vermerkt:

„... umgekehrt verspricht ein auf gegenseitigem Nutzen beruhender Erfolg, spätere Erfolge nach sich zu ziehen."

Klingen diese Worte nicht unheimlich modern? Muten sie uns nicht wie eine kühne Vorwegnahme der Idee von der „Vertragspartnerschaft" an, wie sie auf S. 23 und 33f. entwickelt wird? Und das knapp 300 Jahre vor unserer Zeit? *Callières* präzisiert seine These noch, wenn er formuliert:

„Das Geheimnis der Verhandlung liegt darin, die wirklichen Interessen der betreffenden Parteien in Einklang zu bringen."

Dieser großartige Gedanke sollte eigentlich Credo und ethische Leitlinie eines jeden Verhandlers und seines Verhandelns bilden. Jetzt, da wir endlich mehr wissen über das Wesensbild des Verhandelns und die damit verbundenen Anforderungen, prüfen wir uns selbst, wie weit wir an dieses Ziel herankommen wollen und können. Damit haben wir den Punkt erreicht, wo sich unser Blick zwangsläufig auf das moralische Gewissen des Verhandlers richten muß. Wir bejahen voll und ganz, daß jeder Verhandler ein solches besitzen muß, wenn er vor sich selbst und seinen Mitmenschen glaubwürdig sein will. Daher sollte der Verhandler keinen Auftrag annehmen, der seinem moralischen Gewissen zuwiderläuft und dessen Zielvorgaben ihn moralisch und

---

44 Hier sei nur an den 50. Jahrestag des japanischen Überfalls auf die US-Flotte in Pearl Harbour (7.12.1941–7.12.1991) erinnert, der mit viel Anteilnahme in den USA begangen wurde. Hat nicht *F. D. Roosevelts* berechtigte, aber auf Demütigung abzielende Drohung mit einem Rohstoffembargo die Japaner geradezu zur Flucht nach vorn, d.h. zum Präventivschlag auf Pearl Harbour provoziert, der 2400 amerikanischen Seeleuten das Leben kostete und den Krieg im Pazifik auslöste? Auch die verfahrene US-Politik jener Jahre hätte von *Callières* lernen können...

existenziell in einen schweren Gewissenskonflikt hineinziehen würden. Der beauftragte Verhandler muß davon überzeugt sein, daß seine Sache (bzw. die seiner Firma, seines Staates usw.) moralisch, juristisch und geschäftlich (oder politisch) vertretbar ist. Dieses Bewußtsein verleiht ihm dann auch die persönliche Sicherheit, seine Verhandlungen erfolgreich durchzuführen. Einen anderen Weg kann es nicht geben.

2. Das hermeneutische Instrumentarium des Verhandlers

Bei den Griechen bedeutete seit altersher das Wort „Hermeneüs" soviel wie „Deuter, Erklärer, Ausleger, Interpret, Dolmetscher". Das Adjektiv „hermeneutisch" meint demnach: „Mit der Deutung, Erklärung, Auslegung, Interpretation, Verdolmetschung von Sachverhalten sich befassend"[45]. Das hermeneutische Instrumentarium des Redners, Unterredners und Verhandlers ist also ein auslegend-interpretierendes und damit *verstehendes* Instrumentarium. Denn es ist doch einleuchtend: Bevor wir etwas nicht selber angemessen verstanden haben, können wir es auch nicht angemessen auslegen.

In unserem Falle will nun der Verhandler mit seinem hermeneutischen Instrumentarium den Inhalt seiner Aussage für den Verhandlungspartner in die ihr angemessene Form bringen. Was bedeutet dies? Er muß versuchen, seine Botschaft auf diesem Wege dem Gegenüber so überzeugend nahezubringen und zu vermitteln, daß dieser ihn nicht mißverstehen kann. Das hermeneutische Instrumentarium leistet aber diesen Akt des Umformens, Nahebringens und Vermittelns. Darum ist auch für den Verhandler die Beherrschung dieses Instrumentariums geradezu unerläßlich. Leider wird dies nur allzu häufig vernachlässigt.

Mithin stellen sich uns folgende zwei Fragen: Woraus besteht dieses hermeneutisch-verstehende Instrumentarium eigentlich? Und was leistet es für den Verhandler am Verhandlungstisch?

Es besteht aus sechs verschiedenen Komponenten, die wir auch unter dem Oberbegriff „daseinseigene Kommunikationsmöglichkeiten" zusammenfassen können. Was haben wir darunter zu verstehen? Es handelt sich um jenes grundlegende kommunikative Ausdruckspotential, das dem Redner, Unterredner und Verhandler zur Verfügung steht, nämlich:

45 Die Hermeneutik gar ist die Lehre vom Verstehen dieser Verstehensvorgänge.

1. Erscheinungsbild
2. Blickkontakt
3. Gestik
4. Mimik
5. Sprechkontakt
6. Denk-Sprech-Vorgang

Die Bausteine 1.–4. können wir auch als visuelle bzw. nonverbale Kommunikation, die Bausteine 5.–6. auch als verbale bzw. nonvisuelle Kommunikation bezeichnen.

Nun zur Frage nach ihrem Leistungscharakter. Dazu müssen wir jeden einzelnen Baustein der Reihe nach durchgehen und daraufhin befragen:

§ 1 Das Erscheinungsbild

Das Erscheinungsbild (Aussehen + Körperhaltung): Was leistet das Erscheinungsbild für den Verhandler am Konferenztisch?

a) Das Aussehen des Verhandlers, beginnend mit gepflegter Gesichtshaut, Haarfrisur und Händen, soll unterschwellig Sympathiewerte zu seinen Gunsten erzeugen. Die Kleidung muß daher nicht immer nur vornehmes Schwarz, Dunkelblau oder Mausgrau zeigen, sondern könnte durchaus farbharmonisch auf Gesichts-, Augen-, Haar- und Hautfarbe abgestimmt sein[46].

b) Die richtige Sitzhaltung (Körperhaltung im Sitzen) trägt zur Stabilisierung des Verhandlererscheinungsbilds maßgeblich bei. Wie sieht diese Grundhaltung aus? Mit der Sitzgelegenheit (diese tunlichst mit Armlehnen!) möglichst dicht an die niedrige Tischkante[47] heranrücken, um ein Vornüberliegen auf der Tischplatte zu vermeiden und um kurze An- und Abmarschwege für die Gestik zu haben. Die Hände (nicht die Unterarme!) locker auf die Tischkante oder Armlehnen (falls vorhanden) auflegen, um sie jederzeit für Gestik und

46 Diese Lehre, urspünglich von dem Schweizer Kunstmaler, Bauhausdozenten und Farbtheoretiker *Johannes Itten* (1888–1967) entwickelt, kam als Re-Import aus den USA zurück nach Europa und ist unter dem popularisierten Motto „Colour Me Beautiful" bekannt. Sie unterscheidet zwischen einem Winter-, Frühlings-, Sommer- und Herbstfarbtyp mit entsprechenden Farbempfehlungen.

47 Höhe: 70–72 cm.

andere Aktionen (z. B. Vorzeigen von Dokumenten u. a.) bereitzuhalten. Die Beine möglichst gleichmäßig belastet und entspannt auf den Fußboden locker aufsetzen. Außerdem darauf achten, daß die Beine abgedeckt und damit den Blicken entzogen sind, um der Gegenseite mögliche Einsichtnahme in die Körpersprache und entsprechende Streßsignale unserer Beine zu verwehren.

§ 2 Der Blickkontakt

Der Blickkontakt (visuelles Hauptsignal des Menschen): Was leistet der Blickkontakt für den Verhandler am Konferenztisch?

Der Blick soll während der Verhandlung oder Besprechung eine ständige Blickverbindung oder Blickbrücke zu unseren Verhandlungspartnern herstellen. Dazu muß er jedoch beweglich sein und nicht starr; verweilend und nicht flüchtig; eindringlich und nicht oberflächlich; lebendig und nicht leer. Was aber kann diese Blickverbindung für uns leisten? Genauer, was für eine Botschaft soll über diese Blickbrücke dem Anderen signalisiert oder „gefunkt" werden? Und was kann der Andere über sie „zurückfunken"?

a) Der Blickkontakt soll Aufmerksamkeit und Interesse auf sich ziehen und Glaubwürdigkeit herstellen. Radikal zu Ende gedacht, ist der Blickkontakt in seinem innersten Sinn und Wesen „visuelle Überzeugungsübertragung". Ein berühmter französischer Moralist, der Herzog *von La Rochefoucauld* (1613–1680), hat dies genial formuliert, wenn er sagt:

„Im Blick und Gesichtsausdruck des Menschen liegt eine Beredsamkeit, die nicht weniger überzeugend ist als die des Wortes"[48].

b) Der Blickkontakt ist sodann eine Art „Kontrollblick", genauer die visuelle Rückkopplung (feed-back), welche über die ständige Blickbrücke die gefunkten Rückmeldungen (Reaktionen) der Verhandlungspartner, der Zielpersonen, des Rednerpublikums usw. auffangen und zur Entschlüsselung weiterleiten soll. Als Altbundeskanzler hat *Konrad Adenauer* (1876–1967) anläßlich eines Fernsehinterviews, das 1976 zu seinem 100. Geburtstag wiederausgestrahlt wurde, diesen Sachverhalt trefflich in Worte gefaßt, wenn er bemerkte:

---

48 Réflexions, no. 274, Ausg. v. 1665. – Vom florentinischen Renaissancefürsten *Lorenzo de'Medici* (1449–1492), genannt der „Prächtige" (il Magnifico), sagte man anerkennend: „Bevor er zu reden beginnt, sprechen seine Augen für ihn."

„... der Redner, der muß selbst wissen und erkennen, ob die Menschen, die ihn hören, ob die ihn verstehen oder ob sie ihn nicht verstehen. Das kann man den Menschen ansehen. Und dementsprechend muß er sich einrichten..." (Wörtlicher Mitschnitt!)

§ 3 Die Gestik

Die Gestik (Hand-, Kopf- und Körpergebärden): Was leistet die Gestik für den Verhandler am Konferenztisch? Wir können hier drei Versionen unterscheiden:

i. Die Gestik dient dem Verhandler als „Ventil" zur Streßabreaktion (Druckabbau).
ii. Die Gestik dient dem Verhandler zur Aktivierung seines Denk-Sprech-Stromes.
iii. Die Gestik dient dem Verhandler zur nonverbalen Verstärkung seiner verbalen Aussage, somit als zusätzliches Mittel der visuellen Überzeugungsübertragung.

Wir wenden uns hier besonders dieser dritten Möglichkeit zu und fragen: Wie muß unsere Gestik geartet sein, so daß sie mit Blick auf den Verhandlungspartner diese Wirkung auch tatsächlich erzielt? Welche Bedingungen muß sie dazu erfüllen? Sie muß sein:

a) Rational geplant und gesteuert, im Sinne des Drei-Ebenen-Schemas der griechischen Chironomie, nicht zügellos, zusammenhanglos, widersprüchlich und sinnlos. Dies ist das rigorose Grunderfordernis, das *Platon* (427–347 v.d.Zw.) erstmals schriftlich nachweisbar festlegte[49].

b) Möglichst wortadäquat, im Sinne von a), d.h. im Sinne einer verbal-nonverbalen Harmonisierung (bedeutungsmäßige Feinabstimmung von Wort und Gebärde). Der große Dramatiker *Shakespeare* (1564–1616) formulierte es so: *„Paßt die Gebärde dem Wort und das*

49 Dieser Gedanke wurde erstmals von dem griechischen Philosophen *Platon* (428–328 v.d.Zw.) in seinem Dialog „Kratylos" 423 a 1–6, vorgetragen, den er dort dem *Sokrates* in den Mund legt. Wir dürfen allerdings vermuten, daß *Platon* hier Denkanstöße älterer Sophisten oder Rhetoriker aufgreift. Das „Drei-Ebenen-Schema der Gestik" gliedert sich in 1. eine obere oder positive, 2. eine mittlere (oberhalb der Gürtellinie) oder wertneutrale und 3. eine untere oder negative Ebene für unsere Gesten. Chiro-nomie bedeutet: gesetzmäßiger – d.h. rational geplanter! – Einsatz unserer Hände.

Wort der Gebärde an!" (Hamlet III, 2). Nur der Ironiker darf dieses Gesetz auf den Kopf stellen.

c) Abwechslungsreich, d.h. keine monotone oder einhändige Gestik, sondern mal die rechte, mal die linke Hand, mal beide Hände einsetzen, dann wieder in die Ruhestellung zurück und wieder von vorn beginnen. Diese Erfahrungsregel in lockerer (nicht schematischer!) Reihenfolge immer wieder zur Anwendung bringen. Das wird Beifall finden. Hören wir in dieser Sache aber noch den römischen Rhetorik-Professor *Quintilian* (ca. 35–100), der in seinem Hauptwerk „Institutio Oratoria" dazu anmerkt:

„Andere Teile des Körpers unterstützen den Sprecher, diese jedoch (*gemeint sind die Hände*), so könnte man fast sagen, sprechen aus sich selbst (*d. h. sie bringen eine eigene nonverbale Botschaft*!). Ist es nicht so, daß wir mit ihnen fordern, versprechen, appellieren, verwerfen, drohen, anflehen, verabscheuen, fürchten und fragen? daß wir mit ihnen Freude, Trauer, Zweifel, Eingeständnis und Bedauern zum Ausdruck bringen? daß wir mit ihnen das Ganze und die Teile, Zahl und Zeit(räume) sichtbar machen können? Können sie nicht aufwiegeln und abwehren, Zustimmung, Bewunderung und Zurückhaltung ausdrücken? ..."[50]

Soviel zum Formenreichtum der menschlichen Gestik.

d) In ihrem Format situationsgerecht, d.h. passend zur jeweiligen kommunikativen Situation, in der wir uns befinden. Also werden wir am Verhandlungstisch nicht Gesten in ganzer Armeslänge (aus dem Schultergelenk: Massenrede) oder in halber Armeslänge (aus dem Ellenbogengelenk: Vortrag), sondern nur aus dem Handgelenk, also kleinformatig machen. So berichtet der *De Gaulle*-Biograph *A. Crawley*, daß der General, bekannt als Liebhaber von „Mammutgesten", umlernen mußte, als er mit Hilfe seiner „Telekratie" das französische Volk über den Bildschirm ansprach:

„Ein Schauspieler der Comédie Française mußte ihm Gesten beibringen, die auf einem kleinen Bildschirm am wirkungsvollsten waren."

§ 4 Die Mimik

Die Mimik (Mienenspiel + Gesichtszüge): Was leistet die Mimik für den Verhandler am Konferenztisch?

Die Mimik ist gewissermaßen die „Gestik der Gesichtszüge" und deren Dynamisierung. Sie zielt auf eine Emotionalisierung unserer Aussage ab. Bildlich gesprochen, ist sie das emotionale „Salz an der

50 Inst. Or. XI, 3, S. 86–87.

Suppe". Als „emotionale Kommunikation" ist die Mimik auslösendes oder sogar beschleunigendes Moment der visuellen Gefühlsübertragung auf den Verhandlungspartner. Daher zur Rolle der Mimik ebenfalls einige kompetente Stimmen:

„Im Blick und *Gesichtsausdruck* des Menschen liegt eine Beredsamkeit, die nicht weniger überzeugt als die des Wortes"[51].

„Eine übertriebene Mimik (wirkt) lachhaft; gar keine – kalt"[52].

„Die Geste hilft dem Verb, die Mimik fördert und stärkt es ..."[53].

§ 5 Der Sprechkontakt

Der Sprechkontakt (Stimme + aufmodulierte Sprache): Was leistet der Sprechkontakt für den Verhandler am Konferenztisch?

Mit seinen verschiedenen Parametern (Atmung, Lautstärke, Betonung, Druckakzentuierung, Aussprache, Stimmlage, Modulation, Stimmregister, Sprechgeschwindigkeit, Pauseneinsatz usw.) ist der Sprechkontakt das einzigartige Mittel der phonisch-verbalen Überzeugungsübertragung, und zwar im rationalen wie im emotionalen Bereich. (Im Unterschied zum Blickkontakt erfolgt hier die Rückkopplung über ein anderes Organ, das Gehör.)

a) Betrachten wir zuerst die rationale Überzeugungsübertragung via Sprechkontakt. Dazu seien hier folgende Zeugnisse aufgeführt:

„Dinge von höchstem Gewicht werden oft so unglücklich ausgedrückt und so liederlich vorgetragen, daß ihnen jede Kraft abgeht ..."[54].

„Ein einziges Wort, gesprochen in Überzeugung, ... sagt bei weitem mehr als einige Dutzend Bögen beschriebenes Papier"[55].

„... Gib die Dinge auf verschiedene Weise wieder, nämlich: entschieden, zweifelnd, forschend, beschwörend, zuversichtlich, bildkräftig, gestikulierend, berichtend, abfällig, vorwurfsvoll, rekapitulierend, zitierend, entschuldigend, moralisierend, abwägend, grundsätzlich, hypothetisch, spöttisch, beifällig, deduzierend, nachgiebig oder bescheiden anheim gebend. Sprich als Außenstehender, in deinen verschiedenen Eigenschaften als Unterhausmitglied, Richter, Gesetzgeber, Benjamin oder bemoostes Haupt, als Regierungsmitglied oder früheres Regierungsmitglied oder als Untertan"[56].

---

51 *La Rochefoucould*, Réflexions, vgl. oben Fn. 48.

52 *H. Elertsen*, Moderne Rhetorik, 1. Aufl., Heidelberg 1963, S. 30.

53 *P. Härtling*, in: H. D. Baroth (Hrsg.), Schriftsteller testen Politikertexte, München, 1967, S. 90.

54 *G. W. Hamilton* (1729–1796), Die Logik der Debatte, Max. 249a.

55 *F. M. Dostojewskij* (1821–1881), Brief an A. N. Majkow, 18.1.1856.

56 *G. W. Hamilton*, a.a.O., Max. 329.

„Das Wort ist dem Menschen gegeben, um seine Gedanken zu verbergen“[57].

b) Betrachten wir abschließend die emotionale Überzeugungsübertragung via Sprechkontakt. Auch dazu mehrere eindrucksvolle Belegstellen:

„Es liegt nicht weniger Beredsamkeit im Stimmklang als in der Wortwahl“[58].

„Das Verständlichste an der Sprache ist nicht das Wort selber, sondern Ton, Stärke, Modulation, Tempo, mit denen eine Reihe von Worten gesprochen wird – kurz, die Musik hinter den Worten, die Leidenschaft hinter der Musik, die Person hinter dieser Leidenschaft. Alles das also, was nicht geschrieben werden kann. Deshalb ist es mit der Schriftstellerei nichts“[59].

Das Beredte an der Stimme (*La Rochefoucauld*), das „Verständlichste an der Sprache“ (*Nietzsche*) ist also nicht das Wort selber, wie es als Vokabel im Wörterbuch fix und fertig definiert und erklärt vorgestellt wird, sondern dasjenige, was wir als Sprecher über unsere Stimme *emotional* in und aus dem Wort zum Leuchten bringen. So ist das emphatisch gesprochene Wort dem geschriebenen immer turmhoch überlegen.

Abschließend ein Bericht darüber, wie der amerikanische Präsident *L. B. Johnson* (1908–1973) seine Gesprächs- und Verhandlungspartner „behandelte“ und gleichsam weichklopfte, wobei uns die manipulative Gefahr solcher „Techniken“ vor Augen geführt wird. Lassen wir uns daher nicht auf diese Weise überfahren!

„Diese ‚Behandlung‘ konnte zehn Minuten oder vier Stunden dauern ... Ihr Ton konnte demütig bittend, anklagend, schmeichelnd, überschwenglich, verächtlich, jammernd, rügend oder auch fast drohend sein. Sie war alles zusammen. Sie beherrschte die ganze Skala menschlicher Gefühle. Ihr Tempo war atemberaubend, und sie zielte mit ihrem ganzen Einsatz in eine Richtung. Zu Einwendungen der Zielperson kam es selten. Johnson nahm sie vorweg, bevor sie ausgesprochen werden konnten ...“[60].

---

57 Ein Ausspruch, der *Talleyrand* (1754–1838) zugeschrieben wird, jedoch vermutlich schon vom Komödiendichter *Molière* (1622–1673) stammt. Diesen Satz *Talleyrands* können wir aber dahingehend ergänzen, daß wir sagen: Wenn schon das Wort dem Menschen dazu dient, seine Gedanken zu verbergen, so dienen andersherum die Gesten und Mienen (nonverbale Kommunikation) dazu, den verborgenen Sinn seiner Worte zu entbergen, d.h. zu decouvrieren und seine verborgensten Gedanken zu entlarven!

58 *La Rochefoucauld*, (Fn. 51), no. 272.

59 *Friedrich Nietzsche* (1844–1900), WW (Kröner) X, S. 190f.

60 *Evans/Novak*, L. B. Johnson, Geschichte eines Scheiterns, Frankfurt/M. 1968, S. 97f.

§ 6 Das Denk-Sprech-Vermögen

Das Denk-Sprech-Vermögen (Fähigkeit – bisweilen auch Unfähigkeit –, sprachliches Denken in lautliches Sprechen umzusetzen): Was leistet das Denk-Sprech-Vermögen für den Verhandler am Konferenztisch?

Dieses Vermögen gliedert sich in Wortfindungskraft, Satzbildungsvermögen und Formulierungsgabe. Es ist die Fähigkeit, die eigenen Gedanken in angemessene Worte zu fassen. Dabei wird hier die innige Verschränkung von Denken (lautloses inneres Sprechen) und Sprechen (lauthaftes äußeres Denken) sichtbar. Das Denk-Sprech-Vermögen ist Mittel der semantischen und argumentativen Überzeugungsübertragung und darüber hinaus zugleich eigentlicher Motor und Steuerungszentrum des gesamten hermeneutisch-verstehenden Instrumentariums. Hier ist es für das richtige Zusammenspiel aller Komponenten dieses Ensembles zuständig und verantwortlich. Dazu im folgenden ebenfalls einige Belege:

Ein schönes Beispiel für die Verschränkung von Denken und Sprechen liefert uns der geistvolle Abbé *Galiani* (1728–1787), Neapolitaner von Geburt, aber Franzose von Bildung, bei seiner Charakteristik der französischen Sprache:

„... die Sprache einer Nation, die mehr spricht, als sie denkt, einer Nation, die sprechen muß, um zu denken, und nur denkt, um zu sprechen, muß mehr als jede andere zur Dialogform führen."

Das beste Beispiel für die Entstehung des Denk-Sprech-Stromes aber gibt uns *Heinrich von Kleist* (1777–1811) in seiner kleinen Schrift „Über die allmähliche Verfertigung der Gedanken beim Reden" (1805/06)[61]. Daraus einige markante Passagen:

„Oft sitze ich an meinem Geschäftstisch über den Akten und erforsche in einer verwickelten Streitsache den Gesichtspunkt, aus welchem sie wohl zu beurteilen sein möchte. (S. 53) ... Und siehe da, wenn ich mit meiner Schwester davon rede, ... so erfahre ich, was ich durch ein vielleicht stundenlanges Brüten nicht herausgebracht haben würde (S. 54)."

Hier wird schlagartig die kreative Seite des Denk-Sprech-Prozesses sichtbar, die uns Formulierungen und Problemlösungen schenkt, die wir am Schreibtisch leise vor uns hindenkend so niemals gefunden hätten. Wir erkennen also, daß im Denk-Sprech-Strom als solchem ein Trend zur Problemlösung angelegt ist, wenn wir uns zuvor von dieser Bewegung tragen lassen:

61 Nach dtv-G.A., Bd. 5, München 1964, S. 53ff.

„... so prägt ... das Gemüt, während die Rede fortschreitet, ... jene verworrene Vorstellung zur völligen Deutlichkeit aus ... (S. 54). – Ein solches Reden ist ein wahrhaftes lautes Denken. Die Reihen der Vorstellungen und ihrer Bezeichnungen gehen nebeneinander fort, und die Gemütsakte für eins und das andere kongruieren. Die Sprache ist alsdann keine Fessel, etwa wie ein Hemmschuh an dem Rade des Geistes, sondern wie ein zweites, mit ihm parallel fortlaufendes Rad an seiner Achse. (S. 56)."

Kleist wählt hier ein sehr anschauliches Bild für das Miteinander und Ineinander von Denk- und Sprechvorgang. Schließlich noch ein genial ausgewähltes Beispiel für das spontane Zusammenspiel von Blickkontakt (als Rückkopplung) und Denk-Sprech-Vermögen + Sprechkontakt in uns:

„Es liegt ein sonderbarer Quell der Begeisterung für denjenigen, der spricht, in einem menschlichen Antlitz, das ihm gegenübersteht; und ein Blick, der uns einen halbausgedrückten Gedanken schon als begriffen ankündigt, schenkt uns oft den Ausdruck für die ganze andere Hälfte desselben." (S. 54).

Als Zeugnis aus unserem Jahrhundert abschließend das Zitat aus einem Bericht über den Philosophen *Max Scheler* (1874–1928), der unter dem Titel „Vorlesung bei Max Scheler" am 23. 8. 1974 zu dessen 100. Geburtstag in der Heidelberger „Rhein-Neckar-Zeitung" von *O. Brües* veröffentlicht wurde:

„... bei Scheler glich der Text der Vorlesung einem Geländer, an dem einer entlang geht, ohne daß er sich darauf stützt; ... er improvisierte immer wieder von ihm fort und über ihn hinaus, und dann entstanden jene ursprünglichen Wortprägungen, die den Hörer hinrissen. Wohl viele davon standen auch im Text, aber er wurde während des Vortrags dauernd angereichert, dank der urtümlichen Begabung des Philosophierens, wie Scheler und seine besten Zeitgenossen es wieder verstanden, eines Denkens aus dem Urgrund und auf ihn zu, voller Skepsis gegen fertige Lösungen, auch wenn sie dem eigenen Hirn entsprungen waren."

Das ist ein wirklich eindrucksvoller Beleg dafür, daß *Scheler* in einer Weise, wie sie von der Mehrzahl der deutschen Universitätslehrer mit ihren abgelesenen Vorlesungen völlig abweicht, die kreativen Kräfte seines Denk-Sprech-Vermögens in seinen Lehrvortrag einfließen ließ, auch hierin ein wahrer Wegweiser.

Abschließend sei darauf hingewiesen, daß zur Unterstützung des hermeneutischen Instrumentariums außerdem körperfremde visuelle, auditive und audiovisuelle Verstärker wie Dokumente, Prospekte, Auflistungen, Charts, Flipcharts, Folien, Dias, Tondokumente, Filme, Videokassetten usw. eingesetzt werden können. Sie alle sollen den

Verstehens- und Überzeugungsprozeß durch entsprechende Veranschaulichung und Hörbarmachung vertiefen und beschleunigen.

§ 7 Die Kunst des aktiven Zuhörens

Die Kunst des aktiven, d.h. wirksamen Zuhörens können wir mit gutem Recht als unerläßliche Voraussetzung einer wesentlich verstandenen Dialogik und Verhandlungsführung bezeichnen. Dem „denkenden Sprechen“ muß ein „denkendes Zuhörenkönnen“ entsprechen. In der zwischenmenschlichen Kommunikation muß dem wirkungsvollen Sender (Sprecher) ein ebenso leistungsfähiger Empfänger (Zuhörer) entsprechen, sonst redet der Sprecher zu „tauben Ohren“, und seine Worte sind „in den Wind gesprochen“. Aber nur wer gut zuhören kann, kann auch treffsicher antworten. Daher gilt es, die Kunst des effektiven Zuhörens intensiv zu pflegen.

Leider haben wir Heutigen die Kunst des Zuhörens weitgehend verloren (andernfalls müßten wir uns nicht eigens in ihr üben!). Es ist deshalb notwendig, diese wesentliche Kunst Schritt für Schritt wiederzuerlernen. Wenn wir im Gespräch mit den Andern zu brauchbaren Ergebnissen gelangen wollen, müssen wir „aufeinander zureden, statt aneinander vorbeizureden“, wie es *Heinz Elertsen* (1901–1983) einmal so treffend formuliert hat. Dafür ist jedoch gutes Zuhören die Voraussetzung. Daher nachstehend einige Anregungen:

a) Hinweise für ein analytisch-kritisches Zuhören

1. Versuchen wir, unsere eigenen Qualitäten als Zuhörer zu analysieren und auszuwerten. Die eigenen Stärken und Schwächen erkennen! (Bin ich ein objektiver Zuhörer? Wie steht es mit meiner Aufmerksamkeit beim Zuhören über einen gewissen Zeitraum? usw.)
2. Grundbedingung: Seien wir körperlich und geistig entspannt, wenn wir leistungsstarke Zuhörer sein wollen.
3. Entwickeln wir konzentrierte Empfangsbereitschaft, gehen wir auf „Empfangsstation“ ... Alle eigenen Gedanken beiseite legen, sich sammeln. Aufmerksamkeit entfalten...
4. Erfassen und bewerten wir den Vortrag des Verhandlungspartners, d.h. seine Position, seine Problemanalyse und seine entsprechenden Lösungsvorschläge.

5. Finden wir die Strategie des Verhandlungspartners und somit auch Ziel und Absicht seiner Angebote und Vorschläge heraus.
6. Identifizieren wir das taktische Muster, nach dem sein Vorgehen (d. h. seine Taktik) angeordnet ist.
7. Versuchen wir, die Einzelvorschläge kritisch zu bewerten, mit denen er seine Angebote und Problemlösungen entwickelt bzw. untermauert.
8. Werten wir die Argumentation, Beweisführung und Schlußfolgerung(en) des Verhandlungspartners, d. h. seine Logik aus.
9. Hören wir auch die emotionalen Elemente (Appelle an bestimmte Motive in uns usw.) aus seinen Worten heraus.
10. Werten wir die Sprache des Verhandlungspartners aus, d. h., ist seine Ausdrucksweise klar oder verschwommen (wollen seine Worte mehr verbergen als aussagen, oder sind sie aufhellend?).
11. Bringen wir Grundgedanken, Problemanalyse und Vorschläge des Verhandlungspartners mit unseren eigenen Vorstellungen über den Verhandlungsgegenstand in Beziehung. Ziehen wir so einen kritischen Vergleich, bevor wir Stellung nehmen. (Dazu ist es nötig, sich zuvor intensiv mit der fraglichen Materie zu beschäftigen, wenn wir kompetente Sondierungsfragen stellen oder in das eigentliche Aushandeln eintreten wollen.)
12. Gewöhnen wir uns an, nicht nur „selektiv" zu hören (also nur das, was wir hören wollen), sondern „global". Nur dann sind wir dazu in der Lage, Wert oder Unwert, Wahrheit oder Verkehrtheit einer Aussage angemessen zu beurteilen.

Die obigen Thesen erhellen Verschiedenes, z. B. dies, daß aktives Zuhören eine echte Kunst ist, die man lernen kann, aber auch, daß diese an gewisse Voraussetzungen geknüpft ist. Es sind: Konzentration (Aufmerksamkeit) über längere Zeiträume, ein gutes Gedächtnis (Behaltevermögen) und vor allem das Verstehen (analysieren + begreifen + urteilen). Auf diese drei Fähigkeiten und darauf, wie man sie erwirbt, näher einzugehen, würde allerdings die Grenzen unserer Ausführungen überschreiten. (Siehe dazu das im vorliegenden Abschnitt unter § 1–6 Gesagte.) Wir müssen uns diese Fähigkeit durch lange Übung aneignen.

b) Die Einübung des aktiven Zuhörens

In unseren Seminaren führen wir immer wieder mit bestem Erfolg nachstehende Übung durch: Es sitzen sich zwei Teilnehmer gegenüber. Wir wählen ein Alternativthema – einen Pro-und-Kontra-Standpunkt. Während der eine nach der Standpunktformel seine Meinung entwickelt, muß der andere genau zuhören. Um zu prüfen, ob genau zugehört wurde, muß der Zuhörer die Gedankenfolge des Sprechers sinngemäß – nicht wortwörtlich – wiederholen. Dann umgekehrt. Durch diese Übung lernt man das gute und aufmerksame Zuhören. Aber nicht nur das allein: Wir lernen, den Kerngedanken des Gesagten aufzugreifen und kommen so zur treffsicheren Gegenargumentation. Diese Übung erzieht zur Konzentration und Gedankenkontrolle. Schließen wir diesen Abschnitt mit einem Spruch, den man auf der Wartburg finden kann: „*Klug zu reden ist oft schwer, klug zu schweigen noch viel mehr.*“

§ 8 Das schriftliche Gedächtnis

Neben dem guten Zuhören, das sich auf unsere auditive Merkfähigkeit stützt, müssen wir aber unser Gedächtnis auch durch visuelle Merkhilfen unterstützen. Leider machen wir davon meist zu wenig und zu flüchtig Gebrauch. Sollten wir uns darum künftig vor und bei Besprechungen, Sitzungen, Verhandlungen nicht systematisch Notizen machen? Bei bestimmten Sitzungen (Hauptversammlungen, Gerichtsverhandlungen, politischen Gesprächen, Parlamentsdebatten usw.) besteht geradezu die Vorschrift, ein Protokoll oder Stenogramm, also Niederschriften anzulegen. Auch wenn wir Politiker bei ihren Fernsehauftritten in Anhörungen, Frage-Antwort-Sitzungen, Podiumsdiskussionen und Streitgesprächen beobachten, können wir oft sehen, wie intensiv sie sich Notizen machen, um anschließend gezielt Stellung nehmen oder kontern zu können. Wer von uns vermag schon, wenn er ungeübt ist, mehr als fünf Punkte nach einmaligem Hören im Gedächtnis zu behalten? Ungeübt in auditiver Merkfähigkeit, wie die meisten von uns sind, müssen wir uns eben auf unsere reichhaltigen Notizen verlassen können. Gewöhnen wir uns also daran, *vor* jeder Besprechung die Schwerpunkte unserer Überlegungen oder Verhandlungskonzeption schriftlich festzuhalten und während der Sitzung ausreichend Notizen zu machen.

Diese Maßnahme ist zugleich eine flankierende Verstärkung unserer Zähigkeit im Verfolgen der eigenen Verhandlungsziele. Bekanntlich müssen wir im Laufe einer Verhandlung unsere Ziele in Form von Vorschlägen immer wieder zur Sprache bringen, sobald die andere Seite versucht, diese durch Gegenvorschläge oder Ablenkungsmanöver zu verwässern oder abzuschwächen. Die anvisierten Ziele müssen wir daher kontinuierlich im Gedächtnis behalten und – als zusätzliche Absicherung – auf dem Notizblock festhalten, zumal, wenn die momentane Situation ein erneutes Vorbringen als nicht ratsam erscheinen läßt. Da heißt es dann, den rechten Moment abzupassen und mit einem kurzen Blick auf die Notizen blitzschnell nachzufassen, z. B. so: *„Gestatten Sie, daß wir nun wieder auf den Hauptpunkt unserer Verhandlung zurückkommen, den wir vorhin etwas aus dem Blick verloren hatten."*

Dazu abschließend ein instruktives historisches Beispiel: Der Habsburger *Karl V.* (1500–11558) sah sich veranlaßt, im Vorfeld seiner Krönung zum deutschen Kaiser (1529) in Bologna intensive Verhandlungen mit Papst *Clemens VII.* (1478–1534) zu führen. Der spanische Historiker *Alvarez* berichtet uns in seiner Biographie über „Kaiser Karl V. Herrscher eines Weltreiches" (Mnch. 1980): „Beide wohnten in dem Palazzo del Podestà, der an der herrlichen Piazza di San Petronio lag. Da ihre Appartements verbindende Türen besaßen, konnten sie sich leicht privat treffen, um die Fragen zu bereden, die man zu lösen hatte. ‚Der Papst erzählte mir', berichtete uns der venezianische Gesandte Contarini, ‚daß bei seinen Begegnungen mit dem Kaiser der letztere ein Notizbuch mitführte, in das er eigenhändig all die Punkte aufgeschrieben hatte, über die er reden wollte, so daß nichts vergessen werden sollte.' Der Kaiser muß solche Memoranda während seiner ganzen Regierung benutzt haben, obwohl man bisher nur ein einziges Notizbuch gefunden hat, das jetzt in den Archiven von Simancas liegt. (...) Aus seinem Überleben können wir ableiten, daß zeitgenössische Berichte über solche Merkbücher glaubwürdig sind (103)."

3. Das Verhandler-Image

Genauso wie viele Firmen auf ein besonderes Firmenimage oder manche Regierungen und Staaten auf ein bestimmtes politisches bzw. ideologisches Profil Wert legen, so können auch Einzelpersonen als Verhandler sich ein bestimmtes „Verhandlerimage" oder einen bestimmten „Verhandlungsruf" aufbauen[62]. Aufgrund früherer Ver-

62 Die Ausführungen des Verf. sind hier in einigen Punkten der Arbeit *F. C. Iklés*, S. 104–112, Fn. 5, verbunden.

handlungen, unterschiedlicher Ideologien, Strategien, Machtbestrebungen, Zielvorgaben usw. haben sich viele Verhandler im geschäftlichen oder öffentlichen Leben ein profiliertes „Image“ geschaffen. Dadurch geht ihnen ein gewisser „Ruf“ voraus, in ihren Verhandlungen bestimmte Eigenschaften, Verhaltensweisen oder Taktiken an den Tag zu legen. Diese Einschätzung, nicht so sehr ihre tatsächliche Verhandlungsmacht, wirkt imagebildend, -fördernd oder auch -schädigend. Ein derartiges Image soll natürlich bei unseren Verhandlungspartnern/-gegnern gewisse Erwartungen oder Ängste auslösen und möglichst ihr Verhandlungsverhalten schon im Vorfeld beeinflussen. Und dies mit Blick auf jene drei Optionen, die sich in jeder Verhandlung anbieten: 1. Annahme des Vertrags zu unseren Bedingungen; 2. Nichtannahme und Abbruch der Verhandlungen; 3. weiteres Aushandeln und möglicher Kompromiß (Vertragspartnerschaft).

Wir müssen uns daher folgende Fragen stellen, die für unser Selbstverständnis als Verhandler von großer Wichtigkeit sind: Wie, d. h. mit welchem Image wollen wir als Verhandler uns selber sehen? Wie, d. h. mit welchem Image wollen wir von den Anderen gesehen werden?

Hier bieten sich für unser „Image“ und damit für unser Auftreten u. a. folgende Verhandlungsstile bzw. Stilelemente als Optionen an:

- Wollen wir das Image eines Bluffers erwerben oder uns die Möglichkeit, glaubwürdigen Druck auszuüben, bewahren?
- Wollen wir das Image eines starken Verhandlers (notfalls mit hoher Risikobereitschaft) kultivieren, der Konflikte und Zerreißproben nicht scheut?
- Wollen wir ein Image der Unnachgiebigkeit (Festigkeit) aufbauen (weil wir andernfalls künftig Einbußen erleiden werden) und daher ggf. sogar Nichteinigung und Abbruch der Verhandlungen riskieren?[63]
- Oder wollen wir das Image eines nachgiebigen, schwachen und allzeit konzessionsbereiten Verhandlers bieten?[64]
- Wollen wir das Image eines zähen Verhandlers pflegen, der sich Punkt für Punkt abhandeln läßt bzw. Punkt für Punkt aushandelt (erfeilscht), um sich so an günstigere Bedingungen heranzuarbeiten?

---

63 Man denke hier nur an die Zwickmühle, in der sich die Israelis seit Herbst 1991 auf der Nahost-Friedenskonferenz befanden!

64 Wer fühlt sich hier nicht an *N. Chamberlains* und *P. Daladiers* Beschwichtigungs-(„appeasement“)-Politik gegenüber *Hitler* (1938–1939) erinnert?

- Wollen wir das Image eines sturen, unbeweglichen Verhandlers präsentieren, der auf seiner Festlegung beharrt und damit auch ein unnötiges Scheitern von Verhandlungen in Kauf nimmt?
- Oder wollen wir das Image des flexiblen Verhandlers bejahen, der kein Prinzipienreiter ist, sich von seinen überholten Festlegungen trennen kann und sich den neuen Gegebenheiten anpaßt, um aus ihnen das Beste für sich, seine Firma oder seinen Staat herauszuholen?
- Wollen wir das Image eines konflikt- und risikoscheuen Zögerers und Zauderers bevorzugen, der aus Immobilität vielleicht einmalige Chancen verstreichen läßt, statt sie beim Schopfe zu packen?
- Wollen wir uns das Image eines konflikt- und dissensbereiten Verhandlers oder lieber das eines konsens- und kompromißfähigen schaffen?

Dies ist ein knappes Dutzend Optionen. So kann unser Verhandlungsstil von uns ein unerwünschtes oder ein wünschenswertes Image entstehen lassen. Hier muß ein jeder seine persönliche Auswahl aus den aufgeführten Bausteinen treffen.

4. Die psychotaktische Einstellung auf den Verhandlungspartner/-gegner

Bevor wir uns an den Verhandlungstisch setzen, heißt es, ein Bild von unserem künftigen Verhandlungspartner/-gegner zu gewinnen. Wir müssen auf offiziellem oder inoffiziellem Wege Informationen über ihn einholen, entsprechende Daten und Fakten sammeln, um sein mögliches Verhalten und Reagieren besser abschätzen und mögliche Gegenmaßnahmen im voraus überlegen zu können. Versuchen wir deshalb, den folgenden Punktekatalog abzuklären:

§ 1 Profile, Qualifikationen

Ermittlung der rational nachprüfbaren Profile und Qualifikationen bei einem oder mehreren Verhandlungspartnern auf der Gegenseite:

- Sein/ihr Alter, Geschlecht, Stand
- Seine/ihre Position (Bedeutung, Rang) in seiner/ihrer Firma (Organisation, Staat usw.)

- Seine/ihre gesellschaftliche Herkunft[65]
- Seine/ihre Vorbildung und Ausbildung (Jurist? Banker? Diplomat? Politiker? Ingenieur? Mathematiker? Planer? Beamter? Offizier? usw.)[65]
- Seine/ihre Berufszugehörigkeit (Angestellter? Selbständiger? Unternehmer? Branche? Laufbahn? Karriere? War der jetzige Einkäufer z. B. früher einmal Verkäufer und wo?)[65]
- Seine/ihre Zugehörigkeiten (Parteizugehörigkeit? Volkszugehörigkeit? Religionszugehörigkeit? Verbands- oder Vereinszugehörigkeit? u. dgl. heikle Punkte. Die Vorsichtsmaßregel, über Politik und Religion nicht zu sprechen, kann hier u. U. nicht immer aufrechterhalten werden, wenn die Verhandlung sich etwa um politische oder grundsätzliche Probleme dreht.)
- Seine/ihre Fachkompetenz (Spezialist? Generalist? Kaufmann? Techniker? Jurist? Außenseiter?)
- Seine/ihre Verhandlungserfahrenheit (unerfahrener, wenig erfahrener, sehr erfahrener Verhandler?)
- Seine/ihre Charaktereigenschaften beim Verhandeln (beherrscht? unbeherrscht? aggressiv? konziliant? usw.)
- Sein/ihr mutmaßliches Grundverhalten als Verhandler (berechenbar? unberechenbar? Spielernatur? Zauderer? usw.)[66]

Wie systematisch man bereits in früheren Zeiten auf diesem Felde recherchierte, beweist der nachstehende Auszug aus einer Instruktion *Machiavellis* (1469–1527) für den florentinischen Gesandten *Raffaello* am Hofe *Karls V.* (1501–1558):

„... Um zum einzelnen zu kommen, sage ich, daß Ihr die Natur des Mannes zu beobachten habt: ob er selbst regiert oder sich regieren läßt; ob er geizig oder freigiebig ist; ob er mehr den Krieg liebt oder den Frieden; ob ihn Ruhmesgier bewegt oder eine andere Leidenschaft; ob ihn seine Völker lieben; ob er sich lieber in Spanien als in Flandern aufhält; welche Männer er in seiner Umgebung hat, die ihm raten, und wozu diese geneigt sind: wollen sie ihn bewegen, neue Kriege anzufangen oder die Früchte des gegenwärtigen Glückes

---

65 Besonders die Antworten auf diese Fragen lassen Schlüsse zu auf das Verhandlungsverhalten der jeweiligen Teilnehmer, mit denen wir verhandeln müssen. Denn ein erheblicher Teil des menschlichen Verhaltens ist immer mehr oder weniger durch die schulische, berufliche oder studienmäßige Vorbildung des Betreffenden geprägt. Auch die Denkweise empfängt durch sie meist eine prägende Ausrichtung.

66 Von *Franz Josef Strauß* (1915–1988) wird der Ausspruch berichtet: „Ich rede emotional, aber ich denke rational", d. h. also berechenbar. – Zu den drei letzten o. g. Punkten s. a. den nachfolgenden Absatz 6.

zu genießen? Weiter: wie viele Gewalt haben sie über ihn? Wechselt er sie oder behält er sie lange? Hat der König von Frankreich einen Freund unter ihnen? Sind sie bestechlich? Ihr habt auch die Herren und Barone, die ihm näherstehen, zu beobachten: wie groß ist ihre Macht? wie sind sie mit ihm zufrieden? wenn sie mit ihm unzufrieden sein sollten – wie könnten sie ihm schaden? könnte Frankreich einen von ihnen bestechen? Auch über seinen Bruder habt Ihr Euch zu erkundigen: wie er ihn behandelt, wie dieser ihn liebt, wie er zufrieden ist, ob durch ihn in diesem Reiche und in seinen Staaten Aufruhr entstehen könnte. Dann habt Ihr die Natur des Volkes zu erforschen. ... Auch werdet Ihr erwägen, welches Ziel sich der Kaiser gesetzt hat; wie er es mit den Angelegenheiten Italiens meint; ob er nach der Herrschaft über die Lombardei strebt oder ob er sie dem Sforza überlassen will; ob er nach Rom zu gehen wünscht und warum; welche Absichten er hinsichtlich der Kirche hat, wie weit er dem Papste traut, wie er mit ihm zufrieden ist; und, wenn er nach Italien kommt, welches Gute oder Schlimme die Venezianer von ihm zu hoffen oder zu fürchten haben....“[67].

§ 2 Verhandlungsverhalten

Ermittlung des mutmaßlichen Verhandlungsverhaltens bei mehreren Verhandlungspartnern (Gruppe) auf der Gegenseite.

Um Überraschungen zu vermeiden, müssen wir zuerst abklären:

- Wer wirkt auf der Gegenseite mit (Anzahl und Art der Personen)? Sodann gilt es, die Verhandlungsmacht der einzelnen Teilnehmer abzuschätzen:
- Wer ist der Sprecher auf der anderen Seite (Rang? Bedeutung?)
- Wer hat Entscheidungsvollmacht bzw. -befugnis?
- Wer führt, d. h., wer ist der sachlich und fachlich Starke bzw. Kompetente?
- Wer treibt Verhandlungspolitik, d. h. ist taktisch erfahren und damit gefährlich? Wie könnte man ihn neutralisieren?
- Wer beeinflußt Entscheidungen, d. h. liefert als fachlicher Berater Entscheidungshilfen?
- Wer macht Komplikationen, d. h. ist ein Bremser?
- Wer ist die Schwachstelle auf der Gegenseite, d. h. ist leicht zu überzeugen oder gar umzudrehen?

---

67 Zitiert aus: *Machiavelli*, Auswahl und Einleitung: Carlo Schmid, Frankfurt/M., 1956, S. 213 f.

Nicht zu vergessen ist auch noch folgender Punkt: Bei kritischen Verhandlungen (Gegnerschaft) sollten wir unbedingt darauf achten, ein Gleichgewicht der Verhandlermannschaften (z. B. auch bei den Experten) herzustellen. Wir müssen also personell mit der anderen Seite gleichziehen. Dazu ist freilich eine sorgfältige Teilnehmerauswahl auf der eigenen Seite erforderlich. Hier müssen dann die genannten Kriterien der Persönlichkeitsbeurteilung ebenfalls zur Anwendung kommen.

§ 3 Emotionale Ansatzpunkte

Ermittlung emotionaler Ansatzpunkte bei einem oder mehreren Verhandlungspartnern der Gegenseite.

Während die unter 1. und 2. genannten Punkte rationale Kriterien darstellen, wollen die nachstehend aufgeführten Punkte Bausteine des emotionalen Brückenschlages zwischen den Verhandlungsparteien liefern. Ermitteln wir also:

- Seine/ihre Freizeitinteressen (Sportarten? Musische Interessen? Steckenpferde? Liebhabereien? Vorlieben? Schwächen?)
- Seine/ihre geistigen Interessen (Bücher? Vorträge? usw)
- Seine/ihre landsmannschaftliche oder gesellschaftliche Herkunft
- Seine/ihre Erziehung/Ausbildung
- Seine/ihre Klub- oder Korpszugehörigkeit
- Seine/ihre Kriegsteilnehmerschaft

Diese Auflistung ließe sich noch beträchtlich erweitern.

Unsere Aufgabe ist es nun, die tatsächlichen Gemeinsamkeiten und Überschneidungen in den aufgeführten Bereichen herauszufinden, um sie für Fühlungnahmen und Anbahnung von ergebnisbringenden Verhandlungen einzusetzen. Es mag zwar häufig reiner Zufall sein, welche persönlichen Sympathien und Gemeinsamkeiten wir bei unseren Verhandlungspartnern entdecken und für uns einsetzen können. Herr A. „kann“ es nun einmal am besten mit Herrn X., Herr B. besser mit Herrn Y. usw. Ja, diese offensichtlichen „Wahlverwandtschaften“ können in ihrer Bedeutung für den Geschäfts- und Verhandlungsalltag nicht hoch genug eingeschätzt werden. Nicht umsonst bewerten gerade diejenigen Unternehmen, deren Management wohl wie kaum ein anderes auf die Pflege von Kundenkontakten angewiesen ist, nämlich die Banken, besonders dieses Prinzip so hoch, daß es bei der Aufteilung der einzelnen Kunden auf die Direktionsmitglieder meist den Vorrang hat vor jedem sachlichen Verteilerschlüssel (wie alphabetische Ordnung, Branchen, Zweigstellen, Abteilungen usw.).

Bisweilen mag dieser emotional orientierte Einstieg ins Gespräch nur Ausdruck reiner „Salesmanship" (Geschäftstüchtigkeit) sein. Aber jede Führungskraft, die verhandeln muß, sollte sich einiges davon aneignen, auch wenn sie sonst alles andere als ein „geborener Verkäufer" ist.

5. Den Anderen besser erkennen: unterschiedliche Verhandlertypen und ihre psychotaktische Einschätzung

§ 1 Grundfragen der Charaktereinschätzung

Kennen wir alle nicht jenes unauffällige „Maßnehmen" bei der ersten Begegnung, das Einschätzen und Eingeschätztwerden? Kennen wir nicht dieses unsichtbare, aber dennoch spürbare Abtasten der geistigen Qualitäten des Gesprächs- oder Verhandlungspartners? Die stille Frage nach seinen Eigenschaften?

So suchen beide Seiten aus berechtigter Neugier, Sorge und Vorsicht nach einem unsichtbaren Fenster, durch das man in den/die unbekannten Menschen auf der anderen Seite des Verhandlungstisches hineinschauen kann. Wie aber stehen die Chancen tatsächlich, den jeweiligen Gesprächs- oder Verhandlungspartner richtig einzuschätzen? Denn zweifellos hängt von dieser Erkenntnis deshalb Entscheidendes ab, weil ja der anstehende Verhandlungsgegenstand vom Personenkreis der Verhandlungspartner nicht zu trennen ist[68].

Was wir haben müßten, wäre eine hieb- und stichfeste Charakterstudie unserer Gesprächs- und Verhandlungspartner. Genauer gesagt, wir benötigen ein zusammenhängendes Bild der Wertvorstellungen, Stärken und Schwächen unserer Kontrahenten. Derartige handfeste Studien lassen sich heute sogar schon in Auftrag geben (s. unten S. 240 ff.). Da jedoch ihr Preis für uns unbezahlbar sein dürfte, müssen wir uns selbst darum bemühen. Dazu ist es erforderlich, mög-

68 Nehmen wir uns in acht vor einer allzu voreiligen und selbstgefälligen Einschätzung des Gegenübers. Ein starres und vorschnell festgelegtes Bild könnte für uns peinliche Folgen haben! Wer gar diese Einschätzung aus seiner eigenen derzeitigen Machtposition heraus vollzieht, kann in eine katastrophale Fehleinschätzung der Gesamtlage geraten, s. dazu *Fouchés* Fehleinschätzung durch *Robespierre* oder neuerdings *Boris Jelzins* Unterschätzung durch *Michail Gorbatschow*!

lichst viel konkretes Material über die betreffende(n) Persönlichkeit(en) auf der anderen Seite des Verhandlungstisches zu sammeln, das zu deren Charaktereinschätzung hilfreich ist, wie z. B. Videobänder oder Filme und Fotos über öffentliche Auftritte, Reden, Diskussionen und Interviews des oder der Betreffenden in Fernsehen und Hörfunk, Berichte, Interviews und Artikel zu, mit oder von dem Betreffenden in Zeitungen und Zeitschriften, seine eigenen Veröffentlichungen, Briefe usw. Um diese Dokumente jedoch deuten zu können, müssen wir uns – zumindest ansatzweise – mit den Grundformen menschlichen Auftretens und Verhaltens auseinandersetzen. Zweifellos können uns hierbei bis zu einem gewissen Grade die Erkenntnisse der Psychologie helfen.

Bereits aus der Antike stammt die sog. Säfte- und Temperamentenlehre, die vom griechischen Arzt und Philosophen *Galenos* (131–201) in ihre endgültige Form gebracht wurde. Nach ihr gibt es vier menschliche Temperamente („ausgewogene Mischungen") und die daraus abzuleitenden Menschentypen: 1. den leichtblütigen Sanguiniker (schnell reagierend); 2. den schwerblütigen Melancholiker (langsam reagierend); 3. den heißblütigen Choleriker (heftig reagierend); 4. den kaltblütigen Phlegmatiker (zähflüssig reagierend).

Kommen wir damit zu den modernen Deutungsversuchen, die im 20. Jahrhundert vorgelegt worden sind: Hier muß an erster Stelle die Konstitutions-Typologie (Lehre von den Körperbautypen) *Ernst Kretschmers* (1888–1964) genannt werden, die er in seinem Hauptwerk „Körperbau und Charakter" (1921) entwickelte. Dort unterscheidet er drei[69] Menschentypen: 1. den Pykniker oder Rundwüchsigen; 2. den Leptosomen sowie den Astheniker oder den Schlankwüchsigen und den Schwachwüchsigen; 3. den Athletiker oder Starkwüchsigen. Diesen Phänotypen ordnet *Kretschmer* sodann folgende psychische Eigenschaften zu: 1. dem Pykniker die Zyklothymie („abgerundete", d. h. ausgewogene Gemütsverfassung mit normalen Hochs und Tiefs); 2. dem Leptosomen und dem Astheniker die Schizothymie (gespaltene, d. h. innerlich zerrissene Gemütsverfassung, mit abrupten Wechseln: „Zwei Seelen wohnen, ach! in meiner Brust", *Goethe*, Faust I, 1112); 3. dem Athletiker die Viskosithymie (zähflüssige, d. h. schwer erregbare Gemütsverfassung)[70].

69 *Kretschmer* unterscheidet als 4. Typ noch den Dysplastiker oder Mißwüchsigen, der nur von klinischem Interesse ist und daher für uns entfällt.

70 *Kretschmer* spricht nur vom Viskösen. Der Verf. hat sich daher in Analogie zum Wort „Vikosimetrie" erlaubt, den Ausdruck „Viskosithymie" zu prägen.

Einen anderen bedeutenden Entwurf legte der Schweizer Psychologe und zeitweilige Freud-Schüler *Carl Gustav Jung* (1875–1961) mit den zwei neuartigen Kategorien der „Extraversion" und der „Introversion" vor. Sie kennzeichnen die Einstellungstypen des extravertierten, d. h. nach außen gewandten, und des introvertierten, d. h. nach innen gewandten Menschen. In der einleuchtenden Erkenntnis, daß diese beiden Kriterien noch zu unscharf seien, unterteilte *Jung* jeden dieser Einstellungstypen in die vier Funktionstypen: Denken, Fühlen, Empfinden, und Intuieren. Wir haben damit jeweils einen extravertierten Denk-, Fühl-, Empfindungs- und Intuitionstyp und jeweils einen introvertierten Denk-, Fühl-, Empfindungs- und Intuitionstyp, also schon 8 Typen. Später wurden diese nochmals untergliedert, und zwar in eine aktive und eine passive Version, womit man dann insgesamt 16 Untertypen erhält.

Einen weiteren aufsehenerregenden Deutungsversuch präsentierte der Schweizer Psychologe und Forscher *Max Lüscher* (geb. 1923) mit seiner wissenschaftlichen Farbpsychologie und seinem psychodiagnostischen Farbtest („Lüscher-Test"). In diesem verwendet er die beiden Kategorien „autonom" (selbstgesteuert, selbstbestimmt) und „heteronom" (fremdgesteuert, fremdbestimmt) für die Charakterdiagnose des Menschen. Deren Aussagefähigkeit erweiterte er jedoch durch die zusätzliche Einführung der Begriffe „aktiv" und „passiv" und eine entsprechende Unterteilung in „autonom aktiv" (bzw. dynamisch/ex-zentrisch; Farbe: rot = Erregung), „autonom passiv" (bzw. statisch/kon-zentrisch; Farbe: grün = Festigkeit), „heteronom aktiv" (bzw. dynamisch/ex-zentrisch; Farbe: gelb = Lösung), „heteronom passiv" (bzw. statisch/kon-zentrisch; Farbe: blau = Ruhe). Bei aller Verschiedenheit ist gerade in den Begriffsdichotomien eine Anlehnung an *Jung* unverkennbar.

Schließlich sei hier ebenfalls das anspruchsvolle Modell des Schweizer Forschers *Rolf Schirm* erwähnt, der in den 70er Jahren das von ihm so benannte „Struktogramm" entwickelte. Dieses versucht, aufgrund der gehirnbiologischen Gegebenheit von Stammhirn (Sitz der Vitalfunktionen; Farbcode: grün), Zwischenhirn (Sitz der Emotionen; Farbcode: rot) und Großhirn (Sitz der Verstandestätigkeiten; Farbcode: blau) durch entsprechende Tests und Analysen herauszufinden, welcher Teil im dreiteilig gegliederten menschlichen Gehirn bei der jeweiligen Person dominiert und somit die maßgebliche Steuerung seines und Tuns übernimmt. Liegt bei ihr eine Stammhirnsteuerung (Intuition, Spürsinn, Sinnsuche), eine Zwischenhirnsteuerung (Willensbetontheit, Spontaneität, Selbstverwirklichung) oder eine Großhirnsteuerung (Verstandesdenken, Systematik, Planung) vor? Auch hier ist eine teilweise Anlehnung an *Jungs* Funktionstypen erkennbar.

Während alle vorangegangenen Deutungsversuche offensichtlich im biologischen (*Galenos, Kretschmer*) oder psychologischen Bereich (*Jung, Lüscher, Schirm*) angesiedelt sind, ging der Philosoph *Eduard Spranger* (1882–1963) über die Weltanschauungstypologie seines Lehrers *Dilthey* (1833–1911) hinaus und entwickelte in seinem Werk „Lebensformen“ (1914) erstmals eine geisteswissenschaftlich fundierte Typenlehre. In ihr unterscheidet *Spranger* insgesamt 6 Grundtypen: den theoretischen, den ökonomischen, den ästhetischen, den religiösen, den sozialen und den politischen (oder Macht-)Menschen; außerdem 3 Kombinationstypen: den technischen, den juristischen und den pädagogischen Menschen. Alle 9 Typen sollen für jeweils einen bestimmten Kulturbereich stehen. So findet der theoretische Mensch im Erkenntnisstreben seine Erfüllung, der ökonomische Mensch im Nützlichkeitsstreben, der ästhetische Mensch im Schönheitsstreben, der religiöse Mensch in der Gottesliebe, der soziale Mensch in der Menschenliebe, der politische Mensch im Machtstreben, der technische Mensch in der Naturbeherrschung, der juristische Mensch im Gerechtigkeitsstreben und der pädagogische Mensch in der Menschenbildung. Freilich handelt es sich bei dieser Konstruktion zweifellos um Idealtypen, die wenig Umsetzbares für unsere Praxis des Verhandelns liefern[71].

Diese erstaunliche, aber zugleich verwirrende Deutungsvielfalt bedarf jedoch nunmehr einer kritischen Würdigung aus der Sicht der Ver-

---

71 Im Vergleich dazu hat der pädagogische Psychologe *Werner Correll* in den 70er Jahren auf dem Gebiet der Motivations- und Überzeugungspsychologie einen sehr praxisorientierten Ansatz entwickelt, indem er für das menschliche Kommunikationsverhalten die Merkmale „integrativ“ und „dominativ“ einführte. Dabei steht „Integration“ für Flexibilität, Kompromißbereitschaft, Miteinbeziehung des Anderen, dagegen „Domination“ für Härte und Durchsetzungswillen. Um das Verhältnis dieser beiden Größen zu messen, entwickelte er den sog. „Integrations-Dominations-Quotienten“ (IDQ), d. h. er teilte die Summe aller integrativen verbalen und nonverbalen Äußerungen in einem Gespräch durch die Summe der entsprechenden dominativen. Der daraus entstehende Quotient gibt Aufschluß darüber, wie integrativ oder dominativ die jeweilige Kommunikation verlaufen ist. Bei zuviel Domination und zuwenig Integration haben wir einen autoritären Gesprächs- (und Führungs-)Stil; bei zuwenig Domination und zuviel Integration einen „Laissez-faire“-Gesprächsstil; bei aber rund doppelt so häufiger Integration wie Domination (I : D = 2 : 1) einen optimalen Kommunikations- und damit auch Führungsstil. Da *Correll* außerdem je drei Härtegrade für D. und je drei Weichheitsgrade für I. einführt, entsteht ein aussagefähiges Analyse-Instrument auch für Verhandlungen, Reden usw.

handlungsführung: Inwieweit können uns diese Deutungsversuche bei unserem Vorhaben behilflich sein? Was leisten sie konkret bei der Charaktereinschätzung am Verhandlungstisch?

a) Gewiß ist die antike Temperamentenlehre der erste zusammenhängende denkerische Versuch, zu grundsätzlichen Aussagen über die Charakterstruktur der jeweiligen Menschen zu kommen, die uns in der abendländischen Daseinswelt begegnen. Auch *Kretschmers* Konstitutionstypologie ist, zugegeben, ein beachtlicher Deutungsversuch. Zugleich aber ist sie, wie auch *Galenos'* Temperamentenlehre, mit dem erheblichen theoretischen Mangel behaftet, daß ihre vorgestellten Idealtypen angesichts der stark fortgeschrittenen ethnischen Durchmischung der Weltbevölkerung in der Wirklichkeit fast nie rein vorkommen. Damit ist ihre Geltung jedoch stark eingeschränkt. *Kretschmer* gibt dies auch indirekt zu, wenn er von „Überkreuzungen" oder beim nacheinanderfolgenden phänotypischen Hervortreten solcher gemischten Anlagen in einem Menschenleben sogar vom „Erscheinungswechsel" spricht. Ähnliches mag auch für *Sprangers* geisteswissenschaftliche Idealtypologie der Lebensformen gelten. Genau hier liegt eben die tiefere Problematik einer jeden in sich abgeschlossenen Typenlehre. Die unumstößliche Tatsache, daß Mischtypen so eindeutig vorherrschen, macht in der Praxis eine klare Typenunterscheidung und damit auch Charaktereinschätzung so ungemein schwierig. Folglich ist damit auch die Aussagefähigkeit dieser genannten Modelle für Verhandlungszwecke leider eher zufällig, d.h. minimal. (So z.B. konstatieren Kenner der Struktogramm-Methode eine Trefferquote von 10–15%.)

b) Nun ein Wort zur schnellen praktischen Anwendbarkeit dieser verschiedenen Typologien für die Verhandlungsführung: Greifen wir hier vor allem die Systeme von *Jung* mit 16 Untertypen, von *Lüscher* mit 12 Untertypen[72] sowie von *Spranger* mit sogar 18 Untertypen[73] heraus. Dann sehen wir sogleich, daß es sich hier um sehr differenzierte, ja brillante[74] Analyseapparate handelt, die jedoch zugleich unübersichtlich und somit schwer zu handhaben sind. Mithin sind sie auch aus diesem Grunde für unsere Zwecke bedauerlicherweise nur von sehr begrenztem Wert.

---

72 *Lüscher* unterteilt zusätzlich zu seinen vier Kriterien die diesen beigeordneten 4 Farbwerte nochmals in eine Positiv- und eine Negativ-Rubrik, daher insgesamt 12 Untertypen.

73 Auch *Spranger* unterteilt seine 9 Idealtypen nochmals in eine Positiv- und eine Negativ-Rubrik.

74 Hier ist besonders an den *Lüscher*-Test gedacht.

c) Noch eine wichtige Einsicht müssen wir – mit Blick auf das Typologiedilemma – uns aneignen: Am Verhandlungstisch mit seinen Sachzwängen wird der jeweilige Menschentyp immer stärker und schneller überlagert und überformt durch den Verhandlungsauftrag, die Zielvorgabe, die Konfliktsituation, die Firmenphilosophie, die politische Ideologie usw. Die Verhandler und ganz besonders die Diplomaten haben eben durch geistige Selbstdisziplin und jahrelange Verhandlungsroutine gelernt, ihre typspezifischen Reaktionsweisen entweder wegzudrücken oder so zu steuern, wie es ihnen in die Durchsetzung ihrer Ziele und Pläne paßt. Also wird ein typischer Choleriker seinen Zorn beherrschen und herunterschlucken, ein Phlegmatiker oder Pykniker künstlich einen Gefühlsausbruch inszenieren oder ein ursprünglich Introvertierter sich dennoch zu einem extravertierten Taktieren herbeilassen müssen, wenn sie damit das angestrebte Ziel schneller erreichen können. Das ist die tatsächliche psychologische Situation an unseren heutigen Konferenz- und Verhandlungstischen[75]. Sie setzt praktisch die meisten Typologien ganz oder teilweise außer Kraft.

Zusammenfassend sei darum gesagt: Wir wollen die wissenschaftliche und psychodiagnostische Bedeutung der hier aufgeführten Typologien und Modelle keinesfalls schmälern. Sie mögen für Langzeituntersuchungen und mittelfristige Analysen z. T. ganz hervorragend geeignet sein. Wenn wir sie jedoch daraufhin befragen, welches Instrumentarium sie uns für die dringend benötigte Kurzzeitanalyse im Bereich der Verhandlungsführung liefern können, so sehen wir uns mit diesem Anliegen von jenen Lehren nahezu gänzlich im Stich gelassen. Trotz aller Typologien und Analysen geben sie uns keine praktikable Methode an die Hand.

Angesichts dieses Holzweges stellt sich uns die besorgte Frage, ob es hier noch einen Ausweg gibt. Wie müßte dieser aussehen? Von welcher Seite können wir bei diesem Versuch echte Hilfe erwarten? Eine derartigen Fingerzeig gibt uns der Naturforscher und Philosoph *Georg Christoph Lichtenberg* (1742–1799), der scharfsinnig erkannte:

---

75 Sehen wir uns zu diesem Zwecke doch z. B. die Teilnehmer so wichtiger Konferenzen wie der Nahost-Friedenskonferenz (Madrid) und der Tagung der europäischen Regierungschefs und Außenminister (Maastricht), beide Ende 1991, an. Was würden hier *Kretschmers, Jungs* oder *Sprangers* Kategorien viel helfen bei der Charaktereinschätzung dieser so unterschiedlichen und multikulturellen Hauptakteure und ihrer Mitarbeiterstäbe?

„Nützlicher wäre ein anderer Weg, den Charakter des Menschen zu erforschen, und der sich vielleicht wissenschaftlich behandeln ließe: nämlich aus bekannten Handlungen eines Menschen, und die zu verbergen er keine Ursache zu haben glaubt, andere nicht eingestandene zu finden. Eine Wissenschaft, welche Leute von Welt in einem höheren Grade besitzen, als die armen Tröpfe glauben können, die deren Opfer täglich werden...".

Und an anderer Stelle wird der Philosoph noch deutlicher:

„Physiognomik ist äußerst trüglich. ... In den Bewegungen der Gesichtsmuskeln und der Augen liegt das meiste; jeder Mensch, der in der Welt lebt, lernt es finden...".

Lichtenbergs Forderungen und Betrachtungen muten wie eine geniale Vorwegnahme dessen an, was wir heute als „Verhaltensbeobachtung" bezeichnen. Auch seine Ablehnung der Physiognomik, gewiß eine Spitze gegen den unwissenschaftlichen Physiognomiker *Lavater* (1741-1801), und seine Befürwortung einer Erforschung des Augen- und Mienenspiels, also eine Art „Mimognomik", erscheinen uns höchst modern. Dies also sind zwei konstruktive Hinweise in die Richtung, aus der wir praktische Problemlösungen erwarten dürfen.

§ 2 Wege der Verhaltensbeobachtung

Diesen Weg beschritt, nachdem es schon manchen Vorläufer gegeben hatte, in der Nachkriegszeit der US-Anthropologe *Ray L. Birdwhistell* systematisch mit seiner bahnbrechenden Studie „Introduction to Kinesics" (1952). Er prägte dafür den Begriff „Kinesik", der auf griechisch das besagt, was auf lateinisch „nonverbale Kommunikation", auf englisch „body language" und auf deutsch „Körpersprache" oder „Körpersignale" heißt. Seine Erkenntnis lautete:

„Der Mensch ist ein auf vielen Ebenen kommunizierendes Wesen, das manchmal auch spricht."

Deshalb konnte er anhand Tausender Photos, die er bei Gesprächs- und Testsituationen machen ließ, erstmals genau ermitteln, was diese oder jene Körpergeste bzw. -pose jeweils bedeutete. So gelang es ihm und später auch anderen Wissenschaftlern, die Körpersprache des Menschen zu dekodieren. Die Ergebnisse dieser eindrucksvollen Entschlüsselung konnten damit nach und nach Allgemeingut der westlichen Kultur werden. *Julius Fast*, ein anderer Pionier der Körpersprache, formulierte dies so:

„Die Kinesik deutet die Verhaltensmuster der nicht-verbalen Kommunikation."

Und noch deutlicher:

„Die Körpersprache umfaßt jede bewußte oder unbewußte Bewegung eines Körperteils oder des ganzen Körpers, die von einem Menschen dazu benutzt wird, der Außenwelt emotionale Botschaften zu übermitteln“[76].

Heute gibt es Dutzende von einschlägigen Werken zum Thema auf dem deutschen Buchmarkt[77]. Deshalb planen wir hier keine erschöpfende Aufzählung von Körpersignalen, sondern nur eine Auflistung der markantesten von ihnen, die gerade für die Verhandlungsführung relevant sind. So wird berichtet, daß sich auf den schwierigen Friedensverhandlungen zur Beendigung des russisch-japanischen Krieges (1904–05) die Unterhändler gegenseitig scharf beobachteten und nach Signalen der Schwäche, des Unmuts oder der Kompromißbereitschaft forschten, und dies um so mehr, je verzwickter sich die Verhandlungen gestalteten.

„Der führende japanische Unterhändler zeigte unwissentlich den Grad seiner Unzufriedenheit durch mehr oder weniger heftiges Abstreifen der Zigarettenasche und sprach abgehackter und kürzer“[78].

Dies veranlaßte einen politischen Analytiker zu folgender lehrreicher Bemerkung:

„Die Möglichkeit, auf diesem Wege Informationen zu erlangen, kann eine der Ursachen für das Zustandekommen einer Gipfelkonferenz sein, besonders da viele Mächtige ihren Aufstieg nicht unwesentlich ihrer Fähigkeit und der Gelegenheit verdanken, ihre Widersacher genau beobachten zu können und daraus Schlüsse zu ziehen“[79].

Einen eindrucksvolleren Beleg für die Verwendbarkeit von Kinesikkenntnissen am Konferenz- und Verhandlungstisch können wir uns kaum wünschen! Bevor wir uns der nachstehenden Auflistung von Körpersignalen am Konferenztisch zuwenden, sind noch folgende Gesetzmäßigkeiten zu beachten:

1. *Das Auftreten „kognitiver Dissonanzen“* (wörtl.: erkenntnismäßige Unstimmigkeiten, Mißklänge, Ungereimtheiten) *bei unseren Gesprächs- und Verhandlungspartnern.* Dazu liefert uns der englische

---

76 *J. Fast*, Körpersprache, Reinbek 1971, S. 9 und 11.

77 Hier sei besonders auf das instruktive und inhaltsvolle Taschenbuch von *W. Reineke/F. Damm*, Signale im Gespräch. Ein Kommunikationsleitfaden, 3. Aufl. Heidelberg 1989, verwiesen.

78 *J. E. White*, The Diplomacy of the Russo-Japanese War, Princeton 1964, zit. nach *M. Poiret*, Was der Körper verrät, München 1972, S. 8.

79 *R. Jervis*, The Logic of Images in International Relations, Princeton 1970, a. a. O. S. 8f.

Körpersprachler *Desmond Morris* in seinem Werk über Menschenbeobachtung ein klassisches Beispiel:

„Der Politiker, der während seiner Rede über die friedliche Koexistenz wütend [mit dem Finger] in die Luft sticht, zeigt ein widersprüchliches Signal, bei dem man eher den Händen trauen sollte als seiner Stimme“[80].

So ein blitzschnelles Erfassen von Ungereimtheiten macht die Selbstentlarvung des betreffenden Politikers sichtbar. Wenden wir uns nun einem tragischen Beispiel zu, der Gestalt *Uwe Barschels* (1944–1987), des ehemaligen Ministerpräsidenten von Schleswig-Holstein, der unter ungeklärten Umständen in Genf aus dem Leben schied. Als man ihn beschuldigte, er sei im Vorfeld des Landtagswahlkampfes der eigentliche Drahtzieher der Rufmordkampagne gegen seinen Gegenkandidaten gewesen, berief er in Kiel eine Pressekonferenz ein, die das Fernsehen direkt übertrug. In ihr verteidigte sich *Barschel* vehement gegen alle Vorwürfe, die man ihm machte. Er bot den anwesenden Journalisten – nun kommt das verfängliche Wort – sogar sein „Ehrenwort“ dafür an, daß er die Wahrheit rede. Da konnte man beobachten, wie er beim Aussprechen dieses Schlüsselwortes plötzlich den Blick, den er vorher voll auf seine Zuschauer gerichtet hatte, sekundenweise abbrach und sich nach Aussprechen des gesamten Satzes mit der Hand über den Mund wischte (Geste des Ungeschehenmachens!). Spätestens nach dieser zweimaligen kognitiven Dissonanz mußten auch einen unparteiischen, aber kritischen Beobachter einige Zweifel an der Wahrheitstreue von Barschels Aussagen beschleichen. So ließen sich noch weitere Beispiele dafür aufführen, daß manche Politiker es mit der Wahrheit nicht sonderlich genau nehmen. Bereits der französische Meisterdiplomat *Talleyrand* bemerkte einst, die Sprache sei dem Menschen gegeben, um seine Gedanken zu verbergen. Dem können wir nun mit *Desmond Morris* entgegenhalten, daß die Kinesik dem Menschen gegeben sei, um seine Gedanken (ungewollt) zu verraten!

2. *Die Tatsache der Polysemie (Mehrdeutigkeit) der menschlichen Körpersignale.* Dies bedeutet, daß viele Körpersignale nicht eindeutig, sondern mehrdeutig sind. Daher gilt beim Analysieren der Körpersprache die Vorsichtsmaßregel, daß das gleiche Signal unter verschiedenen Voraussetzungen und Bedingungen sowie in veränderter Situation auch jeweils etwas Verschiedenes bedeuten kann[81].

---

80 *D. Morris*, Der Mensch, mit dem wir leben, München 1978, S. 166.

81 Denkbar ist auch, daß derjenige, der den Code der Körpersprache geknackt hat, ihn nun seinerseits dazu benutzt, seinen Kontrahenten durch simulierte Körpersignale bewußt zu täuschen und irrezuführen. Kein Ende der Doppeldeutigkeiten!

Da am Konferenz- oder Verhandlungstisch, durch die Tischoberkante begrenzt, nur der Oberkörper des Verhandlers und Verhandlungspartners oberhalb der Tischplatte sichtbar, wird sich unsere Auflistung mit ihrer Deutung vor allem auf diesen Ausschnitt konzentrieren. (Beine und Füße, die, weil abgedeckt, in ihren Bewegungen oder Haltungen meist nur erahnt werden können, sollen aber nicht völlig ausgeklammert werden.)

a) Kinesik (Posen und Gesten der Körpersprache: Auswahl)

(Nr. 1.–21.: Finger, Hände, Arme; Nr. 22.–30.: Rumpf, Füße, Beine) Zur Beobachtung bei allen Mitverhandlern, zur Vermeidung/Benutzung bei uns selbst:

Nr. Körpersignal (Beschreibung)	Bedeutung(en)
1. a) Herumdrehen des Schreibgerätes (Kugelschreiber, Drehbleistift (usw.) mit den Fingern b) Herumfummeln an Manschetten- oder Jackettknöpfen, an Armbanduhr oder Schmuckkette usw. c) Herumdrehen am Ehe- oder Schmuckring bzw. an Fingergelenken und -spitzen d) Sich durch die Haare fahren (Exkanzler *Helmut Schmidt*) e) Sich über die Wangen wischen (Expräsident *L. B. Johnson*) f) Sich über Stirn und Augen wischen (Expräsident *Charles de Gaulle*) g) Sich die Lippen lecken	Streßsignale, Schutzreflexe, Fluchtbewegungen. Sie können bedeuten: 1) Unsicherheit, Aufgeregtheit, Nervosität, Ängstlichkeit 2) Eingeständnis der Ratlosigkeit, Nicht-ein-noch-aus-Wissen, in die Enge getrieben sein 3) Unaufrichtigkeit, Lügen

Nr. Körpersignal (Beschreibung)	Bedeutung(en)
1. h) Kauen an den Fingernägeln oder Fingerknöcheln	Streßsignale usw. s. oben
i) Mit den Händen herumspielen	
j) Finger beider Hände miteinander verkrampfen oder verzahnen	
k) Sich an den Schläfen oder der Stirn kratzen	
l) Sich an den Ohrläppchen kneifen oder kratzen	
m) Momentweise Nasenflügel zusammendrücken	
n) Erhöhter Lidschlag („mit den Wimpern klimpern“)	
o) Auf der Sitzfläche hin- und herrutschen („unruhiger Sitz“)	
p) Mit den Füßen scharren (s. Abrieb auf Teppichboden!)	
q) (Feuchte) Hände an Jackett oder Hosenbeinen abstreifen	
r) Sich mit den Händen an den Armlehnen festkrampfen	
s) Mit aufgestützten Armen die Hände gegenseitig Ringkämpfe vollführen lassen	(Zusätzliche Bedeutung: Unentschlossenheit oder Entschlußlosigkeit!)
t) Die eine Hand mit der anderen festhalten („Fesselungsgriff“)	

Nr.	Körpersignal (Beschreibung)	Bedeutung(en)
2.	Mit der Hand über den Nasenrücken wischen oder Nase reiben	Unterschwellige Unstimmigkeit, Nichtzustimmung oder Ablehnung (Natürlich kann die Nase auch jucken!)
3.	Mit der Hand über den Mund wischen, fahren	Geste des Ungeschehen-machen-wollens (Aber das ausgesprochene Wort läßt sich schon nicht mehr rückgängig machen oder zurücknehmen!)
4.	Mit Fingern oder Schreibgerät auf der Tischplatte herumtrommeln	Zeichen von Ungeduld oder noch zurückgestauter Aggressivität
5.	Mehrfaches Fingerschnippen	Um etwas verlegen sein, Suchgeste
6.	Fingerspitzen beim Sprechen zusammenpressen, ein Spitzdach formend	1) Ausdruck innerer (Ver-) Spannung, 2) Gespreiztheit, Hochmütigkeit (Motto: Ich bin der Beste!)
7.	Leichtes Anheben der Hände mit Handinnenflächen nach außen	Bitte um Nachsicht, Verzeihung, Freundschaft („Unterwerfungsgeste“)
8.	Haar mit Hand zurückstreichen, Augen momentan senken, Griff zum Binder, bedeutsames Räuspern	Alles unter Kontrolle, alles bereit, um das Wort zu ergreifen oder eine bedeutsame Erklärung abzugeben
9.	Oberkörper und Kopf vornüber gebeugt, Arme auf Tischplatte gepreßt (evtl. Hände geballt) (Eine „Traube“ von Körpersignalen!)	Aggressionsstau (Motto: Noch bin ich ruhig!)
10.	Beide Arme vor der Brust verschränkt (mit kleinen Stellungsvariationen) (Bisweilen zusätzlich Beine über Kreuz postiert!)	1) Abwehrhaltung, weil Schüchternheit, Unsicherheit oder Ängste vorhanden 2) Ablehnung, Verneinung, weil völlig anderer Meinung 3) Gefühl der vollständigen Selbstzufriedenheit und Selbstgefälligkeit

Nr.	Körpersignal (Beschreibung)	Bedeutung(en)
11.	Im Sitzen Arme vor der Brust verschränkt, ein Bein übergeschlagen („Querbalken"), Lidspalten verengt, Mund verkniffen („Traube")	Völlige nonverbale Absage, „Ablehnungsfront", Erzeugung einer „Kältezone"
12.	Arme in die Hüften gestemmt	Imponiergehabe (durch Verbreiterung der Körperfläche), „Feldwebelpose" (Motto: Mehr scheinen als sein!), aggressiv-provokatorische Drohgeste
13.	Geballte Faust oder Doppelfaust (Merke: Eine beidhändige Geste ist doppelt so stark wie eine einhändige! Also Vorsicht!)	1) In der mittleren Gestikebene: Neutral: Kraft, Stärke, Durchsetzungswille, Entschlossenheit, Zurschaustellung möglicher Gewaltanwendung, d.h. Drohung 2) In der oberen Gestikebene: Positiv: Triumphgeste (errungener) Sieg oder Siegeswille (s. a. im Sport!) 3) In der unteren Gestikebene: Negativ: Destruktivgeste, Zerschlagung, Zerstörung, Vernichtung usw.
14.	Zeigefinger: a) erhobener, „moralischer"	1) Lehrerpose, besserwisserisches oder schulmeisterliches Gebaren. (Wegen dieses Auftretens wurde *Helmut Schmidt* als „Feldwebel Europas" bespöttelt.) Dogmatismus, einpeitscherische Gesinnung (*Fidel Castro* wurde wegen dieser Pose vom „Spiegel" als „Ersatz-Heiland" etikettiert) Als Geste der Mahnung und Warnung allenfalls von „elder statesmen" oder Patriarchenfiguren wie

Nr. Körpersignal (Beschreibung)	Bedeutung(en)
	Adenauer („Die Lage war noch nie so ernst"), *Churchill*, *De Gaulle*, *Kiesinger* zu gebrauchen...
b) stechend-stochernder	2) Anklage, Provokation, Aggression, die Gegenaggressionen auslöst (oft noch mit Schreibgerät als dolchförmiger Verlängerung des Zeigefingers ausgeführt!), Einpeitschertum, Wut, Demagogie
c) aufzeigender, richtungweisender	3) Die legitime Geste, nach der der Zeigefinger seinen Namen bekam (index finger, l'indexe, l'indice)! Er hat aufzeigend-aufweisende, entlarvend-enthüllende und richtungweisende Bedeutung
15. Spitze von Zeigefinger und Daumen schnabelförmig zusammengepreßt, die übrigen Finger nach oben abgespreizt	Geste der Argumentation und Gegenargumentation; Geste der Lehraussage oder -verkündung (vgl. dazu entsprechende *Buddha*-Statuen)
16. Offene Hand mit weisendem Zeigefinger, den Daumen zur einen, die übrigen Finger zur anderen Seite locker weggespreizt	Appellatorische oder Suggestivgeste, auffordernd oder fragend[82]
17. Offene Hand (oder Hände), auf den Partner gerichtet	1) Nonverbales Fragezeichen (Was? Warum? Wie?) 2) Begründung, Untermauerung eines Gedankens usw. 3) Evidentes dem Gegenüber nahebringen. Wir wollen sagen: „Es liegt doch auf der Hand..."

82 Ähnlich wie man nach *W. Correll* (s. Fußn. 68) von integrativen und dominativen Aussagen und Wörtern sprechen kann, so auch von dominativen (s. 13, 14a–b, 15) und integrativen (14c, 16, 17) Gesten, Posen und Mimiken.

Nr. Körpersignal (Beschreibung)	Bedeutung(en)
18. a) Beide Hände in den Jackentaschen vergraben, dabei aber die Daumen heraushängen lassen b) Daumen in Westentaschen (falls vorhanden) vergraben c) Daumen hinter Hosenträger (falls vorhanden) klemmen	Balz-Gesten: Werben um die Gunst des Publikums, des Partners, des Gegenübers usw.
d) Zurechtstreichen oder Aus-dem-Gesicht-streichen des Haars e) Zurechtrücken von Gürtel, Binder usw. f) Wiederaufsetzen der zuvor abgenommenen Brille (Motto: „Ich sehe jetzt klarer ...“)	d–f) zusätzlich verwendet als optische „Aufhänger“ (attention getters“), bevor man etwas Wichtiges sagen will
19. Hände und Arme hinter dem Kopf verschränken, einen „Ohrensessel“ bilden	Imponiergehabe des Revierbesitzers oder Situationsbeherrschers (Herr der Lage spielen)
20. Kinn auf Hand (oder beide Hände), d.h. auf deren Innenfläche(n) oder Handrücken abstützen	Wartehaltung, Skepsis, Pose der Nachdenklichkeit (s. dazu *Auguste Rodins* Skulptur „Der Denker“ (1880))
21. Beide Ellenbogen auf Tischplatte abstützen, dabei eine Hand mit der anderen fest umfassen oder sie gegeneinander zusammenpressen oder die Finger beider Hände miteinander verzahnen oder sie Ringkämpfe miteinander vollführen lassen	Streßsignal, Spannungsstau, Verkrampfung; Unentschiedenheit, Ausweglosigkeit (s. Ringkampf, s. Nr. 1 s)

Nr.	Körpersignal (Beschreibung)	Bedeutung(en)
22.	a) Sich lässig in die Sitzgelegenheit zurücklehnen; sich in sie „hineinlümmeln“	Zeichen der Selbstsicherheit (evtl. Arroganz), Bequemlichkeit, Entspannungssuche; sich gehen oder hängen lassen, Erschöpfung
	b) Sich auf die Stuhlkante setzen, als ob man gleich wieder aufstehen müßte	Zeichen von Unsicherheit, geringem Selbstvertrauen
	c) Sich voll in die Sitzgelegenheit hineinsetzen mit der stützenden Stuhllehne im Rücken, gleichsam vom Sitz „Be-sitz“ ergreifen...	Zeichen der Selbstsicherheit und Gelassenheit; wissen, was man will
23.	Mit Fußspitze(n), mit einem oder beiden Beinen wippen[83]	Zeichen von Ungeduld, Nervosität, zurückgestauter Aggression
24.	Füße um Stuhlbeine klammern (s. dazu auch Nr. 1 p) mit den Füßen scharren	Streßsignal, Schutzreflex, oder: verbissenes Stellunghalten
25.	Sich mit Oberkörper und Sitzgelegenheit zur Tischkante vorneigen, dabei mit den zwei hinteren Stuhlbeinen in der Luft hängen und hin- und herwippen	Zeichen von beginnender Aggression oder von stärkerer Nervosität
26.	Beim Sitzen Füße nach hinten zurückziehen und dabei die Fußspitzen gegen den Boden pressen	1) Streßsignal, Spannung, innerer Druck 2) Distanzierung, Absetzbewegung
27.	Mit Beinen über Kreuz dasitzen	Abwehrhaltung aufgrund unterschwelliger Angst oder Ängstlichkeit

83 Treffend bemerkte schon 1971 die Fotografin *L. Strelow* in ihrem Artikel „Manager und Mattscheibe“ (Plus 6/1971, 44): „Hierzulande passiert es noch oft, daß bei einer sitzenden Runde die Beine nicht verdeckt werden. Dann sieht man oberhalb des Tisches ein bierernstes Pokerface, aber unter dem Tisch eine wie ein Katzenschwanz zuckende Fußspitze. So weiß jeder Zuschauer Bescheid.“ Das ist echte Selbstentlarvung!

Nr.	Körpersignal (Beschreibung)	Bedeutung(en)
28.	Ein Bein übergeschlagen: a) zum Gesprächspartner hin b) vom Gesprächspartner weg	Seite an Seite: positives Interesse, Zuwendung; Vis-à-vis: Neutralität Seite an Seite: Desinteresse, Abwendung; Vis-à-vis: Neutralität
29.	Ein Bein der Länge nach übergeschlagen, gleichsam eine „Barriere", einen „Querbalken" bildend	Abgrenzung, Ablehnung, Verneinung (vgl. Nr. 11)
30.	Ein Bein übergeschlagen, beide Hände mit verzahnten Fingern auf dem Knie postiert, Oberkörper und Kopf dabei vorgebeugt	Signal: „Ich bin ganz Auge und Ohr" (denn durch Blockierung seiner Extremitäten bleibt dem Empfänger gar nichts weiter übrig als voll „auf Empfangsstation" zu gehen!)

b) Proxemik (Lehre von den Distanzkreisen)

In diesem Zusammenhang nun auch ein Hinweis zur „Proxemik". Der Begriff leitet sich von den lateinischen Wörtern „proximum" (das Nächste) und „proximitas" (die Nähe) ab. Er bezeichnet die Lehre von den verschiedenen Distanzräumen, die alle Menschen (aber auch alle höherentwickelten Lebewesen, z. B. Insekten, Fische, Vögel, Reptilien, Säugetiere) wie unsichtbare Reviere oder Hoheitszonen in Form konzentrischer Kreise mit sich herumtragen. *Edward T. Hall*, der Begründer der Proxemik, unterscheidet hier im einzelnen vier derartige Kreise:

(1) Distanzkreise

Zone I: Nah- oder Intimdistanz[84] = 0–40 cm
Zone II: Persönlich-geschäftliche Distanz = 40–100 cm
Zone III: Gesellschaftlich-geschäftliche Distanz = 100–300 cm
Zone IV: Öffentliche bzw. „rhetorische" Distanz = ab 300 cm aufwärts
(Alles Zirkawerte)

84 Fußnote s. S. 122!

Wir müssen daher diese Spielregeln, die mit den vier Distanzkreisen verknüpft sind, beachten, aber Verstöße gegen diese Regeln selber vermeiden und bei anderen genau registrieren, um ggf. Gegenmaßnahmen einzuleiten. Wer also an die entsprechende Zielperson herankommen will, um ihr ein Anliegen zu „verkaufen", darf nicht mit der Tür ins Haus fallen und dann als „Revierverletzer" oder „Eindringling" dastehen. Er muß sich vielmehr behutsam an seinen anvisierten Partner herantasten und dabei der Reihe nach die Reviere IV-I durchschreiten, um in eine günstige Ausgangsstellung für sein Gespräch oder seine Verhandlung zu gelangen.

Bevor man aber zu diesem Zwecke Platz nimmt, sind auch noch die einzelnen Sitzkonstellationen bei Gespräch und Verhandlung und deren Bedeutung zu beachten:

(2) Sitzpositionen

1) Sitzstellung Aug' in Aug', gegenüber oder vis-à-vis	– mögliche Konfrontation, Konflikt meist schon vorprogrammiert (z. B. bei Verhandlungsdelegationen!)
2) Sitzstellung über Eck	– partnerschaftlicher Stil, Beratungs-Situation u. ä.
3) Sitzstellung Seit' an Seit'[85]	– Abbau aller kritischen Distanz, Vertraulichkeit, Intimität usw.[86]

84 Ein solches Beispiel von „Revierverletzung" beschreiben die Journalisten *Evans/ Novak* in „Lyndon B. Johnson, Geschichte eines Scheiterns", 1963, S. 98, wenn sie zeigen, wie Präsident *Johnson* seine Gesprächs- und Verhandlungspartner „bearbeitete": „Er rückte ganz dicht heran, so daß sein Gesicht unmittelbar vor seinem Opfer stand. Seine Augen[spalten] weiteten und verengten sich. Aus seinen Taschen quollen Zeitungsausschnitte, Denkschriften, Statistiken. Anpassung, Humor und geniale Analogieschlüsse machten die ‚Behandlung' fast schon zu einem hypnotischen Experiment und ließen das Opfer benommen und hilflos zurück."

85 *Bernie Cornfeld*, Chef des zuletzt total bankrotten IOS-Investment-Konzerns, hielt seine Vertreter dazu an, bei ihren „Beratungen" möglichst neben dem Kunden Platz zu nehmen, weil dies seine ungeschützte Flanke sei: Abbau der kritischen Distanz durch beredsame Nähe.

86 Als der frühere Bundeskanzler *H. Schmidt* 1981 im Rahmen der deutsch-deutschen Gespräche einen Staatbesuch in der damaligen DDR absolvierte, lud ihn der Ex-SED-Diktator *Honecker* auch zu Gesprächen ins luxoriöse DDR-Gästehaus am Wehrbellinsee ein. Nach dem Gedankenaustausch war ein Fototermin mit der Presse angesetzt. *Schmidt* und *Honecker*, die auf einer langen Sitzbank ziemlich weit auseinander saßen, bekamen von den Fotografen bedeutet, sie mögen für ein gemeinsa-

c) Mimognomik (Mimikerkennung)[87]

Vorbemerkung (Gesichtsregionen)

Die Mimik ist gewissermaßen die Gestik der Gesichtszüge. Sie hat als Spiel der Gesichtsmuskeln (Mienenspiel) ihren Ort im menschlichen Gesicht und ist ihrem Wesen nach in erster Linie *emotionale* Kommunikation, d.h. Gefühlsmitteilung und Gefühlsübertragung. Das Gesicht wiederum ist Teil eines statischen Gepräges, nämlich des menschlichen Kopfes.

Auch hier stellt sich die Frage: Was leistet die Mimognomik für den Informationsbedarf des beobachtenden Verhandlers am Konferenztisch?

Um hier zu einigermaßen verläßlichen Antworten zu gelangen, müssen wir etwas weiter ausholen. Dazu gilt es, zuvor den Bereich unserer mimognomischen Beobachtungen genau abzustecken. Kopf und Gesicht des Menschen gliedern sich nämlich in folgende Bereiche, Zonen oder Regionen:

0.	Der Kopf	Er umfaßt in seiner Vorder- und Seitenansicht die Bereiche I.–III.
I.	Oberteil oder Stirnbereich	Er reicht vom Haaransatz bis zur Augenbrauenoberkante und steht für die Mentalzone. (Haarfarben, -formen und -frisuren müßten dagegen noch einer gesonderten Deutung unterzogen werden, die hier unterbleiben muß.)
II.	Mittelteil oder Zentralbereich	Er reicht von den Augenbrauen bis zur Unterlippe und umfaßt die emotional-kommunikative Zone, weil in ihr neben den Tastempfindungen der Gesichtshaut vor allem die gesamten Sinnesein- und -ausgänge (Seh,-, Hör-, Riech- und

mes Bild doch etwas näher zueinander rücken. Darauf winkte *Schmidt* ab und konterte, wie der Verf. im Fernsehen beobachten konnte, sehr geschickt mit den Worten: „Wir sind doch kein Liebespaar." Bravo! Mit dem Urheber des Schießbefehls wollte der Bundeskanzler nun wahrlich keinen Schulterschluß praktizieren.

87 Dieser Unterabschnitt bedient sich streckenweise der Erkenntnisse aus den Arbeiten von *L. Herland* (Gesicht und Charakter, Zürich, o. J.), *H. Kurth* (Menschenkenner auf den ersten Blick, München, 1970), *R. Spieth* (Menschenkenntnis im Alltag, Gütersloh, 1971), die ihrerseits *L. Herland* benutzen, sowie *E. Korff* (Menschen besser erkennen, Bd. I., Heidelberg, 1967).

	Schmecksinn) konzentriert sind, ganz besonders aber der Ausgang des Denk-Sprech-Vermögens.
III. Unterteil oder Kinn- und Halsbereich	Er reicht vom Unterlippenrand bis zur Kinnunterseite (wenn wir den Halsbereich als Anschlußpartie miteinbeziehen, sogar bis zum Halsansatz) und umfaßt die Vitalzone.

Gehen wir nun anhand dieses Leitfadens die einzelnen Gesichtsregionen mit ihren Merkmalen und Strukturen durch:

Zu 0. Kopfkomplex

Hier wie in der gesamten Mimognomik gilt die Erkenntnis, daß die ständige Kreuzung und Durchmischung der menschlichen Erbanlagen einen klaren Durchblick ganz enorm erschweren.

Kenner unterscheiden verschiedene Kopf- und damit auch Gesichtsformen (zwischen denen es wieder Kreuzungen geben kann!), deren Inhabern man folgende Charaktereigenschaften nachsagt:

Kopf-/Gesichtsformen

1. Oval-länglicher Kopf/Gesicht (evtl. schmal-überschmal)	Geistige Beweglichkeit, Unabhängigkeitsstreben, Willensdrang, Phantasiereichtum: also erhebliche Widerstände zu erwarten.
2. Dreieckiger Kopf/Gesicht (mit Spitze nach unten)	Klugheit, Schlagfertigkeit, Verschlagenheit, Diplomatie, Intuition: also mit besonderer Vorsicht zu behandeln.
3. (Vier)Eckig-kantiger Kopf/Gesicht (evtl. hager, markant)	Arbeitsenergie, Urteilsvermögen, Willensstärke, kämpferisches Verhalten, Zähigkeit: erhebliche Widerstände zu erwarten.
4. Rundlich-breiter Kopf/Gesicht	Schaffensdrang, Angriffslust, analytische Fähigkeiten, Egoismus, Kontaktfreudigkeit, Hilfsbereitschaft: also mehr Entgegenkommen zu erwarten.

5. Birnenförmiger Kopf/Gesicht	Praktische Einstellung, Problemlösungsvermögen, Umgänglichkeit, Unkompliziertheit: also auch hier mehr Offenheit.
6. Ungleiche Gesichtshälften	Zeichen einer komplexen Persönlichkeit, im Guten wie im Bösen.

Bevor wir uns jedoch dem Gesicht als dem eigentlichen Gegenstand der Mimognomik zuwenden, sei an folgendes erinnert: Daß wir auch mit dem Kopf Posen und Gesten vollziehen können, dürfte zwar allgemein bekannt, aber nicht jedem von uns auch immer voll bewußt sein. Daher eine entsprechende Auflistung:

Kopfbewegungen

Nr.	Signal	Bedeutung(en)
1.	Zurückgeworfener Kopf (mit vorgeschobenem Kinn)	Herausforderung, Provokation, Arroganz (Kopf hoch tragen)
2.	Angehobener Kopf	Aufmerksamkeit, Zuwendung
3.	Gesenkter Kopf	a) Niedergeschlagenheit, Trauer b) konzentriertes Zuhören (ganz Ohr sein) c) kämpferisches Verhalten
4.	Schlagseite des Kopfes nach links oder rechts	Unsicherheit, Gehemmtheit, Verkrampftheit, Manieriertheit
5.	Wiegende Kopfbewegungen (hin und her)	Zweifel, Bedenken, Skepsis, abwartende Haltung
6.	Kopfschütteln	allgemeine Verneinung, Ablehnung (zumindest in den Kulturen West-, Nord-, Mittel- und Osteuropas)
7.	Kopfnicken	allgemein Bejahung, Zusage (zumindest in den Kulturen West-, Nord-, Mittel- und Osteuropas)
8.	Ruckartig gezieltes Kopfnicken bei der Betonung gewisser Schlüsselwörter	Unterstreichung der Wichtigkeit oder Bedeutsamkeit bestimmter Äußerungen, ganz gleich ob positiv, neutral oder negativ

Zu I. Oberteil/Stirnbereich

Stirnformen

Die menschliche Stirn in ihren mannigfaltigen Erscheinungsformen ist als statisches Gepräge für Deutungsversuche relativ unergiebig. Es heißt, daß Wülste über den Augenbrauen auf ein ausgeprägtes Gedächtnis, leicht vorspringende Höcker an der Stirn auf ein ausgeprägtes logisches Denken hinweisen sollen. Doch wenden wir uns nunmehr stärker den dynamischen Zügen, d. h. der Mimik der Stirnpartie zu. Aufgrund der dort möglichen Muskelbewegungen begegnen uns folgende Phänomene:

Stirnbewegungen und -falten

Nr.	Signal	Bedeutung(en)
1.	Waagerechte Falten („Waschbrett“)	Erstaunen, Frage, Skepsis, Sorgen; aber auch: Betonung der Bedeutsamkeit einer gemachten Aussage
2.	Senkrechte („steile“) Falten	Willensanstrengung, Konzentration; Ausdruck des Zorns, der Aggression, Ablehnung
3.	Stirnrunzeln	Bedenken, Mißfallen, Widerwillen, Gequältheit
4.	Horizontale und vertikale Falten zugleich auftretend, aber auch in quadratischer Form vorhanden	Ausdruck innerer Qual, „Notfalten“; Zeichen von Systematik und Organisationstalent (z. B. Bundeskanzler *Helmut Kohl*)
5.	Eine senkrechte und eine waagerechte Falte, etwas oberhalb der Brauenwülste sich überschneidend („Kreuzfalte“)	Zeichen der Ungeduld, Unwirschheit (z. B. die vormaligen Ministerpräsidenten *Franz-Josef Strauß* und *Lothar Späth*)

Zu II. Mittelteil/Zentralbereich

Augenbrauen und ihre Stellungen

Zuerst zu den statischen Komponenten der Augenbrauen (Ausprägung, Beschaffenheit usw.). Hierzu eine kleine Auswahl von Augenbrauenstellungen, die das Endergebnis entsprechender Bewegungen (s. u.) sind. Dabei sei auch hier wieder darauf verwiesen, daß es sich bei nachstehenden Auflistungen nur um mutmaßliche Bewertungen handeln kann:

Nr.	Signal	Bedeutung(en)
1.	Augenbrauen zusammengewachsen	Mißtrauen, leichte Verstimmbarheit, Neigung zu Temperamentsausbrüchen
2.	Augenbrauen weit auseinanderliegend	Offenheit gepaart mit starkem Egoismus und wenig Rücksichtnahme
3.	Starke, d.h. breite, kräftig gewachsene Augenbrauen	Willenskraft, Dynamik
4.	Dichte, buschige Augenbrauen	Vitalität und Stehvermögen
5.	Wirr und unregelmäßig gewachsene Augenbrauen	Undiszipliniertheit, mangelnde Selbstkontrolle, Temperamentsausbrüche
6.	Spärliche, schwachwüchsige, ziemlich hoch angeordnete Augenbrauen	Schwächlichkeit, auch Charakterschwäche, mit Neigung zum Negativen
7.	Horizontal-gerader Verlauf der Augenbrauen	Männlich harter Charakter, Entschlossenheit
8.	Horizontal-gerade, aber am Ende abwärts geschwungene Augenbrauen	Abwägende Klugheit, gepaart mit Entschlossenheit
9.	Glatte, geschwungene, aber relativ kurze Augenbrauen	Unternehmungslust, Mut, Tatkraft, bisweilen Tollkühnheit
10.	Ziemlich tiefliegende (auf die Augen drückende) Augenbrauen	Nachdenklichkeit, Konzentration, aber auch Resignation, Pessimismus
11.	Gerade verlaufende, gegen Ende eckig abschwingende Augenbrauen	Streben nach Aktivität im ideellen oder materiellen Bereich
12.	Wellenförmig auf und ab verlaufende Augenbrauen	Innerliche Unausgeglichenheit, Unruhe, Jähzorn

Augenbrauenbewegungen

Die Muskeln der Augenbrauen liefern die eigentliche Schubkraft sowohl für die Entstehung der Stirnmimik als auch der Augenbrauenmimik.

Nr.	Signal	Bedeutung(en)
1.	Angehobene Augenbrauen	Bejahung, Wohlbefinden, Freude; auch: Unterstreichung einer Aussage
2.	Zusammengezogene Augenbrauen	Verneinung, Ablehnung, Abwehr, Aggressivität, Empörung; Trauer, Ernst
3.	Gegeneinander (schräggestellte) Augenbrauen	Zweifel, Skepsis, Gequältheit; auch: Konfliktbereitschaft, Streitsucht
4.	Rechte oder linke Augenbraue hochgezogen	Ironie, Spott, Hohn; Mißtrauen

Augen: ihre Formen, Farben, Stellungen, Formate, Bewegungen

Die menschlichen Augen als Sehorgane mit Pupillen, Iris, Augenlidern, Wimpern, Lidspalten usw. sind *zugleich* unsere visuelle Sende- und Empfangsstation, Aus- und Eingänge für eigene und fremde visuelle Botschaften. Deren Deutung ist wegen der vielfältigen Strukturen unserer Sehorgane und ihres Sehverhaltens für uns am Verhandlungstisch mit großen Schwierigkeiten verbunden. Diese beginnen schon, wenn wir versuchen, der Bedeutung von Augengröße und Irisfärbung nachzusinnen. Denn dies ist ein recht unsicheres, weil schwer nachprüfbares und kaum erforschtes Terrain:

Augenformen und -farben

Nr.	Signal	Kann-Bedeutung(en)
1.	Große Augen („Scheinwerfer“)	Offenheit, Ehrlichkeit, Festigkeit, Ernst, Erforschungsdrang, Begabung, Sympathie
2.	Kleine Augen („Schweinsäuglein“)	Labilität, Undurchsichtigkeit, Machtwille
3.	Hellblaue Augen, klare blaue Augen, stahlblaue Augen	Sachliche Kühle, Strenge, Unerbittlichkeit Festigkeit, Durchdringungskraft, Suggestion Aggressivität

4.	Graue Augen	Kälte, Willenshärte, Rücksichtslosigkeit
5.	Braune Augen, dunkelbraune, schwarze Augen	Offenheit, Gefühlsbetontheit, Verinnerlichung, Distanz, Entschlossenheit Lebhaftigkeit, Temperament, Angriffslust, Zorn, Unbeherrschtheit
6.	Grünliche Augen	Leidenschaftlichkeit, energisches Auftreten, Wendigkeit, Verschlagenheit

Doch diese „Werte" sind teils Erfahrungswerte, teils auch nur Mutmaßungen. Halten wir uns daher lieber an wahrnehmungsmäßig voll Überprüfbares. Solche Faktoren sind z. B. Augenstellung, Stellung der Lidspalten/Augenlider, Pupillengröße, Blickstrahlrichtung, Blickbewegungsverhalten, Blickausdrucksqualität.

Augenstellung (nur auffällige Besonderheiten)

Nr.	Signal	Bedeutung(en)
1.	Weit auseinanderstehende Augen	Eigenwille, Eigensinn, Trotz, auch kalte Berechnung
2.	Eng beieinanderliegende Augen	Begeisterungsfähigkeit, Mitgefühl, Praxisferne, auch Fanatismus

Stellung der Lidspalten/Augenlider

Nr.	Signal	Bedeutung(en)
1.	Weit geöffnete Lidspalten	Offenheit; Kontakt- und Aufnahmebereitschaft, Freude, auch Erstaunen, Schreckreaktion
2.	Normal geöffnete Lidspalten	Neutralität, Gelassenheit, Wartehaltung
3.	Stark verengte (verkniffene)[88] Lidspalten	Abwehr, Widerwille, Angstgefühle, auch Ablehnung, Verneinung, Haß, Trauer, Schmerz

88 Falten in den Augenwinkeln zeugen von erfahrenen Höhen und Tiefen des Lebens.

Nr.	Signal	Bedeutung(en)
4.	Leicht verengte Lidspalten	Kritisches Taxieren, Abschätzen, Abwägen einer Idee, Sache, Person usw.
5.	Eine Lidspalte momentweise leicht verengt (= zublinzeln, zuzwinkern)	Herstellung eines geheimen Einverständnisses (oder ein entsprechender Versuch), zweideutiges Signalement, (Ver-)Warnung
6.	Leichte Abdeckung der Augen durch Oberlider	Überlegung, Prüfung, scharfes Nachdenken, Konzentration
7.	Starke Abdeckung der Augen durch herabhängende Oberlider („verhängter Blick“)	Ermüdung, Gedankenleere, Apathie

Pupillengröße

Nr.	Signal	Bedeutung(en)
1.	Erweiterte, große Pupillen	Schwache Lichteinstrahlung; Interesse, Sympathie, Bejahung
2.	Verengte, kleine Pupillen	Starke Lichteinstrahlung; Desinteresse, Antipathie, Ablehnung, Falschaussage (!)

Blickstrahlrichtung

Nr.	Signal	Bedeutung(en)
1.	Geradeaus gerichteter Blickstrahl	Offenheit, Selbstsicherheit, Zuwendung, Kontaktsuche, Durchdringung, Suggestion
2.	Nach oben gerichteter Blickstrahl	Zuversicht, Erwartung, Optimismus, Innenschau
3.	Von oben nach unten gerichteter Blickstrahl	Überheblichkeit, Verachtung
4.	Nach unten gerichteter Blickstrahl	Nachdenklichkeit, Wartehaltung, Langeweile, Verlegenheit, Resignation, Niedergeschlagenheit, Schuldbewußtsein

5. Seitwärts gerichteter Blickstrahl („schräger Blick")	Beobachtung, Musterung, Mißtrauen, Lauerstellung, Abwarten, Verachtung

Blickbewegungsverhalten

Nr. Signal	Bedeutung(en)
1. Wandernd, kreisend, nach allen Seiten, auch flächendeckend	Orientierung, Beobachtung, Wirkungskontrolle, Verstärkung des Wortes
2. Jede Wendung an Konferenztisch verfolgend	Hohes Reaktionsvermögen, Wachsamkeit, Geistesgegenwart
3. Streifend („Streifblick")	Flüchtigkeit, Oberflächlichkeit, Pflichtübung, Desinteresse; gewolltes Übersehen; auch Ängstlichkeit, mangelndes Selbstvertrauen
4. Ausweichend	Abwehrbewegung, Ablehnung, Sich-nicht-in-die-Karten-gucken-lassen; auch schlechtes Gewissen
5. Unstet, regellos springend	Sprunghaftigkeit, Unruhe, Unsicherheit, Konzentrationsmangel
6. Flackernd	Innere Aufregung, Hilflosigkeit
7. Stechend	Aggressivität, Haß
8. Mit rollenden Augen dreinblickend	Aggressionsstau, Temperamentsausbruch signalisierend
9. Punktuell, zentriert	Konzentration, Schwerpunktbildung, Verbissenheit, Starrheit, Unbeweglichkeit
10. Scharf ins Auge fassend	Blickzugriff, Erzwingung einer Reaktion
11. Abschätzend, sich messend	Taxierung, Maßnehmen, erster Einschätzungsversuch des Kontrahenten
12. „Ein-dringlich", durchdringend	Tiefblick, Versuch, den Anderen irgendwie auszuloten, Durchschauungsversuch

Nr. Signal	Bedeutung(en)
13. Starr, leer	Fernblick auf imaginären Punkt, Nicht-zur-Kenntnis-Nahme, Geistesabwesenheit, Gedankenleere
14. Ablenkend	Ablenkungs- oder Täuschungsmanöver: Anpeilen eines entfernten Punktes, um die Angriffsvorbereitung auf ein naheliegendes Ziel zu verschleiern

Ausdrucksqualität („Botschaft“) des Blicks

Wie im gesamten Kommunikationsbereich (Redekunst, Gesprächsführung usw.) so gilt auch in der Verhandlungsführung bei der Aussagenanalyse keine zweiwertige (Ja/Nein-)Logik, keine Schwarzweißmalerei, sondern nur eine dreiwertige Logik, die immerhin eine breite dritte Zone des Weder-noch kennt. Erschwert wird diese Analyse überdies durch die Tatsache, daß es sich im Bereich des Blickkontaktes immer nur um visuelle, d.h. von Aug' zu Aug' „gefunkte“ Botschaften handelt, die streng genommen einer Übersetzung in verbale Kommunikation widerstehen bzw. sich deshalb nur schwer deuten und wiedergeben lassen. Nachfolgend eine kurze Auswahl solcher Ausdrucksqualitäten des Blickkontaktes oder der Blickbotschaften:

Der Blick in seiner Aussagequalität kann sein:
1. *Positiver Bereich* (+) gütig, gutmütig, freundlich, sympathisch, warmherzig, ehrlich, offen, strahlend, begeistert usw.
2. *Neutral-beschreibend-unentschiedener Bereich* (±0) lebendig, lebhaft, munter, aufmerksam, fest, ernst, durchdringend, scharf, forschend, prüfend, ungeniert, blitzend, gelassen, gelangweilt, gleichgültig, leer, starr, erstaunt, ungläubig, skeptisch, zweifelnd, scheu usw.
3. *Negativer Bereich* (−) frech, herausfordernd, aggressiv, feindselig, haßerfüllt, abweisend, mitleidslos, kaltherzig, verschlagen, lauernd, düster, angsterfüllt, sorgenvoll, entsetzt usw.

Übrigens sehen wir, daß es in dieser Auflistung gewisse Überschneidungen mit der vorhergehenden („Blickbewegungsverhalten") gibt. Daraus können wir ableiten, daß bestimmte Blickbewegungen schon im voraus konstitutiv für eine anschließende Bewertung durch den Empfänger sein können.

Ohrenformen

Die Ohren als menschliche Hörorgane sind unsere akustischen Empfangsstationen, ohne die eine sinnvolle verbale Kommunikation – wie der Grenzfall der Gehörlosen es deutlich zeigt – nur unter größten Schwierigkeiten möglich wäre. Allerdings stehen hier nicht die Ohren als Hörorgane im Blickpunkt der Betrachtung, sondern vielmehr die Ohrmuscheln und ihre vielfältigen Erscheinungsformen. Bestimmend sind hier deren Sitz (bzw. Lage, Anordnung), Umfang und Gestalt. Was kann durch sie zum Ausdruck kommen? Welche Botschaft, wenn überhaupt, haben sie für uns, wenn wir am Verhandlungstisch unseren Partnern gegenübersitzen? Es heißt, ihre Oberhälfte enthalte Informationen über den Mentalbereich, ihre Unterhälfte Informationen über den Vitalbereich des Inhabers. Doch ein Großteil der Aussagen bleibt auch hier leider nur Mutmaßung. So haben zwar große Persönlichkeiten oft auch ausgeprägt große Ohren. Doch auch kleine Ohren können ganz besonders Audruck hoher Intelligenz und Willenskraft sein. Ohrmuscheln mit etwa gleichgroßer Ober- und Unterhälfte wären mit ihrer Wohlgeformtheit Kennzeichen eines innerlich ausgewogenen, harmonischen Menschen, an den Enden spitz zulaufende Ohrmuscheln („Faunsohren") möglicherweise Kennzeichen für Verschlagenheit und Doppelbödigkeit, irgendwie verwachsene und verformte Ohrmuscheln vermutlich Kennzeichen für Abnormitäten. Neben anliegenden gibt es stark abstehende Ohren, die gleichsam wie große Lauschantennen ausgefahren sind. Sicher ist bei manchen dieser Signale Vorsicht geboten. Dennoch sind wegen der starken und immer stärkeren ethnischen Durchmischung der Erbanlagen der Erdbevölkerung immer weniger klare und verläßliche Aussagen über die Eigentümer der Ohren möglich[89].

89 Ähnliches gilt für die Chirologie, das Wissen vom Wesen der Hände (nicht zu verwechseln mit der Chiromantik, der Handlesekunst!). Am zuverlässigsten erweist sich hier noch die Arbeit „Chirognomie" (1843) des französischen Adligen und napoleonischen Offiziers *d'Arpentigny*, auf der alle späteren Versuche aufbauen. Er unterscheidet insgesamt sieben Handtypen:

Nasenformen

Die Nase mit ihren Nasenflügeln und -öffnungen ist Erscheinungsform und Sitz des Riechorgans, mit dem wir gleichsam „Witterung“ aufnehmen und atmosphärische Stimmungen wahrnehmen können, die bis ins Intuitive, Vor-Rationale und Unterbewußte reichen. Sie ist umgeben von der Nasenpartie mit ihrer Nasenlippenfalte und deren Muskeln. Während die Nase selbst ein vorwiegend statisches Gepräge aufweist, haben die Nasenflügel und die Muskulatur der Nasenlippenfalte dynamische Funktion. Aus dem statischen Bau der Nase

---

89 (Fortsetzung)

1) Elementare oder Arbeiterhand	Handfläche groß, Finger kurz, dick	Körperliche Tätigkeiten, geistig zurückgeblieben
2) Eckig-kantige oder Bürokratenhand	Handfläche mittelgroß, Finger knotig, eckig	Untergeordnete Tätigkeiten, Ordnungssinn, Pedanterie, begrenzter Horizont
3) Schaufelförmige oder Macherhand	Handfläche groß/mittel, Finger kurz, breit	Praktisches Denken u. Handeln, Besitz- u. Machtstreben, Führungsqualitäten
4) Kegelförmige oder Gestalterhand	a) Handfläche mittelgroß, geschmeidig b) Handfläche breit, geschmeidig c) Handfläche groß, fest. Alle drei: spitze Finger	Ästhetische Begabung, Formwille Vereinigung von Kunstsinn und Besitzstreben Begeisterungsfähigkeit für Ideale, Kreativität
5) Knotige oder Denkerhand	Handfläche klein/mittelgroß, Finger knotig	Kritikvermögen, präzises Denken, erzieherisch-denkerische Leitgestalten
6) Psychische oder Idealhand	Handfläche schmal, Finger lang, schlank, edel (veredelte Variante von 4)	Hohe Intelligenz, Kreativität, Idealismus, Seelen-Adel
7) Gemischte oder Mehrzweckhand	Mischform der Handtypen 1–6	Befähigung zu unterschiedlichen Aufgaben im praktischen und theoretischen Bereich

können wir relativ wenig über ihren Inhaber aussagen. So sollen scharf geschnittene und spitze Nasen ein Zeichen für Scharfsinn, Spitzfindigkeit und Spottlust sein. Sind sie außerdem noch lang, so können sie Ausdruck der Wißbegierde bis hin zur Schnüffelei und Ausspionierung, aber auch Zeichen von Entsagung und Askese sein, die gleichsam ein Herumschnuppern im Überweltlichen und Transzendenten symbolisieren. Sind diese Nasen gar noch gebogen („Adlernasen"), gelten sie als Merkmal von Kühnheit und Verwegenheit. Platte Nasen sollen ein Kennzeichen von Genußsucht, auch Brutalität, kurze dagegen eher von Realismus, ja Materialismus sein. Doch schon bei Bewohnern von Weltgegenden außerhalb Europas, Vorder- und Mittelasiens oder Indiens, also Ostasiaten, Mongolide, Negroide und z. T. Indianide mit abweichenden Nasenformen (Sattelnasen usw.) versagen diese griffigen Klischees zumeist. Weit informativer dagegen sind die Muskelbewegungen der Nasenpartie und angrenzender Bereiche. So deutet das Zittern der Nasenflügel auf Erregung, das Verziehen der Nase auf Unbehagen („Mir stinkt's") hin. Das Verziehen der Nasolabialfalte zeigt uns beim Lachen Spaß und Fröhlichkeit oder Spott und Schadenfreude an. Dies sind aussagekräftige Signale und keine Ratespiele.

Mundformen

Neben Augen, Ohren und Nase bildet der menschliche Mund als vierte Sinnespforte die bedeutendste Empfangs- und Sendestation des Menschen als Kommunikationswesen. Denn der Mund ist (neben der Nase) Ein- und Ausgang für die Vitalfunktion der Atmung, er ist mit der Zunge Sitz des Geschmackssinnes, er ist unter Mithilfe der Kauwerkzeuge und des Speichelflusses Eingang für flüssige und feste Nahrungszufuhr, aber er ist vor allem mit Hilfe der Sprechwerkzeuge und der Stimmbildung Ausgangsstätte der menschlichen Sprache und des dahinterstehenden Denk-Sprech-Vorgangs in uns. Von all diesen Funktionen soll mit Ausnahme von Stimme und Sprache (s. u. Abs. „Phonognomik", S. 140 ff.) hier nicht die Rede sein. Für uns muß der menschliche Mund vielmehr im Rahmen der Mimognomik zum Gegenstand unserer Beobachtungen werden.

Da das Äußere des Mundes von Ober- und Unterlippe gebildet wird, werden besonders die Ausformungen, Posituren und Bewegungen der Lippen und der mit ihnen verbundenen Muskeln, die dem Mund sein spezifisches Gepräge geben, unser Augenmerk beschäftigen. Könnte uns also die Betrachtung des Mundes gewisse Rückschlüsse auf das Innenleben, d. h. den Character des jeweiligen Menschen erlauben, der uns am Verhandlungstisch gegenübersitzt? Das mögen überzogene Erwartungen sein. Aber als Erfahrungsregel gilt, daß der Oberlippenbereich Auskunft über die mentale Einstellung (Intellekt, Intelligenz), der Unterlippenbereich über die vitale Ausrichtung (Wille, Sinnlichkeit, Genußfreude usw.) eines Menschen geben soll.

Mundformate

Nr.	Signal	Bedeutung(en)
1.	Kleiner Mund, volle, ausgeprägte Lippen	Genußfreude, Sinnlichkeit, Freundlichkeit, unkritisches Wesen, labil
2.	Kleiner Mund, dünne, schmale Lippen	Schüchternheit, Anspruchslosigkeit, geringe Emotionalität
3.	Großer Mund, volle Lippen	Emotionalität, Genußsucht (besonders bei ausgesprochen dicken Lippen!)
4.	Großer Mund, schmale ausgedünnte Lippen	Egoismus, Durchsetzungswille (auf Kosten anderer), kalte Berechnung

Lippenstellungen

Nr.	Signal	Bedeutung(en)
1.	Vorstehende Unterlippe	Materielle Einstellung, Gewinnstreben, Durchsetzungswille
2.	Vorstehende Oberlippe	Intellektuelle Veranlagung, Geistesgegenwart, Anpassungsvermögen (ggf. bis zur Unaufrichtigkeit)
3.	fest aufeinanderliegende (meist) schmale Lippen	Abwarten, Kritikvermögen, Entschlossenheit, Mißtrauen, Verschlossenheit

Lippenbewegungen

Nr.	Signal	Bedeutung(en)
1.	Lippen (Mund) zugespitzt	Angriffslust, schnelle Entschlußkraft, Spottsucht, Neigung zum Überlisten
2.	Lippen (Mund) zusammengepreßt, verkniffen	Streßsignal, Verbissenheit, Unterdrückung eigener Gefühle, Rechthaberei, fehlende Offenheit (somit auch Unaufrichtigkeit), Widerstand, Egozentrik
3.	Lippen (Mund) geöffnet	Aufgeschlossenheit, Bejahung, Erstaunen; für längere Zeit: Einfallslosigkeit, Naivität
4.	Lippen (Mund) nach einer Seite verzogen	Spott, Sarkasmus, Hohn, Verachtung, Gewissenlosigkeit
5.	Lippen (Mund) während Sprechens verkrampft	Trotz freundlicher Wortwahl Vorsicht, weil unfreiwillige Enttarnung unlauterer Absichten sich abzeichnet
6.	Lippen (Mund) aufgeworfen	Kritik, Skepsis, prüfendes Verhalten, Vorsicht

Mundwinkelspiel

Nr.	Signal	Bedeutung(en)
1.	Mundwinkel nach oben gezogen	Positive Empfindungen, Freude, Freundlichkeit, Heiterkeit, Lächeln, Bejahung
2.	Mundwinkel nach unten gezogen	Negative Empfindungen, Trauer, Schmerz, Sorge, Verachtung, Ablehnung, Verneinung

Hier auch eine kurze Bemerkung zum Lächeln, weil es ja optisch ebenfalls durch die Bewegung der Mundwinkel- und Backenmuskulatur erzeugt wird[90]. Wir unterscheiden freundliches, beschwichtigendes, ungläubiges, konziliantes, wissendes (bzw. mitwisserisches), spötti-

90 Das (Drauflos-)Lachen und Weinen sind am Konferenztisch normalerweise füglich zu vermeiden, weil sie in den Augen der anderen nur als eine Art Selbstentlarvung des eigenen Denkens und Fühlens gewertet würden!

sches, hämisches, maliziöses, zynisches, frostiges, gequältes (bzw. gezwungenes) Lächeln, das bisweilen auch in ein entsprechendes Grinsen (unter Zeigen der Zähne) übergehen kann. Diese Erscheinungen sind uns alle von uns selber und anderen bekannt. Manche Zeitgenossen üben sie sogar ein...

Backenknochen/Jochbein

Im Zusammenhang mit den Backenmuskeln auch noch ein Wort zur Bedeutung der Backenknochen bzw. des Jochbeins sowie ihrer Beziehung zum Kinn:

Nr.	Signal	Bedeutung(en)
1.	Backenknochen und Kinn stark ausgeprägt	Willenskraft, Energie, Durchsetzungskraft, Angriffslust, Brutalität, Derbheit
2.	Backenknochen stark, Kinn schwach ausgeprägt	Verwegenheit, Unberechenbarkeit; Stimmungsschwankungen, innere Zerrissenheit, Zweifel
3.	Backenknochen und Kinn mittelmäßig ausgeprägt	Geistige Überlegenheit, Ausdauer, Berechnung, defensives Verhalten
4.	Backenknochen und Kinn schwach bzw. zart ausgeprägt	Sensibilität, Geistigkeit, Schlauheit, List; Unentschlossenheit, Beeinflußbarkeit, Ängstlichkeit

Abschließend ein Wort zur Deutung des Rauchens, das bekanntlich dem oralen (und nasalen) Lustgewinn dienen soll. Hier gilt die meist zutreffende Erfahrungsregel, daß der Zigarettenraucher als Hektiker und Macher, d. h. als extrovertiert, der Zigarren- und Pfeifenraucher eher als ruhiger, umgänglicher und abgeklärter Analytiker, d. h. als introvertiert zu bewerten ist.

Zu III. Unterteil/Kinn- und Halsbereich

Kinnformen

Das Kinn und mit ihm der Unterkiefer weisen wiederum ein stark statisches Gepräge auf, auch wenn der Unterkiefer und mit ihm das Kinn z. B. durch Öffnen des Mundes beim Kauen und Lachen bewegt werden. Gewisse Aufschlüsse könne uns jedoch die Formen von Kinn und Unterkiefer geben. Dabei gibt die folgende Auswahl nur Kann-Regeln, keine Muß-Regeln:

Nr.	Signal	Bedeutung(en)
1.	Vorgeschobenes Kinn	Herausforderung, Aggressivität
2.	Stark ausgeprägtes (eckiges), vorspringendes (evtl. vorgeschobenes) Kinn (ggf. mit stark entwickeltem Unterkiefer)	Willenshärte, Durchsetzungskraft, Rücksichtslosigkeit, Brutalität, dominatives Verhalten
3.	Spitz zulaufendes Kinn	Verschlagenheit, Unaufrichtigkeit, vereint mit Zielstrebigkeit
4.	Abfallendes, zurückspringendes Kinn	Willensschwäche, Mangel an Durchsetzungskraft
5.	Vorspringendes Kinn mit Einkerbung bzw. Furchung in der Mitte	Klugheit, Egoismus, Kälte
6.	Rundlich-fettes Kinn, evtl. sogar Doppelkinn	Neigung zu Sinnesgenüssen, Wohlleben, Bequemlichkeit

Nach Abhandlung von Mund-, Backen- und Kinnpartie einiges über Bärte. Dazu vorab etwas Grundsätzliches: Während Oberlippen- und meistens auch Kinnbart ihren Trägern männlicheres Aussehen verleihen mögen, steht es beim Vollbart anders. Nur ein Bruchteil der Bartträger ist – nach ästhetischen Maßstäben – wirklich berechtigt, einen Vollbart zu tragen. Voraussetzung hierfür ist ein längliches, schmales Gesicht, dem ein Vollbart tatsächlich ein edles, männliches Aussehen verleiht. Da aber bei uns die Breit- und Rundköpfe vorherrschen, ist es nichts damit. Was herauskommt, sind Geschmacksverirrungen des Aussehens. Haben die Vollbartträger einiges zu verbergen? Vermutlich. Doch Sympathiewerte gewinnen sie damit nicht, es sei denn bei Gleichgesinnten, welche die Barttracht als Erkennungszeichen benutzen. Also tragen manche in Anlehnung an ihre ideologischen Obergurus Rauschebärte à la *Marx* oder gar *Bakunin*, Bocks- und Spitzbärte à la *Trotzkij* und *Lenin* oder Mandarinbärte à la *Ho Tschi Minh* (Im NS-Reich war *Hitlers* aggressive Oberlippenbürste, auch „Rotzbremse" genannt, in Mode...). An den Bärten sollt ihr sie erkennen.

Halsformen

Damit kommen wir zum Hals als angrenzendem Bereich von Kinn und Unterkiefer. Da der Hals durch Kragenrand, Halstuch oder Schal z. T. ohnehin verdeckt und damit dem Blickzugriff verborgen bleibt, wird seine Deutung noch erschwert. Man unterscheidet an ihm Vorder- und Rückseite (Nacken):

Nr.	Signal	Bedeutung(en)
1.	Langer und schlanker (dünner) Hals	Sensibilität, Feingefühl, Schwächlichkeit
2.	Langer und kräftiger Hals	Dynamik, körperliche Vitalität
3.	Kurzer und kräftiger Hals („Stiernacken“)	Robustheit, Ausdauer, Rücksichtslosigkeit sowie Listigkeit, aber auch Genialität
4.	Stark vorgebogener Hals (mit rundem Nacken)	Nachgiebigkeit gegenüber Höheren, „Radfahrernaturen“
5.	Steifer Hals	Anmaßung, Rechthaberei, Egomanie
6.	Schlagseite bzw. Neigung des Halses nach rechts oder links	Zurückgestaute Aggressivität aufgrund innerer Komplexe oder Schwächen – Vorsicht geboten!

d) Phonognomik (Stimmerkennung)

Von *Sokrates* überliefert man den Ausspruch: *„Sprich, damit ich dich sehe.“* Dieser wahrhaft bedenkenswerte Hinweis aus der griechischen Antike möchte uns an eine wichtige Tatsache erinnern: daß nämlich die menschliche Stimme – in ihrem Klang rein für sich genommen, d.h. abzüglich der ihr aufmodulierten Sprache – uns einen direkten und unverfälschten Zugang zu den verborgenen Absichten und damit auch zur Charakterstruktur des jeweiligen Sprechers bzw. Verhandlungspartners gewähren kann. Erscheinungsbild und Auftreten eines Mitmenschen können uns durch mancherlei Ablenkungs- und Verschleierungsmanöver über sein wahres Wesen hinwegtäuschen. Sogar die Sprache ist, wie ein dem Meisterdiplomaten *Talleyrand* zugeschriebenes Aperçu besagt, dem Menschen gegeben, um seine Gedanken zu verbergen. Aber die Stimme eines Menschen kann sich, streng genommen, nicht verstellen. Sie liegt wie ein aufgeschlagenes Lesebuch vor dem, der hören kann. Jede menschliche Stimme ist als solche so unverkennbar und mit einer anderen unverwechselbar, daß man selbst in der Kriminalistik als eine Entsprechung zum Fingerabdruck („finger-print“) den Begriff des Stimmabdrucks („voice-print“) eingeführt hat. Doch ein Berufenerer, der norwegische

Schriftsteller *Knut Hamsun* (1859–1952), trug bereits vor sieben Jahrzehnten ganz im sokratischen Geiste folgende Beobachtung vor:

„Es würde mich wirklich interessieren, zu wissen, wieweit Sie mich für fähig halten, die menschliche Stimme zu durchschauen. Ich meine zum Beispiel in der Stimme jener Leute, mit denen ich spreche, einen ganz feinen Unterton hören zu können; ich höre nämlich unglaublich scharf. Wenn ich so dasitze und mit jemand spreche, brauche ich ihn nicht anzusehen, um ihm bei dem, was er spricht, genau folgen zu können, ich höre sofort heraus, ob er mir einen Bären aufbindet oder sonst etwas verfälscht. Die Stimme ist ein gefährliches Instrument. Verstehen Sie mich recht: ich meine nicht gerade den greifbaren Ton der Stimme, der kann hoch oder tief sein, klangvoll oder rauh, ich meine nicht das Stoffliche der Stimme, den Klang selbst, nein, ich halte mich an das Mysterium hinter der Stimme, an die Welt, aus der sie hervorkommt“[91].

Leider gibt uns *Hamsun* keine genaueren Anhaltspunkte darüber, *welches* denn diese Kriterien seiner intuitiven Analyse sind, mit denen er seinen Gesprächspartner zu durchschauen vermag. Dankbar für seinen Hinweis, müssen wir daher diese Frage hier und jetzt weiterverfolgen. Es stellen sich uns nunmehr folgende Fragen:

Welches sind die Kriterien und Instrumentarien einer derartigen Stimm- und Sprechanalyse im Sinne von *Sokrates* und *Hamsun*? Wie können wir als Gesprächspartner und Verhandler uns einiges von dieser Fähigkeit des analytischen Gehörs aneignen? Und was kann sie für den Verhandler am Konferenztisch leisten?

Immerhin ist auf dem Gebiet der Stimm- und Sprechanalyse bereits beachtliche Arbeit geleistet worden, so daß wir auf deren Ergebnisse in gewissem Umfang zurückgreifen können[92]. Allerdings können wir hier keine wissenschaftlich-theoretische Analyse mit *fünf* Dutzend Kriterien im Kopfe am Konferenztische durchführen. Das hieße, den Verhandler total überfordern. Er muß vielmehr in die Lage versetzt werden, mit einem gutem Halbdutzend griffiger Kriterien eine Sofortanalyse durchzuführen, die ihm in der konkreten Situation am Verhandlungstisch wertvolle Entscheidungshilfen liefern soll. Also sind gewisse Abstriche und Vereinfachungen geradezu zwingend erfor-

91 Mysterien, München 1921, S. 137.

92 Hier sei vor allem an *R. Fährmanns* eindrucksvolle Arbeit „Die Deutung des Sprechausdrucks“, 2. Aufl. Bonn 1967, erinnert, die ihrerseits die vorangehenden Arbeiten auf diesem Gebiet benutzt und verarbeitet. Der Verf. wird daher streckenweise Gebrauch von den Erkenntnissen und Kriterien dieser richtungweisenden Arbeiten machen, aber nicht ohne sie zuvor in seine eigene Terminologie übersetzt zu haben.

derlich. Merken wir uns deshalb mit Blick auf die Phonognomik (Stimmerkennung) folgende vorläufigen Kriterien oder Maßstäbe[93]:

1. Tonlage (1) 2. Stimmfülle (2) 3. Lautstärke (3) 4. Stimm-Register (4)	schwer veränderbare (naturgegebene) Größen
5. Sprechtempo (5) 6. Modulation (6) 7. Betonungsstruktur (7) 8. Artikulation (8)	(durch Training) leicht veränderbare Größen
P.S.: Da die Punkte 1.–3. häufig ineinander übergehen, sinkt die Zahl der Kriterien auf 6.	

Nachstehend sei der Versuch gewagt, mit einer entsprechenden Auflistung von Erfahrungswerten, die als Richtwerte dienen können, dem Verhandler diejenigen Kriterien und Instrumentarien an die Hand zu geben, die ihm Schritt für Schritt die Fähigkeit der Stimmerkennung (Phonognomik) erschließen sollten:

---

93 Zur besseren Aufschlüsselung seien für die oben genannten Kriterien folgende Alternativausdrücke und -erklärungen gegeben:
(1) Tonhöhe, Stimmlage, angeborene Disposition: Sopran-Mezzo-Alt; Baß-Bariton-Tenor
(2) Volumen, Resonanz, Klangfülle der Stimme
(3) Intensität, Entasis
(4) Die drei Stimmregister sind: 1. harte Kopfstimme (dominativ), 2. indifferente Normalstimme (integrativ), 3. weiche Bruststimme (integrativ); auch Melos, Prosodie, Timbre, Klangfarben
(5) Sprechgeschwindigkeit (+ Pauseneinsatz)
(6) Stimmhebung und -senkung, Sprechrhythmus
(7) Akzentuierung, Hervorhebung, Emphase, Stimmführung; Druckakzent, Iktus
(8) Aussprache, Lautbildung, Sprechdeutlichkeit
Wie wir anschließend sehen werden, spielen bei der Analyse einer dieser Konstanten meist die übrigen 5–6 Konstanten mit in die Bewertung hinein und beeinflussen sie erheblich. Es bestehen also verborgene Wechselbeziehungen zwischen diesen einzelnen Faktoren, die erst bei der Sprechanalyse und Phonognomik zutage treten.

(1) Tonlage

Nr.	Signal	Bedeutung(en)
1.	Tiefe Tonlage + große Lautstärke + gute Stimmfülle + langsames Tempo + melodische Betonung + Bruststimmregister	Selbstgefälligkeit, Selbstbespiegelung, Genießernatur, verbale Kraftmeierei, Nachdrücklichkeit (a)
2.	Tiefe Tonlage + große Lautstärke + langsames Tempo + straff getaktete Betonung + Bruststimmregister	Ruhe, Gelassenheit, Selbstvertrauen, Reife, Bodenständigkeit, Väterlichkeit (b)
3.	Tiefe Tonlage + große Lautstärke + gute Stimmfülle + schnelles Tempo + melodische Betonung + brustig-sonores Stimmregister	Gefühlsansprache, zu Herzen gehend, emotionaler Appell (c)
4.	Hohe Tonlage + große Lautstärke + gute Stimmfülle + schnelles Tempo + sinnvolle Betonung + Kopfstimmregister	Dirigistisches Verhalten, Zielstrebigkeit, Tatkraft, Eindringlichkeit (d)
5.	wie in 4., jedoch mit langsamer Sprechgeschwindigkeit	Kämpferisches Verhalten, agitierend-argumentierende Einstellung, Durchhaltewillen, Eigensinnigkeit, sonst wie 4. (e)
6.	Hohe Tonlage + große Lautstärke + geringe Stimmfülle + schnelles Tempo + straffe Rhythmisierung + Kopfstimmregister (bis zur Schrillheit)	Schärfe, Willenshärte, Gefühlskälte, evtl. Angsterzeugung, Rücksichtslosigkeit (f)

Dazu Stimmbeispiele aus der Zeitgeschichte: (a) „Reichsmarschall" *H. Göring*; z.T. auch Bundeskanzler *L. Erhard*; (b) GFM *P. Hindenburg*; (c) Außenminister *A. Briand*; (d) MP und Bundesminister *G. Stoltenberg*; (e) SPD-Führer *K. Schumacher*; (f) SD-und Gestapo-Chef *R. Heydrich*.

(2) Stimmfülle

Nr. Signal	Bedeutung(en)
1. Große Stimmfülle + Lautstärke + scharfe Artikulation + gute Betonung + Kopfstimmregister	Herrschernatur, Vitalität, Antriebsenergie, dominatives Verhalten (a)
2. Große Stimmfülle + große Lautstärke + schlechte Artikulation + lasche Betonung + Kopfstimmregister	Wichtigtuerei, Prahlerei, kritiklos-unbeherrschtes Verhalten (b)
3. Große Stimmfülle + Lautstärke + scharfe Artikulation + gute Betonung + Bruststimmregister	Aufgeschlossenheit, Begeisterungsfähigkeit, Herzlichkeit, Einfallsreichtum, Gefühlsmensch
4. Schwache Stimmfülle + Lautstärke + scharfe Artikulation + gute Betonung + Kopfstimmregister	Zielstrebigkeit, Rechner-Mentalität, reine Verstandesnatur, Kälte
5. Schwache Stimmfülle + geringe Lautstärke + scharfe Artikulation + gute Betonung + Kopfstimmregister	Zurückhaltung, Ernst, Empfindlichkeit, Vortäuschung von etwas, Einfallsarmut

Dazu Stimmenbeispiele aus der Zeitgeschichte: (a) Premierminister *W. Churchill*; (b) „Remstal-Rebell" *H. Palmer.*

(3) Lautstärke

Nr. Signal	Bedeutung(en)
1. Große Lautstärke + Stimmfülle + klare Artikulation + gute Betonung + gute Modulation + schnelles Sprechtempo	Tatkraft, Unternehmungslust, Elan; wenn starke Betonung: Draufgängertum; wenn Kopfstimme (Härte): Aggressivität, Widerspruchsgeist

2.	Große Lautstärke + Stimmfülle + klare Artikulation + gute Betonung + gute Modulation + langsames Sprechtempo + Kopfstimmregister	Gesundes Selbstgefühl, Selbstbehauptungswille, Kraftausstrahlung, Entschlossenheit
3.	wie in 2., jedoch mit starker dynamischer Betonung + angespannter Modulation + Kopfstimmregister	Rücksichtslosigkeit, Machtwille, Gewaltandrohung, Menschenverachtung (a)
4.	Große Lautstärke + große Stimmfülle + undeutliche Artikulation + gute Betonung + disharmonische Modulation + schnelles Sprechtempo (ggf. wechselnde Stimmregister)	Überredungskünste, Unaufrichtigkeit, Vortäuschung von Stärke und Selbstbewußtsein, Anmaßung; wenn hämmernde Betonung: Durchsetzungs- und Machtwille; wenn wechselnde Stimmregister: übersteigertes Auftrumpfen, Größenwahn (Megalomanie) (b)
5.	Schwache Lautstärke + scharfe Artikulation + gute Betonung + Kopfstimmregister + normales Sprechtempo	Realistisch-kritische Einstellung, Beobachtungsgabe, Zähigkeit, Bedachtsamkeit; evtl. Zynismus, Hinterhältigkeit
6.	Geringer Lautstärkewechsel	Vorsicht, Zaudern, Mangel an Temperament
7.	Ungeregelte Aussteuerung der eigenen Lautstärke, Lautstärkeabfall	Mangel an Energie und Durchstehvermögen
8.	Starker Lautstärke-Wechsel	Durchsetzungswille, Temperament, emotionsgeladene Vortragsweise
9.	Heftiger, abrupter Lautstärkewechsel	Einschüchterungsversuch, „Wechselbad" für die Zuhörer, Weichklopfen und Zermürben der Verhandlungspartner, explosionsartige Abreaktion aufgestauter Verärgerung, Empörung oder Wut (c)

Dazu Stimmbeispiele aus der Zeitgeschichte: (a) NS-Propaganda-Chef *J. Goebbels*; (b) der „Führer" *A. Hitler*; in seinen Erinnerungen „Statist auf diplomatischer Bühne 1923–1945" berichtet *Paul Schmidt*, Chefdolmetscher des damaligen Auswärtigen Amts, von „einem jener plötzlichen Wechsel vom Aufbrausen zur völligen Ruhe" bei *Hitler* (S. 397). Und während einer Unterredung mit englischen Unterhändlern „tobte er los, und zwar so laut, wie ich ihn vorher und nachher in einer diplomatischen Besprechung nie wieder habe reden hören" (S. 407).

(4) Stimmregister

Hier unterscheiden wir drei derartige „Register", denen wir zugleich die kommunikativ bedeutsamen *Correll*-Kriterien (s. dazu S. 108) der Integration und Domination zuordnen: a) indifferente Normalstimme (integrativ); b) kalte, harte Kopfstimme (dominativ); c) warme, weiche Bruststimme (integrativ).) Auf die Einbeziehung der übrigen sprechdynamischen Komponenten muß hier aus Gründen der Übersichtlichkeit verzichtet werden.

Die integrative Normalstimme (laryngale, d. h. kehlkopfgestützte Bildung)

Nr.	Signal	Bedeutung(en)
1.	Die neutrale Komponente der Normal- oder Indifferenzstimme: Klangfarbe: flach, unauffällig, undramatisch; geeignet zur Informationsübermittlung jeglicher Art	Sachlichkeit, Neutralität, Objektivität, Leidenschaftslosigkeit, Unterkühltheit, Erklärung, Beschreibung
2.	Die neutralisierende Komponente der Normal- oder Indifferenzstimme: Klangfarbe: sanft, herunterspielend, unterkühlt, abmildernd, mit flachem Profil: geeignet zur Vermeidung und Entschärfung von Konflikten („heißen Eisen")	a) Schlichtungsversuch, Besänftigung von überbordenden Emotionen, Entschärfung von Gegensätzen b) Unterlaufen der Widerstandsschwelle (a) beim Partner oder Publikum, Verschleierung des eigenen Standpunktes, Nichtanecken-wollen, Sich-nicht-provozieren-lassen, (geheuchelte) Friedfertigkeit (b)

	c) Schonendes Beibringen von unangenehmen Nachrichten und Wahrheiten, Herunterspielung gegnerischer Positionen, Verharmlosung eigener Schwächen und Verluste, Understatement d) Beileidsbezeugung, Tröstung, Linderung von Unvermeidlichem
3. Die eintönig-ermüdende Komponente der Normal- oder Indifferenzstimme: Klangfarbe: monoton-ermüdend, einschläfernd, „eindullend“, geeignet zur Denklähmung	Einschläferung des kritischen Denkens bei Partner und Publikum mittels stimmlicher und inhaltlicher Monotonie (langatmige Aufzählungen usw.) (c)

Dazu Stimmenbeispiele aus der Zeitgeschichte: (a) *P. Schmidt* berichtet (a. a. O., S. 219) über den Reichskanzler *H. Brüning*: „... ohne auch nur im geringsten die Stimme zu heben, lehnte er den Plan ab.“ (b) *P. Schmidt* bemerkt über den spanischen Diktator *F. Franco* während seiner Unterredung mit *Hitler* 1940 in Hendaye (a. a. O., S. 501): „Dazu schien mir im späteren Verlauf des Gespräches auch seine zaudernde, gedämpfte Redeweise und Beweisführung zu passen. Es war mir sofort klar, daß sich Franco als vorsichtiger Unterhändler nicht festlegen wollte.“ Und später (S. 502) heißt es: „... Franco mit seiner ruhigen, sanften Stimme, die in ihrem eintönigen, singenden Klang etwas an die islamischen Gebetsrufer erinnerte...“. (c) Bundeskanzler *H. Schmidt* erwähnte in einer Rede einmal die „Ermüdungstaktik auf langen Nachtsitzungen in Brüssel“.

Die dominative Kopfstimme (nasale, d. h. Nasen-Rachenraum-gestützte Bildung)

Nr. Signal	Bedeutung(en)
1. Die Positivseite der Kopfstimme: Klangfarben: getragen, triumphal, willensbestimmt, metallisch, entschlossen, pathetisch; aber auch überzogen auftrumpfend, ruhmredig-glorifizierend, herrisch befehlend, herumkommandierend	Verkündung eigener Erfolge, Hochspielen dieser Erfolge und Errungenschaften, Durchsetzung des eigenen Herrschaftswillens, der eigenen Zielvorgaben usw. (a)

Nr.	Signal	Bedeutung(en)
2.	Die Negativseite der Kopfstimme: Klangfarben: metallisch, schneidend-hart (oft mit Lautstärkegipfel gekoppelt!), kompromißlos-scharf, rational-kalt, kritisch-abweisend, sarkastisch, eine Kältezone erzeugend; aber auch aggressiv-destruktiv, sich überschlagend, schreiend, brüllend, keifend (ebf. mit Lautstärkegipfel gekoppelt!)	Härte, Aufdeckung der Schwächen der anderen Seite, Herausschleudern von Anklagen, Einschüchterungsversuch, Verhöhnung; keinen Widerspruch duldend, Rücksichtslosigkeit, Menschenverachtung, verbale Exekution der Gegenseite, diktatorisches Verhalten (b)

Dazu Stimmbeispiele aus der Zeitgeschichte: (a) „*Stresemann* mit einer leicht näselnd, metallisch preußischen Stimme (*P. Schmidt*, S. 52); (b) Vgl. dazu die „Schreiphasen“ in *Hitlers* Unterredungen und Reden oder die „Keiforgien“ des NS-Blutrichters *Freisler*!

Die integrative Bruststimme (thorakale, d. h. brustraumgestützte Bildung)

Nr.	Signal	Bedeutung(en)
1.	Die Positivseite der Bruststimme: Klangfarben: brustig-dumpf, werbend-suggestiv, emphatisch-eindringlich, warmherzig-zuredend, leidenschaftlich appellierend, verheißungsvoll, überzeugend; aber auch weich, einschmeichelnd, inbrünstig, aufwiegelnd, überredend – das persuasive Element der Bruststimme (a)	Überzeugungsversuch, Appell (ans Gewissen usw.), Ideenverkauf, Entwicklung des eigenen (Heils-)Programms, Bittgesuch; Überredungs- und Überrumpelungsversuch, Manipulation, unechtes Pathos
2.	Die Negativseite der Bruststimme: Klangfarben: brustig-dumpf, bedrohlich, abwiegelnd, abratend, beschwörend, sich entrüstend – das dissuasive Element der Bruststimme	Geschäft mit der Angst der Partner, Erzeugung von Angst-, Ekel- und Schuldgefühlen, vorwurfsvolle Gewissensappelle, Erzeugung von Gewissensbissen und Schuldbewußtsein, Manipulation

(a) Vgl. dazu die Ausdrücke „mit dem Brustton der Überzeugung“ und „wie mit Engelszungen reden“.

(5) Sprechtempo (+ Pauseneinsatz)

Nr.	Signal	Bedeutung(en)
1.	Schnelles Sprechtempo + Lautstärke + klare Artikulation + gute Betonung + wechselnde Stimmregister	Initiative, Selbstsicherheit, Zielstrebigkeit, Beweglichkeit
2.	Schnelles Sprechtempo + geringere Lautstärke + klare Artikulation + gute Betonung	Zurückgestaute Erregung, Zurückhalten des Willensdranges, Ungeduldigsein (a)
3.	Schnelles Sprechtempo + Lautstärke + unklare Artikulation + disharmonisch-stoßartige Modulation + Betonung + gepreßte Atmung	Teils gesteuerte, teils ungesteuerte Gefühlsausbrüche (Wut, Empörung, Zorn, Beschimpfungen usw.), Einschüchterung (b)
4.	Schnelles Sprechtempo (generell)	Überrumpelungsversuch, den Partner nicht zum Denken kommen lassen (c)
5.	Langsames Sprechtempo + Lautstärke + klare Artikulation + harmonische Modulation + gute Betonung (ggf. + Stimmfülle)	Selbstbeherrschung, Stabilität, Kraft, Gründlichkeit, Verantwortungssinn, Kompetenz
6.	Langsames Sprechtempo + schwache Lautstärke + klare Artikulation + gute Betonung	Vorsichtig-abwägendes Verhalten, Besonnenheit, Gelassenheit (d); z. T. auch Gehemmtheit, Niedergeschlagenheit
7.	Tastend-stockendes Sprechtempo, sonst alles wie 6.	Bedächtigkeit, zögerliches Denken, Kennzeichen des Sachverständigen bzw. Experten
8.	Mittleres gleichmäßiges Sprechtempo + Lautstärke + Stimmfülle + klare Artikulation + gute Betonung + natürlich-fließende Modulation	Festigkeit, Widerstandskraft, Willensprägung, Diszipliniertheit, logisches Denken, Ausdauer

Nr.	Signal	Bedeutung(en)
9.	Mittleres ungleichmäßiges Sprechtempo + Lautstärke + Stimmfülle + klare Artikulation + gute Betonung + natürlich-fließende Modulation	Lebendigkeit, Gefühlsorientiertheit, Aufgeschlossenheit, Sinn für praktische Lösungen
10.	Stärkere Schwankungen im Sprechtempo oder abrupter Tempo-Wechsel	Unsicherheit, Labilität, Unberechenbarkeit; Hin- und Hergerissensein von Launen, Affekten, Emotionen, Unbeherrschtheit
11.	Hohes Anfangstempo beim Sprechen	Nervosität, Ängstlichkeit, Angst, sich beim Ablesen zu versprechen
12.	Hohes Schlußtempo beim Sprechen	Schnell zum Ende kommen wollen, etwas schnell hinter sich bringen, Ungeduld, Unwille
13.	Hohe Anfangsbremsung beim Sprechen	Vorsicht, Zögern, Mißtrauen; oder schleppender Denk-Sprech-Vorgang, u. a. durch viele „Ähs“ unterbrochen
14.	Hohe Schlußbremsung beim Sprechen	Stockungen im Denk-Sprech-Fluß, Versickern dieses Stroms; aber auch vorgreifende Konzentration auf den nächsten Gedanken, das folgende Problem usw.
Pauseneinsatz:		
15.	Atempause (kurz)	Hektik, Extroversion, Sichverausgaben
16.	Atempause (lang)	Konzentration, Introversion, Sich-Aufladen
17.	Staupause (Atemzurückhaltung)	Möglicher Aggressionsstau
18.	„Denk“-Pause (mittel bis lang)	Geistige Sammlung, ähnlich wie 16.
19.	Verstehens- oder Besinnungspause	Dem Partner die Chance geben, das Gesagte besser zu begreifen und besser folgen zu können, statt ihn pausenlos zu behämmern

20. Guter Pauseneinsatz	Partnerorientiertheit, Augenmaß, Überblick, Sinn für Wortwirkung
21. Schlechter Pauseneinsatz	Partnerblindheit, Unkontrolliertheit, Mangel an Augenmaß, fehlendes Wirkungsbewußtsein; Das „Ohne-Punkt-und-Kommareden“ führt zum pausenlosen Gerede und zur Verausgabung des Sprechers... (e)

Stimmenbeispiele aus der Zeitgeschichte: (a–b) Hier sei ebenfalls an *Hitlers* „Verhandlungsstil“ erinnert. (c) Das Autorenteam *Evans/Novak* berichtet in seiner Biographie „Lyndon B. Johnson, Geschichte eines Scheiterns.“ S. 97f., welcher „Behandlung“ *Johnson* seine Gesprächspartner aussetzte: „Sie beherrschte die ganze Skala menschlicher Gefühle. Ihr Tempo war atemberaubend, und sie zielte mit ihrem ganzen Einsatz in eine Richtung. Zu Einwendungen der Zielperson kam es selten. Johnson nahm sie vorweg, bevor sie ausgesprochen werden konnten.“ Wie man sieht, wollte er seinen Gesprächspartner nicht zum Nachdenken kommen lassen und seine Argumente schon auf dem Vorwege zunichte machen. So sollte die Überrumpelung perfekt sein und der Partner in eine bedingungslose Zustimmung zu seinen Plänen hineingezwungen werden. (d) Vgl. dazu die Ausführungen *P. Schmidts* zu *Francos* Sprech- und Verhandlungsstil, S. 91, Anm. b. (e) Bundeskanzler *H. Schmidt* titulierte den bayrischen MP *F. J. Strauß* deshalb einmal ironisch als *„rhetorischen Wasserfall“*.

Gerade die abschließenden Punkte 11.–21. auf der vorangehenden Tabelle zeigen uns deutlich, daß die Sprechgeschwindigkeit des jeweiligen Gesprächs- oder Verhandlungspartners auch Rückschlüsse auf seine Denkgeschwindigkeit zuläßt.

(6) Modulation

Wir können hier zwischen rd. einem Halbdutzend Modulationskurven unterscheiden: 1. regelmäßige, unregelmäßige und schwache Wellenberge und -täler; 2. aufgleitende und abgleitende Sägezahnkurve; 3. linear-gleichförmige „Plateau“-Bildung; 4. Kurvensprung aufwärts; 5. Kurvensprung abwärts (ggf. mit Registersprung gekoppelt).

Nr.	Signal	Bedeutung(en)
1.	Regelmäßig-rhythmisierte Modulation + gute Lautstärke + Stimmfülle + klare Artikulation + gute Betonung + schnelles Sprechtempo + Kopfstimmregister	Ausgeglichenheit, Aufgeschlossenheit, Rationalität, Geselligkeit, Geschmeidigkeit
2.	Regelmäßige Modulation (sonst wie 1.), aber + Bruststimmregister	Ausgeglichenheit, Aufgeschlossenheit, Natürlichkeit, Empathie, Gefühlstiefe
3.	Unregelmäßige Modulation (sonst ähnlich wie 1.)	Unausgeglichenheit, Labilität, Stimmungs- und Gefühlsabhängigkeit
4.	Schwach-rhythmisierte Modulation (sonst ähnlich wie 1.)	Zielstrebigkeit, Sachlichkeit, Befehlston
5.	Linear-gleichförmige Modulation (Monotonie/Plateau, sonst ähnlich wie 4.) + langsames Sprechtempo	Zurückhaltung, „Pflichtübung“, Desinteresse, Gleichgültigkeit, Gehemmtheit; aber auch Herunterspielen von etwas Unangenehmem, „Einschläfern“ des Partners!
6.	Aufwärtssteigende Modulation (Sägezahn-Charakteristik) + Kopfstimmregister/ Frageton	Aufmerksamkeits- und Spannungserzeugung, Schärfe, evtl. Anklage; aber auch Fragestellung
7.	Abwärtsfallende Modulation (Sägezahn-Charakteristik)	Vorgetäuschte Ergriffenheit, Bittgesuch, Niedergeschlagenheit, Leistungsabfall
8.	Modulationssprung aufwärts + Lautstärkesprung + Stimmregisterwechsel	Erzeugung von Dramatik, emotionale „Explosion“
9.	Modulationssprung abwärts + Lautstärkeabfall	Plötzlicher Energieverlust; scheinbares (gespieltes) Nachgeben
10.	Modulation mit gaumig-kehliger („suffisanter“) Klangfarbe (sonst ähnlich wie 1.–5.)	(Gespielte) Überlegenheit, Selbstgefälligkeit, Selbstzufriedenheit, Eigendünkel (a)

(a) Vgl. dazu die zusätzlich durch ein Pfälzer Dialektsubstrat gefärbte Stimme des Bundeskanzlers *H. Kohl.*

(7) Betonungsstruktur

Wichtigste Betonungsform im Deutschen ist sicherlich der Druckakzent oder Lautstoß (lat.: Iktus), den eine bestimmte Wortsilbe (bei mehrsilbigen Wörtern: Unterschied zwischen Haupt- und Nebenakzent) trägt und den man eben auch als Mittel der Hervorhebung und Unterstreichung, häufig in Verbindung mit vergrößerter Lautstärke, verwenden kann. Mit Lautstoß + Lautstärkewechsel können aber nicht nur einzelne Wörter oder Schlüsselbegriffe, sondern auch ganze Wortblöcke oder Sinnzusammenhänge gleichsam „gesperrt" oder „in Fettdruck" gesprochen werden. Schließlich ist auch die (Laut-)Dehnung der akzentuierten Silben eine weitere Form der Betonung und Hervorhebung (gr.: Emphase).

Nr.	Signal	Bedeutung(en)
1.	Klar getaktete, harmonische Lautstoßbetonung + Lautstärke + Stimmfülle + mittleres Tempo	Bewußtheit, rationale Gliederung, Aktivität, Bestimmtheit, Selbstwertgefühl, Wissen um die Bedeutsamkeit der eigenen Aussage
2.	Forcierte (bis zum Stakkato) hämmernde Lautstoßbetonung, sonst wie 1.	Dominatives Gebaren, Herrschsucht, Machthunger, Brutalität, Ehrgeiz, Eigensinn, Unwille, destruktive Tendenzen (a)
3.	Wie 2., jedoch verbunden mit Silbendehnungen und Lautstärke- und/oder Stimmregisterwechseln	Übersteigertes Geltungsbedürfnis, Machthunger, Ruhmsucht, u. ä. (b)
4.	Schwächere Lautstoßbetonung + gemäßigte Lautstärke(-Wechsel), sonst ähnlich wie 1.	Konziliantes Wesen, Versöhnlichkeit, Ordnungssinn, rationale Steuerung
5.	Schwächliche, disharmonische Lautstoßbetonung + schwache Lautstärke + schwache Stimmfülle + mittleres Tempo	Unsicherheit, Unselbständigkeit, schwankendes Wesen, mangelnde Durchsetzungskraft; ggf. auch Beweglichkeit, Kreativität

Nr.	Signal	Bedeutung(en)
6.	Lautstoßbetonung/Lautdehnung/Stimmregistereinsatz am Satzanfang	Durchsetzungswille, Zielstrebigkeit, übersteigerter Selbstwert; auch rhetorische Absichten
7.	Lautstoßbetonung/Lautdehnung/Stimmregistereinsatz am Satzende	Nachdruck, Willensstärke, Unbeirrbarkeit, (bei Stimmabfall ggf. Verschlagenheit); vorgetäuschte Behaglichkeit, auch Stocken des Denk-Sprech-Flusses; Rechthaberei, Eitelkeit
8.	Kraftlosigkeit der Betonungsformen am Satzanfang und/oder am Satzende („Verschlucken" von Wortsilben)	Nachlässigkeit, Ausdrucksschwäche, Hektik, Nervosität; auch zu schnelle Denkgeschwindigkeit bzw. Ideenproduktion, die der Sprechgeschwindigkeit zu weit vorauseilt!

(a–b) Vgl. dazu *Hitler, Goebbels* und andere Demagogen!

(8) Artikulation

Nr.	Signal	Bedeutung(en)
1.	Klare bis überdeutliche Artikulation + Lautstärke + Stimmfülle + mittleres Tempo	Dominatives Verhalten, Willenshärte, Selbstbeherrschung; auch Ordnungssinn, Pedanterie
2.	Schwächere Lautstärke, sonst wie 1.	Willensstärke, Selbstkontrolle, Diplomatie (bis zur Hinterhältigkeit), Empfindlichkeit, Neigung zum Phrasenhaften
3.	Mittlere, natürliche Artikulation + Lautstärke + Stimmfülle + verschiedene Sprechtempi	Natürlichkeit, Ausgeglichenheit, Sachlichkeit, Offenheit, (evtl. auch Undurchschaubarkeit, Tarnung)
4.	Stark „konsonantisch" gefärbte Artikulation, sonst wie 1.	Kaltherzigkeit, Schroffheit, Rücksichtslosigkeit, Verkrampftheit, asketisches Gehabe, Bösartigkeit, Gekränktsein, unwahres Pathos

5. Unklare, nuschelnde, verschluckende Artikulation + gewisse Lautstärke + geringe Stimmfülle, (evtl. + langsames Sprechtempo)	Vitalität, Genußfreudigkeit, Bequemlichkeit, geringe Willenskraft, geringe Selbstkontrolle, unkritisches Wesen, Beeinflußbarkeit

Schlußbemerkung: Auf den Seiten 140–155 haben wir eine wichtige Erkenntnis dazugewonnen: daß im Klang der menschlichen Stimme mit all ihren Facetten zugleich bestimmte Charakterzüge und Absichten ihres jeweiligen Sprechers hindurchhörbar, und d.h. im sokratischen Sinne „sichtbar" werden. Die Sprechanalyse läßt gewissermaßen Rückschlüsse auf die Sprecherpersönlichkeit und ihre Bestrebungen zu. Ist uns damit nicht ein sehr verantwortungsschweres, ja gefährliches Wissen in die Hand gegeben? Werfen wir uns damit nicht zum Richter über „tauglich" und „untauglich", „geeignet" und „ungeeignet", „gut" und „böse" auf? Bedarf es hier nicht augenblicklich eines Gegengewichts, einer Kontrollinstanz? In der Tat! Und diese Kontrollinstanz können wir nur in uns selbst finden. Dies aber bedeutet im Klartext: die ständige Selbstermahnung und Erinnerung daran, bei der Einschätzung des Anderen nicht irgendwelchen „ersten Eindrücken", „Vorurteilen und Vorverurteilungen", „Kategorisierungen und Generalisierungen" oder „Persönlichkeitsrastern und Idealtypologien" nachzugeben, sondern so aufgeschlossen und empfangsbereit, aber auch so wachsam wie möglich in unser Verhandlungsgespräch hineinzugehen.

e) Übersicht und Checkliste zu Abschnitt 5: Den Anderen besser erkennen

§ 1 Grundfragen der Charaktereinschätzung 105
§ 2 Wege der Verhaltensbeobachtung 111
1. Das Auftreten kognitiver Dissonanzen 112
2. Wege der Verhaltensbeobachtung 113

Seite:

a) Kinesik (Posen und Gesten der Körpersprache, Auswahl) 114
Nr. 1–21, Stellungen und Bewegungen der Finger, Hände, Arme 114
Nr. 22–30, Stellungen und Bewegungen des Rumpfes, der Füße und Beine 120

b) Proxemik (Lehre von den Distanzkreisen): 121
1. Distanzkreise 121
2. Sitzpositionen 122

c) Mimognomik (Mimikerkennung): 123
(a) Vorbemerkung (Gesichtsregionen) 123
(b) Kopf-/Gesichtsformen 124
(c) Kopfbewegungen 125
(d) Stirnformen 126
(e) Stirnbewegungen und -falten 126
(f) Augenbrauen und ihre Stellungen 126
(g) Augenbrauenbewegungen 127
(h) Augen, ihre Formen, Farben, Stellungen, Formate, Bewegungen 128
(1) Augenformen und -farben 128
(2) Augenstellung (Besonderheiten) 129
(3) Stellung der Lidspalten/Augenlider 129
(4) Pupillengröße 130
(5) Blickstrahlrichtung 130
(6) Blickbewegungsverhalten 131
(7) Ausdrucksqualität („Botschaft") des Blicks . 132
(i) Ohrenformen 133
(j) Nasenformen 134
(k) Mundformen 135
(1) Mundformate 136
(2) Lippenstellung 136
(3) Lippenbewegung 137
(4) Mundwinkelspiel 137
(5) Backenknochen 138
(l) Kinnformen 138
(m) Halsformen 139

d) Phonognomik (Stimmerkennung) 140
(1) Tonlage 143
(2) Stimmfülle 144
(3) Lautstärke 144
(4) Stimmregister 146
a) die integrative Normalstimme 146
b) die dominative Kopfstimme 147
c) die integrative Bruststimme 148

(5) Sprechtempo + Pauseneinsatz 149
(6) Modulation 151
(7) Betonungsstruktur 153
(8) Artikulation 154
Schlußbemerkung 155

6. Den Anderen besser durchschauen: 20 unterschiedliche Verhandlerprofile (mit Fallbeispielen) und ihre angemessene verhandlungstaktische Behandlung (mit einem Katalog von Gegenmaßnahmen)

§ 1 Einleitung

Wer in diesem Bereich konkrete Anhaltspunkte und Leitlinien für sein verhandlungstaktisches Vorgehen gewinnen will, der darf sich nicht in ideal-typischen Betrachtungen ergehen. Er muß statt dessen den Boden der psychotaktischen Tatsachen betreten. Dazu aber ist es unerläßlich, sich über die Partner/Gegner am Verhandlungstisch, genauer gesagt, über ihre Verhandlermentalität und ihren Verhandlungsstil, eingehend zu informieren. Vielfach sind auf einschlägigen Tagungen bereits Rufe nach der Erstellung von „Inventaren“ oder „Schablonensammlungen“ entsprechender Verhandlerprofile laut geworden. Zwar kannten venezianische und florentinische Diplomatie (15./16. Jh.) schon scharfsinnige Personenbeschreibungen, jedoch ist eine derartige Pionierleistung wie die vorliegende m. W. noch nie und nirgendwo erbracht worden.

Der nachfolgende Abschnitt des Buches wagt daher erstmals diesen bedeutsamen Versuch. Zu diesem Zweck mußten umfangreiche einschlägige Literatur und Artikel aus den Bereichen von Politik, Diplomatie, Wirtschaft usw. durchgearbeitet und ausgewertet werden, um an diejenigen Texte und Daten heranzukommen, die zur Erstellung entsprechender Verhandlerprofile erforderlich waren: eine Sisyphosarbeit sondergleichen. Doch anhand der schließlich gesichteten aktuellen und historischen Materialien gelang es, immerhin zwanzig verschiedene Verhandlerprofile herauszukristallisieren und, wo angezeigt, angemessene Gegenmaßnahmen zu deren jeweiligem Verhalten vorzuschlagen. Das ist ein echter Schritt vorwärts im Bereich der Verhandlungskunst.

Obwohl es im hier vorgelegten Inventar bisweilen gewisse Profilüberschneidungen und -überlappungen gibt[94], so ließen sich dennoch aufgrund ermittelter Verhaltensmerkmale die nachfolgenden Gruppierungen von Verhandlerprofilen zusammenstellen, die sich dementsprechend auffächern in:

je eine
rational-integrative Obergruppe, gegliedert in
→ eine offensive Untergruppe
→ eine defensive Untergruppe
→ eine offensiv-defensive Untergruppe

und
je eine
voluntativ-dominative Obergruppe, gegliedert in
→ eine offensive Untergruppe
→ eine defensive Untergruppe
→ eine offensiv-defensive Untergruppe

Wenden wir uns nunmehr den einzelnen Ober- und Untergruppen mit ihren Verhandlerprofilen zu, die uns eine Fülle von Fallbeispielen und Psychogrammen bieten.

§ 2 Inhalts-Vorschau (Checkliste) zu Abschnitt 6:

20 unterschiedliche Verhandler-Profile in 2 Ober- und 6 Untergruppen:

Obergruppe I: Die Pragmatiker/Empiriker oder verstandesgesteuerten (rationalen) Verhandlertypen S.

Untergruppe 1: Acht offensive Verhandler-Profile 160

(1) der pragmatische (sachbezogene) Verhandler 160
(2) der dialogisch-rationale Verhandler 162
(3) der dialogisch-charismatische Verhandler 163
(4) der systematische ... Verhandler 170
(5) der analytische Verhandler 172
(6) der argumentative Verhandler 178
(7) der eloquente ... Verhandler 181
(8) der faktische Verhandler 190

94 Es kann daher durchaus der Fall auftreten, daß ein und dieselbe Verhandlergestalt in mehreren Abteilungen auftaucht, ein Zeichen für ihre Wandlungsfähigkeit, Mehrschichtigkeit, Doppelbödigkeit bzw. Doppelstrategie.

Untergruppe 2: Vier defensive Verhandler-Profile 197

(9) der mediatorische (vermittelnde) Verhandler 197
(10) der objektiv auftretende Verhandler 200
(11) der skeptisch-abwartende ... Verhandler 202
(12) der indifferent wirkende Verhandler 204

Untergruppe 3: Zwei teils offensive, teils defensive Verhandler-Profile 206

(13) der reserviert-verschlagene Verhandler 206
(14) der generös-aufgeschlossen wirkende Verhandler ... 209

Obergruppe II: Die Dogmatiker/Doktrinäre oder willensgesteuerten (voluntativ-emotionalen) Verhandlertypen 210

Untergruppe 1: Vier offensive Verhandler-Profile 210
(15) der appellatorische Verhandler 210
(16) der imponier-süchtige Verhandler 215
(17) der autoritär-diktatorische Verhandler 221
(18) der rabulistische (wortverdreherische) Verhandler ... 231

Untergruppe 2: Ein defensives Verhandler-Profil 233
(19) der patriarchalisch-paternalistische Verhandler 233

Untergruppe: Ein teils offensives, teils defensives Verhandler-Profil 235
(20) der dogmatisch-paternalistische Verhandler 235

Anhang: Das Verhandlungsduell Kennedy–Chruschtschow (Wien, 1961) 240

§ 3 Die Verhandlerprofile 1–20

Obergruppe I: Die Pragmatiker/Empiriker oder verstandesgesteuerten (rationalen) Verhandlertypen: Sie treten (im Sinne *Corrells*) vorwiegend integrativ, nur selten dominativ auf.

Untergruppe 1: 8 offensive Verhandlerprofile

(1) Der pragmatische (sachbezogene) Verhandler sachlich, praktisch, unbefangen, zupackend, faktenbezogen, elastisch, lösungsorientiert, kompromißbereit, nüchtern; of in angloamerikanischen Ländern und im Wirtschaftsleben anzutreffen.

Beispiele[95]:

Zuerst der US-Politiker *Charles G. Dawes* (1865–1951), der 1924 den Dawes-Plan zur Regelung der deutschen Weltkrieg-I-Reparationen entwickelte: „In den wenigen Sitzungen, in denen ich ihn erlebte, schien mir seine Hauptstärke mehr in jener bei vielen Amerikanern auch heute zu beobachtenden unbekümmerten und formlosen Verhandlungsführung zu liegen. Sie gehen eher mit dem gesunden Menschenverstand als mit gründlicher Sachkenntnis an die Probleme heran und meistern gerade deshalb viele Schwierigkeiten leichter als die Europäer, die vor lauter Einzelheiten und Fachkenntnissen oft den Ausweg aus den Schwierigkeiten nicht erkennen" (S. 36).

Oder – im Gegensatz zu den Politikern – die ergebnisorientierten Verhandlungen in Industriellenkreisen: „Die Industriellen hielten sich nicht lange bei allgemeinen Dingen auf. Sie erklärten als Männer der Praxis, ‚es müsse denjenigen Gebieten der Vorrang gegeben werden, auf denen schon in naher Zeit greifbare Ergebnisse erzielt werden könnten'. Das war ein ganz anderer Ton als in Genf oder selbst in Stockholm" (S. 38).

Zum damaligen US-Botschafter in Brüssel, *Hugh Gibson*: „Der mittelgroße Mann mit der Rennreiterfigur und den gut sitzenden Anzügen sprach wenig. Aber wenn er in die große Debatte auf der Vollkonferenz oder in die verzwickte Technik der Unterkommissionen eingriff, dann stellte er stets den Gesichtspunkt der Praxis in den Vordergrund. In echt amerikanischer Geradlinigkeit und Unbekümmertheit um europäische Formulierungskünste vertrat er den Standpunkt seines Landes: Praktische Abrüstung durch Begrenzung der Ausgaben für Kriegsmaterial ..." (S. 232).

Über den späteren britischen Premierminister *Neville Chamberlain* (1869–1940): „Chamberlain fiel mir schon damals wegen der gleichen nüchternen Trockenheit der Sprache und des Wesens auf, die auch später den Mann in Godesberg und München auszeichneten, und die Hitler auf der Münchener Konferenz in solche Erregung versetzte. Pathos und Schwung lagen Chamberlain fern. Er war der Finanzminister der undramatischen Zahlen und Realitäten, wie er im Buche steht" (S. 242).

95 Wenn nichts anderes angegeben ist, sind die Zitate im Abschnitt 6. *Paul O. Schmidts* Buch „Statist auf diplomatischer Bühne 1923–1945", Bonn 1950, entnommen. *Schmidt* (1899–1970) war in der genannten Zeit Chefdolmetscher des deutschen Auswärtigen Amtes in Berlin.

Und weiter unten lesen wir dann: „... Chamberlain, der sich schon bei dieser Gelegenheit als Mann des Kompromisses und der friedlichen Lösung zeigte" (S. 275).

Vom deutschen Finanzminister *Lutz Graf Schwerin von Krosigk* (1887–1977) heißt es: „Er war eine Art deutsches Gegenstück von Chamberlain. Zahlen reihten sich an Zahlen und Tatsachen an Tatsachen in den stundenlangen Beratungen mit der französischen Delegation über die deutsche Finanz- und Wirtschaftslage. Alles wurde mit der kaum zu überbietenden, nüchternen Sachlichkeit des ehemaligen Leiters der Etatabteilung im Reichsfinanzministerium vorgetragen" (S. 243).

Noch ein Blick auf die Industriekonferenzen in den europäischen Hauptstädten: „Was mir bei diesen Industriebesprechungen im Gegensatz zu den Regierungsverhandlungen am meisten auffiel, war das Arbeitstempo. ... wie hier ein umfangreiches Programm in zwei bis drei Tagen in fast pausenlosen Sitzungen von morgens bis abends und zum Teil bis in die Nacht hinein erledigt wurde. Hier gab es keine Vertagungen wie in Genf, auch keine Unterkommissionen mit Sachverständigen und keine wohltönende Rhetorik. Bei der Privatindustrie war die Sprache noch nüchterner als in den Young-Verhandlungen, und Entscheidungen wurden erheblich schneller gefällt als dort" (S. 287).

„Warum konnte man nicht mit solchen Leuten die Abrüstungs- oder die Sicherheitsfrage erörtern?, dachte ich bei mir. Und wieviel leichter wäre manche politische Diskussion zu führen, wenn sie sich nach den Verhandlungsmethoden dieser europäischen Industriellen hätte vollziehen können" (S. 288).

Gegenmaßnahmen: Angesichts der positiven Versachlichung (Ent-emotionalisierung von Konflikten!) und des nüchternen Faktensinnes, die Kennzeichen des Pragmatikers oder Empirikers sind, wäre es geradezu gewagt, wollte man hier Gegenmaßnahmen nennen, mit denen man dem Verhandlungspartner das Leben schwer machen könnte. Wer wollte gegenüber den konstruktiven Vorschlägen eines so aufgeschlossenen Partners schon „mauern" oder wegen Kleinigkeiten einen Streit vom Zaun brechen, wie es etwa der verstiegene deutschnationale Pressezar und ehemalige Reichsminister *Alfred Hugenberg* (1865–1951) 1933 in Genf tat, als er drohte: *„Ich bin nicht hierhergekommen, um mich zu verständigen"* (S. 266). Vorzeichen des nazistischen Ungeistes und geistiges Armutszeugnis in einem. – Wenn uns jedoch gegenüber einem harten Verhandlungsgegner die Rolle des Widerparts zufallen sollte, können wir allenfalls auf Zeitgewinn spielen, eine Verzögerungs- und Verschleppungstaktik (z. B. ein Sich-Festbeißen an Formalitäten, Verfahrensfragen, Nebensächlichkeiten u. ä.) anwenden: eine recht undankbare Rolle.

(2) Der dialogisch-rationale Verhandler: kommunikationsbereit, die Verhandlung unter vier Augen oder in kleinem Kreise suchend, offen für das Gespräch von Mensch zu Mensch, ähnlich lösungs- und ergebnisorientiert wie Typ (1), oft gepaart mit Härte, daher hohe Glaubwürdigkeit[96].

Beispiele:

Dazu folgende Beobachtung über eine Motorbootfahrt auf dem Lago Maggiore während der Locarno-Konferenz (1925): „Diese Fahrt war zum Teil unternommen worden, um den Außenministern Gelegenheit zu geben, einmal völlig ungestört durch die Presse ..., ungestört auch von allzu vielen technischen Mitarbeitern im freien Gespräch von Mann zu Mann die Grundprobleme zu erörtern“ (S. 86). Am Ende gelangte man auf diesem Wege zu einem gangbaren Kompromiß.

Über den amerikanischen Finanzmagnaten *J. P. Morgan jr.* (1867–1943) erfahren wir folgendes: „Die Stärke Morgans lag mehr im persönlichen Gespräch von Mann zu Mann ... In den Verhandlungspausen oder nach Schluß der Sitzungen habe ich ihn oft in zwanglosen, mit Humor gewürzten Gesprächen in der Hotelbar mit diesem oder jenem Sachverständigen sitzen sehen. Vielleicht sind sogar bei diesen intimen Unterhaltungen die wichtigsten Entscheidungen gefallen“ (S. 165).

Der französische Ministerpräsident *A. Tardieu* (1876–1945) wird so charakterisiert: „Er war der starke Mann Frankreichs ... Härte und Unbeugsamkeit gingen von ihm aus, und es war daher um so überraschender, wie zugänglich Tardieu im Gespräch von Mann zu Mann für Vernunftargumente sein konnte“ (S. 186f.).

Über den damaligen Reichsaußenminister *Freiherrn von Neurath* (1873–1956) erfahren wir dies: „Er liebte es nicht, auf der politischen Bühne als Hauptfigur bestaunt zu werden. ... Er war nicht gerade ein mitreißender Redner; seine Stärke lag vor allem im persönlichen Gespräch, wo er, immer etwas mit dem Ausdruck ringend, ganz gleichgültig, ob er deutsch, französisch, englisch oder italienisch sprach, doch mit württembergischer Beharrlichkeit sein Ziel verfolgte. Weil ihm die glatten Formeln und die Leichtigkeit der Zunge fehlten, die Diplomaten meist etwas verdächtig erscheinen lassen, wirkte er um so überzeugender auf alle Ausländer, die mit ihm zu verhandeln hatten“ (S. 250).

Ein schon fast klassisches Beispiel dialogischen Verhandelns ist der sogenannte „Waldspaziergang“ des Amerikaners *Paul Nitze* (Jg. 1907) mit dem Sowjetrussen *Julij Kwizinskij* (Jg. 1937). *Nitze* berichtete selber darüber u. a.

96 Diese ist nicht identisch mit der Wahrheitsbereitschaft und Wahrheitstreue des Partners.

wie folgt[94] (Die Zeit, 27.1.1984): „Im Juli 1982 kamen Herr Kwizinskij und ich überein, den Versuch zu unternehmen, ein umfassendes Paket gegenseitiger Zugeständnisse zu schnüren, das, wenn beide Regierungen es akzeptierten, alle wichtigen noch offenen Probleme lösen könnte. Dabei sei klar, daß zunächst die beiden Regierungen nicht gebunden wären. Das Ergebnis war die ‚Waldspaziergang'-Formel, die im wesentlichen die beiden Raketenabschußvorrichtungen beider Seiten auf 75 begrenzt ... hätte." Wenn auch die dort erzielten Ergebnisse von beiden Regierungen am Ende nicht akzeptiert wurden, war dieser kühne Dialog zwischen *Nitze* und *Kwizinskij* ein erster Durchbruch zur Wende in den Ost-West-Beziehungen. Bei allen Fallstricken, die am Wegesrande lauern mögen, kann also das dialogische Element in der Politik nicht hoch genug veranschlagt werden.

Gegenmaßnahmen: Hier gelten im Grunde die gleichen Empfehlungen und Regeln, die für das Verhandlerbild (1) entwickelt worden sind. Ansonsten bietet sich der konstruktive Weg einer Interessen- und Vertragspartnerschaft geradezu an.

(3) Der dialogisch-charismatische Verhandler: kommunikationsbereit, die Verhandlung unter vier Augen oder im kleinen Kreise suchend; dabei aber zugleich versuchend, seinem Gegenüber mit Hilfe von Charisma, persönlichem Charme und scheinbarem Entgegenkommen nicht etwa eine partnerschaftliche Lösung anzubieten, sondern ihm die eigene Sicht der Dinge als alleingültig aufzudrängen; die gezielte Offensive von dialogischem Charme (Liebenswürdigkeit) und Charisma (Ausstrahlung) soll den anderen tief beeindrucken und gleichsam „überfahren", so daß dieser zu Konzessionen verleitet wird, die er normalerweise so nie gemacht hätte; dieser Typus ist häufig im Kreise der Diktatoren und „präsidentialen Persönlichkeiten" anzutreffen. Größte Vorsicht ist also gegenüber dieser rational gesteuerten Offensive des Charmes geboten.

Wie empfehlenswert der dialogische Weg im Grundsatz ist, so gefährlich kann er im vorliegenden Fall werden. Dann nämlich, wenn wir uns von einer „starken" Verhandlerpersönlichkeit während des Gesprächs Vorschläge, Angebote oder Lösungen aufzwingen lassen, die wir hinterher bei nochmaligem Durchdenken nicht mehr gutheißen können, weil sie einseitig zu unseren Lasten gehen. Es besteht in diesem Fall das Risiko, daß wir uns vom Gegenüber, zumal wenn er eine dynamische Persönlichkeit ist, durch sein ganzes Auftreten und Sprechen irgendwie überrumpeln, zu stark faszinieren lassen und dabei unser eigenes Ziel aus dem Blick verlieren! – So berichtet z. B. *Paul Schmidt* von der unheilvollen Suggestivkraft, die *Hitlers* Persönlichkeit und seine Worte nicht nur auf die Massen, sondern ebenso auf seine Gesprächspartner ausübten. Doch auch *Stalins* Dolmetscher *V. N. Bereschkow* berichtet ähnliches über den russischen Charme seines Herrn und Meisters. Daß aber ebenfalls verschiedene „Präsidialgestalten“ aus dem demokratischen Lager wie *F. D. Roosevelt, L. B. Johnson* und *R. W. Reagan* sich derselben Mittel bedienten, bestätigen uns so unverfängliche Journalisten und Schriftsteller wie *Hans Habe, Jan Reifenberg, Jean-Paul Sartre* u. a.

Beispiele:

Hier sei als erster der frühere britische Luftfahrtminister *Lord Londonderry* (1878–1949) genannt: „Die zum Teil recht temperamentvollen Worte Hitlers über das deutsch-englische Verhältnis beeindruckten Londonderry sichtlich. Wieder einmal konnte ich beobachten, wie stark ausländische Besucher bei solchen Gesprächen unter Hitlers Einfluß standen“ (S. 336).

Als zweiter sei der italienische Diktator *Benito Mussolini* (1883–1945) genannt, selbst ein erfahrener Demagoge: „Er [Hitler] verstand es jedenfalls, Mussolini derartig mit Zahlen und Tatsachen zuzudecken, daß dessen große braune Augen vor Staunen fast aus dem Gesicht zu fallen schienen ...“ (S. 479). „Zweifellos hat er sich nach meinen Beobachtungen aber in jener Unterredung 1940 am Brenner durch Hitlers Ausführungen ‚faszinieren‘ lassen, wie es Ciano einmal ausdrückte“ (S. 480).

Hören wir dazu nun *Valentin M. Bereschkows* erstaunliche Beobachtungen über seinen höchsten Dienstherrn: „Bei all seinen negativen Eigenschaften verfügte Stalin über die Fähigkeit, seine Gesprächspartner zu bezaubern. Zweifellos war er ein großer Schauspieler und konnte den Eindruck eines reizenden, bescheidenen, sogar einfachen Menschen erwecken. In den ersten Kriegswochen, als es so schien, als würde die Sowjetunion jeden Augenblick fallen, waren alle hochrangigen ausländischen Besucher – wie zum Beispiel Harry Hopkins – in sehr pessimistischer Verfassung. Sie verließen Moskau jedoch in der vollen Gewißheit, daß das sowjetische Volk kämpfen und schließlich siegen würde. ... Was hatte so erfahrene und skeptische Politiker wie Hopkins, Harriman, Beaverbrook und andere dazu gebracht, ihre Ansicht zu ändern? Einzig ihre Gespräche mit Stalin. Ungeachtet der hoffnungslos erscheinenden Situation vermochte er eine ungezwungene, ruhige Atmosphäre zu schaffen. In seinem Kabinett herrschte eine wohltuende Ruhe, die allenfalls vom Klang der Kremlglocken unterbrochen wurde. Auch der ‚Herr‘ selbst strahlte Wohlwollen und Ruhe aus. Es schien, als würde sich außerhalb der Wände dieses Zimmers nichts Dramatisches, ihn Beunruhigendes ereignen. ... Nach dem Krieg hat er einmal in einem Augenblick der Aufrichtigkeit zugegeben, daß die Lage katastrophal gewesen sei. Während des Krieges jedoch verbarg er dieses Wissen geschickt hinter einem liebenswürdigen Lächeln und gespielter Gelassenheit[97].

In der Folge versucht *Bereschkow*, die psychologischen Hintergründe für *Stalins* „Wirkung" auf seine westlichen Besucher genauer auszuleuchten. Dies geschieht anläßlich der ersten Begegnung zwischen *Churchill* und *Stalin* im August 1942 in Moskau: „Churchill, der über das ganze Gesicht strahlte, versicherte, er freue sich, in Rußland zu sein und sich mit den führenden Funktionären treffen zu können. Das Lächeln des Premiers schien mir schmeichlerisch zu sein und seine Nervosität schlecht zu verbergen. Des öfteren hatte ich Gelegenheit, eine ähnliche Reaktion ausländischer Besucher bei Begegnungen mit Stalin zu beobachten. Die meisten von ihnen hielten ihn zweifellos für einen erbarmungslosen, blutigen Tyrannen und verurteilten seine grausame, unmenschliche Herrschaft. Aber beim Kontakt mit ihm konnten sie sich des Gefühls einer gewissen Ehrfurcht nicht erwehren. Vielleicht trug das Bewußtsein, daß Stalin grenzenlose Macht über Millionen seiner Untertanen besaß, dazu bei, daß den ‚Führer der Völker' ungeachtet der Methoden, mit denen er diese Macht begründet hatte, eine Art von Aura umgab. Sie forderte nicht nur den Willen eines Menschen heraus, sondern erzeugte auch so etwas wie einen Zwang zur Unterwürfigkeit. Aber vielleicht war es das unwillkürliche Gefühl der Furcht vor diesem Ungeheuer. Und die Fähigkeit Stalins, die Rolle eines liebenswürdigen Gastgebers zu spielen, sein Geschick, einen Gesprächspartner zu bezaubern, bewirkten, daß dieser Erleichterung empfand und bestrebt war, mit ihm eine gemeinsame Sprache zu finden und sich wie er ungezwungen zu verhalten"[98]. Somit wird um einiges deutlicher, in welcher „Atmosphäre" die westlichen Politiker dazu gebracht wurden, den Sowjets in vielen Fragen so weitgehende Konzessionen einzuräumen.

Daß *Stalin* in Sachen „Charisma" erstaunlich lernfähig war, ja sich aufgrund seiner Begegnungen mit den westlichen Politikern wie *Hopkins, Harriman* und vor allem *Churchill* Schritt für Schritt zu immer besserer From steigern konnte, bezeugt ein abschließendes Zitat aus *Bereschkow* anläßlich der ersten Begegnungen zwischen *Roosevelt* und *Stalin* 1943 in Teheran: „Es mag sein, daß er vor seiner ersten Begegnung mit Roosevelt nervös war. Stalin war sich natürlich im klaren darüber, daß Roosevelt das System, das in der Sowjetunion herrschte, ablehnte. Die blutigen Verbrechen, die Willkür, die Repressionen und Verhaftungen konnten ihm nicht verborgen geblieben sein. ... all das ließ die Sowjetunion im Westen in einem abstoßenden Licht erscheinen. Wie würden sich die Beziehungen zwischen Stalin und Roosevelt entwickeln? Gäbe es zwischen ihnen nicht unüberwindbare Hindernisse? Werden sie die zunehmende Entfremdung überwinden können? Stalin konnte nicht umhin, sich diese Frage zu stellen. Doch auch der Präsident wußte, wie wichtig es in der damaligen Situation war, eine gemeinsame Sprache mit dem Kreml-Diktator zu finden. Und es gelang ihm auf eine Weise, daß der miß-

97 *V. M. Bereschkow*, Ich war Stalins Dolmetscher. Hinter den Kulissen der politischen Weltbühne, dt. Ausg. München 1991, S. 349–350.

98 *Bereschkow*, a.a.O., S. 418.

trauische östliche Despot bereits anzunehmen begann, daß man ihn in die demokratische Gesellschaft aufnehmen würde. Roosevelt war bestrebt, bei seiner ersten Begegnung mit Stalin eine vertrauensvolle Atmosphäre zu schaffen. Das Gespräch verlief ungezwungen und ohne peinliche Pausen. Auch Stalin war entschlossen, seinen Charme einzusetzen – auf diesem Gebiet war er ein großer Meister. Vor dem Krieg hatte unser ‚Führer' selten ausländische Politiker empfangen und verfügte deshalb nicht über die entsprechende Erfahrung. Er holte das Versäumte jedoch schnell nach und konnte seine Fähigkeiten bereits im August 1939 bei der Zusammenkunft mit Ribbentrop unter Beweis stellen. Nach dem Überfall Hitlerdeutschlands auf die Sowjetunion nahm Stalin häufig an derartigen Zusammenkünften teil. Sein intensiver Briefwechsel mit Roosevelt, die Gespräche mit Hopkins, Harriman und Hull versetzten ihn in die Lage, seine Vorstellungen von den Amerikanern zu vervollständigen und sich ein entsprechendes Verhaltensmuster ihnen gegenüber zurechtzulegen. Dennoch war spürbar, daß Stalin sich vor seiner ersten Begegnung mit den Präsidenten der Vereinigten Staaten etwas unsicher fühlte"[99]. Aus diesen Ausführungen wird übrigens ersichtlich, daß *Stalin* in Sachen Charisma in *Roosevelt* seinen Meister gefunden haben muß. Dieser wäre vermutlich in der Nachkriegszeit am ehesten imstande gewesen, mit *Stalin* fertig zu werden. Damit kommen wir zu *Roosevelt.*

Denn auch das demokratische Lager vermag derlei Überredungskünstler hervorzubringen, wie die folgenden Beispiele zeigen. So berichtet der Journalist und Schriftsteller *Hans Habe* (1911–1977) sehr positiv, aber mit kritischen Untertönen über seine Begegnung mit dem großen amerikanischen Präsidenten *F. D. Roosevelt* (1882–1945) u.a. folgendes: „Ich bewunderte ihn, doch verstand ich jetzt auch jene besser, die ihm mißtrauten. Er war unfaßlich, die Zauberer sind es immer ... Man begegnet der undefinierbaren Tugend, die man Charme nennt, mit unterbewußter Abneigung; Menschen mit Charme kann man schwer nein sagen, weshalb man es später bereut, ihnen ja gesagt zu haben ..."[100].

In ihrem Werk „Sartre, 1905–1980" (dt. Ausg., Hamburg 1988) läßt die französische Biographin *Annie Cohen-Solal* den großen Philosophen und Schriftsteller über seine Begegnung mit *Roosevelt* Anfang 1945 in Washington berichten, wohin er mit einer Journalistenabordnung bei einer USA-Rundreise gelangt war: „Schließlich der Höhepunkt der Reise: ihr Besuch bei Präsident Roosevelt am 9. März im Weißen Haus. Eine Pressekonferenz mit anschließenden Gesprächen, die schon für sich genommen die Reise rechtfertigten. ‚Während er uns die Hand drückt', schreibt Sartre, ‚betrachte ich sein dunkles, etwas fahles, so amerikanisches Gesicht. Er sieht seinen Bildern überhaupt nicht ähnlich. Was zunächst auffällt, ist der große menschliche Charme seines zugleich zarten und harten länglichen Gesichts ... Er lächelt uns zu, er spricht zu uns mit leiser und langsamer Stimme. Er liebt Frankreich, daß er in früheren Zeiten mit dem Fahrrad durchquert hat ...' Austausch von Höflichkeiten, die französischen Journalisten äußern den

99 *Bereschkow*, a.a.O., S. 378–379.
100 Dialog, 5/1973, S. 68.

Wunsch, die ‚zwischen beiden Ländern aufgezogenen Wolken' mögen sich bald wieder verziehen. Eine gute Gelegenheit für Präsident Roosevelt, sein altes und tiefes Mißtrauen gegen de Gaulle öffentlich zurückzunehmen, gewissermaßen zu annullieren. Roosevelt erklärt gleich, ‚die angeblichen Reibereien zwischen beiden Regierungen seien Erfindungen von Journalisten'. Beweis?' ‚Als de Gaulle in die USA kam, waren die Beziehungen ausgesprochen herzlich.' Die Rede wird von unseren acht Sonderkorrespondenten im vollen Wortlaut der französichen Öffentlichkeit bekannt gemacht. Als Überschrift für seinen Figaro-Artikel wählt Sartre: ‚Präsident Roosevelt erklärt gegenüber französischen Journalisten seine Liebe zu unserem Land.' Alles steht bestens, die Reise hat sich gelohnt, die ‚Helden' der französischen Résistance haben die stumme Reue des amerikanischen Präsidenten akzeptiert, der sich nun bemüht, seine Schuld einigermaßen zu tilgen, indem er nachdrücklich die herzlichen Grüße betont, die unsere acht Boten dem General überbringen sollen. ‚Wir sind große Freunde', schließt er und reibt sich die Hände. Erreichte die Botschaft den General? Ohne Belang. Einen knappen Monat später starb Roosevelt"[101]. Wir sehen aus diesen Beispielen, wie *Roosevelt* durch planmäßigen Einsatz seines verbalen und nonverbalen Charmes im Falle *Stalins* (*Bereschkow*-Bericht) und *de Gaulles* (*Sartre*-Bericht) Spannungen und Brüche im Bündnis zu übertünchen oder zu kitten versuchte, daß er es dabei aber immer verstand, seine eigene Meinung den anderen geschickt als eine Problemlösung zu „verkaufen".

Sodann sei an den am Vietnam-Krieg politisch gescheiterten US-Präsidenten *L. B. Johnson* (1908–1973), selbst ein Protégé *Roosevelts*, erinnert, über den *Jan Reifenberg* in der FAZ in einem Nachruf anläßlich seines Todes am 24. 1. 1973 u. a. dieses schrieb: „Wer L. B. J. einmal beobachtete, wie er einem neugewählten Abgeordneten oder Senator mit geradem Blick ins Auge, beide Hände auf die Schultern legte, unablässig auf ihn einredete, um ihn von der absoluten Richtigkeit seiner, Johnsons, Absicht zu überzeugen, der konnte die psychischen Kräfte dieses Mannes erkennen."

Schließlich sollte hier auch einer der Amtsnachfolger *Johnsons*, nämlich *Ronald W. Reagan* (Jg. 1911), erwähnt werden. Er verstand es ebenfalls, durch intensives Bearbeiten (by intense lobbying) und, wie es ein Fernsehkorrespondent formulierte, „mit Druck und Charme", sich im amerikanischen Kongreß die Mehrheiten für seine Gesetzesvorlagen zu beschaffen, die er angesichts der dortigen republikanischen Minderheit dringend benötigte. *Walter F. Mondale* (Jg. 1928), der unterlegene Präsidentschaftskandidat der Demokraten, formulierte es 1985 sehr nüchtern und fair so: „Seine [Reagans] Kommunikationsfähigkeit verhalf ihm dazu, eine zweite Amtszeit als Präsident zu gewinnen"[102]. Diese Aussage ist in der Tat aufschlußreich.

101 A. a. O., S. 376 f.

102 „His ability to communicate helped him win a second term in office."

Gegenmaßnahmen: Wie können wir uns selber gezielt gegen die geschilderten Manipulationsversuche zur Wehr setzen? Dies sei hier beispielhaft am Falle *Hitlers* aufgezeigt:

1. Durch grundsätzliche Skepsis gegenüber den Ausführungen des Verhandlungs- oder Gesprächspartners, solange dieser keine wirklich nachprüfbaren Dokumente, Wahrheitsbeweise usw. vorlegt. So z. B. verhielt sich der damalige britische Außenminister *Anthony Eden* (1897–1977) gegenüber *Hitlers* Tiraden:

„Sein Gesicht zeigte in stärkerem Maße nüchterne, scharfe Beobachtungen der Personen und Dinge; seine Skepsis war deutlich erkennbar ..." (S. 303).

2. Durch Ironie oder Sarkasmus, mit denen man die unseriösen Angebote oder Vorschläge seines Verhandlungspartners abblitzen läßt. So der italienische Außenminister *Craf Ciano* (1903–1944) gegenüber dem NS-Außenminister *von Ribbentrop* (1893–1946), der ihm ständig wegen des Abschlusses eines deutsch-italienischen Bündnisvertrags in den Ohren lag:

„‚Die Solidarität, die zwischen unseren beiden Regierungen besteht', sagte Ciano mit einem, wie mir schien, sarkastischen Lächeln, ‚ist in diesen Tagen mit solcher Deutlichkeit in Erscheinung getreten, daß sich ein formeller Bündnisvertrag erübrigt!' " (S. 387).

3. Durch Ausflüchte, Vorwände bzw. vorgeschützte Pressionen, denen man sich im Falle einer Annahme der Vorschläge des Verhandlungspartners ausgesetzt sähe. So der damalige polnische Außenminister *Józef Beck* (1894–1944), den *Ribbentrop* hartnäckig zu einer Revision des Status' Danzigs zugunsten des Deutschen Reiches bewegen wollte:

„‚Das kann ich der öffentlichen Meinung in Polen unter keinen Umständen zumuten', lautete seine stereotype Antwort" (S. 426).

4. Durch unverbindliche Zusage einer vorgeblichen Prüfung der gemachten Vorschläge, Angebote, Fragen usw., entweder um Zeit zu ihrer genaueren Analyse zu gewinnen oder um sie damit praktisch unter den Tisch fallen zu lassen. So der oben genannte polnische Außenminister gegenüber *Hitler* persönlich:

„Vor dem großen Fenster des Berghofes hatte sich diese Diskussion wiederholt, wenn auch Beck diesmal seine Ablehnung in sehr viel mildere Worte kleidete, indem er eine Prüfung des gesamten Fragenkomplexes zusagte, allerdings mit dem Unterton, aus dem man das Nein deutlich erkennen konnte“ (S. 426).

5. Durch Anwendung von Leerlauftaktik, Ausweichtaktik sowie Hinhalte- oder Verzögerungstaktik. So geschehen seitens des spanischen Diktators *Francisco Franco* (1892–1975), den *Hitler* bei der Begegnung in Hendaye (1940) um jeden Preis zu einem überstürzten Kriegseintritt gegen England überreden wollte:

„Es war mir sofort klar, daß sich Franco als vorsichtiger Unterhändler nicht festlegen wollte. ... Franco sagte zunächst gar nichts. Zusammengekauert saß er in seinem Sessel. Ich konnte an seinem undurchdringlichen Gesicht nicht erkennen, ob er über diesen Vorschlag verblüfft war oder sich nur in Ruhe seine Antwort überlegte. Er vollführte dann ein ähnliches Ausweichmanöver wie sein italienischer Kollege bei Ausbruch des Krieges“ (S. 501). „Während Franco mit einer ruhigen, sanften Stimme, die in ihrem eintönigen, singenden Klang etwas an die islamischen Gebetsrufer erinnerte, seine Darlegungen vorbrachte, wurde Hitler immer unruhiger ... Einmal erhob er sich sogar und erklärte, es habe keinen Zweck, noch weiter zu verhandeln, setzte sich aber sofort wieder hin und erneuerte seine Versuche, Franco umzustimmen. Dieser erklärte sich schließlich zum Abschluß eines Vertrages bereit, aber mit solchen Vorbehalten in bezug auf Lebensmittelversorgung und Rüstung sowie auf den Zeitpunkt seines aktiven Eingreifens, daß das Abkommen nur noch eine Fassade war, hinter der nichts steckte. Die Verhandlungen wurden unterbrochen“ (S. 502).

6. Durch kühle Gelassenheit und verdeckte Ablehnung, mit denen man die Vorschläge und Angebote der anderen Seite zur Kenntnis nimmt. So machten es der französische Staatschef Marschall *Pétain* (1856–1951) und sein Premierminister *Pierre Laval* (1883–1945), die *Hitlers* Annäherungsversuchen in Montoire (1940) eine dementsprechende Abfuhr erteilten:

„Seine [Pétains] Haltung war eher selbstbewußt als unterwürfig. Mit kühler Gelassenheit hörte er meiner Übersetzung zu ... Pétain hatte uns bei dieser Unterredung durch seine Einsilbigkeit und Wortkargheit deutlich die kalte Schulter gezeigt, und auch mit Laval war in Montoire kein Fortschritt erzielt worden“ (S. 504f.).

7. Durch geheimgehaltene Parallelverhandlungen mit der Konkurrenz bzw. der politischen Gegenseite, um den Pressionen oder gar Erpressungsversuchen des Verhandlungspartners oder auch aus dem eigenen Lager besser Paroli bieten zu können:

So taktierte z. B. *Pétain* „zweigleisig“, indem er – gleichzeitig zur Unterredung mit *Hitler* – durch seinen Sonderbevollmächtigten *Rougier* in London Geheimverhandlungen mit *Winston Churchill* (1874–1965) führen ließ, um sich in irgendeiner Form bei Großbritannien rückzuversichern. Ein gewiß äußerst riskantes, aber kühnes Unternehmen, das *Pétains* Unzugänglichkeit gegenüber *Hitlers* Ansinnen in neuem Lichte erscheinen läßt. So stärkte er sich den Rücken für diese Unterredung.

(4) Der systematische, zielstrebige, unnachgiebige, aber verbindliche Verhandler: Sein Motto: „Verbindlich im Umgang, aber hart in der Sache“ vorgehend und dabei nichts unversucht lassend; so kann in der Praxis aber nur taktieren, wer eine starke Verhandlungsmacht (Supermacht, Großmacht, Weltfirma, Marktführer, Marktmonopol usw.) hinter sich hat (andernfalls gilt man als Bluffer, der sich über kurz oder lang selbst entlarvt); härtere Version von Typ (1) und (2).

Beispiele:

Verkehrsminister *A. L. Lewis* (Jg. 1932), Mitglied in US-Präsident *R. Reagans* erster Regierungsmannschaft, absolvierte die renommierte Harvard Business School und verdiente sich vor seiner Regierungszeit die Sporen als Managementberater und Sanierer angeschlagener Unternehmen. Über ihn schrieb die FAZ vom 15. 8. 1981, er habe sich im damaligen amerikanischen Fluglotsenstreik als „ein unbewegter Advokat der harten, unnachgiebigen Haltung gegenüber ungesetzlich Streikenden“ erwiesen. Schon früher habe er sich „als unnachgiebiger Taktiker gezeigt. Einmal ins Auge gefaßte Ziele verfolgt er mit Nachdruck. Seine guten Kontakte zum Weißen Haus nutzt er konsequent. ‚Ein mit allen Wassern gewaschenes Schlitzohr‘, so schimpfte ein Beamter des Außenministeriums, als Lewis gegen den Willen der Diplomaten, aber mit dem Segen des Weißen Hauses, freiwillige Selbstbeschränkungsabkommen mit Japan durchsetzte. ... Selbst Kongreßmitglieder rühmen ihn als den zugänglichsten und am geschicktesten operierenden Minister in der Regierung, dessen unvergleichliche ‚Verkaufstechnik‘ selbst solche Abgeordneten mitreißt, die in der Sache ablehnen, was Lewis zu sagen hat. ... Mit geistiger Beweglichkeit, Ehrgeiz und unermüdlichem Arbeitseifer, politischem Instinkt und seinen Beziehungen zum Weißen Haus hat es Lewis jedoch geschafft, innerhalb von sechs Monaten den Respekt seines Hauses, des Kongresses und der Öffentlichkeit zu gewinnen."

Der vormalige US-Außenminister *James Baker III.* (Jg. 1930), gelernter Anwalt (Princeton), unter *R. Reagan* bereits erst Stabschef des Weißen Hauses, dann Finanzminister. Hören wir nunmehr, was die deutsche Presse über *Baker* berichtete: 1. Vorbildung: „Baker absolvierte, wie sich das gehört, eine Eliteuniversität, Princeton. Er hat dort nicht nur Bildung eingesogen, sondern wohl jenen Schliff bekommen, der sein Auftreten so ‚poliert' erscheinen läßt, ..." (Die Zeit, 18.11.1988). „Die Härte aus Texas, den intellektuellen Schliff aus Princeton und die Umgangsformen aus Georgetown, der Patrizier-Enklave von Washington ..." (SZ, 11.11.1988). 2. Zielstrebigkeit, Organisations- und Verhandlungstalent: „Durch hartes Zupacken und mit großem Verhandlungsgeschick gelang es Baker, verschiedene Management-Schwierigkeiten während des Wahlfeldzugs zu beseitigen, die Reagans Mannschaft in der Endphase des Wahlkampfes plagten ..." (FAZ, 22.11.1980). „Bakers erwiesene Fähigkeit, eine Organisation straff und doch verbindlich und mit Taktgefühl zu führen ..." (ebd.). „Von liebenswürdigem Wesen, ohne starre Prinzipien und mit geschmeidigem Verhandlungstalent ausgestattet, ist Baker vor allem Organisator. Er brachte Reagans Steuersenkungen durch einen widerspenstigen – demokratischen – Kongreß." (FAZ, 11.11.1988). „Bei den Verbündeten kennen sie ihn vor allem als Finanzminister; sie haben Bakers ureigenste Mischung aus sanfter Verbindlichkeit und beinharter Verteidigung amerikanischer Interessen schätzen und fürchten gelernt." (SZ, 11.11.1988). „Doch wer an dieser Front [Wahlkampffront] aufmarschieren wollte, den schlug Baker mit vorzüglichem Organisationstalent, mit Verhandlungsgeschick auf dem Capitol und auch mit Härte aus dem Felde. ... Was James Baker als Dirigent des Bush-Wahlkampfes auszeichnete, waren Umsicht, Härte und Entschlossenheit. Er wußte genau, wo Verluste zu begrenzen waren, und er wußte, wann Durchhalten das Gebot der Stunde war. ... einen parteiinternen Aufstand ... auf dem Konvent in New Orleans erstickte er im Keim. Zaudern oder Nachgeben hätte die Niederlage Bushs bedeutet." (Die Zeit, 18.11.1988). 3. Stärken und Schwächen: „Baker, den Freunde als intelligent, anständig, verschwiegen und standfest charakterisieren ..." (FAZ, 21.11.1980). „Als hervorstechende Eigenschaften werden Baker Ausdauer, stahlharte Nerven, Organisationstalent und die Fähigkeit nachgesagt, ein knallharter Verhandlungspartner zu sein" (Mannheimer Morgen, 10.11.1988). „Er beherrscht den zynischen Trick, sich mit dem Erfolg zu identifizieren, sich von den Schnitzern aber zu distanzieren, ... Er ist pragmatisch wie George Shultz [sein Vorgänger], vielleicht persönlicher und umgänglicher als dieser ... Bei der Einschätzung ... sind sich diplomatische Beobachter darin einig, daß er zwar amerikanische Interessen betonen und mit Härte verfechten wird, als Pragmatiker aber auch für Kompromisse zugänglich sein dürfte, ..." (Die Zeit, 18.11.1988). – Wenn diese Charakteristiken stimmen, die fast schon ein kleines Psychogramm ergeben, sollten wir aus Gründen der Vollständigkeit auch noch wissen, daß *Baker* einer Advokatenfamilie mit seit 1860 bestehender Anwaltskanzlei entstammt und während seiner Militärzeit zwei Jahre bei der Marineinfanterie (!) diente. Alles in allem geht ihm also der Nimbus des vollendeten Verhandlers voraus, der auf dem Erdball wohl nur in wenigen Exemplaren existiert.

Gegenmaßnahmen: Angesichts des überragenden Formats eines derartig aufgebauten Gegenpartners können wir nur die vorsichtige Empfehlung abgeben, zu versuchen, ihm nachzueifern und ebenso gewandt oder annähernd so gewandt zu werden wir er. Anderfalls ist es besser, der geschäftlichen Begegnung mit einem vollkommenen Verhandler (negotiator perfectus[103]) möglichst aus dem Wege zu gehen, es sei denn, wir hätten eine ausgesprochen starke Position. Und selbst dann wäre höchste Vorsicht geboten.

(5) Der analytische Verhandler: gelassen, kühl-sachliches Urteilsvermögen, rational sezierende Durchdringung der Materie bis zur Pedanterie (Perfektionismus), diagnostisch-prognostische Fähigkeiten (Durchblick durch komplizierte Zusammenhänge und Entwicklungen)[104], Neigung zu mathematischer Präzision („Schachspieler“[105]), logisch exakt und unbeirrbar, unnachgiebig.

Beispiele:

Unter dem Obertitel „In Ost-Berlin verhandelt ein kühler Analytiker“ skizziert „Die Welt“ vom 10. 3. 1970 einige markante Wesenszüge des Berufsdiplomaten *Ulrich Sahm* (Jg. 1918), Bundeskanzler *Brandts* Emissär und Unterhändler in Berlin-O.: „Des Kanzlers Pfadfinder ... ist von Natur frei von Impulsivität. ‚Was ich besonders an ihm schätze‘, sann Willy Brandt, ..., ‚ist seine ungewöhnlich solide Art und Arbeit‘. Und Sahm ist schweigsam. ... Freunde Ulrich Sahms, wie der Londoner Gesandte Dr. Erwin Wickert, rühmen an ihm die ‚guten Eigenschaften des alten preußischen Beamten‘. Wickerts Aussagen über ‚ausgeprägtes Gerechtigkeitsgefühl‘ und die Fähigkeit, nach Aktendurchsicht sofort druckreif zu werten, bestätigt man im Kanzleramt. ... Dramatische Gesten ... liegen Sahm im Grunde nicht. Der

103 Das Gegenstück zum „orator perfectus“, dem vollkommenen Redner.
104 Wird besonders dem US-Diplomaten *George Kennan* (Jg. 1904) nachgerühmt.
105 So der frühere US-Abrüstungsunterhändler *Paul Nitze* (Jg. 1907): „Was politisch wichtig ist, kann in der Regel auch in einer mathematischen Formel ausgedrückt werden“ (Die Zeit, 2. 3. 1990).

gelassene, nervenstarke Beamte mit Magna-cum-laude-Promotion über das norwegische und deutsche Strafrecht gilt eher als Mann des Unterstatements. Zusammen mit Polen-Unterhändler Duckwitz bildet er Brandts ‚Scharnier' zwischen Kanzleramt und Außenministerium." Und der „Welt"-Artikel liefert noch eine weitere Hintergrundinformation „zum Bild des hünenhaften, kühlen Analytikers. Deutsche und auswärtige Politik begleitete ihn von Kindesbeinen an. Der in Bochum Geborene, in Danzig Aufgewachsene sah seinen Vater Heinrich Sahm als Danziger Senatspräsidenten ein Jahrzehnt lang die Beziehungen zum Deutschen Reich, zu Polen und zum Völkerbund regeln. Fünf Jahre stand Heinrich Sahm anschließend als parteiloser Oberbürgermeister im roten Backsteinrathaus an der Spitze der Reichshauptstadt. Nur wenige Schritte entfernt liegt der kuppelüberwölbte Amtssitz Stophs, in dem 34 Jahre später der Sohn um mehr als rote Teppiche, Hymne und Ehrenkompanie pokert."

Den französischen Ministerpräsidenten *Édouard Herriot* (1872–1957) charakterisiert uns *P. Schmidt* folgendermaßen: „... ein echt französischer Geist mit all seiner feingeschliffenen Formulierungskunst und seiner scharfen verstandesmäßigen Durchdringung der Probleme" (S. 52).

Zum französischen Politiker *Raymond Poincaré* (1860–1934) erfahren wir folgendes: „... interessante Einzelheiten über die Arbeitsweise des französischen Ministerpräsidenten. Er war ein Aktenmensch, der jede Frage bis in die kleinsten Kleinigkeiten hinein genau studierte, ehe er sich festlegte" (S. 143). Wegen seines bis ins Pedantische gehenden Perfektionismus bespöttelte man im Parlament den vormaligen Anwalt so: *„Poincaré kennt alles und weiß nichts, Briand kennt nichts, weiß aber alles"* (S. 143).

Über den italienischen Großindustriellen *G. B. Pirelli* (1848–1932) erhalten wir folgende Charakteristik: „Der interessanteste Kopf bei den Italienern war der Industrielle Pirelli ... Ergriff er das Wort, so hatte man den Eindruck, als seziere er die komplizierten Tatbestände mit der sicheren Hand eines geübten Chirurgen" (S. 166).

Wie *P. Schmidt* u.a. über den damaligen italienischen Außenminister *Galeazzo Graf Ciano* (1903–1944) berichtet, „... lernte ich in diesem Gespräch [Herbst 1939] einen Mann kennen und schätzen, der die Entwicklung mit großem Scharfsinn und Klarblick erkannte und sich von den schönen Worten Hitlers und Ribbentrops nicht beeindrucken ließ" (S. 472).

Das zweifellos eindrucksvollste Beispiel eines analytisches Verhandlers[106] ist der frühere sowjetische Außenminister *Wjatscheslaw Molotow* (1890–1986). Über dessen Berlin-Besuch (1940) bei *Ribbentrop* und *Hitler* berichtet *P. Schmidt*: „Zwischen den Vertretern Deutschlands und Sowjetrußlands wurde hier in Berlin im November 1940 nach allen Regeln der diplomatischen Kunst hart und sachverständig geboxt (S. 516). Ribbentrop zeigte sich den ‚Männern mit den starken Gesichtern' gegenüber von seiner zuvorkommend-

106 Daß *Molotow* auch anders konnte, zeigt sein brutales Vorgehen gegen die Finnen 1944, s. S. 193ff.

sten Seite. ... Molotow erwiderte diese Freundlichkeit nur in längeren Zwischenräumen. Dann glitt ein etwas frostiges Lächeln über sein intelligentes Schachspielergesicht. Immer wieder erinnerte mich der mittelgroße, etwas untersetzte Russe mit den lebhaften Augen hinter einem altväterlichen Kneifer an meinen Mathematik-Professor. Das war nicht nur äußerlich. Auch in seiner Argumentation und Sprechweise hatte Molotow etwas mathematisch Präzises und unbeirrbar Logisches. Bei seiner diplomatischen Mathematik verzichtete er auf schmückende Wendungen und wandte sich wiederholt, als wenn er vor einer Klasse stünde, mit leichtem Tadel gegen die weit ausschweifenden und vagen Allgemeinheiten Ribbentrops und später sogar Hitlers" (S. 517). Dazu einige Kostproben von *Molotows* analytisch-bohrender Fragetechnik: „Was für ein Meer haben Sie denn eben gemeint, als Sie vom Zugang zur offenen See sprachen!', fragte Molotow mit unschuldiger Miene zurück. Ribbentrop war duch diese Zwischenbemerkung etwas aus der Bahn geworfen ... (S. 518). Der Molotow der präzisen Formulierungen stellte lediglich einige Gegenfragen. ‚Was bedeutet eigentlich großostasiatischer Raum?', wollte er genau wissen. ‚Dieser Begriff hat nichts mit den lebenswichtigen russischen Einflußsphären zu tun,' beeilte sich Ribbentrop sofort zu antworten. ‚Einflußsphären müssen überhaupt genauer definiert werden,' erwiderte der russische Mathematiker. ‚Wir wollen uns in erster Linie mit Deutschland verständigen', betonte Molotow, ‚und erst danach mit Japan und Italien', fügte aber sofort hinzu, ‚nachdem wir erst einmal genau über die Bedeutung, den Charakter und die Zielsetzung des Dreimächtepaktes unterrichtet worden sind' (S. 519–520). ... Hitler sprach dann, wie es seine Gepflogenheit war, in sehr allgemeinen und unpräzisen Wendungen über die unpolitischen Wirtschaftsinteressen Deutschlands, insbesondere auf dem Rohstoffsektor ... Hitler gegenüber verhielt sich Molotow nicht nur schweigend und beobachtend ... er wurde auf seine Weise recht aktiv. Er wollte das, was Rußland interessierte, sehr viel genauer wissen, als es ihm Hitler gesagt hatte. Ihn interessierten auch die Tüpfelchen auf den I's. Mit einem leichten Tadel in der Stimme erwiderte Molotow, Hitler habe allgemeine Ausführungen gemacht, und er könne im allgemeinen diesen Darlegungen auch zustimmen. Dann ging er aber sofort auf akute Einzelfragen ein. Er ergriff den Stier bei den Hörnern. ‚Gilt eigentlich das deutsch-sowjetische Abkommen von 1939 auch in bezug auf Finnland noch?', fragte er unvermittelt. ‚Was hat es mit der neuen Ordnung in Europa und in Asien auf sich, und welche Rolle soll die UdSSR dabei spielen?', forschte er weiter. ‚Was ist mit Bulgarien, Rumänien und der Türkei, wie steht es mit der Wahrung der russischen Interessen auf dem Balkan und im Schwarzen Meer; kann ich über die Abgrenzungen des sogenannten großostasiatischen Raumes Auskunft bekommen, und was hat es mit dem Dreierpakt auf sich?' Die Fragen hagelten nur so auf Hitler hernieder. So hatte noch keiner der ausländischen Besucher in meiner Gegenwart mit ihm gesprochen. Ich dachte daran, wie empört Hitler im Mai 1936 über den Fragebogen Edens gewesen war, ... und war gespannt, wie er nun jetzt auf Molotows Fragebogen reagieren würde. Hitler sprang nicht auf und lief zur Tür wie im September 1939, ... er sagte auch nicht, es habe keinen Zweck mehr zu verhandeln, wie er es noch vor drei Wochen Franco im Salonwagen in Hendaye zugerufen hatte. Er war die Sanftmut und Höflichkeit selbst. ‚Der

Dreierpakt soll die Verhältnisse in Europa nach den natürlichen Interessen der europäischen Völker ordnen', sagte er fast entschuldigend, ‚und deshalb tritt Deutschland nunmehr an die Sowjetunion heran, damit sie sich über die sie interessierenden Gebiete äußern kann.'... ‚Die Vereinigten Staaten haben weder in Europa noch in Afrika oder in Asien etwas zu suchen.' Dieser letzten Äußerung Hitlers gegen Amerika stimmte Molotow eifrig zu. Weniger bereitwillig aber nahm er das Übrige auf. Er wollte es erst genauer wissen, ehe er sich wegen des Beitritts Rußlands zum Dreierpakt äußerte. ‚Wenn wir als Partner und nicht bloß als Objekt behandelt werden, könnten wir grundsätzlich am Dreierpakt teilnehmen', sagte er kühl, ‚aber zunächst müssen Ziel und Zweck des Paktes näher definiert werden, und ich muß genauer über die Abgrenzungen des großostasiatischen Raumes unterrichtet sein.' Am nächsten Tage kam es in der zweiten Besprechung zwischen Hitler und Molotow, in der dieser die Debatte immer wieder auf konkrete Fragen lenkte und das Pünktchen auf das I setzte, zunächst wegen Finnland zu einem ‚Schlagwechsel' (S. 522). Schlag auf Schlag folgten sich Fragen und Antworten. Der Ton war niemals heftig, aber die Debatte wurde auf beiden Seiten mit seltener Verbissenheit geführt. Sogar Ribbentrop fühlte sich veranlaßt, versöhnend einzugreifen" (S. 523). Abschließend bekennt *Schmidt*: „Seit den Besprechungen mit Chamberlain über die Sudetenkrise hatte ich keinen so scharfen Auseinandersetzungen beigewohnt wie damals in Berlin während der Gespräche zwischen Hitler und Molotow. Meiner Überzeugung nach sind in diesen Tagen die Entscheidungen gefallen, die Hitler zu seinem Angriff auf die Sowjetunion veranlaßt haben (S. 525). Es war das letztemal, daß sich bei einer derartigen Veranstaltung Form und Inhalt einigermaßen entsprachen. All die vielen Gespräche, denen ich danach bis zum Kriegsende noch beiwohnte, waren demgegenüber nichts als Schattenspiele ..." (S. 526). – Wer *Molotows* Fragetaktik betrachtet, kann nicht ohne Bewunderung zugeben, daß sie im Grunde bester sokratisch-platonischer Tradition entstammt[107], weil sie immer wieder mit ihrem analytischen Vorgehen auf das abzielt, was für die sowjetische Politik von entscheidender Bedeutung sein mußte. Erstaunlich ist auch, daß *Molotow* trotz seiner ideologischen Festlegung überhaupt eine solche Debatte mit den braunen Machthabern wagte. Dennoch müssen wir uns die kritische Frage stellen, ob sein Vorgehen gegenüber diesen ihrerseits ideologisierten, völlig unberechenbar handelnden Gewaltherrschern nicht ein fundamentaler Fehler war. Goß *Molotow* mit seinen Berliner Gesprächen nicht Öl ins Feuer statt Öl auf die Wogen? – Der frühere US-Außenminister und Jurist *James F. Byrnes* (1879–1972) schreibt in seinen Memoiren, wie *P. Schmidt* berichtet (S. 525/26) dazu u. a. dies: „Meiner Ansicht nach ... glaube ich, daß der Besuch [Molotows in Berlin] für die Geschichtsentwicklung von entscheidender Bedeutung ist, denn Molotow überspannte den Bogen allzu sehr. Insbesondere erscheint mir seine Besprechung mit Hitler

107 Erinnert sei hier nur an *Platons* bohrende Frage nach der Bedeutung des Wortes „seiend" in seinem berühmten Dialog „Sophistes" (244a, 5–6): „... was wollt ihr eigentlich damit bezeichnen, wenn ihr das Wort ‚seiend' ertönen laßt?" Die Was-Frage ist ursprünglich die Frage nach dem Wesen eines Dinges oder der Dinge überhaupt.

am 13. [November 1940] als ein schwerer diplomatischer Fehler." Diesem Urteil eines ehemaligen Verbündeten der Sowjetunion kann man sich nach der Lektüre des Verhandlungsduells *Molotow: Hitler* nur anschließen. Es entsteht wohl immer eine brisante Situation, wenn ein mathematisch kühler Analytiker (hier *Molotow*) einem ideologisch aufgeladenen Irrationalisten (hier *Hitler*) gegenübertritt[108].

108 Angesichts der Berliner Konfrontation sollten wir uns hypothetisch die Frage vorlegen, wie etwa *Stalin* selbst verhandelt hätte, wäre es je zu einer Unterredung zwischen dem roten und dem braunen Diktator gekommen: Wie immer wieder berichtet wird, glaubte *Stalin* bis zum letzten Augenblick und sogar noch darüber hinaus nicht an *Hitlers* endgültige Angriffsabsicht. Sagte er doch noch im Frühjahr 1941 demonstrativ zum letzten deutschen Botschafter *Graf von der Schulenburg* (1875–1944): „Wir müssen Freunde bleiben, und Sie müssen jetzt dafür alles tun!" Und anschließend zu dessen Begleiter Oberst *Krebs*: „Wir werden mit Ihrem Land befreundet bleiben – auf jeden Fall!" Wie wir sehen, wollte *Stalin* auch den letzten Strohhalm ergreifen, um zum damaligen Deutschen Reich friedliche Beziehungen aufrecht zu erhalten. Er wußte genau, warum er dies tun mußte. Während sein Außenminister durch ein taktisch unkluges Verhalten politisches Porzellan in Berlin zertrümmerte, setzte der erste Mann im Kreml auf Zeitgewinn und Verständigungsbereitschaft, wie sein Dolmetscher *Bereschkow* bestätigt. Wie hätte sich *Stalin* persönlich möglicherweise gegenüber *Hitler* verhalten? Anders als *Molotow* hätte er gegenüber einem so irrationalen Verhandlungspartner wohl kaum den rational operierenden Analytiker herausgekehrt. Als gewiegter Taktiker hätte er *Hitlers* unpräzise und allgemeine Ausführungen vermutlich ebenfalls mit unpräzisen und allgemeinen Vorstellungen aus sowjetischer Sicht beantwortet, bei denen er vielleicht die eine oder andere Sondierungsfrage vorsichtig miteingestreut hätte. Ohne sich selber in die Karten sehen zu lassen, hätte er dann bald erkannt, was *Hitlers* tatsächliche Motive waren. Durch seine Lektüre von *Hitlers* „Mein Kampf" konnte *Stalin* unschwer das Ziel von dessen „Ostpolitik" erkennen. Um einen drohenden Überfall auf sein Land abzuwehren, hätte er sodann zeitlich begrenzte politische Konzessionen gemacht, sein geheucheltes Interesse am Beitritt zum Drei-Mächte-Pakt bekundet sowie weitere Rohstofflieferungen und gemeinsame Projekte angekündigt, um eine stärkere „Verstrickung" deutsch-sowjetischer Interessen zu erzeugen und um den reizbaren und irrational reagierenden *Hitler* nicht unnötig gegen die Sowjetunion zu provozieren. Er hätte versucht, zu einem erträglichen Preis von *Hitler* den Frieden zu „erkaufen" und ihn so lange hinzuhalten, bis die Sowjetunion ihrerseits so stark aufgerüstet sein würde, daß sie aus dieser starken Verhandlungsposition den möglichen Aggressor vor einem Überfall von vornherein abgeschreckt hätte. Soviel zu den Maßnahmen gegenüber einem hochgradig aggressiven und ideologisch verhetzten Verhandlungspartner. *Stalins* Dolmetscher *Bereschkow* hat in seinem Buch „Ich war Stalins Dometscher" (dt. München 1991) diese Einschätzung weitgehend bestätigt.

Gegenmaßnahmen

1. Lehrlauf- und Schweigetaktik: Die Fragen der Gegenseite ins Leere stoßen lassen, d. h. sie einfach übergehen und ignorieren, um zu den folgenden Punkten weiterzugehen. Die Frage ist allerdings, ob die Gegenseite sich dies auf die Dauer gefallen läßt.

2. Unterscheidungstaktik: Wir versuchen, die Hauptbegriffe in den Fragen des Analytikers aufzuspalten, um seine Taktik durcheinanderzubringen und ihm seine Selbstsicherheit zu nehmen („Wenn Sie hier den Begriff ‚Demokratie' verwenden, müssen Sie uns zuerst einmal erklären, was Sie darunter verstehen, damit wir nicht aneinander vorbeireden. Gibt es nicht verschiedene Arten von Demokratie?"). So gelangt das Gespräch wieder zu unseren Gunsten ins Lot.

3. Gegenfrage-Taktik,

a) um dem bohrend fragenden Analytiker den aggressiven Elan zu nehmen. Er soll erstmal unsere Frage beantworten („Welchen Zweck verfolgen Sie mit dieser merkwürdigen Fragestellung? Welchen Sinn hat eigentlich Ihre Forderung ...?" usw.), bevor wir ihm eine befriedigende Antwort erteilen können („Dies muß unsere Seite, Firma, Regierung usw. zuvor genau wissen, damit wir Ihnen eine zufriedenstellende bzw. entsprechend kompetente Antwort geben können ...").

b) um Zeit zu gewinnen, sich eine gute Antwort zu überlegen, oder in der Hoffnung, daß unser Gegenüber nun nicht mehr auf unserer Antwort insistiert oder sie irgendwie aus dem Blick verliert.

c) um tatsächlich vermittels dieser Taktik zu einem Aufeinander-Zugehen zu gelangen, d. h. zu einem tragbaren Kompromiß oder zu einer beidseitig akzeptablen Lösung zu kommen (was nicht immer möglich ist). Dies wäre noch der beste Weg.

(6) Der argumentative Verhandler: logisch-rational vorgehend, zäh und beharrlich Verstand und Vernunft seines Verhandlungspartners ansprechend; oft in romanischen Ländern anzutreffen (lateinische Rationalität); schnelle Reaktionsfähigkeit; methodisch und zielstrebig vorgehend, scharfsinnig, feingeschliffen, folgerichtig argumentierend, oft juristische Vorbildung vorhanden.

Beispiele:

Über den belgischen Finanzsachverständigen *Camille Gutt* (1884–1971) berichtet *P. Schmidt* dies: „... Gutt, ein schmächtiger, dunkelhaariger Mann mit intelligentem, meist lächelndem Gesicht, der den Problemen mit scharfsinnigen Formulierungen zu Leibe ging ..." (S. 166).

Über *Hjalmar Schacht* (1877–1970): „Die markanteste Gestalt am Verhandlungstisch war aber zweifellos der deutsche Sachverständige, Reichsbankpräsident Dr. Schacht. Mit einem natürlichen Selbstbewußtsein saß er, lässig zurückgelehnt, in seinem Sessel und verfolgte, durch den Kneifer seine Kollegen scharf ins Auge fassend, die Verhandlungen; wie ein geschickter Stürmer im Eishockey stürzte er sich blitzschnell in die Debatte, war nie um ein Argument verlegen und jonglierte geschickt mit Zahlen und Tatsachen. Er sprach ausgezeichnet Englisch, und ich lernte in ihm bei diesen und späteren Verhandlungen den besten internationalen Unterhändler kennen, der mir auf deutscher Seite in meiner langen Tätigkeit begegnet ist. Infolge seiner größeren Erfahrung im Umgang mit Ausländern, insbesondere Angelsachsen, übertraf er in seiner Verhandlungskunst sogar noch Stresemann" (S. 166).

Nach dem Tode *Stresemanns* übernahm der Jurist und frühere Wirtschaftsminister Dr. *Julius Curtius* (1877–1948) dessen Posten als Außenminister: „Sein scharf geschnittener Kopf mit dem etwas abweisenden, verschlossenen Gesichtsausdruck beherrschte jetzt das Bild der Konferenz. Der ehemalige Rechtsanwalt ... verfolgte seine Absichten mit klarer, kühler und unbeirrbarer Zielsicherheit" (S. 187). Ganz besonders „... kam Curtius seine Anwaltstradition bei diesen und späteren Verhandlungen sehr zustatten. Er bereitete sich methodisch auf alle seine Gespräche vor und war nie um eine Einzelheit oder eine Tatsache verlegen. ‚Ich muß heute plädieren', sagte er mir bezeichnenderweise später bei Völkerbundsratsitzungen, wenn ein Deutschland interessierender Punkt auf der Tagesordnung stand. Das charakterisierte seine Verhandlungsweise ..." (S. 188).

Curtius zur Seite stand der Versicherungswissenschaftler und Reichsfinanzminister *Paul Moldenhauer* (1876–1947). Beide zusammen bildeten ein recht effektives Verhandlungsgespann. Die westalliierte Verhandlungsseite ging allerdings anfangs von der irrigen Annahme aus, „... daß die Führung der jetzigen deutschen Delegation schwächer sei als der verstorbene Stresemann, dessen gelegentlich aufbrausende Energie den anderen immer einen gewissen Respekt eingeflößt hatte. Curtius und Moldenhauer brausten zwar nicht auf, dafür ließ aber Curtius mit der glatten Argumentierungskunst des Anwalts alle diesen Versuche abblitzen, während Moldenhauer die entsprechenden wirtschaftlichen Argumente dazu lieferte“ (S. 191). Über *Moldenhauer*, der als neuernannter Finanzminister noch keine Erfahrungen in internationalen politischen Verhandlungen aufweisen konnte, sagt *P. Schmidt* anerkennend: „Mit Standhaftigkeit und wissenschaftlichen Argumenten hatte Moldenhauer, teils ärgerlich, teils humorvoll, Widerstand geleistet“ (S. 189).

Zur Rolle des deutschen Chefdelegierten *Rudolf Nadolny* (1873–1953) auf der Genfer Abrüstungskonferenz (1932–1933): „Die deutsche Delegation stand unter Führung eines altgedienten Diplomaten, des Botschafters Nadolny. ‚Le Schupo Allemand‘ nannten ihn die Franzosen nach einiger Zeit, weil er ihnen wie ein Schutzmann vorkam, der mit handfesten Argumenten im Saale für Ordnung sorgte, wenn die Parteien durcheinandergerieten oder vom Thema abschweiften ... (und) weil er auch in den schwierigsten Situationen nie den Kopf verlor und mit seiner ostelbischen Ruhe selbst einem Tardieu und einem Simon nichts nachgab“ (S. 233).

Doch auch die Engländer mit ihrem Kronjuristen und Staatsmann *John Simon* (1873–1954) konnten eine Koryphäe in Sachen Argumentation vorweisen: „England war durch seinen neuen Außenminister, Sir John Simon, vertreten. Er war damals vielleicht der größte Jurist Englands und als solcher in der ganzen Welt berühmt. ... Er war zweifellos eine der markantesten Erscheinungen auf der Abrüstungskonferenz, wenn er, groß und kräftig, auf der Rednertribüne stand oder in den Kommissionen von seinem Platz aus sprach, sein ergrautes Haupt mit den durchdringenden braunen Augen nach allen Seiten wendend, wenn er als typisch englischer Jurist mit gesundem Menschenverstand und haarscharfer Logik die Probleme von allen Seiten beleuchtete und den Standpunkt Großbritanniens scheinbar unwiderleglich mit seinen Argumenten untermauerte: Sicherheit für alle durch allgemeine Rüstungsbeschränkung ...“ (S. 232).

Über den französischen Politiker *Pierre Laval* (1883–1945), der wegen seiner späteren Zusammenarbeit mit dem deutschen Besatzungsregime von seinen Landsleuten zum Tode verurteilt und hingerichtet wurde, erfahren wir folgendes: „ ‚Gewisse Ereignisse in Deutschland‘, so sagte er, ‚und manches, was in Ihrem Lande gegen Frankreich gesagt und geschrieben worden ist, haben bei meinen Landsleuten im Verein mit der deutschen Aufrüstung eine solche Beunruhigung erzeugt, daß alles, was diese Befürchtung mildert oder aufhebt, indirekt der deutsch-französischen Verständigung zugute kommt[109]! Diese Argumentation beleuchtete gleichzeitig die Art der Lavalschen Verhandlungsführung. Nie verleugnete er den geschickten Anwalt; seine Formulierungen hatten stets das Signum der feingeschliffenen Kunst eines französischen Plädoyers“ (S. 310).

---

109 So rechtfertigte *Laval* gegenüber dem NS-Regime den Abschluß des französisch-sowjetischen Beistandspaktes von 1935.

Selbst vor einem Diktator wie *Hitler* nahm *Laval* kein Blatt vor den Mund: „Das geschah oft in sehr prägnanten Formulierungen ... ‚Vous voulez gagner la guerre pour faire l'Europe, mais faites donc l'Europe pour gagner la guerre'[110], rief er Hitler temperamentvoll zu, der natürlich für ein derartiges Argument nicht zu haben war" (S. 565).

Über den damaligen französischen Außenminister *Joseph Paul-Boncour* (1873–1972), der zusammen mit seinem Ministerpräsidenten *Tardieu* in Genf auftrat: „... Paul-Boncour, in seiner Sprechweise und seinen Formulierungen das genaue Gegenteil von Tardieu. Mit einer weichen, etwas öligen Stimme und mit weit ausholenden Gesten, welche die französische Anwaltsschule verrieten, war der kleine, etwas vierschrötige Paul-Boncour in Vollsitzungen und Unterkommissionen stets auf dem Posten, um mit anderen Mitteln als Tardieu, aber mit der gleichen Folgerichtigkeit die unveränderliche Linie Frankreichs auf der Konferenz zu verteidigen: Sicherheit und Aufrechterhaltung der Verträge" (S. 321/22).

Ein wahres Meisterstück friedensbewahrender Argumentation stellte der damalige französische Botschafter *André François-Poncet* (1887–1978) auf, der *Hitler* mit allen Regeln der Kunst 1938 den geplanten gewaltsamen Einmarsch in die Tschechoslowakei ausredete: „Auf diese Weise konnte ich ... ein Gespräch mitanhören, das mir wegen der staatsmännischen Klugheit und des außerordentlichen diplomatischen Geschicks, mit dem es von François-Poncet geführt wurde, in den späteren Jahren noch oft in die Erinnerung zurückgekommen ist. Der französische Botschafter rang an jenem Morgen mit Hitler im wahrsten Sinne des Wortes um den Frieden. ‚Sie täuschen sich, Herr Reichskanzler', sagte er im Verlauf dieser Unterhaltung zu Hitler, ‚wenn Sie etwa glauben, den Konflikt auf die Tschechoslowakei lokalisieren zu können. Wenn Sie dieses Land angreifen, stecken Sie damit ganz Europa in Brand.' Er sprach mit der ihm eigenen Bedächtigkeit in wohlgesetzten Worten ein grammatikalisch perfektes Deutsch, dem lediglich ein leichter französischer Akzent anhaftete, durch den seine Ausführungen aber an Nachdruck gewannen. ... François-Poncet ließ sich nicht aus der Fassung bringen. Immer von neuem setzte er Hitler das Unsinnige seines Vorhabens in psychologisch wirkungsvoller und diplomatisch sehr geschickter Weise vor. Wenn je der Berliner Ausdruck, ‚er redete ihm zu wie einem kranken Schimmel', am Platze war, dann war das hier der Fall. ... diese Schlacht um den Frieden [war] ein faszinierendes Schauspiel, besonders als ich an Hitlers Reaktion feststellen konnte, wie sich die Waage ganz allmählich zugunsten des Friedens senkte. Er brauste nicht mehr auf, er fand auch die mit scharfer französischer Logik vorgebrachte Argumentation François-Poncets nur noch mit größter Mühe etwas zu erwidern. Er wurde sichtlich nachdenklich. ... Ein weiterer diplomatischer Kunstgriff des französischen Botschafters war eine sauber gezeichnete Karte über die einzelnen Phasen der Räumung[111]. ‚François-Poncet war

---

110 Auf deutsch: „Sie wollen den Krieg gewinnen, um Europa zu schaffen, aber schaffen Sie erst Europa, um den Krieg zu gewinnen!"

111 Ein visuelles Hilfsmittel von hoher Überzeugungskraft. Denn wir trauen unseren Augen mehr als unseren Ohren, wie schon der griechische Denker *Herakleitos v. Ephesos* (544–483 v. d. Zw.) erkannte (Fg. B 101 a).

der einzige, der einen vernünftigen Vorschlag machte‘, sagte Hitler später noch öfter, wenn er von der Sudetenkrise sprach“ (S. 410/11).

Gegenmaßnahmen: Im vorliegenden Falle haben wir es – zumindest teilweise – wieder mit dem Typ des vollendeten Verhandlers und Argumentators zu tun (s. *Baker, Schacht, Curtius, Simon, Laval, François-Poncet*). Um diesem beizukommen oder ihn gar zu widerlegen, bedarf es im Grunde eines genauso fähigen Verhandlers. Er muß ebenso scharfsinnig, logisch denken, gewandt, methodisch vorgehen und glasklar argumentieren wie sein Widerpart. Andernfalls besteht die große Gefahr des Unterliegens und Verlierens. Also versuchen wir, uns dementsprechend einzurichten.

(7) Der eloquente, erfahrene Verhandler („schlauer Fuchs“): Man sieht im seine Erfahrenheit und Gerissenheit geradezu an; seine Grundeinstellung pragmatisch bis opportunistisch; ein Balancekünstler und Wendehals (für den „Verrat nur eine Frage des Datums“ ist, so *Talleyrand*); geborener Aushandler („Feilscher“), unnachgiebig, zielstrebig; dabei wort- und überredegewandt, dialektisch geschickt, zweideutig, trickreich, aalglatt, zynisch; kontaktfreudiger Charmeur und Schmeichler, aber auch herrisch-arrogant (wenn Verhandlungsposition stark); Beherrscher der Trias von Überredung – Charme – Einschüchterung.

Beispiele:

Klassisches Beispiel: Frankreichs Meisterdiplomat *Charles Maurice de Talleyrand* (1754–1838) wurde eines guten Tages gefragt: „Sie sind Herzog von Talleyrand-Périgord und Herzog von Dino, Fürst von Benevent und waren Bischof von Autun, französischer Außenminister und Botschafter; Exzellenz, wie bezeichnet man Sie denn, wenn man von Ihnen spricht?“ Ohne mit der Wimper zu zucken, antwortete Talleyrand: „Als einen schlauen Fuchs!“[112]

112 Amerikas Meisterdiplomat *Henry A. Kissinger* (Jg. 1924) versuchte, dies *Talleyrand*-Bonmot zu kopieren. Gefragt, ob er nach seiner Ernennung zum Außenminister als „Mr. Secretary“ oder als „Mr. Kissinger“ angeredet werden soll, gab er zur Antwort: „Aufs Protokoll lege ich keinerlei Wert. Nennen Sie mich einfach Exzellenz.“ Wörtlich heißt „Exzellenz“ (excellency) nämlich auch Vortrefflichkeit, Höchstleistung.

Der englische Staatsmann und Schriftsteller *Alfred Duff Cooper*[113] (1890–1954) hat in seiner berühmten *Talleyrand*-Biographie ein wertvolles Bild dieses Meisterdiplomaten zusammengetragen. Aus ihr sei nachfolgend zitiert: „Von Talleyrand wissen wir, daß er etwa von mittlerer Größe war, daß die ein wenig aufgestülpte Nase ihm einen hochmütigen, ja anmaßenden Ausdruck gab und daß er hinkte. Barras, der ihn haßte, behauptet, daß er eine verblüffende Ähnlichkeit mit Robespierre gehabt habe; Arnault, der ihn liebte, sagte von ihm, er habe das Herz eines Teufels mit dem Antlitz eines Engels maskiert. Mag er also nach landläufigen Begriffen ‚schön' gewesen sein oder nicht – sicher ist, daß sein Witz und der bestrickende Reiz seiner Umgangsformen alle körperlichen Mängel wettmachten und seine zahlreichen Liebesgeschichten ihm Ruhm, Verdammung und Neid eintrugen" (S. 19).

Über die diplomatische Mission *Talleyrands* 1792 in London heißt es dort: „Talleyrand machte weder öffentlich noch privat einen guten Eindruck. Grenville, damaliger britischer Außenminister, hielt ihn für verschlagen und gefährlich, und alle, die mit ihm zusammenkamen, waren betroffen über seine Gefühlskälte und sein hochmütiges Auftreten" (S. 55).

Die französische Emigrantin *Frau de la Tour du Pin* machte über ihn dagegen folgende Aufzeichnung: „... er entfaltete in der Unterhaltung den besonderen Zauber, den kein anderer so wie er besitzt. ... Man mußte, ob man wollte oder nicht, bedauern, daß es so viele Gründe gibt, nicht gut über ihn zu denken; und wenn man ihm eine Stunde zugehört hatte, war durch seine zwingende Kraft die Erinnerung an alles gebannt, was man gegen ihn hatte sagen hören ..." (S. 80).

Ein zeitgenössischer Schilderer entwirft uns in seinem Tagebuch ein Bild *Talleyrands,* wie er „... nachlässig hingelehnt in seinem Sofa saß, mit unbeweglichem und undurchdringlichem Gesicht und mit gepudertem Haar – Er sprach wenig, warf nur dann und wann einen bösartig geschliffenen und ätzend scharfen Satz ins Gespräch, erhellte gleichsam das Gespräch mit einem jäh aufleuchtenden Blitz und sank in seine Haltung voll vornehmer Müdigkeit und Gleichgültigkeit zurück" (S. 120).

Und wie urteilte der andere große Meisterdiplomat seiner Zeit über ihn? *Metternich* schreibt in seinem Bericht 1808 an seine Regierung in Wien: „... Bei Herrn von Talleyrand muß man die sittliche Persönlichkeit von der politischen trennen. ... Andererseits ist er immer und zuerst Politiker, und als Politiker ist er ein Mann von klarem Zielbewußtsein ..." (S. 207).

Das vielleicht eindrucksvollste Porträt *Talleyrands* liefert uns die *Gräfin von Kielmannsegge*, eine sächsische Hochadlige, die ihm ca. 1811 in Paris begegnete: „Als er auf mich zukam mit seinem hinkenden Gang, seinem schweren Körper, seinen flammenden Augen und seinem schlangenhaften Mund und Kinn, mit seinem lähmenden Lächeln und seinen gezierten Schmeicheleien, dachte ich: ‚Die Natur hat ihm die Wahl gelassen, ob er Schlange oder Tiger werden wollte, und er hat sich für die Anakonda entschieden'. Diesen ersten Eindruck wurde ich niemals wieder los. Bevor ich ihn näher kannte, vermied

113 *A. D. Cooper*, Talleyrand, dt. Ausgabe Wiesbaden 1950.

ich es, mit ihm allein zu sein; ein unbestimmbares Gefühl des Unbehagens trieb mich dazu. – Als ich ihn dann richtig kennenlernte, merkte ich, daß er durchaus kein unbequemer Gesellschafter war; das entsprach seiner ganzen Art wie seinem Hang zur Trägheit. Er war weichlich aus Gewohnheit und Neigung, aber stark an Verstand und Beredsamkeit; schlau und unermüdlich im Umgarnen von Leuten, die sich leicht umgarnen ließen, die ihm nützlich sein konnten und die es duldeten, daß er sie geistig versklavte" (S. 230).

Allerdings muß man wissen, daß diese Gräfin eine ausgesprochene Hasserin und Intimfeindin *Talleyrands* war. Andere haben wesentlich positiver über ihn und seine diplomatische Rolle gesprochen. So feierte *Goethe* ihn, dem er 1810 in Erfurt begegnete, als „Diplomaten des Jahrhunderts" und als „Voltaire der Diplomatie". Dennoch dürfte zumindest die Schilderung der Schattenseiten dieses janusköpfigen Mannes ziemlich zutreffend sein.

Über den bulgarischen Zaren *Boris III.* (1894–1943) berichtet uns *P. Schmidt* sehr anschaulich, „... wie Boris als gewiegter Diplomat Hitler von der richtigen Seite her zu nehmen verstand. Ohne jede Spur einer gewissen Unsicherheit, ... die ich bei anderen gekrönten Häuptern bemerkt hatte, wie z. B. bei Viktor Emanuel und Leopold von Belgien, benahm sich König Boris Hitler gegenüber völlig ungezwungen. Er sprach ohne Umschweife über die heikelsten Themen, als wäre es das Selbstverständlichste von der Welt. Diese ungezwungene Natürlichkeit war überhaupt seine große Stärke. ... Zwar traute man dem ‚schlauen Fuchs' auch nicht unbegrenzt, aber er war sympathisch, jedenfalls für einen Monarchen. Und so hatte er denn als König in seinen Verhandlungen mit Hitler auch eine Art kurzfristigen Erfolgs besonderer Art erzielt. Es war ihm gelungen, die territorialen Wünsche Bulgariens ohne Schwertstreich durchzusetzen. Mazedonien wurde ihm zugesprochen und die Ausdehnung bis ans Ägäische Meer war erreicht. Sogar Saloniki hätte er vielleicht noch bekommen. Gleichzeitig aber war bei ihm den ganzen Krieg über ein sowjetischer Gesandter akkreditiert, denn ‚das bulgarische Volk würde nie gegen Rußland, das es als seinen Befreier vom türkischen Joch ansieht, in den Krieg ziehen', hatte er Hitler auf dessen Sondierungen wegen einer Kriegsbeteiligung stets erwidert" (S. 573/74). Die erstaunlichen Verhandlungsergebnisse und diese Unnachgiebigkeit des bulgarischen Königs gegenüber dem braunen Diktator zeugen schon von enormer psychologischer Verhandlungsgewandtheit, die sich auch in seinem aalglatten Gesichtsausdruck widerzuspiegeln scheint[114].

Auch der damalige französische Ministerpräsident *Pierre Laval* (1883–1945) gehört bis zu einem gewissen Grade in diesen Kreis, wie *P. Schmidt* bezeugt: „Interessant war übrigens auch zu beobachten, mit welcher Geschicklichkeit und Vorsicht Laval und sein Finanzminister Flandin alle diese Bedingungen mit Worten umkleideten und milderten. Hätten wir nicht vorher Bescheid gewußt, so wäre es manchmal schwer gewesen, hinter den zurückhaltenden Formulierungen das eigentliche Wesen der Vorschläge zu erkennen" (S. 219).

114 Als Abkömmling des deutschen Fürstenhauses Coburg sprach Zar *Boris* zudem fließend deutsch!

„Äußerlich erregte der kleine, schwarzhaarige Franzose, dessen dunkle Hautfarbe durch die ständige weiße Krawatte noch unterstrichen wurde, bei uns Deutschen zunächst erhebliches Mißtrauen. ‚Wie ein Pferdehändler sieht er aus', sagte ein deutscher Journalist. Im schroffen Gegensatz zu diesem ungünstigen äußeren Eindruck stand allerdings, was er sagte, und vor allem, wie er es sagte. ... [er] verwandte schon damals seine ganze dialektische Geschicklichkeit auf die Umschiffung – oder Verschleierung – der außerordentlich großen Schwierigkeiten, die sich ... einer ... Verständigung entgegenstellten" (S. 220).

Einige diesbezügliche Beobachtungen über den früheren US-Präsidenten *F. D. Roosevelt* (1882–1945) gibt uns der oben genannte ehemalige Reichsbankpräsident *Schacht*, der seinerseits in diese Gruppe der schlauen Verhandler gehört: „Präsident Roosevelt empfing mich bei meinem ersten Besuch auf der Terrasse vor dem Weißen Haus, auf zwei Stöcke gestützt, ... Roosevelt war ein schwerer Mann von männlicher Schönheit und von großer Statur. Im Umgang war er ungezwungen und frei und hatte jene Art von zwingender Höflichkeit, die nur deshalb nicht verletzt, weil sie immer von einem Scherz begleitet ist. Wir gingen gemeinsam in sein Arbeitszimmer, wo er seine zwei Zentner krachend auf das Sofa fallen ließ. Hier habe ich ... noch drei weitere Unterredungen mit ihm gehabt. Er war zweifellos ein politischer Spieler großen Stils. Sehr intelligent, aber hintergründig, ein Mann, der in erster Linie an seine parteipolitische Führerstellung und erst in zweiter Linie an seine Verpflichtungen gegenüber der Wirtschaft dachte. Als ich ihn 1933 kennenlernte, hatte er noch nicht so viele Falten wie später. Sein Gesicht war glattrasiert. Die Haare, die schon von der Stirn zurückwichen, zeigten die ersten grauen Spuren[115].

Ein ebenso aufschlußreiches Portrait des amerikanischen Präsidenten skizziert uns der Journalist und Schriftsteller *Hans Habe* (1911–1977): „... Der Kopf von männlicher Schönheit und unverwechselbarem Charakter, Kupferstichporträt, beinahe schon gerahmt, die Stimme von einer Melodie, in der sich Energie und Wehmut paarte ... Ich bewunderte ihn, doch verstand ich jetzt auch jene besser, die ihm mißtrauten. Er war unfaßlich, die Zauberer sind es immer ... Man begegnet der undefinierbaren Tugend, die man Charme nennt, mit unterbewußter Abneigung; Menschen mit Charme kann man schwer nein sagen, weshalb man es später bereut, ihnen ja gesagt zu haben ... Mischung aus Offenheit und Glätte, Spiel und Verantwortung, Routine und Originalität, ein Meister der Zweideutigkeit, Idealist und Machiavelli. ... Auch das war eine Seite seines Charakters: Er besaß soviel Charme, daß er sich nicht darauf verließ, ein informierter Rattenfänger"[116]. Diese Ausführungen bestätigen auf überraschende Weise die Beobachtungen *Schachts*.

Das Paradebeispiel des „schlauen Fuchses", der mit allen Wassern gewaschen ist, liefert uns das amerikanische Journalisten-Team *R. Evans/R. Novak* in seinem Buch „Lyndon B. Johnson. Geschichte eines Scheiterns" (dt. 1968),

115 *H. Schacht*, 76 Jahre meines Lebens, S. 389–390.
116 Aus: „Dialog", 5/1973, S. 68f.

nach dem im folgenden zitiert wird. Zuerst eine kurze Beschreibung des jungen Roosevelt-Protégés *L. B. Johnson* um 1933 herum: „Der Johnson, den diese einflußreichen Männer kennen und bewundern lernten, war ein großer, schlanker, dunkelhaariger junger Mann mit einem dünnen, strichförmigen Mund zwischen zwei charakteristischen Zügen: einem vorstehenden, leicht nach oben gebogenen Kinn mit einer tiefen Furche in der Mitte und einer großen überhängenden Nase mit weiten Nasenlöchern. Das Gesicht war lang und schmal in jenen frühen Tagen, es wurde flankiert von zwei sehr großen Ohren mit langen hängenden Ohrläppchen. Über dieser hageren Landschaft standen allesbeherrschend die Augen: dunkel, eindringlich und etwas drohend. Zu denjenigen, die er hofierte – wie Roosevelts gescheite junge Männer –, war Johnson entgegenkommend, lustig, sehr selbstsicher, gelegentlich laut und ausgelassen. Der übrigen Welt gegenüber wechselte sein Auftreten je nach seiner Laune, und seine Laune war oft anmaßend. Er war Kettenraucher, kämmte sein glänzendes Haar straff nach hinten und bevorzugte Garbadineanzüge[117], die etwas zu reichlich für ihn waren, mit Hosen, die auf den Schuhen auflagen, dazu Hemden mit extra langen Kragen und exotische Krawatten, die zu kleinen festen Knoten gebunden waren" (S. 19).

„Vor allem liebte es Johnson zu reden – sein einziges Gesprächsthema war jedoch Politik, Regierungsangelegenheiten und Macht. Voll überschwenglichem Selbstvertrauen im Umgang mit den mächtigen Männern des New Deal verriet der frisch gebackene Kongreßmann seine nervöse Energie dadurch, daß er nicht stillsitzen konnte und immer irgend etwas tun mußte, irgendwohin gehen, irgend jemand treffen. Es dauerte nicht lange, so hörte der größte Teil Washingtons von ihm. ... Dieser redselige junge Texaner mit den hastigen Bewegungen faszinierte den inneren Kreis des Weißen Hauses. Dabei hatten die Männer um Roosevelt keine Illusionen über Johnsons ideologisches Engagement. Sie wußten recht gut, daß seine Anhänglichkeit an Roosevelt und seine konsequente Unterstützung für das New-Deal-Programm pragmatisch, nicht ideologisch bedingt waren. Johnson – argwöhnten sie – war ein durch und durch praktisch eingestellter, durch keinerlei Theorie belasteter junger Mann. Seine Bewunderung für Roosevelt war ihrer Meinung nach mehr Hochachtung vor der Aktion und der Macht als vor der Ideologie. Roosevelt war Johnsons Idol. Er fing an, bewußt Roosevelts gebieterische Art und seine bilderreiche Ausdrucksweise nachzuahmen. Gebannt beobachtete er, wie FDR seine Untergebenen gegeneinander ausspielte" (S. 21).

Nach diesem ersten Gesamtbild ein Blick auf des jungen *Johnson*s intellektuelle und kommunikative Fähigkeiten: Der Senator *Richard R. Russell* faßte

---

117 Als L. B. J. 1955 bereits Mehrheitsführer der Demokraten im Senat war, sah sein Erscheinungsbild so aus: „... mit seinen 220 Pfund konnte der sechs Fuß drei Zoll große Johnson noch als ein hagerer Texaner gelten – mit fester Brust und festen Schultern, das Gesicht eher eckig als fleischig. Sein volles schwarzes Haar war glatt nach hinten gebürstet und lag eng am Kopf an. Gekleidet war er wie ein Riverboat-Gambler: dunkler seidener Anzug, Hemd mit Monogramm, französische Manschetten und mit langen spitzen Enden" (S. 83). Kettenraucher, Kennzeichen des extravertierten Hektikers und Machers, war er damals immer noch.

sie 1953 einmal zusammen, indem er *Johnson* als damaligen Minderheitsführer (minority leader) der Demokraten so charakterisierte: „Er hat nicht den besten Verstand auf der demokratischen Seite des Senats. Er ist nicht der beste Redner. Er ist nicht der beste Parlamentarier. Aber er ist die beste Kombination aller dieser Eigenschaften" (S. 56).

Er war ein Kontakt- und Kommunikationstalent ersten Ranges, wie es Menschen an der Spitze von Organisationen sein müssen: „Seine vielgeschäftige Gegenwart war jetzt überall im Senat zu spüren. Er ging mit großen Schritten umher. Er winkte gebieterisch einem Mitarbeiter, scherzte hier mit einem Südstaatler, sprach dort Worte des Bedauerns mit einem Liberalen, machte zu Freunden eine vertrauliche Bemerkung und kritisierte ‚Extremisten' auf beiden Seiten" (S. 128). „Während Johnson so seine Mitarbeiter zuweilen schurigelte, verstand er sich aber auch perfekt auf die Kunst politischer Schmeichelei[118], häufig gegenüber Republikanern" (S. 32). Ein Senator bemerkte anerkennend über Johnson: „Lyndon hat in ein paar Tagen Gesetze durchgebracht, von denen ich glaubte, sie würden Wochen in Anspruch nehmen. Er ist mehr unterwegs und spricht mit mehr Leuten, als ich es jemals bei einem Menschen erlebt habe" (S. 88).

Doch auch seine Verhandlungskünste ließen nichts zu wünschen übrig. *Evans* und *Novak* stellen fest: „Der Senat war wie geschaffen für einen Mann, der sich auf Macht verstand. Das Repräsentantenhaus war dafür ungeeignet, doch im Senat konnte ein Führer Wunder wirken, wenn er sich *aufs Aushandeln*[119] verstand. Johnson war der geborene Händler" (S. 65). Wie sich dies auswirkte, zeigen folgende Passagen: „... Johnson ließ niemals zu, daß sich die Beziehungen zwischen ihm und den republikanischen Führern ... verschlechterten. Dabei arbeitete er Hand in Hand mit dem gewiegtesten republikanischen Senator, Styles Bridges, obwohl sie oft entgegengesetzt stimmten. Beide kannten die Hand des anderen ebensogut wie ihre eigene. Sie handelten ihre Geschäfte bei Whisky und Soda in entlegenen Schlupfwinkeln Washingtons aus, und ihr vertrautes Verhältnis überstand die übelsten Konflikte im Senat" (S. 67). *Johnson* selbst drückte das einmal so aus: „Glücklicherweise gab es immer genug Senatoren, die wußten, daß man geben und nehmen muß, um eine Sache zu erledigen, und daß der beste Weg dazu über die vertrauliche Atmosphäre der Senatsräume und nicht über die Fernsehschirme und die Titelseiten der Zeitungen führt" (S. 409). Auch auf höchster politischer Ebene kam *Johnson* mit dieser Taktik an: „In behaglicher Dämmerstimmung – mit Ausblick auf das Washington-Monument ... – konnten Johnson und Rayburn von Mann zu Mann mit Eisenhower über die Lage in

---

118 Andernorts sprechen *Evans* und *Novak* mit Blick auf *Johnson* sogar von „... seiner typischen, schamlosen Schmeichelei, der auch hartgesottene Politiker oft nicht widerstehen können" (S. 78). Und ein amerikanischer Politiker in einem Hörfunkgespräch rückblickend über Johnson: „Er war der halsabschneiderischste Politiker, der mir je in die Quere gekommen ist (He was the throatcuttingest politician I ever ran into)".

119 Vom Verf. hervorgehoben und dieser Nebensatz (wenn ... verstand) von ihm neu übersetzt.

der Welt und im Lande sprechen" (S. 162). „Eisenhower und seine Vertrauten bewunderten ... Johnsons ‚Geschick in parlamentarischen Manövern und Verhandlungen'" (S. 162). Welches waren dabei die Grundsätze seines verhandlerischen Vorgehens? „Das war *Johnsons* System: sorgfältig vorbereiten, streng geheimhalten, nichts dem Zufall überlassen" (S. 78). Bei seiner Gesamtstrategie bevorzugte *Johnson* als Mehrheitsführer des Senats allerdings oft den verbalen Drahtseilakt: „Bei seinen immer häufigeren außenpolitischen Äußerungen zeigte Johnson im Senat einen geschickten Balanceakt: etwas entschiedenen Antikommunismus, aber nicht genug, um mit den republikanischen Neandertalern gemeinsame Sache zu machen; Unterstützung für die Politik Eisenhowers, aber nicht genug, um die linientreuen Demokraten zu verärgern; opportunistische Attacken auf Fehlschläge Eisenhowers, aber nicht genug, um der Zerstörung der „Zwei-Parteien-Außenpolitik" bezichtigt werden zu können" (S. 72).

Zugleich erweiterte *Johnson*, um sich seine Senatsfraktion gefügig zu machen und zu halten, ein „sich allmählich ausweitendes System von Belohnungen und Bestrafungen" (S. 96). Jedoch besaß er ein noch viel wirkungsvolleres Instrumentarium dafür, nämlich die sogenannte „Behandlung", die eine so „seltene Verbindung von Überredungskunst, Einschüchterung und Charme" (S. 319) darstellte, daß dieser Seelenmassage nur wenige seiner Landsleute zu widerstehen vermochten: „Diese ‚Behandlung' konnte zehn Minuten oder vier Stunden dauern. Sie erfolgte, ohne daß die Zielperson aus den Fingern gelassen wurde, im Swimmingpool der LBJ-Ranch, in einem von Johnsons Büros, in den Nebenräumen des Senats im Sitzungssaal selbst – wo immer Johnson einen Senator-Kollegen in Reichweite finden mochte. Ihr Ton konnte demütig bittend, anklagend, schmeichelnd, überschwenglich, verächtlich, jammernd, rügend oder auch fast drohend sein. Sie war alles zusammen. Sie beherrschte die ganze Skala menschlicher Gefühle. Ihr Tempo war atemberaubend, und sie zielte mit ihrem ganzen Einsatz in eine Richtung. Zu Einwendungen der Zielperson kam es selten. Johnson nahm sie vorweg, bevor sie ausgesprochen werden konnten. Er rückte ganz dicht heran, so daß sein Gesicht unmittelbar vor seinem Opfer stand. Seine Lidspalten[120] weiteten und verengten sich, seine Augenbrauen hoben und senkten sich. Aus seinen Taschen quollen Zeitungsausschnitte, Denkschriften, Statistiken. Anpassung, Humor und geniale Analogieschlüsse machten die ‚Behandlung' fast schon zu einem hypnotischen Experiment und ließen das Opfer hilflos und benommen zurück. Die ‚Behandlung' war für eine einzelne Zielperson oder höchstens für eine Gruppe von drei oder vier Personen bestimmt. Bei größeren Gruppen klang das, was sonst witzig war, roh, was überschwenglich war, wurde arrogant" (S. 97/98)[121].

---

120 Dies Wort wurde vom Verf. präzisiert. Denn anatomisch muß es statt „Augen" genauer „Lidspalten" heißen!

121 Wir können unschwer erkennen, wie sich in *Johnsons* „Behandlungsmethode" ein ganzer Cocktail von Taktiken mischt. Da ist zuerst die „Ermüdungstaktik", dann die „Wechselbadtaktik", ferner die „Überrumpelungstaktik", die „Antizipationstaktik", die „Revierverletzungs- und Einschüchterungstaktik", die „Schwarz-auf-Weiß-Taktik" (Einsatz visueller Hilfsmittel) sowie eine humorvolle, bildhafte Sprache. Das ist eine nahezu unwiderstehliche Kombination.

Nach der Ermordung *John F. Kennedys* im November 1963 und der Übernahme des Präsidentenamts erfuhr diese Methode eine weitere Steigerung: „Als Präsident konnte Johnson jetzt seine Überredungskünste mit einer Autorität spielen lassen, wie er sie vorher nie besessen hatte; und Überredung war schon immer ein wirksames Instrument bei seiner Ausübung der Macht" (S. 287/88). Doch der gewitzte *Johnson* wußte auch, daß er in den ersten 100 Tagen seiner Präsidentschaft vorerst noch bescheidene Zurückhaltung üben und nicht mit der Tür ins Haus fallen sollte: „Die Überredung durfte auch – jedenfalls in den ersten Tagen – nicht zu sehr auftrumpfen. Johnson zähmte seine Energie, senkte seine Stimme und nahm eine Pose der Bescheidenheit an" (S. 288). So ließ er bei den außergewöhnlichen Männern des Kennedy-Teams „seinen höchst individuellen Charme spielen, um sie zum Bleiben zu veranlassen" (S. 289). Nicht nur im Senat, auch hier zeigten sich schnell die Früchte seiner „Behandlungsmethode": „Johnsons inständiges Drängen führte bald zu Meinungsänderungen" (S. 160). Später allerdings ließ L. B. J. dann seine Maske fallen und kehrte zum alten herrischen Johnson-Stil zurück: „Bei den Zusammenkünften auf der Ranch war von der Tünche der Selbstbeherrschung und Bescheidenheit, von der die Übergangsperiode des Präsidenten gekennzeichnet war, nicht mehr allzu viel zu bemerken. Der dynamische, ununterdrückbare Johnson aus der Zeit des Mehrheitsführers begann sich wieder zu regen" (S. 299). Schon früh hatten ihm Kenner „ein einschüchterndes Selbstbewußtsein und ungebrochene Energien" (S. 31) attestiert.

Nun ging *Johnson* als Präsident und Weltpolitiker noch einen Schritt weiter: „Die ihm eigene seltene Verbindung von Überredungskunst, Einschüchterung und Charme könnte, so glaubte er, in der internationalen Sphäre ebenso wirksam sein wie seinerzeit im Senat, zumal sie jetzt noch durch seine präsidentielle Macht verstärkt worden war (S. 319). Er war vom erfolgreichen Einsatz dieser ‚Behandlungstechnik' in der Kunst der persönlichen Diplomatie, die Woodrow Wilson und Franklin Roosevelt für alle Präsidenten obligatorisch gemacht hatten" (S. 320), zutiefst überzeugt. Das Gespräch mit dem französischen Staatspräsidenten *de Gaulle* (1890–1970) stellte den ersten wirklichen Härtetest dieser Methode auf internationalem Parkett dar. Doch gerade dort „erwies sich Johnsons erster Versuch, die Methoden, die er im Senat angewandt hatte, auf die internationale Bühne zu übertragen, als Fehlschlag" (S. 321). „Die einfache Anwendung der Johnson-Behandlung konnte daher de Gaulle nicht einen Fingerbreit von seinem Vorhaben abbringen, an dem er seit 20 Jahren arbeitete. Johnson mußte aber auch feststellen, daß die Reaktion de Gaulles auf die Johnson-Behandlung die Regel, nicht die Ausnahme bei ausländischen Staatsmännern war[122]. Weltprobleme ... waren selten für eine Lösung auf Regierungschef-Ebene geeignet. Mit all der Macht, über die Johnson als Präsident verfügte, konnte er die Welt nicht so zähmen, wie er den Kongreß gezähmt hatte" (S. 322)[123]. Hier müßte *Johnson* allmäh-

122 Die einzige Ausnahme bildete der damalige deutsche Bundeskanzler *Ludwig Erhard* (1897–1977). Er ließ sich tatsächlich 1964 auf der LBJ-Ranch in Texas von *Johnson* dementsprechend motivieren.

123 Ähnlich erging es *Hitler*, der mit der Übertragung seiner innenpolitischen Überrumpelungsmanöver auf die Außenpolitik am Ende totalen Schiffbruch erlitt.

lich die Grenzen seiner Macht erkannt haben, die sein politisches Scheitern voraussahnen ließen. So „unterlag auch Johnson der Korruption der Präsidentschaftsmacht, die für jeden Präsidenten eine ständige Versuchung war, nach zu hohen und zu weiten Zielen zu greifen, wie es Roosevelt 1937 getan hatte und Johnson es 1965 tun sollte" (S. 411).

Gegenmaßnahmen: Wie, so wird sich die Frage angesichts solcher überwältigenden Überredungskünstler, Machtmenschen und gerissenen Verhandlungsfüchsen (wie z. B. *Talleyrand, Roosevelt* oder *L. B. Johnson*[124]) stellen, können wir uns gegen deren Beeinflussungen und Tricks immunisieren oder gar zur Wehr setzen? Können wir Normalbürger diesem geballten Druck überhaupt in irgendeiner Weise widerstehen?

Einerseits wird gerade aus diesem Grunde eine so ausführliche Darstellung des zeitgeschichtlich immer noch aktuellen US-Präsidenten *Lyndon B. Johnson* gegeben. Um sich gegen derlei ‚Methoden' zur Wehr setzen zu können, muß man diese zuvor kennen, um sie erkennen und dann abwehren zu können. Andererseits zeigt der politische Weg *Johnsons*, daß es durchaus einige unter seinen Landsleuten gab, wie die Senatoren *Fulbright, Proxmire, Muskie* u. a., die seine Methoden durchschauten, daher gegen sie immun waren und ihnen heftigen Widerstand leisten konnten. Noch stärker bekam *Johnson* dies auf internationaler Ebene zu spüren (s. o.), wo seine Methoden überhaupt nicht ankamen und übel vermerkt wurden, weil ihm hier z. T. sogar ebenbürtige Partner gegenübersaßen, die sein Spiel durchschauten, weil sie es selber oft genug genauso getrieben hatten. Wir müssen daher den Mut nicht sinken lassen und uns mit scharfer Beobachtungsgabe, kritischen Augen und Ohren und erhöhter geistiger Wachsamkeit wappnen. Nur so können wir am Verhandlungstisch entsprechende Manöver zurückschlagen, z. B. auch durch das Aufdecken dieser unfairen Praktiken.

124 Auch *Konrad Adenauer* gehört in gewissem Umfang in die Gruppe der „schlauen Füchse"; über ihn s. im übrigen Nr. 19 als den partiarchialisch-paternalistischen Verhandler.

(8) Der faktische, rüde, schroffe, verletzend-grobe Verhandler: kein Blatt vor den Mund nehmend, scheinbar undiplomatisch agierend („Elefant im Porzellanladen"), provokant, sarkastisch, rücksichtslos, scharf, bissig, direkt, arrogant, ungehobelt, dosierte Grobheiten kalkuliert von sich gebend oder auch unbeherrscht (bis zum geplanten oder unkontrollierten Wutausbruch und Herumbrüllen!).

Beispiele:

P. Schmidt berichtet uns über den britischen Schatzkanzler *Philip Snowden* und sein Verhalten auf der Londoner Reparations-Konferenz von 1924 folgendes: „Er war vielleicht die markanteste Gestalt der ganzen Konferenz. Aus seinem hageren Gesicht blitzten ein Paar strenge, ja unerbittliche blaue Augen. Mit seiner Kritik machte er vor niemandem und nichts halt. Er war ein Mann der unverblümten Wahrheiten. Von der Politik hielt er anscheinend nichts und von der Diplomatie noch weniger. Mit eiskalter Schärfe, ja vielfach mit einer in dieser Umgebung außergewöhnlichen Grobheit vertrat er seinen Standpunkt" (S. 47).

Auch fünf Jahre später auf der Haager Reparations- und Räumungs-Konferenz (1929) hatte sich sein verletzendes Verhalten um keinen Deut geändert: „Die markanteste Figur in diesem Duell war Philip Snowden, der englische Schatzkanzler, der schon auf der Reparationskonferenz in London ... durch seine Hartnäckigkeit und Unverblümtheit aufgefallen war, mit der er damals seine Ansichten vertrat. Er hatte sich seitdem nicht im geringsten geändert. Der dürre, mittelgroße Engländer, der durch einen Fahrradunfall teilweise gelähmt war, zeigte sich hier im Haag besonders sarkastisch, geistig überlegen und unbarmherzig kritisch. Mit stahlblauen Augen blitzte er seine Gegner, die Franzosen, an und warf ihnen die größten Grobheiten an den Kopf. ‚Was Herr Chéron hier soeben vorgebracht hat, ist lächerlich und grotesk', hatte er einmal auf dem Höhepunkt einer hitzigen Debatte dem dicken, immer aufgeregten französischen Finanzminister zugerufen. Es war ein Zwischenfall erster Ordnung. Die Sitzungen wurden ausgesetzt, die Franzosen verlangten eine Entschuldigung. Die Pariser Presse tobte" (S. 177/78). Wir sehen daran, welche vermeidbaren Krisen solch undiplomatisches Verhalten hervorrufen kann.

Aber auch die sich eher konziliant gebenden Franzosen konnten auf dieser Ebene mithalten, wie das Beispiel des französischen Ministerpräsidenten *André Tardieu* (1876–1945) bezeugt: „Er war der starke Mann Frankreichs. Seine etwas eckige Eleganz, seine harte, fast schneidende Stimme und die ruckartigen Gesten, mit denen er seine Ausführungen begleitete, gaben ihm etwas Unnahbares, Kompromißloses und Rücksichtsloses ... Härte und Unbeugsamkeit gingen von ihm aus ..." (S. 186/87). So waren hier Konflikte gewissermaßen schon vorprogrammiert: „Für diese Konferenz des ‚aufgeregten

Sachverstandes', wie ein Journalist die Veranstaltung treffend charakterisierte, war die nächtliche Stunde und Erregung der Aussprache typisch. Es gab Zusammenstöße zwischen Tardieu und Curtius, der sich mehrfach Äußerungen des starken Mannes aus Frankreich ‚verbat', in denen der gute Wille der deutschen Delegation oder sogar ihre Verhandlungsfähigkeit bezweifelt wurden" (S. 190).

Daß ebenfalls die US-Diplomatie derartige Verhandlertypen aufweist, belegen die nachstehenden Beispiele: 1. *James Schlesinger* (Jg. 1929), hochkarätiger Harvard-Professor, Mitarbeiter in der J. F. Kennedy-Mannschaft, Minister unter den Präsidenten *Ford* (R.) und *Carter* (D.), von dem die FAZ (18. 7. 1979) berichtet: „Seine intellektuelle Arroganz läßt er manchen Gesprächspartner derart penetrant spüren, daß er im Weißen Haus fast nur Feinde hat. Mit einer Ausnahme allerdings: den Präsidenten. Mit Carter spricht Schlesinger. Der Präsident schätzt ihn. James Schlesinger ist ein außergewöhnlicher Mann. Sein Charakter erlaubt ihm nicht, mit seinen Gefühlen oder seiner Meinung Versteck zu spielen. Ohne Rücksicht auf die psychologische Wirkung zeigt und sagt er, was er denkt. Das kostete ihm bei Gerald Ford das Amt des Verteidigungsministers. Schlesinger hatte zuvielen eitlen Senatoren unliebenswürdige Bemerkungen über ihre opportunistischen Entscheidungen ins Gesicht geschleudert. Im Pentagon konnte er nur mit ‚geistig Ebenbürtigen'. Im Energieministerium regiert er ebenfalls mit harter Hand. ... Immer wieder reibt er sich an Kissinger. Der Außenminister ist ihm ‚zu entspannungsfreudig'. ... Sein Bild ist unvollkommen ohne die liebenswürdigen und skurrilen Eigenschaften des fünfzigjährigen New Yorkers: ewiger Pfeifenraucher, Vater einer zehnköpfigen Familie, immer schlecht angezogen. Stets zum Schmunzeln bereit, wenn er sein Gegenüber mag und anerkennt." – 2. *Robert Strauss* (Jg. 1918), Nahost-Sonderbotschafter unter *Carter*, nach dem Zerfall der UdSSR Moskauer US-Botschafter, von dem die FAZ (16. 11. 1979) spricht als „dem mit allen politischen Wassern gewaschenen Robert Strauss ... Strauss nimmt dagegen in seiner texanischen Direktheit kein Blatt vor den Mund und kämpft mit harten Bandagen." – 3. *Philip C. Habib* (1920–1992), erst jüngst verstorbener Libano-Amerikaner, galt („Der Spiegel", Nr. 23/1992) „als Stardiplomat, seit er 1967 US-Präsident Lyndon B. Johnson überredete, die Bombardierung Nordvietnams einzuschränken. Auf diese Weise ebnete Habib den Weg für Friedensgespräche, die ein Jahr später in Paris begannen und an denen er bis 1970 als amtierender Leiter der US-Delegation teilnahm. In den folgenden 17 Jahren diente er allen Präsidenten bei besonders heiklen Aufgaben. Dabei ging Habib nicht einmal besonders diplomatisch vor. Henry Kissinger beschrieb ihn als ‚ungehobelt, derb, direkt, vom Nadelstreifen-Image so weit entfernt wie möglich'. Seinen größten Triumph erzielte Habib, als es ihm nach monatelanger Überzeugungsarbeit gelang, den Israeli Menachem Begin und den Ägypter Anwar el-Sadat für den Friedensprozeß von Camp David zu gewinnen ...".

Ein weiteres eindrucksvolles Beispiel des schroffen, aber auch rational-pragmatischen Verhandlers lieferte der verstorbene Sowjet-Außenminister *Andrej Gromyko* (1909–1989), der fast 50 Jahre im diplomatischen Dienst seines Staates, davon rd. 30 Jahre als Außenminister, verbrachte, ein hartnäckiger

Verteidiger des Status quo von 1945 und damit gleichsam eine Art „Ostblock-Metternich". So referiert der „Weser-Kurier" (18.7.1979) über *Gromyko* wie folgt: „Hinter der Miene eines stoischen Leichenbitters verbirgt sich ein computerähnlich arbeitendes Gedächnis, ein scharfer und kühler Verstand, dem eher Sarkastisches als Humoriges entspringt. Am liebsten kommt Gromyko sogleich und direkt zur Sache – zur Sache, wie er sie sieht oder zu vertreten hat. Dann gerät er zuweilen hart an die Grenze zwischen undiplomatischer Deutlichkeit und verletzender Arroganz. ... In seiner nun genau 40jährigen Karriere als Diplomat und Außenpolitiker hat er eine Unzahl Länder bereist und den meisten Größen dieses Jahrhunderts gegenübergesessen. Von Churchill erzählt man sich, er habe am Verhandlungstisch von Jalta nach dem jungen Mann an Stalins Seite wütend Zigarrenstummel geworfen. Gromyko habe das ungewöhnliche Bombardement ebenso reglos-verschlossen hingenommen wie später die lächerliche Clownerie seines Chefs Chruschtschow im Plenum der Vereinten Nationen, als dieser sich den Schuh auszog und auf das Podium eindrosch. ... zu seinem 70. Geburtstag ist er so kühl und undurchschaubar wie immer." Ebenfalls zum 70. Geburtstag des sowjetischen Meisterdiplomaten und Vertragskünstlers schrieb die FAZ (18.7.1979) folgende Betrachtungen: „Nach dem Wiener Gipfel (1979) präsentierte er sich in Bestform ... Er redete lange, konzentriert und ausdauernd, zeigte sich schlagfertig beim Antworten. Gromykos Sprache ist wie er selbst: geradeheraus und ohne Zierrat. Was er zu sagen hat, sagt er unmißverständlich. Zur Sache kommt er auf dem kürzesten Weg. Aber da ist noch mehr im Repertoire: Emotionen, schauspielerisches Talent und die Fähigkeit, nicht mehr wirklich überrascht werden zu können. Er kann seine grämliche Miene aufsetzen. Er kann halb vorwurfsvoll, halb verblüfft dreinschauen, als geniere er sich, seine Zuhörer zu fragen: ‚Sehen Sie denn nicht selbst, wie schlecht die Welt ist?' Er kann wechselnde Stimmungen erzeugen, Spannung schaffen und lösen. ... Der frühere Botschafter der Bundesrepublik Deutschland in Moskau, Helmut Allardt, beschreibt den zurückhaltenden und doch selbstbewußten, vielseitigen Gromyko so: ‚In Ausübung seines Metiers trägt er jeweils die Laune zur Schau, die die Umstände von ihm verlangen, und ist so kühl und nüchtern, wie ein Politiker sein muß, wenn er Erfolg haben will.' ... Zäh und erfolgreich verhandelte er mit dem Außenminister Scheel und mit Egon Bahr über den Moskauer Vertrag (1970) und ‚scheute vor keinem noch so antiquierten Versatzstück diplomatischen Finassierens zurück' (Allardt)." Daß *Gromyko* bisweilen mit seiner Vorgehensweise nicht durchkam, werden wir weiter unten noch nachlesen. Immerhin verstand *Gromyko* es als „alter Fuchs" der Diplomatie, seine geschickte und unnachgiebige Verhandlungstaktik nur mit „dosierten Grobheiten" zu würzen, wie es für seine Ziele zweckmäßig war. Wie er dagegen über die politischen Takt- und Geschmacklosigkeiten seines zeitweiligen Chefs *Nikita S. Chruschtschow* (1894–1971) dachte, enthüllt er selbst in seinen „Erinnerungen": „In diesem Buch gibt es ein Photo mit den Teilnehmern an der Pekinger Zusammenkunft (1959). Die Gesprächsatmosphäre war gespannt. Offen gestanden ließ auch Chruschtschow einige bissige Bemerkungen über China fallen. Manchmal wurde er richtig grob. Im Grunde verteidigte er zwar unsere Position, aber er tat es so ungeschickt, daß man meinen konnte, er habe sich vorgenommen, Mao aus dem Gleichgewicht zu bringen. Sein Ton war einfach unzulässig. In solchen Augenblicken versteinerte sich Maos Gesicht. Er unternahm nicht einmal den Versuch, mit gleicher Münze heimzuzahlen. Ich glaube, er reagierte absichtlich nicht. Seine Zurückhaltung überraschte mich, und zwar sehr positiv" (S. 499).

Ein übles Beispiel ausnehmender Grobheit entnehmen wir noch *P. Schmidts* oben genanntem Buch. Er schildert, wie *Hitler* anläßlich der Sudeten-Krise im September 1938 mehrere britische Unterhändler in seiner Berliner Reichskanzlei empfing. Sie überreichten ihm ein Schreiben ihres Premiers *Chamberlain* mit ablehnendem Inhalt: „Tatsache ist aber jedenfalls, daß dieser Brief zu einer der turbulentesten Aussprachen Anlaß gab, die ich jemals miterlebt habe. ... Im weiteren Verlauf des Briefes ... sprang Hitler, der der Verlesung mit wachsender Unruhe zugehört hatte, plötzlich auf, schrie: ‚Es hat überhaupt keinen Zweck, noch irgendwie weiter zu verhandeln!', und lief zur Tür, als ob er in nicht zu überbietender Unhöflichkeit die fremden Diplomaten in seinem eigenen Arbeitszimmer zurücklassen wollte. Es war eine äußerst peinliche Szene, besonders als Hitler dann kurz vor der Tür wohl eingesehen hatte, wie unmöglich sein Verhalten war, und nun wie ein trotziger Junge den Rückzug antrat. Er hatte sich dann wenigstens wieder so weit in der Gewalt, daß ich mit der Verlesung des Briefes fortfahren konnte. Als ich geendet hatte, tobte er los, und zwar so laut, wie ich ihn vorher und nachher in einer diplomatischen Besprechung nie wieder habe reden hören[125]. Trotzdem hatte dieser Auftritt nichts mit den sagenhaften Wutanfällen zu tun, die Hitler im Ausland so häufig nachgesagt worden sind; hiervon habe ich bei meiner Tätigkeit nie etwas bemerkt" (S. 407/08). Gerade diese letzten Sätze *Schmidts* zeigen deutlich, daß es sich bei Hitlers „Auftritt" um ein kaltblütig einkalkuliertes Einschüchterungsmanöver der übelsten Art gehandelt hat. Nach anderen Zeugen soll sich *Hitler* bisweilen hinterher darüber schief gelacht haben, wie er seine Verhandlungspartner wieder mal eingeschüchtert und erpreßt habe. Das klingt einleuchtend.

Abschließend kommen wir zum berüchtigten ehemaligen sowjetischen Außenminister *W. Molotow*, der uns als kühler, analytischer Verhandler während seiner Gespräche mit *Hitler* 1940 in Berlin bereits auf S. 173 ff. begegnet ist. Die Berliner Gespräche zeigten ihn in der Sicht *P. Schmidts* als außenpolitischen Verhandler gegenüber einer gleichstarken Großmacht, also im Außenverhältnis. Und hier bewies *Molotow* trotz seiner provozierenden Gebietsforderungen in seinem Auftreten größte Mäßigung und Vorsicht. Wie völlig anders sich *Molotow* jedoch mit seinen Mitarbeitern, also im Innenverhältnis, aber auch gegenüber kleinen Staaten verhielt, das belegt uns *Bereschkow* in seinem Buch „Ich war Stalins Dolmetscher" (s. o.). Dort lesen wir über *Molotow* u. a. folgendes:

„Im Umgang mit seinen direkten Untergebenen war Molotow ruhig, von kühler Höflichkeit, fast nie erhob er die Stimme und gebrauchte auch keine

---

125 *Chruschtschow* berichtet in seinen Erinnerungen (s. o.) S. 152 u. 288 von ähnlichen Wutausbrüchen *Stalins*. Auch die folgende *Molotow*-Episode kann das bestätigen. Denn dort sehen wir den sowjetischen Außenpolitiker in den Spuren seines Herrn und Meisters wandeln.

unanständigen Redewendungen, wie sie damals im Kreis der führenden Funktionäre überaus verbreitet waren. Dennoch kam es vor, daß er einen jungen Diplomaten, der nicht in der Lage war, einen verständlichen Bericht über die Situation in dem Land seines Einsatzes zu geben, derart zurechtwies, daß dieser das Bewußtsein verlor. Molotow mußte, nachdem er ihn mit kaltem Wasser besprengt hatte, die Wache rufen, die ihn ins Sekretariat transportierte, wo wir ihn mit vereinten Kräften wieder zur Besinnung brachten. Gewöhnlich hatte es damit sein Bewenden, und der Urheber der Aufregung kehrte nach einigen aufregenden Tagen wieder auf seinen Posten zurück, wo er in der Folge befördert wurde“ (S. 356). Gleichwohl gibt dieser Vorfall zu denken, weil er den Vorhang der Charakter-Sphinx *Molotow* eine Handbreit lüftet und Einblicke in ihr menschenverächterisches Wesen freigibt. So entsteht bei uns der Eindruck der Doppelbödigkeit und Doppelgesichtigkeit.

Doch nun zu *Molotows* großem „Auftritt“, der die ganze Brutalität seines machtbesessenen Charakters offenbart: „Nur ein einziges Mal in all den Jahren meiner Zusammenarbeit mit Molotow erlebte ich ihn im Zustand äußerster Erregung. Es war im Jahre 1944, als in Moskau eine schwedische Abordnung eintraf, die mit der sowjetischen Regierung Verhandlungen über einen Waffenstillstand mit Finnland führen wollte. Ich war an diesen Unterredungen nicht unmittelbar beteiligt, wußte jedoch, daß die Verhandlungen kompliziert verliefen und die ständig zwischen Stockholm und Moskau pendelnden Schweden, vom sowjetischen Standpunkt aus betrachtet, nicht die gewünschten Resultate erzielten und sich die Finnen beharrlich weigerten, die sowjetischen Vorschläge zu akzeptieren. ... Unterdessen gab es Erkenntnisse darüber, daß Ribbentrop in Helsinki gewesen war und die Finnen zu überzeugen versucht hatte, nicht auf einen Waffenstillstand mit der UdSSR einzugehen, und Finnland zusätzliche militärische Unterstützung zugesichert hatte. Des weiteren war zu erfahren, daß in Finnland eine Lieferung neuester deutscher Waffen eingetroffen war. Alles dies würde den Krieg mit Finnland in die Länge ziehen, und das hielt Moskau für nicht wünschenswert“ (S. 362f.). Soviel zum verhandlungstaktischen Hintergrund.

Zu jener Zeit gab die Sowjetregierung aus irgendeinem Anlaß einen großen Empfang, an dem neben den akkreditierten Diplomaten, hohen Parteifunktionären und Militärs auch die schwedische Delegation teilnahm. *Bereschkow* schildert uns den genauen Hergang im einzelnen: „Zunächst verlief der Abend völlig normal. In den Sälen drängten sich die Gäste um die mit allen nur erdenklichen Speisen und Getränken beladene Tafel. Andere standen mit einem Glas in der Hand plaudernd abseits. Ich sah Molotow mit dem türkischen Botschafter in den Roten Salon hinübergehen. ... Plötzlich drang aus dem Roten Salon ungewöhnlicher Lärm herüber, laute Ausrufe waren zu hören, darunter auch Molotows Stimme. Er stotterte stark, was bei ihm immer ein Zeichen äußerster Erregung war“ (S. 363f.).

Als *Bereschkow* den Raum betrat, sah er *Molotow* im Kreise der westalliierten Botschafter und der schwedischen Delegation. „Stark gestikulierend, was er sehr selten tat, schrie Molotow: ‚Wir sind nicht länger geneigt, den Starrsinn der Finnen zu dulden. Wenn diese Scheißkerle weiterhin unnachgiebig sind, machen wir sie fertig. Dann bleibt kein Stein auf dem anderen. Man soll uns nur nicht für Tölpel halten. Wir wissen bestens Bescheid über ihre Intrigen mit den Deutschen. Uns führt man nicht hinters Licht. Wenn sie den Krieg fortsetzen wollen, bbbitte, so sollen sie ihn haben. Niemand kann der Roten Armee Einhalt gebieten ...' Mitarbeiter und Sicherheitsleute versuchten, den rasenden Volkskommissar zu beruhigen. ... Er jedoch riß sich immer wieder los, schüttelte sie ab und sagte: ‚Lllassen Sie mich, ich weiß allein, was ich zu tun habe. Diese sturen Esel beklagen sich noch! Wwwir werden es ihnen zeigen ...' Die Gäste, die wohl noch nie einer derartigen Szene beigewohnt hatten, betrachteten den sonst so beherrscht wirkenden Molotow erstaunt und etwas ängstlich. ... Die ganze Szene war zu merkwürdig" (S. 364).

Danach verließen auch die Botschafter das Gebäude, um ihre Regierungen über den sensationellen Zwischenfall und *Molotows* Drohungen zu unterrichten. Am folgenden Tag ließ sich *Molotow* von *Bereschkow* den ganzen Vorgang genaustens schildern: „Er entließ mich mit den Worten: ‚Sehr gut, hervorragend'. Nun wurde mir klar, daß die Szene genau so geplant war, möglicherweise sogar nach Absprache mit Stalin. Vielleicht hatte der ‚Herr' sie sogar selbst erdacht. Und Molotow freute sich darüber, daß er die Aufgabe des Führers zur Zufriedenheit erfüllt hatte. Den Schweden und durch sie auch den Finnen hatte er einen gehörigen Schrecken eingejagt. ... Wenn man Molotows Ausbruch für bare Münze nahm, um so besser! Nun würden die Finnen mit sich reden lassen. Und so geschah es dann auch tatsächlich. ... einige Zeit darauf traf in Moskau eine finnische Delegation ein. Schließlich und endlich wurde ein Waffenstillstand vereinbart. Derartige Methoden, die in der Geschichte der Diplomatie durchaus an der Tagesordnung waren, muten nach unserem heutigen Ermessen abenteuerlich und sogar unmoralisch an" (S. 365). Diesem Kommentar *Bereschkows* ist nichts mehr hinzuzufügen. Vom *Kardinal Richelieu* und vom Usurpator-Kaiser *Napoléon I.* berichten Zeitgenossen ähnlich inszenierte ‚Wutanfälle'.

Gegenmaßnahmen: Wie können wir diesem Verhandlertyp wirksam begegnen und ihm nötigenfalls das Handwerk legen? Hier bietet sich uns eine ganze Palette von Möglichkeiten an:

1. Gegenangriff mit dem Ziel, die gegnerischen Verhaltensweisen und Taktiken bloßzustellen oder gar wirkungslos zu machen. Dazu gibt uns *P. Schmidt* ein anschauliches Lehrbeispiel:

Als nämlich der aggressive und vorlaute britische Schatzkanzler *Snowden* die deutsche Delegation in Den Haag angriff, setzte diese sich entsprechend zur Wehr: „‚Jetzt muß wieder einmal jemand ein paar unangenehme Wahrheiten aussprechen', sagte bei einer anderen Gelegenheit Philip Snowden, der im Sommer mit seinem ‚lächerlich und grotesk' eine Konferenzkrise hervorgerufen hatte. ‚Das werde ich jetzt besorgen'. Mit diesen Worten blickte er aus seinen unerbittlichen blauen Augen Curtius und Moldenhauer an. ‚Die deutsche Delegation redet hier immer um den Brei herum. Geben Sie uns etwas präzisere Antworten, meine Herren', fügte er scharf hinzu, ‚wir können ja schließlich nicht bis zum Nimmermehrstag hier sitzen bleiben'. ‚Wenn Sie glauben, Herr Snowden', entgegnete ihm Curtius mit kalter Schärfe, ‚Sie könnten hier auf der Konferenz den gestrengen Lehrer spielen und wir seien Ihre Schüler, dann irren Sie sich.' Die Schwierigkeiten seien nicht von Deutschland, sondern von Frankreich und England hervorgerufen worden, deren Vertreter den Augenblick für gekommen hielten, neue Forderungen zu stellen, die über den Young-Plan hinausgingen." (S. 191). Ebenso schmetterten die deutschen Delegierten französische Manöver ab: „Auch hier blieb Curtius eisern. ‚Ein derartiger Rückschritt in vergangene Zeiten kommt für uns überhaupt nicht in Frage', erklärte er gleich bei der ersten Gelegenheit Tardieu, und Moldenhauer wiederholte das gleich auf seine Weise Chéron gegenüber. Durch ihre Festigkeit und Härte bei der Abwehr dieser Angriffe hatte sich die deutsche Delegation bereits nach den ersten Tagen gut auf der Konferenz eingeführt. Je mehr Tardieu und Curtius sich kennenlernten, um so besser kamen sie miteinander aus. Die von Curtius angewandte Methode, ‚auf einen groben Klotz gehört ein grober Keil', rückte schon in den ersten Unterhaltungen die Dinge in die richtige Perspektive" (S. 191).

2. Freundlichkeit (evtl. mit leiser Ironie gewürzt), die entwaffnend wirken und den Anderen in seiner Aggressivität beschämen und entwaffnen soll:

„Ich danke Ihnen audrücklich für Ihre offenen und vielsagenden Ausführungen. Lassen Sie mich sofort darauf antworten, um ein Mißverständnis, das uns alle belasten könnte, schon gleich zu Beginn aus der Welt zu schaffen ...".

3. Unprovozierbarkeit, d.h. sich nicht provozieren lassen und dies dem Gegenüber auch mit einem Lächeln sagen *(Ich lasse mich von Ihnen nicht provozieren, dafür stehen viel zu ernste Dinge auf dem Spiel.)* oder aber die Anwürfe des anderen mit Schweigen übergehen (Totschweigetaktik). (Vgl. dazu oben *Maos* Taktik gegenüber dem pöbelnden *Chruschtschow*, die insgeheim *Gromykos* Zustimmung fand.)

4. Kalte-Schulter-Taktik, d.h. sich nicht unter Druck setzen lassen und den Anderen abblitzen lassen, weil man selber die besseren Karten hat und daher warten kann. Dazu eine einprägsame Episode aus der jüngsten Nachkriegsdiplomatie: Als der sowjetische Außenminister *Gromyko* 1976 einen Tokio-Besuch machte, um der damaligen japanischen Regierung unter Ministerpräsident *Miki* eine Annäherung an die VR China auszureden, berichtete „Der Spiegel" (4/1976) unter dem Titel „Locken und drohen" dies:

„‚Ich habe früher wohl zu viel gelächelt', gab sich der professionell griesgrämige sowjetische Außenminister Andrej Gromyko enttäuscht, als er letzte Woche fünf fruchtlose Verhandlungstage in der japanischen Hauptstadt Tokio abschloß. Grund zum Lächeln bestand wahrlich nicht, denn Gromykos Fernost-Mission ist völlig fehlgeschlagen. ... Denn Gromyko führte sich bei den Japanern nach Großmachtart auf. Zwar lockte er, Japan könne mit Moskau ‚gutnachbarliche Beziehungen' vertraglich fixieren, zugleich drohte er aber auch, die Sowjet-Union werde andernfalls ihre Beziehungen zum ostasiatischen Inselreich ‚überprüfen' müssen. Miki schwieg dazu: die Drohung verfing nicht. Seit Jahren schon stehen sich die beiden Länder frostig genug gegenüber. ... Gromyko jüngst in Tokio: ‚Die Territorialfrage ist für uns erledigt'. Miki legte dagegen seinem Besucher die japanischen Prioritäten dar: ‚Erst die Rückgabe der nördlichen Territorien, dann auch mit der Sowjet-Union einen Friedensvertrag. So und nicht anders sieht unser Zeitplan aus'". – Dies ist freilich ein eindrucksvolles Beispiel fernöstlicher Verhandlungskunst gegenüber totalitären Pressionen. Das zähe Zuwarten der Japaner wird sich nun per Saldo lohnen. Sie haben Gromykos Außenpolitik und sogar die inzwischen zerfallene Sowjetunion regelrecht „ausgesessen". So werden sie wohl in nicht allzu ferner Zukunft die Früchte ihrer Langfriststrategie ernten und von einem demokratischen Rußland die Kurilen-Inseln zurückerhalten.

Untergruppe 2: 4 defensive Verhandlerprofile

(9) Der mediatorische (vermittelnde) Verhandler: moderierend, schlichtend, dabei durchaus dynamisch und immer den Überblick über das Ganze behaltend, mit ausgewogener Formulierungsgabe, bisweilen sogar über den Dingen stehend, Vermittlerrolle spielend.

Beispiele:

Als ein erstes Beispiel in dieser Richtung nennt uns *P. Schmidt* einen britischen Wirtschaftswissenschaftler auf einer Berliner Reparationskonferenz von Anfang 1924: „Der eigentliche Kopf des Sachverständigengremiums schien mir damals Sir Josiah Stamp zu sein, jener bekannte englische Wirtschaftler, bei dem sich große Sachkenntnis, besonders auf dem Gebiete des Steuerwesens, mit einer typisch englischen Abgewogenheit des Urteils und vorsichtiger Formulierungskunst paarte“ (S. 36).

So nimmt es nicht wunder, daß ein weiterer angelsächsischer Politiker, der britische Premierminister *Ramsay MacDonald* (1866–1937), geradezu eine Idealfigur des schlichtend-vermittelnden Verhandlers abgab. Hören wir dazu wieder *P. Schmidt*, der ihn 1931 in London wirken sah: „MacDonald war Schotte. Er war ein tief religiöser Protestant. Mit seinem weißen Haar und seinen großen, ernsten Augen in dem markanten Gesicht wirkte er mehr wie ein Prophet als wie ein Premierminister. Eine große Güte und Wärme ging von diesem Pazifisten des ersten Weltkriegs aus, der damals für seine Überzeugung sogar ins Gefängnis gegangen war. An jenem Abend und auch bei mancher späteren größeren Konferenz kam mir McDonald immer wie ein Vater vor, auf den man sich, vor allem in schwierigen Zeiten, verlassen konnte. Auch inmitten der größten Komplikationen habe ich ihn nie den Kopf verlieren sehen. Irgendein Ausweg schien ihm immer noch einzufallen. Er war zweifellos einer jener Engländer, die über die Grenzen ihres Landes und ihres Empires hinaussehen konnten und etwas Weltbürgerliches an sich haben. In seiner Person schien jene glückliche Kombination von Idealismus und praktischem Denken Wirklichkeit geworden zu sein, die mir besonders in England oft begegnet ist“ (S. 205).

Eindrucksvoll schildert uns *P. Schmidt* sodann *MacDonalds* dynamische Vermittlungsversuche, mit denen er Mitte 1932 auf der Konferenz von Lausanne das Reparationsproblem gegen den Widerstand Frankreichs vom Tisch schaffen wollte: „In den nächsten Tagen machte MacDonald in Privatbesprechungen energische Anregungen, um einen Schnelligkeitsrekord für die Konferenzarbeit zu erzielen. Wir hörten von den Engländern, wie er insbesondere Herriot immer wieder zusetzte ...“ (S. 242). „Als der englische Premierminister sah, daß er auf diese Weise nicht weiterkam, versuchte er, ohne auch nur einen Tag Zeit zu verlieren, die Methode der direkten Verhandlungen zwischen Frankreich und Deutschland“ (S. 243). „Immer ungeduldiger drängte MacDonald bald die eine, bald die andere Delegation zum Nachgeben. Er rieb sich fast auf in seinem Bemühen, die Konferenz schnell zum Abschluß zu bringen, und hielt Tag und Nacht Besprechungen mit den einzelnen Delegationen ab, bis er schließlich vor Erschöpfung einen Schwächeanfall erlitt ...“ (S. 245). Nach verschiedenen Vermittlungsvorschlägen sowie Angeboten und Gegenangeboten kam mit englischer Hilfe endlich der Einigungsbeschluß über die endgültigen Abschlußzahlungen der deutschen Reparationen an Frankreich zustande. „MacDonald hatte sich trotz seiner Krankheit in den Endrunden wieder persönlich sehr stark eingesetzt. Daß die Konferenz nicht ohne Ergebnis geendet hatte, war in erster Linie sein Verdienst und das der englischen Minister“ (S. 246).

Doch auch in jüngster Zeit hat England wieder entsprechende Vermittler vorzuweisen wie *Lord Carrington* (Jg. 1920), dessen Vermittlungsaktion im furchtbaren jugoslawischen Bürgerkrieg (seit 1991) bislang noch zu keinem

Erfolg geführt hat, was ihn 1995 zum Rücktritt von dieser Funktion veranlaßte, von dem aber die FAZ schon unter dem 16.5.1979 schrieb: „Leute wie Peter Carrington sorgen für den Ausgleich, optisch und sachbezogen. Außerdem wird er von ihr (Margaret Thatcher) wegen seiner patrizierhaften Gelassenheit, die ihr fehlt, beneidet und etwas gefürchtet ... Sein Takt und seine von langer Auslandserfahrung geformte Konzilianz werden auch Frau Thatchers Europapolitik, trotz der vielen von Labour übernommenen Vorbehalte, annehmlicher machen."

Daß die US-Außenpolitik ebenfalls ähnliche Gestalten hervorbringt, ist aufgrund der Supermachtposition der Vereinigten Staaten nur logisch. Einer von ihnen ist der Diplomat und Sonderbotschafter *Sol Linowitz* (Jg. 1910). Über ihn berichtet die FAZ vom 16.11.1979 dies: „Linowitz ist der zurückhaltende und auf Ausgleich bedachte, im Auftreten vornehm wirkende Diplomat. ... Unter Präsident Johnson war er von 1966 bis 1969 der amerikanische Vertreter bei der Organisation der amerikanischen Staaten. Er verstand es dort, durch Ruhe und geschicktes Verhandeln die großen Ziele der Allianz für den Fortschritt zumindest teilweise am Leben zu erhalten und voranzutreiben. 1977 folgte er dem Ruf Präsident Carters. Gemeinsam mit dem hochgeschätzten Diplomaten Ellsworth Bunker führte er die schwierigen Verhandlungen über den Panama-Kanal zu einem erfolgreichen Ende." Danach wurde *Linowitz* zum Sonderbotschafter für Nahost-Fragen berufen.

Sicherlich könnte man noch weitere Beispiele nennen, z.B. Präsident *Johnsons* bravourösen Vermittlungserfolg zwischen Eisenbahngewerkschaften und Eisenbahngesellschaften, als er im Frühjahr 1964 unter Aufbietung aller Überredungskünste und seiner bekannten „Behandlungsmethode" einen katastrophalen Eisenbahnerstreik abwenden half. Doch dies würde hier den Rahmen der Darstellung sprengen, s. dazu S. 274f. (Taktik-Kapitel, § 3).

Abschließend daher noch eine Momentaufnahme, die *P. Schmidt* anläßlich eines deutschen Staatsbesuchs im März 1940 im Vatikan vom damaligen *Papst Pius XII.* (1876–1958) machte: „Keiner der Staatsmänner, die ich in meiner langen Laufbahn kennengelernt habe, hat in so kurzer Zeit allein durch sein Äußeres und sein Auftreten einen derartig tiefen Eindruck auf mich gemacht wie Papst Pius XII. Die große, schlanke Gestalt mit dem schmalen durchgeistigten Gesicht, die im päpstlichen Gewande vor uns stand, erschien mir damals wie ein Wesen, das zum Teil schon nicht mehr dieser Welt angehört. Seine abgeklärten Worte hatten tatsächlich einen fast überirdischen, in ihrer Schlichtheit äußerst eindringlich und überzeugend wirkenden Klang" (S. 478).

Gegenmaßnahmen: Solche sind hier angesichts des überparteilichen Vermittlerbemühens um einen fairen Interessenausgleich fehl am Platze. Nur im Falle, daß dieser einseitig verletzt würde, wäre Widerstand (Protest, Einspruch, Drohung mit Abbruch der Verhandlungen) angebracht.

(10) Der objektiv auftretende Verhandler: vorsichtig, eher stockend argumentierend, mit Neigung zum Understatement, die Sache selbst (d.h. ohne Verzierungen) zu Worte kommen lassend, sich bedeckt haltend, mit flachem Profil zur Versachlichung einer Streitfrage, eines Problems beitragend, dadurch in gewissem Grade integrierend (Integrationsfigur) wirkend.

Beispiele:

Hier kann uns *P. Schmidt* aus seinem reichhaltigen Erfahrungsschatz wieder mit einigen aufschlußreichen Beschreibungen dienlich sein. So schildert er das Vorgehen und Verhalten des damaligen deutschen Reichskanzlers *Wilhelm Marx* (1863–1946) auf der Londoner Reparationskonferenz vom Sommer 1924:

„Es handelte sich also für Marx und Stresemann darum, mit allergrößter Vorsicht dieses politische Thema, d.h. im wesentlichen die Ruhrfrage, in der Eröffnungsansprache wie in einer Ouvertüre zunächst mit einigen Takten lediglich aufklingen zu lassen, um es späterhin, in den folgenden Phasen der Verhandlung, als Thema weiterzuentwickeln und schließlich zur eingehenden Beratung zu bringen. Nach diesem Rezept war nun auch Marx bei seinen Eröffnungsworten verfahren. Er hatte übrigens gleich am ersten Tage durch sein ruhiges, zurückhaltendes Wesen und seine gemäßigte Sprache einen ausgezeichneten Eindruck auf die übrigen Konferenzteilnehmer gemacht" (S. 43).

Ein noch plastischeres Beispiel des vorsichtigen, geradezu objektiv wirkenden Verhandlers liefert uns der frühere Reichskanzler *Heinrich Brüning* (1875–1958) bei seinen Verhandlungen mit der englischen Regierung *MacDonald* über ein Reparations- und Schuldenmoratorium 1931 in Chequers:

„Brüning drückte sich langsam und zögernd aus. Zum Teil sprach er englisch und mußte oft nach diesem oder jenem Wort suchen ... Trotzdem hatte ich den Eindruck, daß seine völlig unrhetorischen Darlegungen auf die drei Engländer am Tisch einen immer stärkeren Eindruck machten, je länger sie ihm zuhörten" (S. 206). „Daß Brüning ... in seiner stillen, ruhigen, fast etwas schüchtern wirkenden Redeweise sich immer nur auf Tatsachen stützte, deren Richtigkeit den Engländern ohne weiteres einleuchtete, machte auf MacDonald und seine Kollegen sichtlich einen immer stärkeren Eindruck. Sie merkten, daß dieser Mann mit dem Gelehrtenkopf und der etwas tastenden, stockenden Ausdrucksweise des Sachverständigen, der sich seiner Formulierungen ganz sicher sein will, ihnen nichts vormachen wollte. Er drohte nicht mit Zahlungseinstellung, mit Aufkündigung des Young-Planes ... er forderte nicht, sondern berichtete nur und überließ es seinen Zuhörern selbst, daraus Schlüsse zu ziehen. Diese Art der Verhandlung konnte auf die Angelsachsen ihre Wirkung nicht verfehlen. Brüning gewann an jenem Sonntagmorgen das Vertrauen der Engländer. Das sollte sich in den folgenden schweren Monaten als ein großer Aktivposten erweisen ..." (S. 208/09).

Daß der anglo-amerikanische Kontinent diesen Verhandlertyp ebenfalls vorweisen kann, mögen hier nur zwei Beispiele beleuchten:

1. Der frühere Gouverneur von Maine, demokratischer Senator und kurzzeitiger US-Außenminister (1980) *Edward Muskie* (Jg. 1915), über den „Der Spiegel" (3/1971) u.a. folgendes schreibt:

„Maines Muskie will den ihm eigenen politischen Stil des ‚low key', der leisen Tonart, beibehalten. Dramatische Auftritte sind von diesem Kandidaten ohne Pose kaum zu erwarten. Sein nüchterner Stil könnte zur Versachlichung der US-Politik beitragen – andererseits birgt seine Neigung zum Understatement die Gefahr, daß selbst brisante Vorschläge kaum Echo finden. ... Edward Muskie (‚Das amerikanische Volk mag keine extremen Positionen') bietet sich als Schlichter an. Er verkörpert die liberale Mitte der Partei. Überdies ist er einer der wenigen, die ebenso mit den ‚hard cats', weißen reaktionären Bauarbeitern, wie mit den Schwarzen, einem wichtigen Wählerpotential der Demokraten, reden können."

2. Der frühere US-Außenminister und vormalige US-Vermittler im Jugoslawien-Konflikt *Cyrus Vance* (Jg. 1917). Als er 1980 seinen Rücktritt aus dem Kabinett von Präsident Carter ankündigte, würdigte „Die Welt" (29.4.1980) seine Tätigkeit so:

„Cyrus Vance, Jimmy Carters Außenminister, hat seinen Rücktritt eingereicht. ‚Cy' Vance, Neuengländer vom Scheitel bis zur Sohle, erfahren, scheu, bedächtig und ein wenig konturlos – ... Dabei war er hochgeschätzt aus seinen Jahren als Berater unter Kennedy und Johnson, im ursprünglichen Konzept der Carter-Administration so etwas wie die personifizierte Garantie für Seriosität und Stabilität der neuen amerikanischen Außenpolitik gewesen. ... Eine Garde von Diplomaten, von eher behutsam als entschieden auftretenden Verwaltern amerikanischer Macht, tritt von der Bühne und überläßt das Feld den Stürmern und den Drängenden im Weißen Haus."

Auch die FAZ vom 29.4.1980 fand entsprechend würdigende Worte für sein Wirken: „Außenminister Vance hat geduldig diese Auseinandersetzungen ertragen – mit einer Loyalität, die nicht zu übertreffen war –, diskret, zuverlässig und trocken, treu bis zur Selbstaufopferung[126] ... Sein Beitrag bestand aus einem Einschuß von Vorsicht, Früchten diplomatischer Verhandlung im Sinne des außergerichtlichen Vergleichs. Seine Beharrlichkeit verschaffte der amerikanischen Außenpolitik Beständigkeit, Kontinuität und Erfahrung, die der Präsident nicht einbringen konnte." Andere Artikel rühmten Vances „unnachahmliche Ruhe und bewundernswerte Kühle" oder auch „Auftreten, Verbindlichkeit, Delikatesse und Diskretion" nach. All diese ehrenwerten Eigenschaften waren freilich gegenüber den wortbrüchigen Serbenführern im jugoslawischen Bürgerkrieg zum Scheitern verurteilt.

---

126 Hinweis auf den Konflikt zwischem ihm und *Carters* Sicherheitsberater *Brzezinski*, der als eine Art „Neben-Außenminister" ständig in die Politik von *Vance* hineinregierte.

Gegenmaßnahmen: Auch hier fällt es schwer, entsprechende Gegenmaßnahmen vorzuschlagen, weil der Verhandlungspartner ein so flaches Profil und damit praktisch kaum Angriffsflächen aufweist. Um also etwas mehr über ihn zu erfahren, müßten wir ihn z. B. durch intensives Fragen in die Enge treiben oder ggf. durch überzogene Behauptungen provozieren, damit er aus seiner Deckung hervorkommt.

(11) Der skeptisch-abwartende, gewitzte Verhandler: zurückhaltend, schwer zu überzeugen, nicht auf den Leim gehend, sich nicht festlegend, bisweilen sogar aalglatt.

Beispiele:

Zu diesem Verhandlertyp kann uns *P. Schmidt* sofort mit drei historisch eindrucksvollen Beispielen aufwarten:

1. Der spanische Diktator und Staatschef *Francisco Franco* (1892–1975) und sein kluges Verhalten gegenüber *Hitler*s Drängen auf baldigen Kriegseintritt während der Begegnung im Grenzort Hendaye (1940): „Es war mir sofort klar, daß sich Franco als vorsichtiger Unterhändler nicht festlegen wollte. ... Franco sagte zunächst gar nichts. Zusammengekauert saß er in seinem Sessel. Ich konnte an seinem undurchdringlichen Gesicht nicht erkennen, ob er über den Vorschlag verblüfft war oder sich nur in Ruhe seine Antwort überlegte. Er vollführte dann ein ähnliches Ausweichmanöver wie sein italienischer Kollege zu Ausbruch des Krieges. Spaniens Lebensmittellage sei sehr schlecht. Das Land brauche Weizen, und zwar gleich mehrere 100000 Tonnen. Ob Deutschland zur Lieferung in der Lage sei, fragte er mit einem, wie mir schien, lauernden Gesichtsaudruck. Spanien brauche eine moderne Rüstung. Für ein Unternehmen gegen Gibraltar sei schwere Artillerie notwendig. Franco nannte eine recht hohe Zahl von Geschützen, die er von Deutschland haben wollte. Außerdem müsse er eine lange Küstenlinie gegen die Angriffe der englischen Marine verteidigen. Auch fehle es an Flakartillerie. Wie solle sich Spanien vor der zu erwartenden Wegnahme der Kanarischen Inseln sichern? Überdies sei es mit dem spanischen Nationalstolz unvereinbar, ein von fremden Soldaten erobertes Gibraltar als Geschenk entgegenzunehmen. Die Festung könne nur von den Spaniern selbst erorbert werden“ (S. 501).

Wir sehen also, mit welchem Geflecht von Vorbehalten, echten und unechten Begründungen sowie überzogenen Forderungen Franco versuchte, dem Drängen Hitlers wirkungsvoll Einhalt zu gebieten. Aber nicht nur seine Argumentation, sondern auch seine Sprech- und Verhaltensweise, „seine zaudernde, gedämpfte Redeweise und Beweisführung" (S. 501), schildert uns *P. Schmidt* recht anschaulich: „Während Franco mit einer ruhigen, sanften Stimme, die in ihrem eintönigen, singenden Klang etwas an die islamischen Gebetsrufer erinnerte, seine Darlegungen vorbrachte, wurde Hitler immer unruhiger. Die Unterhaltung ging ihm sichtlich auf die Nerven. Einmal erhob er sich sogar und erklärte, es habe keinen Zweck, noch weiter zu verhandeln, setzte sich dann aber sofort wieder hin und erneuerte seine Versuche, Franco umzustimmen" (S. 502). So gelang es Franco psychologisch sehr geschickt, mit dieser Leerlauftaktik sich Hitlers gefährliche Vorschläge vom Leibe zu halten. Zum Schluß kam ein Proforma-Abkommen zustande, das im Grunde nur ein unverbindliches Stück Papier war, aber Spanien einen neuen verheerenden Krieg ersparte.

2. Der französische Marschall und Staatschef *Philippe Pétain* (1856–1951) während der nach Hendaye stattfindenden Unterredung mit *Hitler* in Montoire (1940): „Seine Haltung war eher selbstbewußt als unterwürfig. Mit kühler Gelassenheit hörte er meiner Übersetzung zu. ... Der große Wurf, den Hitler vorgehabt hatte, war an der Vorsicht und Zurückhaltung Pétains und Lavals gescheitert. Pétain hatte uns bei dieser Unterredung durch seine Einsilbigkeit und Wortkargheit deutlich die kalte Schulter gezeigt, und auch mit Laval war in Montoire kein Fortschritt erzielt worden" (S. 504/05). In diesem Fall verhinderte das ständige Monologisieren Hitlers von vornherein, daß die französische Seite zu Wort kommen und ihre Vorstellungen entwickeln konnte. Im Grunde mochte dies Pétain und Laval nur recht sein. So konnten sie sich um eine klare Stellungsnahme klug herumdrücken.

3. Das nicht minder geschickte Verhalten der Türkei, die sich dem Werben beider Kriegsparteien geschickt entzog und bis kurz vor Kriegsende ihre Neutralität zu wahren verstand. *P. Schmidt* schildert uns dazu NS-Außenminister *Ribbentrops* Avancen (1939) gegenüber dem türkischen Abgesandten *Numan Memenencoglu* und ihr Ergebnis: „Mit einer nervtötenden Eindringlichkeit riet Ribbentrop ihm immer von neuem, den Anschluß der Türkei an die Achse vorzubereiten und Deutschland an dem Montreux-Abkommen über die Meerengen zu beteiligen. Numan wich mit einer bewunderungswürdigen, fast akrobatisch anmutenden Geschicklichkeit immer wieder aus, und nach stundenlangen Reden gab selbst der hartnäckige Ribbentrop auf" (S. 436).

Auch *Hitler* versuchte, in seinen Gesprächen mit dem türkischen Gesandten und ehemaligen Kriegsminister *Arikan*, die Türkei aktiv auf die Seite der Achsenmächte herüberzuziehen: „Er versuchte sie zu ködern, indem er unter anderem die Möglichkeiten einer Angliederung russischer Territorien mit türkischer Bevölkerung durchblicken ließ. Aber sowohl Arikan als auch sein Vorgänger Gerede ließen sich in keiner Weise auf derartige Dinge ein. Sie erklärten rundheraus, daß die Türkei genug damit zu tun habe, ihr eigenes Gebiet zur vollen Entwicklung zu bringen, und nicht im geringsten nach irgendwelchen Gebietserweiterungen strebe" (S. 554). – Aber auch die Gegenseite blieb nicht untätig. Als dem deutschen Geheimdienst durch die Aktion „Cicero" aus der britischen Botschaft in Ankara entsprechende Geheimdokumente in die Hände fielen, gaben diese „bemerkenswerte Aufschlüsse über die

Verhandlungen der Alliierten und der Türkei. Für mich waren sie besonders interessant, weil sich die Türkei den stürmischen Anträgen der Alliierten mit ähnlichen Methoden zu entziehen suchte, wie ich sie in der Unterredung von Hendaye bei Franco beobachtet hatte, als ihn Hitler veranlassen wollte, auf Deutschlands Seite in den Krieg einzutreten" (S. 555).

Gegenmaßnahmen: Auch hier gelten ähnliche Gegenmaßnahmen wie oben am Ende von Absatz (10) dargelegt: Wir müssen versuchen, die andere Seite aus der Deckung zu locken, indem wir ihr entsprechende Angebote machen oder auch die Stichhaltigkeit ihrer Ausflüchte und Vorwände in Frage stellen oder sogar durch bessere Argumente widerlegen.

(12) Der indifferent wirkende, wortkarge, bisweilen ausdruckslose, aber aufrichtige Verhandler: erfahren in der Kunst des Zuhörens und gezielten Fragens sowie des knappen Ausdrucks (meist in Industrie und Wirtschaft anzutreffen); mit der Variante des Pokerface (Beherrschung!), der konfliktscheuen Vorsicht und Verbindlichkeit (meist in Politik und Diplomatie anzutreffen).

Beispiele:

In diesem Falle beschreibt uns *P. Schmidt* seine Begegnung mit dem schwedischen Industriellen und Finanzmann *Ivar Kreuger* (1880–1932) auf einer Reparationskonferenz in Den Haag (1930). Bei dieser Besprechung waren der deutsche Außenminister Curtius und der französische Ministerpräsident Verhandlungspartner des Schweden: „Herr Kreuger, könnten Sie uns vielleicht diesen Betrag zur Verfügung stellen ...', wurde er auf der einen Seite auf Französisch gefragt, und ‚Herr Kreuger, wäre es Ihnen möglich, jenen Betrag zu garantieren', erklang es auf Deutsch von der anderen Seite. Der Finanzgewaltige selbst, ein schlanker, braunäugiger, sympathischer Mann mit entschlossenen, klaren Gesichtszügen, sprach nur wenig, nickte oder sagte kurz: ‚ja' oder ‚nein'. In dieser Tonart ging es eine ganze Weile, ungefähr eine halbe Stunde. Dann war die bemerkenswerte Unterredung zu Ende, und die Finanz wurde von der Politik gnädigst entlassen. ‚Primat der Politik', dachte ich bei mir" (S. 192). Übrigens suchte *Kreuger* zwei Jahre später nach dem deprimierenden Konkurs seines „Finanz-Imperiums" den Freitod!

Ein ebenfalls sehr anschauliches Beispiel bietet uns der amerikanische Politiker *Cordell Hull* (1874–1955), US-Außenminister (1933–1944) unter F. D. Roosevelt. Dazu die Eindrücke, die der frühere Reichsbankpräsident *Schacht* von ihm gewann: „Cordell Hull war das exakte Gegenteil des Roosevelt-Typs. Hatte Roosevelt etwas vom modernen Manager an sich, der impulsiv und intuitiv handelt, so schien Cordell Hull geradewegs aus Abraham Lincolns Zeit zu kommen. Ein magerer, mittelgroßer Mann mit leicht geneigtem Kopf und zusammengepreßten Lippen. Er hielt sich stets sehr gerade, vermied jede lebhafte Bewegung und trug auch bei dem interessantesten Thema eine völlige Interesselosigkeit zur Schau. Sein altmodischer Bratenrock, vorne so lang wie hinten, war immer korrekt zugeknöpft. Um seinen Kragen trug er einen altmodischen Binder. So wie Cordell Hull habe ich mir immer den Typ des ‚Old Colonial Gentleman' vorgestellt"[127].

Eine noch differenziertere Beschreibung *Hulls* vermittelt uns der frühere Sowjet-Außenminister und vorübergehende Staatspräsident *Andrej Gromyko* in seinen „Erinnerungen": „Zu den Säulen der Regierung Roosevelt vor dem Krieg und während des Krieges gehörte zweifellos Cordell Hull, von 1933 bis 1944 Außenminister. Unter seiner Amtsführung wurden die diplomatischen Beziehungen zwischen den USA und der UdSSR aufgenommen. Er genoß die Achtung und das Vertrauen des Präsidenten, und in der sowjetischen Botschaft galt er als maßgebliche politische Erscheinung ... Hull war groß und grauhaarig und besaß viel Charme und Takt; ich kann mich nicht erinnern, daß das Gespräch mit ihm je eine scharfe Wendung genommen hätte. Ergaben sich in einer Frage Schwierigkeiten, dann zog er es vor, sie zunächst ungelöst liegen zu lassen oder aber zur weiteren Behandlung seinen Untergebenen anzuvertrauen. War er selbst einmal gezwungen, Gegenposition zu beziehen, so tat er das mit großer Geschmeidigkeit und in samtenen Tönen. Das änderte natürlich im Grund nichts an der Sache, nahm aber dem Problem die Schärfe. Hull gehörte nicht zu den mittlerweile üblich gewordenen Politikern, die sich unentwegt als Diener des Volkes bezeichnen. Nur selten war er bei politischen Großveranstaltungen anzutreffen. Er besaß keine rednerische Begabung, sondern sprach leise und langsam, so daß man manchmal dachte, er fühle sich nicht wohl. Vor großem Publikum mochte er nicht sprechen, schon gar nicht bei Volksversammlungen, sondern zog das intime Gespräch zu zweit oder zu dritt vor. Unser Kontakt dauerte volle fünf Jahre bis zu dem Tage, als er im November 1944 aus Gesundheitsgründen im Alter von 73 Jahren das Amt als Außenminister aufgab" (S. 78/79).

Ferner liefert uns *Gromyko* noch eine kurze Skizze des frühen US-Verteidigungsministers *Henry L. Stimson* (1867–1950): „Kriegsminister Henry Stimson war als Persönlichkeit kaum weniger vielschichtig ... Da er schon unter dem Republikaner Calvin Coolidge (1923–1929) als Außenminister tätig gewesen war, war seine Mitgliedschaft in der Regierung der Demokraten ungewöhnlich, aber ein berechneter Schachzug Roosevelts. ... Stimson war alt, im Aussehen und Auftreten ein typischer Angelsachse. Seiner Stimme und Sprechweise fehlte jede Ausdruckskraft. Was er sagte, war jedoch stets knapp und überlegt, und sagte er es auch nur selten, so war er doch für die amerikanisch-sowjetische Zusammenarbeit und ihre Fortsetzung nach dem Krieg" (S. 81).

---

127 *H. Schacht*, 76 Jahre meines Lebens, S. 392.

Gegenmaßnahmen: Hier können ebenfalls kaum andere Empfehlungen gegeben werden als die in den Absätzen (10) und (11) entwickelten. Auf intensives Hinterfragen ist besonders viel Wert zu legen. Im übrigen können wir eher dankbar dafür sein, auf Partner zu treffen, die – wie in Industrie und Wirtschaft öfter der Fall – präzise Antworten geben und die Dinge beim Namen nennen. Im Bereich der Politik müssen wir uns eher mit einem neutralen bis wohlgesinnten Verhandlungspartner zufrieden geben, der sich nach außen zwar bedeckt hält, aber allen verletzenden Äußerungen abgeneigt ist und so zu einer Versachlichung und emotionalen Entschärfung beiträgt.

Untergruppe 3: 2 teils offensive, teils defensive Verhandlerprofile

(13) Der reserviert-verschlagene Verhandler: der scheinbar Indifferente mit dem Pokerface, dem man seine verschlagene Erfahrenheit (Gerissenheit) und Hinterhältigkeit oder eine entsprechende Schulung nicht ohne weiteres ansieht, je nachdem wortkarg oder wortreich, undurchsichtig, aufmerksamer Zuhörer, zielstrebig, bei alledem jedoch ziemlich unaufrichtig; schwer aus der Reserve zu locken, daher auch stets für alle Überraschungen gut.

Beispiele:

Ein sehr instruktives „Paradebeispiel" für diesen Verhandlertyp liefert uns der frühere CDU- und Deutschland-Politiker *Ernst Lemmer* (1898–1970), der uns in seinen Erinnerungen „Manches war doch anders" (Ffm., 1968) mit einer Schilderung des ehemaligen SED-Vorsitzenden und DDR-Staatschefs *Walter Ulbricht* (1893–1973) aus den ersten Nachkriegszeiten aufwartet: „Dieses erste Treffen war ungewöhnlich. Ulbricht trug noch die Uniform eines sowjetischen Offiziers und empfing uns so gnädig, wie früher Fürsten die von ihnen bevorzugten Untertanen zu begrüßen pflegten. Er war sich seiner ganzen Bedeutung als Figur im großen sowjetischen Deutschlandspiel bewußt und handelte immer mit äußerster Korrektheit genau nach den ihm erteilten Befehlen. Er hatte auch bereits die Gewohnheit, sich zu räuspern, wie die Russen es zu tun pflegten, das heißt: zunächst einmal ließ er die anderen reden und hörte schweigend zu. Mit diesem psychologischen Trick versuchen sich die Sowjets ein Bild vom Partner zu machen. Ulbricht begrüßte die wenigen Teilnehmer kurz und bündig, nicht unfreundlich, aber auch keineswegs herzlich; Gefühle waren ihm nicht anzumerken. Er wünschte zu erfahren, wie wir uns nun die Wiederaufnahme der gewerkschaftlichen Arbeit vorstellten ..." (S. 245). *Ernst Lemmer* versuchte nun, *Ulbricht* aus seiner Reserve zu locken: „Ich fragte Ulbricht, wie es denn um die feierlich beschworene Toleranz bestellt sei, ohne die wir nicht zusammenarbeiten könnten. Er gab mir keine Antwort. ... Er zeigte stets denselben unbewegten Gesichtsausdruck des geschulten Funktionärs"[128] (S. 246).

Sodann gibt *Lemmer* uns eine noch genauere Beschreibung von *Ulbrichts* Verhandlungsführung, seiner Konsensustaktik und seinem Zuckerbrot- und -Peitsche-Spiel mit seinen Gesprächspartnern: „Ulbricht griff – und das erlebte ich später noch oft – erst nach einem vorangegangenen Palaver in dem Augenblick ein, da er das Thema für so weit geklärt hielt, um nun die von ihm gewünschten Entscheidungen durchsetzen zu können. Sprach er endlich, dann wurde seine Natur erkennbar: er war hart und bestimmt, formulierte genau, worauf er aus war, und wich nicht von seiner Linie ab. Ulbricht trat dann mit jovialer Kollegialität auf, solange er nicht auf unerwarteten Widerstand traf. Er gab sich gut gelaunt, um mit seinem unverfälschten Sächsisch den Gang der politischen Entwicklung in diesen bedeutsamen ersten Nachkriegswochen in Berlin und von Berlin aus festzulegen ... Ulbricht achtete sorgfältig darauf, daß die kommunistische Fassade tunlichst nicht zu deutlich in Erscheinung trat ... Auch sein Mienenspiel blieb durch eine immer gleichbleibende Maske verborgen. In den Gesprächen formulierte er behutsam, um ja kein Wort zuviel zu sagen. Auch dieses Verhalten war wohl beste sowjetische Schule. Wenn er spürte, daß dieser oder jener für eine Zusammenarbeit in Aussicht Genommene vielleicht doch nicht der rechte Mann sein werde, dann wußte er mit kalter und bösartiger Verachtung zu reagieren. Auch ich bekam das nicht nur einmal zu spüren" (S. 247).

Wie sich *Lemmer* gegen diese Tücken seines Gesprächspartners zur Wehr setzte, werden wir noch gleich erfahren. Wie bewertete *Lemmer* damals den späteren SED-Diktator? Gelang es ihm, dessen geheime Pläne und Ziele zu durchschauen? Dazu *Lemmer*: „Er galt als die mysteriöse Gestalt im Hintergrund, als der Mann im Schatten ... Er wirkte auf Nichtkommunisten, die damals mit ihm zu tun hatten, unheimlich. ... Keiner zweifelte daran, daß Ulbricht rücksichtslos und brutal reagieren würde, wenn sich jemand gegen seinen Plan, für den er in Moskau verantwortlich war, stemmen sollte. Stellte man mir die Frage, ob schon am Anfang zu spüren gewesen sei, welche Ziele Ulbricht verfolgte, dann müßte ich verneinend antworten. Auch das gehört ohne Zweifel zu der sowjetischen Methode, politische Ziele anzusteuern, in dem man stets nur kleine Schritte macht. Jede Schockwirkung auf direkte oder indirekte Opfer ihres politischen Willens sollte augenscheinlich vermieden werden ... Er ließ sich auch nicht durch die Gefühle seiner Gesinnungsfreunde dazu verführen, auf anderen Wegen als den vorgesehenen seine Teilziele zu erreichen" (S. 248/49). So wurde rückblickend auch ein politisch versierter Mann wie *Lemmer* durch *Ulbrichts* raffinierte Verschleierungstaktik

128 Vgl. dazu oben ähnliche Feststellungen über das Verhalten *Andrej Gromykos*.

getäuscht und betrogen. Er konnte noch rechtzeitig nach West-Berlin entkommen. Dafür aber haben wir von ihm zugleich eine eindrucksvolle Schilderung sowjetischer Verhandlungstaktiken (z. B. auch der Salamitaktik) erhalten.

Gegenmaßnahmen: Wie können wir uns gegen solche Verhandlungspartner und deren hinterhältige und brutale Strategien und Taktiken schützen?

1. Hören wir dazu *Lemmer* selbst:

„Man mußte wissen, wie man sich in seiner Gegenwart zu benehmen hatte. Einschüchtern durfte man sich nicht lassen, sondern mußte betont Gleichmut zeigen. Ulbricht schwenkte wieder ein, sobald er damit rechnete, das Nachgeben habe noch einen Sinn" (S. 247).

Dies beweist immerhin, daß *Ulbricht*, sobald er auf stärkeren Widerstand bei seinen Verhandlungspartnern stieß, noch bis zu einem gewissen Grade flexibel reagieren konnte, anders als *Hitler* mit seiner verbissenen „Kompromißlosigkeit".

2. Neben dem mehr passiven Widerstand des Gleichmütigbleibens ist u. U. auch ein aktives Vorgehen angezeigt, z. B. ein Aufdecken der gegnerischen Taktiken:

„Glauben Sie ja nicht, daß unserer Seite entgangen ist, welches Spiel Sie hier seit geraumer Zeit mit uns zu treiben versuchen ..."[129].

3. Versuchen wir, sie mit ihren eigenen Widersprüchen zu konfrontieren, zu überführen und zu widerlegen. Dazu aber ist größte Wachsamkeit vonnöten.

129 Gegenüber einem derart brutalen Gewalthaber wie *Ulbricht* nützt die Taktik 2) freilich kaum etwas, weil wir dann mit unserer umgehenden Verhaftung rechnen müßten; in einer demokratischen Gesellschaft stehen unsere Chancen hierbei wesentlich besser.

(14) Der sich generös-aufgeschlossen gebende Verhandler: seine Erfahrenheit und Verschlagenheit hinter netten Normalbürgermanieren zu verbergen trachtend[130], sich sympathisch gebend; Wirkung unserer Finten bei ihm schwer zu durchschauen: Entweder tut er bloß so harmlos und liegt in Wirklichkeit auf der Lauer, oder ist er so freundlich-harmlos und hat tatsächlich nichts gemerkt?

Beispiele:

Einen Gewährsmann erster Klasse für diesen Verhandlertyp finden wir in *Nikita S. Chruschtschow*, der in seinen Memoiren „Chruschtschow erinnert sich“ (s. o.) dazu eine sehr treffende Charakteristik des hingerichteten sowjetischen Innenministers und KGB-Chefs *Lawrentij P. Berija*[131] (1899–1953) gegeben hat: „Während der Totenfeier (für Stalin) und unmittelbar danach verhielt sich Berija mir gegenüber aufmerksam und respektvoll, was mich in Erstaunen versetzte. Seine demonstrativ freundschaftliche Verbindung mit Malenkow löste er keineswegs, doch knüpfte er jetzt ebenso freundschaftliche Beziehungen zu mir. So fingen Berija und Malenkow an, mich bei ihren Spaziergängen auf dem Kreml-Gelände mitzunehmen. Natürlich widersetzte ich mich nicht und hatte nichts dagegen einzuwenden, aber meine Meinung über Berija änderte sich dadurch nicht. Ich erkannte, daß sein freundliches Verhalten mir gegenüber eine List war. Hier kam Berijas asiatische Schläue, wie wir es nannten, zur Geltung. Mit diesem Ausdruck bezeichneten wir die Eigenschaft eines Mannes, der das eine denkt, aber etwas anderes sagt. Ich wußte, daß Berija mir gegenüber eine heuchlerische Taktik betrieb; er spielte mit mir und wollte erreichen, daß ich meine Vorsicht vergaß. Unterdessen wartete er nur auf die Gelegenheit, mich noch vor allen anderen aus dem Wege zu räumen“ (S. 301/02). Dies lehrreiche Beispiel spricht eigentlich für sich.

Dazu auch ein Beispiel aus jüngster Zeit. So berichtet der Mitterrand-Biograph *F.-O. Giesbert* in einem „Spiegel“-Interview (13/1993, S. 171) folgendes: „Chirac hat sogar den Sozialisten Michel Rocard, als er 1988 Premier wurde, vor Mitterrands Tücke gewarnt: Wenn er nett zu dir ist, dann ist das ein Zeichen dafür, daß er wieder eine Schweinerei plant ...“ – Frei nach dem Motto: Wenn der Chef lächelt, ist das Fallbeil geölt!

---

130 Den seltenen Fall eines unsympathischen Gesprächspartners, dem man sein Intrigantentum auch noch ansah, bot der britische Premierminister *William Shelburne* (1737–1805): „Man traute ihm nicht über den Weg. Seine verbindlichen Worte klangen falsch. Wer von ihm ins Gesicht gelobt wurde, war darauf gefaßt, mitleidslos und bissig heruntergerissen zu werden, sowie er den Rücken gekehrt hatte“ (*E. Eyck*, Die Pitts und die Fox’, Väter und Söhne, Zürich 1946, S. 300).

131 In kleinem Kreise nannte *Stalin Berija* „unseren kleinen Himmler“. Welch’ grausiger Vergleich!

Gegenmaßnahmen: Die Beschreibung von *Berijas* doppelzüngigem Taktieren und die Art, wie der wachsame *Chruschtschow* dies Manöver durchschaute, sollte uns Hinweis genug sein, wie solchen Verhandlungspartnern zu begegnen ist.

Obergruppe II: Die Dogmatiker/Doktrinäre oder willensgesteuerten (voluntativ-emotionalen) Verhandlertypen: Sie treten (im Sinne *Corrells*) vorwiegend dominativ, nur selten integrativ auf. Unter ihnen sind auch stark die „Zerrbilder" des Verhandlers und des Verhandelns (Konter-Negoziatorik) vertreten, z. B. Nr. (17) und (18).

Untergruppe 1: 4 offensive Verhandlerprofile

(15) Der appellatorische Verhandler: rhetorisch-dynamisch, kämpferisch, drängend, beharrlich, taktisch geschickt argumentierend, daher von hoher Überzeugungskraft, von schneller Auffassungs- und Reaktionsfähigkeit, schwungvoll, ausdauernd (Stehvermögen).

Beispiele:

Als eindrucksvollstes Beispiel dieses Verhandlertyps stellt uns *P. Schmidt* in seinem Werk den früheren deutschen Außenminister *Gustav Stresemann* (1878–1929) vor. Er war zweifellos der überragende Außenpolitiker der Weimarer Republik. Als Vorkämpfer für eine deutsch-französische Verständigung gelang es ihm u. a., ohne einen Schuß das von Frankreich besetzte Ruhrgebiet freizuverhandeln, eine politische und verhandlerische Meisterleistung. So berichtet *Schmidt* über ihn:

„Neben dem Mut zur Verantwortlichkeit stand das diplomatische Geschick Stresemanns ... Ich habe neben ihm gesessen, wenn er mit den ausländischen Staatsmännern sprach, und dabei habe ich erkannt, daß sein diplomatisches Talent nichts Machiavellistisches an sich hatte. Es beruhte auf der natürlichen Gabe und der ehrlichen Überzeugung, daß die Wiedergesundung Deutschlands nur auf einer Verständigung mit Frankreich aufgebaut und im europäischen Rahmen durchgeführt werden konnte ..." (S. 33). Über *Stresemanns* Verhalten bei den Londoner Reparationsverhandlungen (1924) mit dem französischen Ministerpräsidenten *Herriot*, bei dem er auf harte Widerstände stieß, erfahren wir dies: „Jetzt aber zeigte sich seine zweite große Eigenschaft. Er ließ sich auch von einem anscheinend unüberwindlichen Hindernis nicht abschrecken. Beharrlich bemühte er sich immer von neuem, seinem Ziele näherzukommen. ... Er versuchte, auf einem anderen Wege bei Herriot Verständnis für die Notwendigkeit und die Möglichkeit eines Nachgebens in der Ruhrfrage zu gewinnen" (S. 54) ... „Zwei Stunden zog ich dieses wahrhaft historische Gespräch in Rede und Gegenrede hin. Immer wieder und mit immer eindringlicheren Argumenten ging Stresemann zum Angriff vor. Man merkte deutlich, wie er mit jedem Male überzeugender auf Herriot wirkte, der sich jedoch stets von neuem hinter der Opposition im eigenen Lager verschanzte" (S. 55) ... „Dieses wahrhaft historische Gespräch bewies mir, daß selbst größte Schwierigkeiten von Männern guten Willens überwunden werden können" (S. 57).

Und welches waren die Ergebnisse dieses zentimeterweisen rhetorisch-argumentativen Sich-Vorkämpfens? *P. Schmidt* resümiert es für uns: „So hatte denn die beiderseitige Erregung doch ein gewisses Ergebnis gezeitigt. Stresemann konnte jedenfalls für sich buchen, daß er zwei Schritte vorwärtsgekommen war. Er hatte erreicht, daß die französische Weigerung, überhaupt Abmachungen über die Räumung zu treffen, nicht mehr aufrecht erhalten wurde und hatte darüber hinaus eine gewisse Aussicht auf einen baldigen Räumungsbeginn gewonnen. Denn es war klar, daß Herriot in diesem Punkt mit sich reden lassen würde" (S. 61). „Als Stresemann aber beharrlich bei seinem Standpunkt blieb, daß angesichts der Unnachgiebigkeit der Franzosen eine Rücksprache in Berlin unumgänglich nötig sei, wolle man nicht den ganzen Vertrag in Gefahr bringen, stand Herriot auf, nahm Marx (den damaligen Reichskanzler), Stresemann und mich beiseite und erklärte sich überraschenderweise bereit, doch eine Räumung in Etappen vorzunehmen. Er bat allerdings um absolute Diskretion, da er mit dieser Zusage über die ihm von Paris auferlegten Beschränkungen hinausgehe" (S. 63).

Wir sehen hier, wie *Stresemanns* rhetorisch-argumentatives Vorgehen seine Verhandlungspartner zu positiven Konzessionen veranlaßte, zu denen er selbst aber auch bereit war. Dieses ergebnisbringende Verhalten setzte *Stresemann* fort, als der französische Außenminister *Aristide Briand* (1862–1932) sein Verhandlungspartner wurde. Angesichts der Locarno-Verhandlungen (1925) bemerkt *P. Schmidt* dazu: „Wieder hatte ich den Eindruck, daß Stresemann bis an die Grenze des Möglichen gegangen war ..." (S. 84). Aber auch *Briand* bekannte in den Genfer Verhandlungen (1926): „Wir sind bis zur äußersten Grenze der Nachgiebigkeit gegangen" (S. 106). So brachten sie einen Prozeß des politischen Gebens und Nehmens in Gang, über den der britische Außenminister *Austen Chamberlain* (1863–1937) auf der Schlußsitzung des Locarno-Paktes anerkennend bemerkte: „Es gibt von jetzt ab weder Sieger noch Besiegte" (S. 90).

Auch zusammen mit dem damaligen deutschen Reichskanzler *Hans Luther* (1879–1962) konnte *Stresemann* diese Verhandlungsführung in Genf (1926) durchhalten, wie *P. Schmidt* konstatiert:

„Luther und Stresemann erwiesen sich an diesem Nachmittag und während der ganzen Genfer Tage als ausgezeichnete Diplomaten, die ihren gewandten Gegenspielern durchaus ebenbürtig waren. Sie zeigten sich der Form nach zurückhaltend und elastisch, blieben in der Sache selbst aber durchaus unnachgiebig" (S. 98). Über *Stresemanns* blitzschnelles Reaktionsvermögen und rhetorische Begabung berichtet *P. Schmidt* folgendes: „Bei diesen Ratssitzungen bewunderte ich übrigens immer von neuem Stresemanns phantastisch schnelle Auffassungsgabe. In kritischen Situationen während der Debatte genügten oft ein paar Worte, die ihm sein deutscher Sachverständiger schnell von hinten zuflüsterte ..., um ihn zu langen Ausführungen über einen ihm vorher völlig unbekannten Gegenstand, meist in sehr plastischen und treffenden Formulierungen, instandzusetzen" (S. 122). Dies ist ein eindrucksvoller Beleg für die hohe rhetorische Kreativität, die diesem Manne innewohnte. Zur abschließenden Würdigung von *Stresemanns* Verhandlertätigkeit geben wir *P. Schmidt* nochmals das Wort: „Stresemann hatte eine Leistung vollbracht, die einen Rekord für einen Außenminister darstellen dürfte: Ohne sich auf eine Armee stützen zu können, allein durch seine hohe politische Kunst hatte er in unermüdlichen, bis zur Selbstaufopferung gehenden Bemühungen die bewaffnete Macht eines fremden Staates auf friedlichem Wege veranlaßt, das Reichsgebiet zu räumen" (S. 181). Diese gewaltige Leistung ist von den deutschen Politikern der zweiten Nachkriegszeit mit *Konrad Adenauer* (1876–1967) an der Spitze wiederholt worden.

Ein weiteres Kabinettstück diplomatischer Debattier- und Verhandlungskunst führt uns *P. Schmidt* anhand eines Rededuells zwischen dem ungarischen Völkerbundsdelegierten *Graf Apponyi* (1846–1933), einem rhetorisch versierten Verhandler, und dem rumänischen Außenminister *Nicolae Titulescu* (1883–1941), einem advokatorisch geschulten Juristen, 1927 im Genfer Völkerbund vor. Auf der Tagesordnung stand ein Streitpunkt aus der leidigen Siebenbürgen-Frage: „Auf der einen Seite der über 80jährige Graf Apponyi, vom Scheitel bis zur Sohle ein Grandseigneur des vergangenen Jahrhunderts, trotz seines Alters noch kaum gebeugt, mit weißem Haarschopf und kampflustig vorgestrecktem Spitzbart, einer markanten Adlernase und munter auf die Ratsmitglieder gerichteten Augen, die ungarische These in glänzendem Französisch mit bewunderungswürdiger Dialektik in stundenlanger Debatte verteidigend. Auf der anderen Seite der rumänische Außenminister Titulescu, der vollendetste Typ des geschickten Balkandiplomaten, mit stark mongolisch wirkenden Gesichtszügen, dichtem, dunklem Haar und einer etwas zu hohen Knabenstimme, der meistens in einem eleganten Pelzmantel am Ratstisch saß, weil er immer fror. Er war seinem Gegner durchaus ebenbürtig, wenn auch seine Taktik grundverschieden von der des ungarischen Aristokraten war. Der hervorragende Parlamentsredner alten Stils kämpfte hier gegen den mit allen advokatischen Kniffen meisterhaft operierenden Rumänien des 20. Jahrhunderts. Es war ein faszinierendes Schauspiel für alle Zuhörer. Mit angehaltenem Atem saß man dabei. Die Stunden vergingen wie im Fluge, und man war gespannt bis zur letzten Minute wie bei einem großen Sportereignis" (S. 149). Da sich die Argumente beider Seiten offenbar die Waage hielten, verkündete der Ratspräsident eine Vertagung der Streitfrage.

Schließlich noch ein drittes Beispiel des rhetorisch-appellierenden Verhandlers, das wir ebenfalls bei *P. Schmidt* finden. Während der Genfer Abrüstungskonferenz von 1932 trat u. a. auch der italienische Außenminister und

Jurist *Dino Grandi* (1895–1988)[132] als Sprecher seines Landes auf: „... für italienische Verhältnisse ein Riese, mit vollem, welligem Haupthaar und dem typischen Spitzbärtchen, wie es später durch Balbo berühmt wurde. Mit echt südlichem Temperament trat Grandi während der ganzen Konferenz immer wieder vor allem gegen die Franzosen auf und stellte ihnen die italienische Ansicht entgegen: ohne Abrüstung gibt es keine Sicherheit, jedes militärische Übergewicht muß zwangsläufig einen Druck auf die Gesamtheit der internationalen Beziehungen ausüben, mehr Macht dem Recht und nicht mehr Rechte der Macht" (S. 232).

Gegenmaßnahmen: Auch hier ist es nicht einfach, einem überzeugend und mit rhetorischem Schwung vorgetragenen Anliegen oder Vorschlag etwas entgegenzustellen. Es zeichnen sich jedoch drei Vorgehensweisen ab, die sich z. T. aus den vorhergenden Beispielen ableiten lassen:

1. Nehmen wir das Duell *Apponyi : Titulescu*. Hier sehen wir, wie ein schwungvoll vorgetragener rhetorisch-argumentativer Angriff in den Fallgruben und dem Grabengewirr advokatorischer Klauseln und Paragraphen seinen Elan einbüßt und ihm kein endgültiger Durchbruch beschieden ist. Es kann zu seinem argumentativen Patt und damit möglicherweise zu einer Kompromißregelung, zumindest aber zu einer Vertagung – und das kann Zeitgewinn bedeuten – kommen.

2. Auch *Gustav Stresemann* mußte es einmal gegen Ende seiner Laufbahn erleben, daß er in dem französischen Ministerpräsidenten *Raymond Poincaré*, ursprünglich ein berühmter Anwalt, einen gleichwertigen Widerpart fand. Als sich nämlich *Stresemann* zu einem Direktgespräch über die Rheinlandfrage 1928 nach Paris begab, spielte sich laut *P. Schmidt* folgendes ab:

„Stresemann steuerte geradewegs auf sein Ziel zu: die Rheinlandräumung. Als geschickter Diplomat fiel er natürlich nicht mit der Tür ins Haus, aber ich merkte auf Grund meiner Erfahrung mit ihm sofort, daß er die Erörterung dieses Themas im Auge hatte, als er begann: ‚Mir liegt vor allen Dingen das deutsch-französische Verhältnis am

132 *Grandi* war mit *Mussolini* einer des Begründer der Italo-Faschismus, trat aber als Minister und Botschafter in London für eine Verständigung mit England ein. Als Vorsitzender des Faschistischen Großrats betrieb er im Juli 1943 den Sturz des Diktators *Mussolini*.

Herzen. Ich will von mir aus alles tun, daß unsere beiden Völker zu einem wirklich gutnachbarlichen Verhältnis gelangen . . . ' ‚daß Sie, Herr Minister, diesen Wunsch haben, glaube ich gern', warf Poincaré ein, ‚aber sind alle Leute in Deutschland dieser Ansicht? . . . ' Durch solche Zwischenbemerkungen unterbrach Poincaré von Zeit zu Zeit die Ausführungen Stresemanns. Ich hatte den Eindruck, daß es meist in einem Augenblick geschah, wo Stresemann der Kernfrage, d. h. der Räumung des besetzten Gebietes, näherzukommen schien. Offenbar hatte Poincaré die Absicht Stresemanns erraten und wollte einer Diskussion aus dem Wege gehen. . . . Immer wieder durch Poincarés Fragen von dem eigentlichen, ihm am Herzen liegenden Thema abgedrängt, versuchte Stresemann es auf einem anderen Wege" (S. 152). Als er auch hier wieder durch eine Querfrage *Poincarés* in eine andere Richtung gedrängt wurde, machte er noch einen letzten Versuch; „Stresemann aber war hartnäckig. Er machte einen dritten Anlauf und begann mit den Spannungen zwischen Frankreich und den Vereinigten Staaten. Dafür hatte Poincaré ein offenes Ohr" (S. 153). Als er dann *Poincaré* seine Vision von einem geeinten Europa, das ja erst nach dem 2. Weltkrieg Wirklichkeit werden konnte, entwickelte, um von da aus die Frage der Rheinlandräumung anzusprechen, schien sich ein persuasiver Durchbruch abzuzeichnen: „Stresemann war in großer Form. Poincaré hörte wie gebannt zu. Das Eis begann zu schmelzen" (ebd.). Leider jedoch war *Stresemann* zwar geistig in Spitzenform, aber körperlich bereits ein schwerkranker, vom Tode gezeichneter Mann. Nach zweimaliger Aufforderung des ihn begleitenden Arztes mußte er, am Rande seiner Kräfte, diesen Verhandlungsdialog mit *Poincaré* abbrechen. Das war wie ein Fall von „force majeure", während *Poincaré* innerlich erleichtert sein mochte, daß der Gedankenaustausch zu einem Ende kam, ohne daß das unerwünschte Problem zur Sprache gekommen war.

An diesem anschaulichen Beispiel aus der Politik erkennen wir also, daß ein rhetorisch-appellativer Verhandler durch möglichst systematisch geplante Querschüsse in Form von Zwischen-, Gegen- und Ablenkungsfragen viel von seinem Elan verlieren und vielleicht sogar von einem eigentlichen Ziel abgedrängt werden kann.

3. Falls wir dazu fähig sind, sollten wir einen derart vorgetragenen Angriff mit einem entsprechenden Gegenangriff (Replik), entweder aus dem Stegreif oder vorbereitet, beantworten. Diese Konfrontation ist freilich riskant. Sie könnte, wenn der Gegner abgeschmettert und widerlegt wird, die Kluft noch verschärfen, wenn es dagegen zu einem Patt kommt, den Weg für einen Kompromiß bahnen.

(16) Der imponiersüchtige Verhandler: signalisiert durch sein „Imponiergehabe", daß er vom einmaligen Wert seiner Person (Egomanie/Megalomanie), seines Unternehmens, seiner Organisation, seines Staates usw. zutiefst durchdrungen und überzeugt ist; er läßt dies seinen Verhandlungspartner bei jeder passenden und unpassenden Gelegenheit spüren.

Beispiele:

Hier könnte man quer durch die Jahrhunderte hindurch eine ganze Reihe von entsprechenden Verhandlergestalten nennen. Wir wollen uns nur bei einigen markanten Beispielen aufhalten:

1. Der französische Kardinal und Staatsmann *Richelieu* (1585–1642), der sich mit seinem durch viele Erfolge gesteigerten Hochmut viele Feinde machte, beschrieb sein Vorgehen in kleinem Kreise einmal so: „Ich überlege lange. Sobald ich mein Ziel erkannt habe, versuche ich es mit allen Mitteln zu erreichen. Was sich mir dabei in den Weg stellt, fege ich nieder. Und was ich niedergefegt habe, decke ich mit meiner großen Soutane zu"[133].

2. Über den österreichischen Staatskanzler *Graf Kaunitz* (1711–1794) spottete der geistvolle Fürst und Diplomat *Charles Joseph de Ligne* (1735–1814): „... Kaunitz besaß weder Geistesblitze noch Einbildungskraft – aber indem er sich für den ersten Mann der Welt hielt, wäre er es beinahe geworden."

3. Der britische Minister und Schriftsteller *Duff Cooper* (1890–1954) veröffentlichte 1932 sein kenntnisreiches Buch „Talleyrand", aus dem nachstehend einige Abschnitte mit zeitgenössischen Berichten über „den ersten Diplomaten des Jahrhunderts" (*Goethe*), den *Fürsten von Talleyrand-Périgord*, wiedergegeben werden (zitiert nach der deutschen Ausgabe von 1950): „Von Talleyrand wissen wir, daß er etwa von mittlerer Größe war, daß die ein wenig aufgestülpte Nase ihm einen hochmütigen, ja anmaßenden Ausdruck gab und daß er hinkte. Barras, der ihn haßte, behauptete, daß er eine verblüffende Ähnlichkeit mit Robespierre gehabt habe; Arnault, der ihn liebte, sagte von ihm, er habe das Herz eines Teufels mit dem Antlitz eines Engels maskiert" (S. 19). Über *Talleyrands* halboffizielle Londoner Mission von 1792 erfahren wir: „Talleyrand hatte weder öffentlich noch privat einen guten Eindruck gemacht. Grenville (damaliger britischer Außenminister) hielt ihn für verschlagen und gefährlich, und alle, die mit ihm zusammenkamen, waren betroffen über seine Gefühlskälte und sein hochmütiges Auftreten" (S. 55). Hören wir dazu auch noch die Bemerkungen, die Deutschlands Dichterfürst *Johann Wolfgang von Goethe* (1749–1832) zu dem berühmten Talleyrand-Bildnis von *Gérard* (1770–1838) machte: „Wir erwehren uns nicht des Andenkens an die epikurischen Gottheiten, welche da wohnen, ‚wo es nicht regnet noch schneiet noch irgendein Sturm weht'; so ruhig sitzt hier der Mann, unangefochten von

133 Nach *G. Hoyau*, Die Kunst des Arrangierens oder Diplomaten-Brevier, S. 11, o. J.

allen Stürmen, die um ihn her sausen. Begreifen läßt sich, daß er so aussieht, aber nicht, wie er es aushält. Sein Blick ist das Unerforschlichste; er sieht vor sich hin, ob er aber den Beschauer ansieht, ist zweifelhaft. Sein Blick geht nicht in sich hinein wie der eines Denkenden, auch nicht vorwärts wie der eines Beschauenden; das Auge ruht in und auf sich, wie die ganze Gestalt, welche, man kann nicht sagen ein Selbstgenügen, aber doch einen Mangel an irgendeinem Bezug nach außen andeutet" (S. 196). Dies sind offensichtlich eindrucksvolle Belege für das geschwollene Selbstgefühl, den schrankenlosen Egoismus und die Imponierpose dieses an sich so bedeutenden Politikers, Diplomaten und Staatsmannes.

4. Von *Napoléon Bonaparte* (1769–1821), Talleyrands zeitweiligem höchsten Vorgesetzten, präsentiert uns sein österreichischer Amtskollege *Fürst Metternich* (1773–1859) folgendes Porträt[134]: „Seine Haltung schien mir Verlegenheit und sogar Befangenheit zu verraten. Seine kurze und gedrungene Gestalt, eine vernachlässigte Uniform und gleichwohl der deutliche Versuch, sich imposant zu geben, führten dazu, daß sich in mir das Gefühl für Größe abschwächte, das man normalerweise dem Bild eines Menschen entgegenbringt, der die Welt erzittern läßt. Dieser Eindruck ist niemals völlig aus meinem Geiste gewichen; er war mir gegenwärtig bei den wichtigsten Begegnungen mit Napoléon während der verschiedenen Abschnitte seines Lebensweges. Es ist schon möglich, daß mir dies mit dazu verholfen hat, diesen Menschen durch alle Maskierungen, deren er sich bedienen mochte, hindurch so zu sehen, wie er war. Ich hatte mir angewöhnt, in seinen Launen, seinen Zornesausbrüchen, seinen brüsken Rückfragen ‚Auftritte' zu sehen, die auf die Wirkung hin angelegt, einstudiert und berechnet waren, die er bei seinem Gesprächspartner erzielen wollte". (Aus dem Französischen übersetzt vom Verf.).

Auch *Duff Cooper* stellt in seinem Talleyrand-Buch über *Napoléon* fest: „Und im übrigen war er von dem übermächtigen Bewußtsein seiner eigenen Genialität völlig durchdrungen und von seiner Überlegenheit über alle seine Zeitgenossen unmäßig überzeugt" (S. 224). In beiden Passagen sind die Parallelen zu *Hitler* erschreckend.

5. Jedoch auch der *Fürst Clemens von Metternich* (1773–1859), als österreichischer Außenminister einer von Napoléons wichtigsten Gegenspielern, war von dieser unbeschreiblichen Geltungssucht befallen. Er sprach folgenden Satz aus: „Ich bin geboren, Geschichte zu machen, nicht Bücher zu schreiben, und wenn ich richtig rate, dann deswegen, weil ich wissend bin." An seinen Vater schrieb er unter dem 3. September 1808: „Ich bin so von der Idee durchdrungen, daß ich ganz Oesterreich bin, daß jenes, das auf zweihundert Meilen von hier besteht, mich nur unterstützen kann"[135]. Aber auch ein Beobachter wie der Hannoversche Gesandte *Hardenberg* in Wien berichtete 1812: „Mit einer hohen Meinung von der Überlegenheit seiner Gaben ... liebt er die Finesse in der Politik und hält sie darin für nötig"[136].

---

134 Nachgelassene Papiere, Bd. I, S. 276f., Wien 1880.

135 *F. Hartau*, Metternich, ro-mo 250, S. 38f.

136 *H. von Srbik*, Metternich, der Staatsmann und Mensch, Bd. I, S. 144.

6. Nach diesen „Kostproben“ insbesondere aus dem 18. und 19. Jahrundert wenden wir uns der jüngsten Vergangenheit unseres 20. Jahrhunderts zu. Vernehmen wir dazu einige Äußerungen des ehemaligen großdeutschen Rüstungsministers *Albert Speer* (1905–1981) über *Hitler* (1889–1945) in seinen „Erinnerungen“: „Ich war nach dem schnellen Sieg in Frankreich fest davon überzeugt, daß Hitler nun bereits zu einer der größten Gestalten der deutschen Geschichte geworden sei. ... Hitler selbst entwickelte ein zusehends hemmungsloseres Selbstbewußtsein (S. 184). ... „Seine Kraft, sein Wille, seine Energie würden alle kommenden Schwierigkeiten überwinden“ (S. 185). Und schließlich diese entlarvende Beobachtung *Speers*: „Hitlers starre Haltung kann ich mir nur dadurch erklären, daß er sich seinen endlichen Sieg glauben machte. In gewissem Sinne betete er sich selber an. Er hielt sich dauernd einen Spiegel vor, in dem er nicht nur sich, sondern auch die Bestätigung seiner Mission durch göttliche Fügungen sah“ (S. 367).

7. Hier und in den nachfolgenden Verhandlerbildern wollen wir als Kronzeugen den faszinierenden „Reisediplomaten“ und früheren US-Außenminister *Henry A. Kissinger* (Jg. 1923) zitieren und entsprechende Passagen aus seinen „Memoiren“ (deutsche Übersetzung, Bd. I, 1979, Bd. II, 1982) vorlegen. Zuerst seine Begegnung mit dem französischen Staatspräsidenten *Charles de Gaulle* (1890–1970) bei Präsident *Nixons* (1913–1994) Staatsbesuch in Frankreich (1969). Er nennt ihn einen „Mann von außergewöhnlichen Eigenschaften, der eine Atmosphäre der Autorität um sich verbreitete. ... Den von Nixon veranstalteten Empfang beherrschte er derart, daß er überall sofort im Mittelpunkt der Aufmerksamkeit stand. Andere Staatsoberhäupter und viele Senatoren, die sonst offen erklärten, sie lehnten autoritäre Generäle ab, drängten sich um ihn und behandelten ihn, als sei er ein Wesen von einem anderen Stern. Man hatte das Gefühl, wenn er sich an ein Fenster stellen würde, dann müßte sich der Schwerpunkt im Zimmer verlagern, das Haus würde sich auf die Seite neigen und wir alle würden in den Garten fallen“ (Bd. I, S. 116).

8. Es folgt der nordvietnamesische Unterhändler und Politiker *Lê Duc Tho* (1912–1990) dem *Kissinger* in äußerst zähen Friedensverhandlungen zur Beendigung des Vietnam-Krieges in Paris (S. 1970ff.) gegenübersaß: „Der grauhaarige, würdig aussehende Le Duc Tho trug jedesmal einen schwarzen oder braunen Mao-Anzug. In seinen großen leuchtenden Augen stand nur selten der Fanatismus, der ihn als Jungen von 16 Jahren dazu geführt hatte, sich den antifranzösischen kommunistischen Guerillas anzuschließen. Stets beherrscht, mit bis auf ein oder zwei Gelegenheiten untadeligen Manieren, wußte er jederzeit genau, was er wollte, und diente seiner Sache mit Hingabe“ (Bd. I, S. 472). „Le Duc Tho begrüßte mich mit der höflich-distanzierten Art eines Mannes, dessen Überlegenheit so selbstverständlich ist, daß er sie mit einer Höflichkeit unterstreichen muß, die an Herablassung grenzt. Über meine Scherze lachte er manchmal übertrieben laut und dann wieder mit der Ungeduld einer bedeutsamen Persönlichkeit, die Wichtigeres zu tun hat, als sich durch Trivialitäten aufhalten zu lassen“ (Bd. I, S. 474).

9. Wenden wir uns nun dem verunglückten Dialog zwischen *Nixon* und *Indira Gandhi* (1917–1984), der indischen Staatsmännin und Ministerpräsiden-

tin, in Washington (1971) am Vorabend des indo-pakistanischen Krieges zu: *Kissinger* berichtet über diese Unterredung im berühmten Ovalen Präsidenten-Zimmer, während der Frau *Gandhi Nixon* moralische „Ratschläge" zu erteilen versuchte: „Nixon hatte kein Verständnis für Frau Gandhis herablassende Art. Eigentlich verachtete er ihre moralische Anmaßung und machte privat spöttische Bemerkungen darüber. Er hatte den Verdacht, daß sie in ihren Zielen noch viel skrupelloser vorging als er, um ihre Ziele zu erreichen, und hielt sie für eine kaltblütige Machtpolitikerin. Am 11. August hatte Nixon auf einer Sitzung der Senior Review Group sogar zugegeben, anstelle von Frau Gandhi würde er vielleicht einen ähnlichen Kurs verfolgen. ... Frau Gandhi, die nicht nur herablassend, sondern auch eine sehr starke Persönlichkeit war, machte sich keine Illusionen darüber, was Nixon vorhatte. Auch sie hatte es mit ganz konkreten Zwängen zu tun. Ihr Parlament sollte in zwei Wochen zusammentreten, und es wollte Blut sehen. ... Ich beurteilte Frau Gandhi ganz ähnlich wie Nixon, der Hauptunterschied bestand jedoch darin, daß ich ihre Herablassung nicht persönlich nahm. ... Frau Gandhi war eine starke Persönlichkeit, die sich entschlossen und geschickt für das nationale Interesse Indiens einsetzte. Ich respektierte ihre Energie, auch wenn ihre Politik unseren nationalen Interessen widersprach. ... Frau Gandhi würde uns nach meiner Meinung die Verfolgung unserer Interessen nicht übelnehmen. ... Das Gespräch zwischen Nixon und Frau Gandhi wurde daher zum klassischen Dialog von Schwerhörigen. Daß die beiden Gesprächspartner einander nicht hörten, lag nicht daran, daß sie einander nicht verstanden, sondern daran, daß sie einander nur zu gut verstanden"[137] (Bd. I, S. 933–935).

10. Über *Leonid Breschnew* (1906–1982), den sowjetischen Staatschef, den er bei *Nixons* Staatsbesuch 1972 in Moskau kennenlernte, berichtet uns *Kissinger* u. a. folgendes: „Kurz gesagt, Breschnew war nicht nur der erste Mann im Zentralkomitee, sondern vor allem Russe – grob und warm, brutal und anziehend, verschlagen und entwaffnend zugleich. Auf der einen Seite prahlte er mit der Stärke der Sowjetunion, und andererseits hatte man das Gefühl, er sei sich seiner Sache doch nicht ganz so sicher" (Bd. I, S. 1208).

11. Schließlich *Kissingers* hochinteressante Analyse von *Mao Dse Dong* (1893–1976), den er anläßlich von *Nixons* Staatsbesuch in der VR China 1972 in Beijing kennenlernte: „Wenn man mit einem berühmten und mächtigen Mann zusammentrifft, ist es oft schwer zu sagen, ob man mehr von seiner Persönlichkeit, von seiner Stellung oder seinem Ansehen beeindruckt ist. ... Der für einen Chinesen sehr groß und kräftig wirkende Mao stand, von seinen Büchern umgeben, einfach da. Er fixierte seinen Gast mit einem durchdringenden und ein wenig spöttischen Lächeln, als wollte er sagen, es habe keinen Sinn, diesen Kenner aller menschlichen Schwächen täuschen zu wollen. Ich habe keinen einzigen Menschen kennengelernt, der – vielleicht mit Ausnahme von Charles de Gaulle – eine so gewaltige und konzentrierte Wil-

137 Man kann *Nixons* Reaktion nicht ohne eine gewisse Amüsiertheit zur Kenntnis nehmen, weil er hier auf jemanden traf, der ihm das Wasser reichen konnte, und dazu noch eine Frau. Diese, als Sproß einer uralten Brahmanenfamilie, ließ den Parvenü *Nixon* ihre Herablassung kosten.

lenskraft ausstrahlte. Wenn er vor einem stand ..., beherrschte er den ganzen Raum, und zwar nicht durch äußeren Pomp, der in sehr vielen Staaten den führenden Persönlichkeiten ihre Majestät verleiht, sondern durch die fast körperlich spürbare Ausstrahlung eines alles andere beherrschenden Willens, sich durchzusetzen. ... Es gibt nichts, was sich mit der gewaltigen Ausstrahlung der Macht vergleichen läßt, die von Mao ausging. Meine Kinder sprechen von den ‚Schwingungen', die angeblich von bekannten Popstars ausgehen, gegen die ich völlig immun bin. Aber von Mao gingen Schwingungen der Energie, der Macht und des Willens aus. In seiner Gegenwart wurde sogar Tschu En-Lai auf den zweiten Rang verwiesen ..." (Bd. I, S. 1120f.).

Gegenmaßnahmen: Welche Vorkehrungen können wir überhaupt treffen, wenn wir solchen übermächtig wirkenden Verhandlungspartnern gegenübertreten müssen?

1. Zuerst eine nur scheinbar defensiv-zurückweichende Maßnahme: Zeigen wir uns von der Bedeutung, Ausstrahlung, Autorität, Allwissenheit, Größe und Genialität dezent beeindruckt. (Dies bitte nicht zu auffällig, weil das peinlich wirkt und verstimmen könnte!) Dann werden wir oft Gesprächspartner gewinnen, die nun umgekehrt einer subtilen Beeinflussung von unserer Seite zugänglich sein werden. Ein höchst instruktives Beispiel dazu liefert uns *Henry Kissinger* im so tragisch umgekommenen früheren ägyptischen Staats-Chef *Anwar el Sadat* (1918–1981), über den er berichtet:

„Er hatte ein hervorragendes psychologisches Einfühlungsvermögen. Mit den vier Präsidenten, die er kennenlernte, konnte er sehr geschickt umgehen. Er behandelte Nixon als großen Staatsmann, Ford als die Inkarnation des guten Willens, Carter als Missionar, der für diese Welt eigentlich zu gut ist, und Reagan als den menschenfreundlichen Führer einer revolutionären Volksbewegung, und damit ging er mit großem Feingefühl auf die Vorstellungen ein, die jede dieser Persönlichkeiten von sich selbst hatte, und gewann das Vertrauen jedes einzelnen. Er bemühte sich darum, die Interessen Ägyptens mit denen der Vereinigten Staaten in Einklang zu bringen. Immer wieder forderte er uns auf, an den Verhandlungen nicht als Vermittler, sondern als unmittelbar interessierte Partei teilzunehmen, oder er bot uns an, unsere Vorschläge zu akzeptieren – ein Angebot, auf das man nur eingehen konnte, wenn man begriffen hatte, daß es zu seiner Strategie gehörte und nicht einen Verzicht darstellte. Und doch war es ein echter Vertrauensbeweis, der über das Bestreben hinausging, den Interessen des eigenen Landes zu dienen" (Bd. II, S. 762).

Man sieht, wie hier durch *Kissingers* luzide Darstellung *Sadats* einzelne Strategieschritte sichtbar werden: 1) *Das Selbstbild (Image) des Gesprächspartners bestärken* und somit verstärken, notfalls durch erlesene Schmeicheleien, wie dies ja *Talleyrand* mit *Napoléon* getrieben hat (s. o.), um so die erforderliche Atmosphäre des Vertrauens zu schaffen; 2) *Der Versuch, eine Interessen- und Vertragspartnerschaft zwischen beiden Seiten herzustellen*, wobei man aus taktischen Gründen einige Schritte auf den Partner zugehen muß, ohne dabei im Grunde etwas zu verschenken. 3) *Dann stärkere „Verstrickung" oder Einbindung der vermittelnden Macht oder Stelle*, falls eine solche vorhanden, wie z. B. die USA im Nahostkonflikt, in den Verhandlungs- und Friedensprozeß. 4) *Sodann durch Entgegenkommen und Zugeständnisse (Konzessionen) den Partner voll miteinbeziehen (integrieren)* und mitverantwortlich für den eingeleiteten Prozeß machen, so daß sich die Zugeständnisse auf globalem Niveau nicht als Verzicht, sondern als Gewinn erweisen[138]. 5) *Und das alles durchgehend von einer hohen Glaubwürdigkeit begleitet*, um eine unumstößliche Vertrauensbasis zu schaffen.

2. Außer dieser längerfristigen Strategie bietet sich jedoch auch eine kurzfristig wirksame Taktik an: Bisweilen ist es nämlich angebracht, derartig auftretenden Verhandlungspartnern kräftig Kontra zu geben. Sind sie erstmals auf jemanden gestoßen, den sie als gleichwertigen Partner gelten lassen müssen, so kann sich nach diesem reinigenden Gewitter aus einer Konfrontation sogar eine brauchbare, wenn auch manchmal anstrengende Verhandlungspartnerschaft entwickeln. Der große amerikanische Diplomat *George F. Kennan* (Jg. 1904) hat dies in seinen „Memoiren eines Diplomaten" (Mnch. 1971) bezüglich des Umgangs mit den Sowjets in eindrucksvolle Worte gekleidet:

> „Die Russen sind niemals zugänglicher, als wenn man ihnen kräftig auf die Finger geklopft hat. ... Die russische regierende Klasse respektiert nur die Starken. Zaghaftigkeit beim Streiten empfindet sie als eine Form der Schwäche" (S. 573).

138 Hier sei an die mahnenden Worte des Jahrhundert-Denkers *Martin Heidegger* (1889–1976) in seiner Schrift „Der Feldweg" (Ffm., 1959, S. 7) erinnert: „Der Verzicht nimmt nicht. Der Verzicht gibt."

(17) Der autoritär-diktatorische Verhandler: aggressiv, rücksichtslos, kompromißlos, trickreich sein Ziel ansteuernd, dabei anfangs häufig mit der Maske des Biedermannes, später aber arrogant, auftrumpfend, dominativ auftretend, will seinen Verhandlungspartner überfahren, ihn an die Wand reden, ihm seinen Willen aufzwingen und unter sein Diktat bringen; der durch seine Machtfülle psychisch korrumpierte Gewaltpolitiker oder Gewaltmensch (im industriellen Komplex), durch seine starke Willenssteuerung oft unelastisch, emotional unbeherrscht (Wutausbrüche), unberechenbar, dabei häufig durch Monologisieren das Gespräch an sich reißend, geradezu Zerr- und Gegenbild des rationalen Verhandlers.

Arthur Schopenhauer: „Denn in ihnen nimmt der Wille die Maske des Verstandes vor, um dessen Rolle zu spielen, was stets abscheulich ausfällt" (Parerga und Paralipomena, Zur Logik und Dialektik).

Beispiele:

Zu dieser Verhandlergruppe können wir, mit einem Blick auf die Geschichte, einerseits viele Gewaltherrscher der Antike, besonders des römischen Reiches, rechnen, andererseits entsprechende Gewaltpolitiker der Neuzeit wie *Karl XII. von Schweden* (1682–1718), *Napoléon I.* (1769–1821) und ganz besonders den großdeutschen Diktator und ‚Führer' *Adolf Hitler* (1889–1945). Mit seinem Verhandlungsverhalten wollen wir uns im folgenden beschäftigen. Dabei kann uns der frühere Chefdolmetscher des Außenministeriums *Paul Schmidt* wiederum als Kronzeuge dienen. In seiner Eigenschaft als Sprachmittler begegnete er Hitler erstmals im März 1935, als dieser den britischen Außenminister *Simon* und den damaligen Lordsiegelbewahrer *Eden* in Berlin zu einer Aussprache empfing. *P. Schmidt* berichtet seine Eindrücke: „Vielleicht hatte ich einen tobenden Demagogen erwartet, wie ich ihn vom Rundfunk her kannte ... Ich empfand ihn an jenem Morgen und während der ganzen Verhandlungen mit den Engländern als einen Mann, der mit Geschick und Intelligenz unter voller Wahrung der Formen, wie ich sie für solche politischen Gespräche gewohnt war, seinen Standpunkt so vertrat, als habe er jahrelang nichts weiter getan, als derartige Unterredungen zu führen. Der einzige Punkt, in dem er von der Regel abwich, war die Länge seiner Ausführungen" (S. 295).

Hier sehen wir deutlich, wie *Hitler* gerade in der Anfangsphase seiner Gewaltpolitik noch unter der Maske des politischen Biedermannes operierte. Ähnliches berichtet auch *Albert Speer* in seinen Erinnerungen (S. 32f.) mit den Worten: „... auffallend demonstrierte er bürgerliche Korrektheit, alles unterstrich den Eindruck vernünftiger Bescheidung." Einzig durch die Überlänge seiner Ausführungen verriet er die Neigung zum Monologisieren und den Willen, immer das letzte Wort haben zu wollen. Dabei ging Hitler damals schon recht trickreich vor, um seine gesteckten Ziele zu erreichen.

Zwei derartige Episoden aus dem genannten Gespräch führt *P. Schmidt* dazu auf. So wandte *Hitler* sich gegen die Idee eines kollektiven Sicherheitspaktes: „Bezeichnenderweise stellte er dieser den Gedanken gegenüber, daß die einzelnen Länder sich lediglich verpflichten sollten, dem Angreifer keine Hilfe zu leisten. ‚Das würde Kriege lokalisieren, anstatt sie zu verallgemeinern', sagte er mit anscheinender Logik. Aber es war die Logik eines Mannes, der die Taktik verfolgte, seine Gegner einen nach dem anderen zu erledigen, und der vermeiden möchte, daß ihm dabei jemand in den Arm fällt" (S. 298).

Es ist eindrucksvoll, wie *P. Schmidt* die Scheinlogik der *Hitler*schen Argumente durchschaut und sichtbar macht. Als seine britischen Gesprächspartner das Thema auf die Errichtung eines anderen Paktsystems lenkten, gab sich *Hitler* anscheinend konziliant, indem er folgendermaßen darauf reagierte: „Gegen einen derartigen Pakt hat Deutschland grundsätzlich nichts einzuwenden", hörte ich ihn scheinbar bereitwillig erwidern. Etwas stutzig machte mich dabei schon das Wort ‚grundsätzlich'. Wenn in Genf ein Delegierter ‚en principe' zustimmte, so wußte man von vornherein, daß er in der Praxis den Vorschlag ablehnte. Sollte etwa Hitler auch diesen alten, internationalen Trick gebrauchen? Meine Vermutung bestätigte sich schon bei seinen nächsten Worten, als er fast nebenbei bemerkte, ‚man müßte sich nur über die Frage klar werden, wie die sogenannte Nichteinmischung in die Verhältnisse der Donauländer genauestens zu definieren wäre'. Simon und Eden wechselten einen schnellen Blick, als ich diese Worte übersetzte" (ebd.).

Sodann macht uns *P. Schmidt* einen ganz gravierenden Schwachpunkt in *Hitlers* Verhandlungsverhalten sichtbar, als der spätere Außenminister *Eden* im Verlaufe der Unterredung gezielte Fragen stellte, mit denen er *Hitlers* Absichten in bestimmten Einzelpunkten herausbekommen wollte: „Präzise Fragen liebte Hitler nicht, besonders nicht in Verhandlungen mit fremden Politikern[139]. Das habe ich während meiner Arbeit für ihn immer wieder feststellen können. Allgemeine Entwicklungen, große Linien, historische Perspektiven und weltanschauliche Gedankengänge zog er vor. Konkreten Einzelheiten wich er meistens aus, denn bei ihrer Behandlung hätten sich seine wahren Absichten allzu deutlich abgezeichnet" (S. 304). Noch mehrfach weist er uns auf diese Schwachstelle in *Hitlers* Argumentieren hin: „Daß die Präzision nicht Hitlers Stärke war, hatte ich bereits oft bei Verhandlungen gemerkt" (S. 494). Und anläßlich einer Unterredung mit dem internierten belgischen König *Leopold III.* (1901–1983) ging er dessen Fragen nach der politischen Zukunft Belgiens aus dem Wege: „Hitler liebte keine präzisen Fragen und wich mit längeren Ausführungen über die Zukunft Europas aus" (S. 509)[140]. Mit derlei Ab-

---

139 Vgl. dazu oben das Verhandlungsduell *Molotow: Hitler* 1940 in Berlin!

140 Neben *Hitler* und *Goebbels* war der großsprecherische und brutale *Hermann Göring* (1893–1946) der dritte Mann im sinistren Dreigestirn der frühen Jahre des NS-Regimes. Über ihn erfahren wir von *P. Schmidt* dies: „... er liebte Präzision noch weniger als Hitler. Über technische Schwierigkeiten ging er meistens mit einer wegwerfenden Handbewegung hinweg. Trotzdem aber fehlte es ihm nicht an diploma-

lenkungsmanövern wollte er seine Gesprächspartner über seine wirklichen Pläne im unklaren halten.

Da *Hitler* wenige Tage vor dem politischen Besuch aus London am 16. März 1935 die allgemeine Wehrpflicht verkündet hatte, konnte er mit den Briten auch ganz ungeniert verschiedene militärische Probleme diskutieren. Hier macht *P. Schmidt* einen weiteren Grundzug *Hitler*scher Militär- und Außenpolitik sichtbar: „Noch vor zwei Jahren wäre in Genf der Himmel eingestürzt, wenn deutsche Vertreter derartige Forderungen erhoben hätten, wie es hier Hitler tat, als wäre es das Selbstverständlichste von der Welt. Dabei drängte sich mir unwillkürlich die Frage auf, ob Hitler nicht doch mit seiner Methode der vollendeten Tatsachen weitergekommen sei, als es mit der Verhandlungsmethode des Auswärtigen Amtes möglich gewesen wäre. Diese Zweifel kamen mir besonders, wenn ich beobachtete, wie gelassen Simon und Eden sich all diese Äußerungen Hitlers anhörten" (S. 302). Diese Überrumpelungstaktik des „fait accompli"[141] sollte *Hitler* noch öfter anwenden, weil sie ihm so häufig Erfolge bescherte, die er sonst nie erzielt hätte.

Bei seinem nächsten Überraschungsmanöver, der Rheinlandbesetzung (1936), ging *Hitler* daher noch umsichtiger zu Werke. Im Vorfeld dieser Aktion erzeugte er nämlich einen Rauchschleier von Friedensangeboten (25 Jahre Frieden!): „Bei den Engländern schien Hitler mit seinem Friedensangebot jedenfalls die gewünschte Wirkung erzielt zu haben ..." (S. 324). „Hitler hatte aus der Reaktion der englischen Staatsmänner und vor allen Dingen der Öffentlichkeit gesehen, daß ihm die Taktik der Abschirmung seines Rheinlandabenteuers durch Friedensvorschläge gelungen war, und verfolgte diese Methode mit doppeltem Eifer" (S. 326). *P. Schmidt* konstatiert abschließend über dieses raffinierte Taktieren *Hitlers*: „Bei der öffentlichen Meinung der Welt hatte er jedoch zunächst mit diesen Ablenkungsmanövern Erfolg" (S. 330). So erzeugte *Hitler* systematisch bei den Westmächten eine Atmosphäre der Friedensbereitschaft und damit der Nachgiebigkeit und Schwäche. Dies verführte ihn dazu, nun mehr aufs Spiel zu setzen und eine Politik der falsch verstandenen Stärke zu entwickeln. „Aufgrund seiner außenpolitischen Erfolge und des Zerfalls der Stresa-Koalition[142] war bei *Hitler* eine immer größere Versteifung in seiner Haltung gegenüber dem Ausland erkennbar ..." (S. 342).

Diese gefährliche Veränderung in *Hitlers* verhandlerischem Auftreten trat ganz deutlich bei seiner Unterredung mit dem damaligen britischen Außenminister *Lord Halifax* Ende 1937 in Berlin zutage: „Wie anders war dieser erregt aufbrausende, zornige Hitler als der ruhige und verbindliche Kanzler des Deutschen Reiches, der vor zwei Jahren Simon und Eden gegenübergesessen

---

tischem Geschick. Ich habe ihn später in sehr delikaten Situationen erlebt. Mit einer Nuancierung, wie man sie diesem wohlbeleibten Kraftmenschen, der in der deutschen Öffentlichkeit mehr als urwüchsiger Polterer bekannt war, nicht zugetraut hätte, wußte er sehr heikle Fragen außerordentlich geschickt zu behandeln" (S. 308).

141 Der französische Ausdruck bedeutet „vollendete Tatsache".

142 Beistandsabkommen von 1935 zwischen England, Frankreich und Italien.

hatte. Schon aus seiner auftrumpfenden Redeweise hätte ein unvoreingenommener Beobachter auf den Wandel der Zeiten schließen können" (S. 377). Wir sehen zugleich, wie sehr *Hitler* seine politischen Erfolge zu Kopfe gestiegen waren und ihn zu immer waghalsigeren Manövern am Rande des Abgrundes verführten. Dennoch versuchte er dabei, in eiskalter Berechnung auch psychologische Druckmittel ins Spiel zu bringen, wie die anschließende Passage aus *P. Schmidts* Buch über den *Halifax*-Besuch bezeugt: „Das Gespräch bei Tisch brachte keine neuen Momente zutage, nur die gereizte Stimmung Hitlers hatte sich gelegt, und er war wieder der freundliche und zuvorkommende Gastgeber, als den ich ihn auch bei anderen Besuchen erlebt hatte" (S. 379). *Hitler* glaubte, seinen Gast einem Wechselbad der Stimmungen, einem Spiel mit Zuckerbrot und Peitsche aussetzen zu können. Doch hier traf er beim weltgewandten *Halifax* auf keine Gegenliebe, sondern verwandelte ihn eher zu einem unnachgiebigen Gegner aller nationalsozialistischen Annexionspläne.

Während der Sudetenkrise 1938 ließ *Hitler* dann endgültig seine Maske fallen und zeigte sich als der Gewaltpolitiker, der er im Grunde schon immer war. Als drei englische Diplomaten *Hitler* in der Berliner Reichskanzlei ein Schreiben des britischen Premiers *Chamberlain* mit ablehnendem Inhalt überreichten, „... sprang Hitler, der der Verlesung mit wachsender Unruhe zugehört hatte, plötzlich auf, schrie: ‚Es hat überhaupt keinen Zweck, noch irgendwie weiter zu verhandeln', und lief zur Tür, als ob er in nicht zu überbietender Unhöflichkeit die fremden Diplomaten in seinem eigenen Arbeitszimmer allein zurücklassen wollte. Es war eine äußerst peinliche Szene, besonders als Hitler dann kurz vor der Tür doch wohl eingesehen hatte, wie unmöglich sein Verhalten war, und nun wie ein trotziger Junge den Rückzug antrat. Er hatte sich dann wenigstens soweit wieder in der Gewalt, daß ich mit der Verlesung des Briefes fortfahren konnte. Als ich geendet hatte, tobte er los, und zwar so laut, wie ich ihn vorher und nachher in einer diplomatischen Besprechung nie wieder habe reden hören" (S. 407). War dies nur ein kalkulierter Einschüchterungsversuch, wie ihn auch *Napoléon* liebte, oder zugleich auch der Ausbruch einer bodenlosen Wut darüber, daß andere Mächte seine Pläne plötzlich kurz vor dem Erfolg noch zu durchkreuzen versuchten?

Nach der Unterzeichnung des Münchener Abkommens von 1938, das *Hitler* das Sudetenland zusprach, ging er unter Verletzung dieses Abkommens alsbald an die Liquidierung der Rest-Tschechoslowakei. Zu diesem Zwecke bestellte er am 15. März 1939 den damaligen tschechischen Staatspräsidenten *Hacha* und seinen Außenminister *Chvalkowsky* zu einer Unterredung in seine neue pompöse Berliner Reichskanzlei. *P. Schmidt* war Zeuge dieses Auftrittes: „Eine Aussprache im eigentlichen Sinne war es nicht. Es handelte sich mehr um eine einzige, große Anklage gegen die Tschechen von seiten Hitlers, der das ganze ‚Sündenregister' ... hier wiederholte, ohne irgendwelche neuen Gesichtspunkte anzuführen. Hitler hatte seine Ausführungen zum Teil recht temperamentvoll vorgebracht (S. 429) ... Hacha und Chvalkowsky saßen wie versteinert da, während Hitler sprach. ... Es muß für beide ein außerordentlich schwerer Schlag gewesen sein, aus dem Munde Hitlers zu erfahren, daß das Ende ihres Landes gekommen war" (S. 430). Der Gewaltpolitiker *Hitler* hatte damit sein Meisterstück abgelegt.

Bei seinem nächsten Versuch, sich Polen ebenfalls hörig zu machen, brach er den 2. Weltkrieg vom Zaune und beschwor damit das Ende des Dritten Reiches und seiner selbst herauf. *P. Schmidt* faßt daher für uns – gleichsam kommentierend – sein Urteil über *Hitler* zusammen: „Mehrseitige Besprechungen, die über den Rahmen einer bloßen Schaudarstellung hinausgingen, schätzte er ganz und gar nicht, weil er sich wohl dem diplomatischen Spiel solcher Veranstaltungen nicht gewachsen fühlte. Hitler war der Mann des Diktats, aber niemals ein Unterhändler. Kompromisse konnte er wegen seiner geistigen Unelastizität nicht schließen, und an der Kompromißlosigkeit, die er immer so rühmte, ist er letzten Endes auch zugrunde gegangen" (S. 565).

Während *P. Schmidt Hitlers* außenpolitischen Gesprächs- und Verhandlungsstil darstellt, beschreibt uns *Albert Speer* (1905–1981) in seinen „Erinnerungen" (1969) den internen Gesprächs- und Verhandlungsstil und somit auch den Führungsstil *Hitlers*[143]. Aus Platzgründen sei hier nur ein derartiges Beispiel zitiert, das in seiner Kraßheit Bände spricht. Wie *Hitler* in seinem direkten Umfeld jede Eigeninitiative seiner Mitarbeiter erbarmungslos abwürgte, sei daran aufgezeigt.

Als der damalige Rüstungsminister *Speer*, von einer Dienstreise zurück, Anfang Januar 1944 wieder im Führerhauptquartier erschien, hatte *Hitler* eine wichtige Konferenz angesetzt: „Auf Veranlassung von Bormann hatte er eine große Sitzung einberufen, bei der in Anwesenheit der wichtigsten Minister das Arbeitsprogramm für 1944 festgelegt werden ... sollte. Am Vortage machte ich Hitler den Vorschlag, in einer Sitzung unter dem Vorsitz von Lammers diejenigen Differenzen zu behandeln, die wir allein klären könnten. Bei diesem Vorschlag wurde Hitler geradezu ausfallend und sagte mit eisiger Stimme, daß er sich eine derartige Beeinflussung der Sitzungsteilnehmer verbäte. Er wolle keine vorgefaßte Meinung vorgetragen haben, er wolle selbst die Entscheidung fällen" (S. 333). Schon der Beginn der Sitzung ließ *Speer* Schlimmes ahnen: „Bereits bei der Begrüßung zeigte er durch Kälte und Unhöflichkeit allen Teilnehmern an, daß er verstimmt sei. Wer ihn kannte, vermied bei solchen Vorzeichen, Entscheidungen einzuholen, deren Ausgang zweifelhaft war. Auch ich hätte an diesem Tag meine wichtigsten Anliegen in meiner Aktentasche ruhen lassen und ihm nur harmlosere Fragen vorgelegt. Aber dem Thema der angesetzten Besprechung war nicht mehr auszuweichen. Gereizt schnitt Hitler mir das Wort ab: ‚Ich verbitte mir, daß Sie, Herr Speer, noch einmal versuchen, das Ergebnis einer Sitzung vorwegzunehmen. Ich leite diese Besprechung und ich werde am Schluß entscheiden, was geschieht! Nicht Sie! Merken Sie sich das!' Diesem zornigen, übelgelaunten Hitler trat keiner entgegen" (ebd.). Diese „Kostprobe", die an Brutalität nichts zu wünschen übrig läßt, mag hier genügen.

Als ein weiterer aufschlußreicher Zeitzeuge sei hier der deutsche Völkerrechtler *Friedrich Berber* (1898–1984) aufgeführt. In seinen Memoiren „Zwischen Macht und Gewissen. Lebenserinnerungen" (Mnch. 1986) schildert er u. a.,

143 Wie *Albert Speer* dem Verf. in einem längeren Gespräch am 22. April 1972 in Heidelberg u. a. bedeutete, sei *ein* Ziel seines Buches gewesen, „den Führungsstil Hitlers" zu beschreiben. Dies ist Speer in erstaunlicher Eindringlichkeit gelungen.

wie der britische Geschichts- und Kulturphilosoph *Arnold Toynbee* (1889–1975) Mitte der 30er Jahre dieses Jahrhunderts versuchte, bei *Hitler* wegen der unmenschlichen Bedingungen in den deutschen KZs persönlich zu intervenieren. Über diese Begegnung erfahren wir folgendes: „Es war aber für Toynbee keineswegs leicht, überhaupt zu Wort zu kommen, weder objektiv noch subjektiv; objektiv nicht, da Hitler über zwei Stunden lang pausenlos sprach, subjektiv nicht, weil, wie wohl zu merken war, Toynbee von dieser Begegnung stark beeindruckt war. Es mußte für diesen genialen Geschichtsphilosophen ein einmaliges Erlebnis sein, diesem Mann, der schon Geschichte gemacht hatte und zweifellos noch viel mehr machen würde, gleich, ob er ihn nun in die Nähe von Cromwell oder von Dschinghis-Khan placieren würde, von Angesicht zu Angesicht gegenüberzusitzen – auch offenbar, da man auf die Dienste eines Dolmetschers verzichtet hatte, seiner raschen deutschen Rede nicht immer ohne Schwierigkeiten folgen konnte“ (S. 80).

Berber berichtet sodann, daß er schon ein Jahr zuvor mit dem britischen Unterhändler *Lord Allen* in der gleichen Sache beim damaligen Reichsjustizminister *Franz Gürtner* (1881–1941) vorsprach. Von diesem erfuhr er: „... er [Gürtner] habe dieserhalb bei Hitler selbst vorgesprochen, der ihn eine ganze Stunde lang angebrüllt habe; er habe dann eine Pause benutzt, um ganz ruhig zu fragen: ‚Darf ich jetzt auch einmal etwas sagen?‘ Darüber sei Hitler so erstaunt gewesen, daß er ihm seine Argumente in aller Ruhe habe vortragen können; aber eine Änderung sei nicht eingetreten“ (S. 81). Diese Episode zeigt eindrucksvoll, daß beherztes Auftreten gegenüber Diktatoren immerhin momentane Wirkungen erzielen kann. Dabei muß man wissen, daß *Gürtner* nicht etwa ein Nazi war, sondern aus dem deutschnationalen Lager kam und auch schon vor 1933 als Minister das Justizressort verwaltete.

Doch zurück zum *Toynbee*-Besuch bei *Hitler*. *Berber* analysiert an einem weiteren Vorfall scharfsinnig *Hitlers* Verhalten: „Daß jener plötzliche Umschlag von Zorn zur Ruhe bei Hitler, von dem uns Gürtner berichtet hatte, auch umgekehrt verlaufen könne, dafür erlebten wir bei Toynbees Besuch noch ein drastisches Beispiel. Toynbee hatte zum Schluß davon gesprochen, daß im Interesse des Friedens ein besseres Verständnis zwischen Deutschland und England nötig sei, worauf Hitler erwiderte, es sei der Kern seiner Außenpolitik, ein möglichst enges freundschaftliches Verhältnis zu England zu bekommen; dann veränderte sich plötzlich seine Stimme und sein ganzes Verhalten, und er schrie mit sich vor Wut überschlagender Stimme: ‚und wenn jemand diese meine Bemühungen stört, den sperr' ich ins KZ.‘ Ich erinnere mich noch heute, als sei es eben geschehen, wie das letzte Wort mit scharfzischender Brutalität herausgestoßen wurde und mich mit kaltem Grauen erfüllte; doch äußerlich blieben alle Beteiligten unbewegt, bewußt des grotesken Widerspruchs, daß das eben als Reformmuster gepriesene Lager nun plötzlich zum Mittel schrecklichster Drohung wurde“ (S. 81 f.).

Berber verbindet mit diesem widerwärtigen Vorfall eine luzide Charakteranalyse des Diktators: „Ich fragte mich damals, welches der echte Hitler war, der geschickt überredende, rednerisch begabte, über viel historisches Wissen verfügende kühle Rechner und Planer oder der unbeherrschte Mensch des plötzlichen erschreckenden Wutausbruchs. Ich glaube, daß beides in ihm lag; ich verließ das Toynbee'sche Interview mit einem stärkeren Eindruck von seiner Bedeutung, als ich ihn vorher gehabt hatte, aber auch mit einem weit stärkeren Eindruck von seiner unberechenbaren Gefährlichkeit. Von seiner soviel besprochenen magischen Wirkung habe ich aber jenen ganzen Nachmittag nichts gemerkt; ich glaube, daß es sich dabei um die suggestive Kraft seiner Beredsamkeit handelte, die in einem Lande ohne rhetorische Tradition besonders eindrucksvoll sein mußte, verbunden mit dem bangen Gefühl des Besuchers, einem Manne gegenüberzustehen, der über schrankenlose Machtbefugnisse verfügte und wieder und wieder bewiesen hatte, daß er sie hemmungslos zu benutzen bereit sei. Es handelte sich also meines Erachtens keinesfalls um irgendwelche magischen, okkulten, dämonischen Dinge, sondern um menschlich-psychologische Vorgänge, wobei seine Bereitschaft zur Brutalität zweifellos an krankhafte Dinge streifte, die in der Sexualpathologie mit Sadismus bezeichnet zu werden pflegen und die bei seinen Gefolgsleuten auf dem Wege der Ansteckung ebenfalls zu jenen Ausbrüchen von Gebrüll und Brutalität führten, die das schreckliche Signum jener Zeit bildeten und bei den Opfern so häufig eine an masochistische Ergebung erinnernde Lähmung allen Widerstandswillens hervorriefen, die späteren Beobachtern immer wieder erschreckend auffiel" (S. 82). Dies ist eine brillante Demaskierung *Hitlerscher* Rede- und Gesprächstechniken, wie wir sie uns besser kaum wünschen können[144].

Gegenmaßnahmen: Wie können wir uns gegen einen derart totalitär-diktatorisch auftretenden Gesprächs- oder Verhandlungspartner zur Wehr setzen? Es gibt tatsächlich eine ganze Reihe von Maßnahmen, wie sich besonders gut am Falle *Hitlers* selbst zeigen läßt:

1. Präzise Fragen (und Gegenfragen), wie sie z.B. von *Simon* und *Eden*, von *Molotow* und *Leopold III.* vorgetragen worden (s.o.).

2. Drohung mit Abbruch der Verhandlungen oder Gespräche, wie dies *Neville Chamberlain* während einer Unterredung über die Sudetenkrise in Berchtesgaden (1938) tat:

P. Schmidt berichtet: „Jetzt wurde auch Chamberlain, der bis dahin alles mit ernster Ruhe angehört hatte, erregt: ‚Wenn ich Sie richtig verstanden habe', sagte er, ‚dann sind Sie entschlossen, auf jeden Fall gegen die Tschechoslowakei vorzugehen'. Nach einer sekundenlangen Pause fügte er dann hinzu: ‚Wenn das Ihre Absicht ist, warum haben Sie mich denn überhaupt nach Berchtesgaden kommen lassen? Unter

144 Auch hier ist die Parallelität zu anderen Staatskriminellen der Weltgeschichte wie *Napoléon, Stalin, Molotow* usw. wieder frappierend.

diesen Umständen ist es das beste, wenn ich gleich wieder abreise. Es hat ja anscheinend doch alles keinen Zweck mehr'. Hitler zögerte einen Augenblick. ... Aber das Erstaunliche geschah. Hitler zuckte zurück" (S. 397).

Wir sehen bereits hier, daß Festigkeit gegenüber diktatorischen Verhandlern durchaus zum Erfolg führen kann, wenn die eigene Verhandlungsposition stark genug ist.

3. Eindringlich, rational fundierte Gegenargumentationen, ggf. noch durch Vorlage von Beweismitteln erhärtet, s. dazu oben *François-Poncets* Vorgehen gegenüber *Hitler* anläßlich der Sudetenkrise 1938:

„Sie täuschen sich, Herr Reichskanzler', sagte er im Verlauf dieser Unterhaltung zu Hitler, ‚wenn Sie etwa glauben, den Konflikt auf die Tschechoslowakei lokalisieren zu können. Wenn Sie dieses Land angreifen, stecken Sie damit ganz Europa in Brand'. Immer von neuem setzte er Hitler das Unsinnige seines Vorhabens in psychologisch wirkungsvoller und diplomatisch sehr geschickter Weise vor. ... Er brauste nicht mehr auf, er fand auf die mit scharfer französischer Logik vorgebrachte Argumentation François-Poncets nur noch mit größter Mühe etwas zu erwidern. Er wurde sichtlich nachdenklich. ... Ein weiterer diplomatischer Kunstgriff des französischen Botschafters war eine sauber gezeichnete Karte über die einzelnen Phasen der Räumung" (S. 410f.).
Dennoch brach *Hitler* bekanntlich das Münchener Abkommen.

4. Unbeeindruckt bleiben von den Tiraden, Drohungen oder Erfolgsmeldungen des Gegenübers, wie dies der italienische Außenminister *Ciano* tat, als er sich von *Hitlers* und *Ribbentrops* schönen Worten nicht beeindrucken ließ (s. o.).

5. Einsatz der Leerlauftaktik („die kalte Schulter zeigen"), der Verzögerungs- und Ausweichtaktik (z. B. Vorbringen von überzogenen Gegenforderungen), wie von General *Franco* und Marschall *Pétain* bei ihren Begegnungen mit *Hitler* angewendet (s. o.).

6. Verbaler Gegenangriff, wie dies der französische Premier *Edouard Daladier* (1884–1970) auf der Münchener Konferenz tat:

„Es herrschte eine Atmosphäre des allseitigen guten Einvernehmens, die nur ein- oder zweimal durch einige wütende Angriffe Hitlers auf Benesch und die Tschechoslowakei und einige recht temperamentvolle Gegenäußerungen Daladiers unterbrochen wurde" (S. 414).

7. Unerschrockenes Verhalten gegenüber den Zumutungen der Gegenseite, auch wenn man sich in der schwächeren Position befindet, wie sie der vichy-französische Premier *Pierre Laval* trotz seiner Kollaboration gegenüber *Hitler* an den Tag legte:

„Außerdem war er oft auch Hitler gegenüber unerschrocken und scheute nicht davor zurück, seine Meinung klar zum Ausdruck zu bringen. Das geschah oft in sehr prägnanten Formulierungen. ... ‚Sie wollen den Krieg gewinnen, um Europa zu schaffen, aber schaffen Sie doch erst Europa, um den Krieg zu gewinnen!', rief er Hitler temperamentvoll zu" (S. 565).

8. Entwaffnende Ungezwungenheit und Direktheit, wie sie der bulgarische Zar *Boris III.* in seinen Verhandlungen und Gesprächen mit *Hitler* zur Schau trug und wirkungsvoll einsetzte (s. o.).

9. Dem monologisierenden Diktator mit seiner eigenen Waffe begegnen, wie dies der rumänische Marschall und Diktator *Ion Antonescu* (1882–1946) gegenüber *Hitler* fertigbrachte[145]:

„Vor der Unterredung mit Hitler war ihm eingeschärft worden, daß er kein Wort gegen den Schiedsspruch sagen dürfe. Er sprach zwei Stunden lang über weiter nichts als über die Fehler des Spruches von Wien[146]. ‚Das hat mir immer imponiert', sagte Hitler mehrmals in meiner Gegenwart bei späteren Gelegenheiten. Für mich als Dolmetscher war Antonescu mit seinen französischen Ausführungen eine Art rhetorisches Gegenstück zu Hitler. Er monologisierte wie dieser" (S. 512).

10. Energische Kritik an den Vorschlägen, Maßnahmen, Verhandlungsmethoden usw. des Gegenübers, entweder diplomatisch geschickt verpackt oder auch sehr freimütig:

145 Wer *Hitlers* Monologomanie dagegen keinen Widerstand entgegensetzte, war der italienische Diktator, Begründer des Faschismus und *Hitler*-Freund *Mussolini*. *P. Schmidt* berichtet über den Ablauf der sogenannten „Brenner-Konferenzen": „Ein Gespräch im eigentlichen Sinne waren diese Unterhaltungen auf dem Brenner meistens nicht. Eine zutreffendere Bezeichnung wäre Brenner-Monologe – nämlich Hitlers – gewesen, denn der deutsche Diktator nahm fast ausnahmslos 80 bis 90% der Zeit in Anspruch, und ganz zum Schluß konnte auch Mussolini einige Worte hinzufügen" (S. 479). So mißbrauchte *Hitler* sein Vertrauensverhältnis zu *Mussolini*.

146 Der Schiedsspruch von Wien (1940) gab das von Rumänien 1918 annektierte Siebenbürgen vorübergehend an Ungarn zurück.

a) Die mit dem italienischen Außenminister verheiratete *Mussolini*-Tochter *Edda Ciano* (Jg. 1910) begegnete *Hitler* folgendermaßen: „Beide Male hatte die große, überschlanke und hochelegante Tochter des italienischen Diktators Hitler auf politische Fragen angesprochen und sich nicht gescheut, mit Temperament und scharfem Verstand gegenteilige Ansichten vorzubringen. ... Hitler imponierte es offensichtlich, daß Edda Ciano so energisch mit ihm umging. Ruhig hörte er sich von ihr Dinge an, die er einem männlichen Besucher als Kritik an seiner Politik schwer verübelt haben würde" (S. 579). Trotzdem änderte sich an den Zuständen nichts.

b) Auch die italienische Kronprinzessin *Maria José* (Jg. 1906), Schwester des belgischen Königs *Leopold*, versuchte, bei *Hitler* ein gutes Wort für ihren internierten Bruder einzulegen und ging so vor: „Hitler verhielt sich sehr ausweichend. Hätte ihm ein männlicher Gast gegenübergesessen, wäre seine Antwort wahrscheinlich in beiden Punkten ein schroffes Nein gewesen. Aber bei Frauen war er stets sehr viel milder, besonders wenn sie jung und elegant waren und ihre Sache mit so viel weiblichem Charme und gleichzeitig so diplomatisch geschickt vortrugen, wie es die Prinzessin von Piemont tat. Sie hatte natürlich Hitlers Ausweichtendenz nach einiger Zeit sehr deutlich gespürt. ‚Wenn Sie mit mir über diese Dinge nicht reden wollen', sagte sie schließlich mit echt weiblicher Taktik, ‚weil ich nur eine Frau bin und von Politik nichts verstehe, können Sie sich dann nicht einmal mit meinem Bruder Leopold darüber unterhalten? ... Er würde ein sehr viel nützlicherer Gesprächspartner für Sie sein als ich" (S. 507).

c) Je weiter es mit *Hitlers* Macht bergab ging, je mehr politische und militärische Fehler er beging, desto kühner wurde Marschall *Antonescu* als unentbehrlicher Bundesgenosse in seiner Kritik am braunen Diktator: „Antonescus Sprache war bereits bei den vorgehenden Zusammenkünften in Ostpreußen immer kritischer und herausfordernder geworden. Mit rücksichtsloser Schärfe legte der alte Generalstäbler französischer Schule die Schwächen und Fehler der Hitlerschen Kriegsführung bloß. Er war durch keine schönen Worte mehr zu bestechen, und interessanterweise gab Hitler ihm gegenüber auch die Versuche auf, die Gespräche nach der Coué-Methode[147] zu führen. Voller Staunen erlebte ich es z. B., daß der überhebliche deutsche Diktator den rumänischen Marschall bescheiden um Rat fragte. ‚Ich weiß nicht, ob ich die Krim räumen oder sie verteidigen soll', wandte er sich einmal an Antonescu. ‚Was würden Sie mir raten, Herr Marschall?' Etwas Derartiges hatte ich während meiner ganzen Tätigkeit bei Hitler noch niemals übersetzen müssen. ... und ein weiteres nie dagewesenes Wunder geschah. ‚Ich mache Ihnen einen Kompromißvorschlag', erklärte Hit-

147 *Emile Coué* (1857–1926), Erfinder einer Autosuggestionsmethode, deren Hauptmotto lautete: „Es geht mir täglich besser ...".

ler ..., ‚wir bereiten zwei Pläne vor, einen Verteidigungsplan und einen Räumungsplan'. ‚Gut, damit bin ich einverstanden', war Antonescus nicht gerade verbindliche, in kurzem militärischen Ton abgegebene Antwort. Hitler ließ alles ruhig über sich ergehen. Ja, er war sogar zu Antonescu bei dieser und den folgenden Gelegenheiten freundlicher als zu all seinen anderen Besuchern. Vielleicht hatte der rumänische Marschall die richtige Methode gefunden, mit Diktatoren umzugehen" (S. 575). – *Antonescu*[148] brachte also das fertig, was kein deutscher General oder politischer Mitarbeiter *Hitlers*[149] derart eindrucksvoll je zu tun gewagt hätte! Autoritär-diktatorische Widerparts verstehen eben diese Sprache am besten, weil sie sich ihrer gegenüber Schwächeren ja auch bedienen.

(18) Der rabulistische (wortverdreherische) Verhandler: ideologisch indoktriniert, dialektisch (z. T. auch monologisierend) vorgehend, die Verhandlung oder das Gespräch an sich reißend, seine Gesprächspartner manipulierend, dabei intellektuell höchst anspruchsvoll auftretend, in vielem dem Typus des Platonischen „Sophisten" ähnelnd.

Beispiele:

Als schon klassisches Beispiel aus dem Dritten Reich können wir hierzu den NS-Propagandaminister *Josef Goebbels* (1897–1945) aufführen, Stardemagoge und Volksverhetzer ersten Ranges, zugleich aber auch ein raffinierter Dialektiker und Rabulist (Wortverdreher), wie alle, die ihn noch bewußt erlebten, eindeutig bezeugen können. *P. Schmidt* übermittelt uns hierzu seine Eindrücke und Beobachtungen über diesen Mann, als er im Rahmen einer deutschen Delegation im Herbst 1933 in Genf auftrat: „Die Sensation der Vollversammlung war ... der Propagandaminister Dr. Goebbels ... Er bewegte sich in dem Genfer Milieu, das er immer so heftig geschmäht hatte, völlig ungezwungen, als sei er schon jahrelang Delegierter beim Völkerbund gewesen. Rein äußerlich machte ‚der wilde Mann aus Deutschland' ... einen gepflegten und ruhigen Eindruck, wenn er ... mit Ausländern ins Gespräch kam. Bei diesen Gelegenheiten konnte ich als Dolmetscher ... feststellen, daß

148 Wie dagegen *Albert Speer* den *Hitler*-Befehl zur totalen Zerstörung aller deutschen Industrie- und Versorgungseinrichtungen („Verbrannte Erde") im Frühjahr 1945 austrickste und unterlief, können wir als Ergänzung zu den Punkten 1.–10. in seinen „Erinnerungen" ausführlich nachlesen.

149 Dies gelang *Antonescu* allerdings erst in der Endphase des NS-Regimes mit einem schon stark angeschlagenen *Hitler* an der Spitze. Ähnliches gelang zuletzt auch *Speer*.

sich Goebbels sehr schnell den Genfer Jargon angewöhnt hatte. Hätte man nicht gewußt, wer er war, hätte man tatsächlich glauben können, er sei der friedliebendste und verständigungsbereiteste Mensch der Welt. Auf diese Weise hatte er bald ... fast mit allen prominenten Ausländern mindestens ein paar Worte gewechselt. Ich hatte den Eindruck, daß sie fast alle genau so überrascht waren wie ich, anstatt des tobenden Volkstribunen einen völlig normalen, von Zeit zu Zeit liebenswürdig lächelnden Typ eines Völkerbundsdelegierten vor sich zu finden, wie er zu Dutzenden auf den Septembertagungen auftrat. ... Während viele der Ausländer ihm deswegen mit einem amüsierten, durchaus nicht immer kritischen Interesse begegneten, erregten sein glattes Wesen und seine scheinbare Verständigungsbereitschaft bei anderen, vor allem bei der Presse, um so größeres Ärgernis, weil das Verhalten des Propagandaministers nicht zu Unrecht für eine gefährliche, täuschende Maske gehalten wurde" (S. 278).

In diesem Verhalten von *Goebbels* sind die Parallelen zu seinem Herrn und Meister *Hitler* unverkennbar. Durch dieses Verhalten versuchte *Goebbels* als raffinierter PR-Spezialist, das lädierte Image des NS-Regimes im Ausland, vor allem auch gegenüber der Weltmacht Presse, aufzubessern. Doch die Doppelzüngigkeit seines Treibens blieb vielen kritischen Journalisten nicht verborgen. Als Krönung seiner Genfer Öffentlichkeitsarbeit hielt *Goebbels* sodann einen Vortrag auf dem Presseempfang der Reichsregierung und stellte sich anschließend den Journalisten zu einer Frage-Antwort-Sitzung. Hören wir dazu wieder *P. Schmidt*: „Genauso wie die Politiker waren auch sie wohl überrascht, daß der maßlose Demagoge, als den sie Goebbels aus seinen Äußerungen kannten, nun in einer so zivilisierten und verbindlichen Gestalt vor ihnen stand. Das zeigte sich besonders, als er sich nach Beendigung seiner Rede ... zwanglos unter die Pressevertreter mischte und alle an ihn gestellten Fragen beantwortete. Hier war Goebbels ganz und gar in seinem Element. Mit meisterhafter Dialektik ging er auch auf die delikatesten Fragen ein und verstand es, den oft sehr pointierten Äußerungen der Auslandsjournalisten die Spitze abzubrechen. Es war natürlich reine Dialektik. Zur Sache selbst konnte er z. B. in den zahlreichen Anfragen über die Behandlung der Juden in Deutschland keine befriedigende Auskunft geben. Trotzdem aber erregte die Geschicklichkeit bei den für derartige Auftritte sehr empfänglichen internationalen Journalisten vielfach, wenn auch widerwillige Anerkennung" (S. 280).

Neben dem Demagogen zeigte sich *Goebbels* hier also von seiner zweiten Seite als meisterhafter dialektischer Verdrehungskünstler, dem sogar bei den kritischen Journalisten eine gewisse Anerkennung nicht versagt blieb. Als brauner Star-Journalist wußte *Goebbels* schließlich, wie er seine ausländischen Kollegen beeindrucken und vielleicht auch hinters Licht führen konnte.

Gegenmaßnahmen: Wie können wir einem solchen trickreichen, aalglatten, dialektisch geschulten Verhandler, mag er nun aus dem ultrarechten oder ultralinken politischen Spektrum kommen, wirksamen Widerstand leisten und seine ständigen Manipulationsversuche abwehren?

1. Einer, der dem Dialektiker *Goebbels* Paroli zu bieten vermochte, war der französische Politiker und Staatsmann *Paul Reynaud* (1878–1966), von dem uns *P. Schmidt* berichtet:

„Einer, den er nicht überzeugte, war der spätere französische Ministerpräsident Paul Reynaud, für den ich einmal in Berlin bei einer Unterredung mit Goebbels dolmetschte und der schon damals dem geschickten Dialektiker mit seinen geistreichen Gegenargumenten sehr zu schaffen machte" (S. 358). Vermutlich gelang es *Reynaud*, den aufgrund seiner lückenlosen Pseudologik schwer festzunagelnden *Goebbels* bei seinen unausgesprochenen, aber eben zutiefst fragwürdigen Prämissen anzugreifen und damit sein ganzes verlogenes Dialektikgebäude an den Wurzeln in Frage zu stellen.

2. Wer sich jedoch eingehender in Wesen und Unwesen der Dialektik einarbeiten und deren Widerlegung sich aneignen möchte, sei auf Kapitel V, 2 dieses Buches hingewiesen, wo *Arthur Schopenhauers* berühmt-berüchtigte „36 eristischen Kunstgriffe" und Abwehrmaßnahmen dazu vorgestellt werden.

Untergruppe 2: Ein defensives Verhandlerprofil

(19) Der patriarchalisch-paternalistische Verhandler: Typ des „Grand Old Man" (auch „Elder Statesman") oder Grandseigneurs, viel Autorität mit Würde gepaart, Erfahrenheit im Verein mit Gerissenheit (Winkelzüge), Verschlossenheit, Mißtrauen (bis zur Menschenverachtung), souveräne Sicherheit und Selbstkontrolle, Härte und Ausdauer (bis zum Aussitzen des Verhandlungspartners: Ermüdungstaktik), Humor und Spott (bis zu Zynismus und Menschenverachtung), Simplismus (Fähigkeit, Probleme zu vereinfachen und in einfacher Sprache auszudrücken), gestörtes Verhältnis zur Wahrheit.

Beispiele:

Als klassischen Vertreter dieser Richtung können wir den ehemaligen deutschen Bundeskanzler *Konrad Adenauer* (1876–1967) anführen. Von ihm sagte der Publizist *Sebastian Haffner* (Jg. 1907) halb kritisch, halb bewundernd: „... denn obwohl er, weiß Gott, Patriarch und Autokrat genug war, war er doch zugleich auch ein Übergang zur Demokratie – ein demokratischer Patriarch, ein demokratischer Autokrat“[150]. Auch der Berufsdiplomat *André François-Poncet* äußerte nach seiner ersten Begegnung mit *Adenauer* anerkennend: „... Nichts erinnert bei diesem Siebzigjährigen an sein Alter. Nicht weniger angetan war ich von der Autorität, die von meinem Gegenüber ausging, von seiner natürlichen Vornehmheit, der Einfachheit und Zurückhaltung seiner Sprache, seiner vollkommenen Würde ...“[151]. Der vormalige britische Hochkommissar *Sir Ivone Kirkpatrick* (1897–1964) und Gegenspieler am Verhandlungstisch bekundete gleichfalls seine Hochachtung vor *Adenauer*: „Bei Verhandlungen empfand ich ihn immer als einen ehrfurchtgebietenden, aber charmanten Gegner. Zweifellos genoß er die Waffengänge am Konferenztisch sehr und hatte seinen Spaß an seinen Scharmützeln mit den Hochkommissaren. Mehr als einmal hat er mir versichert, daß er an die langen und oft langweiligen Sitzungen über die Bonner Verträge mit Vergnügen denke. Er war immer schnell bei der Hand, irgendwie Ritzen in der Rüstung der Gegner zu entdecken und dann seine Waffe in diese Lücke zu bohren. Andererseits war er ebenso schnell bereit, großzügig die Stärke in der Argumentation seines Gegners anzuerkennen. Er ist immer der Mann der Vernunft. Seine Argumentation wird höflich, humorvoll und mit Verständnis auf der Ebene der Vernunft geführt. Dabei sitzt der große schlanke Mann steif am Tisch, als hätte er einen Ladestock verschluckt, und von seinen Lippen fallen die sorgfältig artikulierten deutschen Sätze – leblose, autoritative Sätze von einer beinahe chinesischen Ungerührtheit“[152]. Hören wir nun den *Adenauer*-Biographen *Wilhelm von Sternburg*[153]: „Da ihm zudem die Gabe der Schlagfertigkeit in hohem Maße gegeben war, gelang es Adenauer in schwierigen Verhandlungen immer wieder, mit seinem ‚rheinischen Humor‘ dramatische Situationen zu entkrampfen, unangenehmen Fragen auf Pressekonferenzen durch recht nichtssagende humorige Antworten auszuweichen ... Das berechnende Kalkül, das hinter dieser Haltung stand, haben viele, die mit ihm oder gegen ihn arbeiteten, erst durchschaut, als die Entwicklung längst über sie hinweggegangen war ...“ (S. 23). „Ihm war kaum ein Winkelzug zu abwegig, kein Umweg zu mühsam, kein Feilschen zu aufwendig, wenn es galt, Macht zu halten oder zu erobern“ (S. 26f.). „Der Politiker Adenauer hat häufig in seinem Leben die Wahrheit umgebogen, um zum Ziel zu gelangen. Er halte es je nach der Lage mit der ‚einfachen‘, der ‚reinen‘ oder der ‚lauteren‘ Wahrheit, soll er – in seiner bekannt verharmlosenden Art – zu diesem Thema geäußert haben“ (S. 27). „Er besaß die Fähigkeit, sehr rasch zum

---

150 Im Schatten der Geschichte, Stuttgart 1985, S. 291.

151 *G. v. Uexküll* (Hrsg.) Adenauer. Reinbek 1976, S. 133.

152 *T. Prittie,* Adenauer, Frankfurt/M., 1976, S. 207.

153 Adenauer, Eine deutsche Legende, Frankfurt/M. 1987.

Kern des gestellten Problems vorzudringen, komplexe Vorgänge zu vereinfachen, sich ganz auf die zu lösende Frage zu konzentrieren. Bei Gesprächen ließ er genau jene Dauer zu, die er brauchte, um Nutzen daraus zu ziehen" (S. 32). Ähnlich wie *Kirkpatrick* berichtet *von Sternburg*: „Der Greis zeigte jedoch kaum Ermüdungserscheinungen, konnte stundenlang und regungslos auf seinem Kanzler- oder Abgeordnetensitz die Debatten im Bundestag verfolgen, schwierige, über Tage andauernde Konferenzen ohne Konzentrationsschwäche meistern. ... die starke physische Konstitution wußte Adenauer in sehr wichtigen Stunden seiner politischen Karriere zum eigenen Vorteil zu benutzen. Mancher Verhandlungspartner wurde erst in jenem Augenblick bezwungen, als ihn Müdigkeit und Konzentrationsverlust, Überdruß und Ungeduld das Konferenzende herbeisehnen ließen. Nicht selten machte Adenauer, hellwach auf diesen Augenblick wartend, dann seinen entscheidenden Vorstoß gegen einen matten Gegner" (S. 33 f.).

Gegenmaßnahmen: Siehe dazu Nr. (7) „schlauer Fuchs", S. 181; ansonsten gilt: Alter schützt vor Torheit nicht.

Untergruppe 3: Ein teils offensives, teils defensives Verhandlerprofil

(20) Der dogmatisch-doktrinäre Verhandler: mit vorgefaßter (weltanschaulich festgelegter) Meinung, hartnäckig (bis zur Sturheit), dickköpfig (bis zur Uneinsichtigkeit), den eigenen (unfehlbaren) Standpunkt immer wieder einhämmernd (Wiederholungstaktik), unelastisch in Grundsatzfragen, von emotionaler Gereiztheit (Wutausbrüche), dabei gleichwohl druckvoll bei Durchsetzung der Eigeninteressen, ohne Fingerspitzengefühl bei delikaten Fragen, ausdauernd.

Beispiele

Als typischer Vertreter dieser Richtung ist hier in erster Linie der frühere NS-Außenminster *Joachim von Ribbentrop* (1893–1946) zu nennen, von dem und von dessen Verhandlungsmethoden *P. Schmidt* uns eingehende Beschreibungen liefert: „Er besaß eine gehörige Portion Arroganz und Eitelkeit und war von einem nicht zu übertreffenden Mißtrauen und Argwohn, wodurch oft ein Eindruck von Dummheit entstehen kann. In den unzähligen Verhandlungen, bei denen ich in den späteren Jahren als Dolmetscher zugegen war, fehlte es ihm zwar durchaus nicht an Gegenargumenten. Er konnte seine Gedanken mit einiger Klarheit formulieren, hatte Tatsachen und Einzelheiten der zu behandelnden Probleme recht gut im Kopf. Aber ich bin niemals auf den Gedanken gekommen, ihn etwa als einen Staatsmann oder Außenminister anzusehen. Vor dem Nürnberger Internationalen Gerichtshof hat er sich selbst als außenpolitischen Sekretär Hitlers bezeichnet und ist damit der Wahrheit meinen Beobachtungen nach recht nahe gekommen" (S. 312).

Im folgenden erfahren wir dann von einem Überraschungs-Coup *Ribbentrops*, der auf den ersten Blick nicht so ganz zum oben skizzierten Verhaltensbild passen will. Als er nämlich Mitte 1935 wegen Abschluß eines deutsch-englischen Flottenabkommens nach London geflogen war, ging er dort so vor: „Die Verhandlungen wurden im Foreign Office [Außenministerium] eröffnet. In Anwesenheit von Simon legte Ribbentrop gleich in der ersten Sitzung die Karten offen auf den Tisch. Deutschland fordere die Anerkennung einer Flottenstärke von 35% im Verhältnis zur Flotte des britischen Weltreiches. ‚Wenn die englische Regierung diese Bedingung nicht sofort annimmt', erklärte er mit etwas übertrieben wirkender Energie, ‚dann hat es gar keinen Zweck, diese Verhandlungen fortzusetzen. Wir müssen auf sofortiger Entscheidung bestehen'. ... Ich hielt dieses Vorgehen Ribbentrops nicht für geschickt. ... Ob nun Ribbentrop aus Mangel an eigener Erfahrung in internationalen Verhandlungen die Hauptschwierigkeit so undiplomatisch vorbrachte, daß die Verhandlungen leicht hätten scheitern können ..., ob er aus einer eigensinnigen und krampfhaften Neuerungssucht handelte, wie sie vorher und nachher die nationalsozialistischen Methoden auszeichnete, oder ob er als der getreue Diener seines Herrn lediglich dessen Weisung ohne viel eigene Phantasie schematisch ausführte, war mir damals nicht klar. Dazu kannte ich Ribbentrop noch zu wenig. Erst später merkte ich, daß sein Verhalten sich durch nichts besser versinnbildlichen ließ als durch die Handelsmarke der Grammophonfirma ‚Die Stimme seines Herrn'. Genauso wie der Terrier dort scharf und fasziniert auf die aus dem Grammophontrichter heraustönende Stimme seines Herrn lauscht, nahm auch Ribbentrop die Worte und Weisungen Hitlers in sich auf und führte sie dann ohne viel eigene Überlegung und Phantasie aus. Von vielen in- und ausländischen Beobachtern wurde er deswegen für dumm gehalten" (S. 311/12). „Damals in London fand ich meinen Eindruck, daß Ribbentrop durch sein ‚Mit-der-Tür-ins-Haus-fallen' sehr ungeschickt vorgegangen war, durch die Reaktion von Simon bestätigt. ... ‚Es ist nicht üblich', so entgegnete er mit ziemlicher Heftigkeit, ‚daß gleich zu Beginn von Verhandlungen derartige Bedingungen gestellt werden. Ich kann selbstverständlich keinerlei Erklärung darüber abgeben', schloß er brüsk seine Ausführungen und verließ mit einem frostigen Gruß die Sitzung" (S. 312).

Jedoch nahm die Angelegenheit überraschenderweise eine andere Wendung, als sie unser Beobachter erwartete. Denn nach zwei Tagen Wartezeit wurde plötzlich eine neue Sitzung, diesmal aber in der britischen Admiralität und unter Anwesenheit hoher Marineoffiziere, anberaumt! Was hatte dies zu bedeuten? *P. Schmidt* berichtet: „Zu meinem Erstaunen verlas [Unterstaatssekretär] Craigie gleich anfangs eine Erklärung, wonach sich die britische Regierung bereit erklärte, Ribbentrops Forderungen anzunehmen. ... Ich traute meinen Ohren nicht, als ich diese so völlig unerwartete Äußerung aus dem Munde Craigies vernahm. Widerwillig mußte ich mir selbst eingestehen, daß die von mir mit so viel Kritik und Ablehnung betrachtete Methode Ribbentrops anscheinend doch Erfolg gehabt hatte. Es mußte den Engländern außerordentlich viel an einer Einigung mit uns liegen, wenn sie innerhalb von wenigen Tagen so völlig umgefallen waren. Jedenfalls war dieser Vorgang ein Ereignis, das mich in der Folge in meinem Urteil über die Hitlerschen Methoden außerordentlich unsicher machte. Gerade an diese Szene in der britischen Admiralität habe ich noch oft denken müssen, wenn ich mit innerem Widerstreben Ausführungen von Hitler und Ribbentrop übersetzte, die den Methoden der deutschen Staatsmänner aus der Zeit vor 1933 geradezu ins Gesicht schlugen" (S. 314).

Als Befehlsempfänger und Erfüllungsgehilfe seines Herrn und Meisters übernahm *Ribbentrop* bereitwillig auch andere bewährte *Hitler*-Methoden, z.B. die der Wiederholung, gepaart mit Hartnäckigkeit und Sturheit. Schon über *Hitler* bemerkte *P. Schmidt* einmal treffend: „Außerdem wiederholte sich Hitler, wie es seine Art war, des öfteren in Punkten, die ihm besonders am Herzen lagen" (S. 299). Übrigens machte auch *Göring* auf diesem Gebiet seine Anleihen bei *Hitler*, wie uns *P. Schmidt* staunend berichtet: „Ich erlebte hier zum ersten Mal etwas, das mir bei späteren Unterhaltungen der nationalsozialistischen Prominenten mit Ausländern immer von neuem sehr auffiel: die fast wortgetreue Wiederholung der Argumente Hitlers. ... Manchmal hatte ich den Eindruck, als würde ein und dieselbe Grammophonplatte, nur mit einer anderen Stimme und in einem anderen Temperament, vorgetragen" (S. 308). Das ist auch für das weitere Verhalten *Ribbentrops* ein aufschlußreicher Hinweis. Denn, wie unser Gewährsmann feststellt: „Ribbentrops Haupteigenschaft war seine Hartnäckigkeit, mit der er, wie ich es später noch oft erlebte, seinen Gesprächspartnern unter manchmal direkt taktlosen Begleitumständen so lange zusetzte, bis sie ermüdet, wenn auch widerwillig, auf seine Vorschläge eingingen" (S. 387).

So versuchte er es mit dieser Taktik auch bei seinem Bundesgenossen, dem italienischen Außenminister *Ciano*, der ihm jedoch eine elegante Abfuhr erteilte. Ähnlich erging es ihm bei seinen Sondierungsgesprächen wegen der Korridorfrage mit dem polnischen Außenminister *Beck*: „Mit der ihm eigenen Beharrlichkeit, die von manchen Beobachtern und Opfern ziemlich zutreffend als penetrante Insistenz bezeichnet wurde, hatte Ribbentrop bereits am Tage vorher in München Beck stundenlang im wahrsten Sinne des Wortes zugesetzt, um ihn zur Annahme dieser Vorschläge, wenigstens in ihren Grundzügen zu bewegen. Mit der gleichen störrischen Widerspenstigkeit hatte dies Beck immer wieder abgelehnt. ... In Warschau versuchte es Ribbentrop mit verdoppelter Hartnäckigkeit noch einmal, die deutschen Vorschläge bei Beck anzubringen, holte sich aber wieder eine glatte Ablehnung" (S. 426). Ähnlich erging es *Ribbentrop* bei dem Versuch, die neutrale Türkei ins Lager der Achsenmächte als Verbündeten herüberzuziehen: „Mit einer nervtötenden Eindringlichkeit riet Ribbentrop ihm immer von neuem, den Anschluß der Türkei an die Achse vorzubereiten und Deutschland an dem Montreux-Abkommen über die Meerengen zu beteiligen. Numan wich mit einer bewunderungswürdigen, fast akrobatisch anmutenden Geschicklichkeit immer wieder aus, und nach stundenlangem Reden gab selbst der hartnäckige Ribbentrop innerlich grollend das Rennen auf" (S. 436).

Seinen peinlichsten Schiffbruch mit dieser Methode erfuhr er beim Treffen *Hitler/Franco* 1940 in Hendaye. Nachdem die Gespräche zwischen Führer und Caudillo unterbrochen wurden, weil man sich nichts mehr zu sagen hatte, wurden die Vertragsverhandlungen an die beiden Außenminister verwiesen: Die Verhandlungen wurden unterbrochen. Ribbentrop und Suñer setzen das Gespräch im Zug des Auswärtigen Amtes fort" (S. 502). „Was noch an weiteren Demontagearbeiten an der deutsch-spanischen Freundschaft zu tun übrig blieb, das besorgte Ribbentrop gründlich bis zum nächsten Morgen. Er ‚exerzierte' regelrecht mit dem immer widerspenstiger werdenden spanischen Außenminister und versuchte, ihm unter Druck Formeln für den Vertrag aufzuzwingen, die dieser sich immer wieder anzunehmen weigerte" (S. 503). Wir sehen also, daß *Ribbentrop* mit seiner Brachialmethode immer dann nicht durchkam, wenn er – wie im Falle *Serrano Suñers*, dieses scharfsinnigen und logisch denkenden Spaniers, außerdem Schwiegersohn *Francos* – es mit einem geistig überlegenen oder mindestens gleichwertigen Partner zu tun hatte.

Nach eingehender Beschreibung der NS-Verhandlungsmethoden (Nr. 16–18) verbleiben wir noch einen Moment im Bereich der totalitären Regime und wenden uns dem Weltkommunismus zu. Hier sei nochmals auf den nordvietnamesischen Chefunterhändler in Paris *Lê Duc Tho* (1912–1990) zurückgegriffen, dem *Henry Kissinger* in vielen entnervenden Verhandlungsrunden gegenübersaß. Er gibt von *Thos* starr dogmatisch auf den Marxismus-Leninismus ausgerichteten Einstellung und Verhandlungsweise eine anschauliche Schilderung: „Sein Leninismus ließ Lê Duc Tho glauben, meine Motive besser zu verstehen als ich selbst. Sein vietnamesisches Erbe drückte sich in einem an Besessenheit grenzenden Mißtrauen aus, man könne versuchen, ihn irgendwie zu überlisten ... Allmählich begriff ich immer besser, daß Lê Duc Tho die Verhandlungen als Schlacht betrachtete, jede Regelung, die Hanois Endsieg in Frage stellte, war in seinen Augen eine Kriegslist, und es war seine Aufgabe, mich zu ermüden. Als Vertreter der absoluten Wahrheit kannte er keine Kompromisse. Die Vorschläge Hanois wurden als der einzige ‚logische und vernünftige' Rahmen für Verhandlungen vorgelegt. ... der Austausch von Zugeständnissen erschien ihm unmoralisch, es sei denn, es gäbe eine übergeordnete Notwendigkeit dafür. Solange diese nicht eintrat, war er bereit, uns endlos warten zu lassen und keinen Schritt weiterzugehen. Es schien ihm viel daran zu liegen, in das Pantheon der Helden des vietnamesischen Freiheitskampfes aufgenommen zu werden, deshalb war es ihm unmöglich, den Barbaren, der über das Meer herübergekommen war ... als ebenbürtig anzusehen. Lê Duc Tho war zweifellos eine Heldenfigur. Was wir nur ungern begriffen – und was viele zu Hause nie verstehen konnten –, war die Tatsache, daß Helden aufgrund ihrer monomanen Entschlossenheit Helden sind. Sie sind nur selten umgänglich; ihre Härte grenzt schon an Fanatismus; und sie besitzen nicht die besonderen Qualitäten, die man braucht, um einen Verhandlungsfrieden zu erreichen" (Bd. I, S. 473). Wir können nun besser würdigen, welchen schier unüberbrückbaren Problemen *Henry Kissinger* sich gegenübersah, als er in Paris einen Verhandlungsfrieden in Vietnam anstrebte. Daß auch in demokratischen Ländern bisweilen derartige Politiker – wenn auch in abgemilderter Form – auftreten, zeigt uns die Momentaufnahme, die uns *P. Schmidt* vom britischen Premier *Stanley Baldwin* (1867–1947) lieferte: „Bei allem was er sagte, hatte ich den Eindruck, daß es wohlüberlegte, festgefaßte und seit langem gehegte Meinungen waren, die er vertrat. Aus jeder Bewegung sprach eine unerschütterliche Ruhe und Selbstsicherheit" (S. 353).

Abschließend sei hier noch der frühere Sowjetführer *Nikita S. Chruschtschow* (1894–1971) vorgestellt, der größtenteils dieser Gruppierung zugehört (wenn es bei ihm auch Überschneidungen mit anderen Typgruppen gibt). Anstatt hierzu größere Textpassagen vorzulegen, sei vielmehr auf das aufschlußreiche „Psychogramm" auf S. 241–245 verwiesen, das der amerikanische Psychiater *B. Wedge* für Präsident *Kennedy* erstellte.

Gegenmaßnahmen: Sie ergeben sich bereits größtenteils aus dem, was besonders im Fall *Ribbentrop* und seiner Ermüdungstaktik aufgezeigt wurde:

1. Sarkasmus oder Ironie, um solche Versuche lächerlich zu machen, wie es *Ciano* tat (s. S. 168).

2. Mit gleicher Münze heimzahlen, d. h. mit ähnlicher Widerspenstigkeit, den penetranten Beeinflussungsversuchen des Gegenübers widerstehen, plausible Ausreden (z. B. die öffentliche Meinung) vorschieben oder gründliche – aber tatsächlich nie stattfindende – Prüfung der Sache zusagen, wie es *Józef Beck* machte.

3. Geschickte verbale Ausweichmanöver (so *Numan*) *oder schlichte, aber hartnäckige Weigerung*, auf den Vertragsvorschlag usw. einzugehen (*Suñer*).

4. Im Falle des Verhandlungsduells *Kissinger: Lê Duc Tho*, das sich rund drei Jahre hinzog, liegen die Dinge freilich viel komplizierter. Denn hier mußte *Kissinger* versuchen, *die Zeit für seine Verhandlungsposition arbeiten zu lassen.* Er mußte warten können, mit politischen und vorwiegend militärischen Druckmitteln (Flächenbombardements usw.) operieren, bis die Gegenseite zur Einsicht kam, daß die Zeit gegen sie arbeiten würde, wenn sie jetzt nicht einen Verständigungsfrieden abschlösse. So war aufgrund der harten Notwendigkeit die nordvietnamesische Seite zu Konzessionen bereit. Dies hörte sich dann aus dem Munde des so kompromißlosen *Lê Duc Tho* so an:

> „Um zu beweisen, daß wir es ernst meinen und mit gutem Willen zu einer raschen Lösung kommen wollen, sollten wir die Haltung der jeweils anderen Seite in angemessener Weise berücksichtigen. Natürlich müssen beide Seiten Zugeständnisse machen, und es muß Leistungen und Gegenleistungen geben. Wenn man nur an seinem eigenen Standpunkt festhält, ist ein Vertragsabschluß nicht möglich. Sind Sie insoweit mit mir einverstanden?" (Bd. I, S. 1553).
>
> *Kissinger* war es, zumal die Nordvietnamesen, wie er schreibt, praktisch seinen Vorschlag vom 18. Dezember 1972 übernommen und angenommen hatten. Dies muß für ihn ein Moment großer Genugtuung gewesen sein. *Lê Duc Tho* hatte einen Lernprozeß mitgemacht genau wie auch *Kissinger.* Der Vietnamkrieg war für Amerika ehrenvoll beendet. Daß der besiegelte Friedensvertrag später von der nordvietnamesischen Seite gebrochen wurde, geht nicht auf *Kissingers* Konto, sondern war eine Tragödie zu Lasten des südvietnamesischen Volkes. So zwiespältig können die Folgen an sich erfolgreichen Verhandelns sein ...

§ 4 Anhang: Das Verhandlungsduell Kennedy: Chruschtschow (Wien 1961)

Schon auf S. 105 erfolgte unter dem Titel „Grundfragen der Charaktereinschätzung" der Hinweis, wie fundamental wichtig es für uns ist, über die Verhandlungspartner, die uns gegenübersitzen, Genaueres zu erfahren. Anders gesagt, stellt sich die Notwendigkeit, über die Gegenseite entsprechende Informationen und Daten zu sammeln, die uns eine bessere Charaktereinschätzung – vielleicht sogar ein Psychogramm mit angemessenen psychotaktischen Gegenmaßnahmen – möglich machen sollen.

So veröffentlichte das Nachrichten-Magazin „Der Spiegel", Nr. 43/1968, S. 140ff., unter der Überschrift „Wenn er stur bleibt – einfach gehen" (Untertitel: „Verhandlungstaktiken für das Wiener Gipfeltreffen mit Chruschtschow") den übersetzten Auszug aus dem Memorandum eines amerikanischen Psychiaters. Dr. *Bryant Wedge* hatte es aufgrund vorangegangener detaillierter Analysen am Vorabend des Wiener Gipfeltreffens (1961) eigens für den Präsidenten *John F. Kennedy* (1917–1963) als psychologische Verhandlungsleitlinie verfaßt.

Nachdem die Geheimhaltung fünf Jahre nach Kennedys Ermordung gegenstandslos geworden war, veröffentlichte *Wedge* seine Denkschrift in der Soziologen-Zeitschrift „Transaction" vom Oktober 1968. Aus Platzgründen sei hier nur ein Ausschnitt aus der auszugsweisen „Spiegel"-Übersetzung des Memorandums wiedergegeben. Über dessen Entstehungsgeschichte teilt uns *Wedge* folgendes mit:

„Der CIA hatte umfangreiches Informationsmaterial über Chruschtschow gesammelt, das fast ausschließlich aus öffentlich zugänglichen Quellen stammte. Mehrere Stunden lang studierten wir Hunderte von Filmszenen, die das öffentliche Auftreten des russischen Partei- und Regierungschefs in allen möglichen Situationen, zu verschiedenen Zeiten und an verschiedenen Orten zeigten. Es war deutlich sichtbar, wie schnell Chruschtschow die Begüßungsgesten der einheimischen Bevölkerung annahm, als er Indien besuchte, und deutlich erkennbar machte er einen unaufmerksamen und abgespannten Eindruck, wenn er lange Reden anhören mußte[154]. Gerüchte, daß Chruschtschow an Bluthochdruck und Arterienverhärtung leide, wurden von den Medizinern widerlegt, die auf einigen Filmen seine Schläfen-Arterien bei schräg auffallendem Licht beobachten konnten. Außerdem sagten die Filme etwas über Chruschtschows Energie und Belastbarkeit aus. Und in ähnlicher Weise werteten wir Dutzende von Interviews und Reportagen in Zeitschriften, Zeitungen und Büchern aus. Etwa zwanzig Experten – Internisten, Psychiater und Psychologen – sichteten gemeinsam diese Materialfülle. Wir stellten übereinstimmend fest, daß wir eine bemerkenswerte und ungewöhnlich beständige Persönlichkeit untersuchten. Chruschtschows Verhalten ließ sich also weitgehend voraussagen. Es gab natürlich Probleme. Wir mußten versuchen, persönliche Eigenarten von solchen zu trennen, die durch typische russische Sitten und Gebräuche bestimmt waren; es galt, Schauspielerei von wahrem, öffentliches von privatem Verhalten zu unterscheiden. Aber am Ende glaubten wir, Chruschtschow gründlicher zu ‚kennen' als jemanden aus unserer Umgebung, vielleicht sogar genauer als irgendeinen unserer Patienten."

Als *Wedge* jedoch bemerkte, daß dieses hochbrisante Psychogramm irgendwo im Dschungel der Bürokratie hängengeblieben war und den Präsidenten nicht erreicht hatte, entwarf er für den Präsidenten ein gesondertes Memorandum, in dem er sein eigenes Chruschtschow-Bild entwickelte. Es hatte nachfolgenden Wortlaut[155]:

0. „Chruschtschow ist als Persönlichkeit auffallend unkompliziert. Im Vokabular der Psychologen gesprochen, ist er ein stabiler Hypomaniker (chronisch optimistischer Opportunist[156]), und seine Hauptstärke liegt in Charakter-

154 Er selbst allerdings mutete seinen sowjetischen Zuhörern Mammutreden von sechs Stunden und länger zu.

155 Die folgende Numerierung (0–10) der einzelnen Abschnitte wurde zwecks besserer Gliederung vom Verf. eingeführt.

156 Griech. hypó = unter(halb), nämlich „unterhalb der Manie befindlich".

zügen, die diesem Typus eigen sind. Mit solchen Personen kann man auf kurze Sicht gut auskommen, sie sind jedoch auf lange Sicht unzuverlässig. Einige dieser Eigenarten und die Art und Weise, wie man ihnen zu begegnen hat, werden im folgenden erläutert:

1. Beweglichkeit: Chruschtschow erfaßt eine Situation äußerst schnell und weiß sie sofort zu nutzen; die ihm nachgesagte Schlauheit (auf die er stolz ist) beruht auf diesem Charakterzug des anpassungsfähigen Opportunismus. Er ist bereit, sofort zu handeln, wenn er eine günstige Chance sieht, seinen Zielen näherzukommen. Aufgrund des gleichen Merkmals ist er im Rahmen seiner festen Zielsetzung impulsiv und kann durch eine bestechende Idee mitgerissen werden. Diesem Wesenszug begegnet man am besten durch Flexibilität in der Diskussion.

Chruschtschow kann eine feststehende Tagesordnung erfolgreich ausnutzen, indem er schwache Punkte ausspäht und ausschlachtet, selbst wenn sie nebensächlich sind. Diese Technik kann er nicht anwenden, wenn man ihm auf einem Gebiet entgegentreten kann, auf das er sich begibt. Daher ist es am besten, ihm eine allgemeine Ansicht der zu erörternden Punkte zu bieten, jedoch immer mit der Bereitschaft, sie im Laufe des Gesprächs flexibel vorzutragen. Die geistige Beweglichkeit und die schnelle Auffassungsgabe Präsident Kennedys erscheinen für Verhandlungen mit solchem Mann besonders nützlich.

2. Direktheit: Chruschtschow ist bemerkenswert nüchtern und robust, er ist ein Mann der direkten Aktion[157]. Er befaßt sich gern mit etwas Konkretem und liebt das Dramatische. Diese holzschnittartige Einfachheit kann man gar nicht hoch genug veranschlagen. Chruschtschow haßt Ausflüchte; sie machen ihn mißtrauisch. Ganz gleich, ob es sich um einen wichtigen oder unbedeutenden Diskussionspunkt handelt – es empfiehlt sich, ihm unmittelbar und direkt zu antworten. Wiederholungen oder Erklärungen sind kaum notwendig; Chruschtschow erfaßt bereits beim ersten Hören die Konsequenzen einer Erklärung, wenn sie direkt und einfach formuliert ist. Wenn er etwas nicht zu verstehen scheint, so verbirgt sich dahinter lediglich die Absicht, etwas näher zu prüfen, und man sollte dementsprechend reagieren. Seine große Energie und sein Redebedürfnis lassen sich jedoch in der Weise nutzen, daß man ihm zunächst nur kurz und unvollständig antwortet und ihm Gelegenheit gibt, sich dazu zu äußern.

3. Reizbarkeit und Ablenkbarkeit: Frustration erträgt Chruschtschow kaum; er ist reizbar, wenn man ihn bedrängt. Diesen Charakterzug setzt er uneinge-

---

157 *W. J. Miller* berichtet in seinem Buch „Henry Cabot Lodge. Eine Biographie", deutsch, Frankfurt 1969, welche Erfahrung *Lodge* als ständiger Begleiter *Chruschtschows* bei dessen USA-Besuch 1959 machte: „Als Chruschtschow Lodge gegenüberstand, blickte er den Amerikaner aus seinen kalten blauen Augen interessiert an, wie ein guter Kämpfer den anderen mustert, von dessen Streitbarkeit er schon gehört hat. Er drückte ihm freundschaftlich und lange die Hand. Auch Lodge studierte aufmerksam den Gesichtsausdruck Chruschtschows, dessen ständiger Begleiter er in den nächsten Tagen...sein würde" (S. 205).

schränkt ein, um die Opposition einzuschüchtern, er läßt sich aber leicht auf andere Themen ablenken. Wenn daher eine feste Haltung geboten ist, braucht man das gar nicht zu betonen, sondern nur einfach zum Ausdruck bringen und ein anderes Thema oder einen anderen Aspekt des Themas einzuführen. Es ist ziemlich gefährlich, Chruschtschow festzunageln, ohne ihm Alternativen zu bieten, es sei denn, man wünscht einen Gefühlsausbruch seinerseits.

4. Persönliche Beziehungen: Chruschtschow muß seinen Gesprächspartner direkt in den Griff bekommen, von Mann zu Mann. Ein umständliches Protokoll und das Bestehen auf Förmlichkeiten regen ihn auf. Der direkte Handschlag, Zwanglosigkeit und die Bereitschaft, physische Nähe zu tolerieren, gefallen ihm daher sehr und führen zu jener Art von ‚menschlichem Vertrauen', dessen er fähig ist. Obwohl niemand das Vertrauen Chruschtschows überschätzen sollte – sein Mißtrauen führt jedenfalls zu negativen Ergebnissen.

5. Unterschiedliche Standpunkte: Meinungsverschiedenheiten verträgt Chruschtschow sehr gut, besonders wenn sie deutlich markiert werden, etwa in Formulierungen wie ‚ich stimme mit Ihnen darüber nicht überein' oder ‚wir haben eine andere Auffassung von den Dingen'[158]. Das trifft vor allem für Antworten auf manche seiner Gefühlsausbrüche zu, von denen er sehr wohl weiß, wie übertrieben sie sind. Hingegen sind Versuche, ihm etwas zu erklären, ihn zu überreden oder zu überzeugen, nutzlos.

Chruschtschow haßt es, bedrängt zu werden; er scheint allerdings nichts dagegen zu haben, wenn man ihm Einhalt gebietet. In gleicher Weise respektiert er eine feste Haltung und den Widerstand der anderen, ihrerseits bedrängt zu werden. Er billigte zum Beispiel die scharfe Abfuhr des amerikanischen Diplomaten James William Riddleberger auf seine, Chruschtschows, Behauptung, er kenne die Arbeiter besser als der US-Diplomat[159]. Wichtige Punkte kann man daher mit den Worten einleiten: ‚Wir lassen uns in den folgenden Fragen nicht bedrängen ...'

6. Einvernehmen: Chruschtschow ist zu einer Einigung ‚im Grundsatz' fähig, aber auf keiner anderen Ebene. So mag er durchaus dem Grundsatz einer Überwachung und Kontrolle atomarer Abrüstung oder der Notwendigkeit von Abkommen über den Weltraum als allgemein wünschenswert zustimmen – solange derartige Übereinkünfte sich detaillierter Modifizierungen enthalten. Würde man zum Beispiel in diesem Zusammenhang auf Bündnis-

---

158 Engl.: „to agree to disagree", in der Diplomatensprache „darüber einig sein, daß man uneinig ist". Ausdruck, geprägt vom US-Außenminister *Byrnes*, s. S. 277.

159 Bei einem Empfang in Belgrad ... kritisierte *Chruschtschow* gegenüber *Riddleberger* – damals US-Botschafter in Belgrad – den McCarthyismus in Amerika. *Riddleberger* erwiderte, auch in anderen Ländern gebe es gelegentlich „unangenehme politische Persönlichkeiten – wie etwa Berija". *Chruschtschow* lenkte ab, indem er bedauerte, daß er, *Riddleberger*, „nicht sehr viel Fühlung mit den Arbeitern und Bauern in Amerika" habe. Darauf *Riddleberger*: „Ich arbeitete viele Jahre als Landarbeiter. Ich könnte wahrscheinlich manchen Leuten allerhand darüber erzählen, wie man ertragreich Mais anbaut." (Damit spielte der US-Botschafter auf *Chruschtschows* Vorliebe für den Maisanbau in der UdSSR an!)

verpflichtungen wie Nato, Cento oder Seato hinweisen, so würde dies gleich Unstimmigkeiten heraufbeschwören …

7. Scheitern einer Diskussion: Chruschtschow ist zu absoluter Uneinsichtigkeit fähig und vermag unerschütterlich auf einem bestimmten Punkt zu beharren. Dem kann man wie folgt begegnen:

– Mit dem Vorschlag, die Frage bis später zurückzustellen und zunächst andere Themen zu diskutieren.
– Wenn er weiterhin auf seinem Standpunkt beharrt – mit einem Angebot, die Diskussion bis zu einem späteren Zeitpunkt abzubrechen.
– Wenn er weiter stur bleibt – mit der Taktik, den Raum zu verlassen (man denke an Titos meisterhafte eisige Haltung).

8. Weltanschauung[160]: Als Kommunist und russischer Nationalist hat Chruschtschow eine fest umrissene Weltanschauung, die unantastbar ist. Dabei sind für die Gespräche in Wien folgende Maximen von größter Bedeutung:

– der Glaube, daß der Staat Vorrang habe vor dem Individuum;
– die Überzeugung, daß zwischen ‚Kapitalismus' und Sozialismus (Kommunismus) ein fundamentaler Konflikt bestehe;
– der Glaube, daß der reaktionäre kapitalistische Westen bestrebt ist, dem sowjetischen Staat zu schaden oder ihn zu vernichten.

Nach seiner Doktrin verdrängt die historische Unvermeidbarkeit die nationalen Verpflichtungen. Er hat in bezug auf Abkommen keinerlei Ehrbegriff[161]; sie sind nur so gut, wie die Machtverhältnisse sie garantieren. Es ist auch völlig sinnlos, im Umgang mit ihm auf der Basis solcher Ehrbegriffe zu verhandeln; er kann auch nicht dahin gebracht werden, sie zu respektieren. Da die Worte – zum Beispiel ‚Freiheit', was ihm etwa gleichbedeutend ist mit Schutz durch den Staat vor kapitalistischer Ausbeutung, oder auch ‚Demokratie' – für ihn einen völlig anderen Sinn haben, muß man sich hüten, eine Übereinstimmung zu sehen, wo sie in Wahrheit nicht besteht.

9. Basis für mögliche Übereinkünfte: Es gibt für Chruschtschow nur eine Basis der Übereinstimmung – das pragmatische Eigeninteresse des sowjetisches Staates. Nur auf dieser Grundlage, und nur solange sie erhalten bleibt, können Abkommen gewahrt werden. Daher besteht nur eine Möglichkeit der Argumentation – die Realitäten der westlichen Standpunkte unmißverständlich zum Ausdruck bringen, so daß eine Fehleinschätzung vermieden und praktische Lösungen erreicht werden können. Erklärungen für Standpunkte der Vereinigten Staaten, die nicht auf pragmatischen Erwägungen beruhen, würden auf taube Ohren treffen…

10. Sitzungstaktische Aspekte: Noch eine technische Anmerkung: Kein normaler Mensch kann es mit Chruschtschows Durchhaltevermögen aufnehmen.

160 Die Überschriften der Abschnitte 8–10 stammen vom Verf. d. Buches.

161 Hierin zeigt sich eine offensichtliche Ähnlichkeit zu *Hitler* und seiner Machtpolitik!

Ein alter Trick von ihm besteht darin, seine Verhandlungspartner durch pure Ausdauer zu zermürben[162]; er ist ein Meister darin, Konferenzen hinauszuzögern. Sitzungen sollten deshalb zeitlich begrenzt sein, wahrscheinlich auf jeweils 90 Minuten, wobei pro Tag nicht mehr als zwei offizielle Diskussionen und eine gesellschaftliche Begegnung angesetzt werden sollten. Der Präsident sollte zwischen den Sitzungen immer ruhen, wenn er mit Informationen nicht überladen werden will. Derartige konkrete Empfehlungen mögen zwar vermessen erscheinen, sie beruhen aber auf Erfahrungen mit Persönlichkeiten, die – in raffinierter Weise – zermürbend sein können, wenn man versucht, mit ihnen Schritt zu halten."

So lauteten die Empfehlungen der *Wedge*-Denkschrift, die dem Präsidenten *Kennedy* durch Vermittlung der CIA, des amerikanischen Geheimdienstes, zugestellt wurde. Es bleibt freilich die Frage, ob *Kennedy* aus diesen Erkenntnissen für seine Wiener Gespräche und die spätere Politik gegenüber *Chruschtschow* Nutzen ziehen konnte. *Wedge* beantwortet diese Frage so:

„Das Treffen in Wien verlief dann, den Schilderungen Präsident Kennedys zufolge, in einer düsteren Atmosphäre. Chruschtschow war zurückhaltend, der Präsident gespannt. Beide Männer waren sich der Bedeutung ihres Treffens bewußt. Sie trugen Meinungsverschiedenheiten aus, ohne daß es zu Streitszenen kam. Chruschtschow verhielt sich – in maßvoller Weise – wie vorhergesagt.

Nach seiner Rückkehr aus Wien gab der Präsident am 6. Juni 1961 einen Bericht an die Nation, in dem er unter anderem erklärte: ‚Tatsache ist, daß die Sowjets und wir denselben Worten wie Krieg, Frieden, Demokratie und Wille des Volkes völlig verschiedene Bedeutung beilegen. Wir haben eine ganz andere Auffassung von Recht und Unrecht ... Aber zumindest kennen wir jetzt unsere beiderseitigen Standpunkte besser.'

Und in bemerkenswerter – gleichsam spiegelbildlicher – Übereinstimmung antwortete Chruschtschow am 13. Juli 1961 vor einer Gruppe amerikanischer Journalisten: ‚Wir haben unterschiedliche politische Auffassungen, sie sind einander sozusagen diametral entgegengesetzt, und wir haben verschiedene Ansichten über Gut und Böse im Leben der Gesellschaft ... Doch jeder soll an seiner Auffassung festhalten.'

Waren unsere Schlußfolgerungen in bezug auf die Persönlichkeit Chruschtschows stichhaltig? Unsere Einschätzung Chruschtschows hatte zu der Schlußfolgerung geführt, daß seine Verhaltensweisen in gewissem Sinne vor-

---

162 Lt. *Millers* Lodge-Biographie äußerte der spätere Präsident *L. B. Johnson* über *Chruschtschow* dies: „Ein äußerst geschickter, schnell reagierender und schlauer Führer, ein harter und gefährlicher Mann, der sich auf keinen Fall festlegen läßt." Der Senator und spätere Präsidentschaftskandidat *Eugene McCarthy*: „Er erinnert mich an den Kandidaten während der letzter Stadien einer Wahlkampagne. Er hat alle Fragen schon oft gehört, und seine Antworten sind höllisch scharf" (S. 208).

hersagbar und daß Erfahrungen mit anderen Menschen dieses Persönlichkeitstyps auf ihn übertragbar waren – und ich glaube, diese Schlußfolgerung war nützlich insoweit, als sie einen veränderten Blickwinkel ermöglichte. Jedenfalls hat diese Art von Vertrautsein zwischen den beiden Männern eine Rolle gespielt, vor allem während der Kuba-Krise.“

Soweit die Darstellung von *Bryant Wedge*, die allerdings nicht mit letzter Klarheit nachzuweisen vermag, ob und in welchem Maße *Kennedy* von dieser hilfreichen und brillanten Denkschrift tatsächlich konkreten Nutzen ziehen konnte. Erstaunlich bleibt schließlich, warum der Präsident nicht auch von *Cabot Lodges* Erfahrungen mit *Chruschtschow* während dessen erstem Amerikabesuch (1959) profitiert hat. *Lodge* (1902–1985), damals Amerikas aristokratischer Stardiplomat, war *Chruschtschow* als ständiger Reisebegleiter zugeteilt. Hören wir dazu abschließend seinen Biographen *Miller*:

„Lodge hatte Chruschtschow im Lauf von fast drei Wochen aus nächster Nähe beobachten können und mit ihm enger zusammengelebt als je ein anderer Amerikaner vor oder nach ihm. Er hatte die Launen und Kapricen des russischen Gastes genau studiert. Für ihn stand eines fest: mit Chruschtschow stand den Vereinigten Staaten ein Mann gegenüber, der blitzgescheit war, nichts übersah und sofort jeden propagandistischen Vorteil ... auszunutzen und gegen die Amerikaner zu verwenden wußte. Sogar in seinem Zorn war er noch berechnend. Er ließ sich nie so weit hinreißen, daß er vergaß, mit welcher Absicht er nach Amerika gekommen war, nämlich um die amerikanische Haltung ‚aufzuweichen'. ... Andererseits mußte man aber auch bedenken, welch ungeheuren Eindruck Amerika selbst zweifellos auf Chruschtschow gemacht hatte. ... Aus diesem Grunde würde Chruschtschow – wie es sich in der Kuba-Krise erweisen sollte – es nur ungern auf eine Kraftprobe mit einem so vitalen, kraftstrotzenden und zuversichtlichen Riesen ankommen lassen. Das war ein entschiedener Vorteil“[163] (S. 220).

163 Am Rande sei zur Vertiefung kurz auf einige der Einsichten hingedeutet, die der frühere deutsche Botschafter in Moskau und Rußland-Experte *Hans Kroll* (1898–1967) über *Chruschtschows* Verhandlungsdynamik in einem Gespräch mit *Konrad Adenauer* so formuliert hat (Der Spiegel, 35/1967): „Denn, so fuhr ich fort, erstens sind Sie der einzige deutsche Politiker, der durch seine Erfahrung und vor allem seine Härte einem so gefährlichen und robusten Verhandlungspartner wie Chruschtschow gewachsen ist...“ (S. 58). Und später (Der Spiegel, 38/1967): „Nach wie vor bin ich der Meinung, daß eine Begegnung zwischen Bundeskanzler Adenauer und dem sowjetischen Ministerpräsidenten Chruschtschow kein Mißerfolg geworden wäre. Adenauer war vermutlich der einzige deutsche Politiker, der nach Erfahrung, Intelligenz, Härte und Autorität Chruschtschow das Wasser reichen konnte“ (S. 85).

Teil B

Theoriegesteuerte Praxis (Praktik)

Kapitel IV

Taktik der Verhandlungsführung

1. Einführung in die Verhandlungstaktik

Gleich eingangs rufen wir uns kurz eine vorangegangene Begriffserklärung in Erinnerung (s. dazu S. 35): Unter „Verhandlungsstrategie“ ist die vorausschauende Planung (einschließlich Einsatzplanung der Instrumente des Verhandelns II, 6) und die planmäßige Vorbereitung einer Verhandlung zu verstehen, unter „Verhandlungstaktik“ dagegen unser Verhalten während des Verhandlungsgesprächs. Um die geballte Kraft unserer Strategie zur Wirkung zu bringen, bedarf es einer geschmeidigen Verhandlungstaktik als Vollstreckerin unseres durchdachten und ausgearbeiteten Verhandlungskonzepts. Zugespitzt formuliert, ist Verhandlungstaktik gewissermaßen die Geistesgegenwart des planvollen Agierens und Reagierens im Fluß der Verhandlung, sie ist argumentative, psychologische und auch intuitive Manövrierkunst, Verhandlungsgeschick.

Doch konkret gefragt: Was soll und kann diese Kunst für den Verhandler am Konferenztisch leisten? Dazu hier nur eine kleine Auswahl von Beispielen für das Leistungsvermögen der Taktik, bevor wir uns den einzelnen Phasen der Verhandlung zuwenden:

- Intuitives Erfassen einer veränderten Lage und sofortiges Reagieren auf diese unangenehme Überraschung
- Hartnäckigkeit beim Verfolgen der eigenen Verhandlungsziele
- Augenblickliches Entwickeln von Alternativvorschlägen
- Einbringen unverbindlicher Vorschläge („Testballons“)
- Plötzliche Änderung des Verhandlungstempos (Versteifung auf bestimmte Standpunkte, Konditionen), um die andere Seite zu größeren Konzessionen zu bewegen
- Hochspielen unwesentlicher Details
- Abrupter Übergang von der Verbindlichkeit zur Schroffheit oder gespielten Entrüstung („Wechselbad“) und umgekehrt, um die Position der anderen Seite aufzuweichen
- Anzweifelung oder Bagatellisierung des Standpunktes der Gegenseite

- Betont kalte Höflichkeit gegenüber der anderen Seite
- Ermüdungstaktik (So sprach der frühere Bundeskanzler *Helmut Schmidt* einmal von der „Ermüdungstaktik in langen Nachtsitzungen in Brüssel".)
- Nichtbeantworten von Fragen, Schweigetaktik (eine Form der Hinhalte- oder Verzögerungstaktik)

Bisweilen muß also ein guter Taktiker sogar etwas schauspielern können. Aber hauptsächlich sollte unsere Verhandlungstaktik ihren Einsatz für konstruktive Zwecke finden und dabei helfen, unvorhergesehene Situationen zu meistern. Vor allem wenn kritische Situationen drohen, unseren strategischen Plan über den Haufen zu werfen, muß unsere Taktik blitzschnell greifen und notfalls zu einer anderen Strategie übergehen. Wenden wir uns nun dem 5-Phasen-Modell des Verhandelns zu.

2. Das 5-Phasen-Modell der Verhandlungsführung

Das hier vorgelegte 5-Schritt-Modell will für sich nicht in Anspruch nehmen, das Non-plus-ultra der Verhandlungsführung zu bieten, wohl aber ein flexibles strategisches Rahmenkonzept, innerhalb dessen sich verschiedenartige Strategien *taktisch* umsetzen lassen und wirkungsvoll entfalten können. Wenden wir uns damit den einzelnen Ablaufphasen des Modells zu:

Phase 0: Das Ambiente (Verhandlungsvor- und -umfeld)
(vgl. Kap. II, 2.)

Richtige Inszenierung des Umfeldes:
Zeitpunkt – Ort – Räumlichkeit – Atmosphäre
Getränke – Speisen (evtl. Unterbringung)
Konferenzmobiliar – Technik (Geräte) – Organisation – Tagesordnung usw.

Phase 1: Startphase (Einstieg)

Persönliches Auftreten: Vorstellung – Begrüßung – Ausstrahlung

Persönliche Eröffnung: Kontaktgespräche – Kennenlernen – Warmwerden

Sachliche Eröffnung: Sitzungsbeginn – Aufhänger – Tagesordnung – Sachvortrag

↓

Phase 2: Sondierungsphase (Positionsbestimmung)

Auslotung der Gegenposition – Keine Selbstfestlegung

Fraktur- oder Verschleierungstaktik (bezüglich Maximal- und Minimalforderungen)

Einengungstaktik – Listen und Gegenlisten

↓

Phase 3: Entscheidungsphase (Verhandlungskern)

Rationale Überzeugungsarbeit – Vorteilsargumentation (+ Präsentation)

Meinungsbeeinflussung – Einwandüberwindung – Aushandeln (Feilschen) von (um) Konzessionen und Konditionen – deren Ausklammerung – argumentative Selbsttorvermeidung – Rückgewinnung von Bewegungsfreiheit – ggf. Ausbau der Überzeugungsarbeit – emotional-fundierte Appelle als vertrauensbildende Maßnahmen – ggf. Alternativvorschläge

↓

Phase 4: Ergebnisphase (Kulminationspunkt)

Forcierung der Konsensbildung – Formulieren („Festklopfen") – Zusammenfassen: Konsens- (oder Dissens-)Feststellung – Kompromiß (→ Vertragspartnerschaft) – Besiegelung (Vertragsabschluß) – Schriftliche Fixierung (Absicherung)

(Bei längeren Verhandlungsrunden: Vertagung – bei Dissens: Abbruch)

↓

> **Phase 5: Schlußphase (Ausstieg)**
> Schlußworte – Dank – Ausblick
> (ggf. verbindende, ausgleichende, versöhnende Worte – Tür offenlassend)
> Sitzungsschluß – Auseinandergehen

Damit tun wir den nächsten Schritt und gehen zu den einzelnen Phasen dieses Modells über, die neben der eigentlichen Darstellung auch interessante Beispiele aus der jüngsten Vergangenheit liefern werden.

3. Das taktisch-technische Vorgehen nach dem 5-Phasen-Modell

§ 1. Phase 1: Die Startphase (Einstieg)

Eine sehr wichtige Voraussetzung für das erfolgreiche Gelingen von Verhandlungen ist, abgesehen vom stimmigen Umfeld, ein freundliches Verhandlungsklima. Es kostet wenig und kann viel einbringen. Dafür zu sorgen, gehört in unserer Zeit einfach zu den üblichen Spielregeln. Leider sind wir heute oft dazu gezwungen, uns gegenseitig in der Sache hart zu bedrängen. Also ist es jedem Verhandlungsteilnehmer sehr angenehm, zu spüren, daß sein Gegenüber ihn als Menschen, wenn nicht schätzt, so doch wenigstens respektiert – oder sich immerhin den positiven Anschein gibt, dies zu tun. Der Ausspruch des Jesuiten *Aquaviva* (1543–1615) *„Fortiter in re, suaviter in modo" (Hart in der Sache, aber verbindlich in der Form)* hat seine aktuelle Bedeutung noch nicht eingebüßt. Die Einstiegsphase gliedert sich daher in drei Schritte:

a) Das persönliche Auftreten bildet den ersten Schritt: Bei der gegenseitigen Vorstellung, d.h. der visuell-verbalen Begrüßung und dem möglichen Händedruck, sollten wir darauf achten, einen sympathischen Gesichtsausdruck zu zeigen und in Tonlage und Wortwahl Aufgeschlossenheit und Gesprächsbereitschaft zu signalisieren, also positive Ausstrahlung zu erzeugen. Dies gilt auch für das Händeschütteln. Sind wir die Gastgeber, bieten wir die üblichen Erfrischungen an. Diese freundlichen Gesten werden ihren klimaverbessernden Eindruck nicht verfehlen. (s. S. 254f).

b) Die persönliche Eröffnung bildet den zweiten Schritt: Die ersten Minuten jeder Verhandlungsrunde gehören dem persönlichen Gedankenaustausch und Kennenlernen, die zwar direkt nichts zur Sache beitragen, dafür aber die allgemeine Atmosphäre des Stehkonvents spürbar auflockern können. Kennt man sich bereits aus vorangehenden Verhandlungen, dann sind meist die letzte Begegnung und die seither eingetretenen Veränderungen gute Anknüpfungspunkte. Kennt man sich noch nicht, wird der Einladende oder der neue Verhandlungspartner der anderen Seite kurz und freundlich, mitunter auch humorig, auf den Anlaß seines Hierseins bzw. auf seine bisherige Tätigkeit zu sprechen kommen. So gibt ein Wort leicht das andere, selbst wenn man sich zwischendurch über das Wetter, den Stau auf der Autobahn, den kürzlichen Urlaub, die Familie oder den letzten Theaterbesuch unterhält. Alles das dient aber dazu, sich näher kennen zu lernen und zu „beschnuppern", vielleicht auch gemeinsame Interessen zu entdecken, kurz, um etwas warm zu werden.

c) Die sachliche Eröffnung bildet schließlich den dritten Schritt: Beide Verhandlungsgruppen (Parteien) nehmen nunmehr einander gegenüber am rechteckigen oder runden Verhandlungstisch hinter ihren jeweiligen Namensschildern Platz. Damit hat die Sitzung begonnen, und man kommt zur Sache. Wie, das bleibt der eigenen Geschicklichkeit überlassen. Hier böte sich ggf. an, eines der letzten persönlichen Stichworte aufzugreifen und ihm eine Wendung ins Geschäftliche zu geben, z. B. so: *„Ja, meine Damen und Herren, unten am Mittelmeer war es genauso heiß wie heute hier. Doch leider haben wir heute ganz was anderes zu tun als zu baden. Mehr noch, im Geiste einer guten Verhandlungspartnerschaft sollten wir gemeinsam darauf achten, daß niemand von uns ‚baden' geht. Das sind wir uns gegenseitig wohl schuldig, oder? Kommen wir damit zu unserer Tagesordnung (und dem Procedere)."* Damit ist der Übergang zum eigentlichen Sachgespräch vollzogen.

d) Schnelles Reagieren bei Startschwierigkeiten. So weit, so gut. Was aber sollen wir tun, wenn z. B. folgende Situation unversehens auf uns zukommt? Zu Beginn einer Verhandlung spüren wir bei der Begrüßung und beim Gesprächseinstieg auf der anderen Seite einen schwer definierbaren Stimmungsumschwung, eine gewisse Vereisung. Die Mienen der Verhandlungspartner sind wie zugeknöpft, erscheinen uns plötzlich stur und kaum ansprechbar. Beide Seiten sind sich natürlich der Tatsache bewußt, daß die Verhandlungsmaterie ziemlich schwierig ist. Was tun? Ergreifen wir daher die Chance, die eigentliche Verhandlungsphase zu eröffnen oder – wenn das nicht möglich ist – mit einer kurzen Erwiderung zu reagieren. Hier gilt es schnell zu schalten. Also könnte, wie zuvor für den Notfall abgesprochen, ein erster Sprecher unserer Delegation etwa so beginnen:

„Meine Damen, meine Herren, wir sind uns gewiß alle der Bedeutung dieser Begegnung voll bewußt. Wir wissen zudem, daß es gemeinsam besonderer Anstrengung bedarf, um Vereinbarungen zu treffen, die beiden Seiten dienen. Ich glaube, wir sind uns daher einig darüber, daß hier kaufmännische Fairneß die Oberhand über einen übertriebenen Egoismus behalten muß. Denn wenn unsere Egoismen zu hart aufeinanderprallen, wie soll dann noch der notwendige Spielraum für ergebnisbringende Verhandlungen übrig bleiben?"

Nun können wir als Verhandlungsleiter uns bewußt höflich, mit gezielter Freundlichkeit und angedeutetem Lächeln, folgendermaßen einblenden:

„Meine Damen und Herren, habe ich vielleicht den nicht ganz richtigen Eindruck, daß wir uns im Augenblick distanzierter verhalten, als wir sollten und als es zur erfolgreichen Lösung unserer Aufgabe gut ist?"

Diese Bemerkung muß allerdings gekonnt eingeflochten werden, d. h. sie darf vor allem nicht unter erkennbarem Streß geschehen. Aber sie ist ein Beispiel dafür, wie wir das Entstehen einer tierisch ernsten Verhandlungsatmosphäre noch rechtzeitig bei Sitzungsbeginn abfangen können.

Beispiele:

Zur Psychologie und Körpersprache des Händedrucks sei hier als Gewährsmann und Beobachter erster Ordnung *Stalins* ehemaliger Dolmetscher *Bereschkow* herangezogen. In seinem Buch berichtet er über seine persönlichen Erfahrungen: „Wahrscheinlich bin ich heute einer der sehr wenigen Menschen, die den bedeutendsten Politikern der Zeit des zweiten Weltkriegs die Hände schüttelten: Stalin, Hitler, Churchill, Roosevelt, Chou En-Lai. Ein wortgewandterer Literat als ich könnte gewiß eine ganze Novelle über diese Händedrücke schreiben. Und ohne Zweifel kam an ihnen der Charakter eines jeden zum Ausdruck..." (S. 266). Dann kommt er als ehemaliger Dolmetscher *Molotows* zu seiner Begegnung mit *Hitler* 1940 in der Reichskanzlei. „Als wir eintraten, befand sich Hitler noch allein in seinem Arbeitszimmer. Er saß über irgendwelche Papiere gebeugt an einem riesigen Schreibtisch. Er hob jedoch gleich seinen Kopf, stand jäh auf und ging in kleinen Schritten auf die Gäste zu. Wir begegneten uns in der Mitte des Raumes. Wir – das waren Molotov, sein Stellvertreter Dekanosow, sowie Pawlow und ich in der Rolle der Dolmetscher. Der Führer gab jedem die Hand. Die Innenfläche der Hand war kalt und feucht, daher empfand man ein unangenehmes Gefühl wie bei der Berührung eines Reptils. Der Händedruck war schlaff und ausdruckslos. In dieser Hinsicht bestand eine Ähnlichkeit mit Stalin: Er pflegte denen, die er begrüßte, die flache Hand teilnahmslos zu geben. Man spürte ihre dünne Haut und durch sie hindurch ihre dünnen Knochen..." (S. 266). Später beschreibt *Bereschkow* nochmals *Stalins* Händedruck so: „Seine

Hand war klein, sein Händedruck weichlich und schlaff" (S. 346). Doch nun zu den westlichen Politikern: „Churchill hatte eine große, aber weiche und warme Hand, die die Hand eines anderen gleichsam tröstlich umschloß. Roosevelt streckte zur Begrüßung energisch die Hand aus, in der eine besondere Kraft zu spüren war, wie es gewöhnlich bei Menschen der Fall ist, welche an einer Lähmung der Beine leiden. Der Händedruck war ziemlich fest, aber feinfühlig-freundlich. Vielleicht war das alles mein rein subjektives Empfinden, aber gerade so ist es in meiner Erinnerung geblieben..." (S. 266).

Bleiben wir mit *Bereschkow* noch einen Moment auf höchster Ebene und lassen uns von ihm den Beginn eines Verhandlungsgesprächs zwischen *Churchill* und *Stalin* aus dem August 1942 im Moskauer Kreml schildern: „Die Tür öffnete sich, und es erschien die füllige Figur Churchills. Er blieb eine Augenblick stehen und schaute sich um. Sein Blick streifte die an der Wand hängenden Porträts berühmter russischer Heerführer – Alexander Newskijs, Kutusows, Suworows –, verweilte kurz auf einer vergrößerten Fotografie Lenins und richtete sich dann auf Stalin, der unbeweglich an seinem Schreibtisch stehengeblieben war und aufmerksam den Gast beobachtete.... (S. 417). Mit unverändert düsterem Gesichtsausdruck ging Stalin Churchill langsam auf dem Läufer entgegen. Träge streckte er die Hand aus, die Churchill kräftig schüttelte. ‚Ich begrüße Sie in Moskau, Herr Premierminister', äußerte Stalin mit dumpfer Stimme. Churchill, der über das ganze Gesicht strahlte, versicherte, er freue sich, in Rußland zu sein und sich mit seinen führenden Funktionären treffen zu können. Das Lächeln des Premiers schien mir schmeichlerisch zu sein und seine Nervosität schlecht zu verbergen. Des öfteren hatte ich Gelegenheit, eine ähnliche Reaktion ausländischer Besucher bei Begegnungen mit Stalin zu beobachten... (S. 418). Stalin lud alle ein, an einem langen, mit grünem Tuch bedeckten Tisch Platz zu nehmen. Er selbst setzte sich an die Kopfseite. Churchill bat er, sich rechts von ihm zu setzen, und Harriman links von ihm. Die übrigen nahmen weiter von ihm entfernt an beiden Seiten des Tisches Platz. Nach einigen höflichen Fragen, bei denen es darum ging, wie Churchill sich fühle, ob er einen angenehmen Flug gehabt habe und ob der Premier mit seiner Residenz zufrieden sei, ging Stalin zur Sache über. Sein düsteres Aussehen entsprach den nicht weniger düsteren Äußerungen über die Lage an der Front. ‚Die Nachrichten von den kämpfenden Armeen sind unerfreulich', begann er. ‚Die Deutschen unternehmen ungeheure Anstrengungen, um bis Baku und Stalingrad vorzurücken...'" (S. 419).

Abschließend registrieren wir noch den Auftakt einer Reklamationsverhandlung auf wirtschaftspolitischer Ebene, die der damalige sowjetische Schiffbauminister *Tewosjan* mit dem deutschen Kanonenkönig *Gustav Krupp von Bohlen und Halbach* (1870–1950) 1940 auf dessen Wohnsitz Villa „Hügel"[1] in Essen führte. Gegenstand des „Reklamations"-Gesprächs war die nur schleppende Erfüllung des deutsch-russischen Wirtschaftsabkommens seitens der Reichsregierung und der ihr unterstellten Firma Krupp. Mit zwei fir-

1 Auch dem Verfasser ist das Interieur der Villa (besser Palazzo) Krupp bekannt, führte er doch 1973 im früheren Kreißsaal (!) der Villa sein erstes Rhetorik-Seminar für die Fa. Krupp durch.

meneigenen Mercedes chauffierte man die Sowjet-Delegation zur pompösen Villa, wo sie der Firmenchef „ein hagerer Mann mit pergamentenem Gesicht und strengem Blick“, in einer riesigen Halle empfing. Von dort ging es in einen hellerleuchteten Saal mit luxuriöser Ausstattung, in dem bereits Gäste zu einem Empfang versammelt waren. Der Gastgeber stellte ihnen die Delegation im einzelnen vor. Mit Champagner wurde danach auf die deutsch-russische Zusammenarbeit angestoßen. Alsdann begab sich die Gesellschaft in den angrenzenden Saal mit dem kalten Büffet. Es wurde nun laut und heiß im Saale. Nach dieser positiven Einstimmung seiner Gäste wollte der Gastgeber zur Sache kommen: „Gustav Krupp schlug seinem sowjetischen Gast vor, mit ihm ins Nebenzimmer hinüberzugehen, wo es ruhiger sei. Es war ein kleinerer, schwacherleuchteter Raum mit sehr eleganten tiefen, bordeauxroten Ledersesseln. Die eichengetäfelten Wände spiegelten das Licht des Kaminfeuers wider. Auf einem niedrigen Tisch funkelten silbernes Kaffeegeschirr, einige Kristallkaraffen und etliche Gläser. ‚Ich hoffe, Ihre Mitarbeiter sind mit unserer Firma zufrieden‘, erkundigte sich Gustav Krupp, nachdem wir am Tisch Platz genommen hatten. Natürlich war er von unseren Beanstandungen informiert, doch er hatte augenscheinlich beschlossen, das Gespräch positiv zu beginnen. Auch Tewosjan ging auf diese Tonart ein. ‚Natürlich schätzen wir die Zusammenarbeit mit einer derart renommierten Firma wie den Krupp-Werken sehr‘, sagte er. ‚Der Name Krupp steht ja stellvertretend für Effektivität, Qualität und modernste Technik. Auch die Systeme, die wir bei Ihnen kaufen, sind für uns von großer Bedeutung‘. Tewosjan nippte am Kaffee und blickte seinen Gesprächspartner prüfend an. Nach einer kleinen Pause bemerkte Krupp, daß eine derartige Zusammenarbeit noch Neuland für die Firma sei und daß folglich, wie bei allem Neuen, Reibungen und Schwierigkeiten auftreten könnten. Tewosjan lächelte und zeigte seine ebenmäßigen, weißen Zähne unter dem schmalen, schwarzen Schnurrbart. Er war sichtlich zufrieden, daß der Gastgeber als erster das Gespräch auf die Probleme gelenkt hatte“ (S. 221).

§ 2 Phase 2: Die Sondierungsphase (Positionsbestimmung)

Der Anfang des Sachgesprächs in der Verhandlung ist sehr wichtig, ähnlich wie die Eröffnung beim Schachspiel. Denn bei einer Schachpartie müssen wir unsere Figuren entwickeln, d. h. die Aufstellung soll uns möglichst viel Bewegungsfreiheit für erfolgreiche Züge lassen, ohne daß unsere eigenen Figuren sich gegenseitig behindern oder dem Angriff der Gegenseite eine Blöße bieten. Das muß alles in möglichst wenigen Zügen geschehen, um Zeit zu gewinnen, vor allem aber, um zu verhindern, daß die Gegenseite die Führung übernimmt und uns zuvorkommt.

Ganz ähnlich liegen die Dinge beim Verhandeln. Wir müssen uns möglichst schnell einen Überblick über die Einstellung der Gegenseite zu den für uns interessanten Verhandlungspunkten sowie über deren diesbezüglichen Verhandlungsspielraum verschaffen. Dieser Spielraum wird einerseits durch die Maximalforderungen bzw. -ziele und andererseits durch die Minimalforderungen bzw. -ziele der jeweiligen Seite abgesteckt[2]. Dabei müssen wir versuchen, unseren Verhandlungs- und damit auch Konzessionsspielraum und hier ganz besonders unsere Minimalziele gegenüber der anderen Seite möglichst lange geheim zu halten, um uns nicht einengen oder gar über die Minimallinie zurückdrängen zu lassen. Zugleich müssen wir bestrebt sein, den Spielraum der Gegenseite möglichst bald auszuloten und deren Minimalziele herauszufinden, um das mit ihr zu machen, was sie mit uns vorhatte. Wir dürfen uns in dieser Phase also nicht selbst festlegen oder festlegen lassen und der Gegenseite möglichst wenig Einblick in unsere Maximalziele und keinen in unsere Minimalziele gewähren. Soviel zur einzuschlagenden Sondierungstaktik.

Angenommen, folgende Situation träte ein: Wegen übergroßer Vorsicht oder einer gewissen geistigen Unbeweglichkeit geriete das Sachgespräch schon gleich zu Beginn ins Stocken oder drohte einzufrieren. Dann böte sich für uns eine ausgezeichnete Gelegenheit, das Gespräch auf Touren und damit das Heft in unsere Hand zu bringen. Vielleicht folgendermaßen: „Eine Frage an Sie, meine Damen und Herren: Ich sehe, Sie zögern noch. Haben wir uns denn gar nichts zu sagen? Also gut, so werde ich mit einigen Fragen beginnen ...". Und nun gehen wir voll in die Sondierungsphase hinein.

Wenden wir uns ganz bewußt einmal von der hohen Ebene der Politik ab und der praktischen Ebene einer Preisverhandlung zu. Dabei müssen wir folgendes von vornherein beachten: Vermeiden wir in diesem Frühstadium der Verhandlung absichtlich eindeutige Stellungnahmen, mit denen wir uns festlegen oder von der Gegenseite festlegen lassen.

Also benutzen wir keinesfalls Ausdrücke wie *„ja, genau; unbedingt; das geht; abgemacht; einverstanden"*. Brauchen wir vielmehr solche flexiblen Wendungen wie: *„Bei diesem Preis wird es für uns schwierig."* – *„Das muß ich erstmal genau überschlagen."* – *„Das könnte vermutlich noch hinkommen."* – *„Das wird sich vielleicht noch machen lassen."* Während wir unsere Maximalforderungen offen nennen können, dürfen wir uns also bei unseren Minimalzielen nicht in die Karten gucken lassen. Ganz gewiefte Verhandler unterscheiden sogar zwischen vorgeblichen und tatsächlichen Minimalzielen. Die

2 Vgl. dazu auch S. 39.

letztgenannten dürfen der Gegenseite nie preisgegeben werden und von ihr auch nie herausgefunden werden.

Beißen wir uns daher in der Sondierungsphase nirgends fest und lassen uns nirgendwo festlegen. Gehen wir immer schnell zum nächsten Punkt unseres eigenen Fragenkatalogs über, sobald wir genug herausbekommen haben. Aber verfahren wir dabei absichtlich scheinbar ganz wahllos und ohne erkennbares Schema. Je weniger die Gegenseite die Zusammenhänge begreift, desto schneller verliert sie die Übersicht und desto leichter können wir uns den nötigen Überblick über die Position der Gegenseite verschaffen. So können wir Tempo und Thema der Verhandlung bestimmen.

Die Fragen, die wir uns in diesem Stadium der Sondierungsphase stellen müssen, lauten: Wie wird die Reaktion der Gegenseite auf unsere Schachzüge aussehen? Welchen Weg soll unsere eigene Taktik im weiteren Verlauf der Sondierungsphase konkret einschlagen? Über welche Optionen verfügen wir überhaupt? In dieser Situation gibt es im Grunde nur zwei entgegengesetzte Verhandlungstaktiken:

Die erste Variante sieht folgendermaßen aus:

1. Die Gegenseite bezieht klar Stellung, nennt ihre Maximalforderungen bzw. -ziele, genaue Zahlen, harte Fakten – wobei sie uns meist etwas ablehnt –, und gibt sich als sehr erfahren, souverän und von großer Sachkenntnis. Außerdem argumentiert sie hart und selbstsicher. So erhalten wir schnell unseren gewünschten Überblick, der freilich in der Regel für unsere eigenen Ziele wenig erfreulich ist. Vor allem laufen wir bei dieser Sachlage Gefahr, uns auf bestimmte Konditionen einengen und auf Minimalziele herunterdrücken zu lassen, von denen wir später schwer wieder loskommen, wenn wir nicht sofort widersprechen, weil bei uns die Schmerzgrenze, d. h. die Widerstandslinie (sei sie nur vorgetäuscht oder tatsächlich gegeben) erreicht ist. Jetzt kommt es vor allem darauf an, welche Verhandlungsposition oder genauer, welche „Verhandlungsmacht" wir haben:

a) Sind wir die Stärkeren, so ändern wir – zumindest vorübergehend – unsere Taktik. Wir reden mit unserem Vis-à-vis genauso deutlich Fraktur wie er mit uns (*„Wo denken Sie hin."*; *„Das kommt überhaupt nicht in Frage."*; *„Nicht unter DM 150,– pro Gerät."*; *„So können Sie mit uns nie ins Geschäft kommen."*; *„Sie wollen sich wohl bei unserem ganzen Konzern aus dem Markt bringen?"* usw.). Gewöhnlich läßt der Erfolg dann nicht lange auf sich warten. Die Gegenseite muß von ihren Maximalforderungen heruntergehen und wird so zum Einlenken veranlaßt.

b) Sind wir jedoch die Schwächeren, so hilft uns eine gewisse Verschleierungstaktik[3]. Mit ihrer Hilfe kommen wir meist am weitesten, wenn wir uns ahnungslos geben, obwohl wir es im Grunde nicht sind. Es kann z. B. einem Rechtskundigen viel helfen, wenn er in bestimmten kaufmännischen Fragen den „sturen“ Juristen spielt: Also mit vorwiegend juristischen Argumenten immer schön an der wirtschaftlichen Hauptsache vorbei *(„Das geht doch gar nicht.“; „Ist das überhaupt zulässig?“; „Nach dem Gesetz könnten wir doch gar nicht so verfahren.“; „Geraten wir hier nicht offen mit dem Gesetz in Konflikt?“; „Ist das nicht ein klarer Fall von ...?“)*, und das alles verbunden mit Unkenntnis über die Marktlage und Erstaunen über die genannten Zahlen. Jeder von uns kann unschwer sachfremde Argumente über ein Spezialgebiet produzieren, in dem er sich besonders gut auskennt, und in den hier entscheidenden Sachfragen Kenntnisse zur Schau stellen, die denen der Gegenseite unterlegen sind. Dann kommt der Ansprechpartner auf der anderen Seite des Verhandlungstisches so richtig in Fahrt, weil er einen Vorteil zu wittern glaubt. Doch nun gilt es, eine durchaus erlaubte „Kriegslist“ (gr.: Strategem) anzuwenden. Wir müssen ihn nämlich auf Gebiete locken, auf denen er offensichtlich weniger zu Hause ist. Hat die andere Seite dann erst einmal falsch argumentiert und sich vergaloppiert, nutzen wir das aus. Möglichst nicht direkt (*„Das ist falsch.“; „Das stimmt nicht.“* usw.). Das würde nur unnötigen Streit provozieren. Wählen wir statt dessen den indirekten Weg, wie es der berühmte *Sokrates* (469–399 v. d. Zw.) uns in Platons Dialogen vorexerziert, und ziehen die entsprechenden Schlüsse aus den Fehlern unseres Gegenübers (*„Auf dieser Basis können Sie aber doch schon zu DM 59,50 anbieten...“; „Folglich können Sie doch bereits Ende September liefern, nicht wahr?“* usw.). Man sollte nicht glauben, wie diese Taktik unsere „Verhandlungslöwen“ von der anderen Seite durcheinanderbringt. Insbesondere dann, wenn wir sie mehrmals hintereinander so aufs „Glatteis“ locken können. Auf einmal sind dann unsere so „überlegen“ tuenden Verhandlungspartner von der Gegenseite sehr viel zugänglicher.

Da wir zwischenzeitig von der Gegenseite das herausbekommen haben, was wir wissen wollten, können wir jetzt – weil die Zeit nun dafür reif ist – in die Kernphase der Verhandlung eintreten, die oft

3 Wie oben schon angedeutet, müssen wir uns davor in acht nehmen, unsere Minimalforderungen und -ziele offenzulegen und als Folge davon hinter die Linie unserer Minimalziele, d. h. die äußerste Widerstandsgrenze zurückgedrängt zu werden. Damit würden wir gegen das Rentabilitätsgesetz des Verhandelns verstoßen, und weiteres Agieren am Konferenztisch wäre gegenstandslos (s. dazu auch S. 278).

recht schnell zu einem (im Sinne der Verhandlungspartnerschaft) für beide Seiten einigermaßen akzeptablen Abschluß führt.

Die zweite Variante sieht folgendermaßen aus:

2. Die Gegenseite imitiert unsere eigene Taktik, indem sie sich bedeckt hält, keine klare Stellung bezieht und ihre Minimalvorstellungen nicht zu erkennen gibt. Was machen wir nun? Wie müssen wir sie aus ihrer Reserve locken? Auch hier bietet sich uns wieder eine zweigleisige Taktik an:

a) Sind wir eindeutig die Stärkeren, dann können wir die Sache schnell abkürzen. Wir gehen diesmal ganz bewußt aus uns heraus und engen die Gegenseite zu ihrem Nachteil ein. Aber vermeiden wir dabei die Schwächen Goliaths, d. h. lassen wir uns nicht auf fremdes Gebiet locken und hereinlegen! Also nur dort auftrumpfen und unsere Vorteile ausspielen, wo wir auch wirklich auf sicherem Boden stehen.

b) Sind wir jedoch mit unserer Verhandlungsposition *nicht* eindeutig stärker, vielleicht gar schwächer, dann hilft wiederum nur eine Gegenlist. Wir stellen uns wieder unerfahrener und ahnungsloser als die andere Seite (s. o.). Wir gehen dabei zu ihren Ungunsten von verkehrten Zahlen und Fakten aus (*„Aber bei Ihrer Spanne von fast 10% müßten Sie uns doch mehr entgegenkommen können.“; „Ihre Einstandspreise sind aber jetzt um mehr als DM 300,– niedriger!“; „Ihre jetzige Fertigung arbeitet doch viel rationeller.“* usw.). Dann kommt unweigerlich der Punkt, wo die Gegenseite widersprechen muß, um sich nicht auf nachteilige Konditionen festnageln oder hinter ihre Minimalziele und -forderungen zurückdrängen zu lassen. Doch mit dem Gespräch über die Konditionen nähern wir uns dem Rahmen einer gegenseitigen Übereinkunft, zu der wir die Gegenseite bringen möchten. Natürlich lassen sich die oben genannten Taktiken mit entsprechenden Änderungen von der kaufmännischchen auf die politische Ebene übertragen (s. Beispiele unten). Wir haben jedoch nunmehr den Übergang zur nächsten Phase, nämlich der Entscheidungsphase, erreicht.

Beispiele:

Der große Staatsmann, Diplomat und Unterhändler *Otto von Bismarck* (1815–1898) hat den Konflikt zwischen Maximal- und Minimalforderungen während einer Debatte im preußischen Landtag 1873 treffend so charakterisiert: „Wenn man ein Pferd kaufen will, wird man wohl kaum vom Dach den Höchstpreis ausrufen, den man zu zahlen bereit ist; und will man ein Pferd verkaufen, wird man nicht damit anfangen, öffentlich den Mindestpreis bekanntzugeben, mit dem man sich begnügen würde. Diplomatie darf nicht weniger zurückhaltend sein.“

Das eindrucksvolle Beispiel von geradezu dramatischen Sondierungsverhandlungen auf höchster politischer Ebene liefert uns das Gespräch zwischen dem ehemaligen Sowjet-Außenminister *Molotow* und dem NS-Diktator *Hitler* 1940 in Berlin. Auf der einen Seite der maximalistisch auftretende *Molotow*, auf der anderen Seite der sich ständig bedeckt haltende *Hitler* (siehe dazu die Einzelheiten auf S. 173 ff.).

§ 3 Phase 3: Die Entscheidungsphase (Verhandlungskern)[4]

Diese Phase trägt ihren Namen zu Recht. Denn in ihr entscheidet es sich, ob die Verhandlung zum Scheitern, zur Vertagung oder zu einem erfolgreichen Abschluß gelangt. Sie ist darum gleichsam die Kernphase der Verhandlung.

In der vorangehenden Phase konnten wir einen deutlichen Überblick über Einstellung, Verhandlungsposition und Verhandlungsspielräume (einschließlich der Maximal- und Minimalziele) der Gegenseite gewinnen. Nun ist es an der Zeit, *dort* einzuhaken, *wo* wir Ansatzpunkte für die erstrebte Übereinkunft bzw. den entsprechenden Geschäftsabschluß erkennen. Wie läßt sich diese so entscheidende „Nahtstelle" für unser Verhandeln am besten definieren? Dazu geben uns der britische Historiker *G. Craig* und der amerikanische Politologe *A. L. George* eine anschauliche Beschreibung:

„In diesem Stadium können beide Seiten, nachdem sie den Konzessionsspielraum der jeweils anderen bis zum vermuteten Widerstandspunkt ausgelotet haben, feststellen, wie weit sie von einer Einigung entfernt sind, und können die Breite der Kluft zwischen ihren erklärten Minimalzielen abschätzen. Es ist in dieser Phase für die Beteiligten wichtig, zu beurteilen, ob es irgendwo zwischen den beiden Widerstandspunkten eine oder mehrere Bereiche gibt, die die Möglichkeit für Abkommen offenlassen" (*Craig/George*, S. 215).

Aus Gründen der Transparenz ist es jetzt allerdings erforderlich, in der weiteren Darstellung eine klare Zweiteilung zwischen kaufmännischen und diplomatischen Verhandlungen oder zwischen dem Wirtschafts- und dem Politikbereich vorzunehmen. Wenden wir uns darum dem ersten Bereich zuerst zu.

---

4 Vor allem im Teil b dieses Abschnitts orientiert sich der Verf. streckenweise an den maßgeblichen Arbeiten von *G. A. Craig/A. L. George*, Zwischen Krieg und Frieden. Konfliktlösung in Geschichte und Gegenwart, deutsch 1984, München 1988, S. 209–219, sowie von *F. Ch. Iklé*, Strategie und Taktik des diplomatischen Verhandelns, deutsch: Gütersloh 1965, S. 200–228. Ihnen verdankt der Verf. wichtige Einsichten und Durchblicke.

a) Verkaufsverhandlungen

Sobald wir das oben genannte Stadium erreicht haben, müssen wir aufgrund unserer Bringschuld als Verkaufsverhandler damit beginnen, uns auf den Kunden zuzubewegen, um die noch bestehende Kluft zwischen ihm und uns zu schließen. Dies muß in Form einer gezielten rationalen Überzeugungsarbeit[5], die sich gelegentlich auch emotionaler Elemente bedienen darf, geschehen. Da wir den bedenklichen Aspekt der emotionalen Seite und die Grenzen ihrer Zweckmäßigkeit und Zulässigkeit bereits im Rahmen der Verhandlungsinstrumente ausreichend behandelt haben (s. Kap. II, 7), wollen wir uns hier vorwiegend auf das Argumentieren konzentrieren. Da wir es in Politik und Geschäftsleben meist mit intelligenten Verhandlungspartnern zu tun haben, muß es mithin nicht Wege geben, sie auf der rationalen Ebene zu überzeugen? Und wie könnte dies am besten geschehen? Indem wir sie selber diejenigen Schlüsse ziehen lassen, die sie zur von uns erwünschten Auffassung hinführen. Und wie läßt sich so etwas konkret umsetzen? Wir bedienen uns im Rahmen unserer gezielten rationalen Überzeugungsarbeit gegenüber dem Verhandlungspartner/Käufer der sog. „Vorteilsargumentation“. Anders gesagt, wir müssen in Form einer kurzen, aber wirkungsvollen Präsentation, möglichst unter Einsatz visueller Hilfsmittel[6], die Vorteilhaftigkeit unseres Angebots und seiner Konditionen, die interessanten Leistungsmerkmale unserer Produkte oder Dienstleistungen für den Käufer wirkungsvoll herausstellen. So soll die andere Seite Gelegenheit dazu finden, sich mit diesen Vorteilen und den damit verbundenen kundennahen Problemlösungen zu befassen, vertraut zu machen und anzufreunden. Was können die genannten Vorteile im einzelnen sein? Hohe Gewinnspanne oder Rendite, schnelle und ständige Verfügbarkeit (Service), stetige Einsatzbereitschaft, Preisgünstigkeit, Hochwertigkeit, Dauerhaftigkeit, Formschönheit, Bedienungsfreundlichkeit, Hochleistungscharakter, Innovationscharakter, also Fakten und Zahlen. Haben wir diese Argumente überzeugend hinübergebracht, so müssen wir unser

---

5 Unsere deutsche Sprache gibt uns hier einen wichtigen Fingerzeig. Denn „überzeugen“ heißt ja wörtlich „herüberziehen“, d.h. den Gesprächs- oder Verhandlungspartner, Kunden, Käufer so auf unsere Seite ziehen, daß er unsere Meinung, unser Produkt usw. übernimmt. Dazu könnten wir entweder ein Lasso auswerfen, ihn einfangen und zu uns herüberzerren. Das wäre ein Bild für das manipulative Überreden, das höchst verwerflich ist. Oder aber wir bewegen uns und gehen auf den anderen zu, reichen ihm hilfreich die Hand und geleiten ihn „step by step“ zu unserer Position hin, wo wir den Schulterschluß und damit den „Abschluß“ herbeiführen.

6 Von Prospekt und Schautafel (Flip-Chart) über Tageslicht- und Diaprojektor bis Bildschirm und Telebeam-Verfahren: Visualisierung ist heute unerläßlich.

Gegenüber nun auch, wie oben erwähnt, die gewünschten Schlüsse ziehen lassen. Wie können wir das verbal richtig einfädeln? Sehen wir uns dazu zwei Formulierungsvarianten an:

Lieber so? *„Wollen Sie unser Geschäft jetzt aus irgendwelchen Gründen nicht perfekt machen? Schließlich ist es für Sie doch sehr wichtig, weil es Ihnen trotz der schwächeren Markttendenz eine erhebliche Umsatzsteigerung bringen müßte."* (Wenig überzeugend).

Oder lieber so? *„Warum zögern Sie noch? Bringt Ihnen unser Angebot nicht ein Umsatzplus von 20% gegenüber dem Vorjahr, während der Markt zur gleichen Zeit um 6% rückläufig ist?"* (Sehr überzeugend).

Dies ist also ein eleganter Kunstgriff in Frageform, der uns direkt zum Abschluß eines Kaufvertrags, eines Serviceabkommens, einer Geschäftsvereinbarung usw. führen kann.

Ist dies nun die einzige Form der Überzeugungsarbeit? Hören wir dazu den ehemaligen amerikanischen MIT-Professor *Fred Charles Iklé*, Spezialist für Diplomatieverhandlungen:

„Eine etwas subtilere Taktik, die eigenen Vorschläge anziehender zu machen, besteht darin, die gegnerischen Beurteilungskriterien zu beeinflussen, statt die eigenen Absichten zu beteuern oder günstige Zusatzerklärungen abzugeben" (*Iklé*, S. 207).

Dieses höchst wichtige Instrument ist bereits unter dem Titel „Meinungsbeeinflussung" (auf S. 63f.) eingehend behandelt worden, so daß sich dort alle Einzelheiten nachlesen lassen und sich eine eingehende Darstellung hier erübrigt.

Wenn freilich alle Verkaufsverhandlungen so reibungslos verliefen wie im oben genannten Modell, dann wäre das Ganze eine einfache Sache. Tatsächlich jedoch trifft der skizzierte Ablauf nur für den Typ des von vornherein kaufwilligen Kunden zu. Dem aber begegnen wir relativ selten. Vielfach müssen wir uns statt dessen auf massive Einwände gefaßt machen und uns argumentativ gezielt darauf einstellen. Darum gilt es, sich mit der sog. „Einwandüberwindung" gut vertraut zu machen. Sie ist ein wichtiger Baustein der Verhandlungskunst, den wir ständig bereithalten sollten[7]. Einwände sind eine Form von Gegenargumenten, die wir ernst nehmen müssen. Sie beruhen häufig auf ungewolltem oder gewolltem Mißverständnis, doch auch auf Unkenntnis bestimmter Sachlagen, Konditionen oder Leistungsmerk-

7 S. dazu die 40 Dialogik-Bausteine auf S. 321–338 mit dem Titel „Das gesprächstaktische Instrumentarium".

male von Produkten usw. Deshalb lassen sie sich auch leicht abklären und bereinigen. Wesentlich gefährlicher sind schon jene Einwände, die auf abweichenden Zielvorstellungen und Spezifikationen unseres Gegenübers beruhen, die mit den unsrigen nicht ohne weiteres oder nur schwer in Einklang zu bringen sind bzw. die unser Angebot oder Produkt kaum oder z. Z. noch nicht zufriedenstellen kann. Wenn es uns nicht gelingt, hier die Bewertungsskala der Gegenseite, wie oben gezeigt, zu unseren Gunsten argumentativ zu beeinflussen, wie müssen wir uns dann verhalten?

Einer der bekanntesten und unangenehmsten Einwände lautet, unsere Produkte, Dienstleistungen, Konditionen usw. seien zu teuer. Wie entschärfen wir diesen anscheinend berechtigten Einwand? Zum Beispiel so: *„Was heißt hier eigentlich ‚zu teuer', meine Herren? Ist das nicht ein sehr relativer Begriff? Natürlich kann ich Ihre augenblicklichen Vorbehalte verstehen. Aber Ihre langjährige kaufmännische Erfahrung sagt Ihnen doch auch, daß die billigste Ware letzten Endes immer die teuerste ist. Wenn sich unsere Geräte (Waren, Produkte, Dienstleistungen) im Preis von vergleichbaren – aber im Grunde doch nicht vergleichbaren – Konkurrenzprodukten abheben, so ist der Grund dafür darin zu suchen, daß sie so gut, d. h. so ausgereift, so hochwertig, bedienungsfreundlich, störungsfrei, dauerhaft, energiesparend und vor allem so hochleistungskräftig sind. Da werden Sie als Kaufleute mir gewiß zustimmen, daß eine derartige Ware auch ihren Preis haben darf. Was hindert Sie also noch, meine Herren, dieses erstklassige Gerät Ihrem Betrieb einzugliedern und gewinnbringend für Sie arbeiten zu lassen?"*

Noch souveräner wirkt die antizipierende (vorwegnehmende) Taktik der Einwandüberwindung, die mögliche Einwände der Gegenseite schon im voraus erkennt und sofort erledigt. Dazu ein Beispiel: *„Ich weiß, meine Herren, daß Sie uns gleich den Einwand vorhalten werden, dieses Vorhaben lasse sich nicht realisieren, weil gravierende technische Probleme dem im Wege stünden*[8]*. Darauf möchte ich schon jetzt entgegnen, daß Einwand A gar nicht zutrifft, weil er auf nachweislich unrichtigen Informationen beruht, daß Einwand B praktisch gegenstandslos ist, weil er auf leicht widerlegbaren ungenauen Meßwerten basiert, und daß Einwand C durch unsere neuesten technischen Entwicklungen bereits überholt ist. Damit sind Ihre Bedenken doch jetzt bereits ausgeräumt, meine Herren, oder?"*

---

8 Wichtig: Die Position der Gegenseite immer nur im Konjunktiv (Möglichkeitsform) referieren (sei, wäre, habe, hätte, könnte, würde, müßte usw.), um damit ihren Wahrheitsgehalt anzuzweifeln und herunterzustufen. Das ist unser gutes Recht.

Eine weitere Klippe auf dem Wege zum Vertragsabschluß liegt im sog. „Aushandeln“ von Bedingungen, im Feilschen[9] um Konditionen und Zugeständnisse. Neben der oft knallharten Überzeugungsarbeit (s. o.) ist dies eine andere Weise des Aufeinanderzugehens der Partner in der Absicht, einen vertretbaren Kompromiß anzustreben. Dazu ist es wieder hilfreich, einen Blick auf eine Definition von *Fred Iklé* zu werfen:

„Eine besondere Form des Kompromißmanövers ist das *Feilschen*... Beim Feilschen geben beide Partner mehr oder weniger zu, daß sie von einer ‚Verhandlungsposition‘ ausgehen. Sie wechseln sich darin ab, viele separate und normalerweise unbedeutende Zugeständnisse zu machen, bis der Punkt des Kompromisses erreicht ist. Feilschen ist ziemlich weit verbreitet, wenn Abkommen zu erzielen sind, bei denen es sich um Zahlenwerte wie Geldbeträge und Zolltarife handelt“ (*Iklé*, S. 215).

Mit „Kompromiß“ bezeichnen wir üblicherweise eine Übereinkunft, bei der beide Seiten sich gegenseitig Zugeständnisse machen. Dazu gehört z. B. besonders das Einbringen vorerst provisorischer Vorschläge, genannt „Testballons“, mit denen wir die Konzessionsbereitschaft und den Konzessionsspielraum der Gegenseite testen wollen. Solange wir nicht wissen, ob die Gegenseite darauf eingeht, betonen wir den vorläufig unverbindlichen Charakter der Vorschläge, etwa so: *„Wie würden Sie sich verhalten, wenn wir diese Bedingung zurückzögen und Sie im Gegenzug Ihre Forderungen halbierten?“* Oder auch so: *„Vielleicht würden wir auf die vorgeschriebenen Sicherheiten verzichten, wenn Sie uns dafür einen Zahlungsmodus einräumten, der uns mehr Sicherheit böte. Wie stehen Sie dazu?“* Allerdings müssen diese angedeuteten Vorschläge, wenn die Gegenseite denn auf sie eingeht, von dieser auch wirklich mit einer adäquaten Gegenleistung bzw. Konzession honoriert werden. Denn andernfalls würden wir ja unversehens eine wichtige eigene Minimalposition preisgeben. Das aber wäre nicht zumutbar. Wir sehen hier bereits, wie das Lancieren von Vorschlägen (und Gegenvorschlägen) ein ganz wichtiges Instrument im Rahmen des angestrebten Einigungsprozesses ist. Dazu gehört als weiteres Beispiel das blitzartige Entwickeln von Alternativvorschlägen, die wieder Bewegung in die – möglicherweise festgefahrenen – Verhandlungen bringen sollen, z. B. so: *„Unser Gegenvorschlag lautet: Wir verzichten – aber nur in diesem einmaligen Falle – auf eine Sofortentschädigung. Sie bekommen von uns weiterhin Aufträge, aber unter der Bedingung, daß Sie uns zwecks Abtragung der geforderten Entschädigung als Entgelt einen Nachlaß*

9 En.: to bargain, to do bargaining; fr.: marchander, marchandage; it.: mercanteggiare.

von 7% auf Ihre Waren (Produkte, Geräte usw.) geben." Wir können also in unsere Vorschläge Konzessionsangebote, gekoppelt an Bedingungen, verpacken, die mit Gegenkonzessionen honoriert werden müssen. Wir können aber durch unsere Vorschläge die Gegenseite allmählich dahingehend weichmachen, daß sie uns günstigere Bedingungen einräumt und ihre eigenen Minimalvorstellungen zurückschraubt. Diese Beispiele mögen als Anregungen dienen.

Zur Technik des Aushandelns noch ein ganz wichiger Aspekt: Wie können wir argumentative „Selbsttore" verhindern? Mancher Verhandler hat in der Entscheidungsphase im stillen seine eigene Vorsicht gelobt, die ihn vor verfrühten Festlegungen bei wichtigen Punkten bewahrt hat. Dennoch kann es immer wieder passieren, daß uns urplötzlich unsere eigenen früheren Zusagen und Festlegungen im Wege stehen. Wie können wir uns hier elegant und umsichtig aus der Affäre ziehen?

Hier ein Musterfall: In der Sondierungsphase hatten wir noch versucht, dem Gegenüber Appetit zu machen *(„Ja, wenn Sie 20% mehr ordern würden!")*. Nachdem wir ihm aus verkaufstaktischen Gründen preislich entgegengekommen sind, bestellt er tatsächlich 25% mehr. Doch aufgrund unserer im Verhandlungslauf gewonnenen Erkenntnisse müßte ein noch größerer Auftrag „drinstecken". Wir lassen also folgende Bemerkung los: *„Bei diesem Preisnachlaß müssen wir allerdings so knapp kalkulieren, daß wir Ihnen diesen erst ab 140% (der Ausgangssumme) einräumen können. Bei einem Mehrbezug von nur 25% können wir im Preisnachlaß nur bis ... gehen. Hätten wir aufgrund Ihrer Ausführungen über dieses Erzeugnis annehmen müssen, daß Sie diesmal weit höher kämen, hätten wir Ihnen unseren letzten Preis gar nicht nennen können."*

Das war ein Paradebeispiel dafür, wie man eine frühere, jetzt hinderliche Festlegung rückgängig macht: Wir differenzieren unsere Aussage, machen nachträglich „selbstverständliche" Voraussetzungen und lasten der Gegenseite möglichst die Verantwortung dafür an, daß wir glaubten, unsere stillschweigenden Voraussetzungen nicht erwähnen zu müssen *(„Hätte ich aufgrund Ihrer Aufführungen nicht annehmen müssen ..."; „... hätten Sie sich doch selbst sagen müssen".)*.

Dieser Kunstgriff läßt sich übrigens sogar dann anwenden, wenn wir einmal Gefahr laufen sollten, beim Operieren in einer gewissen „Grauzone" (Anwendung von Mitteln „etwas außerhalb der Legalität"[10])

10 Der vormalige Anwalt, MdB und Bundesminister *Hermann Höcherl* (1912–1989) prägte anläßlich der „Spiegel"-Affäre (1962) den makabren Ausdruck von Maßnahmen „etwas außerhalb der Legalität", der seither zum geflügelten Wort geworden ist.

ertappt zu werden (das ist natürlich nie gut, weil es jede Verhandlungsatmosphäre beeinträchtigt!).

Dazu folgende Situation: Erkennt die andere Seite eine von uns genannte Zahl als unrichtig, erwidern wir beispielsweise: *„Natürlich nicht unter diesen Voraussetzungen; ich meinte vielmehr ...“.* Oder wir stellen uns völlig überrascht und geben zu, daß wir uns selbst geirrt haben (das ist immer noch besser als ein durchschautes Täuschungsmanöver!). Sogar eine vom Gegenspieler vom Tisch gefegte Drohung können wir, wenn sie nicht gar zu deutlich war, nachträglich mit folgenden Worten entschärfen: *„Daß wir uns hier nicht mißverstehen!“* bzw. *„Sie verstehen uns hier völlig falsch! Wir wollen Ihnen den Abschluß doch nicht aufnötigen. Wir wollten lediglich betonen, daß Sie mit Blick auf den sich abzeichnenden rasanten Gewinnzuwachs an diesem Geschäft genauso interessiert sein müßten wie wir.“*

Wie wir sehen, gibt es kaum eine verfängliche Situation, aus der wir nicht mit einigem Geschick wieder herauskämen. Allerdings gehören dazu Geistesgegenwart, schnelle Auffassungsgabe und bisweilen eine gehörige Portion Unverfrorenheit, aber auch Augenmaß, kurzum taktisches Geschick. Das Augenmaß muß uns sagen, daß man es jedoch nie zu weit treiben soll. Ein Manöver darf nicht fadenscheinig wirken, wenn es glücken soll. Unsere Argumentation muß daher immer glaubwürdig klingen. Das kann sie aber nur, wenn wir uns zuvor *nicht* eindeutig festgelegt haben. Wir sehen, wie wichtig die „Eröffnung“ ist, nicht bloß beim Schach. Deswegen hier auch noch die Warnung vor zu schnellem, direktem und entschiedenem Vorgehen in der Verhandlung, sogar in der Entscheidungsphase[11].

Das Zeichen eines besonders großen Verhandlungsgeschicks ist es freilich, wenn es uns gelingen würde, die Gegenseite am weiteren Aushandeln zu hindern oder sie von vornherein gezielt daran zu hindern. Hören wir dazu nochmals *F. Iklé*:

„Die wichtigste Taktik für diesen Zweck ist, dem Gegner zu zeigen, daß die Bedingungen für ihn kaum noch günstiger werden können. Das kann am überzeugendsten geschehen, wenn man zeigen kann, daß eine Nichteinigung auf jeden Fall besser als ein Abkommen aussehen würde, das nur durch Nachgeben bei den Bedingungen zu haben wäre“ (S. 100).

11 Höchstens ein „Napoleón des Konferenztisches“ könnte einen Frontalangriff wagen, wenn er zwar nicht die stärkeren Bataillone hinter sich weiß, dafür aber den Gegner schon vorher in die Zange genommen hat.

Und abschließend heißt es:

„Der Gegner muß also zu der Ansicht gelangen, daß er eine Gelegenheit verpaßt, wenn er das Angebot nicht annimmt" (ebd.).

Das ist in der Tat genial formuliert. Genauso müssen wir vorgehen. Wenn es uns im Verlaufe dieser Phase gelungen ist, durch Überzeugungsarbeit, Vorteilsargumentation, Meinungsbeeinflussung, Einwandüberwindung, Aushandeln (Feilschen), dessen Ausklammerung, Selbsttorvermeidung usw. beim Verhandlungspartner Vorurteile, Einwände, Bedenken, Widerstände und Fragen auszuräumen, können wir nunmehr behutsam in die Ergebnisphase überleiten.

Sollte es sich aber wider Erwarten zeigen, daß die andere Seite immer noch nicht voll auf den Abschluß eingestimmt ist, müssen wir hartnäckig einen zweiten Anlauf wagen und nachfassen; mit anderen Worten, wir müssen unsere Argumentation durch Nachschieben von weiteren Belegen, Referenzen, Begründungen, Beweisen, Materialproben, Vorzeigeobjekten, (audio-)visuellen Hilfsmitteln usw. ausbauen und vervollkommnen. Zusätzlich zu dieser intensiven rationalen Überzeugungsübertragung können wir hier als abschließende vertrauensbildende Maßnahme auch den emotional-fundierten Appell an die (Kauf-)Motive des Partners, Kunden, Käufers zum Einsatz bringen, z.B. so: *„Wenn Sie diese neue Technologie von uns übernehmen, dann wollen Sie damit doch sicher Ihre Marktchancen, aber auch Ihr Firmenimage spürbar modernisieren und verbessern. Das ist doch das Ziel, das Ihnen unausgesprochen vorschwebt, meine Herren, nicht wahr? Dann sollten Sie aus Ihrer Sicht auch nicht zögern, diesen Vertrag mit uns perfekt zu machen."* Damit wird gerade in diesem Schwebezustand der endgültige Übergang in die erfolgreiche Ergebnisphase angebahnt.

b) Diplomatie- und Politikverhandlungen

In seinem Buch über diplomatisches Verhandeln unterscheidet *Iklé* drei Motivgruppen, welche die Verhandlungspartner an den Konferenztisch bringen können, nämlich identische und divergierende Interessen und deren Mischung. Im erstgenannten Fall wollen sich die Verhandlungspartner in das gleiche Objekt, die gleichen Rohstoffquellen teilen oder von den gleichen Nutzungsmöglichkeiten und entsprechenden Arrangements profitieren. Dies können sie jedoch nur mit Erfolg tun, wenn sie sich einigen, d.h. in eine Interessenpartnerschaft und die daraus resultierende Vertragspartnerschaft eintreten. Da hier bei einigem guten Willen und einer gewissen Ausdauer eine einvernehmliche Regelung oder vertragliche Übereinkunft mittel- oder kurzfristig erzielbar ist, wollen wir uns den wesentlich problematischeren Verhandlungsrunden zuwenden, bei denen die Partner/Gegner von divergierenden Interessenlagen oder gar aus einer Mischung von identischen und divergierenden Interessenlagen bewegt werden. Hier wollen die Partner/Gegner meist Verschiedenes erreichen. Sie sind daher gezwungen, nach einem Austausch von Zugeständnissen, nach einem Interessenausgleich, nach einer Einigung zu suchen. Sie müssen versuchen, ihre identischen und divergierenden Interessen mit denen der anderen Seite in Einklang zu bringen, d. h. einen Kompromiß zu finden. Während dieser das noch unausgesprochene Ziel der Verhandlung ist, sieht ihr Auftakt eher kontrovers aus:

„Es ist eine der weitverbreiteten Verhandlungstaktiken, mehr zu fordern, als man selbst zu erhalten glaubt, um so den Kompromißpunkt zum eigenen Vorteil zu verschieben. Wenn natürlich beide Seiten diese Taktik anwenden, können sich die Auswirkungen gegenseitig aufheben" (*Iklé*, S. 214).

Um seine Maximalposition noch besser abzusichern, kann ein Verhandlungspartner sogar folgenden Kunstgriff anwenden:

„Statt eine Frage so zu formulieren, daß die eigenen Standpunkte schon eingebaut sind, kann man die eigene Position auch dadurch schützen, daß man sie zur Bedingung von Verhandlungen macht" (*Iklé*, S. 224).

Allerdings muß eine solche Position schon sehr stark sein, wenn man sie sich von der Gegenseite als Voraussetzung für Verhandlungen bestätigen lassen will. Im nächsten Schritt, in der Sondierungsphase, tasten sich beide Seiten ab, um sich wechselseitig ihren Minimalforderungen und -zielen zu nähern.

„Jede Seite wird, nachdem sie sich einmal Klarheit über die Maximalforderungen der anderen Seite verschafft hat, versuchen, deren Minimalforderungen zu erkunden, also herauszufinden, mit welchem Ergebnis sie sich gerade noch zufriedengeben wird. Die Maximalforderungen und die Minimalziele jeder Seite markieren die beiden Pole ihres Konzessionsspielraums" (*Craig/George*, S. 214).

Doch hört sich dies leichter an, als es getan ist. Daß diese Aufgabe viel Spürsinn und Geschick erfordert, zeigen folgende Analysen:

„Auszuloten, wie weit der Konzessionsspielraum der anderen Seite geht, und an welcher Stelle man auf den Widerstandspunkt stößt, ist selten eine leicht, schnell oder zuverlässig zu lösende Aufgabe. Jeder Verhandlungspartner wird verständlicherweise bestrebt sein, nicht vorzeitig preiszugeben, worin seine Minimalziele bestehen ... In den meisten Fällen wird keine Seite bereit sein, von ihren Maximalforderungen abzuweichen und ihre Minimalziele vollkommen preiszugeben." (*Craig/George*, ebd.)

Beide Seiten müssen sich nun über mehreres klar werden:

„In diesem Stadium können beide Seiten, nachdem sie den Konzessionsspielraum der jeweils anderen bis zum vermuteten Widerstandspunkt hin ausgelotet haben, feststellen, wie weit sie von einer Einigung entfernt sind, und können die Breite der Kluft zwischen ihren erklärten Minimalzielen abschätzen. Es ist in dieser Phase für alle Beteiligten wichtig, zu beurteilen, ob es irgendwo zwischen den beiden Widerstandspunkten einen oder mehrere Bereiche gibt, die die Möglichkeit für ein Abkommen offenlassen" (*Craig/George*, S. 215).

Auch der Glaubwürdigkeitsfaktor spielt bei allem eine nicht zu unterschätzende Rolle. Denn:

„Häufig kommt es vor, daß eine Seite festzustellen versucht, ob die andere in ehrlicher Einigungsabsicht verhandelt, ob sie entschlossen ist, alle Möglichkeiten zur Erzielung eines für beide Seiten akzeptablen Ergebnisses auszuschöpfen, ob sich zwischen beiden Delegationen eine Atmosphäre vertrauensvoller Zusammenarbeit herstellen läßt" (*Craig/George*, S. 213).

Aber jetzt gilt es, weiterzubohren und -zufragen:

„Wenn sich berührungsnahe Bereiche abzeichnen, versucht jede Seite zunächst einmal, näheren Aufschluß über den Widerstandspunkt der anderen zu gewinnen. Welche Interessenlage, welche Sorgen und Einstellungen verbergen sich hinter dem Widerstandspunkt, den der Verhandlungspartner bezogen hat? ... Steht er unter irgendeinem Zeitdruck oder dem Druck einer öffentlichen Meinung, die eine Lösung der anstehenden Probleme erwartet?" (*Craig/George*, S. 216).

Wir gehen damit zur wichtigen Entscheidungsphase über, die durch Überzeugungsarbeit (Argumentieren), Vorschläge und Gegenvorschläge sowie durchs Aushandeln (Feilschen um Konzessionen und Konditionen) mit dem Ziel des Kompromisses gekennzeichnet ist:

„Normalerweise kann man damit rechnen, daß jede Seite ... im Verlauf der Verhandlungen dann aber durch Überzeugungsarbeit bzw. entsprechende Gegenleistungen dazu gebracht werden kann, zumindest an einigen dieser ursprünglichen Forderungen Abstriche zu machen. An einem Punkt der Verhandlungen fordert die eine Seite möglicherweise die andere auf, eine allgemeine Zusicherung abzugeben, daß sie unter bestimmten Bedingungen bereit sein wird, einige ihrer Forderungen zu mäßigen" (*Craig/George*, S. 213).

Es entwickelt sich ein verzwicktes Spiel zwischen beiden Seiten:

„Jede in bezug auf diese Frage relevante Information wird den Beteiligten helfen herauszufinden, ob es Möglichkeiten gibt, die wesentlichen Forderungen der anderen Seite zu erfüllen, ohne zuviel von der eigenen Position preiszugeben" (*Craig/George*, S. 216).

Die Gefahr des Stillstands kann sich jetzt abzeichnen:

„Manchmal wird eine Seite (oder werden beide Seiten) kleinere Zugeständnisse machen, einfach um die Verhandlungen ... wieder in Gang zu bringen" (*Craig/George*, S. 215 f.).

Die mögliche Übereinkunft vor Augen, müssen beide Parteien aufeinander zugehen:

„Wenn beide Verhandlungspartner der Meinung sind, daß es innerhalb ihres Konzessionsspielraums berührungsnahe Bereiche gibt, in denen eine Einigung möglich ist, werden sie in eine Phase eintreten, in der sie durch Überreden und Feilschen versuchen werden, den anderen zu einem Abkommen zu bewegen" (*Craig/George*, S. 217).

Und was müssen wir unter diesen beiden Kernbegriffen des Verhandelns verstehen?

„Es ist sinnvoll, ‚Strategien des Überredens' von jenen des ‚Aushandelns' zu unterscheiden. Bei ersteren steht der Versuch im Mittelpunkt, bei der anderen Seite Verständnis für die eigenen Forderungen und die Bedeutung, die man ihnen beilegt, zu wecken und ihr andererseits verständlich zu machen, weshalb man ihre Forderungen für überzogen und schwer zu akzeptieren hält. Man kann im Rahmen solcher Überzeugungsarbeit sowohl argumentativ an die rationale Einsicht als auch emotional an das moralische und humanitäre Empfinden der anderen Seite appellieren. Die Strategie des Aushandelns andererseits zeichnet sich durch Zugeständnisse, bedingte Angebote, das Versprechen von ‚Belohnungen' oder auch das Androhen von ‚Bestrafungen' aus. Auch Kompromißvorschläge, politische Tauschgeschäfte und Quidproquos können Element dieser Verhandlungsform sein. Das Feilschen im Rahmen dieser Strategie bereitet um so weniger Probleme, je besser die Wertmaßstäbe beider Seiten übereinstimmen" (*Craig/George*, S. 217).

Wir sehen, wie diese beiden Begriffsbestimmungen ein reichhaltiges Instrumentarium umfassen, das in der Entscheidungsphase zum Einsatz gebracht werden kann. Wenn der angestrebte Kompromiß als eine Übereinkunft aufgrund von gegenseitigen Zugeständnissen zu verstehen ist, gibt es dann auch einen gangbaren Weg dorthin?

„Wenn der Verhandlungsgegenstand sehr komplexer Natur ist, könnten die Partner versuchen, die Kluft zwischen ihren jeweiligen Widerstandspunkten in mehreren Stufen zu überbrücken. Ein denkbarer Weg wäre, einen Bezugsrahmen oder Verfahrensgrundsatz für die Einigung zu definieren, ein allgemeines Prinzip, das als Leitlinie für die Ausarbeitung der konkreten Details einer Vereinbarung dienen kann" (*Craig/George*, S. 216).

Wie könnten derartige Bezugssysteme oder Rahmenleitlinien in der Politik aussehen?

„Begriffe wie ‚Macht' und ‚Machtgleichgewicht' (als leitende Prinzipien bei der Aufteilung von Territorien und Einflußsphären in der klassischen europäischen Ära), ‚sichere Grenzen' (bei der Aushandlung von Friedensverträgen nach vielen Kriegen) und ‚Parität' oder ‚strategisches Gleichgewicht' bei den SALT-Verhandlungen" (*Craig/George*, S. 217).

Zum Instrumentarium dieser Phase gehören natürlich auch die in Absatz a) genannte Kriterienbeeinflussung beim Verhandlungspartner – die vorgängige Ausklammerung des Aushandelns gehört auch in diese Kategorie – sowie das Produzieren neuartiger, einfallsreicher Lösungsvorschläge, um den Verhandlungen die entscheidende Wendung zu geben.

Beispiele:

Als ein hochinteressantes und zugleich erschütterndes Dokument für Methoden des Aushandelns und Feilschens im politischen Bereich mag hier ein Bericht *Bereschkows* über die schicksalhafte Besprechung zwischen *Churchill* und *Stalin* am 9. Oktober 1944 in *Stalins* Arbeitszimmer im Kreml dienen. Nachdem beide über Probleme der besseren Abstimmung zwischen den Alliierten gesprochen hatten, sagte *Churchill* plötzlich folgendes:

„‚Ich habe hier ein schmutziges Dokument, das die Überlegungen einiger Personen in London enthält', sagte Churchill und zog dabei ein vierfach zusammengefaltetes Papier aus der Brusttasche. Nachdem er es auf dem Tisch geglättet hatte, schob er es Stalin zu. Der Text mußte übersetzt werden. Auf dem Blatt Papier standen einige Zeilen:

Romania	
Russia	90%
The others	10%
Greece	
Great Britain	90%
(in accord with USA)	
Russia	10%
Yugoslavia	50:50%
Hungary	50:50%
Bulgaria	
Russia	75%
The others	25%

Stalin blickte aufmerksam auf die Zahlen, nahm aus einem Bronzegefäß einen seiner geliebten dicken zweifarbigen Stifte und zeichnete in der oberen Ecke eine kleine blaue Dohle. Dann schob er das Blatt, ohne ein Wort zu sagen, wieder Churchill zu. Es trat eine lange Pause ein. Als erster unterbrach Churchill das Schweigen:

‚Wird es nicht für sehr zynisch gehalten werden, daß wir so einfach Fragen entschieden haben, die das Schicksal von Millionen Menschen betreffen? Verbrennen wir lieber dieses Stück Papier...'.

‚Nein, behalten Sie es', sagte Stalin. Churchill faltete das Papier zusammen und steckte es in die Tasche. Und wieder langes Schweigen ...

Wegen dieser stummen Szene wurden eine Menge Artikel und Monographien verfaßt" (*Bereschkow*, a. a. O., S. 430 f.).

Während *Churchill* bei diesem „Testballon", den er mit seinem „schmutzigen" Schriftstück losließ, noch Gewissensbisse empfand, ließ sich sein Außenminister *Eden*, von *Churchill* selbst als „erstklassiger Zweitklassiger" tituliert, in der anderntags folgenden Besprechung mit *Molotow* vollends überlisten. Es ist einfach beschämend, mit welcher Leichtfertigkeit und Gewissenlosigkeit *Eden*, der sich *Hitler* gegenüber so unnachgiebig und konsequent erwiesen hatte, ohne nennenswerten Widerstand den Sowjets – und das sicherlich nicht ohne Billigung *Churchills* – fast ganz Südost-Europa auslieferte. Zusätzlich wurde er am Ende auch noch Opfer der raffinierten Ermüdungstaktik seines Gegenübers. Lassen wir dies blamable Schauspiel des Feilschens um Prozente in den Einflußsphären darum auf uns wirken:

„Unter Bezugnahme auf die Begegnung Stalins und Churchills setzte Molotow seinem britischen Kollegen auseinander, daß der Vorschlag über die Prozente Aufmerksamkeit verdiente. ‚Können wir uns nicht darüber verständigen', fuhr Molotow fort, daß das Verhältnis 75:25 Prozent nicht nur für Bulgarien gilt, sondern auch für Ungarn und Jugoslawien?' ‚Aber das Verhältnis ist viel schlechter als jenes, von dem gestern die Rede war', wandte Eden ein. ‚Dann soll es 90:10 bei Bulgarien und 50:50 bei Jugoslawien sein, und über Ungarn werden wir uns noch einigen .... ' ‚Wir sind bereit, Ihrem Vorschlag über Ungarn zuzustimmen, möchten aber mehr Einfluß in Bulgarien haben.' ‚Wenn bei Ungarn das Verhältnis 75:25 beträgt, dann soll dieses Verhältnis auch für Bulgarien gelten. Aber dann muß es bei Jugoslawien 60:40 betragen. Das ist das Äußerste. Weiter werden wir nicht gehen.'

Eden schlug 80:20 für Bulgarien vor, aber beharrte weiter auf einem Verhältnis 50:50 bei Jugoslawien. Molotow wiederum erklärte, daß es, wenn man den englischen Vorschlag für Jugoslawien akzeptiere, 90:10 bei Bulgarien betragen solle. Wenn er 60:40 für Jugoslawien vorschlage – so fügte er hinzu –, gehe er davon aus, daß sich die sowjetische Seite wenig für die Küstenregionen interessiere, aber mehr Einfluß im Landesinneren haben möchte. Bemerkenswert ist, daß Griechenland in dieser Diskussion überhaupt nicht erwähnt wurde. Folglich erhob die sowjetische Seite keine Einwände gegen den britischen Vorschlag.

Des Feilschens müde, erklärte Eden schließlich, daß es ihm nicht so sehr um die Zahlen gehe. Er verstehe das sowjetische Interesse an Bulgarien, und Großbritannien sei bereit, hier zuzustimmen. Was jedoch Jugoslawien betreffe, so komme es unabhängig davon, ob Tito und die jugoslawische Regierung in London zustimmen würden oder nicht, darauf an, daß die Verbündeten dort eine gemeinsame Politik betrieben.

Als während des Abendessens, das in Churchills Landhaus stattfand, Eden über seine Unterredung mit Molotow berichtete, sagte er, daß es eine ‚wirkliche Schlacht' gewesen sei, in der er die britischen Interessen nicht verraten habe. Auf ähnliche Weise wurde eine Übereinkunft über die Einflußsphären in Osteuropa erzielt" (*Bereschkow*, a.a.O., S. 432).

Ein sehr instruktives Beispiel dafür, wie man unter Einsatz aller möglichen verhandlungstaktischen Instrumente eine drohende Krise abwenden kann, zeigen uns das Journalistenteam *Evans/Novak* mit ihrer Darstellung von *L. B. Johnsons* massivem Eingreifen in einen nationalen Eisenbahnstreik im April 1964 während der Anfangsphase seiner Präsidentschaft. Kurz vor Streikbeginn lud *Johnson* die hartgesottenen Unterhändler der Gewerkschaften und der Eisenbahngesellschaften in den Kabinettssaal des Weißen Hauses, wo er ihnen die erste schwache Dosis einer „Johnson-Behandlung" verpaßte:

„Der Präsident erinnerte Gewerkschaften und Arbeitgeber daran, daß sie ihm ‚an jenem dramatischen Tag im November' ihre Unterstützung zugesagt hätten, und er forderte jetzt diese Unterstützung. Die Industrie und die Gewerkschaften hätten seit vier Jahren gegeneinander gekämpft und das Vertrauen zueinander verloren. ‚Habt Ihr auch das Vertrauen zu mir verloren?' fragte er getrennt Ruy Davidson von der Bruderschaft der Lokomotivführer und J. E. Wolfe, den Chefunterhändler der Industrie. Die Antwort lautete natürlich ‚Nein'. Johnson bat um die gleiche Chance, die beide Parteien 1963 Präsident Kennedy gegeben hätten. ... Die Gewerkschaften sträubten sich noch und erhielten daraufhin eine stärkere Dosis der ‚Behandlung'. ‚Ich bin euer Präsident', erinnerte sie Johnson. ‚Alles, was ich von euch verlange, ist, daß ihr mir eine Chance gebt. Gebt mir eine Chance'" (*Evans/Novak*, a.a.O., S. 352).

„Danach nahm sich *Johnson* die widerspenstigen Gewerkschaftsführer in seinem Arbeitszimmer nochmals vor. Er wandte sich dabei vor allem an Charles Luna, einen Landsmann aus Texas: ‚Charley', beschwor er ihn, , es ist nicht einer dieser verdammten Yankees, der euch bittet.' Als patriotische Amerikaner müßten die Gewerkschaftler seinen Wünschen entsprechen" (*Evans/Novak*, S. 353).

Wir sehen hier also, wie *Johnson* als eine Art selbsternannter Obervermittler die Klaviatur der suggestiven Appelle meisterhaft beherrschte. Am Ende erklärten sich die Bosse mit einem Streikaufschub von 15 Tagen bereit, die man für Verhandlungen nutzen wollte. Weiter lesen wir bei *Evans/ Novak*:

„Doch das war erst der Anfang. Jetzt begann eine der ungewöhnlichsten arbeitsrechtlichen Verhandlungen in der Geschichte der Vereinigten Staaten. Die Unterhändler beider Seiten und zwei von dem Präsidenten benannte Vermittler tagten im Gebäude der Präsidialkanzlei neben dem Weißen Haus, häufig und ohne vorherige Ankündigung unterbrochen durch Besuche – und ermutigende Worte – des Präsidenten. Am Tage der Wiederaufnahme der Verhandlungen, dem 9. April, kam Johnson in das Beratungszimmer und erkannte an, daß beide Seiten schwere Entscheidungen zu treffen hätten.

‚Die schwerste Entscheidung, die ich selbst zu treffen hatte, war in Kalifornien vor vier Jahren, als ich den Kampf um die Nominierung zum Präsidentschaftskandidaten verloren hatte und mich entscheiden mußte, ob ich die Nominierung für die Vizepräsidentschaft annehmen sollte. Ich entschloß mich dazu, weil ich glaubte, daß sie für einen demokratischen Sieg notwendig sei. Ich weiß also, was es heißt, eine schwere Entscheidung zu treffen.'

In dieser Weise verlief der größte Teil der nächsten beiden Wochen. Johnson platzte in die Sitzungen hinein, stellte sich hinter die Unterhändler und sah sich an, was beide Seiten auf ihre Papierblöcke schrieben oder malten. Am Sonntag, dem 19. April, als der neue entscheidende Termin heranrückte und die Verhandlungen immer noch auf dem toten Punkt waren, verabreichte Johnson eine neue Aufmunterungsspritze. Er sagte den Gewerkschaftsführern, sie müßten den Mut haben, ihren Mitgliedern zu sagen, daß sie nicht alles haben könnten, was sie wollten. Und den Unterhändlern der Industrie sagte er: ‚Laßt eine Regelung nicht an dem allmächtigen Dollar scheitern!'" (*Evans/Novak*, S. 353).

Wir sehen, wie *Johnson* nicht nur Meister der rhetorisch-suggestiven Appelle, sondern auch verdeckter wie offener Einschüchterungsmaßnahmen ist. Er arbeitet mit Zuckerbrot und Peitsche. Man hat das untrügliche Gefühl, wenn *Johnson* diese Sache in die Hand nimmt, führt einfach kein Weg an der Einigung vorbei. Daß er sich bei alledem nicht nur an emotionale Aktionen, sondern auch an die Spielregeln des problemlösenden Verhandelns hält, beweist folgende Passage, die uns in manchem an die Ausführungen bei *Craig/George* erinnert:

„Aber Johnson beschränkte sich nicht auf die Verabfolgung von Aufmunterungsspritzen. Er führte Gespräche mit einzelnen Mitgliedern beider Abordnungen und forschte nach kleinen Meinungsverschiedenheiten innerhalb der beiden Delegationen, die zugunsten einer Einigung ausgenutzt werden konnten. Es war die gleiche Technik, die er als Mehrheitsführer im Senat zu so hoher Vollendung gebracht hatte. Die schnelle und sichere Methode, mit der Johnson die beiden Gegenparteien allmählich einander näherbrachte, verblüffte und begeisterte die Regierungsbeamten, die Johnson vordem noch nie in Aktion gesehen hatten" (*Evans/Novak*, S. 353 f.).

Als es dann nach zweiwöchigem Fingerhakeln am Verhandlungstisch soweit war und der Kompromiß stand, hatte *Johnson* einen gewaltigen Triumph errungen, der in seiner Bedeutung weit über die Beilegung dieses Konfliktes hinausging. *Johnson* hatte sich als nationale „Integrationsfigur" profiliert. Er drängte die Verhandlungsparteien geradezu in die Interessenpartnerschaft, die sie der Nation schuldig waren, und hatte dabei die ganze Zeit vor allem sein Image als Staatsmann im Auge:

„Durch eine einzige positive Aktion hatte Johnson seiner Regierung ein eigenes Image verschafft. Die Intervention im Eisenbahnerstreit paßte ausgezeichnet zu Johnsons persönlichem Stil: das Fehlen ideologischer Erwägungen, die Einigung anscheinend unversöhnlicher Elemente; der Kuhhandel und das Feilschen; der Appell an verschiedene Schichten der Gesellschaft, ihre Differenzen im Interesse des Landes zu begraben; das unterschwellige Gefühl des Consensus; der Appell an den Patriotismus. Sein Triumph gab seinem Selbstvertrauen gewaltigen Aufschwung und wandelte den Charakter seiner Präsidentschaft, die jetzt Spannkraft erhielt und Widerhall fand" (*Evans/Novak*, S. 356).

Wir sind hier also Zeugen eines grandiosen Schauspiels des Überredens und Aushandelns geworden, dabei faszinierend vor allem diese sagenhafte Mischung der verschiedenen rationalen, emotionalen und intuitiven Instrumente des Verhandelns, wie sie einem selten begegnet. Hier erlebten wir bereits anschaulich den Übergang von der Entscheidungs- zur Ergebnis- oder Einigungsphase, der wir uns nun zuwenden.

§ 4 Phase 4: Die Ergebnisphase (Kulminationspunkt)

Während die vorangegangene Entscheidungsphase mit der harten Schale der Verhandlungsfrucht vergleichbar ist, so die Entscheidungsphase mit der darin ruhenden reifen Frucht des Verhandlungsbaumes. In dieser Phase gilt es, die Konsensbildung zwischen den beiden Parteien mit dem Ziel eines beidseitig akzeptablen Abschlusses der Verhandlung (im Sinne der Verhandlungspartnerschaft) zu forcieren. Wie können wir diese Phase am besten einleiten?

Mit dem angepeilten Ziel der Übereinkunft vor Augen, geben wir den Verhandlungspartnern eine stichwortartige Zusammenfassung der Vorteile, die sich für sie anbieten: *„Darf ich also kurz zusammenfassen, was wir zuvor besprochen haben?" „Gehen wir zusammen also kurz die Punkte durch, bei denen wir gleicher Meinung waren."* Wenn sich bei der Gegenseite nun kein oder kaum Widerspruch meldet, haben wir aufgrund der vorangegangenen Verhandlung folgende Optionen:

(1) Besteht weitgehende Einigkeit und Übereinstimmung zwischen den Parteien, stellen wir schnell den Konsens fest: *„Dann sind wir uns also einig darüber, was wir künftig unter dieser Regelung verstehen wollen?"; „Dann sind wir also gleicher Meinung darüber, daß ..."; „Wir alle stimmen also darin überein, daß ...".* – Weiteres s. u.

(2) Besteht noch bei einigen offenen Fragen ein gewisser Dissens (Nichtübereinstimmung) in der Verhandlungsrunde, so geht es jetzt darum, einen gangbaren Kompromiß zu zimmern: *„Wie man sieht, meine Herren, stehen wir uns in unseren Auffassungen näher, als es vielleicht den Anschein hat. Mir scheint, wir treffen uns insbesondere in der Beurteilung der X- und der Y-Frage, so daß wir hier mit gutem Gewissen einen Kompromiß schließen können. Wir bieten Ihnen darum folgendes an ...".* Ein derartiger Kompromiß bietet sich immer dann an, wenn beide Seiten bei Einschätzung der Lage, besonders beim jeweiligen Verhandlungspartner, meinen, nicht mehr her-

ausholen zu können (d. h. ihre Minimalvorstellungen durchsetzen können) und der Abschluß dennoch gewinnbringend ist („gesunder Kompromiß“). Dies müssen wir mit entsprechender Formulierung festklopfen. Sollte sich jedoch in diesem Stadium kein Konsens herstellen lassen, oder regt sich gar ein starker Widerspruch, so ergeben sich folgende Optionen:

(3) Handelt es sich um eine langfristige Verhandlungsrunde mit mehreren Tagungen, so empfiehlt es sich, nunmehr die Verhandlung zu vertagen und die unerledigten Fragen oder Punkte in der nächsten Sitzung weiter zu verhandeln und zu einem Resultat zu bringen.

(4) Besteht jedoch zwischen den beiden Parteien völlige Uneinigkeit und ist keine Annäherung möglich, dann ist die Konferenz gescheitert und ein Abbruch der Verhandlungen angezeigt. Dies z. B. mit folgender Formulierung: *„Ich komme daher mit großem Widerstreben zu dem Schluß, daß wir über die Verträge keine Übereinstimmung erreichen können. Nachdem wir uns an diesen Gedanken gewöhnt haben, scheint es mir, daß wir übereinstimmen sollten, nicht übereinzustimmen ...“*. Mit dieser geradezu klassischen Formulierung drohte der US-Außenminister *James Byrnes* (1879–1972) 1946 in Paris den Sowjets den Abbruch der Friedenskonferenz an. Vom Risiko des Scheiterns beeindruckt, gab *Molotow* kurz darauf nach und akzeptiere fast alle Empfehlungen von Paris (nach *Iklé*, S. 101).

Kommen wir aber jetzt zu den beiden positiven ersten Optionen [Punkt (1) und (2)] zurück. Ist also der Konsens festgestellt oder der Kompromiß akzeptiert, so können wir den letzten Schritt zum angestrebten Ergebnis oder Abschluß tun:

„Wir sind also darin übereingekommen, daß ... Deshalb lassen Sie uns gemeinsam diesen beiderseits gebilligten Entscheid (Beschluß) in die Tat umsetzen und ihn mit unseren Unterschriften unter diesen Vertrag (Beschluß, Abkommen, Vereinbarung, Regelung usw.) besiegeln.“ bzw. *„Daher lassen Sie uns nun das erzielte Abkommen gemeinsam abzeichnen (paraphieren), weil, wie allerseits gutgeheißen, die Punkte A, B, und C so eindeutig für seine Unterzeichnung sprechen. Können wir hiermit unsere Abmachung (Vereinbarung) perfekt machen?“*

Und damit kommen wir zum Ende der Verhandlung.

§ 5 Phase 5: Die Schlußphase (Ausstieg)

Wenn die Vertragsunterzeichnung zu einem bedeutsamen Akt hochstilisiert werden soll, kann im Anschluß daran Sekt gereicht werden. Auch können ggf. Presse, Hörfunk und Fernsehen hinzugezogen werden. Die beiden Verhandlungsleiter werden das Schlußwort ergreifen, in dem sie den Beteiligten der anderen wie der eigenen Seite Dank und Anerkennung für verhandlerische Fairneß und geleistete Arbeit ausdrücken und zum Schluß auf gute künftige Zusammenarbeit anstoßen. (Aber auch im Falle, daß man ohne Einigung oder im Dissens auseinandergeht, wären verbindliche, ausgleichende oder versöhnliche Worte angebracht, die die Türen für weitere Verhandlungen offenhalten.)

Hiermit ist die Sitzung beendet. Die beiden Gruppen erheben sich und können beim Hinausgehen und bei der Verabschiedung in der Vorhalle zwanglose Gespräche darüber führen, wie es weitergehen soll.

4. Das Rentabilitätsgesetz der Verhandlungsführung

Einer der obersten Grundsätze jedes reinen Managements ist die Rentabilität. Mag auch dasjenige Management und Unternehmertum, das sich „nur“ an Gewinnmaximierung und nacktem Kosten-Nutzen-Denken orientiert, bald zu Recht der Vergangenheit angehören, so gilt doch die revidierte Erkenntnis, alles Wirtschaften an seinem *relativen* Ertrag (d. h. bezogen auf den Gesamtaufwand) zu messen[12].

Dies gilt ebenso für die Verhandlungsführung der Manager, Politiker und Privatpersonen. Mag sie noch so erfolgreich sein, ihr kommt für sich allein nie ein Eigenwert zu. Sie ist eingebunden in ihr jeweiliges Umfeld und muß somit stets rationell bleiben. Das schönste Verhandlungsergebnis ist betriebswirtschaftlich wertlos, ja schädlich, wenn es nicht im angemessenen Verhältnis zu den Zugeständnissen steht, mit denen es erkauft wurde, und zum Aufwand an Zeit und Mühe, der durch die Verhandlungen, ihre Vorbereitung und den Aufbau der eigenen Verhandlungsposition entstanden ist. Diese „Kostenrechnung der Verhandlungsführung“ dürfen wir nie aus den Augen verlieren. Das gilt gleichfalls für die laufenden „Nachkalkulationen“ während der Vorbereitung und Durchführung der Verhandlungen. Ein geübter

12 Unternehmen und Staaten, ja ganze Staatenblöcke, die sich nicht an diese Erkenntnis halten, sind über kurz oder lang zum wirtschaftlichen und politischen Konkurs verurteilt, wie der Zusammenbruch der sozialistischen Ostblock-Wirtschaft (COMECON, RGW) erst jüngst wieder drastisch bewiesen hat.

Verhandler braucht dazu keinen Kostenrechner, er hat den Ablauf im Griff. Ein rein kalkulatorischer Genauigkeitsfanatismus wäre hier völlig fehl am Platze. Die Kosten einer Verhandlung (einschließlich Vorbereitung) dürfen stets nur einen Bruchteil ihres direkten Nutzens ausmachen. Hauptsache ist, daß die Relationen stimmen. Mit einer Rechnung nach Mark und Pfennig läßt sich hier nichts rationalisieren.

Das leuchtet sofort ein, wenn wir uns vergegenwärtigen, daß Verhandlungen – zumindest in dem Umfang und der Intensität, wie hier vorausgesetzt – vor allem dem Management aus Wirtschaft und Politik vorbehalten sind und daß ihre Vorbereitung eben auch Zeitaufwand des Managers sowie qualifizierte Stabsarbeit erfordert. Mit diesen Aufwendungen müssen wir jedoch besonders haushalten, wenn wir damit die Verhandlungen, die für alle Unternehmensbereiche regelmäßig erforderlich sind, abdecken wollen.

Daher ist es unerläßlich, sich die genaue inhaltliche Aussage dieser fundamentalen Leitlinie der Verhandlungsführung immer wieder vor Augen zu halten. Sie lautet folgendermaßen:

Das Rentabilitätsgesetz der Verhandlungsführung

Über die optimale Kombination der verschiedenen Elemente der Verhandlungsführung entscheidet die Rentabilität: Die konkrete Gestaltung der Verhandlungsführung (und ihrer Vorbereitung!) muß erheblich mehr einbringen, als sie an Aufwendungen verursacht.[13]

13 Daß es auch Grenzfälle gibt, bei denen das Rentabilitätsgesetz keine Gültigkeit hat, weisen *Craig/George*, a. a. O., S. 209f. nach, wenn sie feststellen: „... daß Regierungen manchmal aus bestimmten Erwägungen heraus in Verhandlungen eintreten, selbst wenn ihnen klar ist, daß ein gemeinsames Interesse nicht gegeben ist. ... daß die beteiligten Parteien, selbst wenn sie eine Einigung weder erwarten noch wünschen, Verhandlungen aufnehmen mit dem Ziel, propagandistische Effekte auf Kosten der anderen Seite zu erzielen. Die Fälle, in denen Verhandlungen ausschließlich oder vorwiegend im Hinblick auf Nebeneffekte dieser Art aufgenommen werden, haben in dem Maße zugenommen, in dem die öffentliche Meinung und die Massenmedien im Zuge der diplomatischen Revolution an Bedeutung gewonnen haben. Schließlich gibt es auch noch die Möglichkeit, daß die eine oder die andere Seite oder beide einfach nur deshalb zu einem diplomatischen Gesprächsaustausch einladen, weil sie den Kontrahenten abtasten, bestimmte Informationen erlangen, ihn irreführen oder täuschen oder einfach ‚Kontakt halten' und das Miteinanderreden als Mittel zur Abwendung eines möglichen gewaltsamen Zusammenstoßes benutzen wollen."

Je öfter wir dieses Gesetz lesen, desto eher wird es auch uns wie eine Binsenwahrheit vorkommen. Aber Binsenwahrheiten haben es in sich. Man merkt oft zu spät, daß man versäumt hat, sie genügend zu berücksichtigen.

Der Einfluß dieses Rentabilitätsgesetzes auf die Verhandlungspraxis ist jedenfalls kaum zu überschätzen. Ganz unwillkürlich wird jeder von uns zunächst versuchen, durch Einsatz als geeignet betrachteter Mittel soviel wie möglich aus der gegebenen Verhandlungsposition herauszuholen; das ist fast immer am billigsten. Schon die Suche nach einem konstruktiven Kompromiß erweist sich als sehr viel schwieriger (und kostet mehr eigene Zugeständnisse), ganz zu schweigen von der Mühe und dem Aufwand, die in der Regel mit dem konstruktiven Umdenken zur Verbesserung der eigenen Verhandlungsposition und zur Veränderung der Zielsetzung verbunden sind. Das kann man sich nur leisten, wenn es sich um ein wichtiges Geschäft handelt, auf das man weder verzichten kann noch zu kurzfristig erzielbaren, unbefriedigenden Konditionen abschließen will.

Auch eine solche extreme Situation kann jedoch letztlich überraschend gute Resultate zeitigen. Denn gerade jener Moment, in dem man erkennt, daß man sich mit der bisher gewohnten Zielsetzung gegen den Markt bewegt, dürfte die Geburtsstunde für viele außergewöhnliche Unternehmerleistungen gewesen sein. Wir sehen also, welche wichtige Leitfunktion dieses beherrschende Gesetz für unser Tun und Lassen am Verhandlungstisch haben kann.

Kapitel V

Kritikforum gegen Mißbrauch und Verwilderung in Gesprächs- und Verhandlungsführung

1. Einleitung in die Problematik

Wenn wir angesichts des stupenden Mißbrauchs von Gesprächsführung (Dialogik) und Verhandlungsführung (Negoziatorik) in der Vergangenheit nicht in abgründigen Skeptizismus und Pessimismus versinken wollen, müssen wir uns die Frage vorlegen: Wie können wir einen künftigen Mißbrauch dieser Disziplinen verhindern? Dazu ist es erforderlich, eine bündige Ortsbestimmung vorzunehmen: Was wollen wir und was nicht?

1. Beide Disziplinen wollen nicht lehren, wie man immer und um jeden Preis als Sieger das Feld verläßt. (Demagogie ist dagegen die Kunst der Massenverführung, Eristik die Kunst der Rechthaberei, Rabulistik die Kunst der Wortverdreherei, Sophistik die Kunst der Trugschlüsse und Konter-Negoziatorik der kriminelle Mißbrauch der Verhandlungskunst). Negoziatorik und Dialogik lehren das „denkende Sprechen", nicht das Recht-haben-wollen um jeden Preis.

2. Die Negoziatorik will, daß man überzeugend dasjenige aushandeln kann, was man als recht und wahr ansieht. Moderne Dialogik will im Zweck- und Problemlösungsgespräch durch Meinungsaustausch zu einer umgreifenden Erkenntnis gelangen, die beide Seiten anerkennen könnten. (Ob dies immer gelingt, sei dahingestellt. Aber das Wollen, zum bestmöglichen Ergebnis zu kommen, muß vorhanden sein.)

3. Diese beiden Disziplinen sollen uns, wie gesagt, dazu befähigen, was nach unserem Dafürhalten recht und wahr ist (aber nicht immer absolut recht und wahr sein muß), überzeugend vorzutragen. Im Gedankenaustausch mit anderen, die vielleicht etwas anderes für recht und wahr halten (das ebenfalls nicht immer absolut recht und wahr sein muß) zur Auffindung und Sichtbarmachung der ganzen Wahrheit zu kommen, das ist der eigentliche Zweck moderner Kommunikation. Damit ist der Rahmen abgesteckt.

Im Anschluß an diese drei Thesen müssen wir nun konkrete Maßnahmen ins Auge fassen:

a) Die Schaffung klarer Begriffe im Bereich von Negoziatorik und Dialogik. Wie die Erfahrung immer wieder zeigt, können ein und dieselben Begriffe und Wörter dazu führen, daß man aneinander vorbeiredet, weil man unterschiedliche Inhalte mit ihnen verbindet. Deshalb sollten Definitionsübungen jede Unterweisung in diesen Disziplinen ergänzen und vertiefen. Auch sollte möglichst zu Beginn eines Vortrags oder eines Gesprächs genau festgelegt werden, was ein jeder unter den entscheidenden Begriffen und Schlüsselwörtern, um die es geht, zu verstehen habe. Nur so kann sich ein ergebnisbringender Gedankenaustausch entfalten. (Allerdings sollten die Partner dazu auch ein ausgeglichenes Niveau haben und eine geistesverwandte Sprache sprechen.)

b) Die Schaffung eines starken kritischen Potentials, wenn die moderne Kommunikation zugleich die Bezeichnung „kritisch" verdienen soll. Es soll eine Immunisierung gegenüber sophistischen Überredungsversuchen und dialektischen Verdrehungskünsten bewirken. Künftig muß dem kritischen Beobachter sehr schnell die Fragwürdigkeit gewisser dialektischer Manöver oder die logische Unausgewiesenheit eristischer Überrumpelungsversuche bewußt werden. Es gilt also, eine kritische Wachsamkeit zu erzeugen, um die blitzartige Entlarvung gegnerischer Vernebelungsversuche zu ermöglichen. Dies als Beitrag zum Prozeß der allmählichen Mündigwerdung der Staatsbürger. Um dieses kritische Immunpotential zu schaffen, ist allerdings auch eine umfassende Kenntnis der verschiedenen demagogisch-dialektischen Manipulationsmanöver erforderlich. Daher ist angezeigt:

c) Die Schaffung einer Plattform für ein permanentes „Kritikforum". In diesem „Kritikforum" sollen verschiedene rhetorische, demagogische, dialektische, dialogische und konter-negoziatorische Entwürfe vorgestellt, diskutiert und einer kritischen Würdigung unterzogen, d. h. entlarvt werden. Dies soll zugleich ein *offenes* Forum sein, weil es offenstehen will für die spätere Diskussion weiterer Entwürfe. Das Fernziel muß die Schaffung einer Scheidekunst (gr. Analytik) sein, die zwischen „wahr" und „falsch" zu trennen vermag.

Im folgenden will das vorliegende Buch einen ersten Denkschritt in diese Richtung wagen.

2. Arthur Schopenhauers „36 eristische Kunstgriffe“ neu geordnet

In *Schopenhauers* (1788–1860) handschriftlichem Nachlaß fand man ein Manuskript vor, das den Titel „Eristik“ trug und von seinem Anhänger *J. Frauenstädt* im Jahre 1864 erstmals veröffentlicht wurde. Im ersten Teil der Schrift versucht *Schopenhauer,* uns eine Beschreibung und Bestimmung des Begriffs „Eristik“ zu geben, im dritten Teil führt er uns jene berühmt-berüchtigten „36 Kunstgriffe“ vor, auf die wir später noch eingehen werden. Lassen wir zuerst jedoch *Schopenhauer* selbst zu Wort kommen:

„... der Mensch ist von Natur rechthaberisch: und was aus dieser Eigenschaft folgt, lehrt die Disziplin, die ich Dialektik nennen möchte, jedoch um Mißverstand zu vermeiden, ‚Eristische Dialektik‘ nennen will. Sie wäre die Lehre von der dem Menschen natürlichen Rechthaberei. Eristik wäre nur ein härteres Wort für dieselbe Sache.
Eristische Dialektik ist die Kunst zu disputieren, und zwar so zu disputieren, daß man Recht behält...“

Damit haben wir schon eine Definition geliefert bekommen, mit der wir arbeiten können. Was sagt *Schopenhauer* über die Entstehungsgründe dieser „eristischen Dialektik?“ Hören wir ihn dazu:

„Wäre die natürliche Schlechtigkeit des menschlichen Geschlechts nicht, wären wir von Grund aus ehrlich, so würden wir bei jeder Debatte bloß darauf ausgehen, die Wahrheit zu Tage zu fördern, ganz unbekümmert, ob solche unserer zuerst aufgestellten Meinung oder der des Anderen gemäß ausfiele: dies würde gleichgültig, oder wenigstens ganz und gar Nebensache sein. Aber jetzt ist es Hauptsache. Die angeborene Eitelkeit, die besonders hinsichtlich der Verstandeskräfte reizbar ist, will nicht haben, daß, was wir zuerst aufgestellt, sich als falsch und das des Gegners als recht ergäbe.“

Es ist eindrucksvoll, wie *Schopenhauer* hier eine „Wahrheitsrhetorik“ skizziert, die in einer Gesellschaft von Heiligen Gültigkeit besäße, aber sich in unserer menschlich-allzumenschlichen Gesellschaft – vor allem im politischen Bereich – sehr schnell als undurchführbar erweisen würde. Gegen Ende des ersten Teils seines Manuskripts fordert *Schopenhauer* mit unbestechlichem Blick geradezu die Erstellung einer schwarzen Liste von dialektischen Tricks:

„Die wissenschaftliche Dialektik in unserem Sinne hat demnach zur Hauptaufgabe, jene Kunstgriffe der Unredlichkeit im Disputieren aufzustellen und zu analysieren, damit man bei wirklichen Debatten sie gleich erkenne und vernichte.“

Damit steht *Schopenhauer* auf unserer Seite: Er sagt ganz klar, daß eine Entlarvungsmethode erforderlich ist, um sich gegen die Übergriffe der eristischen Dialektik zu wehren. Zugleich hat er mit der Wendung „erkennen und vernichten" den Sinn seiner Darstellung der 36 Kunstgriffe klar und deutlich definiert. Er will dem Denkenden helfen, ein *Immunpotential* gegen derlei Techniken und Praktiken aufzubauen.

Wie kam *Schopenhauer* zu dieser bemerkenswerten Einstellung? Befragen wir ihn noch einen Moment dazu. Im zweiten Kapitel des zweiten Bandes seiner „Parerga und Paralipomena" äußert sich *Schopenhauer* unter dem Titel „Zur Logik und Dialektik" sehr eingehend darüber:

„Die Schliche, Kniffe und Schikanen, zu denen sie [die Menschen], um nur Recht zu behalten, greifen, sind so zahlreich und mannigfaltig, und dabei doch so regelmäßig wiederkehrend, daß sie mir in früheren Jahren ein eigener Stoff zum Nachdenken wurden ... Dies brachte mich damals auf den Gedanken, das bloß Formale besagter Schliche und Kniffe vom Stoff rein abzusondern und es – gleichsam als ein sauberes anatomisches Präparat – zur Schau zu stellen. Ich sammelte also alle die so oft vorkommenden unredlichen Kunstgriffe beim Disputieren ...; woraus denn eine förmliche eristische Dialektik erwuchs."

Doch gegen Ende jenes Kapitels bekennt *Schopenhauer* unumwunden, wie er später diese Beispielsammlung als solche bewertete:

„Dergleichen Stratagemata also hatte ich ungefähr vierzig zusammengestellt und ausgeführt. Aber die Beleuchtung aller dieser Schlupfwinkel der mit Eigensinn, Eitelkeit und Unredlichkeit verschwisterten Beschränktheit und Unfähigkeit widert mich jetzt an ..."

Noch weiter unten heißt es dann vor diesen Tricks geradezu entlarvend:

„... die hier zur Sprache gebrachten Stratagemata aber sind noch viel nichtswürdiger als die Sophismen. Denn in ihnen nimmt der Wille die Maske des Verstandes vor, um dessen Rolle zu spielen, was stets abscheulich ausfällt ..."

Damit hat *Schopenhauer* nochmals eindeutig Stellung bezogen gegen die Eristik mit ihren Strategemen (Kriegslisten) und Sophismen (Trugschlüsse, Scheinbeweise). Wir wollen daher im folgenden der Eristik als einer Entartung der Dialektik gemeinsam mit *Schopenhauer* den Kampf ansagen und deren Kunstgriffe betrachten. Bei dieser Darstellung wird bewußt auf einen Teil der philosophischen Fachsprache verzichtet, die nur einer dünnen Schicht von Spezialisten verständlich ist. Heute sieht sich eine breite Schicht von Menschen, vom Arbeitgeber bis zum Arbeitnehmer, vom Lehrer bis zur Hausfrau zur Beschäftigung mit Rhetorik und Dialektik veranlaßt. Dabei wollen wir *Schopenhauers* Text so kürzen und umformen, Verdeutlichungen und Zusätze so vornehmen, wie dies für unsere Welt dienlich ist. Somit wurden auch viele griechische und lateinische Begriffe verdeutscht und erklärt. Der eigentliche Sinngehalt von *Schopenhauers* Ausführungen blieb dagegen unangetastet:

Versuch einer Aktualisierung: Die „36 eristischen Kunstgriffe“, nach 6 Gruppen neu geordnet[14]

Vorbemerkung: Eingangs sei festgestellt, daß *Schopenhauers* „36 Kunstgriffe“ kein homogenes Ganzes darstellen. Einerseits setzen die einzelnen Kunstgriffe an ganz verschiedenen Punkten an, was den Versuch nahelegte, sie in insgesamt sechs verschiedene Gruppen mit einigermaßen ähnlicher Thematik zu bündeln. Andererseits sind die einzelnen Kunstgriffe nicht frei von Wiederholungen oder Überschneidungen und Überlappungen mit anderen, was die Arbeit der Neugruppierung nicht gerade erleichterte. So kann es vorkommen, daß die einzelnen Gruppen, die nach steigendem Schwierigkeitsgrade angeordnet wurden, deshalb teilweise etwas heterogene Kunstgriffe bzw. „Techniken“ unter sich subsumieren. Der geneigte Leser möge uns (und *Schopenhauer*) dies nachsehen.

Gruppe 1: Gefährliche Gesprächsmanipulationen (Ablenkungs-, Verwirrungs-, Vernebelungs- und Überrumpelungsmanöver)

Diese Gruppe ist dadurch gekennzeichnet, daß die Eristiker sich in ihr Ansatzpunkte für ein Einwirken auf die Methode der Gesprächs- oder Verhandlungsführung suchen. Sie tun dies, indem sie einen ma-

---

14 Die hier vorgelegte Neugliederung von *Schopenhauers* berühmten 36 eristischen Kunstgriffen ist ein erster Versuch, diese empirische Strategemen-Sammlung hermeneutisch zu erschließen und neu zu strukturieren. Die neue Zählung bedient sich eingekreister Ziffern, aber behält zur Orientierung *Schopenhauers* Numerierung nachfolgend bei. Dabei ergab sich eine Bündelung des Stoffes in sechs Gruppen mit steigenden Schwierigkeitsgraden. Die Neugliederung empfing wesentliche Denkanstöße aus der hilfreichen Beratung durch *Wasmut Reyer*, den Begründer der Argumentations-Analytik (s. a. S. 10; ferner seine Arbeiten „Methodik der Meinungsbildung“ und „Methodik des Argumentierens“, in Management Enzyklopädie[2], VI, S. 842–864; auch als Sonderdruck erhältlich). Ohne *W. Reyers* luzide Vorarbeiten wäre die vorliegende Neuordnung in dieser Form nicht realisierbar gewesen. Dafür sei ihm hier nochmals herzlich gedankt. Zugleich versteht sich diese neue Anordnung der 36 Kunstgriffe, entnommen meiner „Modernen Rhetorik“ (11. Aufl. von 1988), als eine kleine Huldigung an den Philosophen *Arthur Schopenhauer* zu dessen 200. Geburtstag (1788–1988).

nipulativen Einfluß auf Klarheit, Inhalt und logischen Ablauf des Gesprächs zu nehmen versuchen. Die Darstellung schreitet dabei jeweils von einer relativ leicht erkennbaren zu einer relativ schwer durchschaubaren Taktik weiter.

① *Kunstgriff 17*: Merken die Eristiker, daß der Gegner eine Argumentation ergriffen hat, mit der er sie schlagen kann, so wollen sie verhindern, daß er dies durchführen kann. Sie werden den Gang der Diskussion unterbrechen, abspringen oder ablenken und auf eine andere Ebene führen. Kurzum, sie müssen eine Veränderung der Kontroverse zu Wege bringen, eine Ablenkung, einen Scheinangriff, d. h. mit einem Male von etwas ganz anderem anfangen, als gehörte es zur Sache und wäre ein Argument gegen den Gegner. Das ist noch bescheiden, wenn das Ablenkungsmanöver sich im Rahmen des Themas bewegt. Unverschämt wird es aber, wenn es bloß den Gegner angeht und gar nicht das Thema berührt. – Noch unverschämter wirkt das Ablenkungsmanöver, wenn dadurch das Thema ganz und gar verlassen wird und man etwa anfängt: „Ja, und so behaupteten Sie neulich ebenfalls“ usw. Dieser Kunstgriff wird viel versucht und heißt Diversion oder Deviation (Abweichung vom rechten Wege)!

② *Kunstgriff 6*: Wenn das Streitgespräch etwas streng und formell geführt wird, um sich recht deutlich zu verständigen, wählen die Eristiker oft die sogenannte „Sokratische Methode“, aber in einer pervertierten Form. *Sokrates* (470–399 v. d. Zw.) verstand es, den Gesprächspartner durch Fragen so zu führen, daß dessen Zugeständnisse die Wahrheit der Behauptung bestätigten: Das ist die Taktik dieser Methode. Jedoch wird mit dieser an sich guten Taktik schlimmer Mißbrauch getrieben: a) Die Eristiker werden viel auf einmal und weitläufig fragen, um das, was sie eigentlich zugestanden haben wollen, zu verbergen. b) Die Eristiker werden dann die Argumentation aus dem Zugestandenen schnell vortragen: Denn die, welche von langsamem Verstand sind, können nicht genau folgen und übersehen die etwaigen Fehler und Lücken in der Beweisführung. Also ein Überrumpelungsmanöver!

③ *Kunstgriff 34*: Den Gegner durch sinnlosen Wortschwall, unbekannte Begriffe, fremde Terminologie stutzig machen und verdutzen. Dies ist ein beliebter eristischer Trick. Schon *Goethe* bemerkte dazu ironisch: *„Gewöhnlich glaubt der Mensch, wenn er nur Worte hört, /Es müsse sich dabei doch auch was denken lassen.“* Offenbar ist dem aber nicht so. Wenn der Gegner sich schwach fühlt, wenn er manches hört, was er selber nicht versteht, und dabei doch tun muß, als verstände er es, so kann man ihm dadurch imponieren, daß man ihm einen gelehrt und tiefsinning klingenden Unsinn mit ernsthafter Miene vorschwatzt und für den unbestreitbaren Beweis seiner eigenen These ausgibt. Dies ist dann in der Tat ein Gipfel eristischer Unverfrorenheit und Dummdreistigkeit!

Gruppe 2: Verwerfliche Emotionalisierungstechniken (Emotionalisierung, Vorverurteilung, Ideologisierung, Verteufelung, Personalisierung, Unsachlichkeit, Lächerlichmachung, Kränkung)

Diese Gruppe ist dadurch gekennzeichnet, daß die Eristiker sich in ihr die emotionalen Schwächen ihrer Partner zunutze machen. Sie appellieren offen oder verdeckt an gewisse Neigungen, die das logische Denken zeitweise außer Kraft setzen sollen. Hierbei geht es besonders um solche Kunstgriffe, welche die Zielgruppe zuerst unmerklich, dann immer heftiger zwischen einem Ausleben emotionaler Dränge und dem moralischen Erfordernis der rationalen Denkanstrengung hin- und herreißen. Daß dann, wie beabsichtigt, meist das erstere die Oberhand gewinnt, ist freilich angesichts der psychischen Struktur der Mehrzahl unserer Mitmenschen nicht verwunderlich.

④ *Kunstgriff 33*: Dieser macht, sobald er praktikabel ist, alle übrigen entbehrlich. Statt durch Gründe auf den Intellekt, wirken die Eristiker durch Motive auf Gefühl und Willen. Wenn Gegner und Zuhörer für Gefühls- und Willensbeeinflussung gleich anfällig sind, haben sie beide leicht für ihre Meinung gewonnen. Denn ein Lot Gefühl und Wille wiegt mehr als ein Zentner Einsicht und Überzeugung. Beispiele dafür erübrigen sich.

⑤ *Kunstgriff 11*: Haben die Eristiker einen Protestanten zum Gegner, so nennen sie ihn „Ketzer“. Wenn sie einen Katholiken zum Gegner haben, nennen sie ihn einfach „Papist“. Beim Gegner bezeichnen sie eine Veränderung als Neuerung, denn dies Wort ist sogleich verdächtig. Wenn sie selbst einen Vorschlag zu machen haben, sprechen sie von vornherein von Neuerung; dann klingt es übermächtig. Eine bestehende Ordnung bezeichnen sie als konservativ und reaktionär; Frömmigkeit oder Gottseligkeit als Scheinheiligkeit oder Aberglaube; in Gewahrsam bringen als Einsperren. – Ein Redner oder Gesprächspartner verrät oft schon im voraus seine Einstellung zum Thema durch die Wortwahl: so sagt der eine „Geistlichkeit“, der andere nur „Pfaffen“. Ebenso: Glaubenseifer – Fanatismus, Fehltritt oder Galanterie – Ehebruch, Witze – Zoten, Unordnung – Pleite, Einfluß und Verbindung – Bestechung und Vetternwirtschaft, aufrichtige Erkenntlichkeit – gute Bezahlung. – Dies nennt man *Emotionalisierung* oder *Ideologisierung* der Aussage. Sie kann leicht auf eine „Verteufelung“ des Anderen hinauslaufen. Sie erfreut sich daher bei den Eristikern besonderer Beliebtheit und ist ihr meistgebrauchter „Kunstgriff“.

⑥ *Kunstgriff 30*: Eine ihnen entgegenstehende Behauptung des Gegners wollen die Eristiker im Schnellverfahren dadurch beseitigen oder wenigstens verdächtig machen, daß sie diese unter eine verhaßte Kategorie bringen, wenn sie auch nur durch eine Ähnlichkeit oder sonstwie lose mit ihr zusammenhängt; z. B.: „Das ist Faschismus; das ist Bolschewismus; das ist Kapitalismus; das ist Idealismus; das ist Materialismus; das ist Pantheismus; das ist Marxismus; das ist Existenzialismus; das ist Atheismus; das ist Rationalismus; das ist Ästhetizismus; das ist Mystizismus usw.“ Dieser eristische „Kategorisierungs-Versuch“ ist im Grunde eine Spielart der „Verteufelungs-Strategie“ in Kunstgriff 11, hat aber noch zwei hinterhältige Widerhaken an sich. Die Eristiker möchten ihren Zuhörern nämlich suggerieren: a) daß die gegnerische Behauptung tatsächlich identisch mit oder wenigstens enthalten sei in jener Kategorisierung, so daß die Zuhörer bei sich denken: „O, das kennen wir schon!“ Es soll also ein negativer „Aha“-Effekt erzeugt werden; b) daß der genannte „-ismus“ (s. o.) schon längst ganz widerlegt und an ihm kein wahres Wort sei. Beide Taktiken appellieren an die Lust zum Vorurteil und zum Vor-verurteilen bei den Zuhörern. Eine unfaire Methode, die sich eine menschliche Schwäche zunutze macht.

⑦ *Kunstgriff 36*: Sehen die Eristiker, daß sein Gegner überlegen ist und sie ins Unrecht setzen wird, so können sie grob und ausfallend werden. Dieses Persönlichwerden (Personalisierung) besteht darin, daß sie vom Streitgegenstand, bei dem sie verloren haben, abspringen und den Gegner als Person angreifen. Sie werden kränkend, hämisch, beleidigend, ausfallend und grob. Am Ende mündet alles in Beschimpfung und Pöbelei.

⑧ *Kunstgriff 7*: Die Eristiker werden den Gegner zum Zorn reizen, denn im Zorn ist er außerstande, richtig zu urteilen und seinen Vorteil wahrzunehmen. Sie bringen ihn in Zorn dadurch, daß sie unverhohlen ihm Unrecht tun, ihn schikanieren und überhaupt unverschämt sind.

⑨ *Kunstgriff 27*: Dieser ist hauptsächlich anwendbar, wenn Gelehrte vor ungelehrten Zuhörern streiten. Wenn die Eristiker kein zur Sache gehörendes Argument haben und auch nicht einmal ein persönliches, d. h. unsachliches Argument, so machen sie einen ungültigen Einwurf, dessen Ungültigkeit aber nur der Sachkundige einsieht. Ein solcher ist der Gegner, aber nicht der Zuhörer. Der Gegner wird aber in den Augen der Zuhörer geschlagen, besonders wenn der Einwurf seine Behauptung irgendwie in ein lächerliches Licht stellt. Denn zum Lachen sind die Leute gleich bereit; man hat die Lacher also auf seiner Seite. Um die Nichtigkeit des Einwurfs zu zeigen, müßte der Gegner lange Ausführungen machen und auf die Grundsätze der Wissenschaft oder sonstige Angelegenheiten zurückgehen; dazu findet er nicht leicht Gehör. Diese eristische Finte hat vor allem einen großen Schau-Effekt, ist im Grunde aber nur „Heißluft-Fabrikation“. Schon der altgriechische Sophist *Gorgias* (483–376 v. d. Zw.) forderte: *„Den Ernst der Widersacher durch Gelächter, ihr Gelächter durch Ernst zunichte machen!“* Also eine uralte Masche ...

⑩ *Kunstgriff 29*: Wenn die Eristiker gegen die Gründe des Gegners nichts vorzubringen wissen, können sie sich wenigstens dumm stellen und mit feiner Ironie sich selbst für inkompetent erklären. Etwa so: „Was Sie da sagen, junger Freund, übersteigt meine schwache Fassungskraft. Es mag stimmen, allein ich kann es nicht verstehen und enthalte mich daher meines Urteils.“ So geben die Eristiker ihren Zuhörern zu verstehen, daß sie die Worte des Gesprächspartners für ausgemachten Unsinn halten. Die Eristiker werden diesen Trick immer dann anwenden, wenn ein Machtgefälle zwischen ihnen und den Anderen besteht, das zu ihren Gunsten geht, wie z. B. zwischen einem Ministerpräsidenten und einem Abgeordneten oder zwischen einem Professor und einem Studenten. Es ist ein gefährlicher eristischer Trick, der auf die Demütigung und Verspottung des Anderen hinausläuft.

Gruppe 3: Fragwürdige Täuschungsmanöver (Autoritätenschwindel, pseudo-argumentative Irreführung, Bluffs, verbale Scheingefechte)

Diese Gruppe ist dadurch gekennzeichnet, daß die Eristiker sich in ihr noch einen Schritt weiter vorwagen. Sie versuchen es zur Abwechslung mit Einschüchterungsmanövern, Verwirrspielen und Rechthabereien, um das logische Denken der Gegenspieler zu lähmen oder in die Irre laufen zu lassen.

⑪ *Kunstgriff 28*: Der Autoritätsbeweis! Statt der Gründe benutzen die Eristiker Autoritäten nach Maßgabe der Kenntnisse des Gegners. Sie haben ein leichtes Spiel, wenn sie eine Autorität für sich haben, die der Gegner respektiert. Je beschränkter die Kenntnisse und Fähigkeiten des Gegners sind, um so mehr gültige Autortäten wird es dann für ihn geben. Haben sie es mit einem Gegner von Rang zu tun, so werden für den nur wenige oder gar keine Autoritäten maßgebend sein. Höchstens wird dieser Fachleute in einer ihm wenig oder gar nicht bekannten Wissenschaft, Kunst oder Handwerk gelten lassen, und auch jene noch mit Mißtrauen. – Allerdings gibt es noch einen ganz faulen Trick: Die Eristiker erfinden einen eigenen Ausspruch und behaupten, er wäre von einer namhaften Autorität. Kein Mensch kann behaupten, er wäre nicht von ihr, da keiner alles vom Anderen weiß. – *Gegenmaßnahme*: Geben sich die Eristiker aber die Blöße, ein bekanntes Zitat verstümmelt wiederzugeben oder einen falschen Autor dafür anzugeben, so kann der Gegner ihnen hier natürlich einen gelungenen Gegenhieb verpassen und ihren unverantwortlichen Umgang mit fremden Zitaten brandmarken.

⑫ *Kunstgriff 31*: „Das mag in der Theorie richtig sein; in der Praxis ist es falsch." Die Eristiker geben die Gründe zu und leugnen doch die Folgen. Diese List ist aus der Schublade der Sophistik. Denn, so gibt *Schopenhauer* zu bedenken, was in der Theorie richtig ist, das muß auch in der Praxis zutreffen. Trifft es nicht zu, so liegt ein Fehler in der Theorie; irgend etwas ist übersehen und nicht in Anschlag gebracht worden: Folglich ist's auch in der Theorie falsch.

⑬ *Kunstgriff 20*: Wenn die Eristiker ein scheinbares Argument des Gegners durchschauen, können sie es auflösen durch Nachweis seiner Scheinbarkeit. Besser ist es aber, wenn der ihnen mit einem ebenfalls scheinbaren Argument begegnet und sie so abfertigt. *Denn es geht ja nicht um die Wahrheit, sondern um den Sieg*. Kommt der Gegner z. B. mit einem allgemeinverständlichen Argument, so ist es hinreichend, dies durch ein ebenfalls allgemeinverständliches Gegenargument zu entkräften. So wird hier ein Pseudo-Argument dem anderen gegenüberstehen!

⑭ *Kunstgriff 8*: Die Eristiker werden die Fragen nicht in der Ordnung stellen, die der aus ihr zu ziehende Schluß erfordert, sondern in allerhand Versetzungen. Der Andere weiß dann nicht, worauf sie hinaus wollen und kann nicht vorbauen; auch können sie dann seine Antworten zu verschiedenen Schlüssen benutzen, sogar zu entgegengesetzten, je nachdem wie sie ausfallen. (Dies ist dem *Kunstgriff 4* verwandt, wonach man sein Verfahren tarnen soll.)

Gruppe 4: Unzulässige Verallgemeinerungstaktiken (Generalisierung, Ausweich- und Ablenkungsmanöver, Begriffs- und Wortverdrehungskünste)

Diese Gruppe ist dadurch gekennzeichnet, daß die Eristiker in ihr direkt an der Hauptaussage (These) des Gegners ansetzen und diese entweder völlig verzerrt und überdehnt wiedergeben oder sie völlig einseitig auslegen oder auch teilweise bzw. ganz ignorieren.

⑮ *Kunstgriff 1*: Die Erweiterung. Die Eristiker führen die Behauptung des Gegners über ihre natürliche Grenze hinaus. Sie deuten sie möglichst allgemein. Sie nehmen sie in weitem Sinne und übertreiben. Ergebnis: Die Behauptung wird allgemeiner und ist dadurch mehreren Angriffen ausgesetzt.

Als Gegenmaßnahme schlägt *Schopenhauer* vor: Wenn die Eristiker diesen Kunstgriff versuchen, rette man seine eigene Behauptung durch deren Verengung über die erste Absicht hinaus.

⑯ *Kunstgriff 3*: Eine Ausführung, die nur als beziehungsweise, als relative aufgestellt ist, wird von den Eristikern so genommen, als sei sie allgemein, absolut aufgestellt. Oder diese Ausführung wird in eine ganz andere Beziehung gesetzt und in diesem Sinne widerlegt.

Als Gegenmaßnahme schlägt *Schopenhauer* vor: Die richtige Beziehung wiederherzustellen und damit die vermeintliche Widerlegung ihrerseits zu widerlegen.

Die genannten drei Kunstgriffe haben gemeinsam, daß die Eristiker vom Thema abweichen und etwas anderes sagen, als ausgeführt wurde. Es hieße also ein geistiges Harakiri begehen, wenn wir ihnen dies zugestehen und uns auf diese Weise abfertigen ließen.

⑰ *Kunstgriff 18*: Fordert der Gegner die Eristiker ausdrücklich auf, gegen irgendeinen bestimmten Punkt seiner Behauptung etwas vorzubringen, haben sie aber nichts Rechtes, so werden sie die Sache recht ins Allgemeine spielen und dann dagegen reden. Die Eristiker bauen sich gewissermaßen einen Popanz auf und kämpfen nun gegen eine Schein-Position an, die ihr Gegner im Grunde gar nicht vertritt. Ein raffiniertes Rückzugs- und Ablenkungsmanöver!

⑱ *Kunstgriff 10*: Die Eristiker ziehen Folgerungen vom Besonderen auf das Allgemeine. Wenn der Gesprächspartner dem zustimmt, so werden sie ihn nicht fragen, ob er auch die daraus hervorgehende Wahrheit zugebe, sondern sie einfach als ausgemacht und zugestanden hinstellen. Denn meistens wird der Gesprächspartner selbst glauben, sie zugegeben zu haben. Und auch den Zuhörern wird es so vorkommen, weil sie sich der einzelnen Fälle nicht erinnern. *Und das ist dann ja großartig ...*

⑲ *Kunstgriff 26*: Wird bei einem Argument der Gegner unerwartet besonders böse, so werden die Eristiker dieses Argument eifrig hochspielen, d.h., sie müssen das Argument, das der Gegner gebrauchen will, gegen ihn verwenden und tüchtig darauf herumreiten. Nicht bloß, weil es gut ist, den Gegner in Zorn zu versetzen, sondern weil zu vermuten ist, daß man die schwache Seite seines Gedankenganges berührt hat; aber auch: daß ihm an dieser Stelle wohl noch mehr anzuhaben ist, als vorerst sichtbar wird. Dies heißt, dem Gegner auf den (faulen) Zahn fühlen. Die Eristiker werden dieses Verfahren vor allem verwenden, um von der Fragwürdigkeit ihrer eigenen Position abzulenken nach dem Motto „Der Angriff ist die beste Verteidigung!"

⑳ *Kunstgriff 32*: Weiß der Gegner auf eine Frage oder ein Argument keine direkte Antwort und versucht auszuweichen, so ist dies ein sicheres Zeichen, daß die Eristiker einen faulen Punkt getroffen haben. Dann werden sie ihn nicht loslassen und fleißig auf dem für ihn faulen Punkt herumhämmern, selbst dann, wenn sie noch nicht sehen, worin eigentlich die Schwäche besteht, die sie hier getroffen haben. (Nr. 32 ist weitgehend mit Nr. 26 identisch).

㉑ *Kunstgriff 2*: Die Eristiker benutzen die Homonymie (gleichlautende, aber bedeutungsverschiedene Begriffe), um die aufgestellte Behauptung auch auf das auszudehnen, was außer dem gleichen Wort wenig oder nichts mit der in Rede stehenden Sache zu tun hat. Dann widerlegen sie klar und deutlich und erreichen damit den Anschein, sie hätten die Behauptung widerlegt. Es ist ein Vermengen zweier wesentlich verschiedener Dinge durch ein doppelsinniges und mehrdeutiges Wort.

Als Gegenmaßnahme schlägt *Schopenhauer* vor: Wenn man diesem Kunstgriff ausgesetzt ist, sollte man zuerst darauf dringen, den Begriff zu klären, und eine einheitliche Behandlung verlangen.

Gruppe 5: Unlautere scheinlogische Operationen (Scheinbeweise, Scheinargumente, Trugschlüsse, Vortäuschung falscher Tatsachen, Verwicklung in künstliche Widersprüche, Umkehrung des Arguments, Fallstricke und Fallen, Flucht in die „Unterscheidung“)

Diese Gruppe ist dadurch gekennzeichnet, daß die Eristiker in ihr Einzelargumente oder die Gesamtargumentation oder Ausschnitte daraus in Beziehung zur begründenden These setzen und diese in irgendeiner Weise als unzulänglich hinstellen. Das Raffinierte an diesen Kunstgriffen ist, daß sie bestimmte logische Verfahrensweisen, die an sich positiv und oft sogar notwendig sind, mißbrauchen, ohne daß die anderen Anwesenden das sogleich bemerken.

㉒ *Kunstgriff 4*: Die Eristiker geben wahre Voraussetzungen nicht zu, wenn sie ihre Folgerichtigkeit voraussehen. Wie machen sie das? Wenn sie eine Schlußfolgerung ziehen wollen, lassen sie sich die Voraussetzungen einzeln und wie unabsichtlich bestätigen. Erst dann ziehen sie daraus die Schlußfolgerung. Oder wenn es zweifelhaft ist, daß der Gesprächspartner eine Schlußfolgerung anerkennt, versuchen sie, das Problem von höherer Warte aus zu betrachten und auch von verschiedenen Seiten aus. (Letzteren Kunstgriff kann man noch halbwegs akzeptieren, wenn er ehrlich gemeint ist.) Anfechtbar jedoch ist nachfolgende Taktik:

Die Eristiker können zum Beweis ihres Satzes auch falsche Vordersätze gebrauchen. Dann nämlich, wenn der Gegner die wahren nicht zugeben würde, entweder weil er ihre Wahrheit nicht einsieht oder weil er erkennen könnte, welche Schlußfolgerung sogleich daraus gezogen würde. Sie verwenden dann Sätze, die an sich falsch, aber der menschlichen Fassungskraft angepaßt, also allgemeinverständlich sind, und argumentieren aus dem, was der Gegner bereits zugestanden hat. Denn das Wahre kann auch aus falschen Voraussetzungen folgen, aber nie das Falsche aus wahren. Ebenso können sie falsche Sätze des Gegners durch andere falsche Sätze widerlegen, die der aber für wahr hält. Denn sie müssen sich auf dessen Denkungsart einstellen und ggf. mit Schein-Argumenten operieren!

㉓ *Kunstgriff 19*: Wenn die Eristiker dem Gegner die Vordersätze abgefragt haben und er sie zugegeben hat, werden sie selbst den Schluß daraus ziehen. Auch wenn einige Vordersätze noch nicht zugegeben sind, nehmen sie es doch an und ziehen daraus einfach die Schlußfolgerung.

㉔ *Kunstgriff 35*: Hat der Gegner in der Sache recht, bringt er aber einen schlechten Beweis, so gelingt es den Eristikern leicht, diesen Beweis zu widerlegen. Dann geben sie dies für eine Widerlegung der Sache aus. Fällt dem Gegner dann kein passenderer Beweis ein, so haben sie „gesiegt".

㉕ *Kunstgriff 24*: Die Apagoge, d.h. der Beweis der Unrichtigkeit anhand eines einzigen Beispiels: Jemand braucht nur einen einzigen Fall aufzeigen, zu dem der Satz nicht paßt, und derselbe ist umgeworfen. Dieses Einzel-Beispiel nennt man Instanz. Z.B. der Satz: „Alle Widerkäuer sind gehörnt", wird umgestoßen durch die einzige Instanz der Kamele. Wie man sieht, kann einem also ein einziger Satz die schönste These durchlöchern, wenn man nicht aufpaßt. Aber dagegen ist logisch noch nichts einzuwenden. Der Mißbrauch beginnt erst, wenn gewiegte Eristiker bei diesem Verfahren Täuschungs-Manöver begehen. Man achte deshalb darauf: a) ob das Beispiel auch wirklich wahr ist; b) ob es auch wirklich unter den Begriff der aufgestellten Wahrheit gehört; das gilt oft nur scheinbar und ist dann nur durch eine scharfe Unterscheidung zu widerlegen; c) ob es auch wirklich in Widerspruch steht mit der aufgestellten Wahrheit; auch dies ist oft nur scheinbar. Hier ist also höchste Vorsicht geboten!

㉖ *Kunstgriff 15*: Bei einer Behauptung des Gegners werden die Eristiker versuchen, ihn in Widerspruch zu bringen mit dem, was er früher gesagt oder zugegeben hat, nötigenfalls auch nur scheinbar. Oder sie werden ihn in Widerspruch setzen wollen zu den Ideen und Grundsätzen einer Schule oder Sekte, die er gelobt und gebilligt hat; oder auch nur zu deren unechten und scheinbaren. Oder sie wollen ihn in Widerspruch bringen zu seinem eigenen Tun und Lassen. Oder sie werden einfach grundsätzlich widersprechen. Verteidigt ihr Gegner den Selbstmord, so schreien sie gleich zurück: „Warum hängst du dich nicht auf?" Behauptet er, Berlin sei ein unangenehmer Aufenthalt, gleich schreien sie: „Warum fährst du nicht gleich mit dem nächsten Schnellzug ab?" – Es wird sich schon irgendwie eine Schikane finden lassen.

㉗ *Kunstgriff 25*: Ein brillanter Streich ist die „retorsio argumenti" (die Retourkutsche). D.h.: Die Eristiker werden das Argument, das der Gegner gebrauchen will, gegen ihn verwenden. Z.B. sagt er: „Es ist ein Kind, man muß ihm etwas zugute halten." Retourkutsche hierauf: „Eben weil es ein Kind ist, muß man es züchtigen, damit es nicht verhärte in seinen bösen Angewohnheiten." Die Eristiker drehen also ihrem Gesprächspartner buchstäblich das Wort im Munde um, was an sich gar nichts beweist, aber ein typisches Beispiel für Rabulistik ist.

㉘ *Kunstgriff 12*: Wenn die Eristiker ihren Gegner dazu verleiten wollen, einen bestimmten Satz zu akzeptieren, werden sie ihm eine Alternativ-Frage vorlegen (so ... oder so ...?) und in dieser den Gegen-Satz jenes bestimmten Satzes so negativ herausstreichen, daß der Gegner den gewünschten Satz prompt zugibt. Die Eristiker machen mithin ihrem Gegner eine Alternative schmackhaft und rücken sie so zurecht, daß der Gegenpartner prompt auf die von den Eristikern gewünschte hereinfällt. Das ist schon eine raffinierte psychologische Verpackung hinterhältiger Gedanken („Honigfalle“), auf die sogar wachsame Gesprächspartner hereinfallen können!

㉙ *Kunstgriff 16*: Wenn der Gegner sie durch einen Gegenbeweis bedrängt, so werden sich die Eristiker oft retten können durch eine feine Unterscheidung, wenn die Sache nur irgendeine doppelte Bedeutung oder einen doppelten Fall zuläßt. So treffen sie immer feinere Unterscheidungen (Distinktionen) und Unter-Unterscheidungen (Sub-Distinktionen) und ziehen sich durch dieses Vernebelungs-Manöver langsam aus der Affäre, wenn man sie nicht festnagelt.

Gruppe 6: Raffinierte Beispiele für Perversionen des Denkens (logica perversa) (Begründungs-, Beweis- und Folgerungserschleichungen sowie Scheinwiderlegungen)

Diese Gruppe ist dadurch gekennzeichnet, daß die Eristiker in ihr eine letzte Steigerung ihrer eristischen und schein-logischen Künste – gleichsam auf höchster Ebene – versuchen. Dabei zielen sie immer auf offenbare Schwachstellen im gedanklichen Aufbau der gegnerischen Argumentation.

㉚ *Kunstgriff 5*: Die Eristiker stellen eine Behauptung auf, indem sie das, was sie zu beweisen hätten, als gegeben annehmen, z.B. a) unter einem anderen Namen: statt Ehre – Guter Name; statt Jungfrauschaft – Tugend usw. b) oder so, daß sie das, was im einzelnen streitig ist, verallgemeinern: Sie behaupten die Unsicherheit der Medizin, um damit die Unsicherheit alles menschlichen Wissens anzunehmen. c) Wenn wechselseitige Möglichkeiten gegeben sind, und eine davon zu beweisen wäre, so nehmen sie die andere an. d) Wenn das Allgemeine zu beweisen ist, so lassen sie sich jedes einzelne zugeben. Dies nennt man die Erschleichung des Grundes (petitio principii).

㉛ *Kunstgriff 21*: Fordert ein Gegner von den Eristikern, etwas zuzugeben, wodurch sich das strittige Problem erledigen würde, so werden sie es ihm ablehnen und diesen Schritt des Gegners als eine „petitio principii" (Erschleichung des Grundes) abstempeln wollen. Die Eristiker werden im Gegenzug mit erhobenem Zeigefinger (autoritäre Schulmeistergeste) behaupten, ihr Gegner müsse erst einmal genügend beweisen, was er behauptet habe, und entziehen ihm durch dieses Ablenkungsmanöver vielleicht eines seiner besten Argumente.

㉜ *Kunstgriff 14*: Wenn die Eristiker einen paradoxen (widersinnigen) Satz aufgestellt haben, um dessen Beweise sie verlegen sind, so legen sie dem Gegner irgendeinen richtigen, aber doch nicht ganz handgreiflich richtigen Satz zur Annahme oder Verwerfung vor, als wollten sie daraus den Beweis schöpfen: Verwirft er ihn aus Argwohn, so führen sie ihn ad absurdum und triumphieren; nimmt er ihn aber an, so haben sie vor der Hand etwas Vernünftiges gesagt und müssen nun weiter sehen. Oder sie fügen den *Kunstgriff 13* hinzu und behaupten nun, daraus sei ihr Paradox bewiesen. Hierzu gehört die äußerste Unverschämtheit; aber es kommt in der Erfahrung vor und es gibt Leute, die dies alles instinktiv ausüben.

㉝ *Kunstgriff 13*: Ein unverschämter Streich ist es, wenn die Eristiker nach mehreren Fragen, die der Gegner beantwortet hat, ohne daß die Antworten zugunsten des Schlusses, den sie beabsichtigen, ausgefallen wären, nun den Schlußsatz dennoch als dadurch bewiesen aufstellen und triumphierend herausposaunen. Wenn der Gegner schüchtern oder dumm ist, und die Eristiker selbst viel Unverschämtheit und eine gute Stimme haben, so kann das recht gut gelingen. Es handelt sich also hier um den suggestiv vorgetragenen Versuch, das durch Lautstärke zu ersetzen, was einem an echten Argumenten fehlt!

㉞ *Kunstgriff 23*: Die Konsequenzmacherei! Also: Durch falsche Folgerungen aus den Ausführungen des Gegners und Verdrehungen seiner Begriffe unterstellen die Eristiker ihm etwas, was gar nicht seine Meinung ist. Sie erreichen dadurch, daß seine Ausführungen sich selbst oder anerkannten Wahrheiten widersprechen. Diese Taktik wird dann als indirekte Widerlegung gewertet. Die Eristiker unterschieben ihrem Gegner also falsche Konsequenzen und wollen ihn damit bluffen. Das ist ein typisches eristisches Überrumpelungsmanöver!

㉟ *Kunstgriff 9*: Wenn die Eristiker merken, daß der Gegner die Fragen, deren Bejahung für einen bestimmten Satz zu brauchen wäre, absichtlich verneint, so müssen sie das Gegenteil des zu gebrauchenden Satzes fragen, als wollten sie es bejaht wissen, oder wenigstens dem Gegner beides zur Wahl vorlegen, so daß der nicht merkt, welchen Satz die Eristiker nun bejaht haben wollen.

㊱ *Kunstgriff 22*: Widerspruch und Streit reizen zur Übertreibung der Behauptung. Die Eristiker können also den Gegner durch Widerspruch reizen, seine allenfalls wahre Behauptung über die Wahrheit hinaus zu steigern. Wenn sie nun diese Übertreibung widerlegt haben, sieht es so aus, als hätten sie dessen ursprüngliche, an sich wahre Behauptung ebenfalls widerlegt. Dagegen werden sie sich hüten, sich durch den Widerspruch des Gegners zur Übertreibung oder weiteren Ausdehnung einer Behauptung verleiten zu lassen. Wenn der Gegner versucht, ihre Behauptung auszudehnen, so werden sie dem widersprechen und ihn auf die Begrenzung ihrer Behauptung hinweisen: „So viel haben wir gesagt und nicht mehr.“ Oder: „Das haben Sie behauptet, nicht wir!“

Dieser letzte Kunstgriff offenbart uns damit das wahre Wesen der Eristik, die sich von dem griechischen Wort Eris = Zwist, Streit, Hader herleitet. Sie will künstlich Konflikte in die zwischenmenschliche Kommunikation hineintragen und sie innerhalb der menschlichen Gesellschaft entfachen und schüren. Die Eristik definiert – unausgesprochen – die menschliche Kommunikation als eine Form des verbalen Schlagabtausches, bei dem es vor allem auf die Finten, Paraden und Treffer ankommt. Diese Auffassung verrät einen moralischen Tiefstand und zugleich eine erschreckende Barbarisierung des Kommunikationsverhaltens. Das mußte hier einmal klar gesagt werden.

Wir haben soeben einen Gang durch das Gruselkabinett der eristischen Dialektik hinter uns. Es war ein notwendiger Gang, der uns den destruktiven Charakter der Eristik klar erkennen ließ. Wir haben *Schopenhauer* selbst als Entlarver jener Tricks erlebt, die er einst gesammelt hat. Aber wir haben auch versucht, *Schopenhauers* Ansatz noch konsequenter durchzuführen. Damit ist zugleich für jeden Denkenden sichtbar geworden, wie heillos und unheilbar schon zu *Schopenhauers* Zeiten die Dialektik durch ihre eristische Komponente kompromittiert war. Dabei war es damals ein Zeitalter, das man eigentlich noch als „prämarxistisch“ bezeichnen könnte und in dem jener permanente Mißbrauch der Dialektik noch nicht bekannt war. *Schopenhauers* Ehrenrettung der wissenschaftlichen Dialektik mußte daher – so oder so – zu spät kommen.

3. Einführung zu Hamilton, „Parlamentarische Logik"

Es war im Jahre 1808, als in London ein gewisser *Edmond Malone*[15] aus dem Nachlaß des vormaligen Unterhausabgeordneten *William Gerard Hamilton* (1729–1796) eine ziemlich eindrucksvolle Maximensammlung unter dem Titel „Parlamentarische Logik" (Parliamentary Logic) herausgab, die in der Folgezeit wegen ihres kontroversen Inhalts eine schillernde Berühmtheit erlangte.

Wer war *William Gerard Hamilton*? Geboren am 28. Januar 1729 in London, studierte *Hamilton* in jungen Jahren in Oxford Jura. Schon mit 25 Jahren gehörte er der Juristengilde „Lincoln's Inn", dem „feinsten Club" Londons, an. Ins britische Unterhaus gewählt, hielt er als Parlamentsmitglied (M. P.) dort am 13. November 1755 seine brillante Jungfernrede. Sie galt als die überzeugendste des ganzen Tages. Da er sich später nur noch selten rednerisch äußerte, trug sie ihm den bewundernden Spitznamen „One Speech-Hamilton" ein. Man sagte ihm Klugheit, Belesenheit und treffsicheres Urteil nach. *Hamilton* hatte das Glück, genau im berühmten goldenen Zeitalter englischer Parlamentsrhetorik über vier Jahrzehnte (1754–1796) Mitglied des britischen und zeitweilig auch des irischen Unterhauses zu sein, und hatte in diesem Zeitraum außerdem verschiedene Staatsämter inne. Mit den Jahren jedoch zog er sich aus bestimmten Gründen immer mehr aus dem aktiven politischen Treiben auf seine beobachtende und analysierende Position als „Ehrenwertes Mitglied des Parlaments" (Right Honourable Member of Parliament) zurück. So fand er während 42 Jahren parlamentarischer Tätigkeit hinreichend Muße, seine eigenen politisch-rhetorischen Erfahrungen und seine entlarvenden Beobachtungen auf den Bänken des Unterhauses und andernorts in einer scharfsinnigen Maximensammlung zusammenzufassen, die er sich für seinen Privatgebrauch anlegte. Ob *Ed Malone* mit ihrer Veröffentlichung im Sinne seines verstorbenen Freundes handelte, sei dahingestellt. Jedenfalls erwies er damit der Nachwelt einen unschätzbaren Dienst. Können wir uns doch so endlich ein klareres Bild machen von all den parlamentarischen Gepflogenheiten, Redeweisen, Verhandlungs- und Debattentricks, die während des goldenen Zeitalters der englischen Beredsamkeit im Parlament von Westminster gang und gäbe waren. *Hamiltons* „Parlamentarische Logik" erlebte in den folgenden zwei Jahrhunderten nicht nur etliche Auflagen, son-

15 Dieser ist offensichtlich identisch mit *Edmund Malone* (1741–1816), dem englischen Literaturhistoriker und bedeutendem Shakespeare-Forscher, der die erste kritische Shakespeare-Ausgabe von 1821 in die Wege leitete.

dern wurde bisher immer schon dreimal ins Deutsche übersetzt – nämlich 1829, 1949 und 1962[16] –, was für ihre Beliebtheit sogar auf dem europäischen Kontinent spricht.

Warum legen wir an dieser Stelle eine gezielte Kurzauswahl aus *Hamiltons* über 550 Maximen vor? Weil wir meinen, daß sie uns Mittel und Maßnahmen an die Hand geben, die für die Aufdeckung, Entlarvung und Vorführung von üblen Mißbräuchen in der Gesprächs- und Verhandlungsführung dienlich sind. Mag auch die Wahrscheinlichkeit gering sein, daß der jüngere *Schopenhauer* diese 1808 auf englisch und 1829 zuerst auf deutsch erschienenen *Hamilton*-Maximen gekannt haben könnte, so ist man doch immer wieder frappiert von den überraschenden Ähnlichkeiten, Überschneidungen und Verwandtschaften zwischen *Schopenhauers* „Eristischen Kunstgriffen" und den Auszügen aus *Hamiltons* „Parlamentarischer Logik", die freilich oft genug ganz anderen Gesetzmäßigkeiten als denen der philosophischen Logik gehorcht. Es ist so, als ob beide Analytiker hier unabhängig voneinander, aber doch gemeinsam, auf gewisse Grundstrukturen menschlichen Denkens und Verhaltens gestoßen seien. Daher hat sich der Verfasser auch erlaubt, dieselben Kriterien, die für die Neuordnung der *Schopenhauerschen* Kunstgriffe erarbeitet wurden, auf die Neugruppierung der vorgelegten *Hamilton*-Maximen anzuwenden.

4. 60 Maximen aus William G. Hamilton, „Parlamentarische Logik" bzw. „Logik der Debatte", ebenfalls in sechs Gruppen gegliedert

Gruppe 1: Gefährliche Gesprächsmanipulationen (Überrumpelungs-, Verwirrungs-, Verdrehungs- und Vertauschungsmanöver, Spiel mit der Mehr- und Vieldeutigkeit von Wörtern und Begriffen)

Die Neuartigkeit einer Behauptung sollte uns nicht dadurch irreführen, daß wir uns von ihr überraschen lassen (45).

Man kann den Verstand durch Spitzfindigkeiten verwirren oder mit Einfällen überspielen (205).

---

16 Auf den folgenden Seiten wird daher nur aus *Gerd Roelleckes* vortrefflicher Übersetzung unter dem Titel „Logik der Debatte", 1. Aufl. 1962, 4. Aufl. Heidelberg 1991, zitiert. Verlag und Autor sei hier für die Gestattung des Abdrucks der nachstehenden Kurzauswahl besonders gedankt. Die Zählung in Klammern bezieht sich auf die Reihenfolge der Maximen in der englischen Erstausgabe von 1808.

Achte auf die Stufenfolge der Fakten oder Argumente; anderweit zurechtgelegt wirken dieselben Dinge grundverschieden (11).

Verdrehungen werden gemeinhin eher dadurch bewirkt, daß man den allgemeinen Sinn der gegnerischen Ausführungen verzerrt, als dadurch, daß man eine einzelne Behauptung mißdeutet; das läßt sich leichter widerlegen (324).

Die besten *Begriffs*vertauschungen knüpfen nicht am Doppelsinn eines einzigen Wortes an, sondern an der doppeldeutigen Verschachtelung vieler Worte (193).

Ein Wort mit zwei Bedeutungen werden die Menschen im ersten Teil ihrer Argumentationen in dem einen Sinne verwerten und im zweiten Teil in dem anderen (121).

Entstehen Zweifel über die Wirkung eines Wortes, erkläre es durch irgendein anderes oder durch viele andere, die vollkommen gleichsinnig zu sein scheinen, auch wenn sie es nicht sind (259).

Überlege, ob ein Wort nicht verschiedene Bedeutungen hat und ob du es nicht zu deinem Vorteil bald in dem einen, bald in dem anderen Sinne verwenden kannst. Achte bei anderen auf diesen Streich (366).

Versuche, ob du mit einer kleinen Änderung des Ausdrucks nicht die Vorwürfe, die du anderen machst, vergrößern oder nicht die Beschuldigungen abmildern kannst, die man gegen dich erhebt. Reicht ein Wort nicht zu, so benutze eine Umschreibung (471).

Oft lassen sich die Dinge mit solch durchdachter Vieldeutigkeit darstellen, daß sie nicht nur verschiedene, sondern sogar gegensätzliche Auslegungen erlauben (431).

Manchmal werden einem belanglose Umstände aufgeschwatzt, und gerade von ihnen wird dann die Entscheidung abhängig gemacht (91).

Gruppe 2: Verwerfliche Emotionalisierungstaktiken (Emotionalisierung, Aufputschung der Leidenschaften, Personalisierung, Lächerlichmachung)

Verbinde, wenn irgend möglich, die Förderung deiner Sache mit dem Interesse deiner Richter (besser: Zielgruppe) – weil du dann jede Leidenschaft schüren kannst (463).

Die üblichen Leidenschaften, die man anstacheln muß, sind: Mißgunst, Angst, Wünsche, Hoffnung und Haß (442).

Wenn jemand mächtig ist, muß er verhaßt gemacht werden, wenn hilflos – verächtlich, wenn böse – abscheulich (459).

Verwandle menschliche Schwäche in Selbstverleugnung und umgekehrt (25 a).

Es ist ein empfehlenswerter Kunstgriff – den man beim Gegner aber aufdecken sollte –, jemanden zu brüskieren oder persönliche Händel heraufzubeschwören, um die Aufmerksamkeit des Hauses von der Hauptsache abzulenken (372).

Wenn du angegriffen wirst, tritt sofort in eine Untersuchung des Charakters, des Vorlebens und der heutigen Verhältnisse des Angreifers ein. Das macht immer einen besseren Eindruck, als wenn du dich selbst verteidigst –, was freilich oft unumgänglich sein kann (302).

Taugt deine Sache nichts, berufe dich auf die Partei, taugt die Partei nichts, berufe dich auf die Sache, taugen beide nichts, verwunde den Gegner (474).

Versuche zwischen irgendeinem Streitpunkt, auf den du gerade eingegangen bist, und den Leuten, mit denen du am wahrscheinlichsten persönlich aneinandergerätst, eine lächerliche Ähnlichkeit herzustellen (317).

Wann immer du etwas dem Gelächter preisgibst, bemühe dich, mit einer ernsten Moral zu schließen, nicht nur, weil Ernst, der auf Spott folgt, größeren Erfolg hat, sondern auch, weil die Moral den Verdacht der Leichtfertigkeit von dir nimmt und zeigt, daß du nicht um des Spaßes willen spaßig bist (245).

Gruppe 3: Fragwürdige Täuschungsmanöver (Sinnestäuschungen, Abweichungen von der ursprünglichen Argumentation, Zitatenschwindel, Weglassung wichtiger Phänomene, Ablenkungsmanöver und andere Bluffereien)

Nichts ist so trügerisch wie das Zeugnis eines Sinnes. Kontrolliere es deshalb durch die anderen (466).

Achte darauf, daß nichts unkorrekt zitiert wird (142).

Unter dem Vorwand, etwas zu erklären, wird oft gänzlich Neues beigemengt (147).

Behalte die Behauptung, die zu Beginn einer Argumentation aufgestellt wurde, im Auge und sieh zu, daß sie nicht geändert wird. Es kommt kaum vor, daß sich ein Redner seine ganze Rede hindurch gleichmäßig an das hält, von dem er ausging (346).

Was du auch schilderst, übergehe einige der Umstände, die am meisten Ärgernis erregen, aber nenne genug, damit die Täuschung nicht augenscheinlich wird. Entsprechend füge andere hinzu, die – wenn nicht tatsächlich, so doch möglicherweise – zur Sache gehören (479).

Überspringe die wichtigsten Umstände, die gegen dich sprechen, nicht ganz, sondern hänge sie nur niedriger (171).

Wo man nicht überzeugen kann, wird ein Geflimmer von Vergleichen blenden (48).

Weitschweifigkeit ist von Vorteil, wenn man täuschen will, sonst nicht (404).

Je großflächiger die Behauptung, desto seichter die Begündung (200).

Wenn es dem Zweck entspricht, spitze dein Argument so zu, daß es die Kritik lähmt, oder dehne es so aus, daß es sie verwirrt (197).

Man kann einer Antwort auf einen Einwand ausweichen, indem man andere Einwände erhebt (160).

Gruppe 4: Unzulässige Verallgemeinerungstaktiken (Generalisierungen, Dramatisierungs- und Bagatellisierungsversuche)

Zu verallgemeinern, was nicht allgemein gilt, eignet sich vorzüglich fürs Jammern und Aufbauschen (397).

Wende einen Sonderfall in ein allgemeines Prinzip, und wenn du keinen finden kannst, erfinde einen. Tun andere aber derartiges, so decke es auf und zeige, welcher Grundsatz der allgemeine ist (528).

Es ist ein Manöver, etwas Zweifelhaftes als unumstößlichen Grundsatz zu benutzen und vom Einzelfall her zu argumentieren, als wäre er allgemeine Regel (55).

Spricht alles zusammengenommen gegen dich, so rede über einen Teil als wäre er das Ganze (167).

Achte darauf, ob dein Gegner und du das gleiche Wort im gleichem Sinne verwenden und wieviel oder wie wenig er in den Bedeutungshorizont einschließt. Vielleicht betrachtet er einen tragenden Teil als das Ganze (556).

Wenn du vorschlägst, irgend etwas zu regulieren oder einzuschränken, werden deine Gegner so argumentieren (ein feiner Trick), als ob du darauf abzieltest, die Sache überhaupt aus der Welt zu schaffen (311).

Überlege, wie sich etwas herausputzen, schmälern, vermischen, zerstückeln oder abwandeln läßt (555).

Bemühe dich, die Gunst deiner Hörer zu gewinnen, bevor du dich auf die Hauptsache einläßt. Dann lege deine Argumente dar, untermauere sie; entkräfte die Einwände; zuletzt bausche auf, was für dich, und verharmlose, was gegen dich spricht (297).

Gruppe 5: Unlautere scheinlogische Operationen (Schein-Widerlegungen, Verdrehungen, Vermischung von Wahrheit und Irrtum, trügerische Wahrscheinlichkeitsschlüsse, Sophismen)

Notiere die schwachen Argumente, die in die Debatte geworfen wurden, und widerlege sie; die starken überlasse sich selbst (353).

Erkläre (mit der Miene aufrichtigen Zugeständnisses) den Teil der gegnerischen Argumentation für den beweiskräftigsten, den du am gewissesten widerlegen kannst (530).

Spricht etwas in der Hauptsache auffallend gegen dich, überlege, welcher von den Punkten, die für dich sprechen, am wichtigsten ist und am ehesten gefällt. Darauf gehe ein und berühre die Hauptsache nur *leicht*. Etwas *völlig* zu übergehen, das am wesentlichsten ist, wäre zu plump (231).

Kannst du etwas so, wie dein Gegner es vorträgt, nicht erschüttern, sieh zu, welch kleine Änderung in der Darstellung dir eine Antwort ermöglicht (466).

Auf daß du angreifen kannst, was andere gesagt haben oder verteidigen, was du gesagt hast: unterschlage ein Wort oder füge eines hinzu oder tausche eines gegen ein – je nach deinen Absichten ein wenig milderes oder ein wenig schärferes – anderes Wort aus (433).

Es ist leichter, die Argumente der Verfechter einer Sache zu widerlegen als die Sache selbst (188).

Die Menschen neigen dazu, etwas auszulassen und nur auf Grund eines Teiles zu entscheiden, so daß sich Wahrheit und Irrtum in der Entscheidung verquicken (53).

Betrachte üblich oder unüblich nie als Indiz für wahr oder unwahr (58).

Daß eine Sache wahrscheinlich ist, spricht in gewissem Sinne dagegen, daß sie wahr ist; denn wenn sie wahrscheinlich ist, sind die Menschen weniger geneigt, sie zu ergründen (102).

Oft nimmt jemand vieles als wahrscheinlich und erwiesen an, um seine Auffassung zu belegen. Und doch genügt es nicht (421).

Verstärke deine brüchigen Argumente mit einem Stapel von Einzelheiten, oder laß sie fallen, wenn du das nicht kannst; aber lege dir selbst Rechenschaft darüber ab (116).

Gruppe 6: Raffinierte Fälle von Perversionen des Denkens und Logikmißbrauch (Planmäßige Täuschungsmanöver, Manipulierung von Wahrheit und Tatsachen, Technik der Unterscheidung und Verdrehung)

Achte auf den ersten Ansatz und auf die Art, in der eine Frage gleich zu Anfang entwickelt wird. *Da* liegt im allgemeinen die Büberei (217).

Die Täuschung muß entweder im Grundgedanken, in der Ableitung, in den Voraussetzungen oder im einzelnen Begriff stecken (536).

Täuschungen in der Sache: von falschen Prinzipien ausgehen, bedingt Wahres als unbedingt wahr zu behaupten oder Ohnmächtigem eine Wirkung zuschreiben (194).

Was bedingt richtig ist, wird oft dargestellt, als sei es unbedingt wahr (87).

... Jedes Problem hat einige Seiten, die besser dazu (zu einer Begründung) taugen als andere. Trenne beides im Geiste. Underdrücke das eine und streiche das andere heraus, wie es dir gerade zustatten kommt (22).

Sprechen die *Fakten* für dich, trenne sie von den *Gründen*, sprechen sie gegen dich, vermische beides (9a).

Spricht ein Argument gegen dich, verweile dabei so kurz, wie es mit Anstand irgend möglich ist, und gehe dann zur Darlegung der Folgen über, die zu erwarten sind, wenn die empfohlene Maßnahme ergriffen oder unterlassen wird. Da die Folgen jeder Maßnahme immer bis zu einem gewissen Grade zweifelhaft sind, kannst du stets davon ausgehen, daß sie so sind, wie es deinen Absichten zustatten kommt (252).

Unterscheidungen machen eine Sache durchsichtig, Unterteilungen undurchsichtig (59).

Bist du im Unrecht, benutze weite und allgemeine Ausdrücke – sie sind doppelbödig – und vervielfache Unterscheidungen und Unterteilungen ohne Ende (60).

Wenn deine Gegner den Grundsatz zugeben, merke dir, mit welcher Distinktion sie sich aus der Schlinge ziehen (180).

Überlege bei jedem Argument, wie deine Gegner es wahrscheinlich verdrehen werden (310).

Bedenke die Verdrehungen, denen eine Tatsache oder ein Argument am ehesten oder am leichtesten ausgesetzt ist, und wenn man sich ihrer bedient – decke sie auf (543).

5. Schlußbetrachtung

Die hier vorgelegten Auszüge aus *Hamiltons* eindrucksvollem Werk umfassen gerade ein gutes Zehntel der insgesamt über 550 Maximen. Daran sei abschließend erinnert, um einem kurzschlüssigen Mißverständnis entgegenzutreten. Denn wer unkritisch die hier vorgelegten 60 Maximen liest, könnte zu dem gefährlichen Fehlschluß verführt werden, das ganze Werk *Hamiltons* sei ein pures Gruselkabinett der Sophistik, Rabulistik und Pseudodialektik oder Eristik. Dem ist aber nicht so. Ein solches Vorurteil würde dem Reichtum und der Weite von *Hamiltons* „Parlamentarischer Logik" überhaupt nicht gerecht. Darum mag dies geradezu der Denkanstoß sein, zur Lektüre von *Hamiltons* Gesamtwerk zu schreiten, das auf deutsch unter dem Titel „Logik der Debatte" vorliegt (s. o.).

In unserem Falle geht es allerdings nicht um das Gesamtwerk und seinen Erfahrungsreichtum, sondern um etwas ganz anderes: Es geht um die schonungslose Aufzeigung und Auflistung von Gefahren und Verführungen, die unser Denken und Sprechen im öffentlichen und im nichtöffentlichen Bereich von Rede und Verhandlung ständig umlauern. Wir bewegen uns hier in einer permanenten Grauzone des Gerade-noch- und des Schon-nicht-mehr-Zulässigen.

Aufgrund seiner vielfältigen Eigen- und Fremdbeobachtungen referiert *Hamilton* fachmännisch und zugleich britisch ironisch-unterkühlt, was da alles so gemacht und getrieben werden kann, um die Wahrheit zu manipulieren, zu verdrehen, zu entstellen und zu verfälschen. Diese „Vorführung" ist in der Tat hilfreich. Denn eine bessere Warnung und Abmahnung als dieser abgrundtiefe Einblick hinter die

Kulissen der Pseudologik und in die Trickkiste der Eristik ist kaum möglich! Bisweilen tritt aber selbst *Hamilton* aus der Reserve des ironisch-kühlen Referenten heraus und appelliert an seine Leser, sich nicht irreführen zu lassen (45), achtzugeben (142, 217, 346, 366), nicht um des Spaßes willen spaßig zu sein (245), falsche Verallgemeinerungen und Verdrehungen aufzudecken (528, 543), sich Rechenschaft abzulegen (116), Wahrscheinliches auf seinen Wahrheitsgehalt hin zu überprüfen (102, 421). Das muß hier einmal in aller Deutlichkeit gesagt werden. Natürlich können wir von *Hamilton* aufgrund seines ganz anderen Umfeldes nicht die philosophische Strenge eines *Schopenhauer* verlangen. Aber eine gute Schule der geistigen Immunisierung gegen Manipulationsversuche sind die hier vorgelegten Maximen doch allemal.

Kapitel VI

Spielregeln einer rechtverstandenen Verhandlungsführung

1. 40 Thesen und Leitsätze für ein zielbewußtes Verhandeln

Wenn wir ergebnisbringend verhandeln wollen, müssen wir die nachfolgenden Thesen, Leitlinien und Grundregeln, die hier in einer vorläufigen Auflistung vorgelegt werden, künftig strenger beachten.

1. Wir haben als Verhandler in dem Maße Erfolg, wie wir die *Kunst* des Verhandelns beherrschen.
2. Schon der chinesische Soziosoph *Kong Fu Dse* (Confucius) (ca. 552–479 v.d.Zw.) erkannte treffend: *„Alle Dinge gelingen, wenn sie vorbereitet sind, und mißlingen, wenn sie nicht vorbereitet sind."*
3. *Abraham Lincoln* (1809–1865), früher Anwalt, später Präsident der Vereinigten Staaten, bekannte: *„Wenn ich die Absicht habe, jemanden zu überzeugen, verbrauche ich ein Drittel der Vorbereitung mit Nachdenken über mich und das, was ich sagen werde – zwei Drittel der Zeit aber denke ich an den Gesprächspartner und daran, was er sagen wird."*
4. Starke Argumente fallen bekanntlich nicht vom Himmel, sie erfordern *Vorbereitung*.
5. Ein gutes Verhandlungskonzept macht den Kopf frei, um Überraschungen der Gegenseite zu begegnen und um eigene wirkungsvoll zu servieren.
6. Es gibt viererlei „Vorteile":
Vorteile, die in der Sache liegen,
Vorteile, die wir zu bieten haben,
Vorteile, die die andere Seite fordert,
Vorteile, die vorgetäuscht werden und darum keine sind.
7. Suchen wir in der Verhandlung nur eine Diskussion, die klärt, nicht eine Diskussion, die neue Details schafft. (Denn in diesen steckt bekanntlich der Teufel).

8. Je mehr Details, desto mehr Probleme.
   Je mehr Probleme, desto mehr Zeitaufwand.
   Je mehr Zeitaufwand, desto ferner die Lösung.

9. Wer gut zuhören kann, berauscht sich weniger an den eigenen Worten.

10. Gute Fragen verkürzen oft den Weg zum Verhandlungserfolg.

11. Schon der englische Unterhausabgeordnete *William Gerard Hamilton* (1729–1796) erkannte: *„Man kann der Beantwortung eines Einwands ausweichen, indem man andere Einwände erhebt"* (160). (Oder gar, indem man Gegeneinwände vorbringt!)

12. Der erwähnte *W. G. Hamilton* wußte bereits: *„Es ehrt uns zwar, einem Einwand Gewicht beizumessen; aber dies ist unklug, falls wir ihn anschließend nicht widerlegen können"* (92). (Mehr Eindruck macht es, wenn wir einen Einwand der Gegenseite vorwegnehmen und ihn anschließend sofort vom Tisch wischen können!)

13. Tragen wir bei der Einschätzung des Gegenübers am Verhandlungstisch immer verschiedenen psychotaktischen Gegebenheiten Rechnung (vgl. dazu auch These 14–19), die uns vor unangenehmen Überraschungen schützen können, z. B. daß die Gegenseite ein ähnliches Paket von Egoismen mit sich herumträgt wie wir.

14. Erkennen wir, daß die andere Seite Vorstellungen an den Verhandlungstisch mitbringt, die sich allzu häufig nicht mit den unsrigen decken.

15. Nehmen wir ruhig an, daß der Verhandlungspartner/-gegner sehr oft Gefangener seiner eigenen Verhandlungsposition sowie der ihm gemachten politischen, ideologischen oder ökonomischen Vorgaben ist. Er hat also nur begrenzten Verhandlungsspielraum.

16. Kalkulieren wir ein, daß am Verhandlungstisch immer Menschen sitzen, die plötzlich – gewollt oder ungewollt – aus der Sachlichkeit ausbrechen ...

17. Nur wenige Verhandler sind charakterlich so gradlinig veranlagt und dazu geneigt, auf Fairplay-Basis zu verhandeln oder ein Gentleman-Agreement abzuschließen.

18. In der Verhandlung gibt es keine Gralsritter der Wahrheit. Keine Seite hat die Wahrheit exklusiv gepachtet. Wer dennoch so auftritt, führt bestimmt etwas damit im Schilde ...

19. Es wäre ein Zeichen von Leichtfertigkeit, wollte man sich auf die freundliche Atmosphäre, die einem geboten wird, so weit verlassen, daß man glaubt, damit sei zugleich auch eine entgegenkommende Verhandlungsführung der Gegenseite garantiert. In diese Falle sind schon manche getappt. Sie haben *Aquavivas* Satz *„Verbindlich in der Form, hart in der Sache“* vergessen!

20. Entsprechend ihrer Verhandlungsposition und deren Stärke wird die Gegenseite die Pluspunkte, die in ihren Machtfaktoren stecken, auch ausreizen, wenn dies zweckdienlich erscheint.

21. Man kann kaum mit einem einseitigen Entgegenkommen der anderen Seite rechnen, wenn nicht andere versteckte Vorteile dagegen aufgerechnet werden können. Verhandler sind keine Engel, und selbst Amateurverhandler entpuppen sich bisweilen als hartgesottene Profis.

22. Wer selbstgefällig die Einschätzung von Personen und Sachlagen nur aus der Tellerrandperspektive der eigenen Machtposition heraus betreibt, läuft sehr leicht Gefahr, in eine katastrophale Fehleinschätzung der Global-Lage zu geraten.

23. Lassen wir uns durch ein Stocken der Verhandlung oder einen persönlichen Angriff der Gegenseite nicht von Ärger und Unmut überwältigen. Bremsen wir unsere Ungeduld, denn sonst verlieren wir die Übersicht! (Vielleicht ist ja genau dies die Absicht der Gegenseite. Tun wir ihr also nicht den Gefallen!)

24. Bedenken wir am Verhandlungstisch immer eines: Unser Verhandlungspartner oder Gegenspieler *kann nicht* alles opfern: seinen Standpunkt, seine Vorteile, seine Interessen, seine Selbstachtung. Soll es mit gerechten Dingen zugehen, müssen wir ihm bis zu einem gewissen Maß entgegenkommen. Ein Diktat, d. h. ein erzwungener Vertrag, sollte nie Ziel unseres Verhandelns sein. Andernfalls würden wir ihn als Partner oder Widerpart verlieren und uns dafür vielleicht einen unversöhnlichen Feind oder Todfeind einhandeln. (Die Lateiner sprachen daher schon vom „Do-ut-des“-Verfahren, von der „Quid-pro-quo“-Methode[17].)

---

17 Lat. Ausspruch, wörtlich: „Ich gebe, damit du gibst“ oder ins Praktische umgesetzt, mit den Worten *N. Macchiavellis* (1469–1527): „Wer will, daß ihm andere sagen, was sie wissen, muß ihnen sagen, was er weiß; denn das beste Mittel, Informationen zu erhalten, ist, Informationen zu geben.“
Lat. Formel, wörtl.: „Etwas für etwas“ geben, also gleichfalls eine Art Tausch- oder Kompensationsgeschäft, abschätzig „Kuhhandel“ genannt.

25. Merken wir uns: Der Verhandlungstisch ist kein Boxring. Geht die Gegenseite zu Boden, läßt sich schlecht mit ihr weiterverhandeln. Sie aber wird uns diesen Niederschlag und „Gesichtsverlust" nicht verzeihen und nach einer Gelegenheit zur Revanche Ausschau halten. Haß kommt plötzlich ins Spiel: ein tödliches Gift für ergebnisbringendes Verhandeln.

26. Der englische Unterhaus-Abgeordnete *William Gerard Hamilton* gibt uns in seiner „Parlamentarischen Logik" (Maxime 476) dazu folgenden Wink: *„Man kann eine Kleinigkeit zugestehen, um in wesentlichen Dingen an Glaubwürdigkeit zu gewinnen."*

27. Merken wir uns dies: Mit festgefressenen Kolben fährt es sich nicht mehr. Mit festgefahrenen Forderungen verhandelt es sich nicht mehr. Machen wir daher aus unseren Forderungen möglichst kein Ultimatum, kein Diktat.

28. Ein Bild aus der Verhaltensforschung mag hier hilfreich sein: Treibt man ein wildes Tier in die Enge und läßt ihm keinen Ausweg, dann wird es unberechenbar und handelt irrational. So auch der Gegenpart am Verhandlungstisch. Vielleicht versprechen wir uns von seinem irrationalen Handeln einen Vorteil. Aber da irren wir uns meist. Denn der Gegenpart handelt möglicherweise so irrational, daß er beiden Seiten schadet, und damit ist bekanntlich niemandem gedient.

29. Eine der Fundamentalregeln des Verhandelns lautet: nicht unter Druck (durch die Gegenseite) verhandeln! (Allerdings muß man dazu die nötige Rückendeckung haben, sei dies ein Finanzpolster, ein Machtpotential, öffentliches Ansehen usw.)

30. Unhaltbare Forderungen sind gefährlicher Ballast, den wir rechtzeitig abwerfen müssen, womöglich schon vor der Verhandlung!

31. Gehen wir möglichst nie ohne einen Katalog von Alternativen und Optionen in eine Verhandlung hinein. Mit diesem Rückhalt läßt sich wesentlich gelassener verhandeln, ohne diesen aber können wir unversehens „im Regen stehen".

32. Lassen wir uns daher von der Gegenseite nicht inakzeptable Alternativen aufzwingen (zweiwertige Ja/Nein-Logik, Schwarz-Weiß-Denken usw.). Schlagen wir womöglich einen dritten Weg, eine Synthese, einen Kompromiß, einen unkonventionellen Ausweg aus dem Dilemma vor!

33. Und wie steht es mit dem Kampf zwischen Wahrheit und Unwahrheit (oder was wir dafür halten) am Verhandlungstisch? Hier gibt uns der Naturforscher, Philosoph und brillante Aphoristiker *Georg Christoph Lichtenberg* (1742–1799) einige sehr hilfreiche Hinweise, wenn er sagt: *„Die gefährlichsten Unwahrheiten sind Wahrheiten, mäßig entstellt."* Da ist sodann *„Der große Kunstgriff, kleine Abweichungen von der Wahrheit für die Wahrheit selbst zu halten ..."* Und noch kritischer: *„Nicht die Lügen, sondern die sehr feinen falschen Bemerkungen sind es, die die Läuterung der Wahrheit aufhalten."* Wie man sieht, kannte das 18. Jahrhundert bereits die flächendeckende sowie die gezielte Desinformation, nur noch nicht dieses Wort selbst. Seien wir also gewarnt und zu kritischer Wachsamkeit aufgerufen!

34. Den Weg zu dieser Geisteshaltung am Konferenztisch weist uns der schon erwähnte *W. G. Hamilton* (Maxime 483): *„Halte keine Tatsache für erwiesen; prüfe jede, wie allgemein sie auch anerkannt oder wie vielfältig sie auch hingenommen sei. Und halte keinen Beweis für gesichert, wie überzeugend er auch erhärtet wird; siebe und seziere ihn."*

35. Und noch ein Wort zur Strategie. Hier gibt uns wiederum *Hamilton* einen Fingerzeig: *„Hab' einen Plan, aber verbirg ihn"* (29).

36. Wie könnte ein solcher Plan aussehen? *Hamilton* konkretisiert dies: *„Um an Glaubwürdigkeit zu gewinnen, ist es wichtig darzulegen, daß dein Interesse mit den Interessen derer übereinstimmt, gegen die du sprichst, und daß es der Sache zuwiderläuft, für die du dich verwendest"* (393).

37. Gipfel der verhandlerischen Überzeugungskunst: dem Verhandlungspartner (Gesprächspartner, Kunden, Publikum) unseren eigenen Vorschlag (Einfall, Gedanken usw.) so zu „verkaufen", als sei dieser immer schon seiner gewesen!

38. Was muß aber letzten Endes eine ergebnisbringende Verhandlung erreichen, damit sie ihren Namen verdient? *Hamilton* bringt es für uns auf eine griffige Formel: *„‚Gewinnbringend' bedeutet: bestehende Vergünstigungen bewahren oder fehlende erwerben oder gegenwärtige oder drohende Unbill abwenden"* (413).

39. Kenner sagen, die letzte Viertelstunde einer Verhandlung sei oft die entscheidende. Also seien wir wachsam, lassen wir uns nicht überrumpeln, nicht unter irgendeinem Vorwand oder Druck

wichtige Gewinne oder Vorteile abhandeln und aus den Händen winden[18]. Verlieren wir unser Ziel nicht aus dem Blick!

40. Und zum Schluß ein Vorschlag zur Güte: Wer den ersten Schritt zur Versöhnung tut und auf den Anderen zugeht, ist nicht der Schwächere. Hier gibt uns die deutsche Sprache selbst einen unerwarteten Fingerzeig: Wem unter uns ist eigentlich bekannt, daß das schöne Wort „über-zeugen" ursprünglich soviel bedeutet wie „hinüber-ziehen auf die eigene Seite"? Doch wie soll dies möglich sein, wenn jeder stur auf seinem Standpunkt beharrt und sich nicht bewegt? Doch nur so, daß einer von beiden Partnern von seinem hohen Roß herabsteigt, auf den anderen zugeht, dessen Hand ergreift und ihn Schritt um Schritt zu sich herüberzieht, bis auf dem neuen Standpunkt der versöhnende Schulterschluß erfolgen kann!

2. 25 legitime Stöße, Finten und Paraden der Gesprächs- und Verhandlungsführung

Entdecken wir Charakterschwächen oder unsachliches Verhalten auf der Gegenseite, müssen wir unsererseits die Gegenseite von eigenen Schwachpunkten ablenken oder gar Angriffe abschmettern. Es bieten sich z.B. folgende erprobte Formulierungen dazu an:

Im persönlichen Bereich

1. Ich schätze Sie als Menschen, aber in der Sache sind wir Gegenspieler. Halten Sie das bitte auseinander!
2. Wollten wir nicht einen Vertrag zustande bringen? Im Augenblick jedoch befehden wir uns!
3. Meine Herren, es geht hier um eine Verhandlung, nicht um das Austragen von Empfindlichkeiten.
4. Wenn es auch mitunter in unserer Verhandlung knallt, vermeiden wir bitte alle persönlichen Kränkungen!
5. Nehmen Sie es bitte nicht persönlich, aber ich finde diesen Vorschlag nicht sehr glücklich.

---

18 Der britische Historiker *John Dalberg-Acton* (1834–1902) bemerkte dazu einmal sehr treffend: *„Konzessionen, die im letzten Augenblick gemacht werden und durch Drohungen erpreßt werden, haben noch nie Dank gefunden"* (1/1863).

Im sprachlichen Bereich

6. Verzeihung, statt zu kommentieren, wiederholen Sie sich.
7. Ich habe eine Bitte: Können Sie das alles auch weniger kompliziert sagen?
8. Wir würden Zeit gewinnen, wenn Sie sich kürzer fassen könnten.

Im taktischen Bereich

9. Es ist Ihr gutes Recht, Vorteile zu suchen. Unser gutes Recht ist es, Nachteile abzulehnen.
10. Halt! Wenn ich diesen Vorschlag erörtere, so ist das noch keine Anerkennung.
11. Bisher, meine Herren, haben Sie nur gefordert. Wo ist Ihr Beitrag zur Einigung?
12. Darf ich Sie auf unsere Verhandlungsabsicht zurückführen?

Im Bereich des Verhandlungsabbruchs

13. Nichts für ungut! Soll das hier noch eine Verhandlung sein, oder wollen Sie lediglich diskutieren?
14. Ich muß mich ernsthaft fragen, ob bei Ihnen überhaupt noch eine feste Absicht zum Verhandeln besteht.
15. Ich weiß nicht, verhandeln wir noch oder sind wir bereits bei der Auflösung des Vertrages?
16. Sagen Sie bitte, meine Herren, verhandeln wir noch oder prozessieren wir bereits?

Im Bereich der festgefahrenen Verhandlung

17. Schade, wir kommen hier offensichtlich auf ein totes Gleis. Darf ich Sie an unser ursprüngliches Verhandlungsziel erinnern?
18. Vielleicht merken Sie es nur nicht: Aber Sie reiten auf ein und derselben Sache herum. (Oder als Variante:)
19. Darf ich darauf aufmerksam machen: Sie reden von neuen Vorschlägen, aber reiten doch nur auf den alten herum.
20. Wir kommen offenbar an einen toten Punkt. Wir fahren uns hier fest. Mein Vorschlag: Gehen wir doch einfach zum nächsten Punkt über.

Im verhandlungsargumentativen Bereich

21. Pardon, aber gute Einwände sind mitunter Glücksache!
22. Sie (wir alle) drehen sich (uns) mit Ihren (unseren) Argumenten im Kreise.
23. Neue Gesichtspunkte habe ich von Ihnen schon seit einer halben Stunde nicht mehr gehört.
24. Ich glaube nicht, meine Herren, daß Sie mit diesen Argumenten noch irgend jemand in diesem Raume überzeugen können.

Im verhandlungsmoralischen Bereich

25. Darf ich daran erinnern, meine Herren, daß Treu und Glauben immer noch unsere bewährten Verhandlungsstützen sind und bleiben sollten. (Oder als Variante: ... Ehrlichkeit währt am längsten.)

3. 20 Fußangeln, Fehler und Fallen der Verhandlungsführung und deren Vermeidung – eine Checkliste zum Abgewöhnen

Wenn wir Verhandlungen führen wollen, die ergebnisbringend („result getting“) sind, müssen wir immer wieder folgenden menschlichen und sachlichen Störfaktoren ausweichen, die unser ganzes Tun in Frage stellen und scheitern lassen können. Wie sehen diese Störfaktoren aus? Woran erkennen wir sie? Dazu eine wichtige Auflistung, die gewiß keinen Anspruch auf Vollständigkeit erhebt, jedoch einen hilfreichen Überblick über die gesamte Problemzone geben will. Diese Liste ist gültig für interne und externe Verhandlungen.

Schwachpunkte im Denken und Sprechen	1. Mangelhaftes abstraktes Denken und damit verbunden mangelhaftes Unterscheidungsvermögen, d. h. ein Verhandler kann das Wesentliche nicht vom Unwesentlichen unterscheiden, ihm geht der Blick dafür ab.
	2. Langatmiges Darstellen und Erklären von Tatbeständen und Sachverhalten (es sei denn, dies wäre gewollte Taktik. *Helmut Schmidt* sprach hier einmal von der *„Ermüdungstaktik bei langen Nachtsitzungen in Brüssel“*).

	3. Umständliches und unklares Beantworten von Fragen oder Erwidern auf Vorhalte. Dies führt leicht zu Mißverständnissen in der Verhandlung! 4. Deplazierte, unlogische Bemerkungen (hier reagieren analytisch geschulte ältere Verhandler oft allergisch und lassen die jüngeren unerfahrenen Partner ihre Überlegenheit spüren!). 5. Denkblockaden bzw. geistige Unbeweglichkeit durch eigene Vorurteile („Scheuklappen-Perspektive").
Schwachpunkte in der Kommunikation	6. Kontakt- und Artikulationsschwierigkeiten aufgrund vorgeprägter Verhaltensweisen, welche die eigene Persönlichkeit in ihrer positiven Wirkung stark behindern – ein Hindernis, das sich sehr belastend auf den Verhandlungserfolg der eigenen Seite auswirken kann.
Schwachpunkte im eigenen Charakter	7. Die Überempfindlichkeit („Dünnhäutigkeit"), alles von der Gegenseite Gesagte auf sich persönlich zu beziehen. Dies ist besonders gefährlich für den Ablauf, wenn der Verhandler sich zu sehr emotional engagiert oder identifiziert hat. Mit anderen Worten, eine hohe Frustrationstoleranz, d. h. ein „dickes Fell" ist hier angebracht und erforderlich! 8. Mangelnde Selbstbeherrschung bei unsachlichen Angriffen der Gegenseite. Dies kann zu einer Vergiftung der Verhandlungsatmosphäre führen, die schwer rückgängig zu machen ist. Seelischer Gleichmut ist hier am Platz. 9. Die eigene Neigung, Streitfragen zu personalisieren und in persönliche (d. h. beleidigende) Angriffe münden zu lassen. Führt zum selben Resultat wie 8). Mehr innere Distanziertheit ist hier angebracht. 10. Starrsinn und Immobilismus, d. h. Beharren auf von der Entwicklung längst überholten Standpunkten und Voraussetzungen. Dies

Charakter-Schwachpunkte (Fortsetzung)	kann zum Schiffbruch der Verhandlung führen. Flexibilität ist hier gefordert. 11. Auf beiden Seiten auftretende Besserwisserei, Rechthaberei, Arroganz (der Macht) und Unaufrichtigkeit sind Störfaktoren, die eine Verhandlung zwischen vernünftigen Menschen unmöglich machen und zum Abbruch bringen können. Sie haben bei einer so fundamentalen Angelegenheit, wie es eine Verhandlung ist, überhaupt nichts zu suchen. 12. Mangelnde Reaktionsfähigkeit bzw. Schlagfertigkeit bei der Abwehr von plötzlichen persönlichen oder sachlichen Überraschungsangriffen und -manövern, die mit Fangfragen gekoppelt sein können. Hier ist Schlagfertigkeit gefragt. Bekanntlich ist jedoch gute Vorbereitung das Geheimnis der Schlagfertigkeit. Also mehr Gewicht auf die Vorbereitung legen. Schlagfertigkeit läßt sich außerdem gezielt trainieren. 13. Unnötiger Verhandlungsstreß, hervorgerufen durch eigene innere Hektik, künstlich erzeugten Zeitdruck, Unsachlichkeiten auf beiden Seiten und zu lasche oder mangelhafte Verhandlungsführung. Hier sind Gelassenheit, Geduld, Zähigkeit und ein kühler Kopf die Merkmale des erfahrenen Verhandlers. 14. Konzentrationsmangel, oft durch Arbeitsüberlastung und Alltagshetze mit ihrer Flut von Daten, Vorgängen, Aufgaben, Terminen und Gesprächen verursacht, bisweilen aber auch begründet im Nicht-mehr-zuhören-können. Im ersten Fall kann ein besseres Zeitmanagement Abhilfe schaffen. Im zweiten Fall muß das wirkungsvolle Zuhören wieder eingeübt werden (s. S. 96ff.).
Schwachpunkte im Sachlichen und Fachlichen (Inkompetenz)	15. Oberflächliche fachliche und sachliche Vorbereitung von Verhandlungen. Dies werfen Spezialisten (wie Techniker, Banker, Juristen) den Nichtspezialisten im Fach immer wieder vor. Dieser mangelnde fachliche Tiefgang wird ganz besonders sichtbar, wenn z. B. reine Verkäufer über technische Geräte und Investitionsgüter verhandeln müssen. Also

		gilt es, sich zuvor intensiv Fach- und Produktkenntnisse zu erarbeiten, wenn man erfolgreich im jeweiligen Bereich verhandeln will!
Schwachpunkte in Strategie und Taktik	16.	Das Fehlen eines fundierten Verhandlungskonzepts, d.h. schlechte Vor- und Aufbereitung der Fakten, der Tagesordnungs- und Verhandlungspunkte sowie unklare Zielvorgaben oder Zielvorstellungen. Undurchdachte Fragen werden an die Gegenseite gerichtet, die überlegen antwortet oder widerlegt. Umgekehrt stellt die Gegenseite geschickte Fragen, die von der eigenen Seite nur unfundiert und damit unbefriedigend beantwortet werden können. Mithin beherrscht die Gegenseite die Materie besser und spielt ihre Überlegenheit punktsammelnd aus. Unbefriedigende Ergebnisse oder gar Verhandlungsniederlagen für die eigene Seite sind die Folge. Als sinnvoller Ausweg bietet sich hier nur die unter 15) genannte Empfehlung an.
Schon *W. G. Hamilton* merkte scharfsinnig-sarkastisch an: *„Dinge von höchstem Gewicht werden oft so unglücklich ausgedrückt, daß ihnen jede Kraft fehlt“* (249a).	17.	Stümperhafte Art der Verhandlungsführung. Man beraumt zu kurzfristig und provisorisch Routinebesprechungen, vor allem firmen- und abteilungsintern an, wo gegenseitige Abstimmung und gemeinsame Entscheidungsfindung notwendig wären. Es werden kaum Notizen gemacht, geschweige denn mitgebracht. Die Überschätzung der eigenen Gedächtnisleistung ist hier typisch. Vieles wird sodann in einem technischen Insider-Jargon („Technolekt“) abgewickelt, der Außenstehenden oder Teilnehmern aus anderen Abteilungen unverständlich bleibt. Es droht die Gefahr einer ungeprüften Festsetzung von Daten, Kennziffern und Summen, von Terminen, Zielvorgaben und Zusagen ohne genügende Absicherung. (Bei einer längeren Verhandlung kommt oft noch das Fehlen von Zwischenbestätigungen und -bilanzen über erzielte Fortschritte und Teilergebnisse hinzu!) So steht eine routinemäßige Entscheidungsfindung ohne umfassende Abstimmung mit allen darin liegenden Gefahren ins

Schwachpunkte in Strategie und Taktik (Fortsetzung)

Haus. Häufig hört man dann als Beschönigung für diese Stümpereien die törichte Entschuldigung, daran sei eben die Hektik des Betriebs schuld. Als ob man auf diese lebenswichtigen Maßnahmen nicht mehr Zeit verwenden könnte! *Ignatius von Loyola* (1491–1556), der Gründer des Jesuiten-Ordens, sagte einmal treffend, ein schlecht geführtes Gespräch sei eine Sünde. Gemessen an diesem Satz wird in unseren Betrieben am laufenden Band gefrevelt! Hiergegen hilft nur der klare Wille zur systematischen Verhandlungsführung mit allen erforderlichen Vorbereitungen und Begleitmaßnahmen. Weniger die großen als die kleinen Verhandlungen und Konferenzen laufen Gefahr, nachlässig und mangelhaft geplant und vorbereitet zu werden. Wie steht es z. B. um Routinegespräche, die man häufig als „Dienstgespräche" deklariert? Diese Routinegespräche mit Entscheidungs- und meist auch Verhandlungscharakter leiden fast immer unter schlechter Vorbereitung. Routine ist jedoch für jedes Gespräch gefährlich, zumal wenn die Abwicklung ziemlich gleichförmig verläuft und irgendwelche Routineentscheidungen und -ergebnisse produziert. Dazu wird deshalb oft genug auf die einfachste Organisation wie das Notieren von Ansprechpunkten verzichtet. Und wenn es doch geschieht, sind die notierten Punkte meist so wenig exakt, daß schon die Ausgangslage völlig unscharf bleibt. Was also können wir dagegen tun? Gesprächs- und Verhandlungsvorbereitung im kleinen Stil verlangt zumindest die Klarstellung verschiedener Punkte:

Geeignete Gegenmaßnahmen

Es geht um die Abklärung folgender Fragen:

(1) Wer muß unbedingt an der Runde teilnehmen?
(2) Wer ist von den Problemen unmittelbar betroffen?
(3) Welches sind die gesteckten Gesprächsziele?
(4) In welcher Reihenfolge sollen sie be- und verhandelt werden (Tagesordnung)?
(5) In welcher Zeit läßt sich die Tagesordnung durchziehen?

Soviel zu Maßnahmen gegen Routine und mangelhafte Konferenzvorbereitung.

Schwachpunkte in Strategie und Taktik (Fortsetzung)

18. Täuschungsmanöver: Die eine oder die andere Seite oder gar beide Seiten operieren mit fehlerhaften oder auch falschen Informationen und betreiben Vortäuschung falscher Tatsachen. Dieses Bluffen führt, sobald es erst erkannt ist, zu einer Vergiftung der Verhandlungsatmosphäre. Gegenseitiges Mißtrauen greift um sich, und die Glaubwürdigkeit unter den Verhandlungspartnern kann dadurch irreparabel erschüttert werden. Ähnliches gilt auch für das jeweilige künstliche Hochspielen (Dramatisieren) oder Herunterspielen (Bagatellisieren, Verharmlosen) von Gegensätzen und Streitpunkten. Von besonders schlechtem Stil zeugt die Rückgängigmachung bereits getroffener Vereinbarungen oder Zugeständnisse, wenn an deren Stelle keine Alternative angeboten wird. Eine ehrliche Verhandlungsführung wird dies ebenso wie die beiden anderen Manöver der Gegenseite nicht durchgehen lassen. Gerade am Verhandlungstisch sollten wir gegen eine derartige Verwilderung der Sitten vorgehen!

19. Autoritärer Verhandlungsstil, ein Abkömmling des autoritären Führungsstils: Er versucht jeden konstruktiven Meinungsaustausch besonders bei innerbetrieblichen Sitzungen abzuwürgen. Die Teilnehmer fühlen sich eingeschüchtert und praktizieren bei

Schwachpunkte in Strategie und Taktik (Fortsetzung)		ihren Stellungnahmen die Abwehrtaktik der Unverbindlichkeit und Zurückhaltung. Das ist das Resultat. Schlimmer noch wird es, wenn in externen Verhandlungen auf beiden Seiten autoritäre Persönlichkeiten Wortführer sind. Das kann zu einer hoffnungslosen Verhärtung und Erstarrung der Standpunkte und Fronten („Grabenkrieg") führen. Das Scheitern der Verhandlung ist vorprogrammiert. Also kann hier nur ein Auswechseln der Verhandlungsführer und eine Änderung, d. h. Öffnung des Verhandlungs- und Führungsstils helfen.
Philosophische Schluß-bemerkung	20.	Wenn es uns nicht gelingt, in einer Verhandlung alle Schwachpunkte zu neutralisieren und das Ergebnis nicht unseren Erwartungen entspricht, sollten wir an eines denken: Menschliche Leistungen sind selten vollkommen. Wenn uns eine beendete Verhandlung oder ein abgeschlossener Vertrag nachträglich enttäuscht und verärgert oder bei uns die verspätete Einsicht hinterläßt, einem unklugen oder zu großzügigen Kompromiß zugestimmt zu haben, so darf dies bei uns keine Selbstvorwürfe auslösen (Oh, hätte ich mich doch nicht so leicht breitschlagen lassen! Hätte ich doch stärker darauf gedrungen, daß ... Hätte die andere Seite am Ende doch noch weitere Zugeständnisse gemacht?). Nein, wir holen diese Verhandlung nicht mehr zurück. Aber vermutlich wird uns das bei der nächsten Verhandlung nicht mehr passieren, wenn wir unsere Lektion lernen. Die Japaner haben einen wunderbaren Spruch, der lautet: *„Im Verlieren gewinnen!"* Anders gesagt, eine sorgfältige Analyse der begangenen Fehler und Niederlagen hilft uns dabei, sie künftig nicht mehr zu machen. Die Japaner haben uns das nach 1945 beispielhaft vorexerziert.

Kapitel VII

Das gesprächstaktische Instrumentarium der Verhandlungsführung oder 40 Dialogik-Bausteine in 5 Gruppen

Vorbemerkung

Die hier vorgelegten Bausteine sind sowohl für den Bereich der allgemeinen als auch der speziellen Dialogik, z. B. der Verhandlungsführung, gültig. Sie stellen den ersten Versuch dar, eine Übersicht über Taktiken der Dialogik zu geben. Versuchen wir daher, uns aus diesen Bausteinen die jeweils passenden herauszugreifen und zu einer „Strategie" der Gesprächsführung und Verhandlungsführung auszubauen. (So bieten sich z. B. die Bausteine 1–6 für eine Art Abschluß- oder auch Persuasionsstrategie, die Bausteine 7–12 für eine Reklamations-Behandlungs- oder Einwand-Überwindungs-Strategie an usw.)

1. Affirmative (bejahende) Taktiken

(1) Ja-Taktik: Den Gesprächspartner durch geschicktes, zwingendes Fragen zum Ja-Sagen (Ja-Linie, yes response) bringen und ihn dann mit überraschenden, aber einleuchtenden Schlußfolgerungen konfrontieren, die er nun nolens volens auch bejahen muß. Man ist immer wieder erstaunt darüber, wie wenig selbst erfahrene Gesprächsführer diese erprobte Taktik beherrschen! Das Ja-Sagen ruft beim Gesprächspartner nicht nur eine rationale, sondern auch eine emotionale Einstimmung hervor, die er nicht ohne weiteres zurückdrehen kann. Schon *Sokrates* (470–399 v. d. Zw.) beherrschte diese Taktik besonders erfolgreich:

Sokrates befragt den Priester *Euthyphron*: ... S.: Denn die Kunst des Pferdezüchters ist die rechte Sorge für die Pferde? – E.: Ja. – S.: Und Jagdhunde versteht doch nicht jeder Beliebige zu versorgen, sondern der Jäger? – E.: Ja. – S.: Denn die Jagdkunst ist die rechte Sorge für die Jagdhunde? – E.: Ja. – S.: Und die Kunst der Rinderhirten die rechte Sorge für die Rinder? – E.: Gewiß. – S.: Und die Frömmigkeit also die rechte Sorge für die Götter, Euthyphron, sagst du so? – E.: Ja. –

(2) Wiederholungs- bzw. Repetitionstaktik: Sie ist nicht nur in der Rhetorik seit der Antike eine beliebte Redefigur (*Napoléon: „Die Wiederholung ist die einzig wahre und seriöse Redewendung.“*; Senator *Robert Kennedy* (1925–1968) erwähnte in seinem berühmten Statement vom 16. März 1968 in den ersten Sätzen allein sechsmal seine Kandidatur!), sondern erfreut sich auch in der Werbung und in der Programmierten Unterweisung (dort als Re-inforcement, Verstärkung) großer Beliebtheit. Jedoch auch in der Dialogik ist sie von nicht zu unterschätzender Bedeutung. Der Gesprächsführer sollte immer wieder – in irgendeiner unaufdringlichen Weise – die Vorteile seiner Idee, seines Produktes, seines Hauses einfließen lassen. Sie soll den „Wiedererkennungswert“ einer bestimmten positiven Idee oder Sache beim Gesprächspartner erzeugen und verstärken. Dieser Lernprozeß wird den Partner geneigter machen, sich mit unseren Ideen zu beschäftigen und zu befreunden. Steter Tropfen höhlt den Stein:

Man kann nicht oft genug darauf hinweisen, daß ... – Lassen Sie mich nochmals sagen, wie wichtig es ist ... – Ich möchte noch einmal und ganz besonders betonen ... – Ich wiederhole ... –

(Freilich darf die Wiederholungstaktik nicht dazu entarten, daß, wie ein Zyniker bemerkte, etwas Unrichtiges nur oft genug wiederholt werden müsse, damit es als wahr geglaubt werde. Diesen Mißbrauch zu Manipulationszwecken wird der verantwortungsbewußte Rhetoriker und Dialogiker verurteilen müssen.)

(3) Suggestivtaktik: Sie soll dem Partner den Entschluß erleichtern, sich für unsere Ideen, Vorschläge, Produkte usw. zu entscheiden:

Das ist für Sie genau richtig. – Das fehlt gerade noch in Ihrer Sammlung. – Hier müssen Sie das Gerät aufstellen. – Unser neues Programm bringt Ihnen zusätzlichen Verdienst. – Mit zwei Packungen werden Sie sicher fürs erste auskommen. – Ich lasse Ihnen dieses Buch gleich hier.

(4) Kompromißtaktik: Einen vernünftigen Vergleich oder Ausgleich der Interessen zu suchen, ist immer Ziel des Verhandlers in schwierigen Situationen:

Wir stehen uns in unseren Auffassungen gar nicht so fern, wie es vielleicht den Anschein hat. – Mir scheint, wir treffen uns in diesem Punkt. – Lassen Sie uns diesen Gedanken weiterverfolgen. – *„Es gibt Mißverständnisse, die das höchste Einverständnis nur bestätigen“* (*F. Schlegel*, 1772–1829).

(5) Gemeinsamkeitstaktik: Stellen sich Schwierigkeiten ein, hilft oft ein Appellieren an das „Wir-Gefühl", an die „guten alten Zeiten", an die bisher erfolgreiche Zusammenarbeit usw.:

Bitte denken Sie doch an unsere lange erfolgreiche Zusammenarbeit! Haben wir bisher nicht immer alle Fragen im guten Einvernehmen regeln können? Darum lassen Sie uns auch jetzt gemeinsam an die Lösung Ihres Problems herangehen. Was also kann ich für Sie tun?

(6) Übereinstimmungs- bzw. Konsensustaktik: Sie soll dem Gesprächspartner das Besprochene und irgendwie schon Vereinbarte zusammenfassend vor Augen führen und ihn dazu bewegen, sich unserer Sache anzuschließen, den Vertrag abzuschließen, den Vorschlag zu akzeptieren, das Produkt zu kaufen usw.:

Gehen wir nochmals gemeinsam durch, was wir soeben besprochen haben. – Dann sind wir uns also einig darüber, was wir unter dem Begriff „Demokratie" verstehen wollen. – Dann sind wir doch beide einer Meinung, daß ... – Wir stimmen also darin überein, daß ... – Lassen Sie uns daher gemeinsam ... –

(So versuchte 1973 der frühere Bundeskanzler und spätere Oppositionsführer *K.-G. Kiesinger* (1904–1988) in einer Bundestagsrede in einem Zeitraum von ca. 5 Minuten allein siebenmal einen solchen Konsensus im Plenum herzustellen oder zu beschwören!)

2. Defensive (abwehrende) Taktiken

(7) Dankes- bzw. Entwaffnungstaktik: Der Andere kommt mit einer massiven Beschwerde, Reklamation usw. auf uns zu. Wir danken ihm für diese – an sich unangenehme – Information und entwaffnen ihn dadurch emotional. Er hat alles andere erwartet, nur keinen Dank. So kaufen wir ihm seinen Schneid ab:

Ich danke Ihnen dafür, daß Sie mit Ihren Problemen ohne Umschweife zu uns kommen. Wir sind ja dafür da, Ihnen zu helfen. – Ich bin Ihnen sehr dankbar dafür, daß Sie uns auf diesen Fehler aufmerksam machen. So können wir Ihnen und vielen anderen sofort helfen.

(8) Leerlauftaktik: Den Gesprächspartner sein Anliegen vorbringen lassen, ihm aufmerksam zuhören und ihn das auch spüren lassen (durch kleine Zwischenbemerkungen, auch „aktives Zuhören" genannt: „Ja – soso – unglaublich – aha – interessant – was Sie nicht sagen – gut!" usw.). Seinen Redestrom nicht unterbrechen, es sei denn, durch Zusatzfragen. Wenn er seine Argumente verausgabt hat, wird er einer Klärung oder Gegendarstellung eher zugänglich sein als vorher. Dann die Taktiken 8. bis 14. je nach Situation anwenden:

Darf ich kurz zusammenfassen? Sie sind also der Ansicht, daß ... – (Zusammenfassung bedeutet für uns Zeitgewinn!) – Habe ich Sie recht verstanden? Sie glauben also, daß ... Dem möchte ich entgegenhalten ... – Hier möchte ich einmal zu bedenken geben ... usw.

(9) Zerlegungstaktik: Der Gesprächspartner kommt mit einem Bündel von Vorwürfen, Beschwerden, Reklamationen zu einem. Jetzt gilt es, dieses gefährlich aussehende Paket „aufzuschnüren", alles Punkt für Punkt durchzugehen und auf das richtige Maß zurückzuschrauben:

Gehen wir doch einmal Punkt für Punkt Ihres Katalogs durch. – Lassen Sie uns gemeinsam sehen, wo Sie denn wirklich der Schuh drückt. Vermutlich kann ich Ihnen helfen. – Sehen Sie diesen Punkt nicht vielleicht zu dramatisch? – Könnte hier nicht ein Mißverständnis vorliegen, das wir gleich abklären sollten? usw.

(10) Polstertaktik: Werden die eigenen Gedanken vom Gesprächspartner in Frage gestellt, kommen wir dadurch in Verlegenheit, gilt es Zeit zu gewinnen. Wir weisen dem Anderen ein Zitat, die Äußerung einer bekannten Persönlichkeit (Autoritätsbeweis), eine Unterlage oder ein Demonstrationsobjekt vor, mit denen er sich jetzt auseinandersetzen muß:

Schon *Goethe* (1749–1832) sagte zu den Interpreten: *„Im Auslegen seid frisch und munter!/ Legt ihrs nicht aus, so legt was unter."* (Zahme Xenien II) – *André Gide* (1869–1951) bekannte: *„Ich finde in einem Syllogismus nur das wieder, was ich zuvor in ihn hineingelegt habe ..."* (Theseus). – Minister H. sagte kürzlich, seine Beamten könnten nicht immer mit dem Grundgesetz unterm Arm herumlaufen. – Schon *Albert Einstein* (1879–1955) erkannte, daß Atome leichter zu spalten seien als Vorurteile. – Bitte sehen Sie sich doch einmal diesen Prospekt an.

(11) Abfangtaktik: Die Auffassung des Gesprächspartners würdigen, jedoch dann die Wendung zum eigenen Standpunkt vornehmen. Dieses Verfahren ist heute sattsam bekannt als die „Zwar-aber-Taktik". Sie gilt zu Recht als abgegriffen. Man kann aber durch geschicktere Formulierung dieser Gefahr ausweichen und dem Anderen auf diese Weise behilflich sein, von seinem einseitigen Standpunkt wegzukommen:

Ich kann Ihren Standpunkt durchaus verstehen, nur ... – Bis zu einem gewissen Grade kann ich Ihnen recht geben, jedoch ... – Ganz Ihrer Meinung, aber nur man darf dabei nicht übersehen, daß ... – Sie haben natürlich recht mit Ihrem Einwand, für Sie ist jedoch in erster Linie entscheidend, wie Sie selbst gesagt haben, daß ... – Ich kann Ihre Befürchtungen sehr wohl verstehen. Man vergißt dabei allzu leicht, daß Furcht nie zum Maßstab unseres Entscheidens werden darf!

(12) Würdigungstaktik: Um den Gegenüber positiv umzustimmen, muß man um sein Verständnis werben. Er soll meinen Standpunkt besser würdigen lernen:

Meine Herren, ich weiß, daß einige unter Ihnen anderer Meinung sind. Ich respektiere das. Aber versuchen Sie darum, auch einmal meinen Standpunkt zu verstehen ... – Versetzen Sie sich doch einmal in meine Lage. – Würden Sie an meiner Stelle nicht ebenso handeln?

(13) Umformungstaktik: Wenn der Partner „nein“ sagt, nicht gegen dieses harte Nein ankämpfen, sondern es sich leichter machen und das Nein zu einer Frage, einem Problem usw. umformulieren:

Sie haben soeben das Problem aufgeworfen, ob ... – Sie schneiden hier die Frage an, inwieweit ... – Sie erwähnten vorhin den Punkt, daß ...

(14) Relativierungstaktik: Einwände des Gegenübers in eine Relation bringen und dadurch relativieren (allerdings mit Vorsicht zu gebrauchen, weil man dabei unversehens auch seinen eigenen Standpunkt „relativiert“):

Muß man das alles nicht relativ betrachten? – Was heißt hier eigentlich „teuer“? Ist die billigste Ware nicht oft die „teuerste“? – Ist der Begriff „schwierig“ nicht relativ zu verstehen?

(Bei dieser Taktik besteht jedoch die Gefahr, daß der andere kontert und die eigene Position ebenfalls als relativ hinstellt und damit erledigt:

„Der Satz ‚Alles ist Interpretation‘ ist selber Interpretation“. (F. Nietzsche, 1844–1900). – Der Vorwurf der Manipulation ist selber die größte Manipulation.)

(15) Verlagerungstaktik: Wird einem der Vorwurf ungenauer Darstellung, ungenügender Beweisführung gemacht, kann man sich einen Aufschub verschaffen, indem man die eingehendere Behandlung der Sache auf später verschiebt:

Ich komme auf Ihre Frage noch zurück. – Es würde den Rahmen dieses Vortrags (dieser Erörterung) sprengen, wenn ich jetzt darauf einginge. In einem meiner späteren Vorträge werde ich diese Frage behandeln ...

3. Offensive (angreifende) Taktiken

(16) Vorwegnahme- bzw. Antizipationstaktik[19]**:** Mögliche Einwände der Gegenseite schon im voraus erkennen, sie dann selber vorwegnehmen und mit Gegenargumenten erledigen:

Sie werden jetzt vermutlich einwenden, daß ... – Sicherlich wollen Sie mich fragen, ob ... – Die Gegenseite wird behaupten, daß ... Darauf möchten wir erwidern, daß ...
Es ist Ihnen sicherlich nicht entgangen, daß ... – Es ist nicht nötig, Ihnen zu sagen, daß ...

(17) Überraschungstaktik: Den Gesprächspartner, der uns mit einem Nein begegnet, mit einer Gegenantwort aus einer Richtung überrumpeln, von wo er sie gar nicht erwartet. Diese Gegenantworten können bis ins Paradoxe gehen, sollen den anderen aus der Balance werfen und zum Einlenken bringen:

Deswegen rate ich Ihnen ... – Das ist ja gerade der Grund, weshalb ... – Daher empfehle ich Ihnen ... – Ich bringe Ihnen Geld (Erfolg) ins Haus. – Diesen Einwand habe ich längst erwartet. – Auf diese Bemerkung habe ich nur gewartet ... – Sie wissen genauso gut wie ich, daß ... – Sie wissen besser als ich, daß ...

(18) Gegenfragetaktik: Durch eine gezielte Gegenfrage den anderen veranlassen, eine Begründung seines Einwandes zu geben, ihm den „schwarzen Peter“ zuschieben:

---

19 „Zu Einwendungen der Zielperson kam es selten. *Johnson* nahm sie vorweg, bevor sie ausgesprochen werden konnten.“ (*Evans/Novak*: Lyndon B. Johnson, Geschichte eines Scheiterns. 1968, S. 97–98).

Warum glauben Sie eigentlich, daß Ihr Standpunkt der allein seligmachende ist? – Sind Sie nicht auch der Meinung, daß ... ? – Habe ich Sie recht verstanden? Sie sagen also, daß ... ? – Erlauben Sie mir die Frage: Wieso sagen Sie „nicht geeignet"? – Ist es nicht eher möglich, daß ... ? – Ist es nicht auch denkbar, daß ... ? – Diese Frage muß ich an Sie zurückgeben.

(Fragen, die in die Enge treiben: Der andere muß Farbe bekennen.)

(19) Herausforderungs- bzw. Provokativtaktik: Durch sie soll der Gesprächspartner veranlaßt werden, alle seine Karten auf den Tisch zu legen. Als aggressive Fragetechnik wird diese Taktik auch gern von Journalisten verwendet:

Das glaube ich nicht. – Da bin ich aber sehr skeptisch. – Das ist doch nicht wahr. – Das glauben Sie doch selber nicht. – Was Sie nicht sagen! – Sagen Sie, wann wollen Sie eigentlich zurücktreten? – Wie lange wollen Sie uns noch an der Nase herumführen? – Wann wollen Sie Ihre Firma dichtmachen? – usw. usw.

(20) Umfassungs- oder Überhöhungstaktik: Die Argumente der Gegenseite von einer höheren oder umfassenderen Warte aus betrachten, sie somit entkräften und für sich selber auswerten:

Ihr Nein ist für mich ein ursprüngliches Ja. – Wenn Sie hier nein sagen, so bejahen Sie in meinen Augen die Sache in einem tieferen Sinne. Denn ... – *„Mein Ja besteht aus lauter kleinen Neins" (G. Graß).*

(21) Übertreibungstaktik: Durch bewußte Übertreibung („Links-Überholen") den Partner zum Einlenken oder zur Zurücknahme seiner scharfen Behauptung zwingen:

Wollen Sie damit sagen, daß alle Politiker Demagogen (korrupt usw.) sind? – Nein, so habe ich das nicht gemeint.

Nun versuchen, den Partner zur Übernahme unserer eigenen Schlußfolgerung zu bewegen.

(22) Unterbrechungstaktik: Um den Redeschwall eines Gesprächs- oder Diskussionspartners – und sei es der Vorgesetzte – zu unterbrechen, blitzschnell einhaken und mit der Begründung der Wichtigkeit das Wort an sich ziehen:

Darf ich dazu ganz kurz etwas Wichtiges sagen? – Einen Moment, ich möchte kurz erwidern ... – Lassen wir zu dem, was Sie sagen, Herrn X. kurz zu Wort kommen ... (hier der Diskussionsleiter) – Ich möchte Sie nicht unterbrechen, aber lassen Sie mich kurz sagen, daß ... – Das finde ich ganz ausgezeichnet, nur ...

(23) Distanzierungstaktik: Bei Fragebeantwortungen und Diskussionen heißt es für den Sprecher immer: „Weg vom Frager bzw. Referenten und Vorredner". Also nicht in der 2. Person (Höflichkeitsform) antworten:

„Sie fragen mich, und ich antworte Ihnen darauf" oder „Sie, Herr Referent, haben behauptet, und ich entgegne Ihnen."

Das führt zur Verhärtung der Fronten und zum Persönlichwerden (Personalisierung). Statt dessen den Frager, Vorredner oder Referenten in die 3. Person setzen, ihn „objektivieren" und unter dem Motto „Botschaft an alle" ihn trotzdem hart anpacken. Es tut dem Angegriffenen nicht so weh, dafür bringen wir die Zuhörer auf unsere Seite. Das ist sehr wichtig:

„Herr Y. hat mich soeben gefragt, und ich antworte Ihnen allen dazu, daß ... – Der Vorredner hat soeben versucht, uns weiszumachen, daß ... – Ich frage ihn hier in aller Öffentlichkeit, wie stellt er sich das vor ...?

4. Negative (verneinende) Taktiken

(24) Nein-Taktik: Die direkte Verneinung sollte nur dann angewandt werden, wenn sie unbedingt zur Klarstellung erforderlich ist. Anderfalls kann sie sehr rüde und verletzend wirken und Feinde schaffen. Besser ist jedoch in den meisten Fällen die „rhetorische Frage" (die keiner Antwort bedarf, weil sie so aussagekräftig ist):

Nein, das stimmt nicht. – Nein, da bin ich besser informiert (konstruktives Nein).

Was Sie sagen, ist ausgemachter Quatsch. Aber ich zucke darüber die Achseln. – Das ist dummes Zeug, aber ich habe nichts dagegen, wenn Sie ... (So Bundeskanzler *Helmut Schmidt* in einem Interview mit Reporter *Rohlinger*) (destruktives Nein).

Daher: Statt zu sagen: Sie *lügen*! besser: Sagen Sie hier wirklich die volle Wahrheit? – oder statt: Sie haben die Unterlagen *nicht* gelesen! besser: Haben Sie denn die Unterlagen tatsächlich gelesen?

So wird niemand vor anderen unnötig gedemütigt, und doch weiß jeder Bescheid, was hier gemeint ist.

(25) Widerspruchs- oder Kontradiktionstaktik: Durch die Taktik des fundierten Widerspruchs den Anderen logisch oder faktisch widerlegen und zum Einlenken bzw. Beigeben bringen:

Auch wenn Ihr Einwand wahr sein sollte, beweist er gar nichts! (Und dann beweisen, daß er unwahr ist!) – Das stimmt niemals, da übertreiben Sie aber mächtig! (Und dann die Übertreibungen auch nachweisen!)

5. Interrogative (fragende) Taktiken

(Vgl. auch die Taktiken 1., 3., 6., 13., 14., 15., 18., 19., 21., 22., 24.)

Vorbemerkung

Im folgenden wollen wir den vier vorangehenden Aussageweisen (Bejahung – Abwehr – Angriff – Verneinung) als fünfte die *Frage* hinzufügen. Denn als fünfte Aussageweise ist sie zugleich eine Infragestellung der vier vorausgehenden, d. h. sie ist keine schlichte Aussage im Indikativ über das Gegebensein oder Nichtgegebensein von etwas, über Wirklichkeit oder Unwirklichkeit, sondern eben deren jeweilige *„In-Frage-Stellung"*. Diese Tatsache geht sogar in den Frageton der menschlichen Stimme ein. Anstelle von Sicherheit und Gewißheit hält die Frage alles in der Schwebe, Ungewißheit und unbestimmten Offenheit. Der Heidelberger Denker *Hans-Georg Gadamer* charakterisiert das Wesen der Frage daher folgendermaßen:

„Fragen heißt ins Offene stellen. Die Offenheit des Gefragten besteht in dem Nichtfestgelegtsein der Antwort. Das Gefragte muß für den feststellenden und entscheidenden Spruch noch in der Schwebe sein. Das macht den Sinn des Fragens aus, das Gefragte so in seiner Fraglichkeit offenzulegen. Es muß in die Schwebe gebracht werden, so daß dem Pro das Contra das Gleichgewicht hält. Jede Frage vollendet erst ihren Sinn im Durchgang durch solche Schwebe, in der sie eine offene Frage wird. Jede echte Frage verlangt diese Offenheit. Fehlt ihr dieselbe, so ist sie im Grunde eine Scheinfrage, die keinen echten Fragesinn hat"[20].

Man unterscheidet heute landläufig zwei Erscheinungsformen der Frage: die sogenannte „offene" und die „geschlossene". Ihre Kenn-

20 Wahrheit und Methode^3, 1972 (345) = WW 1, 369.

zeichen: Die offene Frage ist, grammatikalisch betrachtet, eine „Wortfrage“ und beginnt, zumindest im Deutschen, stets mit einem auf W anlautenden Fragewort (Fragepronomen, Frageadverb). Die Antwort soll aus einem ganzen Satz bestehen. Die geschlossene Frage ist, grammatikalisch betrachtet, eine „Satzfrage“ und beginnt stets mit einem Zeitwort. Die Antwort soll hier aus einer klaren Ja/Nein-Entscheidung oder deren sinnverwandten Variationen bestehen. Schon *Gadamers* Beobachtungen sowie die unten[21] genannten Beispiele zeigen allerdings, daß diese gängige Unterscheidung problematisch und damit nur bedingt brauchbar ist. Daher wird sie nachstehend auch nur als eine rein formale Klammer und Hilfskonstruktion verwendet.

a) Die entschränkte oder unbestimmte („offene“) Frage: Sie erfordert mehrwertige Antwortsätze, weil sie als Frage in sich bereits oft mehrdeutig ist. Die Grammatiker nennen sie Wortfrage:

Wer bin ich? – Was haben Sie sich dabei gedacht? – Wie geht es Ihnen?[22] – Wohin führt dieser Weg? – Wann kommen Sie zurück? usw.

Unterabteilungen zu a)

(26) Was- oder Wesensfrage: Sie ist zugleich eine der ältesten, ehrwürdigsten und radikalsten Frageformen in diesem Bereich, zuerst von *Sokrates* erprobt:

„Was meint ihr eigentlich, wenn ihr das Wort ‚seiend‘ aussprecht? (*Platon*, Sophistes). – Was scheint dir das zu sein, ‚Wissen‘? (*Platon*, Theaitetos). – Und die seit altersher und jetzt und immerdar erforschte und sich in Frage stellende Frage: „Was ist das Seiende?“ (*Aristoteles*, Metaphysik VII). – Was ist Wahrheit? (*Pilatus*, Joh.-Ev. 18, 38). – Warum ist überhaupt etwas und nicht vielmehr nichts? (Leibniz)[23].

21 Die Journalisten *Casdorff* und *Rohlinger* interviewten 1974 den damaligen Bundeskanzler *Schmidt* in der Fernsehsendung „Kreuzfeuer“: „Herr Bundeskanzler, wie beurteilen Sie die Chancen einer Koalition mit der CDU?“ Darauf Schmidt, mit herb-ironischem Dressman-Lächeln: „Null Komma null, null, null.“ Ende der Sendung. – Ein schönes Beispiel dafür, daß offene Fragen nicht zwangsläufig mit ganzen Sätzen beantwortet werden müssen. Aber auch geschlossene Fragen verlangen nicht unbedingt eine Ja/Nein-Antwort: „Kann ich Sie heute oder morgen sprechen?“ Die Antwort könnte auch lauten: „Weder, noch“ oder „Sowohl, als auch“. – Auch wäre die sogenannte geschlossene Frage im Sinne *Gadamers* (s. o.) primär als „offen“ zu bezeichnen.

22 „*Wie* geht es Ihnen?“ kann hier heißen: gesundheitlich, familiär, beruflich, geschäftlich, finanziell usw. Dies zeigt sehr klar die Mehrdeutigkeit.

23 Auch diese „Warum-Frage“ ist eine „Was-Frage“, weil sie nach dem Wesensgrund allen Seins und Nichtseins fragen kann.

(27) Informationsfrage: Sie ist die alltägliche, ganz aufs Hier und Jetzt bezogene Version der Was-Frage. Sie ist ein legitimes Mittel, Unbekanntes bekannt werden zu lassen, Daten und Fakten zur Erweiterung des Wissenstandes in beiderseitigem Interesse in Erfahrung zu bringen. Sie erfordert Geschick und Takt:

Darf ich erfahren, mit welcher Vollmacht Sie ausgestattet sind? – Würden Sie mich kurz darüber informieren, was Sie an unserem Angebot besonders interessiert? – Oder: Nur noch eine Information: Wie lange läuft diese Maschine bereits bei Ihrer Firma? Wie stark wird sie beansprucht, und wie häufig muß der Monteur erscheinen?

Wie dieser letzte Fall zeigt, kann man die Informationsfrage zu einem handfesten Fragenpaket ausbauen, das zur Erhellung oder Klärung eines Sachverhalts dienen kann. Daher ist die *Klärungsfrage* eine wichtige Variante der Informationsfrage.

(28) Rhetorische Frage: Sie ist im Grunde nur ein Aussagesatz, wegen der größeren Wirksamkeit als Frage[24] vorgetragen, und verlangt daher eigentlich keine Beantwortung.

Wer will leugnen, daß Demosthenes der größte griechische und Cicero der größte römische Redner war? (Vermutlich niemand!) – Gibt es jemanden, der am überragenden Verhandlungstalent Metternichs Zweifel hegt? (Wohl kaum!) usw.

(29) Unterstellungs- oder Fangfrage: Sie arbeitet mit einer Verschleierungstaktik, indem sie in einem harmlos-beiläufigen Frageton ihr Frage-Fangnetz auswirft mit der Absicht, daß der Befragte sich darin verfange:

Sagen Sie, wieviel Umsatz machen Sie mit der Konkurrenz?

Hier wird dem Gesprächspartner schlicht etwas unterstellt in der Hoffnung, daß er sich verplappert und damit etwas unversehens zugibt, was er normalerweise nie getan hätte. Hier hilft folgende Parade:

Darf ich Ihre Frage als einen Scherz betrachten? Würden Sie darauf antworten? – Oder: Das haben *Sie* gesagt! Das versuchen Sie mir in den Mund zu legen!

---

24 Nahe verwandt mit (28) und eine Nebenform zu (27) und auch (31) ist die sog. *Überlegungs-(Zweifels)- oder Deliberativ-(Dubitativ)-Frage*: Sie kann als Wort- und als Satzfrage formuliert werden: Was könnten wir dem entgegenhalten? bzw. Könnten wir dem etwas entgegenhalten? – Wo soll ich anfangen, wo aufhören? – Warum sollte ich antworten?

(30) Manipulativfrage: Sie wird in der Fachliteratur auch als motivierende oder stimulierende Frage bezeichnet. Doch sollte man das Kind beim Namen nennen, weil auch sie mit Hilfe einer Verschleierungstaktik vom Gegenüber etwas haben möchte, was dieser sonst nicht geben würde. Also muß man auf das vermeintliche Selbstbild des Anderen abzielen, d. h. darauf, wie er gern wäre und sich sähe (z. B. modern, fortschrittlich, rational, modisch usw.). Diesem Selbstbild muß man Schmeicheleien und Streicheleinheiten verpassen, wenn man ans Ziel gelangen und eine Zusage des Opfers erhalten will:

Wie stehen Sie als weltaufgeschlossener, bildungsbewußter Mensch zu diesem einmaligen Lexikonangebot unseres Verlages? – Was halten Sie als scharf kalkulierender Kaufmann von diesem konkurrenzlosen Produkt unserer Firma? – Wie finden Sie als modisch eingestellte Dame die einfach faszinierenden Farben unserer Herbstkollektion? usw.

Hier ist also bei allen Gratisschmeicheleien höchste Vorsicht geboten. Denn man will an unser Geld, an eine wichtige Zusage oder unsere Unterschrift unter den Vertrag herankommen.

b) Die eingeschränkte oder bestimmte („geschlossene") Ja/Nein-Frage: Sie fordert und erfordert größtenteils klare, eindeutige Antworten im Sinne einer zweiwertigen Ja/Nein-Logik. Die Grammatiker nennen sie „Satzfrage":

Bin ich überhaupt? – Haben Sie sich etwas dabei gedacht? – Geht es Ihnen gut? – Führt dieser Weg zum Erfolg? – Kommen Sie bald zurück? usw.

Unterabteilungen zu b):

(31) Ja/Nein-Informationsfrage: Sie ist das als Satzfrage formulierte Gegenstück zu (27). Sie hat allerdings stark einengenden Charakter. Denn sie will als gezielte Frage auch eine klare Antwort: Ja oder Nein!

Soll diese Forderung ein Ultimatum sein (oder nicht)? – Darf ich Ihre Ausführungen als eine Zusage auf unseren Vorschlag (als Zustimmung zu unserem Vertragsentwurf) betrachten (oder nicht)? – Werden Sie meine vorhin gestellte Frage noch beantworten (oder nicht)? – Können Sie mir klar und deutlich sagen, ob Sie mit diesem Lösungsvorschlag einverstanden sind (oder nicht)?

Daß die Informationsfrage auf eine klare Antwort abzielt, ehrt sie. Doch wer garantiert uns, daß die angestrebte Information nicht in

Wirklichkeit eine „Desinformation" ist? Wie sagte doch der Göttinger Philosoph *G. Ch. Lichtenberg* (1742–1799): *„Die gefährlichsten Lügen sind Wahrheiten, mäßig entstellt."* Wir sind also zur Vorsicht gemahnt.

(32) Zwischenfrage: Sie ist im Grunde nur eine – allerdings wichtige – Spielart von (31). Denn sie hilft uns beim Abstoppen der Redeflut unserer Gesprächs- oder Verhandlungspartner, beim Nichtakzeptieren ihrer Argumente und Einwände, beim Erinnern an die gesteckten Verhandlungsziele, beim Anbringen einer ergänzenden Darstellung unsererseits usw. [vgl. auch (22) *Unterbrechungstaktik*]:

Darf ich dazu ganz kurz etwas anmerken? – Eine Zwischenfrage: Sie loben die Konkurrenz, aber haben Sie dort niemals Qualitätsmängel reklamieren müssen? – Eine weitere Zwischenfrage: Ist dieser Einwand von Ihnen oder von der Konkurrenz lanciert? Wissen wir doch, daß unser Mitbewerber gern einen künstlichen Schwachpunkt gegen uns konstruiert! – Eine letzte Zwischenfrage: Ist Ihre Information echt und, wenn ja, können Sie diese noch präzisieren?

Wie man sieht, läßt sich diese Frageform zu einem recht flexiblen Sondierungsinstrument entwickeln.

(33) Wahl- oder Alternativfrage: Sie ist ebenfalls eine interessante Spielart von (31), weil sie ein stark einengend-begrenzendes Gepräge hat und dem Befragten nur die Wahl zwischen *zwei* Antworten (lat. Alternative) läßt. Sie versucht, den Befragten auf eine von zwei Antwortmöglichkeiten festzunageln[25]):

Der geschickte Repräsentant fragt seinen Kunden nicht etwa: Wann kann ich Sie besuchen? Sondern: Kann ich Sie heute um 15.00 oder 16.00 Uhr besuchen? – Kann ich Sie am Mittwoch oder am Donnerstag besuchen? – Schwebt Ihnen als Liefertermin der 1. Februar oder der 1. März vor? – Der gewiegte Kellner fragt seine Gäste nicht etwa: Wünschen Sie ein Ei zum Frühstück? Vielmehr: Wünschen Sie das Ei zum Frühstück hart oder weich gekocht?

Wir sehen also, daß diese Frageform eine rigorose Einengung des Antwortspielraums bezweckt. Daher eignet sie sich auch vorzüglich als *Abtastfrage* für die Erkundung von Qualitäts- und Quantitätsvorstellungen bei Verkaufsverhandlungen:

25 Die Grammatiker nennen sie auch disjunktive oder Doppelfrage.

Denken Sie bei den Kostümen eher an reine Baumwolle oder an ein Mischgewebe? Würden Sie davon mehr in Rot oder mehr in Blau disponieren? – Halten Sie 50 oder 30 Paar für genug?

Natürlich muß der Verkäufer gerade bei Mengenvorstellungen den richtigen Rahmen kennen, sonst könnte er vom Kunden eine kalte Dusche bekommen.

(34) Befehls- oder Drohfrage: Sie ist im Grunde ein Imperativ, nur in Frageform gekleidet, und dies mit drohendem Unterton. Sie läßt dem Angesprochenen sogar nur minimalen Spielraum:

Haben Sie nun Ihre Arbeiten abgeschlossen?! (D.h. Schließen Sie Ihre Arbeiten schleunigst ab, andernfalls ...) Sind Sie endlich lieferbereit?! (D.h. Seien Sie schnellstens lieferbereit, sonst ...).

Dieses verbale Druckmittel in Frageform ist auf jeden Fall dem direkten Befehlston vorzuziehen. Es ist einfach diplomatischer und wird genausogut verstanden, ja vom Adressaten eher akzeptiert.

(35) Antwortsteuernde Frage: Es ist der Versuch des Fragenden, der Antwort das Element der Ungewißheit und Unsicherheit zu nehmen und durch Einfügen gewisser Wendungen und Partikel die Antwort in die gewünschte Richtung zu lenken. Die Antwort soll in der Frage schon vorweggenommen werden. Bereits die Griechen und Römer hatten diese antizipierende Fragetechnik zu einem hochempfindlichen Instrument entwickelt. Sie unterschieden zwischen Fragen, die dem Befragten ein Ja oder Nein offen ließen, anderen, die als Anwort ein klares Ja bedingten, und wieder anderen, die als Antwort ein klares Nein bedingten. Eine eindrucksvolle Automatik, der man sich kaum entziehen konnte:

Hast du Platons Dialoge gelesen? – Ja/Nein. – Hast du die Metaphysik des Aristoteles nicht gelesen? Aber doch! – Hast du die Schriften Epikurs etwa gelesen? – Nein, keineswegs!

Dies als kleine Kostprobe der antiken Fragekunst anhand von Satzfragen.

(36) Suggestivfrage: Sie ist lt. Fremdwörter-Duden eine Frage, die dem Partner die Antwort einflößt. Sie ist eine besonders wichtige Erscheinungsform der „Frage mit Antwortsteuerung“, wie diese Definition zeigt. Um das gewünschte Zustimmungsbekenntnis beim Gegenüber zu erreichen, bedient sie sich bestimmter Partikel und Wendungen wie *„doch wohl, doch auch, doch nicht, gewiß (nicht), bestimmt (nicht), sicher (nicht), etwa (nicht), wohl, vermutlich“*. Dabei kann das zustimmende Bekenntnis sowohl ein Ja als ein Nein sein, je nach der Steuerungsabsicht der vorangehenden Frage:

Darf ich wohl annehmen, daß auch Sie die Absicht haben, zusammen mit uns zu einer Einigung zu kommen? (Ja) – Müssen Sie uns nicht eigentlich zugeben, daß wir Ihnen eine einmalige Sache zu einem einmaligen Preis bieten! (Doch) – Können Sie etwa noch länger umhin zuzugeben, daß wir Ihnen hier sehr entgegengekommen sind? (Nein) – Sie wollen sich doch gewiß nicht von der Konkurrenz überrunden lassen? (Nein) – Sie wollen doch sicher Ihre Familie nicht ohne Vorsorge lassen? (Nein) – Wollen Sie sich noch ewig mit diesem veralteten Gerät abquälen? (Nein) – Wollen Sie etwa nicht über schnelle und gesicherte Einnahmen verfügen? (Ja, doch)

Zweifellos ist diese Frageweise ein brauchbares Instrument, um ein interessantes oder gar verlockendes Angebot aufzubauen. Jedoch auch hier hüte man sich vor der Übertreibung. Denn was nützen viele schöne „Jas“, wenn der Ansprechpartner oder Kunde am Ende „nein“ sagt oder auch umgekehrt [vgl. zusätzlich (3) *Suggestivtaktik*]. Ein Sonderfall der Antwortsteuerung ist die sog. *Ja-Frage*, die unter (1) zu Beginn dieses Kapitels als *„Ja-Taktik“* bereits ausführlich beschrieben worden ist. Sie versucht, mittels zwingender Fragen den Gesprächspartner auf die *Ja-Linie* hinzuführen. Dies kann z. B. mit folgenden Formulierungen geschehen:

Wie denken Sie über unser Angebot, Ihnen ein zeitsparendes Verfahren vorzulegen, mit dem Sie ... ? (Sehr positiv!) – Sind Sie daran interessiert, eine völlig neuartige Methode kennenzulernen, die Ihnen ... ? (Ja, sehr!) – Wäre Ihnen damit gedient, wenn wir innerhalb Ihres Hauses eine kostenlose Systemberatung durchführen? (Ja, freilich!) – Wäre es nicht ein großer Vorteil für Ihr Unternehmen, wenn ich Ihnen einen hochinteressanten Vorschlag unterbreite, wie Sie Ihre Kunden zu flotterem Zahlen bewegen können? (Ja, allerdings!) usw.

(37) Übereinstimmungs- oder Konsensusfrage: Sie ist eine weitere Sonderform der Antwortsteuerung. Denn sie will vom Gesprächs- oder Verhandlungspartner an gewissen Nahtstellen der Besprechung die Rückkopplung erhalten, daß er mit dem bisher Besprochenen und Vereinbarten weiterhin voll einverstanden ist, den Fortgang der Verhandlung bejaht und zu einem positiven Abschluß mit uns kommen will. Diese Technik, die bereits unter (6) erläutert wurde, übt also eine Art Erfolgskontrolle am Konferenz- und Verhandlungstisch aus:

Wollen wir daher abschließend Punkt für Punkt unserer Vereinbarung kurz abhaken? – Sind wir nunmehr einer Meinung, daß einer Unterzeichnung unserer gemeinsamen Vereinbarung nichts mehr im Wege steht? – Haben wir uns also richtig verstanden, daß ab morgen unser gemeinsamer Vertrag in Kraft treten soll?

(38) Gegenfrage: Sie ist eine sehr bedeutsame Frageform und wurde bereits unter (18) als *Gegenfragetaktik* kurz behandelt. Einerseits ist sie eine verbale Abwehrmaßnahme (Parade), um einer indiskreten Frage[26] auszuweichen, eine raffiniert gestellte Frage zu neutralisieren oder einen Frager auflaufen zu lassen, ihn in die Enge zu treiben und sich selber nicht ausfragen zu lassen:

Wie soll ich das verstehen?[27] – Was würden Sie auf so eine Unterstellung antworten? – Frage: Wie würden Sie in meiner Lage reagieren? – Ist dies jetzt ein ernstgemeinter, diskutabler Vorschlag oder? (Nachdem der Verhandlungspartner andauernd im Konjunktiv „Könnte man nicht vielleicht ... ?" operiert hat.) – Erlauben Sie mir eine Gegenfrage: Wollen wir hier ein Fragespiel veranstalten oder ernsthaft miteinander verhandeln?

Andererseits ist diese Frageform eine verbale Angriffsmaßnahme (Stoß), um dem Gegenspieler den Weg zu verlegen, ihn in die Defensive zu drängen und auf den Boden der Sachlichkeit zurückzuzwingen. Er muß nun eine Begründung seines Frage-Einwands liefern, weil ihm sonst der „schwarze Peter" zufällt:

Eine Gegenfrage: Darf ich diese Frage als Scherz betrachten? – Wieso glauben Sie eigentlich, Ihr Standpunkt sei der allein seligmachende? – Was haben Sie sich eigentlich dabei gedacht, mir eine derartige Frage zu stellen? – Worauf wollen Sie in Wirklichkeit hinaus, wenn Sie so fragen? – Erlauben Sie mir die Gegenfrage: Wieso sagen Sie zu unserem Vorschlag „nicht geeignet?" – Ist es nicht denkbar, daß bei Ihnen etwas

---

26 Der englische Schriftsteller *Oscar Wilde* (1854–1900) bemerkte dazu sehr geistvoll: *„Es gibt keine indiskreten Fragen, sondern nur indiskrete Antworten."* Also aufgepaßt!

27 Mit dieser Frage können wir über Lautstärke und Stimmlage Empörung signalisieren, über ein vorangehendes Lächeln und die Wörter „Verzeihung", „bitte" Höflichkeit oder Entgegenkommen zu erkennen geben. Dies ist u. U. eine Notbremse, wenn wir Stellung nehmen sollen, aber den Ausführungen der Gegenseite nicht aufmerksam gefolgt sind.

ganz anderes dahintersteckt? – Was verstehen Sie übrigens unter dem Begriff „Diversifikation“, den Sie da ständig im Munde führen? Könnten Sie uns das einmal näher erklären? – Darf ich zuvor eine Gegenfrage stellen, um Ihnen dann eine präzisere Antwort geben zu können?

An diesen instruktiven Beispielen erkennen wir, wie groß hier unser Fragespielraum ist.

(39) Relativierungsfrage: Sie ist in gewissem Sinne eine sehr wirkungsvolle Unterabteilung von (37) und wurde bereits unter (13) *Relativierungstaktik* eingehender behandelt (s. dort). Durch eine relativierende Gegenfrage können wir die Fragen und Einwände der Gegenseite in eine Relation setzen, dadurch ihre Relativität sichtbar machen und sie somit neutralisieren:

Ist Ihr Argument, unser Angebot sei angeblich zu teuer, nicht relativ zu sehen? (Nämlich zu teuer im Vergleich wozu?) Ist nicht das billigste Angebot am Ende das teuerste? – Ist der Ausdruck „schwierig“ („kompliziert“, „ungeeignet“ usw.) nicht relativ (aber niemals absolut) zu verstehen?

So soll die Gegenseite zum Nachdenken gebracht und auf den Boden der geschäftlichen und technischen Tatsachen zurückgeführt werden.

(40) Herausforderungs- oder Provokativfrage: Auch diese Frageweise ist bis zu einem gewissen Grade mit (37) und (38) verwandt. Denn sie weist genau wie diese stark offensive, ja hier sogar aggressive Züge auf. Sie ist daher besonders für die journalistische Fragetaktik geeignet, will sie doch den Interviewten dazu bringen, auf eine herausfordernde Frage weit ausholend zu antworten und damit das Informationsbedürfnis der Öffentlichkeit zu befriedigen. Sie wurde unter (19) als *Herausforderungs- bzw. Provokativtaktik* bereits beschrieben:

Ist das überhaupt wahr, was Sie da sagen? – Ist das nicht eine Verdrehung der Tatsachen, die Sie uns hier auftischen? – Glauben Sie eigentlich selbst noch an das, was Sie der Öffentlichkeit erzählen? – Werden Sie nun bald von Ihrem Posten zurücktreten? – Hat Ihre Poltik nicht schon längst Schiffbruch erlitten? – Wie käuflich sind Sie eigentlich? – Müssen Sie nicht Ihre Firma demnächst dichtmachen? – Ein Journalist zum Krupp-Generalbevollmächtigen *Berthold Beitz*: „Herr Beitz, haben nur die Schah-Millionen Krupp vor dem Bankrott gerettet?“ (Und das mußte

B. B. ausführlich klarstellen, um diesen fatalen Eindruck in der Öffentlichkeit zu beseitigen. Das war ja der Zweck der Frage!)[28]

Freilich gibt es neben jener sehr offensiven Erscheinungsform dieser Fragetechnik auch eine mehr defensive, wie nachfolgendes Beispiel lehrt. Sie ist dazu geeignet, Arbeitsbesprechungen und Konferenzen, die wegen geistiger Unbeweglichkeit oder übergroßer Vorsicht schon zu Beginn ins Stocken geraten, in Gang zu bringen:

Eine Frage an Sie, meine Damen und Herren: Haben wir uns denn gar nichts zu sagen? Nun gut, so werde ich mit einigen Fragen beginnen ...

Wie gerade dieser Punkt deutlich zeigt, können wir den gesamten Komplex der Fragetaktiken (26–40) seinerseits zusätzlich nach den Kriterien der vorangehenden vier Taktikkomplexe in affirmative, defensive, offensive und negative Frage-Untergruppen gliedern. Dies wird zu noch genauerer Strukturierung der Materie beitragen.

Schlußbemerkung: Wir wissen angesichts der mannigfaltigen Techniken des Fragenkomplexes, daß man Fragen, besonders den lästigen, auch ausweichen kann. Wir müssen normalerweise eine Frage nicht beantworten (was auch eine Antwort ist!), wir können darauf mit Scherzen antworten oder ebenso gut eine Beantwortung harsch ablehnen. Einige Beispiele bezeugen dies:

Ich finde Ihre Frage einfach zu schön (zu primitiv, zu dumm, zu hinterhältig), um darauf zu antworten. – Wenn ich wüßte, welche Antwort Sie darauf haben möchten!

Franz Josef Strauß (1915–1988) zum Interviewer *Casdorff*: „Solche Überraschungsfragen mag ich nicht!" (Also war das Interview in seinen Grundzügen vorher bereits weitgehend abgesprochen!)

Derselbe, ein andermal auf seinen Gesundheitszustand angesprochen: „Auf persönliche Fragen antworte ich grundsätzlich nicht."

Herbert Wehner (1906–1990), nach einer Fraktionssitzung in ziemlich gereizter Stimmung: Auf die Frage eines Fernsehjournalisten bellte er zurück: „Soll das ein Verhör sein?" Darauf der Journalist: „Nein, aber man darf doch wohl noch Fragen stellen?"

Derselbe auf die Fragen eines anderen Interviewers im Fernsehen: „Junger Mann, Sie haben sich diese Frage schön zurechtgelegt. Aber wissen Sie, Sie stellen Fragen, die Ihnen in den Kram passen, und ich gebe Anworten, die mir in den Kram passen." Sprachs, sog bedächtig an seiner Pfeife und dampfte davon.

---

28 Dies Beispiel aus der Praxis zeigt, daß auch eine sog. „geschlossene" Frage als Antwort statt eines dürren Ja/Nein ganze Sätze, und zwar in rauhen Mengen erfordern kann. Womit einmal mehr nachgewiesen ist, wie untauglich das Schema „offene – geschlossene Frage" ist.

Teil C

Geschichtlicher Überblick (Historik)

Kapitel VIII

Vom gerechten und ungerechten Geben und Nehmen – Zur kasuistischen Geschichte der Negoziatorik (Verhandlungskunst) –

1. Einleitung: Die zwei Hauptrichtungen des Verhandelns

Die hier vorgelegte Darstellung will und kann keine ins letzte Detail gehende Universalgeschichte der Verhandlungskunst sein. Sie möchte vielmehr in „Momentaufnahmen" und Situationsanalysen eine Art Schwerpunktgeschichte des Verhandlungswesens entwerfen, die sich auf markante historische Fallbeispiele und deren Schlüsselfiguren (Praktiker und Theoretiker der Verhandlungsführung) konzentriert, um ihre verhandlerischen Fähigkeiten im Guten wie im Bösen sichtbar zu machen. Zu diesem Zweck liefert unsere Darstellung die adäquate Kasuistik in Form einer umfangreichen Sammlung historischer Fallbeispiele.

Die Kunst des Verhandelns (Negoziatorik) tritt uns entgegen aus der Tiefe der geschichtlichen Frühzeit. Bereits vor 5000 Jahren faßten die Bewohner der sumerischen Stadt Uruk in Mesoptamien[1], die als erste Menschen überhaupt Schriftzeichen erfanden, auch erstmals nachweisbar Verträge ab. Diese legten sie, wie die Archäologen ermitteln konnten, auf Tontafeln in Keilschrift nieder. Dieses Faktum setzt aber zwingend voraus, daß jene Verträge zuvor ausgehandelt und sprachlich ausgearbeitet worden sind. Wie dies im einzelnen geschah, wissen wir leider nicht. Aber *daß* es geschehen ist, wissen wir mit Sicherheit, weil uns andernfalls diese Keilschriftdokumente nicht vorlägen. Eine derartig lange historische Tradition darf uns im Rückblick auf die Geschichte des Verhandlungswesens mit großer Zuversicht erfüllen.

Bevor wir uns dieser eindrucksvollen geschichtlichen Entwicklung zuwenden, müssen wir jedoch eine grundsätzliche Betrachtung anstellen. Worin besteht sie? In einer kurzen Gegenüberstellung der zwei Hauptrichtungen oder „Schulen" des Verhandelns, genauer, in der

---

1 Der sagenumwobene König *Gilgamesch* gilt als einer der Herrscher des Stadtstaates Uruk.

Herausarbeitung des Unterschieds zwischen gerechter und ungerechter Verhandlungsführung, zwischen Negoziatorik und Konter-Negoziatorik, wie sie sich im Laufe der Weltgeschichte ergeben haben. An diesem Punkt helfen uns drei klärende Fragen weiter:

Wer sind die markantesten Vertreter dieser beiden Verhandlungsrichtungen oder -methoden? Worin besteht der Unterschied zwischen beiden? Was bedeutet diese Unterscheidung für die Verhandlungspraxis?

Auf seiten der Konter-Negoziatorik, d.h. der mißbrauchten Verhandlungskunst (Verhandlungs-„Unwesen"), stehen Männer wie der Chinese *Sun-Dse*, der Inder *Kautilya*, der Italiener *Machiavelli*, der Ex-Korse *Napoléon*, der Ex-Österreicher *Hitler*, der Ex-Georgier *Stalin* und deren Außenminister *Ribbentrop* und *Molotow*. Auf seiten der Negoziatorik, d.h. der recht gebrauchten Verhandlungskunst (Verhandlungs-„Wesen") stehen dagegen Männer wie der Franzose *Callières*, der Österreicher *Metternich*, der Deutsche *Bismarck* und der Amerikaner *Kissinger*, um nur einige zu nennen.

Die erstgenannte Richtung ist gekennzeichnet durch ein rücksichtsloses Nehmen auf Kosten des Verhandlungspartners/-gegners und durch ein Siegenwollen um jeden Preis. Sie verficht den Grundsatz, daß Macht vor Recht und Moral gehe.

Die letztgenannte Richtung ist gekennzeichnet durch ein ausgewogenes Geben und Nehmen, durch den Willen zur Interessen- und Vertragspartnerschaft, d.h., daß es am Ende weder Sieger noch Besiegte geben darf. Sie verficht den Grundsatz, daß Recht und Moral vor Macht gehen.

Die Auswirkungen der Konter-Negoziatorik für die Praxis der zwischenmenschlichen Kommunikation sind allerdings verheerend. Als *Ludwig XI.* von Frankreich (1423–1483) Abgesandte in die Bretagne schickte, instruierte er sie mit den zynischen Worten:

> „Wenn die Bretonen euch anlügen, dann müßt ihr sie noch viel mehr belügen."

Diese fragwürdige Methode, welche die Moral zugunsten der Staatsräson verachtet und die Doppelzüngigkeit zum Prinzip der Verhandlungskunst erhebt, hat im Abendland ihren Ursprung in den italienischen Stadtstaaten der Renaissance (15.–16. Jh.) genommen, in denen der Kampf aller gegen alle um die Macht an der Tagesordnung war. In China dagegen hatte dieser „Verhandlungsstil" seinen Ursprung während der Zeit der „Streitenden Reiche" (481–221 v.d. Zw.) und in

Alt-Indien während der Zersplitterung in sich bekämpfende Klein- und Großfürstentümer vor der Zeit der Maurya- und Gupta-Großreiche (ca. 300 v. d. Zw. und ca. 500 n. d. Zw.). In Europa freilich war es vor allem *Machiavellis* (1469–1527) grundlegendes Buch „Der Fürst“ (Il Principe, 1513), ursprünglich in der patriotischen Absicht der Rettung Italiens durch eine starke politische Persönlichkeit verfaßt, das aber von seinen Zeitgenossen, Nachahmern und vielen Machthabern als eine Art Freibrief für jegliche Art von Verschlagenheit, Niedertracht, Erpressung, List, Korruption und Verlogenheit umgedeutet und ausgebeutet wurde. Aufschlußreich ist dabei die Beobachtung, daß diese unglaublichen Verwilderungen der Verhandlungssitten vorwiegend in Zeiten des staatlichen Chaos auftreten wie im Italien der Renaissance, im China der „Streitenden Reiche“ oder im Indien der Rajas und Maharajas, nicht so sehr dagegen in geschlossenen Großstaaten mit klaren Machtstrukturen. Der englische Diplomat und Diplomatie-Historiker *Harold Nicolson* (1886–1968) kritisiert daher mit Recht in seiner „Kleinen Geschichte der Diplomatie“ (dt. 1955):

„... das unmittelbare Erbe der verworrenen und im höchsten Maße auf Wettstreit gerichteten diplomatischen Methode, die uns die italienische Renaissance hinterlassen hat. Ihre Methoden waren in Theorie und Praxis gleich ungesund. Dadurch, daß sie lehrten, die internationale Gerechtigkeit müsse immer dem nationalen Nutzen untergeordnet sein, daß sie die Gewohnheit der Täuschung, des Handelns nach Zweckmäßigkeit und der Treulosigkeit einführten, trugen die Italiener viel dazu bei, die ganze Kunst der Diplomatie in Verruf zu bringen. In ihrem Wunsch, in mißlichen Situationen sofortige Ergebnisse zu erzielen, griffen sie zu vorübergehenden *combinazioni* und mißachteten das, was man das ‚stufenweise Forschreiten‘ guter Verhandlungen nennen könnte“ (S. 64).

Als dieser entartete Verhandlungsstil in der Diplomatie besonders zur Zeit *Ludwigs XI.* und *Karls VIII.* (1470–1498) auf Frankreich überzugreifen drohte, kam aus diesem Lande auch der Versuch einer gründlichen Ehrenrettung der Verhandlungskunst. Sie entsprang dem Geiste des französischen Rationalismus, also dem Glauben an die umfassende Berechenbarkeit aller Dinge, die jeglicher Unberechenbarkeit und Ungerechtigkeit ein Ende machen könne. Natürlich war dies am ehesten möglich in einem straff absolutistisch geführten Staatswesen, wie es in Frankreich unter dem Kardinal *Richelieu* (1585–1642) und dem Sonnenkönig *Ludwig XIV.* (1638–1715) der Fall war. Der eigentliche Ideologe dieses „französischen Systems“, das sich als klarer Gegensatz zum oben beschriebenen „italienischen System“ des Verhandelns verstand, war *François de Callières* (1645–1717), Sohn eines Generals *Ludwigs XIV.*, Gesandter in verschiedenen europäischen Ländern, dann bevollmächtigter Staatsminister bei den Friedensverhandlungen zu Rijswijk (1697), danach Sekretär des königlichen Staatsrats und außerdem „Ghostwriter“ *Ludwigs XIV.*, also ein Mann mit profunder Kenntnis der Verhandlungskunst und großem politischen Einfluß. Er vertrat den rational und moralisch gerechtfertigten Standpunkt, daß nicht Täuschung, sondern Vertrauensbildung, nicht Unaufrichtigkeit, sondern Berechenbarkeit, nicht Verhandlungsdiktat, sondern Interessenpartnerschaft Grundlagen und Ziele einer recht verstandenen Verhandlungskunst (Negoziatorik) seien. Sein Hauptwerk „De la manière de négocier avec les souverains“ (1716) (Wie man mit den Herrschenden verhandelt) legt davon beredtes Zeugnis ab und stellt zugleich einen Ehrenkodex (Code of Ethics) für den diplomatischen Unterhändler auf. Daher beruft sich die vorliegende Arbeit anhand ausführlicher Zitate auch mehrfach (vgl. S. 81 f., 85 f.) auf das Buch dieses bemerkenswerten Mannes. Leider hat sich, wie so oft, die Nachwelt nicht auf Dauer an diese strengen, aber soliden Maßstäbe *Callières* gehalten. Besonders im 20. Jahrhundert hat die verabscheuungswürdige Konter-Negoziatorik wieder ihr Medusenhaupt erhoben und alle erprobten Verhandlungsregeln über Bord geworfen. So unterscheiden die beiden Diplomatiehistoriker *G. Craig* und *A. George* in ihrem schon andernorts[2] zitierten Werk folgende Strategien des Aushandelns, die das Gesagte in etwa bestätigen:

„Man kann zwei Strategien des Aushandelns unterscheiden: die ausgleichsorientierte und die optimalisierende Strategie. Diplomaten aus Gesellschaften mit kommerzieller Tradition bedienen sich häufig einer ausgleichsorientierten Aushandlungsstrategie, d.h. sie bieten etwas an und fordern als Gegenleistung dafür nicht viel mehr als das, was sie für vernünftigerweise durchsetzbar und zumutbar halten. Dagegen halten sich Repräsentanten einer revolutionären oder totalitären politischen Kultur häufig an eine maximalistische Strategie, d.h. sie bieten möglichst wenig an und fordern möglichst viel und haben keine Skrupel, sich unmäßig zu zeigen, einzuschüchtern oder zu beleidigen. Diplomaten, die sich einer solchen optimalisierenden Strategie bedienen, neigen in der Regel weniger dazu, ihren wirklichen Widerstandspunkt zu offenbaren, und fühlen sich nicht verpflichtet, Zugeständnisse der anderen Seite zu honorieren“ (S. 219).

Und einige Zeilen vorher heißt es geradezu resümierend:

„Diplomatische Vertreter totalitärer Staaten sehen in Verhandlungen oft nicht so sehr ein Mittel zur Lösung oder Entschärfung von Interessenkonflikten als eine andere Form des Austragens von Konflikten“ (ebd.).

---

2 Teil B, S. 261 Fußn. 4.

So beschreiben *Craig/George* sehr treffend die Merkmale jenes amoralischen und emotional-irrationalen Verhandlungsstils, wie ihn uns totalitäre Regime immer wieder absichtsvoll vorexerziert haben (vgl. dazu Kap. III, 6. Verhandlerprofile 3, 16–18, 20).

Damit kennen wir Wesen und Gegenwesen der Verhandlungskunst, aber auch zugleich die Maßstäbe, mit denen wir künftig die Verhandlungsführung von Vergangenheit und Gegenwart kritisch bewerten können. In diesem Sinne sollen die nun folgenden Texte als Sammlung historischer Fallstudien und Rollenspiele (Kasuistik) zur Erhärtung der These von den zwei Richtungen des Verhandelns und zur Veranschaulichung unserer neugewonnenen Maßstäbe dienen.

2. Antiker Orient

§ 1 Ägypten

Ägypten, eines der ältesten Reiche des antiken Orients, hat neben seiner eindrucksvollen Baukunst und Kultur auch eine ebenso bedeutende und umfangreiche Literatur aufzuweisen. Leider finden sich unter den überlieferten Papyri mit Lehr- oder Unterweisungstexten keine Hinweise oder Anleitungen zur Verhandlungskunst, wenigstens sind bisher keine solchen Texte aufgetaucht. Daher wenden wir uns demjenigen Manne zu, der als ein Meister der diplomatischen Verhandlungskunst in der altägyptischen Geschichte gelten kann, nämlich dem Pharao *Ramses II.* (1304/03-1213 v.d.Zw.), einem der bedeutendsten Staatsmänner des „Neuen Reiches". Ihm gelang es, nach jahrzehntelanger Feindschaft einen langdauernden Friedensvertrag zwischen den beiden damaligen Großmächten des alten Orients, dem Hethiter-Reich und Ägypten (1269 v.d.Zw.) abzuschließen. Hören wir dazu den Ägyptologen und Ramses-Biographen *Hermann A. Schlögl*[3]:

„So beschlossen Ramses II. und Hattusilis III., daß alle Zwistigkeiten in Zukunft auf diplomatischem Wege gelöst werden sollten. Boten wurden zwischen Piramesse und Hattusas hin- und hergeschickt; nach längerer Zeit kam ein bedeutsamer Vertrag zum Abschluß, bei dem es sich um den ersten uns bekannten Vertrag zweier Großmächte in der Geschichte der Menschheit handelt" (S. 81 f.).

Schlögls Ausführungen können wir eindeutig entnehmen, daß bereits zu jener Zeit diplomatische „Boten", d.h. instruierte Abgesandte,

3 *H. A. Schlögl,* Ramses II., Reinbek b. Hamburg 1993.

zum Aushandeln der Vertragstexte von beiden Seiten in die entsprechenden Hauptstädte entsandt wurden. Das ist für die Geschichte der Verhandlungsführung ein bedeutendes Zeugnis. Werfen wir nun einen Blick auf die Texte selbst. Dazu wieder *Schlögl*:

„Die Auffindung der zwei verschiedenen Vertragstexte gehört zu den Sternstunden der Archäologie: Auf einer Tempelwand in Karnak steht die ägyptische, in Hieroglyphen abgefaßte Version ..., auf der anderen Seite des Mittelmeeres, in den Ruinen von Hattusas, kam auf zwei Tontafeln der hethitische Text zum Vorschein, der in babylonischer Keilschrift abgefaßt ist. Die Funde stellen allerdings nur Abschriften dar, während der Wortlaut des Vertrages im Original auf Silbertafeln eingraviert war“ (S. 82).

Zu den Vertragsgegenständen lassen wir *Schlögl* nochmals zu Worte kommen:

„In der Präambel werden die Namen der vertragsschließenden Könige gleichberechtigt genannt. Dann folgen die einzelnen Artikel dieses bemerkenswerten Bündnisses, das dazu bestimmt war, über den Tod eines der beiden Partner hinaus seine Gültigkeit zu behalten. ‚So bin ich als großer Fürst des Hethiterlandes mit Ramses von Amun geliebt, dem großen Herrsche Ägyptens, in einem guten Frieden und im guten, brüderlichen Verhältnis. Die Kindeskinder des großen Fürsten des Hethiterlandes sollen in Brüderlichkeit und Frieden sein mit den Kindeskindern von Ramses, von Amun geliebt, dem großen Herrscher von Ägypten ... und keine Feindseligkeiten dürfen zwischen ihnen entstehen, ewiglich nicht.‘ Ein Verzicht auf weitere Eroberungen schließt sich an: keine Vertragspartei sollte unberechtigt in das Territorium der anderen eindringen dürfen, und jede übernahm die Verpflichtung, bei dem Angriff eines Drittlandes oder bei einem Aufstand Beistand zu leisten. Auch das Problem der politischen Flüchtlinge wurde bereits geregelt und eine Auslieferungsklausel beigefügt. In ihr wurde Vorsorge getroffen, daß die jeweiligen Asylsuchenden bei der Rückführung in ihr Heimatland dort nicht verfolgt werden durften“ (S. 82f.).

Wer als Heutiger diese Aussagen liest, ist von der „Modernität“ des Vertragstextes tief beeindruckt. Enthält er doch neben der Friedensvereinbarung schon die Elemente der Interessen- und Vertragspartnerschaft, des Gewaltverzichts, der gegenseitigen Beistandspflicht und eine humane Auslieferungsvereinbarung: ein wahres Meisterstück frühgeschichtlicher Verhandlungskunst!

§ 2 China

Mit China haben wir – ähnlich wie mit Ägypten – einen Kulturkreis und ein Staatswesen, das auf eine mehrtausendjährige „Kultur“ des Verhandelns zurückblicken kann. Zwar haben die altchinesischen Philosophen, die man genauer als „Politosophen“ oder „Soziosophen" bezeichnen sollte, nie eine eigenständige Abhandlung über die Kunst und das Wesen des Verhandelns vefaßt. Dafür waren viele unter ihnen desto mehr Männer der Tat, d. h. des angewandten Verhandelns, der realpolitischen Verhandlungsführung. So begegnen uns im chinesischen Altertum schon während der Zeit der „Streitenden Reiche" (481–221 v. d. Zw.), als sieben Teilreiche gegenseitig um die Vorherrschaft in China und um die Nachfolge der einst mächtigen Tschu-Dynastie stritten, jene teils berühmten, teils berüchtigten „Wanderredner" (yu shuei), die man nach heutigem Sprachgebrauch auch als „Reisediplomaten" bezeichnen könnte. Das Autorenpaar *Ping/Bloodworth*, versierte Chinakenner, charakterisieren deren Rolle sehr treffend wie folgt[4]:

„Die Wanderredner hatten einen besonderen Sinn für ‚internationale' Angelegenheiten. Sie verstanden sich meisterhaft auf Winkelzüge und diplomatische Listen, waren erfinderisch und wagemutig und spielten um ihr Leben gern an den militärischen und politischen Schalthebeln der Macht."

Die zwei berühmtesten unter ihnen waren *Su Tchin* (ermordet 317 v. d. Zw.) und *Dschang I* (gest. 310 v. d. Zw.), beide Schüler des angeblich daoistischen Einsiedlers und Weisen *Guei-Gu-Dse* aus der Teufelsschlucht. Doch sie gingen nicht den Weg der Verinnerlichung. Dazu bemerkt der Sinologe und Philosophiehistoriker *Forke*[5]:

„Zwischen 340 bis 335 v. Chr. begannen beide Studiengenossen ihre Laufbahn als ‚reisende Diplomaten', indem sie von einem Hof zum anderen zogen und als politische Ratgeber ihre Dienste anboten. Es ist im Grunde nichts anderes, als was Konfuzius und Mencius auch taten, nur daß diese mit reiner Tugendlehre die Welt verbessern und regieren wollten, während Su Tchin und Tschang I als Realpolitiker auftraten, in deren Programm für bürgerliche Moral kein Platz war."

Unter diesen Vorzeichen dauerte es geraume Zeit, bis sich beide an miteinander verfeindeten Höfen als einflußreiche Berater und Minister des jeweiligen Herrschers etablieren konnten. Was nun jedoch folgt, ist eines der faszinierendsten diplomatisch-politischen Schauspiele der an derartigen Ereignissen so reichen chinesischen Geschichte. *Su Tchin* faßte den genialen Plan, die sechs schwächeren Königsreiche Chinas (Yen, Dschao, Han, Wei, Tschi und Tschu) zu einem Schutz- und Trutzbündnis gegen den alles bedrohenden siebenten Staat, das Königreich Tschin, zusammenzufassen. Wie richtig er die

4 *Ch. Ping/D. Bloodworth,* Das chinesische Machtspiel. Dreitausend Jahre Staatskunst. Übers. a. d. Engl., Tübingen 1977, München 1979, S. 61.

5 *A. Forke,* Geschichte der alten chinesischen Philosophie, 2. Aufl., Hamburg 1964, S. 491.

Lage beurteilte, beweist die spätere Geschichte der „Streitenden Reiche“, in der *Tschin* tatsächlich nacheinander alle übrigen sechs Reiche besiegte und danach *Shih Huang-Di* (gest. 210 v. d. Zw.) das neue chinesische Kaiserreich Tschin, von dem der heutige Name China herrührt, proklamierte[6].

Su Tchins reiste also Land auf Land ab, setzte all seine dialektischen Überredungs- und Überzeugungskünste ein, um die sechs Herrscher in die „vertikale“ Allianz gegen Tschin hineinzukomplimentieren. Als diese Einheitsfront endlich zustande gekommen war, erhielt *Su Tchin* den Oberbefehl über deren vereinigte Streitmacht. Dann übersandte er dem herrschsüchtigen König von Tschin eine Kopie des bisher geheimen Sicherheitspaktes, und der erblaßte vor Schrecken. Nun schlug die Stunde *Dschang Is*, des Studiengenossen *Su Tchins* und Chefministers von Tschin. Der setzte alle verhandlerischen Hebel und politischen Druckmittel in Gang, um die vertikale Allianz zu spalten und durch ein „horizontales“ Geflecht von bilateralen Verträgen zwischen Tschin und den sechs übrigen Staaten zu ersetzen. Dies natürlich mit dem Hintergedanken, jene Staaten gegeneinander auszuspielen, um sie dann nacheinander einzeln zu erledigen[7]. Die Geschichte gab in diesem Duell der zwei Exfreunde letztlich der Politik *Dschang Is* Recht.

A) *Sun-Dses „Buch der Kriegskunst“*

Während der Zeit der „Streitenden Reiche“ trat auch ein Zeitgenosse jener beiden diplomatischen Ränkeschmiede und „Politsophisten“ auf den Plan, der den nötigen theoretischen Durchblick mitbrachte. Nicht daß er eine Abhandlung über das Verhandlungswesen schrieb, aber er faßte in einem „Buch über Kriegskunst“ (miben bing fa) wichtige militärische Strategie- und Taktikregeln zusammen, die eine erstaunliche Nähe zur Verhandlungskunst aufweisen und sich unschwer auf diese übertragen lassen. Dies berühmte Werk über die Kriegskunst ist unter dem Autorennamen des *Sun-Dse* (auch *Sun-Tzu*, *Sun Zi*, jap. *Songshi*) überliefert und soll um 350 v. d. Zw. abgefaßt worden sein. Es war daher bereits im alten China ein hochgeschätztes Werk, das bis in die Gegenwart zahllose Wiederauflagen, die vielfach kommentiert wurden, erlebt hat. Obwohl man über den Verfasser des

6 Die Chinesen selbst bezeichnen sich als „Han“ nach der auf das kurzlebige Tschin-Reich folgenden Han-Dynastie (202 v. d. Zw. – 220 n. d. Zw.).

7 Obwohl *Hitler* die Schrift *Sun-Dses* kaum gekannt haben dürfte, versuchte er in den Jahren 1933–39 genau dies mit dem europäischen Paktsystem der Westalliierten zu tun, vgl. S. 222 o., sowie *Kautilyas* Staatenkreis, S. 371 ff..

Buches nur wenig weiß, steht immerhin fest, daß *Sun-Dse* in Theorie und Praxis der Kriegsführung erfahren war und nach Aussagen des großen chinesischen Geschichtsschreibers *Su Ma Tschian* (ca. 145–90 v. d. Zw.) als General des Königreichs Wu sogar Großverbände im Erdkampf geführt hat.

In Europa wurde diese Schrift erst spät durch eine französische Übersetzung des Jesuitenpaters *Josèphe Amiot* bekannt. Sie erschien unter dem Titel „L'art militaire des Chinois" (Kriegskunst der Chinesen) erstmals 1772 in Paris. Es handelt sich dabei zwar eher um eine Paraphrase des chinesischen Urtextes mit allerlei Zutaten und Kommentaren des Übersetzers. Aber man hat mehrfach die Vermutung geäußert, daß niemand anders als der junge *Napoléon Bonaparte* (1769–1821) diese Abhandlung während seiner Zeit als Offiziersanwärter studiert habe. Besonders die Taktik der blitzschnellen Beweglichkeit, die er aus der *Sun-Dse*-Lektüre gelernt haben dürfte, half ihm dabei, große Teile Europas zu unterwerfen. Erst als er die Anweisungen *Sun-Dses* mißachtete, wurde er geschlagen und besiegt. Ein anderer Kaiser, nämlich *Wilhelm II.* (1859–1941), soll nach Deutschlands Niederlage im Ersten Weltkrieg bedauernd gesagt haben: „Ich wollte, ich hätte die ‚Kunst des Krieges' zwanzig Jahre früher gelesen." Doch auch die Lektüre der Schriften *Mao Dse Dongs* (1893–1976) lehrt, daß er auf Schritt und Tritt die Lehren *Sun-Dses* beherzigt und sie für seinen revolutionären Kampf wirkungsvoll ausgewertet hat. All dies zeigt schon die überragende Bedeutung der Abhandlung „Kriegskunst".

Doch warum wird das alles hier ausgebreitet? Einfach deshalb, weil das Faszinierende an diesem Werk darin liegt, daß sich viele seiner Strategie- und Taktikregeln nicht nur auf andere Kriegs- und Kampfkünste, sondern fast bruchlos auch auf die Verhandlungskunst übertragen lassen und uns somit zugleich einen wichtigen Einblick in das chinesische Verhandlungswesen geben. Darum ist *Sun-Dses* Arbeit für uns Heutige so wertvoll.

Wir greifen uns deshalb aus *Sun-Dses* „Kriegskunst", die in 13 Kapitel unterteilt ist, eine ganze Reihe fundamentaler Maximen heraus. Dabei handelt es sich zugleich um den innovativen Versuch einer „In-Analogie-Setzung", welche *Sun-Dses* Gedanken in ihrer Diktion weitgehend „entmilitarisiert" und sie von der Kriegs- in die Verhandlungskunst transponiert[8]. Daraus ergab sich zwangsläufig auch eine

8 Die nachfolgenden *Sun-Dse*-Maximen beziehen sich zwar auf die hervorragende und höchst lesenswerte Direktübersetzung von *K. Leibnitz* „Sun Tzu. Über die Kriegskunst", Karlsruhe 1989, bieten jedoch bewußt eine eigene Analog-Version, zumal sie

grundlegende Umgruppierung der Gedanken *Sun-Dses*. Sie wurde nach der in den Kapiteln II–IV dieses Buches bewährten Reihenfolge von Strategie – Psychologie – Taktik vorgenommen. Damit tut sich, sobald wir den Vorhang vor *Sun-Dses* Denken lüften, ein wahrhaft gigantisches „Gebirge" der Verhandlungskunst vor unserem Blick auf:

a) Verhandlungsstrategie

Die Grundelemente der Verhandlungskunst sind: 1. die Beschaffenheit der Verhandlungsmaterie, 2. die angemessene Bereithaltung der erforderlichen Verhandlungsinstrumente, 3. die strategische Verhandlungsplanung (Konzept), 4. das Abwägen der Erfolgsaussichten und 5. die Erringung des Verhandlungserfolgs (vgl. IV, 16).

Der Erfolg ist das oberste Ziel der Verhandlung (vgl. II, 3).

Die Verhandlungsmaterie in ihrer Beschaffenheit ist von den allgemeinen Umständen (Zeitpunkt, räumliche, politische oder wirtschaftliche Lage) abhängig (vgl. IV, 17).

Das Bereithalten der erforderlichen Verhandlungsinstrumente hängt von der Beschaffenheit der Verhandlungsmaterie ab. Die strategische Verhandlungsplanung hängt von den einsetzbaren Verhandlungsinstrumenten ab. Das Gegeneinander-Abwägen der Erfolgsaussichten hängt von der strategischen Verhandlungsplanung ab. Und der Verhandlungserfolg vom richtigen Abwägen der Erfolgsaussichten (vgl. IV, 18).

Wenn die Planungen vor Verhandlungsbeginn den eigenen Erfolg anzeigen, heißt dies, daß die eigene Verhandlungsmacht stärker ist als die des Verhandlungsgegners. Falls sie einen Mißerfolg anzeigen, ist die eigene Verhandlungsmacht schwächer als die des Verhandlungsgegners. Mit viel Planung kann man Erfolg haben, mit wenig keinen, mit überhaupt keiner Planung erst recht keinen! Nur durch genaue Analyse der Fakten läßt sich ermitteln, wer voraussichtlich eine Verhandlung gewinnen oder verlieren wird (vgl. I, 28).

Unter fünf Voraussetzungen läßt sich ein Verhandlungserfolg prognostizieren: 1. Einer, der genau weiß, wann er in Verhandlungen eintreten darf und wann nicht, wird mit Sicherheit Erfolg haben. 2. Einer, der den Einsatz von groben wie auch von feinen Verhandlungsinstrumenten beherrscht, wird mit Sicherheit Erfolg haben. 3. Einer, dessen Verhandlungsdelegation wie ein Mann hinter ihm steht, wird mit Sicherheit Erfolg haben. 4. Ein erfahrener Verhandler, der sich gegenüber einem unerfahrenen Verhandlungsgegner auf Lauerstellung begibt, wird mit Sicherheit Erfolg haben. 5. Ein Verhandlungsführer, dessen Mitarbeiter dazu befähigt sind, Teilverhandlungen zu führen und sich nicht von der Regierungs-(oder Firmen-)spitze dreinreden

---

die Terminologie der Kriegs- in die der Verhandlungskunst transponieren mußte. Zum ständigen Vergleich wurde ferner *Sunzi,* Die Kunst des Krieges" (a. d. Engl. v. *J. Langowsky,* komm. v. *J. Clavell*), München 1988, herangezogen.

lassen, wird mit Sicherheit Erfolg haben. Befolgen wir genau diese fünf Punkte, und wir werden Erfolg haben (vgl. III, 24–30).

Die Rentabilitätsfrage im Rahmen der Strategieüberlegungen (vgl. dazu S. 278 ff.):

So bezieht der weitsichtige Verhandlungsführer das Abwägen der Vorteile gegen die Nachteile in seine Planung ein. Die Analyse der zu erwartenden Vorteile zeigt uns, ob unsere Pläne realisierbar sind; die Analyse der zu erwartenden Nachteile bewahrt uns vor Schaden (vgl. VIII, 12–13).

(Hierzu der Kommentator *Du Mu*: Wenn man einen Verhandlungsgegner überlisten wolle, müsse man nicht allein den Vorteil seines Tuns, sondern den Schaden in Erwägung ziehen, der einem daraus erwachsen kann. Weiter unten fordert derselbe Kommentator vom Verhandler den Mut, kurzfristige Nachteile gegen langfristige Vorteile einzutauschen. Kenner sagen darüber, daß es ein Gesetz der chinesischen Verhandlungskunst sei, niemals wegen kurzfristiger Vorteile langfristige Nachteile in Kauf zu nehmen.)

Bündnisstrategien

Wir können uns nicht mit nahestehenden Institutionen (Nachbarstaaten) verbünden, solange wir nicht wissen, was für Langfristziele sie haben (vgl. XI, 51). Wir dürfen keinesfalls mit einer nahestehenden Firma (einem Nachbarstaat) einen Pakt abschließen, bevor wir nicht auch deren Langfristplanung kennen (vgl. VII, 10).

Konkurrenzbeobachtung („Feindlage“)

In der Verhandlungsführung ist es von höchster Bedeutung, die Strategien des Verhandlungsgegners zunichte zu machen (vgl. III, 4).

(Hierzu der Kommentar des *Du Mu*: Wer es in der Hand habe, Probleme zu lösen, mache das, ehe sie auf ihn zukommen. Wer seinen Verhandlungsgegner niederringen wolle, verschaffe sich Trümpfe, bevor eine Gefahr entstehe. Vgl. dazu die „Worte des Vorsitzenden Mao Dse Dong“, Kap. XXVII, Kritik und Selbstkritik: *„Kritik soll zur rechten Zeit erfolgen. Man darf sich nicht angewöhnen, erst dann zu kritisieren, wenn etwas passiert ist.“*)

Man versuche darum, die Pläne des Verhandlungsgegners zu ermitteln, um zu erkennen, nach welchen Grundsätzen er handelt oder abwartet. Finden wir die Anordnung seiner Argumente heraus und stecken wir dementsprechend das Verhandlungsfeld ab. Spähen wir die Stärken und Schwächen des Verhandlungsgegners aus (vgl. VI, 20, 22–23).

Was viele nicht durchschauen, ist, daß die Taktik des Verhandlungsgegners uns dabei hilft, die Planung unseres Verhandlungserfolgs zu entwerfen. Mögen viele auch die jeweiligen Taktiken erkennen, mit denen ich den Verhandlungsgegner bezwinge, meine Erfolgsstrategie durchblicken sie nicht (vgl. VI, 25).

Die Ursache, weshalb umsichtige Spitzenmanager und fähige Verhandlungsführer jedweden Verhandlungsgegner bezwingen und weshalb ihre Erfolge die Taten der Normalmenschen übertreffen, das ist ihr Im-voraus-Informiertsein (vgl. XIII, 3).

In unzähligen Verhandlungen unzählige Erfolge zu erzielen, darin besteht nicht die eigentliche Leistung der Verhandlungskunst. Ohne jeglichen Schlagabtausch den Verhandlungsgegner zum Nachgeben zu zwingen, darin besteht die eigentliche Leistung der Verhandlungskunst (vgl. III, 3).

b) Verhandlungs- und Führungspsychlogie

Es ist die Pflicht des Verhandlungsführers, verschwiegen, geheimhaltungsbeflissen, gerecht und diszipliniert zu sein (vgl. XI, 42).

Durch den Wechsel seiner Vorgehensweise und die Abänderung seiner Pläne hält er den Verhandlungsgegner über seine Absichten im Ungewissen (vgl. XI, 45).

(Hierzu der Kommentar des *Chang Yü*: Bereits einmal verwendete Verhandlungskonzepte sowie frühere Pläne müßten modifiziert werden.)

Der kluge Leiter einer Verhandlungsmannschaft setzt seine Mitarbeiter jeweils bei denjenigen Aufgaben ein, die ihren jeweiligen Fähigkeiten entsprechen (vgl. V, 21).

(Hierzu der Kommentar des *Li Chüan*: Dementsprechend könnten die Wagemutigen angreifen, die Besonnenen abwehren und die Gewitzten beraten. So gäbe es niemanden, dessen Fähigkeiten ungenutzt blieben.)

... Wir haben nicht die Befähigung, eine Verhandlungsdelegation durch die Verhandlungsrunden zu führen, wenn wir nicht mit der Charakterlandschaft der Gegenseite vertraut sind, mit ihren verhandlerischen Stärken und Undurchsichtigkeiten, ihren verhandlerischen Schwächen und Fallen, ihren verhandlerischen Niedrigkeiten und Verkommenheiten. Anderfalls werden wir nicht dazu imstande sein, unsere Vorteile aus deren Charaktereigenschaften zu ziehen ... (vgl. XI, 51).

Erkennst du dich selbst und deinen Verhandlungsgegner, wirst du in unzähligen Verhandlungen nie um den Erfolg bangen müssen. Erkennst du zwar dich selbst, nicht aber deinen Verhandlungsgegner, wirst du für jeden Verhandlungserfolg auch eine Verhandlungsniederlage einstecken müssen. Erkennst du aber weder dich noch deinen Verhandlungsgegner, wird für dich jede Verhandlung zu einer Niederlage werden (vgl. III, 31–33).

Kennst du deinen Verhandlungsgegner und dich selbst, steht dein Erfolg außer Zweifel. Kennst du überdies die Verhandlungsmaterie und das politisch-wirtschaftliche Umfeld, so wirst du einen vollkommenen Erfolg erzielen (vgl. X, 26).

c) *Verhandlungstaktik* (gegliedert nach dem 5-Phasen-Modell, Kap. IV, S. 250 ff.)

Phase 1 (Vorfeld + Start/Einstieg; vgl. Kap. IV, S. 252 ff.)

In unserer geschichtlichen Vergangenheit bezog ein guter Verhandler zuerst eine Verhandlungsposition, in der er nie verlieren konnte, und hielt dann nach einer günstigen Gelegenheit Ausschau, dem Verhandlungsgegner einen Erfolg abzutrotzen (vgl. IV, 1).

Wer eine schwache Verhandlungsposition hat, muß Vorkehrungen gegen den Verhandlungsgegner treffen; wer eine starke Verhandlungsposition hat, nötigt seinen Gegner, seinerseits Vorkehrungen zu treffen (vgl. VI, 16).

Bei taktischen Entschlüssen muß deren Reihenfolge undurchschaubar bleiben. So können auch die raffiniertesten Kundschafter nichts ausspähen und die gewiegtesten Taktiker nichts ausrichten (vgl. VI, 24).

Ist die gegnerische Verhandlungsdelegation versammelt, spalte sie (vgl. I, 25).

Attackieren wir den Verhandlungsgegner dort, wo er unvorbereitet ist, und packen wir zu, wo es für ihn unerwartet ist (vgl. I, 26).

Phase 2 (Sondierung/Positionsbestimmung; vgl. Kap. IV, S. 256 ff.)

Um den Verhandlungsgegner zu einer Stellungnahme zu bewegen, machen wir ihm ein Lockangebot. Tun wir so, als ob in unserem Verhandlungskonzept Desorganisation herrsche, und greifen dann zu (vgl. I, 20).

Im trügerischen Wortgewirr des Verhandlungsgesprächs scheint alles auf den Kopf gestellt zu werden und der Verlauf der Verhandlung grund- und ziellos zu sein. Doch der Anschein täuscht. Gewollte Unordnung ist das Ergebnis verborgener Ordnung. Zur Schau getragene Schwäche ist ein Indiz für versteckte Stärke. Diejenigen Verhandler, die ihren Gegenspieler zum Reagieren bewegen wollen, locken ihn mit einem Zugeständnis, an dem er stark interessiert ist, und bringen in dann in eine Lage, wo sie ihn mit aller Kraft aufs Kreuz legen können (vgl. V, 16, 17, 19).

Wenn wir die Schwachpunkte des Verhandlungsgegners attackieren, werden wir unbezwingbar sein (vgl. VI, 10).

Daher spielen wir dem Gegenüber Hilflosigkeit vor, wenn wir sprungbereit sind, und Untätigkeit, wenn wir schlagbereit sind. Mit vorgetäuschter Schwäche verleiten wir ihn zur Unüberlegtheit (vgl. I, 18, 23).

(Aus dem Kommentar des *Ho-Yen-Xi*: Man drehe es so, daß der Verhandlungsgegner unsere starke Position als eine schwache und unsere schwache Position als eine starke einschätzt. Inzwischen warte man ab, bis aus seiner Position eine schwache wird, und greife ihn dann an seiner Schwachstelle an (vgl. zu VI, 9).

Nehmen wir uns vor den Lockangeboten der Gegenseite in acht (vgl. VII, 30).

Phase 3 (Entscheidung/Verhandlungskern; vgl. Kap. IV, S. 261 ff.)

Die Kunst des Taktierens bereitet die größte Schwierigkeit. Der springende Punkt liegt nämlich darin, eine ungezielte in eine gezielte Maßnahme und einen Verlust in einen Gewinn zu verwandeln (vgl. VII, 2).

Im verbalen Schlagabtausch mit dem Verhandlungsgegner gibt es bloß zwei Taktiken: die konventionelle (erwartete, offene) und die unkonventionelle (unerwartete, verdeckte). Miteinander vielfältig kombiniert, liefern sie uns eine endlose Kette von Manövern. Beide Taktiken haben gleitende Übergänge miteinander. Es geht einem hier wie mit einem Tanz im Kreise, dessen Ende unabsehbar ist. Wer unter uns Menschen könnte deren Kombinationsreichtum je ausschöpfen? (vgl. V, 10–11).

Durch offene und verdeckte (überraschende) Schachzüge[9] kann man gewährleisten, daß das eigene Verhandlungskonzept dem Anprall der gegnerischen Attacke standhält (vgl. V, 3).

Die Grundsätze der Verhandlungsführung lauten:

Ist unsere Verhandlungsmacht der gegnerischen erheblich unterlegen, ist ein schneller Rückzug das einzig Mögliche. Andernfalls wird unsere schwache der starken Verhandlungsmacht zum Opfer fallen (vgl. III, 17).

Ist unsere Verhandlungsmacht der gegnerischen leicht unterlegen, ist eine Ausweich- oder Absetzbewegung angezeigt (vgl. III, 16).

Ist unsere Verhandlungsmacht ebenso stark wie die gegnerische, ist eine Konfrontation nach genauem Abwägen der Vor- und Nachteile möglich (vgl. III, 15).

Ist unsere Verhandlungsmacht doppelt so stark wie die gegnerische, können sie ihn umgehen und von zwei Seiten attackieren (vgl. III, 14).

Ist unsere Verhandlungsmacht fünfmal so stark wie die gegnerische, greifen sie ihn auf der ganzen Linie an (vgl. III, 13).

Ist unsere Verhandlungsmacht zehnmal so stark wie die gegnerische, kesseln sie ihn ein (und erledigen sie) (vgl. III, 12).

Darum zwingt ein erfahrener Verhandler seinem Gegenüber das Gesetz des Handelns auf und läßt sich nicht von ihm das Gesetz des Handelns aufzwingen (vgl. VI, 2).

Um das Aggressivwerden des Verhandlungsgegners zu steuern, macht man ihm eine verlockende Offerte, um einen Vorstoß des Verhandlungsgegners abzufangen, droht man ihm mit einem Nachteil (vgl. VI, 3).

---

9 Was die altchinesischen Militärtheoretiker unter dem Begriff der unkonventionellen, unerwarteten, auch als „indirekt" bezeichneten Taktik bzw. Überraschungsaktion verstanden, bezeugt uns folgender Kommentar des *Chang Yü:* So beunruhige ich den Gegner an der Vorhut und überfalle ihn an der Nachhut, so mache ich einen Scheinangriff im Osten und mache den Überraschungsangriff im Westen (vgl. zu III, 13). Die konventionelle oder unverdeckt-offene Aktion wäre dagegen der Frontalangriff. Dies gilt es nun, auf die Verhandlungsführung zu übertragen.

Sprachliche Verschleierungsmanöver der Gegenseite

Klingen die Worte des Verhandlungsgegners zuvorkommend, während er weitere Gegenmaßnahmen plant, so ist das ein Zeichen für eine bevorstehende Konfrontation (vgl. IX, 26).

Klingen die Worte des Verhandlungsgegners lautstark und verletzend, als ob eine Konfrontation bevorstehe, so ist das ein Zeichen für seinen bevorstehenden Rückzug (vgl. IX, 27).

Klingen die Worte des Verhandlungsgegners verbindlich, so ist das ein Zeichen für ein bevorstehendes Ende der Konfrontation (oder eine Verhandlungspause) (vgl. IX, 28).

Klingen die Worte des Verhandlungsgegners wie Friedensschalmeien, so ist das ein Zeichen für irgendein bevorstehendes übles Manöver (vgl. IX, 29).

Phase 4 (Ergebnis/Kulminationspunkt; vgl. Kap. IV, S. 276f.)

Überragende Verhandlerfähigkeiten besitzt, wer seine Verhandlungserfolge durch Feinabstimmung seiner Taktik auf diejenige der Gegenseite erzielt (vgl. VI, 30).

Der Könner im Verhandlungsgeschäft errringt seine Erfolge, weil er keine Fehler begeht. Mit dieser Grundlage sichert er seinen Verhandlungserfolg. Er gewinnt gegen einen bereits innerlich mutlosen Verhandlungsgegner (vgl. IV, 12).

Trotz der überlegenen Verhandlungsmacht der Gegenseite können wir einen Erfolg erzielen, wenn wir sie von einem Angriff ablenken können (vgl. VI, 19).

Wir können im Verhandlungsduell einen Erfolg erzielen, wenn wir behutsam oder zum Schein den Absichten der Gegenseite entgegenkommen (vgl. XI, 56).

Verbaue einem zurückweichenden Verhandlungsgegner nie völlig jeden Fluchtweg (vgl. VII, 31).

Treibe einen geschlagenen Verhandlungsgegner nie zum Äußersten (vgl. VII, 33).

Phase 5 (Schluß/Ausstieg und Wiedereinstieg; vgl. Kap. IV, S. 278)

Ist der Verhandlungserfolg erzielt, wenden wir die benutzte Taktik nicht weiter an. Vielmehr passen wir uns den verschiedenen Situationen mit einer Vielfalt von Taktik-Kombinationen an (vgl. VI, 26).

Dies Resümee aus *Sun-Dses* „Kriegskunst“ gibt vermutlich vielen unter uns erstmals eine deutlichere Vorstellung von der langen Tradition und dem sagenhaften Erfahrungsschatz chinesischer Verhandlungskunst. Darum kann das Autorenpaar *Ping/Bloodworth* auch so zutreffend folgendes feststellen:

„Seit mehr als zweitausend Jahren haben die Chinesen die Zitate aus Lektionen einer oft nur gedachten Vergangenheit in jeder Situation parat. Die Regel, daß ‚Feder und Schwert gemeinsam gebraucht werden müssen', daß im Idealfall jede friedliche Verhandlung durch eine überzeugende militärische Stärke unterstützt werden muß, hat die chinesische Diplomatie geprägt" (Fußn. 5, S. 33).

Die Chinesen erkannten also frühzeitig, daß eine Politik der Stärke nur aufgrund einer militärisch abgesicherten Verhandlungsmacht möglich ist. Aus dieser machtpolitischen Einstellung erklärt sich auch, daß *Sun-Dses* Gedankenwelt eindeutig an einem strengen Freund-Feind-Denken orientiert ist. Er entpuppt sich als Vertreter einer ganz harten Linie. Für einen Militärtheoretiker und -praktiker seines Zuschnitts nicht verwunderlich. Daran hat sich sogar nach rund $2^1/_2$ Jahrtausenden nicht viel geändert, wie selbst *Henry Kissinger* es in seinen Verhandlungen mit den Mao-Chinesen erkannte, die er als äußerst unsentimentale, kaltblütige Praktiker des machtpolitischen Gleichgewichts einschätzen lernte. So können *Ping/Bloodworth* dazu kenntnisreich anmerken:

„In ihrer Sicht müssen politische Taktiken heute wie vor siebzehnhundert Jahren auf einer sorgfältigen Berechnung von Gewinn und Verlust beruhen" (a.a.O., S. 194).

Gewiß wird man zugeben müssen, daß dieses politische Rentabilitätsprinzip der chinesischen Politik und Verhandlungsführung eine gewisse Stabilität und Berechenbarkeit verleiht, die allen militärisch-politischen Abenteuern einen Riegel vorschiebt. Diesem Prinzip war, wie oben ersichtlich, bereits *Sun-Dse* verpflichtet. Gleichwohl handelt es sich beim Freund-Feind-Denken, beim Modell des Entweder (Sieg) – Oder (Niederlage), um eine zweiwertige (Ja/Nein-)Logik, die einen dritten Weg ausschließt und die typisch, ja nachgerade entlarvend für die Familie der machiavellistischen Verhandlungsmethoden ist. Über diese haben wir in der Einleitung zum vorliegenden Kapitel bereits genügend erfahren, um hinlänglich gewarnt zu sein. Gegenteil und Überwindung dieser alternativlosen Zwangslogik wäre dagegen eine dreiwertige Verhandlungslogik, ein Freund-Partner-Gegner-Denken, die Logik des Weder-noch-sondern, also eines dritten Weges, der nicht auf Dissens, Antithese, Dilemma, Konfrontation und Konflikt setzt, sondern auf Konsens, Synthese, Ausweg aus dem Dilemma, Kompromiß, Problemlösung, Ausgleich und Interessenpartnerschaft beruht.

B) *Tan Daojis 36 Kriegslisten*

Im Jahre 1988 erschien ein bemerkenswertes Buch mit dem Titel „Strategeme. Lebens- und Überlebenslisten der Chinesen – die berühmten 36 Strategeme aus drei Jahrtausenden“, herausgebracht vom Schweizer Sinologen und Juristen *Harro von Senger*. Es war dies die erstmalige Übersetzung von 18 Taktiken aus dem Werk „Buch der Kriegskunst in 36 Strategemen (Kriegslisten)“ (chin.: sanshiliu ji miben bing fa) in eine westliche Sprache. Diese Meisterleistung, eingehend kommentiert und mit ausführlichen Fallbeispielen aus der ostasiatischen und europäischen Geschichte veranschaulicht, fand in der Öffentlichkeit große Beachtung.

Dies chinesische Werk, dessen Strategeme sich ähnlich wie *Sun-Dses* „Kriegskunst“ auf die Ebene der Verhandlungskunst übertragen lassen, soll ursprünglich auf den General *Tan Daoji* (gest. 436), einen Feldherrn der südlichen Sung-Dynastie (420–479) zurückgehen. Deutlich faßbar und als Text überliefert ist das Werk jedoch erst während der Ming-Dynastie (1368–1644), Ende des 16./Anfang des 17. Jhs. Doch auch danach blieb diese Strategemen-Sammlung eine Art „Geheimwissen“, dessen Sprichwörter und bildhafte Vergleiche zwar überall in der chinesischen Gesellschaft präsent, aber als Buch schwer ausfindig zu machen waren. Erst seit seiner Wiederentdeckung während des 2. Weltkrieges (1941) und in der Zeit des Kalten Krieges erfuhr das Werk eine großflächige Verbreitung mit sechs- und siebenstelligen Auflagen beiderseits des Bambus-Vorhangs (VR China, Taiwan, Japan, Süd-Korea). Daher sei nachstehend die Übersicht der Kriegslisten aus *H. von Sengers* wahrhaft lesenswertem Buch wiedergegeben:

Die 36 Strategeme[10], gestützt auf den ältesten Traktat Sanshiliu Ji Miben Bingfa, lauten:

1. Den Kaiser täuschen und das Meer überqueren. (Den Kaiser dazu bringen, das Meer zu überqueren, indem man ihn in ein Haus am Meeresstrand einlädt, das in Wirklichkeit ein verkleidetes Schiff ist) *(Verschleierungs- und Ablenkungstaktik)*
2. Wei belagern, um Zhao zu retten *(Verschleierungs- und Akzentverlagerungstaktik)*

10 Aus: *Harro von Senger*, Strategeme. Lebens- und Überlebenslisten der Chinesen – die berühmten 36 Strategeme aus drei Jahrtausenden. Bern-München-Wien 1988 (S. 441).

3. Mit dem Messer eines anderen töten *(Stellvertretertaktik)*
4. Ausgeruht den erschöpften Feind erwarten *(Ermüdungstaktik)*
5. Eine Feuerbrunst für einen Raub ausnützen *(Verwirrungs- und Gute-Gelegenheits-Taktik)*
6. Im Osten lärmen, im Westen angreifen *(Irreführungs- und Blitzangriffstaktik)*
7. Aus einem Nichts etwas erzeugen *(Bluff- und Vorspiegelungstaktik)*
8. Sichtbar die Holzstege wieder instandsetzen, heimlich nach Chencang marschieren *(Ablenkungs- Verschleierungs- und Irreführungstaktik)*
9. Das Feuer am gegenüberliegenden Ufer beobachten *(Hinhalte- und Blitzangriffstaktik)*
10. Hinter dem Lächeln den Dolch verbergen *(Ketmân- oder Doppelzüngigkeitstaktik)*
11. Der Pflaumenbaum verdorrt anstelle des Pfirsichbaums *(Sündenbock- und Quid-pro-quo-Taktik)*
12. Mit leichter Hand das Schaf wegführen *(Handstreich- oder Überrumpelungstaktik)*
13. Auf das Gras schlagen, um die Schlange aufzuscheuchen *(Schußvor-den-Bug-Taktik)*
14. Für die Rückkehr der Seele einen Leichnam ausleihen *(Aus-Altmach-Neu-Taktik)*
15. Den Tiger vom Berg in die Ebene locken *(Hinterhalts- und Isolierungstaktik)*
16. Will man etwas fangen, muß man es zunächst loslassen *(Köder- und Lange-Leine-Taktik)*
17. Einen Backstein hinwerfen, um einen Jadestein zu erlangen *(Ungleiche-Konzessionen-Taktik)*
18. Will man eine Räuberbande unschädlich machen, muß man zuerst ihren Anführer fangen[11] *(Schaltstellen-Vernichtungs-Taktik)*

---

11 *v. Senger* behandelt in seinem Werk – wohl aus Platzgründen – leider nur die Strategeme 1–18. Die eingeklammerten, kursiv gesetzten Erklärungen stammen weitgehend vom Verf. des vorliegenden Buches.

19. Das Brennholz heimlich unter dem Kessel eines anderen wegnehmen
20. Das Wasser trüben, um die Fische zu ergreifen
21. Die Zikade wirft ihre goldglänzende Haut ab
22. Die Türe schließen und den Dieb fangen
23. Sich mit dem fernen Feind verbünden, um zunächst den nahen Feind anzugreifen.
24. Vorgeben, daß man durch den Staat Guo nur hindurchmarschieren wolle, und ihn dann doch besetzen
25. Die Balken stehlen und gegen morsche Stützen austauschen
26. Die Akazie schelten, dabei aber auf den Maulbeerbaum zeigen
27. Verrücktheit mimen, ohne das Gleichgewicht zu verlieren
28. Auf das Dach locken, um dann die Leiter wegzuziehen
29. Dürre Bäume mit künstlichen Blüten schmücken
30. Die Rolle des Gastes in die des Gastgebers umkehren
31. Das Strategem der schönen Frau
32. Das Strategem der offenen Stadttore
33. Das Strategem des Zwietrachtsäens
34. Das Strategem der Selbstverstümmelung
35. Die Strategem-Verkettung
36. Weglaufen ist (bei völliger Aussichtslosigkeit) das beste (der 36 Strategeme)

Diese 36 Strategeme, von denen einige schon bei *Sun-Dse* zu finden sind, bezeichnet *Senger* sehr treffend als das „Einmaleins des listenreichen Verhaltens“ und des listenreichen Verhandelns, so möchte man hinzufügen. Was ist aber das bisher so Geheime und Geheimgehaltene an diesen Strategien? Ein Rezensent hat das sehr anschaulich so formuliert[12]:

„... es ist das Wissen um die Interaktion dieser Strategeme (der Rechenprozeß), das von den Eingeweihten gehütet wurde. Ein Beispiel dazu: Li will seinen Gegener Liang angreifen. Er überlegt, ob er das Strategem Nr. 6 (Aus einem Nichts etwas erzeugen) anwenden soll. Wie wird Liang darauf reagieren? Wird er sich mit Nr. 22 (Die Tür schließen und den Dieb fangen) weh-

12 *Ulrich Neininger,* in: SZ, 2.12.1988, Von General Cao lernen.

ren? Oder wird er Nr. 23 (Sich mit dem fernen Feind verbünden, um zunächst den nahen Feind anzugreifen) anwenden? Wenn Liang nun Nr. 22 einsetzt, welche Variante wird er sich einfallen lassen, und mit welchem Strategem muß Li dann antworten? Der Katalog der 36 Strategemen lehrt also die unendlich zu variierenden Grundlagen des strategemischen Verhaltens."

Auch dieser letzte Gedanke erscheint bereits bei *Sun-Dse*. Im übrigen erinnern die hier entwickelten Einsichten auch an bestimmte Strategiespiele wie Schach usw.

C) *Das Bild des chinesischen Verhandlers*

Wir wollen uns jedoch abschließend zwei wichtigen Aspekten des chinesischen Verhandlungswesens zuwenden, nämlich seinem politisch-kulturellen Hintergrund und seinem Verhandlerbild. Dazu lassen wir einen Mann zu Worte kommen, der selbst Asiat ist und sich aufgrund seiner Arbeiten als profunder Kenner der jüngeren chinesischen Diplomatiegeschichte ausweisen kann: den indischen Historiker *Parshotam Mehra,* auf dessen Buch „Mit den Chinesen verhandeln ..."[13] wir uns im folgenden beziehen. Zum geschichtlich-politisch-kulturellen Hintergrund hat uns *Mehra* folgendes zu sagen:

„Es sei daran erinnert, daß der Hauptteil der alten Ordnung in China bis zum Jahr 1911 aus dem Gelehrten und dem Landadel bestand, mit denen sich aus reiner Zweckmäßigkeit noch jede herrschende Kaiserdynastie, seien es die Tsch'in oder Tschu, die Mongolen oder die Mandschus, arrangierte. Das Endergebnis war ein festes und lebensfähiges Bündnis gegen die breiten Volksmassen. ... Der furchtbare Griff der Machtelite: Grundbesitzer-Gelehrte-Beamte – Kaufleute und Händler standen in geringem Ansehen –, zusammengepfercht in der Zwangsjacke des klassischen konfuzianistischen Lehrens und Lernens, dauerte rund zwei Jahrtausende. In dieser gestrengen, fast unveränderlichen Hierarchie aus Status und Privilegien herrschte das Alter über die Jugend, der Mann über die Frau, die wenigen literarisch Gebildeten über die breite, analphabetische Bauernschaft. Trotz dieser Rückschrittlichkeit gab das dem chinesischen Staat und der chinesischen Gesellschaft eine beinahe ungebrochene Kontinuität und eine unangefochtene kulturelle Überlegenheit, vor allem jedoch viel politische Stärke" (a. a. O., S. 116).

Worin manifestiert sich – z. B. auch am Verhandlungstisch – diese politische Stärke und Kontinuität Chinas? *Mehra* formuliert dies sehr einleuchtend so:

---

13 *P. Mehra,* Negotiating with the Chinese 1846–1987: Problems and Perspectives, New Delhi, 1989, Übersetzungen aus dem englischen Original vom Verf.

„Die chinesischen Zeit- und Raum-Begriffe übersteigen bei weitem diejenigen vieler anderer Länder. Man denke hierbei nur an die reine Bevölkerungsgröße und die Zeitspanne des Bestehens von organisierter Staatsmacht. Und heute steht China älter als das alte Rom, größer und stärker denn je da. ... Es ist kein Wunder, da China bei allen internationalen Verhandlungen eine deutlich spürbare Hebelwirkung besitzt, und das wegen seiner räumlichen Größe, seiner breitangelegten, rundum gegebenen Autarkie und seines nicht zu unterschätzenden, kompromißlosen Selbstbewußtseins" (a. a. O., S. 115).

Und *Mehra* präzisiert dies mit Blick auf die Verhandlungskunst:

„In der langjährigen Geschichtsschreibung beruhten Chinas außenpolitische Beziehungen immer auf der grundlegenden Zweiteilung von ‚wir' und ‚die'. Bis in die Anfangsjahrzehnte des 20. Jahrhunderts hieß das: Zivilisation gegen Barbarei" (a. a. O., S. 116)

Damit ist schon ein Übergang zum Verhandlerbild und dem daraus resultierenden Verhandlungsstil angedeutet:

„Jahrhunderte hindurch mußten die Chinesen mit machtvollen nichtchinesischen Nachbarn kämpfen, von denen einige potentielle Eroberer waren. Es gelang ihnen jedoch, über diese die Oberhand zu gewinnen, und nicht selten aus einer Position der Schwäche heraus. Dies Beinah-Wunder wurde dadurch ermöglicht, daß sie die Psychologie und die Sichtweisen der Fremden richtig verstanden und sie für ihre selbstsüchtigen Ziele ausnutzten. Mehr noch, den Chinesen gelang es auf bemerkenswerte Weise, ihre potentiellen Gegner direkt gegeneinader auszuspielen. In der jüngeren Vergangenheit und wirklich während der zweiten Hälfte des 19. Jahrhunderts gelang es ihnen, die europäischen Großmächte miteinander in einen Streit über ihre chinesische Beute zu verwickeln. Und bei diesem Aushandeln bewahrten sie ihr Land davor, eine Kolonie eines oder mehrerer imperialistischer Baumeister zu werden. Es sei daran erinnert, daß Tschiang und seine chinesische Nationalrepublik auf Taiwan mit den USA aus einer Position der Schwäche verhandelten. Ebenso tat dies Mao mit Stalin und seinen Nachfolgern. Und per Saldo fuhren beide ziemlich gut damit" (a. a. O., S. 105).

Im Nachgang zu den 36 Strategemen gelesen, werden uns diese Ausführungen *Mehras* um einiges klarer. Die Strategeme werfen einiges Licht auf die trickreichen Manöver jener chinesischen Unterhändler, die alles taten, um ihr Land vor der endgültigen Unterjochung durch die imperialistischen Großmächte zu retten. Den Schlüssel zu diesem enormen Mut erblickt *Mehra* in folgender Tatsache:

„... die Ideologie erschien dabei von zweitrangiger Bedeutung. Die Chinesen glaubten ganz einfach an China, nachdem sie den kulturellen Vorrang in ihrer Weltreligion über Jahrtausende innegehabt hatten ..." (a. a. O., S. 103).

So schildert und *Mehra* nun mit wenigen Strichen das Verhandlerbild des Chinesen:

„Der chinesische Verhandler, so hat es den Anschein, besteht auf einer totalen Behandlung des Themas, er trägt eine anmaßende Sicherheit zur Schau und vermittelt ein Gefühl von Zeitlosigkeit“ (a.a.O., S. 104).

In den Bereich der kulturellen Überlegenheitsstrategie gehört auch ein taktisches Vorgehen, das *Mehra* folgendermaßen beschreibt:

„Eine andere chinesische Taktik ist es, die Einzigartigkeit ihrer Werte zu betonen und sich dabei mit einer Aura der Unempfindlichkeit gegenüber Pressionen zu umgehen. Tatsächlich entkräftet Peking im voraus Pressionen, indem es unterstreicht, daß Grundsatzfragen nicht zur Diskussion stehen“ (a.a.O., S. 104).

Erhellend ist sodann *Mehras* Vergleich zwischen dem anglo-amerikanischen und dem chinesischen Verhandler. Während der amerikanische Verhandler beachtlichen Handlungsspielraum besitzt, seine eigenen Leitlinien entwirft, vom Präsidenten das Mandat erhält, nach eigenem Gutdünken innerhalb extensiver Richtlinien vorzugehen, und seine Verhandlungen in eigener Vollmacht vorantreibt, ist der chinesische Verhandler (ähnlich wie vordem der sowjetrussische) streng weisungsgebunden, wie uns *Mehra* umreißt:

„Es sei daran erinnert, daß es traditionell bei den Chinesen diplomatische Praxis war, die Politikgestalter von der Verhandlungssituation und dem Verhandler fernzuhalten. Der Letztgenannte hatte wenig Spielraum in seinen Handlungen und daher auch in der Verbindung, die er mit seinen Verhandlungspartnern herstellen sollte. Seine Entscheidungsbefugnis war offenbar auf technische Einzelheiten beschränkt, er besaß keine bei größeren Problemen. Es war immer die kleine Spitzengruppe in Peking, die sich allein – und auch noch heute – das Recht vorbehielt, die letzten Entscheidungen zu treffen. Die Amerikaner fanden heraus, daß der Verhandler aus Peking in einer Weise dachte oder sich jedenfalls nach ihr verhielt und sogar so feilschte und kommunizierte, die zeigte, daß er sich seiner Rolle durch und durch bewußt war. Sein sinozentrisches Geschichtsbild, eine bestimmte Ebene des ‚Chinesentums‘, bestand aus traditioneller, uralter Einflußstärke und einstmals erlittenen Verletzungen. Auch die äußerliche Kruste des Marxismus-Leninismus sowie moderne Tendenzen waren leicht zu erkennen“ (a.a.O., S. 100).

Nach dieser eindringlichen Charakteristik des chinesischen Verhandlers werfen wir einen Blick auf das bereits erwähnte Merkmal der Zeitlosigkeit, das dem chinesischen Verhandlungswesen nachgesagt wird. Diese Erfahrung mußten die Inder selbst in ihren Verhandlungen mit den Chinesen machen, wie *Mehra* feststellen konnte:

„Erst im September 1987 wiederholte der chinesische Botschafter in Neu-Delhi fast wörtlich die Gültigkeit der von Tschu En-lai vor nahezu 30 Jahren gemachten Formulierungen. So, als ob es in den Verhandlungen mit dem damaligen chinesischen Premierminister einst im April 1960 keine Unterbrechung gegeben habe. Diese Fähigkeit, die Vergangenheit über Jahrzehnte und sogar Jahrhunderte hinweg mit der Gegenwart zu einem lebendigen Kontinuum zu verknüpfen, ist in der Tat atemberaubend. Interessanterweise ist dies ein immer wiederkehrendes Thema bei Begegnungen von Ausländern mit der chinesischen Kultur" (a.a.O., S. 105).

Ein ganz prominenter Ausländer, der diese Erfahrung ebenfalls machen sollte, war kein Geringerer als der frühere US-Außenminister und Meister der Reisediplomatie *Henry Kissinger.* Seine Beobachtungen referiert *Mehra* wie folgt:

„Bei seinen zehn Besuchen in China, die sich über den Zeitraum eines halben Jahrzehnts erstreckten, war Kissinger verblüfft herauszufinden, daß es ihm dabei vorkam, als wäre er in ein endloses Gespräch mit einem Regime verwickelt, das alles bis ins kleinste Detail registrierte: jedes Wort, jeden Ausdruck, jede Mimik, die er bei seinen Begegnungen sogar mit den untersten Chargen benutzte. Zusammen mit dem, was je irgendwelche chinesischen Funktionäre zu ihm sagten, erschien ihm das Ganze wie ein allumfassender, komplizierter Plan. Und die anstehenden Themen wurden zwischen den Sitzungswochen, die manchmal erst Monate später liefen, so weiterbehandelt, als ob keine Unterbrechung stattgefunden hätte. Hier, so war Kissinger überzeugt, gab es ein System, das offensichtlich von einer außergewöhnlichen Intelligenz gelenkt und angetrieben wurde und das einen zutiefst an eine Mischung aus Majestät und einen Sinn für das Bedeutende bei einer so strengen Disziplin und Hingabe an die Sache erinnerte" (a.a.O., S. 105).

Damit bekommt jeder nichtchinesische, insbesondere aber der westliche Verhandler, einen nachhaltigen Vorgeschmack dessen, was ihn bei Verhandlungen mit staatlichen Instanzen in China erwarten kann. Wer vermutet, daß die Chinesen bei aller Zähigkeit und Sturheit, mit der sie ihre Grundsätze verteidigen, eine völlige Inflexibilität zu ihrem obersten Verhandlungsprinzip erhoben hatten, der täuscht sich und wird noch eine andere interessante Überraschung erleben, wie es japanische Verhandler erfuhren, deren Berichte *Mehra* ausgewertet hat:

„... japanische Einsichten, wie China seine Außenpolitik betreibt, könnten von Interesse sein. Eine lautet, daß die Chinesen darauf bestehen, ihre Formulierungen auf irgendwelche abstrakten Herrschaftsprinzipien zu gründen. Wenn aber diese nicht auf dem Boden der harten Realität stehen und die chinesischen Interessen, die zur Zeit gerade Vorrang haben, nicht voranzutreiben vermögen, dann versucht Peking, nach außen hin weiterhin auf diese Prinzipien zu schwören, während es gleichzeitig nach einem Kunstgriff zur Wahrung seines Gesichts sucht, der es ihm ermöglicht, ins Geschäft zu kommen. Noch genauer gesagt, ergibt sich daraus, daß eine ausländische Macht, die an China herantritt, dann Erfolg haben wird, wenn sie geschickte Wege findet, die es den Chinesen erlauben, weiterhin vorgeblich zu ihren Prinzipien zu stehen, während sie diese in Wirklichkeit aufs Spiel setzen"[14] (a. a. O., S. 108).

Diese überraschende Wendung bzw. zweigleisige Strategie der chinesischen Verhandlungskunst ist für denjenigen freilich keine Überraschung, der *Sun-Dses* „Kriegskunst" oder *Tan Daojis* "Buch der 36 Strategeme" studiert hat. So sehen wir immer wieder, daß die chinesische Verhandlungskunst eine Mischform aus negoziatorischen und konter-negoziatorischen Elementen darstellt sowie bruchlos und fast unverändert von der Antike in die Moderne übergeht. Das ist Kontinuität! Abschließend können wir aber jetzt schon eines sagen: Die Chinesen waren mit Abstand die führenden Verhandlungskünstler des Altertums und sind auch heute noch auf diesem Gebiet beachtliche Könner.

§3 Indien

Auch für den Subkontinent Indien und seine Verhandlungskultur gilt ähnliches wie das zuvor schon über Ägypten und China Gesagte. In Indien kann die Verhandlungskunst ebenfalls auf eine nachweisbare Vergangenheit von rund 2500 Jahren zuückschauen. Und wo in der altindischen Überlieferung finden wir die ersten verläßlichen Belege dafür? Etwa in den Veden, in den Brahmanas, in den Früh-Upanishaden? Vielmehr können wir sie in den Lehrvorträgen und Lehrgesprächen *Gótama Buddhas*[15], des bedeutendsten Sohnes der indischen Erde, nachlesen. Sie sind im dreiteiligen buddhistischen Kanon, „Drei-Korb" (tri-pitaka) genannt, zusammengefaßt. Die Zeit des Entstehens der Buddha-Lehre fällt in das 5. Jahrhundert v. d. Zw., in eine Epoche des politischen Umbruchs, in der mehrere Adelsrepubliken, Fürstentümer und Königreiche um die Vorherrschaft im Gangestal und den angrenzenden Gebieten stritten. Diese Kämpfe und Rivalitäten waren gewissermaßen das Vorspiel einer Entwicklung, die – ähnlich wie im China der „Streitenden Reiche" – mit der Bildung eines Großreiches endete, das in Indien von der Maurya-Dynastie gegründet wurde und später fast den gesamten Subkontinent umfaßte.

---

14 *Tschu-En-Lai* (1896–1976), dem früheren chinesischen Außenminister und Verhandlungspartner *Kissingers,* sagen böse Zungen den Ausspruch nach, die Wörter „Wahrheit" und „Lüge" kämen in seinem Wortschatz nicht vor, daher hätte er mit ihnen auch nie Schwierigkeiten gehabt (!). Selbst wenn dieses zynische Diktum für ihn im Umgang mit *Kissinger* nicht zutrifft, könnte es für den jüngeren *Tschu* durchaus zutreffend gewesen sein. Aber der große Zyniker Talleyrand hätte an diesem Diktum gewiß seinen Spaß gehabt!

15 Nach der alten Datierung ca. 560–480 v. d. Zw. Aufgrund der scharfsinnigen Untersuchungen des Göttinger Indologen *H. Bechert* müßte eine Späterdatierung auf ca. 430–350 v. d. Zw. erfolgen.

Aber greifen wir nicht weiter vor, sondern blenden uns in das Zeitalter *Buddhas* ein:

a) Buddhistische Verhandlungskultur

Da berichtet uns der Kommentar zu einer frühbuddhistischen Lehrgedichtsammlung[16] folgendes Geschehnis: In einer Region Nordostindiens standen sich die schwerbewaffneten Heere der Sakyas und der Koliyas, zweier Stammesfürstentümer, kampfbereit gegenüber, um sich um Nutzungs- und Besitzrechte an einer Wasserstelle oder, wie es anderswo heißt, an einem Grenzfluß zu streiten. *Buddha,* in der Nähe weilend, erfährt von der sich anbahnenden Katastrophe. Mit der ganzen Autorität seiner Person als anerkannter Religionsgründer tritt der frühere Sakya-Prinz zwischen die beiden Armeen. Dort stehend, trägt er, der auch ein großer dichterischer Improvisator war, einen Appell in gebundener Sprache vor, der mit Gefühls- und Verstandes-Argumenten beide Parteien zum Gewaltverzicht auffordert. Die Krieger beider Seiten lauschen wie gebannt seinen Worten, geht es doch um ihr Leben oder ihren Tod. Als Schlichter und Vermittler gelingt es ihm schließlich, beide Stammesheere zum Einlenken und damit zur Vermeidung von sinnloser Zerstörung und schwerstem Blutvergießen zu bewegen. So hat sich *Buddha* als ein großartiger Konfliktregler und „Krisenmanager", wie wir heute sagen würden, in die Annalen der Verhandlungskunst eingeschrieben. Nicht Konfrontation, sondern Interessenausgleich im Zeichen seiner Lehre von der Leidüberwindung und Gewaltlosigkeit war sein bewundernswertes Ziel. Man fragt sich, wo hat je einer der anderen Religionsstifter wie *Moses, Zarathustra, Jesus* oder gar *Mohammed* etwas Vergleichbares vollbracht? Hinterließen sie und ihre Anhänger, wo sie auftraten, statt Konfliktregelung nicht Unruhe, Blutvergießen und Zerstörung? In der Bhagavad-Gita, einer berühmten Episode aus dem 100000 Verse umfassenden indischen Nationalepos Mahabharata (ca. 300 v. d. Zw.), kommt es sogar noch ärger. Dort ermutigt der Wagenlenker *Krishna,* ein hinduistischer Nationalheld und Inkarnation des Gottes *Vishnu,* seinen zögerlichen Herrn, Prinz *Arjuna,* den Kampf mit dem gegnerischen Heere, in dem viele seiner Blutsverwandten stehen, ohne Gewissensbisse aufzunehmen, statt ihm einen Verhandlungsfrieden anzuraten. Am Ende des dann beginnenden, gewaltigen Gemetzels liegen fast alle Helden beider Seiten erschlagen auf dem Kuru-Feld. Das also ist das Resultat von *Krishnas* „Ratschlägen". Hier können

16 *Buddhaghosas* Kommentar Paramattha-jotika zum Sutta-Nipata, v. 935–954.

wir den gewaltigen Rückschritt ermessen, der zwischen dem friedvollen Denken und Handeln *Buddhas* und dem zeitlich späteren heroischen Nihilismus *Krishnas* liegt.

Doch zurück in die gleichfalls rauhe Wirklichkeit des damaligen Nordostindiens. Hier versuchte *Ajatashatru,* der Herrscher des Königreiches Magadha, sein Reich auf Kosten der republikanischen Stammeskonförderation der Vajjis zu erweitern. Zuvor wollte er jedoch dafür den Rat *Buddhas* einholen. Dazu entsandte er seine beiden Chefunterhändler und -minister *Sunidha* und *Vassakara* nach Rajagaham, wo der große Heilige sich an seinem Lebensabend gerade aufhielt. Sie trugen ihm die Kriegspläne ihres Herrn vor. Doch *Buddha,* ein Freund des Friedens und der Gewaltlosigkeit, ließ sie elegant abblitzen. Er, der ja selbst adliger Herkunft war, bedeutete den königlichen Ministern klipp und klar folgendes[17]: Solange die Vajjis ihre Volksversammlungen regelmäßig durchführten, ihre Regierungsgeschäfte einträchtig abwickelten, ihre altbewährten Gesetze beibehielten, ihre Traditionen hochhielten, Sitte und Anstand beachteten, ihre Altäre und Heiligtümer pflegten sowie den Pilgern zu diesen heiligen Stätten Schutz und Unterkunft gewährten, würden sie als Gemeinwesen blühen und nicht untergehen. Das war also ein unübersehbarer Wink an ihren königlichen Oberherrn. Dieser Sieben-Punkte-Argumentation des *Buddha* hatten die beiden Abgesandten nichts entgegenzuhalten. Da erkannten sie ganz schnell, daß sie die in sich gefestigte Vajji-Konförderation nicht vernichten könnten, es sei denn, durch Zwietracht und Verrat. Und genau diesen Weg beschritt später der Chefminister *Vassakara,* indem er als Flüchtling verkleidet unter den adligen Führern des Vajji-Bundes Mißtrauen, Uneinigkeit und Haß säte. Auf diese hinterhältige, aber in der Politik übliche Weise konnte er die Entschlußfähigkeit der Vajjis entscheidend lähmen. *Vassakara* wandelte hier auf den Spuren des berüchtigten *Kautilya*[18], über den wir anschließend mehr erfahren werden. Als dann die königlichen Truppen blitzschnell auf die Vajji-Hauptstadt Vesali losmarschierten, konnten sie diese im Handstreich ohne großen Widerstand nehmen, denn sie kämpften gegen einen schon innerlich demoralisierten Gegner. So gelang es dem König *Ajatashatru,* die Vajji-Konförderation zu zersprengen und seinem künftigen Großreich Magadha ein-

17 Dieser Vorfall ist nachzulesen im Digha-Nikaya (Längere Textsammlung) Nr. 16 des sog. Pali-Kanons bzw. in der von *K. E. Neumann* besorgten deutschen Übersetzung „Die Reden Gotamo Buddhos“, Bd. II. Zürich/Wien, 1957, S. 231 ff.

18 In *Kautilyas* Lehrbuch ist das Schüren von Zwietracht (dvaidhi-bhava) ausdrücklich als ein Mittel der Verhandlungsdiplomatie zugelassen.

zuverleiben. *Vassakaras* „Verhandlungskünste" hatten ihr Ziel erreicht. Es war freilich nur eine Etappe auf dem Weg zur Einigung Indiens unter den Maurya-Großkönigen in der Zeit nach *Alexander dem Großen* (ca. 325 v.d.Zw.).

Werfen wir abschließend einen Blick auf einen anderen Teil des buddhistischen, in der Palisprache abgefaßten Kanons, nämlich in die Textsammlung der Ordensverfassung (vinaya). Hier können wir die erstaunliche Entdeckung machen, daß bereits im 5. Jahrhundert v.d.Zw. der buddhistische Mönchsorden (sangha) erste Richtlinien für Versammlungsleitung, Behandlung von Streitfragen vor einem Plenum, Stellung von Anträgen, Gültigkeit und Ungültigkeit von Mehrheitsbeschlüssen, Streitschlichtungsverfahren mit dem Ziel einer Konsensbildung (Einstimmigkeit)[19] usw. aufgestellt hat. Verhandlerische Errungenschaften, um welche die späten parlamentarischen Demokratien des Westens den frühen Mönchsorden des Ostens beneiden sollten. Zugleich erkennen wir, daß *Buddha* nicht nur nach außen, wie erwähnt, die Verhandlungsgrundsätze der Menschlichkeit, Friedfertigkeit und Gerechtigkeit aufrecht erhielt, sondern daß er auch nach innen, d.h. in seiner von ihm gegründeten Ordensrepublik, diese Grundsätze genauso kompromißlos zum Wohle aller durchsetzte[20].

b) Hinduistische Verhandlungskultur (Kautilyas Arthashastra u. a.)

Verfolgen wir aber nun das weitere Schicksal des Verhandlungswesens im Fortgang der indischen Geschichte: Ähnlich wie in China können wir auch hier die mächtige politische Tendenz ersehen, die Vielzahl der sich bekämpfenden Kleinkönigreiche und Stammeskonförderationen aufzulösen und sie durch ein umfassendes Großreich zu ersetzen. Den letzten Anstoß dazu lieferte der Welteroberer *Alexander der Große* von Makedonien (356–323 v.d.Zw.), der bereits im Jahre 327 v.d.Zw. im Panjab (Fünfstromland) indischen Boden betrat. Der Eindruck, den er hinterließ, muß auch nach seinem Rückmarsch noch mächtig gewesen sein. Denn er fand im Wirrwarr der sich bekämpfen-

---

19 Die von westlichen Managern bisweilen so bewunderte japanische Methode des „ringi", d.h. der totalen innerbetrieblichen Konsensbildung vor Fällung von wichtigen Entscheidungen, dürfte übrigens – auch wenn sie anfangs entscheidungshemmend oder -verzögernd wirkt, dann aber die Geschlossenheit der gesamten Mannschaft hinter sich bringt – auf urbuddhistische Traditionen zurückgehen, wie das Regelwerk des *Vinaya* es beweist. Denn die Samurai- und Kamikaze-Mentalität shintoistischer Prägung vermag eine solche Konsensbildung nicht hervorzubringen.

20 *H. Hecker*: Allgemeine Rechtsgrundsätze in der buddhistischen Ordensverfassung, in: Verfassung und Recht in Übersee, 1/1977, S. 89–115.

den Staaten einen großen Bewunderer und tatkräftigen Nachahmer: den General *Candragupta* (gr.: *Sandrokottos*). Ursprünglich diente er dem Königreich Magadha und der dort herrschenden Nanda-Dynastie. In das übliche indische Macht- und Intrigenspiel verwickelt, mußte er zuerst vom Hofe fliehen. Dann aber gelang es ihm, die Nandas zu besiegen und zu stürzen. Er riß daraufhin die Macht im Magadha an sich, weitete sein Reich durch Eroberungszüge aus und wurde der erste Großkönig oder Kaiser Indiens (324–300 v. d. Zw.) und Begründer der berühmten Maurya-Dynastie. Dies fast 100 Jahre vor dem Sieg und der Thronbesteigung des ersten großchinesischen Kaisers *Tschin Shih Huang-Di* (221 v. d. Zw.).

Spätestens hier muß der Name des *Kautilya* (oder *Kautalya*) fallen. Wer war dieser schwer zu fassende Mann mit dem Spitznamen *„Kautilya“* (Gerissenheit, Hinterhältigkeit)? Es war ein hochintelligenter, raffinierter Brahmane, der *Candragupta* als Berater und späterer Großkanzler bei der Erringung und Sicherung seiner Macht zur Seite stand. Sein richtiger Name lautete *Canakya Vishnugupta*. Er gilt bis heute als Prototyp des skrupellosen „Realpolitikers“ und als Verfasser des ersten klassischen Lehrbuchs altindischer Politik mit dem Titel „Artha-shastra“, das eigentlich soviel wie “Lehrbuch der (politischen) Zielsetzungen“ bedeutet. Lange hatten westliche Indienforscher schon das Vorhandensein eines solchen Werkes vermutet. Erst um 1905 übergab ein Pandit aus Tanjur der Regierungsbibliothek im südindischen Maisur ein offenbar interessantes Manuskript. Und daraus wurde bald eine kleine indologische Sensation, als 1909 der indische Gelehrte *R. Shamasastry* die erste Edition des „Artha-shastra“ der Weltöffentlichkeit zugänglich machte. Der große deutsche Indologe *Heinrich Zimmer* (1890–1943) berichtet darüber aus seiner Studienzeit[21]:

„Ich erinnere mich noch lebhaft, welch eine erstaunliche Entdeckung dies für alle Beteiligten war, das heißt für den ziemlich kleinen Kreis der gelehrten Spezialisten in Europa, den Vereinigten Staaten und Indien. Die bissige und knappe Schreibweise, die literarische Eleganz und die Genialität, die da entfaltet werden, machen dem Verfasser, einem Meister politischer Kunstgriffe, alle Ehre.“

Bei aller Bewunderung für diesen frühindischen Politikentwurf als solchen läßt *Zimmer* jedoch keinen Zweifel daran, daß *Kautilya* ein Advokat der Tyrannei ist:

---

21 *H. Zimmer:* Philosophie und Religion Indiens, a. d. Engl. v. *L. Heyer-Grote,* zuerst Zürich 1961, Frankfurt/M. 1988, S. 93 f.

„Wenn wir die Theorien und Maximen des hinduistischen Meisters der Staatskunde prüfen, so sehen wir den Despotismus alten Stils in seiner ganzen Stärke und Schwäche, und wir beginnen etwas von den düsteren Hintergründen der politischen Bühne Indiens zu verstehen" (a.a.O., S. 94).

So stellt sich hiermit die Frage: Wie verstand *Kautilya* die Rolle und Aufgabe der Verhandlungskunst in seinem Politiklehrbuch? Er unterscheidet vier Instrumente der Politikführung:

„(1) Verhandlung, (2) Bestechung, (3) Zwiespalterzeugung, (4) militärischer Angriff sind die Strategemformen"[22].

Zu (1): Verhandlung, ai. saman, wörtl.: „Melodie", bedeutet eigentlich soviel wie Beschwichtigung, Betörung, In-Sorglosigkeit-Wiegen, was übrigens durch die unten folgenden fünf Formen der Verhandlung bestätigt wird.
Zu (2): Bestechung, ai. dana, wörtl.: „Gabe", bedeutet soviel wie Beschenkung, Hilfsgelder, Ehrungen, Bestechungsgelder, „Entscheidungshilfen", also Korruption in allen ihren Formen.
Zu (3): Zwietrachterzeugung, ai. bheda, wörtl.: „Spaltung", bedeutet soviel wie Zersetzung, Aufspaltung, Zwist, Vertragsbruch usw.
Zu (4): Militärischer Angriff, ai. danda, wörtl.: „Schlagstock", bedeutet soviel wie Gewaltanwendung, Gewaltmonopol, (kriegerische) Züchtigung, Aggression.

Kommen wir damit zu den fünf Arten der Verhandlung nach *Kautilya:*

„Es gibt fünf Arten der Verhandlung:

Das Loben der Eigenschaften eines Gegners, das Aufzählen gemeinsamer Beziehungen, der Hinweis auf gemeinsamen Nutzen, das Aufweisen großer Zukunftsperspektiven und der Interessengleichheit.

(1) Wenn Abstammung, Person, Tätigkeit, Verhalten, Bildung, Besitztümer usw. eines Gegeners mit angemessener Aufmerksamkeit ihrem Wert entsprechend gelobt werden, so bezeichnet man das als Lob der Eigenschaften (guna-samkirthana).

(2) Wenn auf die Tatsache väterlicher Verwandtschaft, gemeinsamer Blutsbande, gemeinsamer Lehrer, gemeinsamer Priesterwürden, Familien und

---

22 Formen, ai. upaya, von der Verbwurzel upa-i abgeleitet, wörtl.: herangehen (vgl. la. adgressio = Aggression!), heranschleichen, sich annähern (en.: to approach; la.: approximare), also eigentlich Annäherung, Zugangsweise. Aus: Kautilya's Arthashastra, engl. Übers., Mysore 1915, S. 75.

Freunde im allgemeinen hingewiesen wird, so bezeichnet man das als Aufzählung gemeinsamer Verwandtschaft (sambandh'opakhyana).

(3) Wenn beide Parteien, die des Königs und die seines Gegners, sich einander als hilfreich erweisen, so bezeichnet man das als Bekundung des beiderseitigen Nutzens (parasparopakara-samdarśanam).

(4) Das Auftreten solcher Formulierungen wie ‚wenn dies getan ist, wird es uns beiden so ein Ergebnis bescheren‘, deutet auf große Zukunftsperspektiven hin (ayatipradarśanam).

(5) Die Aussage ‚was ich bin, das bist du; du mögest bei deinen Taten einsetzen, was immer mir gehört‘, bedeutet Interessengleichheit (atm'opanidhanam)“ (a.a.O., S. 75f.).

Angesichts dieser beiden aufschlußreichen Aufzählungen ist es von besonderer Wichtigkeit zu erkennen, daß *Kautilya* dem Verhandeln den ersten Rang unter den Politikinstrumenten einräumt, der militärischen Gewaltanwendung aber den letzten. Der Primat des Verhandelns ist also hier unverkennbar. Wenn wir uns ferner die fünf genannten Verhandlungsweisen ansehen, so fällt sofort auf, daß sie erstaunlicherweise sämtlich das Gemeinsamkeits- und Übereinstimmungselement bis hin zur Interessenpartnerschaft betonen. Natürlich müssen wir uns fragen, ob es sich hierbei, wie es das Wort „saman“ (s.o.) meint, tatsächlich nur um ein Beschwichtigen und Einschläfern des Gegeners handelt, um ihn anschließend um so rücksichtsloser zu vernichten; oder ob hier unversehens buddhistische Gedanken in *Kautilyas* Definitionen des Verhandelns Eingang gefunden haben[23].

Beachtlich für das damalige Indien ist weiterhin, daß das „Artha-shastra“ uns in seinem VII. Buch, Kap. vi, immerhin eine Palette von zwölf verschiedenartigen Abkommen und Friedensverträgen zwischen Königen aufzählt und erklärt[24].

Neben den oben genannten vier Instrumenten oder Methoden der Politikführung liefert uns *Kautilya* im Buch VII, Kap. I, seines Werkes ein sechsgliedriges Politikmodell, das folgendermaßen aussieht:

---

23 In seiner „Geschichte der altindischen Literatur“ weist *K. Mylius* (S. 254) auf die Tatsache hin, „... daß die Terminologie des Kautiliya-Arthaśastra frappante Übereinstimmungen mit der altbuddhistischen Ausdrucksweise aufweist.“

24 So heißt es u.a. S. 312: „Wenn durch den Einsatz von Freunden an den beiderseitigen Höfen das geschlossene Friedensabkommen sichergestellt und die Bedingungen ständig überwacht und streng eingehalten werden, so daß keine Meinungsverschiedenheit zwischen den Parteien entsteht, nennt man dies einen Friedensschluß mit verbindlichen Bedingungen.“ Interessant ist der Hinweis, daß Friedensverträge – nach persischer Methode – von den Freunden der Könige ausgehandelt und überwacht werden mußten (ähnlich wie später im Hellenismus).

1. Sandhi, wörtl.: Vereinigung, d. h. Bündnis, Einigung, Vertragsfrieden
2. Vigraha, wörtl.: Streit, d. h. Feindseligkeit, Auseinandersetzung, Konflikt, Krieg
3. Yana, wörtl.: Weg, d. h. Ausmarsch, Auszug in den Krieg, Feldzug
4. Asana, wörtl.: Aussitzen, d. h. Abwarten und Tee trinken, Wartehaltung, Neutralität
5. Dvaidibhava, wörtl.: Zwienatur, d. h. Doppelstrategie, Doppelzüngigkeit, zweigleisiges Vorgehen
6. Samaśraya, wörtl.: Zufluchtnahme, d. h. Bündnissuche, Schutzbündnis mit einem stärkeren Partner

Eindrucksvoll an dieser Aufreihung ist wiederum, daß allein die Hälfte der sechs Bausteine, nämlich 1, 5, 6 mit dem Ver- und Aushandeln zu tun haben[25]. Wir sehen also, daß altindische Politik bei aller Rücksichtslosigkeit und Gewaltanwendung, die natürlich durch die Könige und ihre Kriegerkasten zum Ausdruck kamen, doch auch das Element der Verständigung auf dem Verhandlungswege kannte und hochschätzte, konnte es doch Leid, Blutvergießen und Zerstörung vermeiden.

Wie kommt dieses Politikmodell aus sechs Bausteinen zustande? Wo liegt sein Ursprung? Wir müssen ihn in dem politischen Umfeld suchen, das *Kautilya* selbst entworfen hat und in dem sich u. a. auch die Verhandlungskunst bewähren muß. Er selbst gibt uns dazu eine aufschlußreiche Erklärung, wenn er schreibt:

„Der Staaten-Kreis (mandala) ist die Entstehungsstätte der sechsgliedrigen Politik“ (a. a. O., S. 295).

Hören wir zu dieser Lehre von den politisch benachbarten Staatenkreisen, die eine andere Version der Politik des Gleichgewichts der Mächte (balance of power) ist, wieder den Indologen *Heinrich Zimmer:*

„Dieses bemerkenswerte Spiel der Gewichte und Gegengewichte ist etwas, das die Könige und Fürsten des alten Indien sehr ernst nahmen ... Die Grundregel der Hindus für das Schließen von Bündnissen und Koalitionen mit an-

25 Auch im Mahabharata, allerdings erst im späten 12. Buch, 102,26, rät der große Guru *Bhishma* anstatt zum Kriege zu friedlicher Verständigung (santva), jedoch stets mit Pressionen gekoppelt.

deren Staaten stellt sich dar in einem Muster aus konzentrischen Kreisen natürlicher Feinde und Verbündeter. Jeder König soll sein eigenes Reich als Mittelpunkt einer Schießscheibe betrachten; diese Mitte ist umgeben von ‚Kreisen' (mandalas), die abwechselnd seine natürlichen Feinde und seine natürlichen Verbündeten darstellen. Die Feinde werden vom ersten nächstliegenden Kreis dargestellt; es sind seine engsten Nachbarn, zum Zuschlagen jederzeit bereit. Der zweite Kreis ist der seiner natürlichen Freunde, das heißt der gleich im Rücken seiner Nachbarn befindlichen Könige, die von ihnen ihrerseits bedroht werden, weil sie eben auch Nachbarn sind. Hinter diesem Kreise liegt der einer entfernteren Gefahr; er ist zunächst nur deswegen beachtenswert, weil er den unmittelbar benachbarten Feinden Verstärkung bringen kann. Außerdem ist jeder Kreis noch in sich geteilt, um die naturgegebenen gegenseitigen Feindseligkeiten zu zeigen; denn da jedes Königreich sein eigenes Mandala hat, läßt sich ein höchst kompliziertes System von Druck und Gegendruck denken. Ein derartiger Plan wechselseitiger Einkreisungen muß sorgfältig angelegt und bedacht werden, um dann als Grundlage des Handelns zu dienen. Er umreißt und verdeutlicht das Gleichgewicht und die Spannung im natürlichen Verhältnis der Mächte, weist aber auch auf die periodisch fälligen, furchtbaren Ausbrüche der weithin schwelenden Konflikte hin ... Ein solches Schema mag uns wohl etwas theoretisch und ausgeklügelt vorkommen; aber es gibt doch sehr gut die geographischen Verhältnisse des indischen Teilkontinents wieder. Auch durch die moderne Geschichte Europas wird es zur Genüge bestätigt[26]. Es ist der Grundriß einer Art politischer

26 *Zimmers* anschließende Übertragung der Mandala-Geometrie auf Europa muß aus Platzgründen hier als Fußnote erscheinen: „Wenden wir das alte indische Mandala auf die Karte Europas an, so liefert es ein vollkommenes Muster für die Streitigkeiten und Unruhen ..., die unseren fast unablässigen Kriegen zugrunde gelegen haben. Zu Beginn der Neuzeit, im 16. Jahrhundert, als Spanien und das deutsche Kaiserreich unter der Habsburger Dynastie vereinigt wurden, fühlte sich Frankreich durch Einkreisung bedroht. Der Kampf um die Vorherrschaft, der nun zwischen den französischen Königen und den Kaisern in Wien – von der Zeit Franz' I. (1515–1547) und Karls V. (1519–1556) an – entbrannte, hat bis ... 1919 gedauert. Ludwig XIV. (1643–1715), dieser ‚allerchristlichste König', der die calvinistischen Hugenotten verfolgte und aus seinem Reich verbannte, sicherte sich die Hilfe der mohammedanischen Türkei, die im Rücken der Habsburger Gebiete in Osteuropa lag. Die Türken drangen über das jetzige Jugoslawien und durch Ungarn ins Feindesland ein, während Frankreichs Armeen in Flandern und am Rhein gegen kaiserlich-deutsche Truppen kämpften. Der Nachbar im Rücken oder in der Flanke des eigenen Nachbarn und Rivalen ist der geborene Verbündete: das ist der oberste Grundsatz. Dieser einfache geometrische Tatbestand setzt sich viel kräftiger durch als sittliche oder religiöse Überlegungen, ideologische Fragen und gemeinsame geistige Tradition. Der christliche König zögerte nicht, die christliche Kultur Europas zu verraten ..., indem sie einen Überfall gerade jener Macht, die in den vorausgegangenen tausend Jahren der Erzfeind der gesamten Christenheit gewesen war, herbeirief und unterstützte. Ganz in gleicher Weise verrät heute [1943!] das Nazi-Deutschland die gemeinsame Sache Europas, das heißt Kolonialherrschaft und Kultur des weißen Mannes, indem es Japan hilft bei seinem Versuch, den Fernen Osten und den Pazifischen Ozean zu erobern. Und diese beiden Fälle von Verrat an der

Geometrie, die, mit geringen Abänderungen, zur praktischen Berechnung der Spannungszustände auf fast jeder geschichtlichen Bühne dienen kann – eine wahrhaft wunderbare Leistung des indischen Geistes, der sich so gern in ganz abstrakte geistige Übungen versenkt und doch gleichzeitig so auffallend begabt ist für intuitive Einsichten ..." (a.a.O., S. 113f.).

Diesen brillanten Ausführungen *Zimmers,* die den Hintergrund skizzieren, vor dem die Verhandlungskunst zu agieren hat, ist nichts hinzuzufügen. Nach diesem Blick auf *Kautilyas* „politische Geometrie" gelangen wir nunmehr zu einer Charakteristik desjenigen, auf dessen Schultern die Last der Verhandlungsführung ruht, nämlich zur Gestalt des Verhandlers, oder, modern gesagt, zum „human factor" des Unternehmens. Welche Qualifikationen müssen die Berater und Botschafter des Königs aufweisen? *Kautilya* legt uns dazu ein „Anforderungsprofil" vor, das geradezu modern anmutet (a.a.O., S. 14). Es sei hier in der Übersetzung des großen deutschen Indologen *Helmuth von Glasenapp* (1891–1963) wiedergegeben (Indische Geisteswelt, II, 286):

„Einheimisch, von guter Herkunft, zügelbar, kunstgeübt, mit wirklichem Auge begabt, einsichtig, ausdauernd, geschickt, beredt, zuversichtlich, in

---

christlich-abendländischen Sache um selbstsüchtiger Zwecke willen haben ein bemerkenswertes Vorbild in dem Abkommen, welches einst ein Papst mit dem Großtürken schloß. Aus der Besorgnis, die Territorien des Heiligen Stuhles könnten ihre politische Unabhängigkeit verlieren, verbündete sich Alexander VI., der Oberhirt der christlichen Herde, der Stellvertreter Christi auf Erden, im Jahre 1494 mit dem Sultan Bajazid II., um die imperialistischen Ambitionen Karls VIII. von Frankreich abzuwehren. Ein halbes Jahrhundert später verband sich Suleiman der Große mit dem französischen König Franz I. gegen Kaiser Karl V., den Kaiser des Heiligen Römischen Reiches; ...

Der Vertrag von Versailles leitete eine umfassende Mandala-Politik Frankreichs ein mit dem Zweck, den besiegten Feind niederzuhalten. Ein Ring von slawischen Reichen, von Polen und der Tschechoslowakei bis Rumänien und Jugoslawien, wurde ins Leben gerufen, um Deutschland und das, was von Österreich übriggeblieben war, im Rücken zu bedrohen. Die neuen Verbündeten erhielten Anleihen für Rüstung und Aufbau. Die deutsche Antwort darauf war der Rapallo-Vertrag von 1922 mit Rußland – dem nun natürlichen Verbündeten, der im Rücken Polens und der Tschechoslowakei saß. Nach der nationalsozialistischen Machtergreifung erfolgten schnell hintereinander einige kluge Züge auf dem Mandala-Schachbrett; sie führten zum völligen Zusammenbruch der subtilen Konstruktion, die Frankreichs Vorherrschaft auf dem Kontinent hatte gewährleisten sollen. Im Augenblick, da Polen im Jahre 1933 bereit war, den zehnjährigen Nichtangriffspakt zu unterzeichnen, war der Einkreisungsring eigentlich schon gesprengt. Schritt für Schritt setzten sich dann die östlichen Verbündeten von Frankreich ab, und zuletzt zog sich sogar Belgien vom Plan eines sofortigen automatischen Zusammengehens mit Frankreich gegen Deutschland zurück. Und so war alles reif für den neuen Durchbruch zur Macht. Die nächste Konstellation des Mandala wird sich zur gegebenen Zeit selbst enthüllen." (a.a.O., S. 114ff.).

jeder Lage sich zu helfen wissend, ausgestattet mit Willenskraft und Wirkenstüchtigkeit, Mühsalen gewachsen, lauter, freundlich, treu in der hingebenden Liebe, ausgerüstet mit gutem Charakter, Körperkraft, Gesundheit, und mutig festem Wesen, frei von Aufgeblasenheit und Flattersinn, liebenswürdig im Umgang und kein Erreger von Feindschaften – das ist ein vollkommener Minister; wer ein Viertel dieser Tugenden weniger hat, ein mittelmäßiger, wer die Hälfte, ein schlechter.

Was diese Eigenschaften betrifft, so soll der Fürst die Landesherkunft und die Zügelbarkeit von vertrauten Bekannten (des Betreffenden) erforschen; von solchen, die die gleichen Wissenschaften pflegen, die Kunst und das wissenschaftlich geschulte Auge; bei der Inangriffnahme von Geschäften Einsicht, Ausdauer und Geschicklichkeit; in der Unterhaltung Beredsamkeit, Zuversichtlichkeit und Mutterwitz; im Unglück Willenskraft, Wirkenstüchtigkeit und die Fähigkeit, Mühsale zu ertragen; aus dem täglichen Verkehr Lauterkeit, Freundlichkeit und treue Ergebenheit; von denen, die mit ihm zusammenwohnen, Charakter, Körperkraft, Gesundheit und mutig festes Wesen, sowie die Freiheit von Aufgeblasenheit und Flattersinn; durch die unmittelbare Wahrnehmung Liebenswürdigkeit im Umgang und verträgliche Gemütsart."

Das ist für das 4. Jahrhundert v. d. Zw. eine ganz beachtliche Auflistung, die zeigt, daß die politische Intelligenz jener Tage unserer heutigen um nichts nachsteht. Auch damals wurden im Kreise der Machteliten bereits hohe Anforderungen gestellt. *Kautilya* definiert den Status der verschiedenen königlichen Unterhändler so:

„Wer immer sich als Berater (des Königs) qualifiziert hat, ist ein Gesandter (duta). Wer immer ministerielle Qualifikationen besitzt, ist ein Geschäftsträger. Wer immer von denselben Fähigkeiten ein knappes Viertel besitzt, ist geeignet als Sendbote für eine Sonderaufgabe" (A. S., S. 29).

Nachfolgend umreißt *Kautilya* dann die vielfältigen und z. T. auch recht fragwürdigen Aufgaben eines solchen „Königsboten" (*v. Glasenapp,* a. a. O., II, S. 288 f.):

„Mit einer wohl besorgten Ausrüstung an Wagen, Zugtieren und Männern breche er auf. ‚Den Auftrag mußt du so an den anderen (den Feind, para) ausrichten. So wird er sprechen. Dies ist die Erwiderung darauf. So mußt du ihn übertölpeln'. Also bei sich studierend, reise er. Mit den Wald- und den Grenzhütern und den Hauptleuten in den festen Städten und draußen im Reich (des Feindes) pflege er Verkehr. Er mustere die Gegenden, die für die Eigenen und für die Feinde geeignet sind, das Heer zu lagern, eine Schlacht anzunehmen oder ihr auszuweichen. Er bringe in Erfahrung die Größe der (feindlichen) festen Orte und des Landes draußen im Reich und ebenso, wie man dem kostbaren Eigentum, dem Lebensunterhalt, und den Schutzmitteln (im Feindesland) beikommen kann. In die Residenzstadt (des Feindes) zugelassen, ziehe er ein. Und seinen Auftrag richte er aus, wie ihm befohlen, auch wenn er Lebensgefahr vor sich sieht. Er schaue darauf, ob in des Feindes Rede, Gesicht und Blick sich gnädige Stimmung verrät, ob er seinen Reden Ehre erweist, ob er ihn nach Angenehmen fragt, ob er gern von seines Herrn Vorzügen redet, ob er ihn nahe bei seinem Thron sitzen läßt, ob er ihm Huld erweist, ob er an Menschen erinnert, die ihm (dem Gesandten) oder seinem Herrn lieb sind, und ob er Vertrauen faßt, wie das alles beim Zufriedenen geschieht; das Gegenteil aber beim Unzufriedenen. Er spreche zu einem solchen: ‚Nur durch den Mund des Gesandten reden die Könige, du und die anderen. Deshalb dürfen unter den Gesandten die, die sogar mitten unter erhobenen Waffen reden, wie ihnen gesagt ist, nicht getötet werden, selbst wenn es Candalas sind. Wieviel weniger aber Brahmanen! Eines andern (meines Herrn) Rede ist dies. Das ist Gesandtenpflicht und -recht‘."

Eindrucksvoll an dieser Passage ist die argumentative Vorbereitung der Verhandlung durch den Gesandten, bedenklich dagegen seine Absicht der Täuschung und Irreführung der Gegenseite. Begrüßenswert ist die geforderte Kontaktfreudigkeit zu den Menschen des Gastlandes, insbesondere den Amtspersonen, verwerflich dagegen das systematische Ausspähen des Gastlandes und das Aushorchen seiner Bewohner. Bemerkenswert ist die – hier wohl erstmals – geforderte Kenntnis der nonverbalen Kommunikation beim Verhandlungsgespräch und die Beobachtung des Landesherrn in seinem gesamten Verhalten. Als geradezu fortschrittlich ist dagegen die geforderte Immunität (Unverletzlichkeit) des Gesandten anzusehen. Am Ende von Kapitel xvi, Buch I des Artha-shastra faßt *Kautilya* den „Pflichten-Katalog" des Unterhändlers zusammen:

„Abwicklung der Missionen, Überwachung von Verträgen, Abgabe von Ultimaten, Gewinnung von Verbündeten, Einfädelung von Intrigen, Erzeugung von Streitigkeiten unter Bundesgenossen (des Gastlandes), Rekrutierung von Untergrundverbänden, heimliche Entführung von Verwandten und Schätzen, Sammeln von Informationen über die Aktivitäten gegnerischer Spione, Tollkühnheit, Verletzung von Friedensverträgen, Gewinnung der Gunst des gegnerischen Gesandten und der gegnerischen Regierungsbeamten – dies sind die Pflichten eines Gesandten" (A.S., S. 32).

Hier bestätigt sich nunmehr die eingangs gemachte Brandmarkung *Kautilyas* als eines „Advokaten der Tyrannei" bzw. des totalitären Absolutismus. Denn mit diesem „Katalog" und seiner unverblümten Aufforderung zu dem, was wir heute nach den bitteren Erfahrungen der deutschen Vergangenheit als „Staatskriminalität" bezeichnen (systematisches Unterwühlen der Gesellschaftsform des Gastlandes, Spionagetätigkeit, Menschenraub, Diebstahl von Wertgegenständen, Mißachtung von Verträgen, Bestechung usw.), – mit alledem begeht *Kautilya* in unseren Augen eine erschütternde Selbstentlarvung. Die Skrupellosigkeit seiner machtbesessenen Intentionen wird mit einem

Schlag offenbar. Hier erhebt die in der Einleitung beschriebene Perversion der Verhandlungskunst, die „Konter-Negoziatorik", ihr widerwärtiges Medusenhaupt. Dabei ist *Kautilyas* „Katalog" durchaus als ‚modern' zu bezeichnen, denn er bildete bis vor kurzem noch jenes schmutzige Instrumentarium, dessen sich die Vertreter des braunen und roten Totalitarismus bedienten und von deren Nachfolgestaaten (aber auch manche Demokratien) immer noch bedienen.

Und auf noch einen ganz gefährlichen Aspekt sei hingewiesen: Einerseits lasen wir das hohe Anforderungsprofil, das *Kautilya* für Unterhändlerpositionen aufstellte, andererseits lasen wir den z. T. schon fragwürdigen Aufgabenkatalog und dann den wahrhaft kriminellen „Pflichtenkatalog" des Unterhändlers und Gesandten. Was geschieht hier? Da werden anständige, gebildete und gescheite junge Menschen, die höchsten menschlichen Anforderungen entsprechen sollen, anschließend von staatlicher Seite dazu angelernt und angehalten, in deren Auftrag einen ganzen Stapel illegaler Handlungen und krimineller Untaten zu verüben. Anders gesagt, sie bekommen nicht das, was ihnen aufgrund ihres hohen sittlichen und geistigen Niveaus gebührt, sondern sie werden unter Anleitung fragwürdiger „Lehrer" und „Vorbilder" in einen Sumpf beispielloser Sittenverwilderung und in den aus Machtmißbrauch entstehenden Strudel der Korruption und Perversion des Denkens und Handelns hineingerissen, aus denen es dann für sie fast keinen Ausweg mehr gibt. Wir fühlen uns dabei lebhaft an die Verführungskünste der totalitären Regime aus jüngster Vergangenheit erinnert.

Bei allen grundsätzlichen Vorbehalten gegen *Kautilyas* Denken haben wir immerhin die Freiheit, die positiven Elemente seines Werkes für uns zu reklamieren. Greifen wir dazu abschließend noch einen Punkt heraus, nämlich jene vermutlich früheste Erwähnung der Körpersprache und ihrer Kenntnis. Dies ist in der Tat eindrucksvoll und auch für den Verhandler, wie wir wissen, von großer Bedeutung. Ein späteres Werk, das sog. „Gesetzbuch des Manu" (Manava-dharmasastra VIII, 26), bringt dies für den Gesprächs- und Verhandlungspartner auf eine griffige Formel in Versform:

5. „Am Ausseh'n, an Gebärden und am Gange
   An den Bewegungen und an den Reden,
   Am Spiel der Augen, an des Mundes Spiel,
   Erkennt man die Gesinnung eines jeden."
   (v. *Glasenapp,* I, S. 137)

Neben dem Artha-shastra gab es zwar späterhin weitere „Lehrbücher des (politischen) Verhaltens" (niti-shastras), doch keines erreichte dessen Bedeutung. Einzig das spät verfaßte „Hitopadesha" (wörtl.: Darlegung des Vorteilhaften), eine Umformung und Neubearbeitung der Fabelsammlung „Pancatantra" (Fünferbuch), bildet hier eine Ausnahme. Es versucht, anhand von lehrreichen Fabeln, die z. T. auch in die europäische Literatur Eingang fanden, Lebensweisheiten für Politik und Verhandlungsführung maximenartig nutzbar zu machen, hierin den 36 chinesischen Strategemen ähnlich. Lesen wir darum *Heinrich Zimmers* erhellende Betrachtungen, diesmal zur Fabel über Löwe, Katze und Maus (Hitopadesha, 2.4):

„Eine elende Katze, die von den Dörflern verstoßen, dem Hungertod nahe, mager und entkräftet durch die Felder strich, traf auf einen Löwen, und dieser half ihr aus der Not. Das königliche Tier lud das bejammernswerte Geschöpf in seine Höhle ein und teilte mit ihm die Reste seines majestätischen Mahles. Aber diese Einladung entsprang keineswegs der Nächstenliebe oder einem Zusammengehörigkeitsgefühl. Der Löwe fühlte sich nämlich in seiner Höhle von einer Maus belästigt, die dort irgendwo ihr Loch hatte; wenn er sein Schläfchen machte, kam die Maus hervor und knabberte an seiner Mähne. Der mächtige Löwe vermag keine Mäuse zu fangen, die zierliche Katze aber kann es. Deshalb war hier die Grundlage für eine gesunde und vielleicht nützliche Freundschaft gegeben.

Die bloße Gegenwart der Katze in der Höhle genügte, die Maus in Schach zu halten, und so konnte der Löwe friedlich sein Nickerchen machen. Nicht einmal das Piepsen des kleinen Störenfrieds ließ sich vernehmen, denn die Katze lag ständig auf der Lauer. Der Löwe lohnte es ihr mit üppigen Gerichten, und der tüchtige Minister wurde fett. Eines Tages nun gab die Maus doch einen Laut von sich, und die Katze beging den elementaren Fehler, sie zu fangen und zu fressen. Die Maus verschwand, aber auch die Gunst des Löwen. Der Katzengesellschaft bereits überdrüssig, schickte der undankbare König der Tiere seinen tüchtigen Beamten zurück auf die Felder und in den Dschungel, wo er wieder dem Hungertode ausgesetzt war.

Die Lehre läßt sich in die Maxime zusammenfassen: ‚Tu deine Arbeit, aber laß immer etwas zu tun übrig. Durch diesen Rest wirst du unentbehrlich bleiben.'

Hier liegt eines von den vielen Geheimnissen der Geheimpolizei aller Länder – eines jener sinnreichen ‚Geheimnisse, über die man nicht spricht'. Diese ironische kleine Geschichte, die sich an die schlauen Minister und sonstigen treuen Diener der wankelmütigen indischen Despoten richtet, zeigt die Lage eines Diktators, der sich in den Klauen seiner eigenen Gestapo befindet. Obgleich unerhört tüchtig im Aufspüren lauernder Feinde, bringen die Beamten es doch fertig, noch eine gehörige Anzahl in Reserve zu halten und auf diese Weise sowohl für die Sicherheit ihres Diktators zu sorgen wie auch ihre eigene Unentbehrlichkeit zu beweisen" (a.a.O., S. 108 f.).

Abschließend können wir feststellen: Es ist ein denkwürdiges Faktum, daß Indien das erste und vermutlich einzige Land des Altertums ist, das ein – wenngleich teilweise ethisch anfechtbares – Lehrbuch der Politik hervorgebracht hat, in dem auch die Verhandlungskunst in ihrer ganzen Ambivalenz zum Gegenstand der Untersuchung wurde.

Rückblickend auf diese frühklassische Periode der indischen Geschichte können wir resümieren, daß die buddhistische Verhandlungskultur ganz eindeutig die konstruktive Negoziatorik bevorzugt, wogegen die hinduistische sich in starkem Maße auch der Konter-Negoziatorik bedient.

3. Antiker Okzident

§1 Hellas (Griechenland)

Aus der griechischen Frühzeit dringt nur sehr undeutliche und spärliche Kunde über das damalige Verhandlungswesen zu uns. Zwar finden die mykenischen Griechen als „Achijawas", d. h. Achaier[27] in den diplomatischen Keilschriftkorrespondenzen der kleinasiatischen Hethiter (14.–13. Jh. v. d. Zw.) erstmals Erwähnung. Aber die mykenischen Linear-B-Texte selbst überliefern uns keinerlei Verträge, so daß wir leider auch keine direkten Vorstellungen von der Verhandlungskultur jener achaiisch-griechischen Frühzeit (ebf. 14.–13. Jh. v. d. Zw.) gewinnen können. Erst aus der Epoche nach dem sog. „dunklen Zeitalter" (12.–9. Jh. v. d. Zw.), das auf den Untergang der mykenischen Reiche der frühgriechischen Achaier folgte, erhalten wir in den beiden berühmten Epen des Dichters *Homer* (um 800 v. d. Zw.) – und hier mehr in der älteren Ilias als in der jüngeren Odysseia – deutlichere Auskünfte über die Verhandlungssitten seiner zeitgenössischen Griechen, die auch gewisse Rückschlüsse auf die Verhandlungskultur der versunkenen Mykenik zulassen.

a) Homerische Frühzeit

Bereits in *Homers* Ilias, die in ihren 24 Gesängen bekanntlich eine 50tägige Episode aus der Belagerung des kleinasiatischen Troia durch ein Heer der griechischen Achaier und ihrer Bundesgenossen dichterisch erzählt, stoßen wir auf eine ganze Reihe von Verhandlungsgesprächen und -reden. Denn in den einzelnen Gesängen oder „Büchern" der Ilias werden von beiden Seiten Überbringer von Verhandlungsangeboten (Herolde) und Verhandlungsdelegationen ent-

27 Achijawas ⟨gr.: Achai(w)oi, vgl. auch la. Achivi, d. h. Achaier bzw. Achäer.

sandt, Verträge geschlossen, Vereinbarungen getroffen, Bedingungen gestellt, Versprechungen gemacht, Argumente vorgetragen, Drohungen ausgestoßen, Bitten erhoben, Appelle losgelassen, Eide geschworen und gebrochen, Vorschläge und Gegenvorschläge gemacht und gebilligt oder verworfen. Kurzum, es werden die verschiedensten verhandlungstaktischen Register gezogen, um Verhandlungsziele zu erreichen und abzusichern. Ähnliches, wenn auch in geringerem Umfang, gilt gleichfalls für die zeitlich jüngere Odysseia.

Der Kürze halber wollen wir uns nur zwei interessante Ereignisse aus dem Krieg gegen Troia herausgreifen, die beispielhaft für die Verhandlungskultur der Frühzeit dastehen sollen:

1. In der Ilias III, 205–223, berichtet der greise *Antenor,* ein weiser Ratgeber der Herrscher des belagerten Troia, wie er kurz vor Kriegsbeginn schon einmal einer Verhandlungsdelegation der Achaier mit dem König *Menelaos* und dem Inselherrscher *Odysseus* an der Spitze gegenübergestanden habe. Sie wollten damals mit ihm über die Rückgabe der vom Königssohn Paris entführten Königin *Helena,* Gattin des *Menelaos,* verhandeln. Denn ohne deren Rückgabe sei ein Krieg unvermeidlich. *Antenor* erinnert sich dann genau an den Auftritt beider Verhandlungsredner vor der Volksversammlung der Troer. Der jüngere *Menelaos* (der in eigener Sache plädierte!), groß und breitschultrig, habe flüssig gesprochen, sparsam, ohne viele Worte, aber mit kräftiger Stimme und unbeirrt. Der ältere *Odysseus,* bekannt als der Listenreiche, vom Aussehen noch würdevoller, habe sich erhoben, seine Augen zu Boden gesenkt, den Rednerstab (der ihm zum Zeichen der Worterteilung übergeben worden war) regungslos wie ein scheinbar Unbeholfener[28] und im Umgang mit der Öffentlichkeit Unerfahrener festgehalten und mürrisch dreingeschaut wie jemand, der seinen Verstand nicht beisammen habe. Als dann aber eine wuchtige Stimme aus seiner Brust ertönte und seine Worte wie ein winterliches Schneegestöber auf die Zuhörer niederprasselten, da habe kein anderer Sterblicher es mit *Odysseus* aufnehmen können.

Was zeigt uns diese glänzende Charakteristik der beiden achaiischen Chefunterhändler aus dem Munde *Antenors?* Zum einen dies: Daß beide Sprecher ihr Vorgehen sorgsam aufeinander abgestimmt hatten nach der Strategie von Peitsche und Zuckerbrot, wobei der letzte Redner der stärkste sein soll, weil eben hier der letzte Eindruck der blei-

28 Der große chinesische Denker *Lao-Dse* (4.–3. Jh. v. d. Zw.) bemerkt einmal sehr treffend: *„Großes Können sieht oft aus wie große Unbeholfenheit"* (Spruch Nr. 45, D. D. Dj.).

bende sein muß. Wir werden dies noch des öfteren sehen. Aber auch die richtige Dosierung von Zuckerbrot und Peitsche ist bis heute bei Verhandler- und Interviewer-Teams (s. Letztgenannte bei entsprechenden Fernsehauftritten) gang und gäbe geblieben: Der eine gibt sich hart und aggressiv, der andere sanft und konziliant. Zum anderen jenes: Beim Auftritt des Odysseus können wir sehr schön das anfänglich zur Schau gestellte „Unterstatement", gepaart mit scheinbarer Unbeholfenheit, erkennen. Der große römische Redner *Cicero* spricht da von der „dissimulatio artis", d.h. der Verschleierung des eigenen Könnens in der Anfangsphase einer Darlegung, einer Rede. Denn hier gilt es, nicht Widerstände gegen die eigenen Worte aufzubauen, sondern die Widerstandsschwelle zu unterlaufen. Danach ist der Sprecher allerdings nicht mehr aufzuhalten. Der Löwe darf nun seine Krallen zeigen.

2. In der Ilias III, 58–75, macht *Paris,* wohl durch den Unmut und die Kriegsmüdigkeit weiter Teile der troischen Bürgerschaft getrieben, seinem Bruder *Hektor* einen kühnen Vorschlag. Statt daß sich die beiden Heere weiter vor den Toren Troias in sinnlosem Gemetzel verbluteten, wolle er sich mit dem König *Menelaos,* dem er die *Helena* entführt hatte, im Zweikampf Mann gegen Mann messen. Dem Sieger in diesem Kampfe sollen *Helena* und die geraubten Schätze endgültig zufallen. Beide Heere sollten anschließend in ihre Heimatländer und -städte zurückkehren und ein Freundschaftsbund durch heilige Eide besiegelt werden. Freudig greift *Hektor* dieses Angebot auf und tritt wie ein Parlamentär zwischen die beiden kämpfenden Heere. Er und der griechische Oberbefehlshaber *Agamemnon* gebieten den Kriegern, ihre Waffen ruhen zu lassen, und *Hektor* trägt dieses überraschende Friedensangebot (III, 85–94) vor. *Menelaos,* der Hauptbetroffene, fängt diesen Ball sofort geschickt auf und signalisiert angesichts der nun möglichen Völkerversöhnung sein Einverständnis mit diesem Vorschlag (III, 97–110). Auch befiehlt er, die nötigen Opferlämmer herbeizubringen, und fordert die Troer auf, ihren greisen König und Herrscher *Priamos,* um den Vertrag festzuklopfen, aus der belagerten Stadt zur Leistung der bindenden Eide herbeizuholen. Wie uns *Homer* weiter berichtet, waren beide Seiten, Achaier wie Troer, erfreut über diese Worte, weil der verbissene Kampf nun ein Ende finden sollte. Sobald *Priamos* eingetroffen war und den Platz zwischen den Heeren erreicht hatte, wo sich die Herrscher beider Seiten zur Eidesleistung einfinden mußten, begannen die Zeremonien (III, 264–301). Die Herolde beider Seiten brachten die Opfertiere sowie Krüge mit Wein und Wasser herbei, mit denen sie die Hände der Kö-

nige benetzten. Dann griff *Agamemnon* zu seinem Dolch, mit dem er den Lämmern das Haupthaar schor, das die Herolde als heiliges Unterpfand an die Fürsten der Troer und Achaier verteilten. Danach erhob *Agamemnon* die Hände gen Himmel und beschwor *Zeus* und andere Gottheiten als Zeugen dieses geheiligten bilateralen Vertrages. Dabei wiederholte er genau die Vertragsbedingungen, wie sie im Vorschlag des *Hektor* enthalten waren, und verband sie mit einer Verfluchung für jene Seite, die einen Vertragsbruch wagen sollte. Anschließend durchschnitt er mit dem Opfermesser die Kehlen der Lämmer, deren verströmendes Blut den Vertrag noch bindender machen sollte. Auch die Fürsten in der Runde schöpften nun Wein in ihre Becher und brachten das Trankopfer zur Besiegelung des Vertrages dar. Abschließend beteten alle Herrscher zu den ewig bestehenden Göttern.

So also haben wir uns einen feierlichen Vertragsabschluß in frühgriechischer Zeit vorzustellen, als es – anders als in Ägypten und im vorderen Orient – in Hellas noch keine schriftlich fixierten Verträge gab. Faszinierend neben der düster-feierlichen Opferzeremonie ist aber vor allem die ihr zugrundeliegende Absicht, mit Hilfe eines solchen Rituals eine Vertragsparterschaft von hoher Verbindlichkeit zu schaffen, dies besonders dadurch, daß die Götter im Grunde als dritte Partei, welche die Einhaltung des Vertrages überwachen und eine Klammer zwischen beiden Menschengruppen bilden soll, miteinbezogen werden. So finden wir hier am Westrande Kleinasiens, im später griechischen Lydien, vermutlich um 1220 v. d. Zw. bereits die Idee einer Interessen- und Vertragspartnerschaft im Ansatz verwirklicht[29].

b) Das Verhandlungswesen im klassischen Hellas

Als Übergang zu den folgenden Epochen der griechischen Geschichte mag hier ein Ausspruch des *Achilleus* dienen, der typisch für den Verhandlungsstil der Griechen ist. Als nämlich im Buch IX der Ilias die Troer die achaiischen Belagerer durch einen Gegenangriff fast bis auf ihr Feldlager und ihre Schiffsankerplätze zurückwarfen, entsandte Oberbefehlshaber *Agamemnon* in höchster Not eine Dreierabord-

29 Daß diese Friedensinitiative durch eine schwere Vertragsverletzung der Troer (Attentat eines Bogenschützen auf den Achaier-König *Menelaos*) zum Scheitern verurteilt war (s. Ilias IV), steht auf einem anderen Blatt. Auch gibt es in der Ilias eine weitere Friedensinitiative (Buch VII) sowie mehrere Waffenstillstände. Hätten die Troer flexibler verhandelt, wäre die Vernichtung Ilions bzw. Troias (hinter dem sich in Wirklichkeit eine mykenische Ruinenstadt nahe dem heutigen türkischen Hisarlik verbirgt) verhindert worden.

nung aus *Odysseus, Aias* und *Phoinix* zum abseits in seinem Zelt grollenden *Achilleus,* um ihn und sein Myrmidonenheer wieder zur Teilnahme am Krieg zugunsten der Achaier zu bewegen. Im Zelte des *Achilleus* entfaltet sich dann ein Feuerwerk von Wechselreden. In seiner Erwiderung auf *Odysseus'* Appell redet *Achilleus* wie folgt (Il. XI, 308–314):

„Zeusentsprungener Laertiade, listenreicher Odysseus / angebracht ist es fürwahr, ungeschminkt auszusprechen das Wort / so wie ich es denke und es dereinst vollenden sich soll / ...

Verhaßt nämlich wie die Pforten des Hades jener mir ist / der ein andres im Geiste verbirgt und ein andres bekundet / Ich aber werde sagen, was mir als Bestes sich zeiget." / (Übers. v. *W. Hartig*)

Wir sehen also an dieser Äußerung des *Achilleus,* daß es bereits den frühen Griechen lag, nicht um eine Sache herumzureden, sondern sie beim Namen zu nennen. Ein löblicher Beweis für ihre Offenheit, allerdings im Felde der Verhandlung nicht immer ratsam![30] Doch diese Leitlinie gilt bis weit in die klassische Zeit hinein. So läßt der attische Dramendichter *Euripides* (480–406 v.d.Zw.) in seiner Tragödie „Rhesos" den Troianerhelden *Hektor* ausrufen:

„Ich liebe es, stets die Wahrheit (wtl. Unverborgenheit) zu sagen, und tauge nicht zu einem doppelbödigen Menschen" (394 f.).

Ebenso ruft der attische Redner und Unterhändler *Andokides* (ca. 440–390 v.d.Zw.) seinen Zuhörern zu (III, 21):

„Falls sich einer von euch ärgern sollte, bitte ich um Nachsicht: Ich werde nämlich sagen, was Sache ist".

Tatsache ist eben, daß die klassischen Griechen noch keine verklausulierte Verhandler- oder Diplomatensprache kannten. Sie fühlten sich auf ihrer Wahrheitssuche mehr dem Grundsatz der freien und offenen Rede (Parrhesia) verpflichtet als irgendwelchen Rücksichtnahmen. So klingt vieles in ihren Verhandlungsreden offen und hart, ja brutal. Und das gilt z.T. noch heute für die Neugriechen[31]. Aber es ist meist nicht provokativ-verletzend gemeint, sondern in ihrer sehr direkten und agonalen (wettkämpferischen) Mentalität begründet.

---

30 Der preußisch-deutsche Feldherr *Helmuth von Moltke* (1800–1891) bemerkte einmal: Alles, was man sage, müsse wahr sein; aber man müsse nicht alles sagen, was wahr sei.

31 Man denke nur an das rüde Verhandlungsgehabe des Tankerkönigs *Onassis* (1907–1975) oder des derzeitigen griechischen Premiers *Papandreou* d.J. (Jg. 1919).

Und noch etwas wird sichtbar: Viel deutlicher als bei den alten Chinesen und Indern tritt bei den alten Griechen schon ganz früh die innere Zusammengehörigkeit von Verhandlungskunst und Redekunst zutage. So sollte es in der gesamten klassischen Zeit bleiben. Wer von uns jedoch erwartet, daß in dieser Zeit die vielen griechischen Kleinstaaten und Stadtrepubliken – ähnlich wie in der italienischen Renaissance – eine Verfeinerung der diplomatischen Verhandlungskultur hervorgebracht hätten, der sieht sich herb enttäuscht. Denn der Nationalcharakter der alten Griechen wurde leider oft genug durch Ehrgeiz, Streitsucht, Kampfeslust, Freiheitsdrang, durch Offenheit bis zur Brutalität, Lebhaftigkeit bis zur Unbeherrschtheit, Freimütigkeit bis zur diplomatischen Taktlosigkeit und Redelust bis hin zu uferlosem Palavern (Zerreden) geprägt. Zwistigkeiten nach innen und Krieg nach außen waren daher eine Art Normalzustand. Dies alles stand natürlich einem Geiste des Entgegenkommens, des Einverständnisses, der Herstellung gemeinsamer Interessengrundlagen und überhaupt jeder nationalen Einigung bis zum bitteren Ende diametral entgegen.

Dazu ein anschauliches Beispiel: Die offene Drohung, heute wahrlich nicht ins Repertoire einer konsensfördernden Verhandlungsführung, sondern in die Welt totalitärer Staaten passend, galt unter Verhandlungsgegnern, wie man sich beim Geschichtsschreiber *Thukydides* (ca. 460–400 v. d. Zw.) überzeugen kann, immer wieder als ein beliebtes Mittel. Allerdings dürfte der ständige Gebrauch von Drohungen, der heutzutage als glatte Provokation aufgefaßt würde, im Rahmen einer freimütigeren und realistischeren Sprechweise bei Verhandlungen von Griechen nicht immer als so hart empfunden worden sein. Derjenige, dem sie galt, ließ sich durch dieses Auftrumpfen nicht einschüchtern, er bewahrte ruhig Blut und wog in Ruhe alle damit verbundenen Pros und Kontras ab, bevor er reagierte.

In welcher Arbeitssituation befand sich aber zu jener Zeit ein griechischer Verhandler? Welchen Verhandlungsspielraum, welche Vollmachten besaß er? Und mit welchen Hindernissen und Widerständen sah er sich bei seinem Wirken konfrontiert?

In den griechischen Stadt- und Kleinstaaten wurde diplomatisches Verhandeln dadurch erheblich erschwert, daß souveräne Volksversammlungen alle zwischenstaatlichen Vereinbarungen eifersüchtig überwachten und nicht gewillt waren, Teile ihrer Souveränität in Form von Vollmachten an ihre Gesandtschaften oder Botschafter zu delegieren. Hier liegt von vornherein der eigentliche Knackpunkt, der im alten Griechenland das Entstehen eines berufsmäßigen Verhandlertums verhinderte. So wurden z. B. bei Vertragsabschlüssen von den Polis-Behörden Konzessionen nur in aller Öffentlichkeit gemacht, und nicht etwa von Gesandten hinter verschlossenen Türen. Diese verhandelten im Ausland an recht kurzer Leine und benötigten ggf. Sondervollmachten, um Geheimgespräche führen und Zugeständnisse machen zu können. Außerordentlich treffend beschreibt *Derek J. Mosley,* der exzellente Kenner der griechischen Diplomatie, diese Situation[32]:

„Die einzigen verfassungsmäßigen Körperschaften, die befugt waren, Verträge zu vereinbaren, zu beschließen und zu billigen, waren in fast allen Fällen die öffentlichen Volksversammlungen. Diplomatie war eine Übung in der Kunst des öffentlichen Überredens, und die Gesandten waren hauptsächlich einflußreiche Redner, denn die rhetorische Gewandtheit brauchte man nicht nur, um in der Innenpolitik eine politische Maßnahme vorzuschlagen, sondern auch, um im Ausland die Sache einer Polis in einer Gesandtschaft zu vertreten. Und wie geschickt der Gesandte im Debattieren und Manipulieren der Worte, wie mächtig er in der Politik auch sein mochte, seine Aufgabe bestand darin, öffentlich für eine Sache zu sprechen, nicht am Verhandlungstisch zu feilschen, denn er besaß weder den Spielraum noch die Ermächtigung zum Verhandeln."

Also war in den allermeisten Fällen ein öffentliches Aushandeln angesagt. Wenn sich ein Verhandler somit zu weit vorwagte, konnte es ihm passieren, daß er sich bei Rückkehr von seiner Mission von der Volksversammlung eine Abfuhr einhandelte, ja sogar eine Verurteilung riskierte. Nachweisliche Verstöße konnten mit Geldstrafen, Verbannung, bisweilen sogar mit der Todesstrafe geahndet werden. Das war natürlich für ein geschicktes außenpolitisches Verhandeln eine außerordentliche Belastung!

Wenn Unterhändler wirklich einmal versuchten, mit oder ohne Auftrag hinter verschlossenen Türen Konzessionen anzubieten oder zu erlangen, konnte es ihnen widerfahren, daß sie das Vertrauen ihres Partnerlandes verspielten. Galt es doch z. T. als unehrenhaft, hinter dem Rücken der Volksversammlung, d. h. der Öffentlichkeit, Vorschläge zu unterbreiten. Ein anschauliches Beispiel dazu bei *Thukydides,* der über Friedensverhandlungen zwischen Athenern und Spartanern während des Peloponnesischen Krieges (431–404 v. d. Zw.) berichtet (Pelop. Krieg, IV, 22):

32 Zitiert aus dem Sammelband: Antike Diplomatie, hrsg. v. *E. Olshausen/B. Biller,* Darmstadt (WBG), WdF Bd. 462, 1979 (451). Diesem Sammelband verdankt der Verf. besonders im folgenden viele Erkenntnisse.

„Auf diese Antwort entgegneten die Spartaner nichts, sondern baten um die Wahl von Vertrauensleuten, mit denen sie sich in ruhigem Reden und Hören Punkt für Punkt einigen könnten auf das, was gegenseitig zu erreichen sei. Da stürzte sich nun Kleon mit Macht darauf und sagte, er habe schon gleich gemerkt, daß sie nichts Gerechtes im Sinne hätten, und nun sei es ja ganz klar, da sie nicht zur Menge reden, sondern mit wenigen Männern zusammensitzen wollten, und wenn sie es aufrichtig meinten, sollten sie vor der Gesamtheit sprechen. Da nun die Spartaner nicht gut vor der Menge reden konnten, ... und da sie die Athener nicht geneigt sahen, unter billigen Bedingungen ihre Vorschläge anzunehmen, verließen sie Athen unverrichteter Dinge“[33].

So geschehen im Jahre 425 v. d. Zw. Wir sehen dabei zugleich, wie leicht es dem Kriegstreiber und Demagogen *Kleon* (ca. 460–422 v. d. Zw.) gelang, mit dem Pseudoargument der Unehrenhaftigkeit die Meinung der Volksversammlung zu manipulieren und ergebnisbringende Friedensverhandlungen zu sabotieren. Aber der politische Hasardeur und spätere Staatsverräter *Alkibiades* (ca. 540–404 v. d. Zw.) bot seinen athenischen Mitbürgern noch Schlimmeres. Als sich im Sommer 420 v. d. Zw. wiederum eine reelle Chance bot, mit den Spartanern in Friedensverhandlungen einzutreten, hintertrieb er dies auf raffinierte Weise, weil ihm ein Bündnis mit der im Grunde politisch zweitrangigen Stadt Argos mehr am Herzen lag. Hören wir dazu wiederum den Historiker *Thukydides* (Pelop. Krieg, V, 45):

„Indem sie [die Spartaner] nun im Rat von Athen darüber redeten und sagten, sie seien mit Vollmacht gekommen, um allen Streit beizulegen, erregten sie in Alkibiades die Furcht, sie würden, wenn sie das vorm Volk sagten, die Menge herüberziehen und das Bündnis mit Argos vereiteln. Da braucht Alkibiades gegen sie diese List: er beredet die Spartaner und gibt ihnen Sicherheiten, wenn sie vorm Volk nicht zugäben, mit Vollmacht zu kommen, werde er ihnen Pylos wiederverschaffen (er werde sich in der Versammlung dafür einsetzen, wie er bisher dagegen geredet) und auch sonst vermitteln. Seine Absicht dabei war, sie von Nikias zu trennen und sie dem Volk verdächtig zu machen, weil sie es nicht aufrichtig meinten und niemals das gleiche sagten; damit wollte er das Bündnis mit Argos, Elis und Mantineia durchsetzen. Als sie nämlich vorm Volk auftraten und auf Befragen erklärten, anders als vorm Rat, sie kämen ohne Vollmacht, waren die Athener wütend, und da nun Alkibiades noch viel ärger als bisher über die Spartaner herfiel, hörten sie auf ihn und waren bereit, die Boten aus Argos und deren Begleiter sofort auf die Rednertribüne zu rufen und das Bündnis zu beschließen ...“

Wir werden hier zu Zeugen, wie *Alkibiades* die athenische Friedenspartei des *Nikias* (ca. 469–413 v. d. Zw.) und die friedensbereiten Ab-

33 Die hier wiedergegebenen Textpassagen stammen aus: *Thukydides,* Geschichte des Peloponnesischen Krieges, übers. v. *G. P. Landmann,* Lizenzausg. der Artemis-Bibl., Zürich, Hamburg 1962 (S. 459).

gesandten der Spartaner skrupellos „austrickste", indem er diesen einen „Köder" (Rückgabe von Pylos) hinwarf, um sie dadurch zu einer Falschaussage hinsichtlich ihrer Vollmachten zu verleiten. Anschließend machte er sie dann vor der Volksversammlung zu belogenen Lügnern, führte die Volksversammlung über seine wahren Absichten hinters Licht und drängte die Friedenspartei des *Nikias* ins politische Abseits: ein raffiniert abgekartetes Spiel des *Alkibiades*. Hätten die Spartaner noch eine Möglichkeit gehabt, sich gegen dieses Überrumpelungsmanöver zur Wehr zu setzen? Sie hätten den Mut und die Geistesgegenwart haben müssen, im Gegenzug zum Vertrauensbruch des *Alkibiades* vor der athenischen Volksversammlung seine Machenschaften zu entlarven, dadurch einen Sinneswandel der Athener zu bewirken und *Alkibiades* selbst in den Augen aller maßlos zu diskreditieren. Vermutlich wäre er dann zum Wohle aller ins Abseits und wohl in die Verbannung getrieben worden. Was aber erreichte *Alkibiades* mit seinem kurzlebigen Erfolg wirklich? Er opferte – und das gilt als schwerer strategischer Fehler in der Verhandlungsführung – einen langfristigen Erfolg (Friedensbündnis mit Sparta) um eines kurzfristigen Erfolges willen (Kriegsbündnis mit Argos u. a.) und verspielte damit eine der letzten echten Chancen Athens zu einem Vergleichsfrieden mit Sparta. Die sich langsam, aber sicher anbahnende militärische Katastrophe Athens riß dann auch *Nikias* (413 v. d. Zw.) und später *Akibiades* selbst (404 v. d. Zw.) in den Tod. Wir fühlen uns an die vertanen Friedenschancen vor dem Untergang Ilions (Troias) erinnert. Hätten die damaligen Athener vielleicht ihren *Homer,* den *Platon* (selbst Athener!) einmal den „Lehrer Griechenlands" nannte, und dessen Erkenntnisse noch viel aufmerksamer studieren müssen?

c) Das Verhandlungsduell Athen : Melos

Damit gelangen wir zum wahrscheinlich düstersten Bubenstück athenischer „Verhandlungskunst", das der große Denker *Friedrich Nietzsche* (1844–1900) einmal emphatisch (1875) als „Die entsetzliche Unterredung der Athener mit den Meliern bei Thucydides" (KSA 8, S. 32) bezeichnete. Woran dachte *Nietzsche* bei dieser erstaunlichen Äußerung? An den heute so genannten „Melier-Dialog". Worum geht es dabei? Und welche Vorgeschichte hatte er? Während des Peloponnesischen Krieges ging der „Attische Seebund" im Jahre 416 v. d. Zw. unter Leitung von *Alkibiades* als Chefstrategen dazu über, sich kleinere Inselstaaten rücksichtslos einzuverleiben. So erschien auch vor der ägaischen Insel Melos – auf der übrigens Ende des

2. Jhs v. d. Zw. die berühmte Statue der „Venus von Milo", heute im Pariser Louvre, geschaffen wurde – eine größere attische Flotte und setzte einen starken Truppenverband ab, um die Insel für Athen in Besitz zu nehmen. Dabei hatte Melos, obwohl ursprünglich eine spartanische Pflanzstadt, für keinen der beiden großen Machtblöcke Partei ergriffen und betrachtete sich folgerichtig als neutral. Doch dies Argument zählte in den Augen des Gewaltpolitikers *Alkibiades,* in dessen Denken Macht vor Recht ging, überhaupt nicht. Ordnungshalber entsandten die attischen Aggressoren dann eine Unterhändlerdelegation mit der ultimativen Aufforderung an die Ratsversammlung der Melier, entweder der Einverleibung in das athenische Imperium zuzustimmen oder die Vernichtung als Staatswesen in Kauf zu nehmen. Ein echtes und gleichberechtigtes Verhandeln war damit im Grunde schon ausgeschlossen. Gleichwohl entspann sich daraufhin ein heroisch anmutender Dialog der freiheitsliebenden Melier mit den übermächtigen Invasoren, bei dem es um Leben oder Tod, Sein oder Nichtsein des kleinen Inselstaates ging. Aus Platzgründen sei dieser verbale Schlagabtausch hier nur auszugsweise wiedergegeben[34]: So betonen die Athener gleich eingangs ihre übermächtige Verhandlungsposition, daß nämlich nach menschlichem Maßstab bei Kräftegleichgewicht ausgewogene Entscheidungen zustande kämen, daß aber die Stärkeren alles Erstrebbare realisierten und die Schwächeren nachgäben. Das ist bereits die Sprache des sophistischen Immoralismus, dem besonders *Alkibiades,* obwohl ehemaliger *Sokrates*-Schüler, erlegen war. Die Athener werden noch deutlicher, wenn sie den Meliern sagen, sie ständen jetzt auf Melos zum Ausbau der eigenen Machtposition und zugleich zur Errettung ihres Stadtwesens (Polis). Dieser Satz ist abgründig verlogen, aber in seiner Verlogenheit auch entlarvend. Denn bekanntlich kann man einen Unterdrückungskrieg „Befreiungskampf", den Überfall auf ein Land auch „brüderliche Hilfeleistung" nennen, usw. Die Melier gaben spöttisch zurück, welcher Vorteil für sie angesichts des Verlustes der Freiheit abfiele, wo doch für die Athener ein Machtzuwachs herausspränge. Wie blanker Hohn mutet die Antwort der Athener an, die Melier müßten doch eigentlich dankbar dafür sein, sich unterwerfen zu dürfen, statt vernichtet zu werden. Die Melier erwidern geschickt mit einer Frage, warum die Athener es nicht akzeptieren wollten, daß Melos sich ruhig verhalte, Athen gegenüber freundlich und nicht feindlich gesinnt sei, aber strikte Neutralität wahre.

---

34 Der gesamte Text ist nachzulesen in der o. g. *Thukydides*-Übersetzung von *Landmann,* S. 249–254, sowie im griechischen Original, Buch V, c. 85–113.

Hier zeigt sich natürlich die Tragik kleiner neutraler Staaten ohne militärische Machtbasis mitten im Konflikt zwischen zwei Machtblöcken. Nur waffenstarrende Neutralität als Verhandlungs- und Abschreckungspotential ist eine Sprache, welche die Großmächte in dieser Situation verstehen, wie es gerade der 2. Weltkrieg bewiesen hat.

Darauf schieben die Athener als weiteres fragwürdiges Argument nach, daß die Unterwerfung von Melos für sie selbst nicht nur Machtzuwachs, sondern auch ein Mehr an Sicherheit bedeute. Mit dem sog. „Sicherheitsbedürfnis“ der Großmächte ist es bekanntlich so eine Sache[35]. Es dient häufig dazu, Vertragsbrüche und Übergriffe gegenüber den kleinen Staaten zu „rechtfertigen“, d. h. zu kaschieren. Das Sicherheitsbedürfnis der Kleinen ist den Großen völlig gleichgültig. Nun geben die Melier klug zu bedenken, ob die Athener nicht gerade durch dieses Verhalten viele neutrale griechische Kleinstaaten in das Lager der Feinde trieben und damit die andere Seite stärkten, statt sie zu schwächen. Und die Melier satteln noch ein Argument drauf, indem sie die rhetorische Frage stellen, wenn doch schon von Athen versklavte Städte versuchten, sich vom Joch zu befreien, um wieviel mehr müßten erst sie als freie Melier jeden Weg beschreiten, um gegen die Versklavung anzukämpfen. Das sind heroische Worte, den Unterdrückern ins Antlitz geschleudert! Die Athener, über soviel Widerstand aufgebracht, lassen nun erst recht die Maske fallen, denn es gehe hier nicht um die Tapferkeit im Kampf Mann gegen Mann, sondern um die Rettung des melischen Gemeinwesens und darum, daß die Melier dem Hochüberlegenen keinen Widerstand leisteten. Dem halten die Melier entgegen, daß ein sofortiges Zurückweichen vor dem Druck für sie gleichbedeutend mit der Hoffnungslosigkeit sei, wenn sie dagegen zur Tat schritten, gäbe es auch noch Hoffnung, aufrecht zu bestehen. Die Hoffnung ist leider ein schwacher, doch lebenserhaltender Trost. Noch hatten die Melier sich nicht um Hilfe von außen bemüht. Also durften sie sich eine gewisse Chance ausrechnen, die athenische Invasion zu überstehen. Nun unternehmen die Athener einen letzten argumentativen Versuch, indem sie auf das sog. „Naturrecht“, d.h. das Recht des Stärkeren verweisen, wie es von macht-

35 Geographische Tatsache ist freilich, daß die Insel Melos mit ihrer geschützten Bucht rd. 150 km Luftlinie von Athens Hafen Peiraieus (Piräus) entfernt liegt. Eine spartanische Flottenbasis auf dieser Insel hätte allerdings eine akute Bedrohung Athens und seiner Getreide-Konvois dargestellt. Insofern ist das Sicherheitsbedürfnis Athens nicht von der Hand zu weisen. Aber hätte anstelle dieser brutalen Invasion nicht ein Abkommen über Lande- oder Hafennutzungsrechte oder die Errichtung einer Marinestation der Ausweg aus der Katastrophe sein können? Auch die Melier hätten hier flexibler sein müssen.

berauschten Athener Sophisten wie *Thrasymachos, Kallikles, Kritias* usw. ungeniert gelehrt wurde. Demnach seien sie der Meinung, daß es vermutlich göttliches, ganz klar aber immer schon menschliches Wesensmerkmal mit Naturnotwendigkeit sei, das, worüber man Gewalt erlange, auch zu beherrschen.

Mit dieser pseudophilosophischen Begründung im Rücken, möglichst noch verbunden mit einer Beschwörung des Göttlichen, läßt sich der kalte Zynismus der athenischen Gewaltdiplomatie gar trefflich verbrämen. Macht geht vor Recht, der Kleinere muß sich dem Größeren fügen, sonst wird er gefressen. Abschließend wollen die Athener es nochmals mit dem Zuckerbrot versuchen, nachdem die Peitsche nichts fruchtete. Sie versuchen es also auf die emotionale Tour und wollen den Meliern die Unterwerfung schmackhaft machen[36]. Sie sollten es nämlich nicht als unwürdig ansehen, einer so großen Stadt unterlegen zu sein, die so maßvolle Vorschläge anbiete: Sie würden Verbündete der Athener, wären weiterhin Besitzer ihres Eigentums und abgabepflichtig. Danach zogen sich die Athener zurück, um der melischen Ratsversammlung Zeit zum Bedenken ihrer mit Druck und Drohgebärden vorgetragenen Vorschläge zu lassen. Doch die Melier blieben unbeugsam. Ihr Bescheid an die Athener lautete u. a., daß sie ihnen weiterhin freundlich und keiner Gruppierung feindlich gesonnen seien. Sie möchten die Insel Melos verlassen, dann sollten beide Seiten miteinander Verträge abschließen, wie sie ihnen als zweckdienlich erschienen. Daraufhin brachen die athenischen Unterhändler die Verhandlungen ab und bezichtigten beim Weggehen die Melier der Verblendung.

Bei diesem Verhandlungsgespräch waren die Melier – mit Ausnahme der Selbstaufgabe – fast bis an die Grenzen ihrer Minimalposition gegangen und hatten bis zuletzt versöhnliche und annehmbare Vorschläge gemacht. Die Athener dagegen hatten alle Register der Überredung gezogen, sich aber keinen Fußbreit von ihrer Maximalposition entfernt. Dieser unflexible Verhandlungsstil sollte ihnen längerfristig zum Verderben gereichen. Am Ende stand die bedingungslose Übergabe Athens an die Spartaner.

Doch zuvor nahm eine andere griechische Tragödie ihren Gang. Nach über einjähriger tapferer Verteidigung und von der Außenwelt im Stich gelassen, wurde das ursprünglich neutrale Melos von der athenischen Militärmaschinerie 415 v. d. Zw. zermalmt. Die Athener besei-

36 Es handelt sich hier um das Instrument der Meinungsbeeinflussung, das die Melier leider nicht einsetzten, s. S. 63 f.

tigten alle erwachsenen Melier, soweit sie ihrer habhaft werden konnten, und verkauften Kinder und Frauen in die Sklaverei.

Der sog. „Melier-Dialog“ ist ein grauenhaftes und zugleich blamables Stück athenischer Gewaltdiplomatie, das man der Stadt der *Athene* und des *Perikles* gar nicht zugetraut hätte. Doch so sieht eben die andere Seite der griechischen Medaille aus! Das ist machiavellistisch anmutende Realpolitik reinsten Wassers. Derartiges hätte man eher den als Militaristen verschrienen Spartanern zugetraut. Als diese vor einer vergleichbaren Entscheidung standen, nämlich das besiegte Athen dem Erdboden gleichzumachen (wie es die Römer mit Karthago, Numantia, Korinth und Jerusalem später machten!), wiesen die Spartaner solch ein Ansinnen weit von sich. Dies entsprach nicht ihrer Vorstellung von Politik.

d) Spartanische und athenische Konferenz-Diplomatie

Werfen wir damit einen Blick auf die Diplomatie und die Verhandlungskünste der Spartaner. Ihr Erfolg ist daran zu ermessen, daß Sparta zwei Jahrhunderte lang als unangefochtene militärische Vormacht in Griechenland anerkannt wurde. Seine Militärmacht bot Sparta ein unübersehbares Druckmittel im Rahmen einer geschickten Verhandlungsdiplomatie, die es ihm anhand dieses Drohpotentials erlaubte, seine tatsächlichen militärischen Aktivitäten einzuschränken. Sparta stand in dem Rufe, eine listige und verschlagene Politik zu treiben. Nach innen eine völlig unfreie Gesellschaft, konnte es sich nach außen lange Zeit hindurch als Vorkämpfer der Freiheit gegen die Perser aufspielen. Zwei Beispiele mögen hier genügen:

Da wird berichtet, wie der spartanische König *Kleomenes I.* (ca. 545–488) einen Waffenstillstand von sieben Tagen Dauer mit Argos abschloß. In der dritten Nacht griff er an und behauptete, seinen Eid nicht gebrochen zu haben. Denn dieser gelte allein für den Tag, nicht aber ausdrücklich auch für die Nacht. Hier wird zugleich sichtbar, wie unscharfe Formulierungen Auslegungsprobleme erzeugten, die sich ein Vertragsbrecher leicht zunutze machen konnte.

Ein andermal suchten spartanische Gesandte einige persische Generäle auf. Als diese fragten, ob sie in öffentlichem oder privatem Auftrag kämen, antworteten die Spartaner in ihrer lakonischen Kürze: Hätten sie Erfolg, wären sie im öffentlichen Auftrag da, wenn nicht, dann nur auf eigene Faust. Eine Sitte, die übrigens auch heute bei bestimmten diplomatischen „Versuchsballons“ oder Geheimaktionen üblich ist.

Auch die Taktik des Spekulierens auf Zeitgewinn („Verzögerungs- oder Hinhalte-Taktik") galt als typisch spartanisch, wie zwei weitere Beispiele zeigen:

Als sich die politischen Spannungen zwischen Athen und Sparta zum Peloponnesischen Krieg zuspitzten, sandten die Spartaner Unterhändler mit Beschwerden nach Athen, um so Zeit für die Anwerbung weiterer Verbündeter unter den Griechen und Barbaren zu gewinnen.

Als in der Endphase dieses grauenhaften Krieges *Theramenes* (ca. 455–404 v. d. Zw.) bei den Spartanern mit einer athenischen Verhandlungsdelegation auftauchte, verzögerten diese den Verhandlungsbeginn unter allerlei Vorwänden, um Zeit für die Aushungerung und weitere Demoralisierung der Athener zu gewinnen. Die Spartaner hatten damit zugleich ein überzeugendes Druckmittel in der Hand, um bei den Athenern alle Friedensbedingungen, einschließlich der Schleifung der „Langen (Verbindungs-)Mauern" zwischen Athen und dem Hafen Peiraieus, durchzusetzen. Dies ersparte ihnen die Notwendigkeit eines letzten blutigen Großangriffs auf Athen. Es war eben nicht spartanische Manier, einen Krieg bis zum bitteren Ende auszufechten.

Spartas maßvolles und vernünftiges Konzept, daß ein Krieg eben nur Vorstufe für Vertragsverhandlungen sein dürfe, und nicht für die totale Unterjochung oder Vernichtung des Gegners, mutet uns sehr modern an.

Kommen wir damit zur Frage der sog. „Konferenzdiplomatie" (diplomacy by conference) und der Rolle, welche Spartaner und Athener bei deren Entwicklung spielten. Während des größten Teils ihrer Geschichte kannten die Hellenen offenbar nicht die Konferenzdiplomatie als Instrument der Konfliktregelung, d. h. die Zusammenkunft von Verhandlungsdelegationen unter Ausschluß der Öffentlichkeit, die mit den entsprechenden Verhandlungsvollmachten und -spielräumen ausgestattet waren. Konferenzdiplomatie war eben kein regulärer Bestandteil zwischenstaatlicher Beziehungen in Hellas. Es gab verschiedene Faktoren, die einem Durchbruch auf diesem Gebiet entgegenstanden:

a) Da man sich bei zwischenstaatlichen Vertragsabschlüssen eines Repertoires bewährter knapper Standardformeln bediente, die z. T. schon in frühgriechischer Zeit gebräuchlich und allgemein akzeptiert waren, allerdings auch mancherlei Unschärfen in sich bargen (s. S. 390), gab es wenig sinnvollen Spielraum für das Aushandeln von Vertragsbedingungen.

b) Es gab im Normalfall keine ständigen Gesandtschaften und somit auch nicht den Begriff der exterritorialen Souveränität. Gesandtschaften waren in der Regel nur kurz befristet. Eine Ausnahme bildete z. B. der Spartaner *Antalkidas,* der als „Persien-Spezialist" seinem Staate über zwei Jahrzehnte (388–367 v. d. Zw.) am Hofe des persischen Großkönigs und andernorts mit wechselndem Erfolg als Unterhändler diente[37].

c) Es gab keine Lehre von der diplomatischen Immunität. Die Gesandten mußten bei ihren Verhandlungsmissionen auf die ungeschriebenen Gesetze der Gastfreundschaft und der Religion vertrauen, was ihnen manchmal übel bekam. Ihre Tätigkeit war also für sie selber ziemlich gefährlich. Die Immunität von Gesandten wurde erstmals 302 v. d. Zw. innerhalb des Hellenischen Bundes festgelegt. Gesandte im Verkehr der Vertragspartner untereinander durften von da an nicht mehr verhaftet werden. Freilich galt diese lobenswerte Regelung eben nur innerhalb von Hellas (Griechenland).

Dennoch zeichneten sich während des großen Peloponnesischen Krieges seitens beider Machtblöcke (Peloponnesischer Bund und Attischer Seebund) erste Ansätze einer Konferenzdiplomatie ab. Es war, als ob man zur Einsicht gelangt wäre, daß bei entscheidenden Verhandlungen nicht alles für die Öffentlichkeit bestimmt und darum ein Aufweichen der öffentlichen Diplomatie angezeigt sei. Unter diesen Vorzeichen war es eine besondere Leistung der sonst eher als hinterwäldlerisch angesehenen Spartaner – und nicht etwa der als weltgewandt geltenden Athener –, einen wichtigen Beitrag zur Methode der Verhandlungsführung durch die Entwicklung einer Diplomatie der Konferenzverhandlung bei den Friedensgesprächen mit den Athenern 425 und 421 v. d. Zw. erbracht zu haben. Sie entsandten Delegationen, die jeweils mit entsprechenden Vollmachten und Verhandlungsspielräumen ausgestattet waren, um Verhandlungen unter Ausschluß der Öffentlichkeit zu führen. Auch zeigten die Spartaner bei der Auswahl ihrer Verhandlerpersönlichkeiten offenbar mehr professionelles Geschick als andere griechische Staaten. Denn sie bauten sich Verhandlungsexperten auf, die sich auf Probleme bestimmter Staaten spezialisieren konnten, wie der schon oben genannte *Antalkidas.* Aber Athen zog nun nach und entsandte ebenfalls mehrmals

37 Er schloß 388 v. d. Zw. mit den Persern den sog. „Königs- oder Antalkidas-Frieden" ab, der alle griechischen Städte Kleinasiens dem Großkönig zurückgab, dafür aber die Selbständigkeit aller anderen griechischen Städte und Staaten garantierte.

derartige mit Vollmacht ausgestattete Verhandlungskommissionen nach Persien und nach Sparta. Hier sei nur der steinreiche Athener *Kallias* (ca. 450–ca. 370 v. d. Zw.) genannt, der insgesamt dreimal an einer Friedensgesandtschaft nach Sparta teilnahm, zuletzt 371 v. d. Zw. Die Größe der Gesandtschaften schwankte zwischen 3 und 10 Mann. Die letztgenannten Teams wurden aber nur bei besonders schwierigen Aufgaben eingesetzt, wie von den Spartanern zur Vorbereitung des Nikiasfriedens (421 v. d. Zw.) oder von den Athenern unter *Theramenes* zum Aushandeln der Friedensbedingungen nach der Niederlage im Peloponnesischen Krieg (404 v. d. Zw.). Diese Delegationen hatten dann auch Verhandlungsführer mit unbeschränkter Vollmacht. Die Griechen nannten solche Generalbevollmächtigte „Autokratoren", ein Titel, den später die byzantischen Kaiser und russischen Zaren annahmen. Aber dies waren doch eher Ausnahmefälle in Ausnahmesituationen. Denn nur ungern betrauten die Athener wie die Spartaner einige Männer eine gewisse Zeit mit derartigen Vollmachten, um sich ganz deren Ratschlägen anzuvertrauen und somit die Außenpolitik zeitweise an sie zu delegieren. So konnten diese bahnbrechenden Ansätze nicht wirklich Schule machen und wurden zu keiner ständigen außenpolitischen Institution.

Der gelegentliche Einsatz der Konferenzdiplomatie bedeutete also nicht, daß die sog. „öffentliche Diplomatie" damit abgeschafft war. Allerdings blieben den hellenischen Klein- und Stadtstaaten vom Ende des Peloponnesischen Krieges (404 v. d. Zw.) bis zum endgültigen Verlust ihrer Freiheit in der Schlacht von Chaironeia (338 v. d. Zw.) gegen den makedonischen Aggressor *Philippos II.* nur noch 66 Jahre zur weiteren politischen Entfaltung. Wählen wir daher abschließend noch zwei interessante Beispiele aus dem Bereich des öffentlichen Verhandelns:

e) Reden und Verhandeln im spätklassischen Hellas

Als Griechenlands größter Geschichtsschreiber *Thukydides* bald nach dem Ende des Peloponnesischen Krieges (404 v. d. Zw.) aus der Verbannung nach Athen zurückkehrte und dort verstarb, ließ er sein großartiges Geschichtswerk unvollendet zurück. Dort, wo die Geschehnisse in seinem Werk mit dem Jahre 411 v. d. Zw. abbrechen, versuchte der griechische Historiker *Xenophon* (ca. 430–355 v. d. Zw.), *Sokrates*-Schüler und hoher Offizier mit prospartanischer Einstellung, mit einem Geschichtswerk unter dem Titel „Hellenika" („Hellenische Geschichte") anzuknüpfen, in dem er die Jahre von 411–362

v. d. Zw. behandelte. In seinen „Hellenika“ (Buch VI, Kap. 3) berichtet *Xenophon* u. a. darüber, daß die Athener 371 v. d. Zw. eine Abordnung zu einem Friedenskongreß nach Sparta entsandten, die dort vor der Volksversammlung das athenische Angebot überzeugend vortragen und erläutern sollte. Die athenische Verhandlungsdelegation bestand aus insgesamt neun Mitgliedern, unter ihnen der schon oben genannte *Kallias*, der übrigens auch in *Platons* Dialogen erwähnt wird, der Stratege *Autokles* und der berühmte Redner und einflußreiche Staatsmann *Kallistratos*, der ein Vorbild des jungen *Demosthenes* war. Die Athener hatten, wie wir zwischen den Zeilen lesen können, den Auftritt ihrer Redner in dieser öffentlichen Verhandlung psychologisch genau vorhergeplant:

Zuerst begann *Kallias*. Er war der Typ des Lobredners, für Eigenlob nicht unempfänglich. Seine Rede war im Tenor freundlich und versöhnlich. Gleich eingangs erinnerte *Kallias* daran, daß er als Proxenos[38] der Spartaner nun bereits zum dritten Mal zu Friedensgesprächen bei ihnen weile, nachdem schon früher sein Großvater die spartanische Proxenie besessen habe. Er beschwor also die bisherige gute Zusammenarbeit mit Hilfe der „Gemeinsamkeitstaktik“. Er unterstrich nicht das Trennende, sondern das Verbindende und appellierte an das Gemeinsame zwischen Athenern und Lakedaimoniern (Spartanern). Die Rede wollte Widerstände abbauen und plädierte für eine rasche Beilegung des Konfliktes.

Als nächster ergriff *Autokles* das Wort. Er galt als ein Sprecher, der seine Zuhörer betroffen machen konnte. Und er blieb diesem Rufe nichts schuldig. Seine Rede wirkte nach der wärmenden Wortberieselung durch *Kallias* wie eine kalte Dusche auf die versammelte Zuhörerschaft. Sie formulierte scharfe Kritik an der spartanischen Außenpolitik und unverblümte Wahrheiten über ihr doppelbödiges Verhalten gegenüber den anderen Griechen. Einerseits spiele man sich nach außen als Befürworter von Freiheit und Selbständigkeit auf, andererseits entmündige man alle griechischen Bundesgenossen, zwinge ihnen ein oligarchisches Herrschaftssystem à la Sparta auf und strebe unverhohlen nach der Hegemonie in Hellas. Diese freimütige Sprache löste in der Versammlung bei den Spartanern betretenes Schweigen und Schuldgefühle, bei anderen griechischen Teilnehmern, die Opfer

38 Brauchte ein Staat einen einflußreichen Mann als Konsularvertreter („Honorarkonsul“) in einem anderen Staate, verlieh man einem dort ansässigen Bürger jenes Staates die sog. „Proxenie“, verbunden mit dem ehrenamtlichen Titel „Proxenos“ (Gastfreund, Fremdenvertreter). So konnte dieser den entsprechenden Staat in seinem Heimatland angemessen vertreten.

dieser Politik waren, erhebliche Genugtuung aus. Die Wirkung trat wie geplant ein. Die Spartaner sollten nachdenklich und selbstkritisch gemacht werden, um für ein Friedensangebot offen zu sein.

Als dritter richtete *Kallistratos* das Wort an die Versammlung. Er galt als bedeutender attischer Politiker und Berufsrhetor, der um dieser Wirkung willen als letzter redete. Denn in der Rhetorik ist bekanntlich der letzte Eindruck der bleibende. Seine Rede war freimütig, aber zugleich ausgewogen, d. h. sie schob nicht einer Seite die Alleinschuld am griechischen Desaster zu. Er forderte seine Zuhörer auf, doch lieber aus den gemachten politischen Fehlern für die Zukunft zu lernen. Das klang versöhnlich und kompromißbereit. Darauf wagte sich der Sprecher noch einen Schritt weiter vor. Er forderte die Versammelten auf, an der Herstellung eines gemeinsamen Interessenausgleichs zu arbeiten, ihre Feindseligkeiten zu begraben und statt der Zwietracht zwischen Athenern und Spartanern deren Versöhnung, Freundschaft und Eintracht anzustreben. Eindringlich, aber rational appellierend (Taktik der Vorteilsargumentation) verwendete er sich dafür, nie mehr einen Kampf um alles oder nichts zu versuchen, sondern miteinander den Freundschaftsbund zu schließen, solange man noch politisch und wirtschaftlich stark genug dazu sei.

So ist das Zusammenspiel dieser Rednertroika bemerkenswert, weil die Reden in ihrer Abfolge einen klaren strategischen Verhandlungsplan erkennen lassen: Nach Zuckerbrot und Peitsche gibt es zuletzt nicht Salz, sondern Balsam auf die gemeinsamen Wunden. Diesem Konzept konnte niemand widerstehen. Der Sinneswandel trat ein. Tatsächlich mochten sich die Versammelten diesem panhellenischen Appell nicht entziehen. Die spartanische Volksversammlung mußte anerkennend zugestehen, daß die Redner gut gesprochen hatten. Die Reden überzeugten die Zuhörer rational und emotional von der Richtigkeit des Sachvortrags und taten damit die gewünschte Wirkung. Folglich stimmten die Spartaner für die Annahme des Friedensvertrages, der den Abzug der spartanischen Statthalter aus den verbündeten Städten, die Auflösung der bestehenden Flotten- und Heeresverbände sowie die Entlassung der annektierten Städte in die Selbständigkeit vorsah. Dieser Erfolg verdeutlicht auf beispielhafte Weise ein weiteres Mal die enge und wirkungsvolle Verbundenheit von Rede- und Verhandlungskunst im alten Hellas.

In den noch verbleibenden Jahrzehnten bis zum Beginn der makedonischen Hegemonie über Hellas ragt als größter Politiker, d. h. Redner- und Verhandlerpersönlichkeit, der Athener *Demosthenes*

(384–322 v. d. Zw.) hervor. Er kannte Glanz und Elend der Gesandtschaften zur Genüge, wobei das Letztgenannte überwog. Denn die innenpolitischen Zwistigkeiten, den Parteihader, diese innere Zerrissenheit – statt einer klaren Geschlossenheit – nahmen sie auf ihren außenpolitischen Missionen mit. So waren *Kallias* und *Autokles* miteinander zerstritten; auch in der berühmten Verhandlungsdelegation der Athener an König *Philippos II.* von Makedonien (382–336 v. d. Zw.) waren die beiden Chefunterhändler *Demosthenes* und *Aischines* (389–314 v. d. Zw.) miteinander bis aufs Messer verfeindet. Denn *Demosthenes* war antimakedonisch eingestellt, *Aischines* aber promakedonisch. Hier war es einem überlegenen Verhandlungsgegner wie *Philippos* von Makedonien ein Leichtes, in eine derartige Delegation Keile zu treiben und sie nach seinen Absichten innerlich zu spalten. Das ist für eine Verhandlungsdelegation allerdings verheerend. Hören wir daher abschließend *Demosthenes* in seiner Anklagerede gegen *Aischines* „Über die fehlbesetzte Gesandtschaft" („De Falsa Legatione", 183–186) zur zwiespältigen Rolle des Unterhändlers:

„Gesandte sind weder Herren über Kriegsschiffe, Stellungen oder Schwerbewaffnete und Festungsanlagen, sondern über Worte und günstige Zeitpunkte. ... Günstige Gelegenheiten zu verpassen, ist ein Vergehen, das nicht von gleicher Bedeutung für Oligarchien und Monarchien oder für eine Demokratie wie die eure ist. Ganz im Gegenteil. Denn in jenen Systemen erfolgt alles prompt auf Befehl von oben. Bei euch aber muß zuerst dem Hohen Rat alles zu Gehör gebracht werden, der einen vorläufigen Beschluß faßt. Aber auch nicht allemal, sondern dies erst, sobald durch einen amtlichen Sprecher und unsere Gesandten schriftliche Mitteilungen ergangen sind. Danach beruft der Rat die Volksversammlung ein, und dies nur an einem gesetzlich festgelegten Tag. Dann können die Sprecher mit der besten Sachaussage ihres Amtes walten und mit unwissenden oder böswilligen Einwendern fertig werden. Und da ja nach alledem ein Beschluß zu fassen ist, der als vorteilhaft erscheinen soll, muß weitere Zeit auf die Bedürfnisbefriedigung der mittellosen Massen verwandt werden, damit sie die Beschlüsse auch rechtskräftig machen können. Ein Mann, welcher solche günstigen Gelegenheiten einem Stadtwesen wie dem unsrigen vorenthält, der hat nicht nur diese Gelegenheiten kaputtgemacht, schlimmer, er hat unsere Staatsgeschäfte schlechthin lahmgelegt!" (Übers. v. *W. Hartig*)

So sehen wir noch einmal, welchen Pressionen und Sachzwängen das Wirken eines erfolgreichen Verhandlers im klassischen Griechenland unterworfen war.

Zusammenfassend können wir jedoch feststellen: Die alten Griechen haben die enge Verbundenheit zwischen freier Redekunst (Rhetorik) und offener Verhandlungsführung (Negoziatorik) begründet, aber bedienten sich dabei öfters auch der Konter-Negoziatorik. Sie haben lange vor der Moderne öffentliche Diplomatie und schon bisweilen Konferenz-Diplomatie praktiziert. Diese echten demokratischen Errungenschaften sind ihr Hauptverdienst.

§2 Hellenismus (Diadochenreiche, Karthago)

Seit dem Beginn des Hellenismus, d.h. mit der Heraufkunft der Nachfolge- oder Diadochenreiche, die dem zerfallenden Riesenreich *Alexanders des Großen* (356–326 v.d.Zw.) entsprangen, veränderte sich auch die Szene des diplomatischen Verhandelns im vorderasiatisch-ostmittelmeerischen Raume erheblich. Im Zeitalter des Hellenismus wuchs die Staatenwelt besonders des östlichen Mittelmeerbeckens zu einer griechisch beherrschten Kosmopolis – wir würden heute sagen: zu einem großen Welt-Dorf – zusammen. Denn nach dem politischen Untergang der Stadt- und Kleinstaaten Griechenlands bildeten sich jene Diadochenreiche heraus, die sich schnell zu Königsherrschaften mit Dynastiebildung und Hofstaat entwickelten[39]. In diesen Reichen hatten echte Volksversammlungen, wenn auch den einzelnen Stadtwesen (Poleis) häufig die Selbstverwaltung erhalten blieb, keinen Platz mehr. Auch die öffentliche Redekunst mit der Volksversammlung als Verhandlungs- und Entscheidungsgremium fand damit – bis auf gewisse Ausnahmen in Griechenland selbst – ihr Ende. Die Entscheidung ging vielmehr auf den selbstherrlich (autokratisch) bestimmenden König oder Tyrannen über, dem bei der Entscheidungsfindung und Durchsetzung seiner Politik allerdings oft ein qualifizierter Beraterstab, den die Griechen „Königsfreunde" (philoi tou basileos) nannten, zur Seite stand. Im Zuge dieser Entwicklung übernahmen die „Königsfreunde" als enge politische Berater der jeweiligen Herrscher auch die Rolle von Gesandten, die oft in langjährigen Missionen als Interessenvertreter ihrer Monarchen diplomatische Funktionen an fremden Fürstenhöfen ausübten. Ja, sie konnten dort, wenn sie das Vertrauen des jeweiligen fremden Herrschers gewinnen konnten, zu hohen Beraterposten aufsteigen. Es entwickelte sich eine höfische Diplomatie mit entsprechenden Verhandlungsformen und Methoden der Einflußnahme. Im Zeitalter des frühen und mittleren Hellenismus waren also Geheimdiplomatie und Geheimverhandlungen in jeder Form angesagt, anders als zur Zeit des klassischen Griechentums. Zum Entstehen eines Berufsdiplomatentums, wie wir es in Europa seit der Zeit der Renaissance kennen, kam

39 So z.B. die Ptolemäer (Lagiden) in Ägypten, die Seleukiden in Kleinasien und Syrien, die Antigoniden in Makedonien und Griechenland.

es damals gleichwohl noch nicht. Übrigens kennen wir aus der antiken Überlieferung eine ganze Reihe dieser erfolgreichen Verhandlergestalten namentlich und in ihrem Wirken. Greifen wir dazu nur einige berühmte und eindrucksvolle Beispiele diplomatischer Verhandlertätigkeit heraus:

a) Verhandlergestalten der hellenistischen Geheimdiplomatie

1. Der Grieche *Megasthenes* verweilte während des Jahrzehnts von 304–293 v.d.Zw. mehrmals als Abgesandter des Diadochenkönigs *Seleukos I.* (358/4–281 v.d.Zw.) am Hofe des indischen Großkönigs *Candragupta* (ca. 360–300 v.d.Zw.) in Pataliputra, dem heutigen Patna, im Bundesstaat Bihar (NO-Indien), wo er die Interessen seines Herrn nach einem Friedensvertrag zwischen beiden Reichen wirkungsvoll vertrat. Später verfaßte er über diese Zeit ein geographisches Werk, das ihn in der Nachwelt berühmt machte und deren Fragmenten wir heute noch viele wichtige Informationen über jene längst vergangene Zeit verdanken. Auch der Ptolemäerkönig hatte einen Gesandten namens *Dionysos* am Hofe Candraguptas.

2. Der Gräko-Ägypter *Sosibios* (Mitte 3. Jh.–Anfang 2. Jh. v.d.Zw.), ursprünglich Priester, dann einflußreicher Minister des ägyptischen Königs *Ptolemaios IV.* (ca. 240–205 v.d.Zw.), vertrat auch als Unterhändler die Interessen des Ptolemäerreiches erfolgreich gegenüber dem Seleukidenkönig *Antiochos III. d. Gr.* (243/2–187 v.d.Zw.). Der griechische Historiker *Polybios* (ca. 200–120 v.d.Zw.) liefert uns eine der wenigen Schilderungen, wie ein derartiges Verhandlungsspiel ablief (Hist., V, 63 u. 66). Als im Jahre 219 v.d.Zw. *Antiochos* mit seinem Heer siegreich in Westsyrien und Phoinikien einmarschierte und somit Ägypten überrumpelte, das diese beiden Länder als seine Interessengebiete damals nicht wirksam schützen konnte, wurde der erfahrene *Sosibios* von seinem König Ptolemaios damit beauftragt, den Gegner mit politischen Mitteln aufzuhalten, um Zeit für intensive Kriegsvorbereitungen zu gewinnen.

Der Wesir *Sosibios* entsandte Unterhändler zu *Antiochos,* die diesen in der Ansicht bestärken sollten, das Ptolemäerreich sei zu schwach, um sich in einen Kampf einzulassen. Ferner sollten sie *Antiochos* signalisieren, sie würden ihren Herrn *Ptolemaios* dahingehend beeinflussen, Syrien zu räumen und ihm ganz auf dem Verhandlungswege zu überlassen. Außerdem schickte *Sosibios* Gesandte nach Rhodos, Byzantion, Aitolien usw., um diese Staaten zu einer Mitwirkung an der Schlichtung dieses politischen Streitfalls zu bewegen. Diese nahmen sein Angebot an und ließen ihrerseits Vermittler zu den beiden Königen reisen, genau wie *Sosibios* es sich gewünscht hatte. Denn durch Ankurbelung dieser diplomatischen Aktivitäten – gleichsam eine „Internationalisierung des Konflikts" – hoffte er, auf Zeitgewinn spielen zu können. *Sosibios,* der von seinem ohnehin politisch desinteressierten König in der Behandlung dieser Sache ganz freie Hand hatte, bezog daraufhin sein Hauptquartier in der verkehrstechnisch so günstig gelegenen Pharaonenresidenz Memphis im Nildelta, wo er sowohl die Abgesandten des *Antiochos* als auch die Vermittler aus Griechenland zu weiteren Gesprächen und Verhandlungen empfing. Gleichzeitig jedoch baute er in aller Heimlichkeit nahe Alexandreia ein starkes Heer auf.

Im Herbst 219 v. d. Zw. konnten die ägyptischen Unterhändler einen wichtigen Erfolg vorweisen. *Antiochos* schloß mit ihnen einen viermonatigen Waffenstillstand ab, während dessen nach einer endgültigen Verhandlungslösung gesucht werden sollte. Dieser Aufschub paßte übrigens dem Seleukidenkönig sehr gut in sein Konzept, weil er die unruhige innenpolitische Lage seines Reiches nicht zu lange unbeobachtet lassen durfte. Er glaubte sich zudem seines errungenen Besitzes schon völlig sicher und war jetzt davon überzeugt, daß er die restlichen Gebiete Westsyriens und Phoinikien auf dem Verhandlungswege erhalten werde. Indem er also selbst wähnte, politisch klug zu handeln, arbeitete er in Wirklichkeit dem *Sosibios* in die Hände, der seinerseits darauf hinarbeitete, daß auch bei den seleukidischen Gesandten, die mit ihm in Memphis verhandelten, derselbe Eindruck entstehe wie bei *Antiochos*[40]. Gleichzeitig aber schottete er seine Aufrüstungsmaßnahmen so gut ab, daß selbst seine eigenen Unterhändler am Seleukidenhofe nicht erfuhren, was sich bei Alexandreia zusammenbraute.

Den Winter 219/18 v. d. Zw. verbrachten die Gesandten des *Sosibios* im Gespräch mit *Antiochos,* mit dem sie den Entwurf eines Friedensvertrages Punkt für Punkt durchgehen sollten. Daraus entwickelte sich jedoch absichtlich ein uferloses Palaver, das zu keinem konkreten

40 Das Nachrichtenmagazin „Der Spiegel" brachte in seiner Ausgabe 5/1960, S. 52, ein aufschlußreiches Zitat des damalien US-Präsidenten *Eisenhower* (1890–1969) über seinen ehemaligen Außenminister *John F. Dulles* (1888–1959), das dessen Fähigkeit zur Meinungsbeeinflussung sehr anschaulich bezeugt: „Außenminister Dulles war eine sehr starke Persönlichkeit. Er war imstande, Möglichkeiten anzudeuten, die von manchen Leuten als Vorschläge (der US-Regierung) betrachtet werden konnten, obwohl sie durchaus nicht so gemeint waren. Dabei war es nur seine Absicht, Ideen zu entwickeln." War *Dulles* also ein amerikanischer *Sosibios* oder *Sosibios* ein ägyptischer *Dulles?*

Ergebnis führte. Darüber indigniert, nahm *Antiochos* im Frühjahr 218 v. d. Zw. die Feindseligkeiten mit Ägypten wieder auf. Aufgrund seiner psychologischen Raffinesse und der Zähigkeit seiner verhandelnden Gesandten war es *Sosibios* gelungen, *Ptolemaios IV.* einen Zeitgewinn von einem halben Jahr zu verschaffen, um in dieser Zeit die eigenen Rüstungen auf den höchsten Stand zu bringen und somit eine bessere Ausgangslage für künftige Militäraktionen und Friedensverhandlungen herzustellen. Tatsächlich gelang es den Ägyptern im Jahre 217 v. d. Zw., *Antiochos III.* bei Rapheia entscheidend zu besiegen und bei erneuten Friedensgesprächen ihm alle Eroberungen wieder abspenstig zu machen.

Das war ein echtes Meisterstück hellenistischer Diplomatie und Verhandlungskunst. Manches an diesen Vorfällen erinnert geradezu an *Metternichs* Verzögerungstaktik gegenüber *Napoléon* im Jahre 1813, als *Metternich* ebenfalls auf Zeitgewinn spielte, um Österreich endgültig aus dem Bündnis mit Frankreich zu lösen, seine Rüstungen zu verstärken und allmählich auf die Seite der antinapoleonischen Koalition (Rußland-Preußen-Schweden-England) hinüberzuwechseln, die den Korsen dann in der Völkerschlacht bei Leipzig (1813) vernichtend schlug. *Henry Kissinger* hat dies in seinem Werk „Weltmacht Diplomatie" meisterhaft beschrieben.

3. Der athenische Gesandte *Athenion* (Ende des 2./Anfang des 1. Jhs. v. d. Zw.) ging als Unterhändler an den Hof des bosporanisch-pontischen Königs *Mithradates VI.* (ca. 132–63 v. d. Zw.), um dort die Interessen seiner Vaterstadt (insbesondere die reibungslose Getreideversorgung) wahrzunehmen. Ihm gelang es, in die Gunst des Tyrannen und Römerfeindes, ja sogar unter seine „Freunde" (Berater) aufgenommen zu werden, so daß er den Interessen Athens noch besser dienen konnte. Allerdings trieb er während der Kriege des *Mithradates* mit Rom diesem Athen und andere griechische Staaten zu einem antirömischen Bündnis in die Arme. Das freilich war eine Politik der Kurzsichtigkeit, die insbesondere Athen selbst und den anderen Stadtstaaten schwersten Schaden zufügte, als die Römer unter dem Oberbefehl des späteren Diktators *Sulla* (138–78 v. d. Zw.) zum Gegenschlag ausholten. Bei der Belagerung und Einnahme Athens im Jahre 86 v. d. Zw. wurde auch die berühmte Akademie *Platons* mit ihrer gesamten Bibliothek bis auf die Grundmauern zerstört.

4. Der Thessalier *Kineas* (ca. 350–277 v. d. Zw.), als *Demosthenes*-Schüler glänzender Rhetoriker mit philosophischer Vorbildung und Ratgeber von *Pyrrhos I.* (319/18–272 v. d. Zw.), König der Molosser

in Epeiros, welcher sich bei seinem Einfall in Süditalien 280 v. d. Zw. gleichfalls in schwere Kämpfe mit dem damals erst aufsteigenden Rom verwickelt sah. *Pyrrhos* schickte den „Königsfreund" *Kineas* als Verhandler jeweils vor, um mit den Einwohnern einer Stadt wegen kampfloser Übergabe zu reden, bevor er sich zu einer Belagerung anschickte. *Pyrrhos,* der selbst einiges von der Verhandlungskunst verstand, vertrat in einer verlorengegangenen Schrift die löbliche Absicht, vor Ausbruch eines Krieges seien zuerst alle diplomatischen Möglichkeiten auszuschöpfen. So hatte *Kineas* in Übereinstimmung mit seinem Herrn freie Hand und, wie der Historiker *Plutarchos von Chaironeia* (40–120) anerkennend in seiner *Pyrrhos*-Biographie (14, S. 3) berichtet, „gewann mehr Städte mit Worten als Pyrrhos mit Waffen". Als *Pyrrhos* den gewandten *Kineas* aber zweimal zu Friedensverhandlungen nach Rom entsandte (280 und 278 v. d. Zw.), biß er dort – trotz größter Konzilianz – auf Granit. Mit einem durch „*Pyrrhos*-Siege" geschwächten Heer als Machtbasis konnte der Grieche gegen den kompromißlosen Macht- und Siegeswillen der römischen Senatoren nichts ausrichten. Kineas war es, der den Satz prägte, der römische Senat sei eine Versammlung von Königen.

So könnte man noch Dutzende weiterer Verhandlernamen und damit verbundene Leistungen nennen. Viele dieser Interessenvertreter und Quasi-Berufsdiplomaten waren regelrechte Proxeniensammler, ähnlich wie heute manche Prominente aus Wirtschaft und Politik Aufsichtsratssitze sammeln. Einzig über die Institution der Proxenie, eine Art Honorarkonsulat, kam in der Antike eine Form der nebenberuflichen, paradiplomatischen Kontinuität zustande.

b) Punische Verhandlungskünste

Wie wir aus den letzten Ausführungen schon erkennen konnten, zog mit der Heraufkunft des „Imperium Romanum" ein anderes, d. h. wesentlich rauheres Verhandlungsklima in die mediterrane Welt der Antike ein. Bevor Rom jedoch auf die Osthälfte des Mittelmeerbeckens übergreifen konnte, mußte es sich zuvor in der Westhälfte des Mittelmeerbeckens in drei verlustreichen Punischen Kriegen seinem Erzrivalen und größten Widersacher Karthago auf einen Kampf um Leben und Tod stellen. Darum werfen wir nunmehr einen Blick auf die Karthager und ihre Verhandlungskünste.

Karthago, ursprünglich eine Stadtgründung der phoinikischen Handelsmetropole Tyros an der heutigen libanesischen Mittelmeerküste, war in seinem politischen Vorgehen eindeutig geprägt durch die syrophoinikische Tradition des Handelns und damit auch des dazugehörigen Aushandelns (Feilschens). Die Bereicherung oder, modern gesprochen, der Profit war eines der Hauptziele dieser „Handels"-Politik. Bei genauer Betrachtung können wir im diplomatischen Vorgehen der Karthager eine sanfte, elastische und eine harte, unflexible „Gangart" unterscheiden. Einen instruktiven Eindruck von der breiten Palette der ersten Spielart vermitteln uns die französischen Autoren *G.* und *C. Charles-Picard* in ihrem Karthago-Buch[41]:

„Wie die Römer kannten die Karthager eine ganze Reihe von Bündnisstufen für andere Staaten, die den jeweiligen Kräfterelationen entsprechend zur Geltung kamen. So hatten sie gleichrangige Verbündete wie die Etrusker, die Römer und einige griechische Städte, straff untergeordnete Bundesgenossen wie die Elymer, Barbaren in Spanien, Afrika und Sardinien, die unter ihrem Schutz standen, und schließlich die phönizischen Städte, die als Schwester- und Tochterstädte galten. Von ihnen erwarteten sie, daß sie ihre Interessen denen des Familienoberhaupts unterordneten. Der punischen Diplomatie gelang es nicht nur lange Zeit, das tyrische Monopol in Tartessos aufrechtzuerhalten, sondern auch, mit Persien und Etrurien den großen Dreibund zu bilden, Hannibal die Unterstützung der Gallier wie auch die Sympathie Makedoniens zu sichern und im Jahre 215 Syrakus in das punische Lager herüberzuziehen."

Diese karthagische Verhandlungskunst zeigte, das wird niemand bestreiten wollen, strategischen und geopolitischen Weitblick. Wenngleich sie von der Politik des karthagischen Senates nicht voll getragen wurde, gebührt ihr zweifelsohne ein bedeutender Platz in der Geschichte der Negoziatorik. Sicher wurde die Wendigkeit der karthagischen Verhandlungsführung aber auch dadurch verstärkt, daß sich *Hannibal* als Oberbefehlshaber im 2. Punischen Krieg (218–201 v. d. Zw.) besonders im Falle Makedoniens[42] und Syrakusais griechischer Unterhändler, der schon erwähnten und bewährten „Philoi", als Bevollmächtigter bediente, um die Verträge abschlußreif zu machen. Die Unterzeichnung erfolgte bei Staatsverträgen, die nicht der Ratifizierung durch den ganzen karthagischen Senat bedurften, durch

41 Karthago. Leben und Kultur. A. d. Franz., Stuttgart 1983, S. 197f.

42 Karthago, S. 274, Anm. 1: „Der Makedonien-Vertrag ist ein Bündnis (‚berit'), was bedeutet, daß die Partei, die ihn verletzt, nicht verurteilt wird.", S. 275, Anm. 29, wo es über *Hannibal* heißt, er habe diese unvollkommene Form eines Abkommens bereitwillig gewählt, um nicht zu riskieren, daß Karthago diplomatischen Schwierigkeiten mit Ägypten ausgesetzt wäre, dessen Beziehungen zu Makedonien recht gespannt waren. Wenn diese Interpretation zutrifft, würde sie die Elastizität der karthagischen Diplomatie bestätigen, die ihr bei ihren Gegnern den Ruf der „Punica fides" eingetragen hat, d. h. der „punischen Treue", nämlich der Treulosigkeit!

ein Senatorenkomitee, das *Hannibal* als Bestandteil seines Stabes assistierte[43].

Wenden wir uns nunmehr der zweiten Spielart karthagischer Verhandlungsführung zu. Anläßlich des Konflikts um die nordspanische Stadt Saguntum, eine griechische Pflanzstadt, schickte Rom eine Delegation zu *Hannibal.* Dieser reichte den Streitfall in typischer Hinhaltetaktik, aber auch zwecks moralischer Unterstützung, an den Senat von Karthago weiter, der das Problem zur Klärung alsbald an den General in Spanien zurückdelegierte. Hören wir dazu den realistischen Bericht eines bekannten militärgeschichtlichen Sachverständigen, der auf dem Historiker Polybios als Quelle fußt[44]:

„In der prachtvollen, nach hellenistischen Vorbildern erbauten „Königsburg" der Barkiden in Neu-Karthago (Cartagena) empfängt der junge Hannibal, 221 v. Chr. zum „Strategen" (Feldherrn) der Armee von Libyen und Spanien gewählt, im Spätherbst 220 v. Chr. eine römische Gesandtschaft unter dem früheren Konsul Publius Valerius Flaccus. Es geht um Sagunt, eine der Griechenstädte im Norden an der Küstenstraße zum Ebro. Hier hatte eine proömische Partei die prokarthagische Stadtregierung beseitigt und sich unter den Schutz Roms gestellt. Freunde der Karthager waren ermordet oder aus der Stadt gejagt worden. ... Der etwa 27jährige neue Stratege auf der Königsburg musterte kühl die arrogant auftretenden Gesandten aus der Tiberstadt. Streng juristisch genommen, war seine Sache nicht gut fundiert. ... Die Griechenstädte an der spanischen Ostküste – Ampurias, Rhodas und Sagunt – lagen theoretisch außerhalb von Hannibals Zugriff. Valerius Flaccus beschwor nun vor Hannibal heuchlerisch die Götter, um zu bekräftigen, daß die Iberus-Linie für Rom eine heilige Grenze sei. Hannibal entgegnete, nicht er, sondern Rom hätte sich in Sagunt eingemischt. Es sei nicht die Gewohnheit der Karthager, denen Schutz zu versagen, denen Unrecht widerfahren sei. P. Valerius Flaccus machte daraufhin unverblümt deutlich, daß jede Verletzung der Iberus-Linie Krieg bedeuten würde. Für Hannibal jedoch war der Gedanke unerträglich, Rom könnte an seiner Nordflanke einen Flottenstützpunkt anlegen. Im Winter 220/219 v. Chr. muß er mit den Vorbereitungen auf einen größeren Krieg begonnen haben. ... Dies war vor 2200 Jahren der Ausgangspunkt des Zweiten Punischen Krieges (218 bis 201 v. Chr.), in dem die Machtstellung Karthagos in Nordafrika und Spanien für immer beseitigt wurde und Rom zur beherrschenden Macht im Mittelmeerraum aufrückte."

Aufgrund seiner militärischen Großtaten gilt *Hannibal* zwar – vor *Alexander d. Gr.*, *Pyrrhos* und *Caesar* – als bedeutendster Feldherr der Antike. Zugleich war er persönlich aber – wie der vorangehende Bericht beweist – ein eher stümperhafter Verhandler, der vermutlich

43 Karthago, S. 215.

44 *Walter Görlitz* in „Die Welt" v. 18. 7. 1981, Hannibal forderte Rom heraus. Vor 2200 Jahren begann der Zweite Punische Krieg (Quelle: Polybios. Hist. III, 15).

für diese entscheidende Besprechung nicht einmal seinen erfahrenen diplomatischen Beraterstab konsultiert hatte. Das alles unter der Voraussetzung, daß die griechischen Quellen, auf denen der oben zitierte Bericht fußt, einigermaßen sachlich berichten[45]. Jedoch *Hannibal* als Militär glaubte, alles mit dem Schwerte regeln zu können. Damals hielt er das Geschick des karthagischen Reiches in seinen Händen. Er aber setzte alles auf die eine Karte und verlor alles. Hätte er das Werk des Chinesen *Sun-Dse* gekannt, vielleicht hätte er von seinem militärisch-politischen Vabanquespiel abgelassen ... Mit diesem Gedanken können wir uns nun *Hannibals* großen Gegnern, den Römern, widmen.

§3 Rom

Anders als die Verhandlungskünste der vorangehenden Kulturkreise und Völkerschaften beruhte das Verhandlungswesen der alten Römer fast nur auf nackter Gewaltdiplomatie und rücksichtsloser Diktatpolitik. Sehr treffend faßt dies *Harold Nicolson,* Altmeister der Diplomatiegeschichte, in folgende Worte[46]:

„Man sollte meinen, daß die Römer mit ihrem praktischen gesunden Menschenverstand und ihren ausgezeichneten Verwaltungsfähigkeiten ein nachahmenswertes diplomatisches Verfahren ersonnen und durchgeführt hätten" (S. 22).

Wer dies glauben wollte, der irrt allerdings gründlich. *Nicolson* begründet das so:

„Die Römer dagegen taten viel, um Ordnung in internationale Beziehungen zu bringen und die Doktrin von der Heiligkeit der Verträge einzuführen. Doch selbst in republikanischer Zeit waren sie zu diktatorisch, um Sinn für diplomatische Feinheiten zu haben, und zu herrisch, um nützliche Beispiele oder Lehren zu hinterlassen, die der Nachwelt geholfen hätten, eine gesunde Verhandlungsmethode zu entwickeln" (S. 33 f.).

Und *Nicolson* präzisiert diesen Sachverhalt noch, indem er resümierend feststellt:

---

45 Es sei daran erinnert, daß *Hannibal* schon von Jugend an zu einem fanatischen Römerfeind erzogen wurde und diesen Haß durch einen immerwährenden Schwur besiegelte. Dieser Haß machte ihn gegenüber den politischen und militärischen Realitäten des Imperium Romanum blind und ließ ihn alles aufs Spiel setzen. Dies beweist einmal mehr, daß Haß in militärischen und politischen Dingen und besonders am Verhandlungstisch ein schlechter, d. h. gefährlicher Ratgeber ist. Haß provoziert Gegenhaß. So verfolgten die Römer *Hannibal* bis nach Kleinasien, wo er sich, um einer Auslieferung an die Römer zuvorzukommen, selber vergiftete (183 v. d. Zw.).

46 *Harold Nicolson,* Kleine Geschichte der Diplomatie, a. d. Engl. v. *A. Seiffhart,* Frankfurt/M. 1955, S. 132.

„Ich meine nur, daß die Römer dadurch, daß sie ihren Willen aufzuzwingen suchten, statt lieber auf der Grundlage der Gegenseitigkeit zu verhandeln, kein diplomatisches Verfahren entwickelt haben, das wertvoll genug wäre, zu den vielen Gaben zu gehören, die sie der Nachwelt hinterließen“ (S. 23).

a) Die Gewaltdiplomatie der römischen Republik

Wie richtig der Engländer mit seinem Urteil liegt, beweisen die nachfolgenden Belegstellen, die gewissermaßen als Paradebeispiele für die Brutalisierung der Verhandlungskunst im römischen Machtbereich dienen können:

1. Ein geradezu drastisches Beispiel dafür liefert uns der griechische Geschichtsschreiber *Polybios* (ca. 200–120 v.d.Zw.) in seinen Historien (XXIX, 11). Als nämlich der seleukidische Diadochenkönig *Antiochos IV. Epiphanes* (ca. 200–164 v.d.Zw.) im 6. syrischen Krieg große Teile Ägyptens erobert und sich als Vormund seines Neffen *Ptolemaios VI.* (180–145 v.d.Zw.) in Memphis zum König von Ägypten gekrönt hatte, zeichnete sich die Bildung eines seleukidisch-ptolemäischen Großreiches im vorderasiatisch-afrikanischen Raume ab. Dem konnte Rom nicht tatenlos zusehen. Also entsandte es im Jahre 168 v.d.Zw. den Senator *Popillius Laenas* als Sonderbotschafter mit einem scharfen Ultimatum ins Feldlager des *Antiochos Epiphanes*, er möge jeden weiteren Vormarsch einstellen und Ägypten räumen. Dort angekommen, verschaffte sich *Laenas* Zutritt zum Zelt des Königs und händigte ihm unter Mißachtung des vorgeschriebenen Begrüßungsprotokolls abrupt die offizielle Note des römischen Senats aus. Der überrumpelte König warf einen mißbilligenden Blick auf das Schriftstück und verwies den Römer auf eine später anzusetzende Besprechung und Verhandlung. Doch der arrogante Römer ließ sich auf keine Verzögerungstaktik ein, zog mit seinem Heroldstab um den König einen Kreis in den Sand und forderte eine sofortige bindende Entscheidung, bevor der so „eingekreiste“ *Antiochos* aus dem Kreis heraustrete. Angesichts des enormen Drohpotentials der römischen Militärmacht[47] mußte sich der König, ob er nun wollte oder nicht, diesem Druck fügen und umgehend seiner Armee den Befehl zum Rückzug geben. Wir können uns vorstellen, was im Inneren dieses

47 Als sich ein preußischer Gesandter bei *Friedrich d. Gr.* darüber beklagte, sein Gehalt erlaube ihm nicht, sich eine Kutsche zu leisten, antwortete ihm der König: „Wenn Sie zu Fuß gehen, müssen Sie wissen, daß ich Ihnen mit 200000 Mann folge.“ Ganz ähnlich glaubt man, hinter dem Auftreten jenes römischen Senators den Marschtritt der römischen Legionen zu hören.

Nachfolgers von *Seleukos I. Nikator, Alexander d. Gr.* und Erben der Achaimeniden angesichts dieser erniedrigenden Behandlung durch den senatorischen Parvenü *Laenas* vorgegangen ist. Doch *Antiochos* kannte – im Gegensatz zu *Hannibal* – seine Grenzen und ertrug diese schlimme Demütigung.

2. Dies Beispiel befaßt sich mit der Entstehungsgeschichte des zweiten Punischen Krieges (218–201 v.d.Zw.). Die Situation in beiden Lagern war gekennzeichnet durch Revanchelust wegen des verlorenen ersten Punischen Krieges (264–241 v.d.Zw.) bei den Karthagern und Hegemoniestreben sowie Konkurrenzneid bei den Römern. Den Funken für das Pulverfaß sollte die Saguntinische Krise bilden, über deren Entstehung bereits auf S. 403 berichtet wurde. Als nämlich *Hannibal* sich Ende 220 v.d.Zw. anschickte, die nordspanische Stadt Saguntum, die mit Rom einen Freundschaftsvertrag unterhielt, zu belagern, entsandte der römische Senat eine Art Faktenfindungs-Kommisson zu *Hannibal.* Da diese Kommission gegenüber *Hannibals* kompromißloser Haltung nichts ausrichten konnte, segelte sie anschließend direkt nach Karthago, um dort beim karthagischen Senat als der obersten Instanz Beschwerde über *Hannibal* zu führen. Dieser war den Römern allerdings zuvorgekommen und hatte während seiner Hinhaltegespräche schon einen Eilboten an die Barkiden-Partei gesandt, die in Karthago die Interessen *Hannibals* und seiner Familie vertrat. Er forderte sie durch seinen Abgesandten auf, den Römern in keiner Weise entgegenzukommen. Damit war im Grunde die Türe für eine friedliche Konfliktregelung bereits zugeschlagen und der zweite Punische Krieg vorprogrammiert. Einzig der Senator *Hanno,* Vertreter der kleinen karthagischen Friedenspartei, setzte sich unter scharfen Angriffen auf *Hannibals* Kriegstreiberei für eine friedliche Lösung der Saguntkrise und Vertragstreue gegenüber den Römern[48] ein. Doch seine Stimme ging im Protestgeschrei der anderen Senatoren unter. Die ablehnende Antwort des Senats von Karthago lautete: Die Krise sei durch die Saguntiner, nicht durch *Hannibal* ausgelöst worden. (Vermutlich stimmt diese Aussage sogar historisch!) Das römische Volk begehe daher Unrecht, wenn es den Saguntinern den Vorzug gegenüber dem altangestammten Bündnis mit den Karthagern gebe. So verloren die Römer mit ihrer Pendeldiplomatie kostbare Zeit. Als die Delegation von ihrer Rundreise nach Rom zurückkehrte, traf die Hiobsnachricht ein, daß Saguntum im Herbst des Jahres 219 v.d.Zw. nach achtmonatiger Belagerung ohne Hilfe von außen durch

48 Gemeint ist hier der sog. Ebro-Vertrag, mit dem Römer und Punier ihre Interessensphären in Spanien abgrenzten.

Hannibal unter Gewinnung einer ungeheuren Beute erstürmt worden sei. *Hannibals* Rechnung schien aufgegangen. Doch wie wir wissen, endete dieser lokale Erfolg punischer Gewaltpolitik mit einem globalen Desaster für Karthago. Angesichts dieser Tatsache war den Römern endgültig der Geduldsfaden gerissen, obwohl bei klugem Verhandeln der Frieden noch zu retten gewesen wäre. Sie entsandten wiederum eine Untersuchungskommission, diesmal aus älteren Senatoren, nach Karthago mit der zusätzlichen Vollmacht, den Krieg zu erklären, wenn die Schuld *Hannibals* erwiesen sei und die Karthager die Schadensersatzforderungen ablehnen sollten. Doch diese blockten diesmal unter dem Hinweis ab, *Hannibals* Verhalten gegenüber Saguntum sei eine rein innerpunische Angelegenheit, und provozierten so die Römer zu einer Geste, die beide Seiten längst einkalkuliert hatten. Der römische Historiker *Titus Livius* (59 v. d. Zw.–17 n. d. Zw.) gibt diesen dramatischen Vorfall im Senatssaal von Karthago in seiner umfangreichen Geschichtsdarstellung „Ab Stadtgründung ...“ folgendermaßen wieder (XXI, 18):

„Darauf formte ein Römer aus seiner Toga einen Bausch und sprach: ‚Hierin bringen wir euch Krieg oder Frieden. Nehmt euch, was ihr gern haben wollt!‘ Auf diese Worte schrien sie nicht weniger unbeherrscht zurück: Er solle nur geben, was von beiden er wolle. Als der Römer nunmehr den Bausch seiner Toga losließ und sagte, er gebe ihnen den Krieg, da antworteten die Karthager, sie nähmen ihn an und würden ihn im gleichen Geiste führen, wie sie ihn angenommen.“

Rückblickend kommentiert *Livius* diesen Vorgang, der an Brutalität und Kompromißlosigkeit nichts zu wünschen übrigläßt, auf typisch römische Weise (XXI, S. 19):

„Diese direkte Befragung und Kriegserklärung schien der Würde des römischen Volkes angemessener, als sich mit Worten über Recht und Unrecht der Verträge zu streiten, selbst wenn dies vor der Zerstörung Saguntums gewesen wäre, erst recht aber nach derselben ...“. (Übersetzungen von *W. Hartig*)

Wir sehen, wie *Livius* in imperialer Pose dieses Vorgehen noch nachträglich rechtfertigt, als ob ein Streit mit Worten um Verträge, wie es ja ein Kennzeichen von Verhandlungen ist, nicht wesentlich menschenfreundlicher und kostengünstiger gewesen wäre als die Vernichtungsorgie der drei Punischen Kriege! Aber in einer Atmosphäre des Hasses hatte der ernsthafte Versuch einer rationalen Konfliktregelung, obwohl es auf beiden Seiten Ansatzpunkte dazu gab, keine echte Chance.

3. Versetzen wir uns nun in die Endphase des zweiten Punischen Krieges. Hier gingen die Römer nach ihren Siegen in Spanien und Italien

zum Gegenschlag über und griffen die Karthager in ihrem afrikanischen Kernland an. Der berühmte römische Feldherr *Publius Cornelius Scipio* d. Ä. (ca. 235–183 v. d. Zw.) setzte 204/03 mit einer riesigen Invasionsflotte nach Tunesien über, besiegte mehrere Heere der Karthager und ihrer Bundesgenossen und stand bald darauf kurz vor den Toren Karthagos. In dieser scheinbar aussichtslosen Situation entsandte der Senat von Karthago seinen angesehenen Ältestenrat, die Gerusia, zu Friedensverhandlungen in *Scipios* Lager. Dieser diktierte in echt imperialistischer Manier den Puniern die Friedensbedingungen (Aufgabe aller überseeischen Besitzungen, Auslieferung der Flotte bis auf 20 Schiffe, Zahlung hoher Reparationssummen, Auslieferung aller Kriegsgefangenen und Überläufer und hohe Naturalientribute) und schloß mit ihnen einen dreimonatigen Waffenstillstand, während dem die Karthager eine Verhandlungsdelegation zum römischen Senat zwecks Abschluß des Friedensvertrags schicken sollten. Doch für Karthago waren diese Verhandlungen mit *Scipio* nur ein Hinhaltemanöver, um Zeit zu gewinnen. Denn man meinte dort, man hätte noch eine Option, weil man zuvor insgeheim beschlossen hatte, die zwei punischen Armeen, die in Italien unter dem Kommando *Hannibals* und seines Bruders *Mago* zwei strategisch wertlos gewordene Brückenköpfe hielten, nach Afrika zurückzubeordern. Inzwischen trieben die Karthager ihr Doppelspiel weiter und entsandten eine Verhandlungsdelegation nach Rom, um sich dort vom Senat die Friedensbedingungen bestätigen zu lassen. Doch fand diese Abordnung dort wegen ihrer offensichtlichen Inkompetenz – sie setzte sich aus lauter unwissenden jungen Leuten zusammen! – kein Gehör. Man mißtraute dem Verständigungswillen der Karthager, zumal den Römern wohl zwischenzeitig der Rückzug der punischen Heere aus Italien gemeldet worden war. Also entließ man die karthagischen Abgesandten ohne verbindliche Antwort.

Wohl zur gleichen Zeit, im Jahre 202 v. d. Zw., landete *Hannibal* mit seinen Streitkräften auf afrikanischem Boden. Es kam zum Abbruch der Verhandlungen, der Krieg wurde wieder aufgenommen und die letzte Chance zu einem harten, aber annehmbaren Frieden vertan. Jedoch bald nach seiner Landung versuchte *Hannibal*, direkte Fühlung mit *Scipio* aufzunehmen. Denn er rechnete sich aus, daß er, unbesiegt und mit seinen kampferprobten Truppen hinter sich, den Römern gegenüber eine wesentlich stärkere Verhandlungsposition habe, so daß er ihnen bessere Friedensbedingungen abtrotzen könne als die hilflosen Senatoren und punischen Friedensunterhändler. *Hannibal* hoffte sodann, in einem persönlichen Gespräch den Dingen eine günstige

Wendung geben zu können, und setzte dadurch wieder alles auf eine Karte[49]. Aber auf diese Weise kam es immerhin zu dieser denkwürdigen Begegnung jener zwei größten Feldherrn der hellenistischen Epoche. Also vereinbarte man ein Treffen in der Mitte zwischen den zwei Feldlagern. Beide Oberbefehlshaber ließen ihre Begleitmannschaften in gleichem Abstand hinter sich zurück, gingen auf der Ebene nur in Begleitung von je einem Dolmetscher aufeinander zu und stellten sich Aug' in Aug' zueinander auf. *Livius* kommentiert diese wahrhaft welthistorische Begegnung wie folgt (XXX, 30):

„[Sie waren] die beiden größten Feldherren nicht nur ihrer Zeit, sondern aller vorangegangenen Epochen, gleichwertig den Königen und Kaisern aller erdenklichen Völker. Eine Weile schwiegen sie, durch gegenseitigen Anblick und gegenseitige Bewunderung wie vom Donner gerührt."

Hannibal ergreift als erster das Wort. Was er eingangs zu sagen hat, ist über Erwarten dürftig. Denn er ergeht sich in historischen Rückblicken, Eigenlob und Vergleichen zwischen *Scipio* und sich selber. Dann jedoch gibt er zu (XXX, 30):

„Es wird hier über den Frieden in einer Situation verhandelt, die für eure Seite die bessere ist. Wir verhandeln hier als Menschen, denen außerordentlich viel am Frieden liegt, und als solche, deren Verhandlungsergebnisse unsere Staaten als vernünftig anerkennen werden. Also brauchen wir nur eine Einstellung, die gegenüber Friedensbeschlüssen offen ist."

Diesem Gemeinsamkeitsappell *Hannibals* folgt eine Reihe von Verbeugungen und Komplimenten gegenüber *Scipios* Ruhm. Also Schmeicheleien, wenn man so will. Dann setzt er zu einem zweiten Appell an, um *Scipio* das Weiterkämpfen auszureden (ebd.):

„Ein verläßlicher Frieden ist besser und sicherer als ein erhoffter Sieg; dieser liegt in deiner, jener in der Götter Hand. Überlasse nicht das Kriegsglück so vieler Jahre der Entscheidung einer einzigen Stunde! ... Alles, Scipio, was zum Friedensschluß führen kann, liegt in deiner Macht. Andernfalls hat das Schicksal, das die Götter geben, das letzte Wort."

Danach versucht es *Hannibal* noch mit einem Angstappell, indem er an den unglücklichen römischen Feldherrn und Konsul *Atilius Regulus* erinnert, der im ersten Punischen Krieg ebenfalls siegreich bis unter die Mauern Karthagos kam, dann aber eine vernichtende Niederlage erlitt und 255 v. d. Zw. mit dem Rest seiner Truppen sogar in punische Gefangenschaft geriet. Dann setzt *Hannibal* jedoch zu einem typisch „punischen" Manöver an (ebd.):

49 Wie uns die geschichtliche Erfahrung lehrt, sind Militärs – mit ganz wenigen rühmlichen Ausnahmen – zumeist schlechte Verhandler und Diplomaten. Solche direkte Diplomatie führt daher, wie auch in diesem Falle, zu herben Fehlschlägen.

„Es ist zwar die Rolle des Friedensgebers, nicht des Friedenssuchers, die Friedensbedingungen zu nennen. Vielleicht aber sind wir nicht unwert, uns selber das Strafmaß zuzumessen? Wir sträuben uns daher nicht, euch alles das abzutreten, weswegen es zum Kriege gekommen ist. (Es folgt nun die Aufzählung aller Länder und Inseln nördlich der afrikanischen Küste, die ohnehin inzwischen von den Römern in Besitz genommen sind, und die Begrenzung der punischen Macht auf die nordafrikanische Küste ...)

Nach diesem gewagten Versuch, sich bessere Friedensbedingungen zu erschleichen, setzt *Hannibal* dazu an, die moralisch angeschlagene Glaubwürdigkeit Karthagos als Verhandlungspartner durch Vertrauenswerbung wettzumachen (ebd.):

„Ich möchte nicht verhehlen, daß euch wegen des kürzlich nicht sehr aufrichtig angestrebten und erhofften Friedensschlusses die punische Vertragstreue verdächtig erscheint. Viel, Scipio, hängt bei der Einhaltung des Friedens von denen ab, die ihn erbitten. ... Ich, Hannibal, suche um Frieden nach, und ich würde es nicht tun, wenn ich ihn nicht für nützlich hielte. Und um der Nützlichkeit willen, weshalb ich den Frieden angestrebt habe, werde ich ihn auch halten. ... so werde ich mich dafür einsetzen, daß niemand den Frieden bereue, den ich gestiftet."

Doch der Römer *Scipio* läßt sich durch diese Ablenkungs-, Verschleierungs- und Täuschungsmanöver *Hannibals* überhaupt nicht beeindrucken. Er kennt die Stärke seiner Verhandlungsposition und spielt diese voll aus. So antwortet er, wie sich aus *Livius* und auch *Polybios* ersehen läßt, mit knapper und unerbittlicher Schärfe (*Livius,* XXX, 31): Es sei ihm nicht entgangen, daß die Karthager im Vertrauen auf *Hannibals* Ankunft ihre Bindung an den Waffenstillstand und ihre Friedenserwartung aufgegeben hätten.

„Und auch du wirst dies bestimmt nicht abstreiten, der du von den vordem festgesetzten Friedensbedingungen alles rückgängig machst, ausgenommen das, was eh schon in unserer Gewalt ist. ... also muß ich darauf hinarbeiten, daß deine Mitbürger sich nicht das, was sie aus den damals getroffenen Friedensvereinbarungen wieder weggenommen haben, als Lohn für ihren Vertragsbruch aneignen. Ihr, die ihr unwert seid, nochmals dieselben Bedingungen zu erhalten, versucht auch noch, euren Betrug in einen Vorteil zu verwandeln."

Der griechische Historiker *Polybios,* der in seinen „Historien" (Buch XV, 8) ebenfalls von diesem Gespräch berichtet und offenbar – unabhängig von *Livius* – die gleichen Quellen benutzt, gibt uns *Scipios* Äußerungen in noch schärferer Form wieder[50]:

50 Zitiert nach: *Polybios,* Historien (Auswahl), übers. a. d. Griech. v. *K. F. Eisen,* Stuttgart 1973, S. 133).

„Als deine Mitbürger eine Niederlage erlitten hatten und bittend zu uns kamen, haben wir schriftlich einen Vertrag geschlossen, in dem außer dem, was du jetzt vorschlägst, stand, daß die Karthager die Gefangenen ohne Lösegeld zurückgeben, die Kriegsschiffe abtreten, 5000 Talente bezahlen und Geiseln dafür stellen sollten. Das war der Inhalt unserer gegenseitigen Vereinbarungen. Deswegen schickten wir beide Gesandte zu unserem Senat (nach Rom) und zum Volk ... Der Senat stimmte zu, das Volk gab seine Bestätigung. Als sie erhalten hatten, was sie wünschten, verwarfen die Karthager die Bedingungen wieder und begingen an uns Treubruch. Was bleibt zu tun? Versetze dich in meine Lage und antworte selbst. Sollen wir die drückendsten der von uns gemachten Auflagen streichen?"

Nachdem *Scipio* so mit dem Punier Fraktur geredet hat, geht er zur Offensive über und droht mit Verschärfung der Vertragsbedingungen (ebd.):

„Wenn wir bei dieser Lage irgendeine schärfere Bedingung hinzufügen, so kann der Vertrag dem Volk noch einmal vorgelegt werden. Wenn wir aber von den Bedingungen, die wir gestellt haben, etwas streichen, hat es auch keinen Sinn, den Gegenstand unserer Beratung (dem Volk) wieder vorzulegen."

Bei *Livius,* auf den wir jetzt wieder zurückgreifen, erfahren *Scipios* Bedingungen eine klare Präzisierung (XXX, 31):

„Wenn daher einiges zu den Bedingungen, unter denen damals der Friede scheinbar zustande kommen sollte, gleichsam als Buße für Frachtschiffe, die ihr während des Waffenstillstandes mit ihrer Ladung aufbrachtet, sowie unsere beleidigten Gesandten draufgesattelt würde, dann habe ich etwas, das ich dem Sachverständigenrat vorlegen kann. Wenn euch aber auch jene Bedingungen zu hart vorkommen, so bereitet euch auf den Kampf vor, weil ihr den Frieden ja nicht ertragen konntet!" (Alle *Livius*-Übersetzungen von *W. Hartig*)

Wir sehen, wie *Scipio* bei aller zur Schau gestellten Arroganz der Macht doch sehr hoch pokerte. Denn noch hatte er über *Hannibals* intakte Armee keinen entscheidenden Sieg errungen. Aber an dieser Stelle brachen beide Feldherrn ihre Verhandlungen ab, weil verhärtete Positionen einen gangbaren Kompromiß offenbar nicht mehr zuließen. Auf der einen Seite stehen römischer Rechts- und Machtwille, auf der anderen Seite punisches Herumfeilschen und Vertragsuntreue. Beide Seiten bewegen sich nicht aufeinander zu, sondern beharren auf ihren Standpunkten, d.h. sie zeigen keine echte Verhandlungsbereitschaft, obwohl sich Ansatzpunkte dazu angeboten hätten.

So mußte auch diesmal wieder das Schwert entscheiden: *Hannibal* erlitt bei Zama 202 v.d.Zw. die erste vernichtende Niederlage seiner Feldherrenlaufbahn und konnte in den Orient fliehen. Karthago mußte, nachdem es leichtfertig seine erste Chance verspielt hatte, nun das verschärfte römische Friedensdiktat sang- und klanglos akzeptieren, um diesmal noch der totalen Vernichtung zu entgehen, die ihm erst im dritten und letzten Punischen Krieg 146 v. d. Zw. bevorstand. Aus dem römischen Friedensdiktat allerdings spricht zu uns schon eine Vorform des Ungeistes von Versailles (1919) und der übrigen Pariser Vorortdiktate. Die Kunst des Friedensschlusses war der Antike offensichtlich schon damals abhanden gekommen.

4. Wenden wir uns nunmehr der Spätzeit der römischen Republik zu und werden Zeugen einer gleichfalls geschichtsträchtigen Verhandlung, die im Jahre 58 v. d. Zw. zwischen dem römischen Feldherrn *Julius Caesar* (100–44 v. d. Zw.) und dem germanischen Heerkönig *Ariovist* (?–ca. 53 v. d. Zw.) stattfand. Über sie berichtet *Caesar* selbst in seinem Rechenschafts- und Rechtfertigungsbericht „Der Gallische Krieg" (I, 43–46). Als *Caesar* nach Besiegung der keltischen Helvetier auf einen Hilferuf der Häduer mit seinen Legionen von Genf in Richtung Besançon nach Norden marschierte, stieß er an der Burgundischen Pforte unweit vom heutigen Mühlhausen auf das Heer des Suebenkönigs *Ariovist,* das dieser zum Schutze seiner gallischen Eroberungen unterhielt. Als beide Heere nur noch wenige Meilen voneinander entfernt waren, schickte *Ariovist* Abgesandte mit einem Gesprächsangebot zu *Caesar.* Dieser stimmte dem Ansinnen zu, weil er vielleicht hoffte, er könne in einer direkten Unterredung *Ariovist* zum Einlenken und damit zur Vermeidung einer kriegerischen Auseinandersetzung bewegen. Ähnlich wie bei *Hannibal* und *Scipio* traf man sich auch hier an einem Punkt im Gelände etwa in der Mitte zwischen beiden Heeren, allerdings diesmal nicht in einer Ebene, sondern auf einem Hügel, der sich aus der Ebene erhob. Beide Seiten ließen ihre Begleittruppen etwa 200 Meter hinter sich zurück und führten nur jeweils 10 Berittene als Gefolge mit sich. Die Unterredung wurde nach Barbarensitte nicht im Stehen oder als Sitzung in einem Beratungszelt, sondern vom Sattel her geführt. Angesichts der unruhig tänzelnden Pferde anstelle einer ruhigeren Steh- oder Sitzhaltung wird indirekt der provisorische und instabile Charakter dieser Besprechung sichtbar.

Caesar begann die Aussprache, indem er wohlweislich auf das bisher gute Verhältnis zwischen Rom und *Ariovist* hinwies. *Ariovist* habe auf sein Betreiben vom Senat den Ehrentitel „König und Freund" sowie großzügige Geschenke erhalten. Aber zwischen Rom und den gallischen Häduern, die *Ariovist* angegriffen habe, bestehe seit langem ein Freundschafts- und Bündnisvertrag. Da Rom seine Bundesgenossen nach altem Brauche in der Not nicht im Stiche lasse, ersuche er *Ariovist,* dieser solle die Häduer und deren Bundesgenossen nicht länger bekriegen, ihnen die gestellten Geiseln zurückgeben und, wenn er schon keine Kontingente seiner Germanen nach Hause schicken könne, so möge er doch keine weiteren den Rhein (Richtung Westen) überschreiten lassen.

Wie *Caesar* hier sich und seine Absichten darstellt – und *Caesar* ist ja selber Partei! –, scheint er ganz maßvolle und gerechtfertigte Forderungen an *Ariovist* gerichtet zu haben. Doch sind sie in Wahrheit wohl nur zur Kaschierung seiner wirklichen Absichten und zu seiner moralischen Entlastung in den Augen des römischen Leserpublikums gestellt worden. Sein eindeutiges Ziel war es natürlich, Gallien durch einen Unterwerfungskrieg riesigen Ausmaßes für Rom zu erobern und damit die Bedrohung der römischen Herrschaft durch Gallier und Germanen auszuschalten. Nach *Caesars* Darstellung habe *Ariovist* auf die römischen Forderungen so gut wie gar nichts geantwortet. Er habe (ähnlich wie *Hannibal* gegenüber *Scipio*) seine eigenen Kriegstaten aufgezählt und darauf verwiesen, daß er auf Ersuchen der Gallier, die ihm auch freiwillig Wohnsitze abgetreten hätten, über den Rhein gegangen sei. Seine Kriege mit den Galliern habe er nur zu Verteidigungs-, nicht zu Angriffszwecken geführt.

Vieles von dem, was *Ariovist* sagte, klingt für uns Heutige eher nach Schutzbehauptung und Verschleierungstaktik gegenüber den wahren Absichten. Denn *Ariovist* hegte vermutlich kaum weniger ehrgeizige Pläne als *Caesar.* Wahrscheinlich wollte er die germanischen Sueben zu einer Art Hegemonialmacht in Gallien machen. Er war also in seinen Absichten um keinen Deut besser als *Caesar.*

Im weiteren Verlauf seiner Stellungnahme geht *Ariovist* immer mehr zur verbalen Attacke auf die Römer und *Caesar* über. So habe er die Freundschaft des römischen Volkes gesucht, um von ihr Vorteile, nicht aber Nachteile zu gewinnen. Falls die Römer durch ihre Intervention ihm seine Tribute schmälern und Tributpflichtige abspenstig machen sollten, könnte er ebenso gut auf deren Freundschaft verzichten. Und überhaupt seien die Germanen unter ihm früher nach Gallien eingedrungen als die Römer. Nie zuvor habe ein römisches Heer die Grenzen der Provence (d.h. der römischen Provinz im heutigen Südfrankreich) nach Norden überschritten. Warum also dringe *Caesar* in seinen Machtbereich ein? Dies hier sei seine Einflußsphäre wie die Provence die der Römer. Wie er es sich nicht einfallen ließe, in römisches Gebiet einzudringen, so seien die Römer nicht dazu berechtigt, in sein Gebiet einzudringen und ihn an der Ausübung seiner Rechte zu hindern. Und was den Bündnisvertrag zwischen Römern und Häduern angehe, so hätten beide Seiten bei kürzlichen kriegerischen Auseinandersetzungen keinen Gebrauch von gegenseitiger Waffenhilfe gemacht. Er müsse also den Verdacht hegen, daß *Caesar* unter Vortäuschung eines Bündnisses mit den Häduern sein Heer in Gallien bereithalte, um ihn militärisch zu erledigen.

Diese scharfsinnige Bemerkung *Ariovists,* der übrigens keltisch und lateinisch sprach sowie politisch überlegt und weitblickend zu handeln verstand, enthüllt blitzartig und momentweise die wahren Intentionen *Caesars. Ariovist* beendet dann seine Ausführungen mit einer Warnung an *Caesar.* Wenn dieser seine Armee aus den germanisch beherrschten Gebieten nicht abziehe, müsse er ihn künftig nicht mehr als Freund, sondern als Feind ansehen. Die Beseitigung *Caesars* würde ihn bei den Patriziern und Spitzenpolitikern Roms beliebt machen, wie er durch deren Sendboten selbst erfahren habe, und ihn deren aller Gunst und Freundschaft zurückgewinnen lassen. Wenn *Caesar* dagegen abzöge und *Ariovists* Besitzungen in Gallien unangetastet lasse, würde dieser ihn seinerseits großzügig entschädigen.

Caesar ließ sich natürlich nicht die Gelegenheit zu einer kurzen Erwiderung entgegen. Er habe viele Argumente gegen *Ariovists* Standpunkt angeführt, z. B. daß es römischem Brauch widerspreche, aufs höchste verdiente Bundesgenossen im Stich zu lassen. Auch sei es seine feste Meinung, daß Gallien eher Einflußgebiet der Römer als *Ariovists* sei. Denn schon der Feldherr *Fabius Maximus* (?–ca. 100 v. d. Zw.) habe die Stämme der Averner und Rutener besiegt[51]. Doch das römische Volk habe ihnen großmütig verziehen und keine Tribute auferlegt. Wenn man also die Vorgeschichte betrachte, dann sei der Machteinfluß des römischen Volkes in Gallien in höchstem Maße berechtigt. Wenn es angezeigt sei, einen Senatsbeschluß zu respekieren, dann denjenigen, daß Gallien frei bleiben und, obwohl durch Krieg besiegt, nach seinen eigenen Gesetzen leben solle. Während *Caesar* in den vorangehenden Aussagen versucht, das römische Mitsprache- und Einmischungsrecht in Gallien festzuklopfen, klingt der letzte Satz wie barer Hohn, wenn man bedenkt, daß *Caesar* späterhin als Eroberer Galliens und Vernichter der keltischen Freiheit den erwähnten Senatsbeschluß hundertfach verletzt hat.

51 Dies geschah ca. 121/120 v. d. Zw. Der oben genannte *Fabius Maximus* – nicht zu verwechseln mit dem gleichnamigen strategischen Gegenspieler Hannibals – erhielt deshalb später den Zunamen „Allobrogicus“, d. h. Allobroger-Bezwinger.

Mit diesen letzten Ausführungen brach *Caesar* das Gespräch hoch zu Roß ab, weil ihm gemeldet wurde, *Ariovists* Begleitmannschaften näherten sich den römischen Begleittruppen und beschössen diese mit Steinen und Speeren. Er gab seinen Soldaten den Befehl, diese Feindseligkeiten nicht zu erwidern, und zog sich zurück. Von *Ariovists* Einladung zu einer weiteren Unterredung machte *Caesar* keinen Gebrauch, weil er *Ariovist* nichts mehr zu sagen hatte und geradewegs auf die Entscheidung in der Schlacht lossteuerte. Dieser Kampf fand nach mehrtägiger geschickter Kampfführung *Ariovists* bei Mühlhausen unweit des Rheins statt. *Caesar* schlug den Suebenfürsten etwa um den 14. September 58 v. d. Zw. vernichtend und zwang ihn mit den Trümmern seines Heeres zur Flucht über den Rhein. Damit war für Jahrhunderte dem Einbruch der Germanen nach Gallien ein Riegel vorgeschoben.

Abschließend können wir anhand der vorangegangenen Beispiele eines klar feststellen: Kennzeichnend für die Verhandlungsführung der römischen Republik und ihrer führenden Repräsentanten ist das unelastische, oft geradezu sture Beharren auf dem eigenen Rechtsstandpunkt, der eigenen Machtposition. Dies Verhalten wurde noch besonders provoziert, wenn die Gegenseite wie z. B. *Hannibal* oder *Ariovist* sich genauso unflexibel verhielt. Das Verhandlungsgespräch schlug in einen Austausch rhetorisch-argumentativer Breitseiten um und endete mit ergebnislosem Abbruch.

b) Verhandlerische Kurskorrektur in der römischen Kaiserzeit

Wie entwickelte sich das römische Verhandlungswesen während der folgenden Jahrhunderte, d. h. in der römischen Kaiserzeit weiter? Läßt sich hier ein gewisser Wandel, eine gewisse Auflockerung oder größere Elastizität erkennen?

Diese Fragen können wir bejahen, und zwar von dem Zeitpunkt an, wo das römische Imperium einen gewissen Sättigungsgrad in seiner Ausdehnung erreicht hatte und die Römer es nicht mehr mit geschwächten, angeschlagenen oder kleinen Mächten, sondern mit großen und ebenbürtigen Gegnern zu tun hatten, z. B. mit dem germanischen Markomannenreich, den Parthern oder den persischen Sasaniden. Dazu zwei knappe Beispiele:

5. So berichtet uns der große römische Historiker *Tacitus* (ca. 55–116/120) in seinen Annalen (II, 46) folgende Begebenheit: Als unter dem Kaiser *Augustus* (63 v. d. Zw.–27 n. d. Zw.) dessen Ober-

feldherr *Tiberius* (42 v. d. Zw. – 37 n. d. Zw.) die römischen Legionen zu einer gewaltigen Zangenbewegung gegen das markomannische Königreich des *Marbod* (? – 36 n. d. Zw.) in Böhmen ansetzte, brach in deren Rücken auf dem Balkan, damals Pannonien genannt, ein großangelegter Volksaufstand aus (6 n. d. Zw.). Nun waren die Römer gezwungen, wenn sie nicht selber zwischen zwei Feuer geraten wollten, mit dem König *Marbod* Frieden zu schließen. *Tacitus* überliefert uns dazu den ruhmredigen Ausspruch *Marbods,* der ja selbst eine römische Militärausbildung genossen hatte, die Römer hätten mit ihm wie mit einem Gleichberechtigten verhandelt, und man habe sich unter für beide Seiten gleichwertigen Verhandlungsbedingungen (condicionibus aequis) getrennt. Dies ist ein bemerkenswertes Zeichen von diplomatischer Ausgewogenheit. Die Römer konnten in dieser Zwangslage (Gespenst eines Zweifrontenkrieges) ihre Verhandlungsmacht nicht mehr wie üblich zügellos ausnutzen, sondern mußten auf Gegenseitigkeit und Interessengemeinschaft hin verhandeln.

6. Greifen wir ein letztes lehrreiches Beispiel aus *Tacitus* heraus (XV, 5–6): Während der Regierungszeit des Kaisers *Nero* (37–68), der sein Amt von 54–68 bekleidete, kam es an der Ostgrenze des römischen Imperiums zu Auseinandersetzungen mit den Parthern um das Königreich Armenien. Sollte es zum römischen oder zum parthisch-persischen Machtbereich gehören? Da unterstellte *Nero* die römischen Legionen dem *Domitius Corbulo* (? – 67), einem seiner fähigsten Generäle. Ihm gelang es, den Großkönig der Parther *Vologaises I.* (? – ca. 80) aus Armenien zu vertreiben und in der Hauptstadt Tigranokerta den römischen Schattenkönig *Tigranes V.* einzusetzen. Bald darauf jedoch kehrte *Vologaises I.* nach Überwindung innerer Aufstände mit Truppenmacht im Jahre 61 nach Armenien zurück und begann, Tigranokerta zu belagern. Darauf entsandte General *Corbulo* den Centurio *Casperius* in die syrische Stadt Nisibis, wo sich *Vologaises* aufhielt, und übergab diesem mit schroffen Worten eine Note *Corbulos,* über deren Inhalt aber nichts verlautete. Es war *Vologaises* Grundsatz, den schlagkräftigen römischen Heeren aus dem Wege zu gehen. Auch machte seine Belagerung der armenischen Hauptstadt keine Fortschritte, und seine Truppen litten unter Versorgungsschwierigkeiten. So verbarg der Partherkönig seine Sorgen hinter einem freundlichen Gebaren und versprach, wegen seiner Anrechte auf Armenien und zu Friedensverhandlungen Gesandte an den römischen Kaiser zu schicken. Dann zog er seine Belagerungsarmee von Tigranokerta ab und verließ Armenien ganz. Viele meinten, dies sei die Folge der Ängstlichkeit des Königs und der Drohungen *Corbulos,*

und waren des Lobes voll. Andere dagegen lasen aus diesem Verhalten ein Geheimabkommen (occulte pepigisse) des Inhaltes heraus, daß beide Seiten den Krieg einstellen, daß *Vologaises* und auch *Tigranes* Armenien verlassen sollten, daß aber auch die römische Besatzung aus Tigranokerta nach Kappadokien in die Winterquartiere abmarschieren sollte. „Wieso gaben die Römer im Waffenstillstand das auf, was sie im Krieg verteidigt hatten?" fragt sich *Tacitus* mit Recht. Sicher war dies den geschmeidigen Verhandlungskünsten *Corbulos* zu verdanken, der in einem Punkte (voreilige Räumung armenischer Gebiete) sogar von Rom desavouiert wurde, weil er seine Kompetenzen überschritten hatte. Wir werden hier Zeugen eines antiken Truppenentflechtungsabkommens. Tatsächlich kam es nach einigen weiteren Kriegshandlungen mit Erfolgen und Verlusten auf beiden Seiten zu einer Kompromißlösung dergestalt, daß *Tiridates*, der Bruder des Partherkönigs *Vologaises*, über Armenien herrschen, aber dazu im Jahre 66 in Rom aus den Händen *Neros* die Herrschaftsinsignien empfangen und damit Armenien als römischen Lehnsstaat erhalten sollte. Hier zeichnete sich zwischen beiden Großmächten des Altertums erstmals soetwas wie eine Interessenpartnerschaft in Form eines römisch-parthischen Kondominiums ab. Flexibles Verhandeln hinter verschlossenen Türen trug seine Früchte.

Rückblickend erkennen wir jetzt, daß das römische Verhandlungswesen erst nach dem Untergang der republikanischen Ära mit ihrer konter-negoziatorischen Gewaltdiplomatie sich in der kaiserzeitlichen Ära – zumindest im Ansatz – zu einer flexibleren Verhandlungsstrategie und einer ausgewogeneren Verhandlungstaktik im Sinne einer konstruktiven Negoziatorik bereitfand.

Wir beschließen dieses Unterkapitel mit drei paradoxen Fragen:

(1) Ist es nicht merkwürdig, daß die Griechen, die doch passionierte Händler und damit auch Ver-handler waren, kein klares Wort für den Vorgang der Verhandlungskunst und der Verhandlungsführung kannten oder hervorgebracht haben?

(2) Ist es dagegen umgekehrt nicht geradezu erstaunlich, daß die Römer, die ursprünglich das Händlerwesen ablehnten und keine Verhandler waren, das Grundwort „negotium" und eine daraus abgeleitete Wortfamilie[52] hervorbrachten, aus denen wir Heutigen uns den neuen Begriff der „Negoziatorik" entwickeln können?

52 Aus dem Grundwort „neg-otium", wörtl.: Unruhe, Unmuße, entwickelten sich Ableitungen wie negotialis, negotiolum, negotiari (verhandeln), negotiatio (Verhandlung), negotiosus, negotiositas (Geschäftigkeit), negotiator (Verhandler), negotia-

(3) Ist es nicht bedauerlich, daß dieses international und interkulturell verständliche Begriffswort sich bisher noch nicht durchsetzen konnte, obwohl doch die Negoziatorik (Verhandlungskunst)[53] die Rhetorik und die Dialektik/Dialogik an Alter und Ehrwürdigkeit bei weitem übertrifft?

Mit diesen Denkanstößen aus unserem lateinisch-römischen Erbe wenden wir uns einer neuen Epoche des Verhandlungswesens zu.

4. Spätantike

§1 Byzanz (Ostrom) – Persien

Schon im 3. und 4. Jahrhundert unserer Zeitrechnung, der Endphase des Imperium Romanum, änderten sich die Machtverhältnisse in Europa allmählich, aber von Grund auf. Im Zeichen der beginnenden Völkerwanderung mit ihren gewaltigen Machtverschiebungen gelangte die römische Militärmaschine an den Rand ihrer Möglichkeiten und damit ihrer Erschöpfung. Der bisherigen römischen Gewaltpolitik und Gewaltdiplomatie fehlte somit das enorme Drohpotential der römischen Legionen und die daraus erwachsende gewaltige Verhandlungsmacht, auf die sich eine derartige „Politik", die ihren Namen eigentlich nicht verdiente, stützen konnte. Plötzlich konnten mächtige Barbarenvölker wie einzelne Germanenstämme, die Hunnen, später die Awaren, Bulgaren und Slawen, die Chasaren und Türken, aber auch das persische Großreich der Sasaniden sowie die arabischen Kalifen und türkischen Sultane mit ihren Heeren und Flotten den Spieß umdrehen und das Römische Reich sowie seine beiden Nachfolgestaaten mit einer zuvor nie gekannten Gewaltpolitik und dementsprechenden Friedensdiktaten überziehen, die mit hohen Tributzahlungen und empfindlichen Gebietsverlusten verbunden waren. Spätestens seit der folgenschweren Teilung des Imperiums in eine Ost- und eine West-

---

trix (Verhandlerin), negotiatorius (verhandlerisch). „Ars negotiatoria" wäre also die lateinische Wiedergabe von Verhandlungskunst. Der vom Verfasser geprägte Neologismus „Negotiatorik" ist dagegen den griechischen Begriffswörtern wie Rhetorik, Dialektik usw. nachgebildet.

53 Gewisse Vorstadien und Ansätze zu einer lateinischen Negotiatorik ließen sich aus der Schrift „Vier Bücher Kriegslisten" (Quattuor Strategematon Libri) des römischen Offiziers und Beamten *Frontinus* (30–104) herausfiltern. Allerdings bewegt sich die Darstellung des *Frontinus* auf einem so geringen Reflexionsniveau, daß sie einen Vergleich mit den Thesen des *Sun-Dse,* Vertreter einer wesentlich älteren Kriegs- und Verhandlungskultur, kaum standhält. So muß es hier mit diesem Hinweis sein vorläufiges Bewenden haben.

hälfte (394) konnte sich im entstehenden byzantinischen oder oströmischen Reich eine eindrucksvolle diplomatische Verhandlungskultur entfalten, während die Westhälfte des Reiches schon bald darauf in den Germanenstürmen der Völkerwanderung unterging. Die byzantinische Diplomatie und Verhandlungskunst, unterschwellig sicher mitgeprägt durch das alte orientalisch-hellenistische Erbe der Osthälfte des Reiches, knüpft offensichtlich an die diplomatische Tradition der hellenistischen Großreiche an, denen das Imperium Romanum einst das Ende bereitet hatte. Ähnlich wie für die byzantinische Sprache und Literatur so können wir auch für das diplomatische Verhandlungswesen Ostroms drei Epochen unterscheiden: eine frühbyzantinische (300–800), eine mittelbyzantinische (800–1200) und eine spätbyzantinische (1200–1453).

Was die Großreiche des alten Orients, das klassische Griechenland, die hellenistischen Diadochenreiche und das römische Imperium nicht vermocht hatten, das brachte das kultivierte Byzanz, das – wie oben gezeigt – sich auf eine alte Tradition des Verhandelns berufen konnte, zuwege, nämlich die systematische Entwicklung eines außenpolitischen Verhandlungswesens. So wurde Konstantinopel zur Wiege des heutigen Verhandlungswesens, das seinen Weg über die italienischen Stadtrepubliken nach West- und Mitteleuropa fand. Ostrom richtete in Konstantinopel erstmals eine Art auswärtige Abteilung mit einem obersten Amtsleiter (magister officiorum) an der Spitze ein. Die Unterhändler erhielten klare Vollmachten sowie strikte Verhandlungsrichtlinien mit Minimal- und Maximalforderungen. Die Beglaubigungspapiere der Botschafter, Gesandten und Unterhändler bestanden zum einen aus Empfehlungsschreiben, zum anderen aus Vollmachtschreiben mit klarer Definition ihrer verhandlerischen und somit politischen Befugnisse. Obwohl sich mit der Zeit ein perfektes diplomatisches Protokoll entwickelte, gab es keinen regelrechten, ständigen diplomatischen Dienst. Gesandtschaften wurden nur von Fall zu Fall ausgewählt und entsandt, wobei die Vertrauensbasis, die die jeweiligen Gesandten beim Kaiser haben mußten, das wichtigste Auswahlkriterium darstellte. Eine feste Akkreditierung z. B. am Hofe des oströmischen Kaisers oder des persischen Großkönigs gab es damals noch nicht. Der Kaiser *Konstantinos VII. Porphyrogennetos* (913–959) befaßte sich als erster mit der formalen Gestaltung diplomatischer Kontakte. Zu diesem Zwecke stellte er ein Handbuch über Protokollfragen (z. B. die Aufnahme fremder Gesandtschaften, deren Behandlung, Überwachung usw.), bekannt als „Zeremonienbuch“ (De Ceremoniis) zusammen. Er begründete ebenfalls ein Sammelwerk unter dem Titel „Auszüge über die Gesandtschaften der Römer an die Ausländer" (Excerpta de legationibus Romanorum ad gentes) mit Historikerberichten über Gesandtschaften von Rom ans Ausland und vom Ausland an Rom.

Der gesamte Apparat der byzantinischen Diplomatie drehte sich unablässig um das Entwerfen, Aushandeln, Unterzeichnen, Verändern (Nachverhandeln) und Erneuern von zwischenstaatlichen Abkommen und Verträgen. Und je schwächer und kleiner das byzantinische Reich im Politischen wie Militärischen wurde, um so stärker wurden gleichsam als Kompensation dieser Schwächen seine verhandlerischen Aktivitäten mit ihrem Geflecht von Bündnisverträgen. Das Griechische war – vielfach sogar bis in die Spätzeit hinein – die vornehmlich gebrauchte Verhandlungssprache. Denn in den Ländern des östlichen Mittelmeeres gab es immer noch ein großes und hochqualifiziertes Reservoir von Verhandlerpersönlichkeiten, die nicht nur in byzantinischen, sondern auch in arabischen, türkischen, kreuzritterlichen und venezianischen Diensten anzutreffen waren und denen ein traditionelles Wissen an Verhandlungskunst zu Gebote stand. So wurde die sprachliche Verständigung und mithin auch ein ergebnisbringendes Verhandeln erleichtert.

Wir wollen uns aus dem eindrucksvollen Material historischer Berichte über Verhandlungsgespräche, wie sie die byzantinischen Geschichtsschreiber uns erstmals in dieser Fülle liefern, nur einige Episoden herausgreifen, und zwar aus der frühbyzantinischen Zeit. Sie ist besonders geprägt durch die ständige Rivalität zwischen Ostrom und dem persischen Sasanidenreich. Allein in diesem Zeitraum von 300–800 gingen nachweislich Hunderte von byzantinischen Gesandtschaften und Verhandlungdelegationen an die Staaten und Völkerschaften des Orients und des Okzidents ab. Einige der bedeutendsten diplomatischen Unterhändler, insbesondere aus der Zeit des Kaisers *Iustinianus I.* (482–565) – bekanntlich auch Herausgeber des nach ihm benannten „Codex Iustinianus", der ersten umfassenden Sammlung römischer Rechtsquellen –, waren Männer wie der Rhetor und Historiker *Priskos* und der Patrikios *Petros*. Die Rolle der Kaiser als persönliche Verhandler im Feldlager[54] wurde seit der Reichsteilung

54 Wie sich in spätrömischer Zeit der Kaiser häufig selbst noch in Verhandlungen einschaltete, zeigt folgendes Beispiel. Als im Jahre 297 der Kaiser *Galerius* das persische Heer in einer großen Schlacht völlig besiegte, konnte er dabei auch den ganzen Troß des Großkönigs samt Harem erbeuten. Darauf erschien ein Abgesandter des persischen Königs und ersuchte um Rückgabe des Harems. Nach einem eindrucksvoll gespielten Wutanfall des Kaisers, der natürlich dazu diente, den Gegner einzu-

von 394 endgültig aufgegeben. Der Kaiser als oberster Manager seines Reiches residierte vorwiegend in seinem Palast am Bosporos und delegierte seine Verhandlungsaufträge an entsprechend qualifizierte Bevollmächtigte, d.h. Gesandte. Besonders im diplomatischen Verkehr zwischen dem byzantinischen Kaiserreich und dem persischen Großreich war, auch wenn die Beziehungen häufig gespannt waren, traditionell ein höflicher Verhandlungsstil an der Tagesordnung, der meist in zivilisierter Rede- und Schreibweise seinen Ausdruck fand und nur selten in Schmähreden und Beleidigungen abglitt. Hier meldeten sich zweifellos die über tausendjährigen Traditionen der persischen und hellenistisch-spätrömischen Verhandlungskulturen zu Worte. Ein anderer Ton herrschte freilich gegenüber den Barbarenvölkern (Hunnen, Awaren, Türken, Slawen, Germanen usw.) und den Arabern. So beschränkten sich diplomatische Verhandlungen mit den arabischen Machthabern zumeist auf Vereinbarungen über Gefangenenaustausche bzw. -freikäufe und gelegentliche Friedensverträge, weil leider zwischen dem christlichen und dem mohammedanischen Machtblock die meiste Zeit eine Art permanenter Kriegszustand herrschte.

Den Wandel von unelastischer römischer Gewaltdiplomatie hin zu einer flexiblen byzantinischen Verhandlungsführung bezeugen die Ausführungen des anonymen Verfassers eines Strategietraktats aus dem 6. Jahrhundert:

„Wenn wir völlig außerstande sind, den Kampf fortzusetzen, dann entscheiden wir uns, Frieden zu schließen, auch wenn das für uns einige Nachteile mit sich bringen mag. Angesichts zweier Übel sollte man das kleinere wählen. Friedensverhandlungen sind anderen Maßnahmen vorzuziehen, da sie sehr wohl die besten Aussichten bieten dürften, unsere Interessen zu wahren."

Gehen wir damit zu konkreten Beispielen byzantinischer Verhandlungsführung über:

a) Verhandeln mit den Barbaren

Dabei wählen wir zuerst solche aus, die Ostrom in der Situation des unterlegenen Verhandlungspartners zeigen, z.B. gegenüber dem neu entstandenen, aber kurzlebigen Hunnenreich des *Attila* (395–453). So entsandte der oströmische Kaiser *Theodosios II.* (401–450) eine Abordnung unter Führung des späteren Geschichtsschreibers *Priskos* von Panion (ca. 415–472?), dem wir auch die folgenden Schilderun-

schüchtern und auf Null zu bringen, konnten die Römer, die ja ohnehin Sieger in der Schlacht waren, mit dem Harem als Faustpfand einen noch günstigeren Friedenschluß herausholen!

gen verdanken, zu den Hunnen, mit denen man sich 434 an der Donau nahe der Festung Konstantia traf. *Priskos* berichtet[55]:

„Sie trafen sich alle hoch zu Roß vor der Stadt. Die Barbaren pflegen nämlich bei Unterredungen nicht abzusitzen; daher wollen auch die rhomäischen Gesandten, um sich nichts zu vergeben, nicht von den Pferden steigen, damit nicht etwa die Skythen vom Sattel aus, sie aber zu Fuß verhandeln müßten" (*Doblhofer*, S. 16).

Dann nennt *Priskos* die erniedrigenden Bedingungen, unter denen die Byzantiner, die sich als Rhomäer bezeichneten, gezwungen waren, Frieden zu schließen (bedingungslose Rückgabe aller hunnischen Gefangenen, Freikauf der rhomäischen Gefangenen von den Hunnen, verschiedene vertragliche Auflagen sowie ein Jahrestribut von 700 Pfund Gold usw.).

Als der Hunnenkönig *Attila* 447 einen verheerenden Raubzug durch die oströmischen Donau- und Balkangebiete bis vor die Tore Konstantinopels unternahm, kam es 448 wiederum zu einem – jetzt noch schmählicheren – Friedensschluß für Ostrom, das an Attila einen jährlichen Tribut von 2100 Pfund Gold zahlen mußte. Hören wir dazu wieder *Priskos*, der auch diesmal der Verhandlungsdelegation angehörte:

„Diesen Friedensbedingungen fügten sich die Rhomäer nach außen hin willig; sie taten es freilich nur der Not gehorchend, und ihre Führer nahmen in ihrer Angst die wahrhaft harten und unbilligen Friedensbedingungen, die man ihnen auferlegt hatte, um des lieben Friedens willen gern auf sich; sie weigerten sich auch nicht, den überaus drückenden Tribut zu zahlen ..." (a.a.O. S. 19).

Weiter unten heißt es zu den vergeblichen Versuchen der Byzantiner, diese drückenden Lasten etwas zu mildern:

„Dagegen vermochten weder der Gesandte Anatolios noch der Führer des thrakischen Heeres Theodulios etwas auszurichten, weder durch Überredungskünste noch durch ein Hinausziehen der Verhandlungen. Den Hunnen war nach ihrem jüngsten Sieg der Kamm wieder geschwollen ..." (S. 21).

Hier und im folgenden Absatz sehen wir die Nachfolger der imperialen Römer in der gleichen Situation, in der sich vordem die von ihnen besiegten Völker und Staaten (z.B. Karthago) befanden. Da scheint uns eine ausgleichende Gerechtigkeit am Werke zu sein. Die Hunnen befanden sich eben in einer so starken Verhandlungsposition, daß sie sich von den Oströmern keinen Deut an den Unterwerfungsverträgen

55 Alle folgenden Zitate (bis auf zwei Ausnahmen) sind den Sammelwerk *Doblhofers* entnommen, s. dazu das Literaturverzeichnis zu Kap. VIII auf S. 453.

und Stillhaltezahlungen abhandeln ließen. Aber die nachfolgenden Ausführungen des *Priskos* lassen zusammenfassend eine für uns erstaunliche Doppel-Strategie der oströmischen Politik erkennen:

„Die Rhomäer gehorchten Attila in allem aufs Wort und nahmen seine Forderungen wie Befehle ihres rechtmäßigen Herrschers hin. Sie vermieden mit peinlicher Sorgfalt jeden Anlaß zu einem neuen Krieg gegen ihn, hatten sie doch genug andere Sorgen: die Parther rüsteten zum Krieg, die Vandalen machten die Küsten unsicher, die Isaurier unternahmen fortwährend Raubzüge, die Sarazenen verheerten die Ostgebiete des Reiches in immer neuen Einfällen; obendrein standen auch die äthiopischen Stämme zum Kriege gerüstet. Daher taten die entmutigten Rhomäer alles, um Attila bei guter Laune zu halten; den übrigen Völkern aber wollten sie entgegentreten, sobald sie ein Heer aufgeboten und Heerführer bestellt hätten" (S. 23).

Wir erkennen nun, weshalb die Byzantiner diese enormen Opfer und Demütigungen auf sich nahmen. Sie, die sich selbst Rhomäer (Römerabkömmlinge) nannten, sahen sich aufgrund der enormen Ausdehnung ihres Reiches immer wieder Mehrfrontenkriegen ausgesetzt. Also mußten sie mit einigen Gegnern Stillhalteabkommen unter erschwerten Bedingungen abschließen und die Zeit für sich arbeiten lassen. Denn schon fünf Jahre nach dem oben genannten Friedensdiktat, als im Jahre 453 der Raubkönig *Attila* plötzlich verstarb, zerbrach sein Reich und löste sich in ein Nichts auf. Für andere Gegner freilich mußten die Byzantiner ihre verbleibenden Energien aufsparen, um sie mit aller Kraft niederzuringen. Dies galt insbesondere für den Erbfeind Persien. Allerdings richteten sich beide Großreiche durch ihre jahrhundertelange ruinöse Konfrontationspolitik finanziell und militärisch zugrunde[56]. Wenden wir uns in den folgenden Texten mit Vorrang diesem Konfliktbereich zu:

b) Verhandeln mit dem Perserreich

Einer der bedeutendsten byzantinischen Diplomaten und Verhandler aus der Zeit *Iustinianus' I.* ist *Petros Patrikios* (ca. 500–565?). Er war lange Zeit der oberste Amtsleiter (magister officiorum) der oströmischen Außenpolitik und wurde von *Iustinianus* für die Erledigung kompliziertester diplomatischer Missionen eingesetzt. So war er der Chefunterhändler beim Abschluß des sog. fünfzigjährigen Friedens mit Persien im Jahre 562. Der byzantinische Geschichtsschreiber

56 Wenn sich zwei streiten, freut sich bekanntlich der Dritte. Dieser Dritte waren die mohammedanisierten Araber, die unter Führung ihrer Kalifen die beiden in sich brüchigen und schwer angeschlagenen Großreiche ohne allzu große Mühe entweder schlagen (so Ostrom) oder gar völlig vernichten konnten (so Persien).

Menandros Protektor (ca. 550–601?), der in seiner Zeitgeschiche direkt aus den Gesandschaftsberichten des *Petros Patrikios* schöpfte, berichtet uns darüber, z. T. sogar wörtlich: Als die rhomäische Delegation unter *Petros Patrikios* und die persische unter dem Zich (Leibkämmerer des Königs) namens *Iesdegusnaph* 620 im Grenzort Dara mit Friedensverhandlungen begannen, wies *Petros* in seiner Eröffnungsansprache sogleich auf sein Anliegen hin[57]:

„... Ich bin gekommen, um die schon erzielten Abmachungen in einen dauerhaften Frieden umzuwandeln." Und späterhin heißt es: „Schämen wir uns daher nicht, die Last des Krieges abzuschütteln; wenn wir in allem überlegt und besonnen handeln, werden wir mehr Ruhm ernten als durch Kriegstüchtigkeit" (S. 96, 98).

In seiner kurzen Erwiderung schloß auch der Zich mit den Worten:

„Darum lassen auch wir uns auf Friedensverhandlungen ein; schätzen wir doch selber den Frieden überaus hoch. Es zeugt von Großmut, in allen Dingen das Gesetz des Anstandes zu wahren" (S. 100).

Nachdem die Dolmetscher beider Seiten die Reden gegenseitig übersetzt und verdeutlicht hatten, gingen beide Parteien daran, ihre Friedensvorstellungen zu entwickeln:

„Die Perser wünschten einen Dauerfrieden und forderten von den Rhomäern einen bestimmten Jahrestribut in Gold dafür, daß sie, die Perser, nicht wieder zu den Waffen griffen. Außerdem verlangten sie eine sofortige Abschlagszahlung in der Höhe des Jahrestributs für vierzig, mindestens aber für dreißig Jahre, wenn sie die Waffen nun niederlegen sollten. Die Rhomäer hingegen traten für einen kurzfristigen Vertrag ein und verweigerten rundweg jede Zahlung für den Frieden" (S. 100f.).

Wir sehen hier also recht anschaulich, wie die Maximalforderungen beider Seiten hart aufeinanderprallten. Natürlich mußten beide Seiten während der weiteren Verhandlung entsprechende Abstriche und Konzessionen machen, um zu einer beiderseitig befriedigenden Lösung zu kommen. Hören wir dazu *Menandros Protektor*:

„Darüber entbrannte ein hitziger und wortreicher Streit; endlich kam man überein, es sollte auf fünfzig Jahre Frieden herrschen und die Perser sollten den Rhomäern Lazien zurückgeben. Der Friede galt als geschlossen und abgemacht und sollte allenthalben eingehalten werden: im ganzen Orient, in ganz Armenien und ebenso in Lazien selbst; so zwar, daß die Rhomäer den Persern alljährlich dreißigtausend Nomismata Gold für den Frieden entrichten sollten. Auch einigte man sich darauf, daß die Rhomäer den Tribut auf einmal im voraus bezahlen sollten, und zwar die Summe für sieben Jahre sogleich, den Betrag für die restlichen drei Jahre unverzüglich nach Ablauf der

57 Seitenzählung in Klammern nach *Doblhofer*, s. S. 453.

ersten sieben Jahre; sodann sollten die Perser alljährlich den festgesetzten Jahrestribut erhalten" (S. 101).

Nachdem man sich über die Inhalte geeinigt hatte, schritt man anschließend zu den Formalitäten:

„Es wurde ferner beschlossen, daß zur Genehmigung und Bekräftigung der von den Gesandten vereinbarten Friedensbedingungen sowohl vom Kaiser als auch vom Großkönig unterzeichnete Urkunden beizubringen seien, die auf lateinisch ‚litterae sacrae' heißen. Diese wurden denn auch sogleich ausgefertigt und an die beiden Höfe abgesandt. Der Vertrag sah ferner die Ausstellung einer eigenen Urkunde durch den rhomäischen Kaiser vor, darin dieser sich verpflichtete, die Tributsumme für die restlichen drei von den zehn vereinbarten Jahren sogleich bei Ablauf des siebenten Jahres an die Perser ausbezahlen zu lassen. Dafür sollte der Perserkönig sich schriftlich verpflichten, sogleich nach Erhalt der geforderten Summe für die drei Jahre dem rhomäischen Kaiser den Empfang durch ein Schreiben zu bestätigen" (S. 101 f.).

Nach Klärung dieser Punkte beendeten die Gesandten fürs erste ihre Verhandlungen. Eindrucksvoll ist für uns dabei die hohe Professionalität, mit der die Verhandlung sowie die Erstellung der Urkunden usw. gehandhabt wurde. Kurz darauf kamen die Unterhändler aber wieder zusammen. Und wir werden nun Zeugen eines einzigartigen Dokuments spätantiker Verhandlungsführung, weil die Byzantiner uns erstmals realistische Gesprächsabläufe in ihrer Verhandlungsführung mit den Persern schildern. Dadurch, daß *Petros* offenbar minuziös Gesprächsprotokolle führte, deren sich dann *Menandros Protektor* bediente, können wir auf diese Weise Blicke hinter die Kulissen spätantiker Geheimverhandlugen werfen wie nie zuvor! Folgen wir also den Darstellungen unseres Historikers weiter:

„Hierauf verhandelten sie abermals über noch strittige Fragen. Alle übrigen Streitpunkte waren nämlich bereinigt und geregelt; lediglich über Suanien war noch keine Einigung erzielt worden. Da sprach Petros zum Zich: ‚... Nicht ohne Grund und Überlegung halte ich diese Rede, o Zich, die zwar an dich gerichtet ist, aber schließlich sowohl uns Rhomäern wie auch euch Persern große Vorteile bringen wird. Ich will etwas offener sprechen. Suanien stand einst unter rhomäischer Herrschaft und war dem Rhomäerreich untertan."[58]

Dazu müssen wir wissen:

Suanien bildete einen relativ kleinen und unbedeutenden Teil des damaligen Königreichs Lasika oder Lazien, das ebenfalls byzantinischer

58 Suanien war eine unbedeutende Gegend des Königreiches Kolchis, das später Lasika bzw. Lazien hieß und einen Teil des antiken West-Georgien (Südkaukasusgebiet) bildete. Lasika lag an der Schwarzmeerküste, ist heute Teil der Türkei und heißt Lasistan.

Oberhoheit unterstand. Durch ein geschicktes Manöver gelang es den Suanen, sich dieser Oberhoheit zu entledigen, und sie gegen die wohl weniger drückende Oberhoheit des persischen Großkönigs einzutauschen.

„Durch diese List und Bestechung der rhomäischen Truppenführer schafften sich die Suanen die rhomäische Besetzung vom Halse. Die Perser zogen schnell heran und nahmen Suanien ein. Daraus ist leicht zu ersehen, daß Suanien einst den Rhomäern gehörte und ihnen auch heute noch von Rechts wegen gehört; ‚denn wenn wir mit vollem Recht die Herren Laziens geworden sind (und dazu habt ihr ja selbst eure Zustimmung gegeben), so fordern wir nicht ohne Grund Suanien, das Lazien unterstehe, unter unsere Herrschaft zurück.‘ Darauf erwiderte der Surena: ‚Ihr Rhomäer seid darüber deshalb so empört, weil dies Volk sich ganz aus freien Stücken unter unsere Herrschaft stellte.‘ Und der Zich nahm seine Worte auf: ‚Die Suaner waren von jeher unabhängig und niemals kolchische Untertanen.‘ Darauf Petros: ‚Wenn du, o Zich, den Namen Suanien im Friedensvertrag nicht erwähnt wissen willst, so vergiß doch nicht, daß du mir Lazien mit allen ihm untertanen Stämmen zurückgibst.‘ ‚Wenn ich darauf eingehe,‘ versetzte der Zich, ‚so liefere ich dir womöglich einen Vorwand, selbst über Iberien[59] einen Streit vom Zaun zu brechen; du bist ja in deiner Willkür imstande, selbst dies als früher zu Lazien gehörig zu bezeichnen.‘ ‚Es ist sonnenklar, o Zich, daß du uns keineswegs ganz Lazien, sondern nur einen Teil davon abtreten willst.‘ So stritten sich Perser und Rhomäer noch des langen und breiten über Suanien, konnten sich jedoch nicht einigen. So beschloß man, die Angelegenheit dem Perserkönig zu unterbreiten, und der Zich verpflichtete sich unter Eid, der den Persern heilig gilt, sogleich nach seiner Rückkehr bei Chosrau für die Forderungen des Petros einzutreten“ (S. 104–106).

Darauf wendete sich das Verhandlungsgespräch zwischen Byzantinern und Persern noch einer weiteren offenen Frage zu. Wichtig ist es, hier zu beobachten, wie der byzantinische Chefunterhändler *Petros* den persischen Unterhändler dazu zu bewegen versucht, der extensiven Auslegung des unscharf definierten Begriffs „Lazien“ zuzustimmen, um dann möglichst viel für Ostrom aus ihm herauszuholen („daß du mir Lazien mit allen ihm untertanen Stämmen zurückgibst“, also auch Suanien!). Vor unseren Augen spielt sich der frühe Einsatz der „Scheibchen-für-Scheibchen-Methode“, auch Salamitaktik genannt, ab. Die persischen Unterhändler ließen *Petros* jedoch elegant-ironisch abblitzen. Denn sie wußten genau, weshalb sie den Terminus „Suanien“ nicht schriftlich in den Friedensvertrag hereinnehmen wollten. Denn würde man den Byzantinern den kleinen Finger

59 Iberien, nicht zu verwechseln mit der iberischen Halbinsel, war der antike Name für Ost-Georgien, während West-Georgien damals Kolchis oder Lasika bzw. Lazien hieß.

reichen, so würden sie bald die ganze Hand haben wollen, d. h. neben West-Georgien auch Ost-Georgien. Sodann heißt es bei *Menandros Protektor*:

„Nach diesen und weiteren Verhandlungen wurden die Bedingungen des auf fünfzig Jahre befristeten Friedensvertrages in griechischer und persischer Sprache schriftlich niedergelegt und darauf der griechische Text ins Persische und der persische ins Griechische übersetzt. Bei der Abfassung und dem Abschluß waren auf rhomäischer Seite der kaiserliche Magister militum praesentialis Petros, ferner Eusebios und andere zugegen, von persischer der Zich Iesdegusnaph, der Surena und andere. Nachdem die Vertragstexte von beiden Seiten abgefaßt waren, verglich man sie Wort für Wort und Satz für Satz auf ihren Inhalt" (S. 107).

Der Vertragstext umfaßte insgesamt dreizehn Friedensbedingungen sowie Sondervereinbarungen über die in Persien lebenden Christen. Nachdem dies alles abgeklärt und schriftlich niedergelegt war, kam es zu folgendem eindrucksvollen Ratifikationsakt:

„... darauf empfingen die damit Beauftragten die in beiden Sprachen ausgestellte Urkunde, verglichen sie eingehend auf Inhalt und Bedeutung und fertigten sogleich von jedem Exemplar eine Abschrift an. Dann wurden auch die Texte des Hauptvertrages sorgfältig zusammengerollt und nach persicher Sitte mit Wachssiegeln und anderen Maßnahmen sowie den Abdrücken der Siegelringe der Gesandten sowie der zwölf Dolmetscher, der sechs rhomäischen und der sechs persischen, gesichert. So überreichten sie einander die Vertragsurkunden: der Zich Petros die persische, Petros dem Zich die griechische. Außerdem erhielt der Zich von Petros ein zweites Exemplar, dem griechischen gleichlautend, aber persisch geschrieben und ohne Siegel, das als Gedächtnisprotokoll gedacht war, und umgekehrt Petros (ein griechisches). Darauf gingen sie auseinander und verließen beide das Grenzgebiet" (S. 110f.).

Wer nun glauben wollte, damit sei die Suanienfrage für den Oströmer *Petros* erledigt gewesen, der hat eine seiner Verhandlertugenden, nämlich die Zähigkeit, unterschätzt[60]. Denn er suchte nun schnurstracks den persischen Großkönig *Chosroës I.* (ca. 500–579) in seinem Schloß in der Stadt Bitharmais auf, um mit ihm direkt über Suanien zu verhandlen. Er wurde vor den König geführt, und es entspann sich folgender Dialog:

„Wir sind zu dir gekommen, o König, nun wir die Wohltat des Friedens zum großen Teil schon erlangt haben, daß wir auch in den übrigen Fragen von dir, wenn auch spät, Gerechtigkeit erfahren, und wir hoffen, uns darin nicht zu täuschen. ... Es steht einem großen König wohl an, auf einen Gewinn auch einmal freimütig zu verzichten. ... Nun, da die Erbitterung des Krieges sich

60 Siehe dazu auch Teil A, S. 28, Fußn. 4, zu *Henry Kissinger.*

gelegt hat und wir schon erleichtert aufatmen, glimmt noch ein einziger Funke fort: Suanien ist es, das ich als einen bösen Funken bezeichnen möchte, der nun zu hellem Streit aufzulodern droht. Erweise dich also als Bollwerk gegen dies drohende Unheil und lösche den Funken des bevorstehenden Unglücks. Wir haben ja alle zweifelhaften und strittigen Punkte, die wir nicht bereinigen konnten, dir zur Entscheidung vorgelegt. Es gibt nur einen einzigen Weg, den Krieg endlich aus der Welt zu schaffen: Wenn wir schon die Herren von Lazien sind, so gib uns auch Suanien zurück. Warum sollte denn einer, der die Herrschaft über ein Königreich erlangt, nicht auch als Herr über die Nebenlande dieses Königreiches gebieten? Es dürften wohl weder die Lazen noch die Suaner selbst bestreiten, daß Suanien einst Lazien untertan war und der König von Lazien das Recht hatte, nach eigenem Ermessen zu bestimmen, wer Suanien regieren sollte." Dabei wies *Petros* anhand von Herrscherlisten (Einsatz visueller Hilfsmittel!) nach, daß die Lazenkönige die älteren waren und das Königreich der Suaner erst von ihnen geschaffen war. Dann fuhr er fort: „Da uns also die Gerechtigkeit, o König, Suanien zuspricht, kann es dir doch nur nützen, wenn du durch deine Zustimmung zweierlei zugleich erreichst, nämlich den guten Ruf, einerseits keinem Unrecht getan und andererseits allen das ihnen Gebührende gegeben zu haben. ... du hast dich willig den Geboten der Redlichkeit unterworfen und uns ohne Vorbehalt Lazien als unser Eigentum zurückgegeben und damit auch die Verfügungsgewalt darüber. Dasselbe erbitten wir nun auch von Suanien: Gewähre uns, was unser Eigentum ist! Dann werden wir beide dankbar sein dürfen: wir euch, daß ihr uns unser Eigentum nicht geschmälert habt; ihr aber dem Allerhöchsten, daß ihr so mächtig seid, daß ihr scheinbar auch schenken könnt, was euch nicht gehört." Der König antwortete: „... Klugheit ist weit stärker als alle Waffengewalt, weil kriegerische Tapferkeit eine Heldentat nur zeitigen kann, indem sie sich selbst zerstört, die Klugheit hingegen nicht nur sich selbst, sondern auch ihren Besitzer unangreifbar macht. Tadle mich also nicht, Gesandter der Rhomäer, wenn es mir nicht gelingt, dich zu überzeugen, der du in den philosophischen Studien so bewandert bist, daß du gelernt hast, im Wortgefecht zu siegen. Dennoch will ich, so gut ich kann, wenn auch nicht mit kunstvoll gesetzten, schönen Worten, sondern schlichten Sinnes vorbringen, was ich für recht halte. Zugegeben: über Suanien hast du wahr gesprochen und den Sachverhalt richtig dargelegt. Lazien aber habe ich im Kriege unterworfen: die Suaner jedoch habe ich nie bekriegt. ... Nach dem Tode des Mermeroes übernahm Nachoergan den Befehl über das Heer; er schrieb uns dasselbe: Die Suaner bewohnten die Berghänge des Kaukasus und seien ein Volk von Räubern und Plünderern, zu allen schwersten Verbrechen fähig. Wir beschlossen, ein Heer gegen sie zu senden: Da wurden plötzlich vor Angst aus den Suanern biedere Perser. Daraus geht klar hervor, daß das Land in meiner Gewalt ist, und ich leugne nicht, daß ich es besetzt halte. Es ist auch gar kein Geheimnis, daß die dortige Bevölkerung uns gern gehorcht und von unseren Beamten regiert wird. Schließlich teilte mir der Zich brieflich mit, daß die Rhomäer Suanien wieder begehrten. Darin wart ihr meines Erachtens von Recht und Billigkeit ebenso weit entfernt, wie ich es war, daran zu glauben, was mir da wider alle Vernunft hinterbracht wurde. Aber ich will, um mich nicht mit eurem Kaiser zu entzweien, mich in die Lage fügen, solange ich noch lebe." Das war die Erklärung, die der Perserkönig dem *Petros* abgab, und damit wurde die Verhandlung über Suanien vorderhand abgeschlossen ..." (S. 111–114).

Danach wandte sich das Verhandlungsgespräch noch anderen offenen Fragen zu, bei denen jede Seite ihren Standpunkt beharrlich vertrat. Zum Schluß lenkte *Petros* mit aller Zähigkeit das Gespräch nochmals auf Suanien, als ob er genauestens ausloten wollte, ob für Ostrom nicht doch noch eine Chance bestehe, den Perserkönig zum Einlenken zu bewegen. Dazu meinte der König:

„‚Als ich Skandeis, Sarapa und Lazien besetzte, hatten wir, wie ihr selbst zugebt, Suanien nicht in unserer Gewalt. Daraus leuchtet ein, daß es nie den Lazen untertan war. Wäre es das gewesen, so wäre es ja zugleich mit den Lazen, unter deren Herrschaft es stand, in unsere Gewalt übergegangen.' Dem hielt Petros entgegen: ‚Das geschah deshalb nicht, weil die Suaner nicht von uns abfielen, wie die Lazen, deren Untertanen sie waren. Ich möchte nachdrücklich festhalten, daß sie, die Untertanen unserer Untertanen, nie von uns abfielen.' Dagegen wandte der König ein: ‚Heute sind es zehn Jahre her, daß wir Suanien besetzten. Wir haben inzwischen des öfteren Gesandte von euch empfangen und zu euch geschickt. Warum habt ihr Suanien nie auch nur mit einem Wort erwähnt?' ‚Weil du damals', entgegnete Petros, ‚die Herrschaft über Lazien innehattest. Hätte ich dich damals gebeten, uns Suanien abzutreten, so hättest du mich gewiß nach meinen Gründen gefragt; hätte ich dann erklärt, weil es Lazien untertan sei, so hättest du erwidert: ‚Weißt du nicht, daß ich jetzt der Herr von Lazien bin?' und wir wären um eine weitere Antwort verlegen gewesen.' ‚Willst du also behaupten, Suanien sei den Lazen untertänig gewesen?' fragte der König. ‚Wenn du das urkundlich nachweisen kannst, so sollst du erhalten, was dir von Rechts wegen gebührt.' Darauf Petros: ‚Das will ich sogleich tun und dich über den wahren Sachverhalt aufklären. Bei den Lazen, o König, gab es ein altes Herkommen: Da der Fürst der Suaner dem König von Lazien untertan war, schien er auf der Liste seiner Tributpflichtigen auf. Deshalb empfing der Lazenkönig von ihm Honig, Felle und verschiedene andere Abgaben. Starb aber ein Fürst der Suaner, so wurde ein Verweser des Landes vom Herrscher von Lazien bestimmt. Dann unterrichtete er den Kaiser brieflich über den Fall, und der ermächtigte in einer Urkunde den König von Lazien, nach eigenem Ermessen die Abzeichen der Herrschaft über Suanien an einen beliebigen Mann zu senden; nur müßte es ein Suaner sein. So wurde es schon seit der Zeit unseres Kaisers Theodosios bis herauf zu deinem Großvater Perozes und unserem damaligen Kaiser Leon gehalten.' Damit zog Petros ein Büchlein aus dem Mantel, darin der Reihe nach ausdrücklich die Lazenkönige aufgezeichnet waren, die den Suanern ihre Fürsten gegeben hatten. Der Inhalt dieses Büchleins war (wenn auch nicht wortgetreu) folgender: ‚Dies waren die Könige der Lazen, welche die Stammesfürsten der Suaner einsetzten von der Zeit an, da Kaiser Theodosios über das rhomäische und Varanes über das Perserreich herrschte, bis auf Kaiser Leon und Großkönig Perozes.' Petros verlas die Namen und fuhr fort: ‚Bis herauf zu diesen haben wir die Könige der Lazen schriftlich, und ebenso alle, die von ihnen als Stammesfürsten über Suanien eingesetzt wurden.' Darauf meinte der König: ,Wenn wir dem vom rhomäischen Standpunkt aus abgefaßten Büchlein, das du hier vorgebracht hast, Glauben schenken sollen, ist es da nicht nur recht und billig, daß auch ihr unseren Aufzeichnungen Glauben schenkt?' ,Gewiß.' ,Es hängt also, wie du selbst sagtest, vom jeweiligen Standpunkt ab, ob jene Stammesfürsten so oder anders gewählt wurden. Da wir aber um einen Sklaven streiten, dessen Besitz zweifelhaft ist, so sollst du ihn erhalten, wenn du mit klaren und überzeugenden Gründen beweisen kannst, daß er dir gehört. Kannst du das nicht und sollten die Suaner es doch vorziehen, rhomäische Untertanen zu sein, so will ich nicht dagegen sein. Darüber hinaus aber kann ich nichts tun.' Darauf entgegnete Petros: ,Du willst doch nicht etwa den Suaner selbst fragen, Herr, wem er gehören will? Unter solchen Umständen könnte er sich ja gar die Freiheit erschwätzen.' ,Bedenke', sagte der Großkönig, ,daß ich mich in Fragen, die das Land betreffen, keineswegs den Wünschen der Suaner fügen will. Es ist doch weder geziemend noch recht, bei der Entscheidung über das Land Gefahr zu laufen, sich vom Urteil eines Sklaven bestimmen zu lassen.' So endete das Gespräch zwischen den beiden.

Petros erreichte in der Frage Suanien nichts, sondern kehrte unverrichteter Dinge aus Persien zurück. Den Frieden mit den Persern schloß er freilich ab; beide Reiche beendeten den Kriegszustand und die Perser räumten das Kolcherland wieder. Petros starb bald nach seiner Heimkehr in Byzanz" (S. 115–118).

So endete eines der spannendsten Verhandlungsgespräche der Spätantike, bei dem ein byzantinischer Grieche und ein sasanidischer Perser miteinander argumentativ die Klingen kreuzten. Dabei wird deutlich, daß es dem Gesandten *Petros* nicht gelang, in der Entscheidungsphase, der Phase 3 jeder Verhandlung (vgl. S. 261 ff.), den Perserkönig *Chosroës* zu überzeugen.

c) Spuren einer byzantinisch-persischen Interessenpartnerschaft

Lief aber nun die gesamte Politik beider Großreiche ständig auf militärische oder – wie hier – auf verbale Konfrontation hinaus? Gab es nicht auch gelegentlich Ansätze zur Interessen- und Vertragspartnerschaft? Es gab sie, wenn auch spärlich genug, wie nachfolgende Beispiele zeigen:

So berichtet der byzantinische Rhetor und Historiker *Priskos von Panion* in seiner „Byzantinischen Geschichte" die teilweise in *Konstantinos' VII.* Sammelwerk „Auszüge über die Gesandtschaften" (Excerpta de Legationibus) enthalten ist, folgenden Vorgang für 465, als der Kaiser *Leon* (Regierungszeit: 457–474) herrschte:

„Es traf eine Gesandtschaft vom Perserkönig ein, der sich darüber beschwerte, daß zahlreiche Flüchtlinge aus Persien bei den Rhomäern Zuflucht suchten ... Sie setzten hinzu, die Rhomäer müßten sich um die Festung Iuroeipaach an der kaspischen Pforte (richtiger: der kaukasischen Pforte) kümmern und zu deren Erhaltung beisteuern; sie, die Perser wollten nicht allein die Kosten und die Bemannung der Festung bestreiten. Zögen sie nämlich ab, so könnten die Nachbarstämme nicht nur auf persisches, sondern leicht auch auf rhomäisches Gebiet eindringen. Außerdem stünden den Persern Geldunterstützungen für den Kampf gegen die hunnischen Kidariten zu; auch dieser würde ja wieder den Rhomäern zugute kommen, wenn dieser Stamm von den Grenzen ihres Reiches abgewehrt würde. Die Rhomäer erwiderten darauf ... Den Schutz der Festung Iuroeipaach und den Kampf gegen die hunnischen Kidariten hätten sie [die Perser] selbst auf sich genommen und dürften daher nun nicht Geld von den Rhomäern dafür verlangen" (S. 70f.).

Dies ist ein aufschlußreiches Beispiel dafür, wie von persischer Seite eine gemeinsame Abwehr der barbarischen Steppenvölker angeboten, aber von den kurzsichtigen Byzantinern abgelehnt wurde. Hier hätten sich wirklich echte Chancen für ein Zusammengehen beider Großreiche als Ordnungsmächte im Kaukasus aufgetan, das zu einem Abbau der beiderseitigen Animositäten hätte führen können, aber von der einen Seite sinnlos vertan wurden. Als die Hunnen auch Konstantinopel bedrohten, wurden die katastrophalen Versäumnisse einer unbeweglichen Politik offenbar. Offenbar ließ sich das Wort Interessenpartnerschaft damals noch schwer buchstabieren.

In seinem eindrucksvollen Werk „Die griechischen Kaiser ..." erwähnt *Frank Thiess* (1890–1977) das Verhalten des oströmischen Kaisers *Maurikios* (539–602) gegenüber dem Perserkönig *Chosroës II.* (Regierungszeit: 590–628), dem er bei der Wiedergewinnung seines Thrones im Kampf gegen einen Usurpator half (S. 283):

„Im Frühling 591 diktierte er ihm einen Friedensvertrag, der Persien nicht erniedrigte, sondern wie einen Verbündeten behandelte ..."

Nach diesen aufschlußreichen Einblicken in die Verhandlungskultur Ostroms und Persiens, bei der eine enorme Verfeinerung der konstruktiven Negoziatorik sichtbar wird, läßt sich zusammenfassend feststellen: Die hohe Schule der abendländischen Verhandlungsdiplomatie nahm ihren systematischen Anfang an den Ufern des Bosporos. Von dort gelangte sie über das anfangs byzantinische Venedig und die anderen italienischen Stadtrepubliken nach West- und Mitteleuropa.

5. Mittelalter

Wer bisher annahm, nach der Zweiteilung des Imperium Romanum in eine Ost- und eine Westhälfte (394) und mit dem bald darauf folgenden Untergang des weströmischen Reiches seien in den Stürmen der Völkerwanderung und bei der anschließenden germanischen Staatenbildung Diplomatie und Verhandlungskunst im Westen ebenfalls untergegangen, den belehrt die Geschichte eines Besseren. Denn gerade im sogenannten „dunklen Zeitalter" des Frühmittelalters – so bezeichnet wegen der spärlichen Überlieferungslage – wurde nicht weniger verhandelt als in der Antike. Besonders Krisenzeiten haben es an sich, daß in ihnen sogar mehr verhandelt wird als in ruhigeren Zeiten. Schon der Ostgotenkönig *Theoderich der Große* (453–526) und seine Nachfolger schickten Abgesandte und Unterhändler sowohl nach Konstantinupolis, um mit dem oströmischen Kaiser zu verhandeln, als auch zu den germanischen Bruderstaaten der Westgoten, Burgunder, Franken, Bayern, Thüringer usw., um mit ihnen dynastische Verbindungen und die Möglichkeit eines großgermanischen Staatenbundes auszuhandeln[61].

§1 Deutschland–Frankreich

Als die stabilste aller germanischen Staatengründungen erwies sich das Frankenreich unter den Merowingern. Bei ihnen, aber auch im entstehenden Karolingerreich und den anschließend sich bildenden fränkischen Teilreichen (Ost-, West- und Mittelreich) blühte das Verhandlungswesen weiter. Am Rande sei hier nur an die Gesandtschaften *Karls des Großen* (742–814) nach Ostrom und zum Abbasiden-Kalifen *Harun-ar-Raschid* (766–809) in Baghdad erinnert. Immerhin kam es während des Zeitraums 840–899 zwischen den Königen der fränkischen Teilreiche (Ost-, West- und Mittelreich) zu mehr als 80 Begegnungen, bei denen Verhandlungsgespräche geführt wurden, über deren genaue Abläufe und Inhalte allerdings keine Einzelheiten überliefert sind. Auch in der Folgezeit fanden zwischen deutschen Kaisern und westfränkischen Königen immer wieder Konferenzen statt (900–999: 14; 1000–1300; 13), wenngleich die Zahl der Begegnungen seit dem 10. Jahrhundert stark zurückging, weil es damals keine grundsätzlichen Konflikte zwischen dem deutschen Kaiserreich

61 Der oben genannte byzantinische Patrizier *Petros* nahm 534 an einer Gegengesandtschaft zur ostgotischen Königin *Amalasuntha* und ihrem Mitregenten *Theodahad* teil.

und dem französischen Königreich mehr gab. Die politischen Schwerpunkte des deutschen Reiches hatten sich nach Italien und in den Ostraum, die des französischen Königreiches nach Westen, in Richtung England und dessen französische Besitzungen, verlagert. So fanden allein während der Herrschaft des englischen Königs *Heinrich II.* (1133–1189), der *Thomas Becket* (1118–1170), den Erzbischof von Canterbury, beseitigen ließ, etwa 20 derartige Begegnungen zwischen dem französischen und dem englischen König statt. Nicht eingerechnet sind bei all den genannten Herrschertreffen natürlich die unzähligen Gesandtschaften, die zwischen den einzelnen Reichen in jenen Jahrhunderten hin- und hergingen.

Von Interesse gerade mit Blick auf dieses frühe deutsch-französische Miteinander ist hier die Frage der Verhandlungssprache. Dazu ergibt sich folgendes Bild: Im 9. Jahrhundert beherrschten die Söhne und Enkel *Ludwigs des Frommen* (778–840) noch beide Volkssprachen, wie die berühmten Straßburger Eide von 842 beweisen. Ähnliches gilt für den Friedensvertrag von Koblenz (860), wo die Vereinbarungen von *Ludwig II.* (Ostreich) (825–875) und von *Lothar* (Mittelreich) (795–855) auf Althochdeutsch vorgetragen und dann von *Karl dem Kahlen* (Westreich) (823–877) auf Altfranzösisch, danach auf Althochdeutsch wiedergegeben wurden. Für das 10. Jahrhundert bezeugt das althochdeutsche „Ludwigslied“, das den Sieg des westfränkischen Königs *Ludwig III.* (ca. 863–882) über die Normannen 881 bei Saucourt verherrlicht, ausdrücklich die Zweisprachigkeit der führenden Repräsentanten der karolingischen Nachfolgereiche. Erst ab dem 11. Jahrhundert läßt sich ein langsames sprachliches Auseinanderdriften der Führungsschichten beider Reiche erkennen. Nun werden, wie bisweilen auch in den Chroniken besonders bemerkt, bei Herrschertreffen Dolmetscher hinzugezogen, und es gilt als erwähnenswert, daß etwa der Erzbischof *Bruno von Trier* anläßlich einer Frankreichmission (1107) gute Französischkenntnisse vorweisen konnte. Gleiches galt für den Kölner Erzbischof *Rainald von Dassel* (1120–1167), Kanzler Kaiser *Friedrichs I.*, der aufgrund seiner französischen Ausbildung bei einem Zusammentreffen mit *Ludwig VII.* (ca. 1120–1180) im Jahre 1162 natürlich französisch parlierte. Als gar der polygotte Kaiser *Karl IV.* (1316–1378) Anfang 1378 zu einem Staatsbesuch in Paris eintraf, hielt er seine Ansprachen und Gespräche in der Sprache des Gastlandes, eine Rede an der Pariser Universität sogar auf Latein.

§ 2 Abendland-Morgenland

Im folgenden wenden wir uns einer einzigen eindrucksvollen Verhandlungsepisode aus dem Hochmittelalter zu, die mit der Gestalt *Friedrichs II.* von Hohenstaufen (1194–1250) verbunden ist. Ihm gelang nämlich das verhandlerische „Wunder", auf einem friedlichen Kreuzzug im Jahre 1229 ohne einen Lanzenstich, ohne einen Pfeilschuß, ohne einen Schwertstreich das von den Mohammedanern besetzte Jerusalem „freizuverhandeln". Und dies in einer friedlosen christlichen Umwelt, die nur auf einen blutigen Befreiungsfeldzug sann. Wie konnte es zu dieser Meisterleistung kommen? Dazu ist es im Rahmen der diplomatischen Vorgeschichte von einiger Bedeutung zu wissen, daß bereits der berühmte Kaiser *Friedrich I. Barbarossa* (1122–1190), der Großvater *Friedrichs II.*, mit dem gleichfalls berühmten Aiyubiden-Sultan *Saladin* (1138–1193) mehrfach Gesandtschaften austauschte, um eine Allianz gegen das oströmische Reich zu schmieden. Dieses geschlossene Bündnis ging allerdings zugrunde, als *Saladin* 1187 Jerusalem einnahm und 1188 sich eines Großteils der Kreuzritterbesitzungen in Palästina bemächtigte, was den 3. Kreuzzug gegen ihn auslöste, an dem dann auch Kaiser *Barbarossa* teilnehmen mußte und auf dem er tragischerweise im türkischen Grenzfluß Saleph ertrank. Vielleicht hätte bereits er den Weg einer Verhandlungslösung für das Jerusalem-Problem beschritten, die dann erst sein Enkel *Friedrich II.* in die Tat umsetzte.

Als Kaiser *Friedrich II.* 1228 zu seinem Kreuzzug aufbrach, den er aus politischen und gesundheitlichen Gründen so oft aufgeschoben hatte (weshalb ihn der Papst schließlich exkommunizierte!), führte ihn sein Weg über Zypern nach Akkon, dem Kreuzfahrerhafen Palästinas. Von dort versuchte er alsbald, Fühlung mit dem wichtigsten mohammedanischen Machthaber des vorderen Orients, dem Sultan *Malik al-Kamil* (1180?–1238), einem Neffen des großen *Saladin*, aufzunehmen. *Friedrich II.*, der ohnehin nur über eine kleine Streitmacht von gut 10000 Mann in Palästina verfügte und damit dem Heere des Sultans an Zahl um ein Mehrfaches unterlegen war, plante offenbar von vornherein einen „Kreuzzug" ganz neuen Typs. Hatte er doch aus seinem sizilianischen Köngigreich seine sarazenische Leibgarde sowie eine Reihe mohammedanischer Freunde und Berater mitgebracht. Sehr wahrscheinlich hatte *Friedrich* diese Gefolgsleute absichtlich mitgenommen, weil er nicht auf das Kriegsglück, sondern auf sein Verhandlungsgeschick setzte. All dies paßte zum Selbstbild und Stil einer der umstrittensten Gestalten jener Epoche des „Duecento“ (13. Jh.). Er war tolerant, flexibel, ein Liebhaber der Wissenschaften und mit dem Lateinischen, Griechischen, Hebräischen und besonders dem Arabischen vertraut. Sein Hof in Foggia war vom Geiste der aufgeklärten arabischen Philosophie seiner Zeit erfüllt. Und er hatte daher keinerlei Berührungsängste gegenüber den Mohammedanern. Wo hat es einen abendländischen Monarchen vor und nach diesem Hohenstaufer gegeben, der aufgrund seiner Vorbildung so prädestiniert für einen Verhandlungsdialog mit den Herrschern des arabischen Vorderen Orients war? Da *Friedrich* ganz offensichtlich genauestens um die Schwächen und Stärken seiner Verhandlungsposition wußte, taktierte er auch dementsprechend. Als erstes galt es, beim Sultan ein Klima der Freundschaft statt der Feindschaft zu erzeugen bzw. zu verstärken. Der Hohenstaufer-Biograph *Eberhard Horst* schildert dies so[62]:

„Obwohl sich die beiden Herrscher niemals persönlich begegneten, zeigte Friedrich gegenüber Malik al-Kamil ein beinahe freundschaftliches Verhalten, und der Sultan von Ägypten erwiderte das. Friedrichs Sympathie-Erweise gegenüber dem Sultan brachten ihm den Ruf der Doppelzüngigkeit ein. Aber dieser Vorwurf verkennt, daß der Kaiser sein Ziel, die Befreiung Jerusalems, zu keiner Stunde aus den Augen verlor. Auch den Sultan ließ er darüber nie im unklaren. Seine Botschaften und Verhandlungsaufträge in dieser Hinsicht waren eindeutig. Wie hätte er auch den Erfolgszwang, dem er sich ausgeliefert hatte, vergessen können?“ (S. 140).

Zudem müssen wir daran erinnern, daß die Verhandlungsposition des Hohenstaufers bei seiner Ankunft in Palästina aufgrund seiner geringen Machtbasis nicht gerade stark war und er im Verlaufe der Zeit in immer größere Schwierigkeiten geriet. Diese kamen jedoch aus dem christlichen Lager, wo die Papisten einen Verleumdungsfeldzug und eine Spaltungskampagne gegen den Kaiser betrieben. Außerdem blockierten die mediterranen Herbststürme den Seeweg, auf dem der Nachschub für die kaiserlichen Truppen befördert wurde, so daß eine Hungersnot im Feldlager ausbrach. All das blieb natürlich auch den Mohammedanern nicht verborgen. Worauf konnte sich der Kaiser noch verlassen? Auf welche „Wunderwaffe“ konnte er jetzt noch sein Vertrauen setzen? *E. Horst* nennt sie uns:

„Das einzige, was Friedrich ausspielen konnte, war sein Verhandlungsgeschick, seine Kenntnis der arabischen Mentalität und seine Vertrautheit mit den Schriften und Wissenschaften der Araber, deren Sprache er fließend beherrschte. Den Mohammedanern und besonders dem Sultan von Ägypten

---

62 *Eberhard Horst,* Friedrich II. der Staufer. Kaiser – Feldherr – Dichter, Düsseldorf 1975, Lizenzausg. München 1990 (S. 429).

war Friedrich längst kein Unbekannter mehr. Seit zwei Jahren wechselten zwischen Foggia und Kairo, dem Hofe des Sultans, Gesandtschaften" (S. 141).

Genau dies war sein Potential, das alle materiellen Schwächen wettmachen konnte. Denn die arabischen Gesandten waren von seiner intimen Kenntnis ihrer Sprache und Kultur zutiefst beeindruckt[63]. Also war es das Gebot der Stunde für *Friedrich,* nun langsam auf seinen Partner zuzugehen und dabei ständig vertrauensbildende Signale von sich zu geben. Denn, so *Horst:*

„Malik al-Kamil, der neue Herr über Jerusalem, betrachtete ihn aufgrund der vorausgegangenen Beziehungen nicht als Feind, und Friedrich, ohne dies in der schwächeren Position, war klug genug, dem Sultan von Anfang an in gleicher Weise zu begegnen. ‚Ich bin Dein Freund', schrieb Friedrich dem Sultan nach seiner Ankunft in Akkon, um sodann in gebotener Diplomatie den Grund seines Kreuzzugs anzuzeigen. Seine Boten, Thomas von Acerra und Balian von Sidon, überbrachten Malik al-Kamil in Nablus die kostbarsten Geschenke. Nicht weniger freundschaftlich erwiderte der Sultan, er könne Jerusalem nicht aufgeben, ohne den Zorn der Mohammedaner auf sich zu laden. Zugleich schickte er seinen Vertrauten, den Emir ed-Din, mit Geschenken, deren Wert die des Kaisers weit überstieg, darunter Gold, Silber, kostbare Stoffe und Edelsteine, einen Elefanten, Kamele aus der besten Zucht, Bären und Affen" (S. 142).

Auch wenn es so scheinen mag, als seien mit Bekanntgabe der beiden Positionen und mit Austausch von entsprechenden Freundschaftsgeschenken (bei denen der Sultan bewußt den Kaiser überbot, um nicht in dessen Dankesschuld zu stehen!) die Verhandlungsfronten schon festgefahren gewesen, mußte es *Friedrichs* Nahziel sein, dennoch ein unausgesprochenes Einverständnis zwischen sich und seinem Verhandlungspartner entstehen zu lassen. *Horst* versucht, dies aufzuhellen, indem er schreibt:

„Offenbar lagen allen Verhandlungen, die sich über Monate hinzogen, die Absichten beider Herrscher zugrunde, keine Gewalt anzuwenden, kein Blut zu vergießen. Das macht Friedrichs Unternehmen zum sonderbarsten aller Kreuzzüge – der geradlinigen und unnachgiebig aggressiven Einstellung der okzidentalen Kreuzfahrer kaum verständlich, weshalb denn auch die Rede von der Doppelzüngigkeit Friedrichs wieder aufkam. Begreifbar wird das Verhalten beider Herrscher allein aus der orientalischen Mentalität, der Friedrich seit seiner palermitanischen Jugend zuneigte. Für Malik al-Kamil war der christliche Kaiser kein Feind, sondern der Ebenbürtige, der in arabischer Dialektik geschulte ‚Liebhaber der Philosophie, der Logik und der Medizin', wie es in arabischen Chroniken heißt. Seine erstaunlichen Kennt-

63 Es sei darauf hingewiesen, daß der Hohenstaufer auch mit dem Bey von Tunis zu vertraglichen Vereinbarungen kam und zum Sultan von Marokko Beziehungen unterhielt.

nisse, seine Toleranz, seine Einfühlung in die orientalische Lebensart verschafften ihm die Bewunderung der Araber. Man kann es verstehen, daß al-Kamil, als ihn die zur päpstlichen Partei gehörenden Templer zu einem hinterhältigen Überfall auf Friedrich verleiten wollten, angeekelt von diesem Verrat, den Kaiser sofort warnte“ (S. 142 f.).

Gerade der letztgenannte Vorfall, der für den wahrhaft ritterlichen Charakter des *al-Kamil* spricht, zeigt, wie auf diese Weise gleichsam ein emotionaler Kitt erzeugt werden kann, der die beiden Verhandlungspartner zu künftigen Interessenpartnern auf Gedeih und Verderb zusammenschweißt. Tatsächlich scheint *al-Kamil* – vermutlich aufgrund seiner ritterlichen Vorbildung – eine ähnliche Persönlichkeits- und Verhaltensstruktur besessen zu haben wie *Friedrich*. Denn:

„Was seine persönlichen Interessen betrifft, könnte man Malik al-Kamil fast das orientalische Abbild Friedrichs nennen. Auch er war ein Freund der Künste und Wissenschaften, schrieb Verse, liebte gelehrte Dispute über Fragen der Jurisprudenz und Grammatik. An den Abenden, so heißt es, ‚lagerten fünfzig Gelehrte auf Diwanen um seinen Thron, mit denen er sich unterhielt‘. Sein Land regierte er, auch darin Friedrich ähnlich, nach den Maßstäben einer organisatorisch straffen Zentralverwaltung, wobei er die Wirtschafts- und Finanzfragen mit Vorrang behandelte“ (S. 143).

Wir sehen, wie hier geradezu eine gleiche „Wellenlänge“ oder Denkungsart vorliegt, die es beiden Monarchen leicht machte, eine gleiche Sprache zu finden, und dies im wörtlichen wie im übertragenen Sinne. Und noch ein weiterer Glücksfall kam dem Kaiser bei seinem Agieren zu Hilfe:

„Für den Kaiser erwies sich als besonders glücklich, daß der Sultan den ihm nahestehenden Emir Fahr ed-Din zum Führer seiner wiederholten Gesandtschaften machte. Der Emir, ein kluger, hochgesinnter Fürst, war dem Kaiser freundschaftlich verbunden. Er hatte ihn in Foggia besucht, wo Friedrich den gebildeten Emir als Gesprächspartner schätzen lernte. Jetzt, angesichts der machtpolitischen Situation, der Schwierigkeiten im eigenen Lager, entbehrte es nicht einer gewissen Pikanterie, Friedrich in dialektischen Gesprächen mit dem gelehrten Fahr ed-Din zu sehen, wie sie in arabischer Sprache den Problemen der Logik, der Philosophie, der Mathematik, der Medizin oder der Staatskunst nachgingen“ (S. 143).

Wiederum wird sichtbar, welchen enormen Aufwand an Geist und Geduld *Friedrich* einsetzen mußte, um seinen Zielen Schritt um Schritt näherzukommen. Dabei war seine Vorbekanntheit mit dem ritterlichen *Fahr el-Din* gewiß von großem Vorteil für den Kaiser. Auch hier galt es, „Dialog-Atmosphäre“ herzustellen, was *Friedrich* meisterhaft gelang. Doch es war noch mehr bei diesen Sondierungs- und Verhandlungsgesprächen vonnöten, nämlich ein enormes Maß an Zähigkeit. Denn die Verhandlungen zogen sich in die Länge, und der Kaiser folgte mit seinem Heer in gewissem Abstand dem Heere *Kamils* von einem Platz zum anderen, zäh um den Vertrag für die Freigabe Jerusalems feilschend. Und dieses Nichtlockerlassen zahlte sich aus, weil die Zeit auf einmal nicht mehr gegen, sondern für *Friedrich* arbeitete. Zwar verschlechterte sich sein politisch-militärisches Ansehen im christlichen Lager offenbar unaufhaltsam. Jedoch die innenpolitische Lage im Reiche des Aiyubiden *al-Kamil* verdüsterte sich ebenfalls. Eigene Verwandte probten den Aufstand und wollten Türkvölker von jenseits der Grenze als Hilfstruppen gegen den Sultan aufmarschieren lassen. Um nicht in einen Zweifrontenkrieg verwickelt zu werden, mußte er sich die Hände freihalten und mit *Friedrich* zu einem akzeptablen Kompromiß gelangen. So scheint der Kaiser vom Emir *ed-Din* einen diskreten Wink bekommen zu haben, daß jetzt der Zeitpunkt günstig dafür sei:

„Schließlich war es Fahr ed-Din, der dem Kaiser im entscheidenden Augenblick, nach nahezu fünf Monaten wohlwollender, aber vergeblicher Verhandlungen, den Rat gab, erneut eine Delegation an den Hof des Sultans zu senden“ (S. 143).

So verhalf das diplomatische Fingerspitzengefühl des klugen Emirs beiden Monarchen Anfang Februar 1229 zu einem Durchbruch in der Verhandlungsfrage:

„Ende Januar wurden in rascher Reihenfolge Geheimbotschaften zwischen ihnen ausgetauscht. Am 11. Februar überreichte Fahr ed-Din die konkreten Vorschläge des Sultans. Sieben Tage später war der Vertrag ausgehandelt. Am 18. Februar 1229 brachte der Emir Eid und Siegel des Malik al-Kamil. In Gegenwart seiner Räte und aller Großen des kaiserlichen Lagers siegelte der Kaiser den Vertrag. Als Zeugen unterzeichneten der Deutschordensmeister und die englischen Bischöfe von Winchester und Exeter. Der Kaiser umarmte Fahr ed-Din, nannte ihn seinen Freund: eher werde er das Fleisch seiner linken Hand essen, als den Vertrag brechen. Dann ließ er Fahr ed-Din mit bemerkenswerter Offenheit wissen, er habe allein darum den Frieden und die Rückgabe der Heiligen Stätten begehrt, weil er befürchtet hätte, sein Ansehen bei den Christen zu verlieren“ (S. 144).

Es wird berichtet, der Kaiser habe zur Erinnerung an diesen großmütigen Vertrag *Fahr ed-Din,* diesen bemerkenswerten Vermittler und Chefunterhändler des Sultans, in den kaiserlichen Ritterstand erhoben. Eine noble Geste gegenüber einem noblen Manne.

Wie sah nun das Verhandlungsergebnis aus? Wie lautete der Vertragsinhalt? Er umfaßte einen zehnjährigen, von Sultan und Kaiser garantierten Waffenstillstand zwischen Mohammedanern und Christen. Jerusalem, ausgenommen die heiligen Bezirke der Mohammedaner wie Al-Aksa-Moschee und Felsendom, sowie die heiligen Städte Bethlehem und Nazareth, ferner Tibnin in Galiläa, Lydda und alle Küstenstädte zwischen Jaffa und Sidon samt einem Korridor von der Mittelmeerküste bis zu den genannten heiligen Stätten wurden den Christen übergeben, die auch die Steinmauern Jerusalems und die Burgen im genannten Gebiet wieder aufbauen durften. Der Kaiser verpflichtete sich im Gegenzug, für immer auf die Unterstützung bewaffneter Kreuzzüge gegen das Sultanat Ägypten zu verzichten. *Horst* bemerkt dazu:

„Trotz der Kompromisse war das Entgegenkommen des Sultans ungeheuerlich. Kein Wunder, daß der Gebietsverlust unter den Mohammedanern eine Welle der Empörung auslöste. ... Malik al-Kamil rechtfertigte den Vertrag mit Friedrich, indem er auf die Sicherung des Friedens hinwies. Er sorgte für die strikte Einhaltung der Vertragsbestimmungen, und seine freundschaftlichen Beziehungen zu Friedrich blieben ungetrübt" (S. 145).

Dieses generöse Entgegenkommen des Sultans, der doch fast alle Trümpfe in den Händen hielt, bleibt bis zu einem gewissen Grade tatsächlich ein Rätsel. War es wirklich nur die Sympathie für den so arabophilen Stauferkaiser und einige innenpolitische Probleme, die ihn zu dieser grandiosen Konzessionsstrategie gegenüber den Christen bewegten? Oder wußte *al-Kamil* im Rahmen einer Langfriststrategie, daß aufgrund des friedlosen und streitsüchtigen Wesens der Kreuzritter Palästina nach geraumer Zeit doch wieder an sein Reich zurückfallen würde[64], so daß eine vorübergehende Preisgabe der genannten palästinensischen Gebiete keinen echten Verlust bedeutete? Sollte er dies vorhergesehen haben?

Mit Blick auf den Kaiser faßt *Horst* treffend zusammen:

„Doch Friedrich hatte erreicht, was überhaupt zu erreichen war. Zum erstenmal seit der Eroberung Jerusalems durch den großen Sultan Saladin waren die Heiligen Stätten wieder frei. Das Bemerkenswerte an Friedrichs Erfolg war, daß er ohne Blutvergießen zustande kam. Ein solcher Ausgang eines Kreuzzuges wäre ohne die Persönlichkeit Friedrichs undenkbar gewesen" (S. 145).

Am 18. März 1229 konnte *Friedrich* – gegen den Widerstand vieler Christen – seinen glorreichen Einzug in das freiverhandelte Jerusalem begehen. „Das war", wie der ägyptische Historiker *Aziz Atiya* anerkennend feststelle, „die diplomatische Meisterleistung eines Mannes, der die Seele seines Gegners kannte"[65].

---

64 Dieser Fall trat schon 1244 ein.

65 *A. S. Atiya,* Kreuzfahrer und Kaufleute, Stuttgart 1964, S. 80.

Wenn man Friedrichs Verhandlungsstil betrachtet – so wird der Kenner zugeben – war dabei auch die geschmeidige Kunst der byzantinischen Diplomatie im Spiele, durch deren Schule der Kaiser in irgendeiner Form gegangen sein muß. Im vorliegenden Falle gelang es ihm, diese in eine konstruktive Negoziatorik umzusetzen. Häufig waren seine Verhandlungen (wie etwa mit dem Papst) aber nicht von diesem Erfolg gekrönt.

Abschließend stellt sich uns die Frage, ob *Friedrich II.* während seiner Herrschaft nur auf seine eigenen Verhandlungskünste angewiesen war. Gewiß nicht. Denn er wurde von einer ganzen Reihe hochqualifizierter Berater, Diplomaten und Verhandler unterstützt. Hier sei nur der hervorragendste unter ihnen erwähnt: *Petrus von Vinea* (? – 1249). Er stieg vom einfachen Kanzleischreiber bis in das höchste Amt des kaiserlichen Großhofjustitiars auf. In dieser Funktion war er nicht nur oberster Richter des Königlichen Siziliens, sondern auch Chef der Staatskanzlei und der gesamten Staatsverwaltung. Er war der Spiritus rector bei der Abfassung der berühmten „Konstitutionen“ von Melfi (1231), eines beispielhaften Gesetzgebungswerkes für diesen Staufischen „Modellstaat“. Aber *Petrus von Vinea* war als Chef der Staatskanzlei auch ihr literarisch-stilistischer Leiter. Als brillanter lateinischer Stilist formulierte er das Staatsdenken *Friedrichs* in mündlicher wie in schriftlicher Form. In Anerkennung dessen verlieh ihm der Kaiser sogar den griechischen Titel eines „Logotheten“ (wörtl.: Wortsetzer), den wir heute etwas prosaischer mit „Ghostwriter“ wiedergeben würden, der aber sein Wirken maßgeschneidert umschreibt. So war es nur logisch, daß der Kaiser ihn wegen dieser rhetorischen Qualitäten auch als Gesandten und Unterhändler für diplomatische Missionen einsetzte. Er wäre in China der Prototyp des Mandarins gewesen, ein Manager der Macht mit hoher Mehrzweckverwendbarkeit:

„. . . als Gelehrter und Richter, Philosoph und Künstler, Stilist, Diplomat und Hofmann, als Gesandter und Unterhändler, ja selbst als Krieger, der gelegentlich die Schlachtreihen ordnet, wohl gar am Kampfe selbst teilnimmt“ (S. 175).

Dies sollte *Petrus von Vinea* bleiben, bis er gegen Ende der Regierungszeit des Staufers aufgrund nie völlig geklärter Verdächtigungen[66] seines Amtes enthoben wurde, in tiefste Tiefen abstürzte und

66 Einige Quellen sprechen von Hochverrat und Konspiration gegen den Kaiser, andere von begangenen Unterschlagungen, die ihn in den Augen *Friedrichs* untragbar machten.

sich daraufhin in einem dunklen Verließ selbst das Leben nahm. Auch er zahlte wie andere politisierende Philosophen vor ihm[67] seinen Preis für die sogenannte Macht und Herrlichkeit.

§3 Die Hanse

Die Deutsche Hanse[68] ist zweifellos eines der faszinierendsten wirtschaftspolitischen Phänomene der spätmittelalterlichen und frühneuzeitlichen Geschichte. Mit ihrem Vorläufer, dem Verband („Hanse") der lübischen Gotland-Kauffahrer (gegr. ca. 1160), über die Deutsche (Städtebund-)Hanse von 1264 mit Sitz in Lübeck bis hin zu ihrem Ende auf dem letzten Hansetag von 1669 daselbst umfaßt sie immerhin den Zeitraum eines halben Jahrtausends. Sie dauerte damit z. B. länger als das britische „Empire", aber auch länger als so manche Herrscherhäuser und deren jeweilige Reiche. Wie war es möglich, daß sich die Hanse, dieser nur lose gefügte Städtebund, den man eher noch als wirtschaftspolitische Organisation bezeichnen könnte, gut 500 Jahre politisch und wirtschaftlich über Wasser halten konnte? Zur Aufhellung dieser Frage ist es notwendig, erstens das innenpolitische und zweitens das außenpolitische Verhandlungswesen der Deutschen Hanse zu beleuchten:

a) Innenpolitisches Verhandeln

Das wichtigste Forum für die Planung und Lenkung ihrer Innen- und Außenpolitik, das die Deutsche Hanse besaß, war der meist alle zwei bis drei Jahre stattfindende „Hansetag". Nach dem ersten Hansetag von 1264 in Wismar wurden diese Tagungen größtenteils in Lübeck, bisweilen auch in anderen Hansestädten abgehalten. Im Plenum gab es eine festgelegte, aber manchmal strittige Sitzordnung. Sie spiegelte die Rangordnung, d. h. die Machtverhältnisse innerhalb der Versammlung wider: In der Mitte des U-förmigen Verhandlungstisches präsidierte im Ratssaal stets Lübeck, vertreten durch seinen Bürgermeister, rechts von ihm saßen die Vertreter Kölns, Bremens, der Ostseestädte, Danzigs und verschiedener nordwestdeutscher Städte, links von ihm Hamburg, Dortmund, verschiedene niederländische Städte sowie Lüneburg usw. Die Verhandlungen auf diesen Hansetagen, die zwischen den Ratsabgesandten („Ratssendeboten") der verschiedenen Hansestädte abliefen, bestanden aus einer Reihe von Ansprachen,

---

67 So *Seneca, Longinos, Boethius* u. a.

68 La. Hansa Allemanniae, mndd. Dudesche Hense.

Berichten, Vorträgen, Erörterungen und Beschlüssen. Diese Letztgenannten trugen den Namen „Hanse-Rezesse“ (wörtl.: „Verabschiedungen“), waren Beschlußprotokolle mit dem Umfang von einer bis zu 400 Seiten und wurden (fast alle unter Ratifizierungsvorbehalt seitens des Rates der jeweiligen Hansestadt) mehrheitlich vom Plenum des Hansetages gebilligt[69].

Wie lief nun die Organisation einer solchen Tagung dieses auf Kommerz und Monopolhandel fixierten Städteverbunds ohne feste Rechtsform mit Namen „Hanse“, der eine Gesamtzahl von 180 Städten umfaßte[70], im einzelnen ab? Hören wir dazu den wichtigen Hansekenner *Dieter Zimmerling*[71]:

„Über allen thronte ... Lübeck, ... von dem aus alle wichtigen Fäden hansischer Politik gesponnen wurden, seit dem Hansetag von 1418 sogar offiziell, als man der Travestadt praktisch die Geschäftsführung des Bundes übertragen hatte. Lübeck trug die Hauptlast der hansischen Organisation, ehrenhalber gewissermaßen, denn außer Scherereien fiel materieller Gewinn nicht ab. Jedenfalls nicht direkt, wohl aber auf Umwegen. Die Kaufleute von der Trave hatten überall ihre Finger in den Geschäften, wußten über alles schon im voraus Bescheid und nutzten ihren Informationsvorsprung weidlich aus. ... Als Hauptstadt war Lübeck für die Einberufung des obersten hansischen Beschlußgremiums, des allgemeinen Hansetages, auch ‚Tagfahrt‘ genannt, verantwortlich. Diese Hauptversammlung der Mitgliedsstädte war die höchste Instanz in allen hansischen Belangen. Sie entschied über alle grundsätzlichen Fragen wie Kriegserklärungen und Friedensschlüsse, Ratifizierung von völkerrechtlichen Verträgen, internationale Verhandlungen, schlichtete aber auch Streit zwischen den Mitgliedern – eine kaum zu übersehende Fülle von Aufgaben ... (S. 205). Mehrere Monate vor der geplanten Tagfahrt gab Lübeck den Termin bekannt, meist lag er zur Pfingstzeit im Mai oder Juni. Abgesehen von den weiten und beschwerlichen Anreisen, die zu bewältigen waren, sollten die Teilnehmer Gelegenheit erhalten, sich über ihre Verhandlungstaktik und -ziele klarzuwerden (S. 206). Nachdem nun die hansischen Gesandtschaften – auch Vertreter ausländischer Mächte wurden häufig eingeladen – mehr oder weniger glücklich und pünktlich in Lübeck eingetroffen waren, hätte die Tagung eigentlich beginnen können. Das tat sie auch, meist aber mit einem Streit über die Sitzordnung im Lübecker Ratssaal. Denn: Die Sitzordnung spiegelte getreulich die Rangordnung wider, die sich die Städte untereinander zubilligten, und da mochte keiner mit schlechten Plätzen vorliebnehmen (S. 207). Waren die Präliminarien überstanden, die

69 Die vorstehenden Fakten sind der Arbeit von *K. Friedland,* Die Hanse, Stuttgart 1991, entnommen.

70 Da nie eine Mitgliederliste existierte, konnte diese Zahl erst nachträglich von den Forschern ermittelt werden. Sie gliederte sich in den harten Kern von gut 70 Vollmitgliedern und einen Mantel von gut 100 „Beistädten“, die zwar gewisse Privilegien, aber nicht die vollen Rechte genossen.

71 *D. Zimmerling,* Die Hanse, München 1978.

Beglaubigungsschreiben überreicht und die Grußadressen ausgetauscht, konnte man endlich zur Sache kommen. Allerdings ließen sich im Regelfall die zur Debatte stehenden Punkte leichter auf die Tagesordnung setzen als nachher abhandeln. Mitunter arteten die Sitzungen in endlose Palaver aus, man rang miteinander um Nichtigkeiten, warf sich gegenseitig Obstruktion vor, was zumindest in den Fällen zutraf, wenn Unterhändler fröhlich und unverschämt erklärten, sie hätten keine ausreichende Verhandlungsvollmacht und könnten hierzu und dazu nichts Verbindliches sagen. Besonders Köln spielte auf diese Art häufig den Bremser und erklärte es 1458 geradezu zum Prinzip, seine Gesandten nicht mit Abschlußvollmacht auszustatten. Der Zweck dieser Taktik: Schutz vor unliebsamen Beschlüssen. Trotz aller Bemühungen gelang es der Hanse nicht, die unbedingte Bevollmächtigung der Ratssendboten durchzusetzen. Beschlüsse wurden mit Stimmenmehrheit gefaßt, die unterlegene Minderheit hatte sich zu fügen, was sie aber nur in ganz seltenen Fällen ohne Widerspruch tat. Die potenten Städte scherten sich sowieso wenig um Mehrheiten, wenn sie den eigenen Interessen entgegenstanden. Noch eine andere Obstruktions-Variante wurde gern benutzt: die vorzeitige Abreise der Unterhändler. Damit entzog man sich der Schlußabstimmung und hatte einen billigen Vorwand, mißliche Beschlüsse nicht befolgen zu müssen. Die überkommene Regelung, sich ordnungsgemäß abzumelden, sofern man die Versammlung vorzeitig verlassen wollte, wurde ignoriert, selbst Bußgelder halfen da nichts. Irgendwann, nach Wochen vielleicht, wurden dann endlich Beschlüsse gefaßt, das Sitzungsprotokoll in Ordnung gebracht, die Tagungsergebnisse niedergeschrieben, die allfälligen Widersprüche einzelner Städte notiert und alles der Versammlung vorgelesen. Erhob sich kein weiterer Einwand, galt dieser ‚Rezeß' als genehmigt. Ob er allerdings auch in die Tat umgesetzt wurde, hing von den einzelnen Städten ab – siehe ‚Widersprüche'. Ein Seufzer der Erleichterung machte die Runde im Kreis der Ratsherren, wenn wieder so ein Hansetag halbwegs glatt über die Bühne gegangen war" (S. 208 f.).

Danach übertrugen die Rats- und Stadtschreiber das Protokoll auf edles Pergament und

„Jeder Ratssendbote erhielt eine Abschrift mit einem schönen Siegel der Tagungsstadt, und seiner Heimatstadt oblag es, weitere Abschriften dieser Urkunden anzufertigen, damit diese an die Drittelstädte[72] verteilt werden konnten" (S. 209).

---

72 Um die Gesamthanse, deren Städtenetzwerk sich vom Baltikum und Skandinavien über Nordwestdeutschland bis nach Flandern erstreckte, regierbarer zu machen, gliederte man die Masse der über 70 Vollmitglieder und über 100 Teilmitglieder in sog. Drittel oder später – auf Betreiben des mächtigen Danzigs – sogar in Viertel („Quartiere"), denen jeweils die dort einflußreichsten Städte wie Lübeck, Köln, Danzig und Riga vorstanden. Diese konnten nun ihrerseits im Anschluß an die allgemeinen Hansetage entsprechende Drittel- oder Vierteltage abhalten, auf denen sich die zugehörigen Städte sowie auch nichthansische Städte einfanden. Auf diesen Regionaltagungen wurde dann die verhandlerische Kleinarbeit geleistet. Hier werden eindrucksvolle Infrastrukturen der Hanse sichtbar, von denen bisher noch wenig bekannt ist.

Dies war in der Tat ein lehrreicher Einblick in die gut geölte Organisation, aber auch in die schleppende verhandlungs- und entscheidungsscheue Beschlußfassungs-Maschinerie der damaligen Hansetage. Diese Schwerfälligkeit, Bedächtigkeit und Unentschlossenheit sollte sich vor allem lähmend auf die Außenpolitik der Hanse in den späteren Jahrhunderten auswirken.

Doch verbleiben wir noch einen Augenblick beim Innenverhältnis dieser beachtlichen Organisation. Hier konnte bei aller internen Dezentralisierung, die besonders durch die Drittel- und Viertelgliederung der Gesamthanse ihren Ausdruck fand, die Lübecker Hansezentrale im Notfall durchaus wirksam reagieren, wenn es z. B. darum ging, das eigenmächtig handelnde Hansekontor im flämischen Brügge (1347) oder die ausscherende Hansestadt Köln wieder auf Vordermann zu bringen (Hansetag von 1476 in Bremen). Im ersten Fall genügte die Entsendung einer hansischen Verhandlungsdelegation, um Klarheit zu schaffen; im zweiten Falle allerdings konnten erst so scharfe Daumenschrauben wie die Verhaftung kölnischer Kaufleute, ein Handelsboykott sowie der zeitweise Ausschluß aus der Hanse und die Begleichung hoher Schadensersatzforderungen Köln 1476 zu einer schmerzhaften Kurskorrektur und damit zur Rückkehr in die Reihen der Hanse bewegen. Wir könnten noch andere innenpolitische Problemkreise wie z. B. die verschiedenen Demokratisierungsbewegungen innerhalb der Hanse ansprechen, die mit langwierigen Verhandlungen usw. verbunden waren[73]. Doch wollen wir hier die große Linie nicht aus dem Blick verlieren und wenden uns daher dem außenpolitischen Verhandlungswesen der Hanse zu:

b) Außenpolitisches Verhandeln

Die tiefere Problematik allen außenpolitischen Verhandelns im Namen der Hanse lag darin, daß diese sich schwer tat, eine juristisch klar belegbare Legitimation vorzuweisen. Es gibt keine nachweisbare Gründungsurkunde von ihr. *Zimmerling* brachte dieses Paradox auf folgende Formel:

---

73 Es geht hierbei um die hansischen Städteunruhen des 14.–16. Jahrhunderts, in denen das Stadtvolk (Kleinunternehmer, Handwerker, Händler, Arbeiter, Rentner) mehr Mitbestimmung bei der Steuer- und Ausgabenpolitik, Beteiligung aller Bürger an den Ratswahlen und letztlich entsprechende Verfassungsreformen forderte, wenn auch ohne dauernden Erfolg. Hier begegnet uns jenes hanseatische Demokratiepotential, dem die Einwirkung auf die politische Entwicklung des alten Deutschen Reiches leider versagt geblieben ist!

„Tatsache war: Die erste Wirtschaftsmacht Nordeuropas, politisch auch nicht gerade ein Zwerg, besaß nichts, was sie offiziell als Bund ausgewiesen hätte. Keine Statuten[74], keine Exekutivorgane, keine Finanzplanung, keine Mitgliederlisten – nichts. Die Hanse lebte davon, daß die Mitgliedsstädte sich zu ihr bekannten, daß die Mitglieder sie, die Hanse, wollten. Und sie wollten sie so lange, wie sie sich als taugliches Mittel zur Durchsetzung und Erhaltung der Handelsvorrechte gebrauchen ließ. Bei dieser Sachlage fehlte jeder zwingende Grund, sich durch eine Verfassung oder andere Verträge auf Dauer aneinander zu binden. Absprachen von Fall zu Fall, wie zum Beispiel die Kölner Konföderation, erwiesen sich als vollkommen ausreichend. Auf diese Weise ließen sich die unvermeidlichen Interessengegensätze und Rivalitäten der Städte am besten ausgleichen. Die Hanse: ein prinzipielles Chaos, das organisiert war" (S. 200).

Auf den ersten Blick also eine erstaunlich labile Konstruktion mit einem heute so modernen „schlanken Management" und flachen Hierarchien, ein reines Zweckbündnis, dennoch stabiler und dauerhafter als viele andere Machtgebilde aus den verschiedenen Zeitaltern. Nachdem nämlich die Hanse mit Hilfe ihrer unten genannten Städte-Konföderation das Königreich Dänemark militärisch niedergerungen und 1370 zum Frieden von Stralsund (s. u.) gezwungen hatte, da hatte sie Nordeuropa fest in ihrem wirtschaftlichen Griff. Hören wir dazu wiederum *Zimmerling:*

„Was immer an Privilegien, an Handelsvorteilen im Ausland zu ergattern war, hatte man an sich gerissen, bis an die Toleranzgrenze der ausländischen Herrscher. Was immer es zu monopolisieren gab, Waren oder Wege, man hatte sie unter Kontrolle. Wer immer dagegen aufmuckte, ob Herrscher, Kaufmann oder einzelne Stadt, zog unweigerlich den kürzeren. Die Hanse hatte stets eine überlegene Antwort auf Angriffe: Einzel-Boykott und totale Handelssperren. Und wie immer die Streitigkeiten ausgingen, die Hanse zog noch allemal ihren Vorteil daraus, wirtschaftlich wie politisch. Skrupel kannten sie nicht, ihnen war es letztlich gleichgültig, ob die Norweger oder Flanderer während einer Blockade verhungerten oder nicht, Hauptsache, sie blieben Sieger in den Auseinandersetzungen" (S. 142).

Über welches Instrumentarium zur Durchsetzung ihrer Ziele verfügten dabei die hansische Diplomatie und Politik?

„Ihre Methoden, sich durchzusetzen, waren ebenso einfach wie wirkungsvoll. Sie beherrschten Strategie und Taktik der ‚flexible response', die geschmeidige, angemessene Antwort auf eine tatsächliche oder vermeintliche Provokation. Krieg oder Handelssperren waren immer nur ultima ratio, das äußerste Mittel zur Durchsetzung ihrer Forderungen. Die Hanse hat nie gern dazu gegriffen, denn stets fügte man damit auch der eigenen Seite Schaden zu" (S. 142).

74 Irrtum! Auf dem Hansetag von 1418 in Lübeck gab sich die Hanse ihre Statuten.

Und wie gingen die hansischen Diplomaten und Unterhändler im einzelnen vor? Dazu gibt uns *Zimmerling* eine ausgezeichnete Charakteristik:

„Ihre ganz große Stärke entfalteten sie am Verhandlungstisch, wenn sie auf dem Klavier von Drohung, Erpressung, Überredung und Überzeugung spielen konnten. Da waren sie in ihrem Element, das paßte zu ihnen, den weltgewandten Kaufleuten, da konnten sie ihre Muskeln spielen lassen, ohne wirklich zuschlagen zu müssen. Meister der Diplomatie waren sie, gefürchtet mehr als Gegner am Verhandlungstisch denn auf dem Schlachtfeld. Noch bei Abschluß des Utrechter Friedens, der den hansisch-englischen Krieg 1474 beendete, entrang sich einem englischen Unterhändler das verzweifelte Bekenntnis, er würde lieber mit allen Fürsten der Welt verhandeln als noch einmal mit den hansischen Ratssendboten. Denn die hatten den verlorenen Krieg nachträglich in einen Sieg umzumünzen verstanden. Alles in allem bewies die Hanse während ihrer etwa 100-jährigen Blüte stets größere Standfestigkeit als ihre Gegner" (S. 142f.).

Aber was nützen noch so brillante Verhandlungskünste und -erfolge, wenn diese nicht langfristig durch eine entsprechende Machtbasis, durch ein angemessenes Abschreckungspotential abgesichert werden? Hier lag, wie der genannte Autor deutlich aufweist, die Bruchstelle der hansischen Politik:

„Aber die Städte schlossen sich nicht zu einem festgefügten Block zusammen, sondern bewahrten hansische Einheit in der Vielfalt, die ein Höchstmaß eben jener Anpassungsfähigkeit sicherte. Aber es war eine ‚Organisationsform' mit vorprogrammierter Zerfallstendenz" (S. 143).

Als der einflußreiche Lübecker Bürgermeister *Jordan Pleskow* auf dem Hansetag von 1418 zur Absicherung der beschlossenen Hansestatuten den Vorschlag machte, die Hanse künftig durch ein militärpolitisches Schutz- und Trutzbündnis abzusichern, drang er damit nicht durch. Kurzfristiges Taktieren siegte über ein langfristiges Strategiedenken. Der Keim des politischen Niedergangs der Hanse rd. 150 Jahre später war damit endgültig gelegt.

Im folgenden seien zur Veranschaulichung hansischer Diplomatie und Verhandlungskunst kurz zwei ihrer erfolgreichsten Paradebeispiele vorgeführt:

a) Als im Jahre 1280 die flandrische Handelsstadt Brügge dem dortigen einflußreichen Hansekontor[75] den Fortbestand seiner Handelsprivilegien nicht mehr garantieren mochte, setzte die Deutsche Hanse

75 Die Hanse verfügte in ihrer Blütezeit über fünf große Außenkontore: Brügge in Flandern, den Stalhof in London, die Deutsche Brücke im norwegischen Bergen, Wisby auf der schwedischen Insel Gotland und Nowgorod am Ilmensee.

Brügge einfach unter Druck, indem sie den Umzug des Kontors samt der hansischen Kaufmannschaft ins nahegelegene Aardenburg veranlaßte. Sie ging bei ihrem Boykott folgendermaßen vor:

„Die hansische Expansion trat in eine neue Phase. Die Unterbrechung des Handels mit einzelnen Städten dürfte schon bisher als Waffe im Kampf um Handelsvorteile eingesetzt worden sein. Sie aber auch gegenüber Brügge zu verwenden, das auf dem besten Wege war, zum Haupthandelsplatz des Westens zu avancieren, dazu gehörte schon Mut. Und nur der durfte dieses Risiko mit einigermaßen Aussicht auf Erfolg eingehen, der seinerseits eine starke Machtposition innehatte. Die Hanse begann in dieser Phase ihrer Entwicklung um weitere Privilegien zu pokern und wagte hoch zu reizen, weil sie ahnte, daß sie das bessere Blatt in der Hand hielt. Aber so ganz sicher waren sie sich ihrer Sache denn doch nicht. Ob sie – auf sich allein gestellt – einen solchen Boykott gewagt hätten, ist fraglich. Im Jahre 1280 aber hatten sie Verbündete in Brügge. Besonders die Spanier waren nicht gewillt, den ewigen Ärger mit den Brüggern länger hinzunehmen. Größtes Entgegenkommen fand daher der nach Flandern gereiste Lübecker Ratsherr Johann Doway, als er mit ihnen über eine gemeinsame hansisch-spanische Vergeltungsaktion konferierte. Vorsichtshalber hatte Lübeck sich der Rückendeckung der wichtigsten sächsischen, westfälischen und preußischen Städte versichert. Nachdem man schließlich mit den Spaniern einig geworden war, zog man nach Aardenburg um. Graf Guido von Flandern war das nur recht. ... Die Affäre mit den hansischen und spanischen Händlern schien nun günstig, dem großmäuligen Brügge eins auszuwischen. Die Ausgewanderten versorgte er reichlich mit Privilegien. Als besonderen Vorzug verbuchten sie die Erlaubnis, auch untereinander ohne Einschaltung von Einheimischen handeln zu dürfen“ (S. 90f.)

Wir sehen also, wie die umsichtige hansische Diplomatie sich erst einer ganzen Koalition von Unzufriedenen versicherte, um dann mit deren Rückendeckung und auf dieser Machtbasis konsequent durchzugreifen. Die Wirkungen des Handelsboykotts ließen nicht lange auf sich warten. Da die Brügger sehr schnell die schmerzliche Versorgungslücke auf ihrem Warenmarkt, insbesondere bei Produkten aus Osteuropa, zu spüren bekamen, lenkten sie ein und streckten vorsichtige Verhandlungsfühler zur Hanse aus. Wie reagierte die Hanse? Sie ließ die Brügger immerhin zwei Jahre lang zappeln, war sie sich doch ihrer Verhandlungsmacht vollauf bewußt. Dann gab sie den Brüggern wieder die Ehre und verlegte ihr Kontor in deren Stadt zurück. Aber das ging nicht ohne verschärfte Bedingungen ab. Brügge mußte für seine Unklugheit draufzahlen:

„Selbstverständlich mußte die Stadt ihnen, sozusagen als Tribut, alle bisherigen Handelsvorrechte ungeschmälert bestätigen. Darüber hinaus aber, und darauf legten die Hansen besonderen Wert, durften sie ab sofort – wie schon in Aardenburg – direkt mit allen Fremden handeln, ohne dabei einheimische Kaufleute als Zwischenhändler oder Makler einschalten zu müssen“ (S. 91).

Nun wenden wir uns der ersten größeren kriegerischen Auseinandersetzung zu, die die Hanse mit Erfolg bestand.

b) Als nämlich der dänische König *Waldemar V. Atterdag* (ca. 1320–1375) im Jahre 1361 die Insel Gotland überfiel und die Stadt Wisby mit dem Hansekontor eroberte, kam es zum hansisch-dänischen Krieg von 1362–1370, der mit dem Frieden von Stralsund endete. Vernehmen wir dazu wieder *Zimmerling:*

„Stralsund, 24. Mai 1370. Im Ratssaal haben die Ratssendboten aus 23 Hansestädten Platz genommen. Ihnen gegenüber sitzt die Abordnung des dänischen Reichsrats mit dem deutschen Edelmann in dänischen Diensten Henning von Putbus, dem Erzbischof von Lund sowie den Bischöfen von Roskilde und Odense als Chefunterhändler. Zwischen Reval und Dordrecht ist beinahe alles vertreten, was Rang und Namen in Handelskreisen hat: Lübeck, Stralsund, Greifswald, Stettin, Kolberg und Stargard aus der wendisch-pommerschen Gruppe; Danzig, Elbing, Thorn und Kulm als preußischer Block; von den baltischen Städten haben Riga, Reval und Dorpat Delegationen entsandt, außerdem sind die niederländischen Städte Kampen, Stavoren, Dordrecht und Amsterdam vertreten. Die Versammlung besiegelt einen Vertrag, der als ‚Friede von Stralsund' den Höhepunkt hansischer Geschichte markiert und einen zehnjährigen Krieg zwischen der Hanse und Dänemark beendet. Zum erstenmal hat die Hanse aller Welt bewiesen, daß sie nicht nur eine wirtschaftliche, sondern ebenso eine politische Großmacht geworden ist" (S. 128).

Wie kam es zu diesem grandiosen politischen und diplomatischen Erfolg der Hanse? Nachdem die Hanse sowie die mit ihr verbündeten Königreiche Norwegen und Schweden 1362 ihren Feldzug eröffneten, aber wegen schlechter strategischer Planungen vom Dänenkönig bei Hälsingborg geschlagen wurden, plante die Hanse von langer Hand eine zweite Runde. Wie ging sie dabei vor? Auf dem Hansetag von 1367 in Köln gelang es den Diplomaten Lübecks, einen Großteil der Hansestädte unter dem Dach der sog. „Kölner Konföderation" gegen den Dänenkönig zusammenzuschließen:

„... das bisher engste Bündnis der Städte. Es war nicht nur für die Dauer des Krieges geschlossen worden, sondern sollte noch drei Jahre danach Bestand haben. Tatsächlich wurde es dann bis 1385 verlängert. Die Versammlung verabschiedete die Pläne zur Finanzierung des Krieges ...; ferner wurden die im einzelnen auf jedes Mitglied entfallenden militärischen Aufgaben, Anzahl der Schiffe und Soldaten bestimmt, auch das Datum für den Angriff legte man fest.

Die Front gegen Waldemar wurde verstärkt durch Bündnisse mit Schweden, Mecklenburg und Holstein sowie mit dem dänischen Adel, der gegen seinen König rebellierte. Bevollmächtige reisten durch die Lande, um weitere Bundesgenossen zu gewinnen, und nach wenigen Monaten hatte die Konförderation von fast allen Hafenstädten vom Finnischen Meerbusen bis zur Rheinmündung die Zustimmung zu dem Krieg erhalten, wenn auch nicht unbedingt eine materielle Beteiligung. Nur die binnenländischen deutschen Städte sperrten sich“ (S. 135).

Als „flankierende Maßnahme“ eröffnete die Hanse gleichzeitig eine Offensive auf dem internationalen Parkett, die man auch als eine raffiniert eingefädelte Rufmordkampagne am Dänenkönig bezeichnen könnte. Wie gingen die hansischen Reisediplomaten dabei vor? Folgendermaßen:

„Sie schwärzten den König nach Kräften an, bei Kaiser und Papst, den Königen von England und Polen sowie zahllosen weltlichen und geistlichen Fürsten. Geschickt schürten sie vorhandene Aversionen oder sie verunsicherten seine Freunde. Larmoyant beklagten sie sich in aller Welt über seine Ungerechtigkeiten und erläuterten, warum er ‚mehr einem Tyrannen und Piraten als einem König‘ gliche. Kaiser Karl IV. wurde aufgeklärt, weshalb Lübeck die an Waldemar verpfändete Reichssteuer im Jahr davor nicht mehr gezahlt habe – worüber er sich heftig beschwert hatte –: Der dänische König strebte nämlich danach, verrieten sie ihm, Lübeck dem Kaiser und dem Reiche zu entfremden ... Nach solch effektvoller diplomatischer Vorarbeit war allseitiges Wohlwollen gesichert“ (S. 136).

Dann schlug die Hanse – diesmal militärisch – zu. Zuerst wurde Kopenhagen im Frühjahr 1368 erobert und plattgemacht, danach vereinigten sich die Flotten und Heere der Verbündeten, sperrten den Sund und belagerten die beherrschende Festung Hälsingborg. Mit ihrem Fall (1369) und der Eroberung der Provinz Schonen (Kornkammer) zwang man Dänemark auf die Knie und damit an den Verhandlungstisch, wo es der Hanse weitgehende Konzessionen machen mußte:

„Wirtschaftlich forderte die Gemeinschaft keine neuen Vorteile, sondern begnügte sich mit der Fortschreibung der bisherigen Privilegien, der völligen Handelsfreiheit in Dänemark also und dem Wegfall der Steuer, die seit 1361 deutsche Schonen-Kaufleute zahlen mußten. Aber die Privilegien-Schinderei war ja auch gar nicht das Kriegsziel gewesen. Die Kölner Konförderation hatte schließlich den Zweck, Dänemark militärisch niederzuwerfen. Und das war nun gelungen. ... Zum erstenmal in der Geschichte der nun schon 200 Jahre alten Gemeinschaft hatten nicht wirtschaftliche Repressalien wie Handelsblockaden den Sieg erbracht, sondern Spieße, Lanzen und Kanonenkugeln“ (S. 138).

Das war nun wirklich eine neue politische Dimension, in welche die Hanse eingetreten war. Dies ließ sie sich von Dänemark bezahlen, das seine vier Sundfestungen (Hälsingborg, Malmö, Skanör und Falsterbo) samt zwei Dritteln von deren Einkünften für 15 Jahre an die

Konförderation abtreten mußte. Außerdem machte die Hanse die Wahl der künftigen dänischen Könige von ihrer Zustimmung abhängig. Da war – wenigstens für eine Übergangsperiode – echtes politisches Denken am Werke. Doch was wurde aus dem so erfolgreichen Instrument der „Kölner Konförderation"?

„Die Kölner Konförderation wurde nach mehreren Verlängerungen zu Grabe getragen. Ihre Aufgaben hatte sie glänzend gelöst. Grund für ein Weiterbestehen gab es nicht, jedenfalls nicht nach Ansicht der Städte, die einer zu engen Bindung mit ihren dauernden finanziellen Belastungen aus dem Wege gehen wollten. So weit ging das Zusammengehörigkeitsgefühl denn doch nicht, als daß man dies durch einen formellen Zusammenschluß hätte absegnen wollen. Ad-hoc-Bündnisse ja, Dauerregelungen solcher Art nein. Dabei blieb es während der gesamten Lebenszeit der Hanse" (S. 140).

Aber gerade durch das Auslaufenlassen dieser Konförderation und die spätere Ablehnung des Lübecker Vorschlags eines gemeinsamen Verteidigungspaktes (1418) fehlte der Hanse auf der Schwelle zur Neuzeit jene Machtbasis, auf der sie mit den aufkommenden Nationalstaaten hätte erfolgreich verhandeln können. Denn ein geschäftsorientiertes, maßvolles Verhandeln allein konnte gegen die Mächte des neuen Zeitalters auf die Dauer nichts ausrichten. Dieses permanente Grundversäumnis sollte für die Hanse Ursache ihres Untergangs werden. Mit dem Phänomen der Hanse haben wir die Schwelle vom Spätmittelalter zur Frühneuzeit überschritten[76].

76 Hier abschließend ein sachdienlicher Hinweis: Die noch offenbleibende Verhandlungslandschaft der Neuzeit wurde bereits ausführlich (bes. das 20. Jh., z. T. auch 16.–19. Jh.) im Kapitel III, 6. (20 Verhandlerprofile) behandelt. Auch skizziert das vorliegende Kapitel VIII, 2. die Entwicklung des chinesischen Verhandlungswesens bis in die Gegenwart hinein.

Literaturverzeichnis zu Kapitel VIII

I. Einleitung

Craig, G. A./ George A. L. — Zwischen Krieg und Frieden. Konfliktlösung in Geschichte und Gegenwart, a. d. Engl. (Force and Statecraft. Diplomatic Problems of Our Time 1983), München 1984; München 1988

Nicolson, H. — Kleine Geschichte der Diplomatie, a. d. Engl. v. A. Seifhart (The Evolution of Diplomatic Method), Frankfurt/M. 1955

II. Antiker Orient

1. Ägypten

Lehmann, J. — Die Hethiter. Volk der tausend Götter, München/Gütersloh/Wien 1975

Schlögl, H. A. — Ramses II., mit Selbstzeugnissen und Bilddokumenten (Originalausgabe), Reinbek b. Hamburg 1993

2. China

Forke, A. — Geschichte der alten chinesischen Philosophie, 2. Aufl., Hamburg 1964

Mehra, P. — Negotiating with the Chinese 1846–1987: Problems and Perspectives, New Delhi 1989

Ping, Ch./ Bloodworth, D. — Das chinesische Machtspiel. Dreitausend Jahre Staatskunst, a. d. Engl. v. W. Müller (The Chinese Machiavelli. 3000 Years of Chinese Statecraft, 1976), Tübingen 1977; München 1979

Senger, H. v. — Strategeme. Lebens- und Überlebenslisten der Chinesen – die berühmten 36 Strategeme aus drei Jahrtausenden. Bern/München/Wien 1988

Sun-Tzu — Über die Kriegskunst, a. d. Chines. übersetzt und kommentiert v. K. Leibnitz, Karlsruhe 1989

Sunzi — Die Kunst des Krieges, a. d. Engl. v. J. Langowsky (The Art of War, beruhend a. d. Übers. a. d. Chines. v. L. Giles, London 1910), hrsg. u. m. einem Vorwort versehen von J. Clavell, München 1988

3. Indien

Glasenapp, H. v. (Hrsg.) — Indische Geisteswelt, Bd. I–II, Baden-Baden ca. 1959

Gotamo Buddhos Reden — Bd. II, Längere Sammlung, 3. Aufl., a. d. Pali, übersetzt von K. E. Neumann, Wien/Zürich 1957

Hecker, H.	Allgemeine Rechtsgrundsätze in der buddhistischen Ordensverfassung, in: Verfassung und Recht in Übersee, 1/1977, S. 89–115
Hillebrandt, A.	Altindische Politik. Eine Übersicht auf Grund der Quellen, Jena 1923
Kautilya's Arthaśastra	fr. Skr. transl. by R. Shamasastry, Mysore 1915, 8. Aufl. 1967
Mylius, K.	Geschichte der altindischen Literatur, Leipzig 1983; Bern/München/Wien 1988
Zimmer, H.	Philosophie und Religion Indiens, a. d. Engl. v. L. Heyer-Grote, Zürich 1961; Frankfurt/M. 1988

III. Antiker Okzident

1. Hellas (Griechenland)

Demosthenes	Vol. II. (De Corona, De Falsa Legatione), griech.-engl. Ausg. London 1926, Repr. 1971
Homer	Homerou Epä, Ilias, Odysseia, ed. P. Cauer, 1921, Leipzig 1942 oder beliebige gr. Ausgabe. Zusätzlich wurden die Übersetzungen von J. H. Voss, Th. v. Scheffer und W. Schadewaldt konsultiert.
Karavites, P./ Wren, Th.	Promise-Giving and Treaty-Making. Homer and the Near East, Mnemosyne-Supplement 119, Leiden/New York/Köln 1992
Olshausen, E./ Biller, B. (Hrsg.)	Antike Diplomatie, Darmstadt 1979
Thucydides	Historiae T. I–II, ed. H. S. Jones, Oxford 1900–01, Repr. v. 1974/76
Thukydides	Geschichte des Peloponnesischen Krieges, übers. v. G. P. Landmann, Lizenzausg. d. Artemis-Bibl., Zürich/Hamburg 1962
Xenophon	Hellenika, übers. v. G. Strasburger, Wiesbaden o. J. (Gr. Originalausg. s. Oxford Class. Texts u. a.)

2. Hellenismus

Charles-Picard, G. u. C.	Karthago. Leben und Kultur, übers. a. d. Franz. v. I. Miller, Stuttgart 1983
Olshausen/ Biller (Hrsg.)	Antike Diplomatie (s. III/1. Hellas)

3. Rom

Die einschlägigen Textausgaben (Teubner, Oxford usw.), zweisprachigen Ausgaben (Tusculum, Loeb usw.) oder deutschen Übersetzungen zu Caesar, Livius, Tacitus

Polybios — Historien. Auswahl, übers. a. d. Griech. v. K. F. Eisen, Stuttgart 1973

IV. Spätantike (Byzanz-Persien)

Doblhofer, E. (Hrsg., Übers., Komm.) — Byzantinische Diplomaten und östliche Barbaren, Auswahl a. d. Historikern Priskos u. Menander Protektor, Byzantinische Geschichtsschreiber Bd. IV, Graz 1955

Hunger, H. — Die hochsprachliche profane Literatur der Byzantiner, Byzantinisches Handbuch, in: Handbuch der Altertumswissenschaft, XII. Abt., T. 5, Bd. 1–2, München 1978

Olshausen/Biller (Hrsg.) — Antike Diplomatie (s. III/1. Hellas)

Shepard, J./Franklin, S. (Hrsg.) — Byzantine Diplomacy, Belfast 1992

Thiess, F. — Die griechischen Kaiser – Die Geburt Europas, Wien 1959; Augsburg 1992

V. Mittelalter

1. Deutschland-Frankreich

Voss, I. — Herrschertreffen im frühen und hohen Mittelalter, Diss. phil. (Gießen), Köln/Wien 1987

2. Morgenland-Abendland

Atiya, A. S. — Kreuzfahrer u. Kaufleute. Die Begegnung von Christentum u. Islam. A. d. Amer. v. R. Bockholdt, Stuttgart 1964

Heinisch, K. J. (Hrsg.) — Kaiser Friedrich II. Sein Leben in zeitgenössischen Berichten. München o. J.; München 1988

Horst, E. — Friedrich II. der Staufer, Kaiser – Feldherr – Dichter. Lizenzausg. Düsseldorf 1990

Möhring, H. — Saladin und der dritte Kreuzzug. Aiyubidische Strategie und Diplomatie ... Diss. phil. Frankfurt/M. (1977), Frankfurter Historische Abhandlungen, Bd. 21, Wiesbaden 1980

3. Die Hanse

Friedland, K. — Die Hanse. Stuttgart 1991

Zimmerling, D. — Die Hanse. Handelsmacht im Zeichen der Kogge. Düsseldorf/Wien 1976; München 1978

Veröffentlichungen von Walter Hage

Rund um den Verkauf. Seminar für qualifizierte Verkäufer. Hamburg/Travemünde, August 1964 (Privatdruck)

Gewinne mit dem Wort. Mit Eignungstest und Lernprogramm: Besser sprechen – erfolgreicher führen. Oldenburg/Hamburg 1971

Erfolgreiches Verhandeln. 3. neubearb. Aufl., Hamburg 1975 (Privatdruck)

Veröffentlichungen über Walter Hage (Auswahl)

Redner von morgen auf der Schulbank – Rede ... über einen Rednerlehrgang, Weser-Kurier, Bremen, 8.10.1954

Berufsausbildung, Lehrgang „Lebendige Verkaufskunde", in: Mitteilungen der IHK zu Lübeck, ca. Februar/März 1955

Erfolgreiche Lehrgänge „Lebendige Verkaufskunde" in: Norddeutsche Einzelhandels-Zeitung, ca. April 1960–62 (?)

Nicht ewig der typisch zweite Mann, in: Textil-Mitteilungen, Nr. 24, 24.2.1962, S. 7

10 Jahre „Rhetorisch-psychologische Wochen", in: junge wirtschaft, Zeitschrift für fortschrittliches Unternehmertum – September 1967

Die Schule der Verkäufer, Capital, 10/1967, S. 95–96, Beschreibung eines Kurses von Walter Hage

Rhetorischer Aufbaukurs, in: junge wirtschaft, Januar 1968

Reden ist Gold. Vom Nutzen der Rhetorik, Frankfurter Allgemeine Zeitung, Blick durch die Wirtschaft, 12.2.1968

Sinn und Unsinn von Rhetorikkursen, Capital, 5/1974, S. 161, Liste empfehlenswerter Rhetoriklehrer u.a. mit einer Kurznotiz über Walter Hage

Gewinne mit dem Wort. Erkenntnisse aus 25 Jahren Seminararbeit (Interview mit Walter Hage), in: Neue Wirtschaft, Hamburg 12/1974

Mikrofon und Videorecorder helfen beim Lernen, Edeka-Junioren-Kurier, 12/1977

Notiz (Würdigung W. Hages), in: BJU-Info, VII/1979, S. 3

Veröffentlichungen von Willfred Hartig

Moderne Rhetorik und Dialogik. Rede und Gespräch in der Kommunikationsgesellschaft, (1. Aufl. Heidelberg 1963), 12. durchges. Auflage, Heidelberg 1993

Rhetorik für Manager, in: Management Enzyklopädie, Bd. 5, 153–163, München 1971, erneut in: ME. 8, 197–210, Landsberg/L., 1984 (auch als Sonderdruck, 3. Aufl. 1985)

Karriere-Technik I–II, Argumentieren – Reden, in: Capital, Köln, Nr. 3/1973 (108–111) (auch als Sonderdruck)

Wirkungsvolles Reden, als Leitartikel in: Ausbau, Illustrierte Monatshefte für technische Berufe, Konstanz, 10/1973 (auch als Sonderdruck)

Freie Wirtschaft und Weiterbildung in Rhetorischer Kommunikation (1979), in: Sprache und Sprechen 9, 163–66, Königstein/Ts., 1982

Lampenfieber, in: AOK-Management Magazin, 5 (=10), 10–11, Frankfurt/M., 1982; leicht veränderter Abdruck unter dem neuen Titel: Die Rede – Angst und ihre Überwindung, in: Schimmelpfeng-Review 34, 70–71, Frankfurt/M., 11/1984; stärker abgewandelte Fassung unter dem Titel: Mut zur Rede. Tips gegen die Rede-Angst, in: Der Reden-Berater, Heft 8–9/89, Kap. 11.6 (S. 5–10), Bonn 1989

Kommunikation, in: Management Enzyklopädie, Bd. 5, 360–371, Landsberg/L., 1983 (auch als Sonderdruck)

Strategie der Kommunikation, in: Management Enzyklopädie, Bd. 8, 815–826, Landsberg/L., 1984 (auch als Sonderdruck)

Die vorgenannten Arbeiten (mit geringfügigen Ausnahmen) sowie ein unveröffentlichter Text (der Vortrag d. Verf. vor dem IBM-Kolloquium, Böblingen 1984) sind als Privatdruck erschienen in folgendem Sammelband: Willfred Hartig, Kleinere Schriften zur Kommunikation und Rhetorik I (1968–1986), Neckargemünd, 1986

Sinn, Technik und Taktik der Rhetorik (=Kap. I, 1 der MR: Der Auftrag der Modernen Rhetorik), abgedruckt in: Angelika Sauer (Hrsg.), Betriebskultur. Führen im Dialog, Heidelberg 1989, S. 101–105 (Sammelband zum 25jährigen Bestehen des I. H. Sauer-Verlags)

Willfred Hartigs 150. ASB-Rhetorik-Seminar, in: ASB-AKTUELL, Heidelberg, 9/92, S. 4 (unter Mitwirkung des Autors)

Wirksam überzeugen in 25 Schritten, in: acquisa, Würzburg, 11/1993, 16–18

Namenverzeichnis

Zahlen in ( ) nennen die Häufigkeit der jeweiligen Personennamen auf den entsprechenden Seiten. Sie dienen vor allem zu einem schnelleren Auffinden von Schwerpunkten in Verhandlungen, an denen die Genannten entscheidend beteiligt waren.

Achilleus 381, 382(4)
Adenauer, K. 89, 118, 189, 212, 234(8), 235(2), 246(3)
Agamemnon 380, 381(2)
Aischines 396(2)
Alexander d. Gr. v. Makedonien 367(2), 397, 403, 406
Alkibiades 385(4), 386(6), 387(2)
Allardt, H. 192(2)
Allen, Lord 226
Andokides 382
Antalkidas 392(2)
Antenor 379(3)
Antiochos III. 398(3), 399(3), 400(2)
Antiochos IV. Epiphanes 405(3), 406
Antonescu, I. 229(2), 230(3), 231(4)
Apponyi, Graf 212, 213
Aquaviva, SJ 252, 309
Arikan 203(2)
Ariovistus 412(7), 413(6), 414(5), 415(5)
Aristoteles 36, 330, 334
Arpentigny, d' 133
Athenion 400
Atiya, A.S. 439(2)
Attila 421, 422(2), 423
Augustus, O. 415
Autokles 394(2), 396

Bahr, E. 192
Baker III., J. 171(11), 181
Bakunin, M. 139
Baldwin, S. 239
Barschel, U. 113
Bechert, H. 364
Beck, J. 168, 169, 237(4), 239
Begin, M. 191
Beitz, B. 337(2), 338
Berber, F. 225, 226(3)
Bereschkow, V. N. 164(2), 165(3), 167, 176(2), 193, 194(2), 195(2), 254(2), 255, 272, 273, 274
Berija, L. P. 209(7), 210, 243
Bismarck, O. v. 33, 84, 260, 342
Birdwhistel, R. L. 111
Boris III. v. Bulgarien 183(4), 229
Bormann, M. 225
Brandt, W. 172(2), 173
Breschnew, L. 218(2)
Briand, A. 143, 173, 211(2)
Bridges, S. 186
Brüning, H. 147, 200(3)
Buddha, S. G. 118, 364, 365(3), 366(5), 367
Bunker, E. 199
Bush, G. 171(2), 273, 274
Byrnes, J. F. 175, 243, 277
Brzezinski, Z. 201

Caesar, G. I. 403, 412(5), 413(7), 414(8), 415(3)
Callières, F. de 21, 81(2), 82(2), 85(2), 86(3), 342, 343, 344
Candragupta (gr. Sandrokottos) 368(2), 398
Carrington, P. 198, 199
Carter, J. 191(3), 199, 201(3), 219
Casdorff, D. 330, 338
Castro, F. 117
Chamberlain, A. 211
Chamberlain, N. 100, 160(3), 161(2), 193, 224, 227
Chéron 190, 196

Chirac, J. 209(2)
Chosroës I. (pe. Chosrau) 426, 427, 430
Chosroës II. 431
Chruschtschow, N. S. 192(3), 193, 196, 209(2), 210, 238, 240(2), 241(8), 242(9), 243(10), 244(4), 245(7), 246(10)
Churchill, W. S. 118, 144, 165(3), 170, 192, 254, 255(7), 272(5), 273(6)
Chvalkovsky 224(2)
Ciano, E. 230(2)
Ciano, Graf G. 164, 168(2), 173, 228, 237, 239
Cicero, M. T. 76, 203 („Aktion"), 331, 380
Clausewitz, C. v. 35(2)
Clemens VII., Papst 99
Cohen-Solal, A. 166
Cooper, A. D. 182(2), 215, 216
Coolidge, C. 205
Confucius (s. Kong Fu Dse)
Corbulo, D. 416(4), 417
Cornfeld, B. 122
Correll, W. 108(2), 118, 146, 159
Coué, E. 230
Craig, G. A./George, A. L. 69, 261(3), 269(2), 270(5), 271(4), 272, 275, 279, 344, 345
Crawley, A. 91
Cromwell, O. 226
Curtius, J. 178(3), 179(2), 181, 191, 196(5), 204

Daladier, P. 100, 228(2)
Dalberg-Acton, J. 312
Dassel, R. v., Kanzler 433
Dawes, C. G. 160
Demosthenes 331, 394, 395, 396(3), 400
Dilthey, W. 108
Doblhofer, E. 422(2), 424
Dostojewskij, F. M. 92
Doway (<Douai), J. 447
Dschang I 347(2), 348(2)
Dschingis Khan, T. 226
Dulles, J. F. 399(4)

Eden, A. 168, 174, 221, 222(2), 223(2), 227, 273(6)
Einstein, A. 324
Eisenhower, D. D. 186, 187(3), 399
Elertsen, H. 9, 13, 92, 96
Elertsen/Hartig-Schule der Rhetorik 13
Epikuros 334
Erhard, L. 143, 188
Evans, R./Novak, R. 93, 122, 151, 184, 186, 274(3), 275(2), 276, 326
Euripides 382

Fährmann, R. 141
Fahr ed-Din, Emir 436, 437(3), 438(6)
Fast, J. 111, 112
Flaccus, P. V. 403(3)
Flandin, P.-E. 183
Ford, G. 191(2), 219
Forke, A. 347
Fouché, J. 105
Franco, F. 147(2), 151, 169(5), 174, 202(5), 203(3), 204, 228, 238(2)
François-Poncet, A. 180(5), 181, 228(2), 234
Franz I. v. Frankreich 372, 373
Frauenstädt, J. 283
Freisler, R. 148
Friedrich I. Barbarossa v. Hohenstaufen 433, 434(2)
Friedrich II. v. Hohenstaufen 434(6), 435(6), 436(8), 437(7), 438(2), 439(4), 440(2)
Friedrich d. Gr. v. Preußen 405
Fromm, Ch. 9(4)
Fromm/Hage/Hasenbanck-Schule 10
Frontinus, S. I. F. 418(2)
Fulbright, W. 189

Gadamer, H.-G. 329, 330(2)
Galenos 106, 108, 109
Galerius, Imperator 420
Galiani, F., Abbé 94

Gandhi, I. 217, 218(8)
Gaulle, Ch. de 91, 114, 118, 167(2), 188(3), 217
George, A. L. (s. Craig, G. A.)
Gérard, F. de 215
Gibson, H. 160
Gide, A. 324
Gilgamesch 341
Glasenapp, H. v. 373, 374, 376
Goebbels, J. 146, 154, 222, 231(2), 232(7), 233(3)
Goethe, J. W. v. 106, 183, 215(2), 286, 324
Göring, H. 143, 222, 237
Gorbatschow, M. 105
Gorgias 289
Grandi, D. 213(3)
Graß, G. 327
Graumann, C. F. 44(2)
Gromyko, A. 191, 192(7), 196, 197(6), 205(2), 207
Gürtner, F. 226(3)
Gutt, C. 178(2)

Habe, H. 164, 166, 184
Habib, Ph. C. 191(4)
Hácha, E. 224(2)
Haffner, S. 234
Hage, W. 5, 8(2), 9(5), 10(2), 13, 19
Hage/Hartig-Schule des Verhandelns 13
Halifax, Lord 223, 224(2)
Hall, E. T. 121
Hamilton, W. G. 10, 11(2), 18(2), 52, 92(2), 298(6), 299(4), 305(5), 306(2), 308(2), 310, 311(4), 317
Hamsun, K. 141(3)
Hannibal 402(2), 403(7), 404(4), 406(8), 407(4), 408(4), 409(4), 410(4), 411(2), 412, 413, 414, 415
Hanno 406
Hardenberg, K. A. v. 216
Harriman, W. A. 164, 165, 166, 255
Härtling, P. 92
Hartig, H. E. 13
Hartig, P. 10
Hartig, W. 11, 13(5), 14, 19, 382, 396, 407, 411
Harun al-Raschid, Kalif 432
Hattusilis III. v. Chatti 345
Hecker, H. 10, 367
Heidegger, M. 220
Heinrich II. v. England 434
Hektor 380(3), 381, 382
Herakleitos v. Ephesos 180
Herriot, E. 173, 210(2), 211(3)
Heydrich, R. 143
Himmler, H. 209
Hindenburg, P. v. 143
Hitler, A. 73, 100, 139, 146(2), 147(2), 148, 151, 154, 164(2), 168(3), 169(3), 170(2), 173, 174(7), 175(5), 176(8), 180(7), 181, 183(4), 188, 193(6), 202(2), 203(5), 204, 208, 216, 217(4), 221(2), 222(12), 223(14), 224(10), 225(10), 226(8), 227(2), 228(9), 229(12), 230(10), 231(4), 232, 236(2), 237(5), 238, 244, 254(2), 261, 273, 342, 348
Ho Tschi Minh 139
Höcherl, H. 72, 266
Honecker, E. 122(2)
Homéros 378(2), 380, 386
Hopkins, H. 164, 166
Horst, E. 435(2), 436(2), 439(2)
Hugenberg, A. 161
Hull, C. 166, 204, 205(7)
Hussein, S. 74

Iklé, F. Ch. 32, 63, 70, 99, 261, 263(2), 265(2), 266, 269(2), 277
Itten, J. 80
Iustinianus I. 420, 423(2)

Jelzin, B. 105
Johnson, L. B. 93, 114, 122(2), 151(2), 151(3), 164, 167(3), 184, 185(9), 186(10), 187(8), 188(14), 189(5), 199(2), 201, 245, 274(6), 275(10), 326
Joubert, J. 82
Jung, C. G. 107(3), 108(2), 109, 110

Kallias 393, 394(4), 396
Kallistratos 394, 395
Kamil, Malik al-, Sultan 434, 435, 436(3), 437(4), 438(3), 439(2)
Karl d. Gr. 432
Karl d. Kahle 433
Karl IV. 449, 433
Karl V. v. Habsburg 99(2), 102, 372, 373
Karl VIII. v. Frankreich 343, 373
Karl XII. v. Schweden 221
Kaunitz, W. v. 215
Kautilya 342, 348, 366(2), 368(3), 369(3), 370(4), 371, 373(2), 374(2), 375(3), 376(3)
Kennan, G. 172, 220
Kennedy, J. F. 188(2), 191, 201, 238, 240(2), 241, 242, 245(2), 246, 274
Kennedy, R. F. 322
Kielmannsegge v., Gräfin 182
Kiesinger, K. G. 118, 323
Kineas 400, 401(4)
Kirkpatrick, I. 234, 235
Kissinger, H. 28, 181, 191(2), 217(2), 218(3), 219, 220, 328(2), 239, 240(3), 243, 347, 356, 363(3), 364(2), 400, 427
Kleist, H. v. 94, 95
Kleomenes I. v. Sparta 390
Kleon 385
Kohl, H. 126
Kong Fu Dse (Konfuzius) 307, 347
Konstantinos VII. Porphyrogennetos 419, 430
Kremer, F. 28
Kretschmer, E. 106(4), 108, 109, 110
Kreuger, I. 204(4)
Krishna 365, 366
Kroll, H. 246
Krupp, v. Bohlen u. Halbach, G. 255, 256(4)
Kwizinskij, J. 162, 163(2)

Laenas, P. 405(2), 406
Lao-Dse 379
Laval, P. 169(2), 179(2), 180, 181, 183(2), 203(3), 229
Lavater, J. K. 111
Lê Duc Tho 217(3), 238(4), 239(2), 240
Leibniz, G. W. 330
Lemmer, E. 206, 207(6), 208
Lenin, W. I. 139, 255
Leon, oström. Kaiser 429(2), 430
Leopold III. v. Belgien 183, 222, 217, 230(2)
Lewis, A. L. 170(3), 171
Lichtenberg, G. Ch. 110, 111, 311, 333
Ligne, J. de 215
Lincoln, A. 205, 307
Linowitz, S. 199(3)
Livius, T. 407(3), 410(3), 411(2)
Lodge, C., 242(4), 246(3)
Londonderry, Lord 164
Lothar I. Kaiser 433
Loyola, I. v. 318
Lüscher, M. 107, 108, 109(3)
Ludwig d. Fromme 433
Ludwig II. v. Ostfranzien 433
Ludwig III. v. Westfranzien 433
Ludwig XI. v. Frankreich 342, 343
Ludwig XIV v. Frankreich 81, 343, 344(2), 372
Luther, H. 211(2)

Mac Donald, R. 198(7), 200(2)
Machiavelli, N. 67, 102, 103, 309, 342, 343
Malone, E. 298(3)
Mao Dse Dong 192, 193, 196, 218, 219(2), 349, 351
Marbod (Maroboduus) 416(3)
Maria José v. Italien 230
Marx, K. 139
Marx, W. 200(3), 211
Maurikios, Kaiser 431
McCarthy, E. 245
Medici, L. de' 89
Megasthenes 398
Mehra, P. 360(4), 361(4), 362(4), 363(2)

Menandros Protektor 424(2), 425, 427
Menelaos 379(3), 380(2), 381
Metternich, C. v. 182, 192, 216(2), 331, 342, 400(2)
Miki, japan. Premier 197(2)
Mithradates VI. v. Pontos 400(2)
Mitterrand, F. 209(2)
Moldenhauer, P. 178, 179(3), 196(2)
Molière, J.-B. 93
Molotow, W. 173(2), 174(9), 175(7), 176(3), 193(6), 194(8), 195(4), 196, 227(2), 254(2,) 261(2), 273(4), 277, 342
Moltke, H. v. 382
Mondale, W. 167
Morgan jr., J. P. 162(2)
Morris, D. 113(3)
Mosley, D. J. 384
Muskie, E. 189, 201(4)
Mussolini, B. 164, 213(2), 229, 230

Nadolny, R. 179(2)
Napoléon, B. 195, 216(4), 220, 221, 224, 227, 267, 322, 342, 349, 400
Nero, L. D. 416(2), 417
Neurath, K. v. 162
Nicolson, H. 81, 85, 343, 404(4)
Nietzsche, F. 93(2), 325, 386(2)
Nikias 385, 393
Nitze, P. 162(2), 163, 172
Nixon, R. 217(3), 218(9), 219
Numan, M. 203(2), 237, 239

Odysseus 379(3), 382(3)

Palmer, H. 144
Papandreou, d. J., A. 382
Paul-Boncour, J. 180(3)
Pascal, B. 22
Perikles 390
Pétain, Ph. 169(2), 170(2), 203(4), 228
Petros Patrikios 420, 421, 423, 424(3), 425(2), 426(4), 427(5), 428, 429(6), 430(3), 432
Petrus v. Vinea 440(3)
Philippos II. v. Makedonien 393, 396(2)
Pilatus, P. 330
Ping Ch./Bloodworth, D. 347(2), 355, 356
Pirelli, G. B. 173
Pius XII., Papst 199(2)
Platon 90(3), 175, 330(2), 334, 386, 394, 400
Pleskow, J. 446
Plutarchos v. Chaironeia 401
Poincaré, R. 173(2), 213, 214(9)
Poiret, M. 112
Polybios 398, 405, 410(3)
Priamos 380(2)
Priskos v. Panion 420, 421, 422(3), 423, 430
Proxmire, W. 189
Ptolemaios IV. v. Ägypten 398(3), 400
Ptolemaios VI. v. Ägypten 405
Putbus, H. v. 448
Pyrrhos I. v. Epeiros 400, 401(5), 403

Quintilianus, M. F. 91

Ramses II. v. Ägypten 345(2), 346(2)
Rayburn, S. 186
Reagan, R. W. 164, 167, 170, 171(3), 219
Reifenberg, J. 164, 167
Reineke, W./Damm, F. 112
Reyer, W. 10, 285(2)
Reynaud, P. 233(3)
Ribbentrop, J. v. 166, 168(2), 173(3), 174(3), 175, 194, 203(3), 228, 235, 236(8), 237(10), 238(3), 239, 342
Richelieu, v. Kardinal/Herzog 195, 215, 343
Riddleberger, J. W. 243(4)
Robespierre, M. de 105, 182, 215
Rochefoucauld, F. de la 89, 92, 93(2)
Rodin, A. 119

Roellecke, G. 11, 299
Rohlinger, R. 328, 330
Rockefeller, J. D. 74(3)
Roosevelt, F. D. 86, 164, 165(4), 166(7), 167(6), 184(3), 185(7), 188, 189(2), 204, 205(4), 254, 255
Russell, R. R. 185

Sadat, A. el- 191, 219, 220
Sahm, U. 172(3), 173(2)
Saladin, Sultan v. Ägypten 434(2), 439
Sartre, J.-P. 164, 166(2), 167(2)
Schacht, H. 178(2), 181, 184(2)
Scheel, W. 192
Scheler, M. 95(3)
Schirm, R. 107, 108
Schlegel, F. 322
Schlesinger, J. 191(4)
Schlögl, H. A. 345(2), 346(2)
Schmid, C. 102
Schmidt, H. 114, 117, 122(2), 123, 147, 151, 250
Schmidt, P. O. 146, 147(2), 148, 151, 160, 164, 173(3)
Schopenhauer, A. 10, 11, 18, 221, 233, 283(7), 284(5), 285(6), 290, 291(2), 292, 297(3), 299(3), 306
Schulenburg, F. W. v. d. 176
Schumacher, K. 143
Schwerin v. Krosigk, L. 161
Scipio d. Ä., P. C. 408(4), 409(4), 410(3), 411(3), 412, 413
Seleukos I. Nikator 398, 406
Senger, H. v. 357(3), 358, 359
Shakespeare, W. 90
Shih Huang Di, Kaiser v. China 348, 368
Shultz, G. 171
Simon, J. 179(3), 181, 221, 222, 223(2), 227, 236(2)
Snowden, Ph. 190(2), 195(2), 196
Sokrates 90, 141, 286, 321(2), 330, 393
Sosibios, Wesir 398(5), 399(5), 400
Späth, L. 126
Speer, A. 217(2), 221, 225(5), 231(2)
Spranger, E. 108(2), 109(3), 110, 387
Stalin, J. W. 164(2), 165(10), 166(6), 167, 176(6), 192, 193(2), 195, 209, 227, 254(4), 255(7), 272(4), 273(2), 342
Stamp, J. 198
Sternburg, W. v. 234, 235
Stimson, H. L. 205(3)
Stoltenberg, G. 143
Strauß, F. J. 102, 126, 151, 338
Stresemann, G. 148, 178, 210(3), 211(9), 212(2), 213(3)
Sulla, L. C. 400
Su Ma Tschian 349
Su Tchin 347(3), 348(3)
Sun Dse (Sun Tzu, Sunzi) 342, 348(3), 349(8), 350(3), 355, 356(2), 357, 359, 360, 364, 404, 418
Suñer, R. S. 238(2), 239

Tacitus, P. C. 415, 416(2), 417
Talleyrand, Ch. M. de 93(2), 113, 181(5), 182(8), 183, 215(5), 216(2), 220, 364
Tan Daoji, General 357, 364
Tardieu, A. 162, 197, 180(3), 190, 191, 196(2)
Tewosjan, Sowjetminister 255, 256(3)
Thatcher, M. 199
Theoderich d. Gr. 432
Theodosios II. 421, 429(2)
Thukydides 383, 384, 385(2), 387(2), 393
Theramenes 391, 393
Tiberius, T. C. 416
Tito, J. B. 244, 273
Titulescu, N. 212, 213
Tour du Pin, Madame de la 182
Toynbee, A. 226(6), 227
Trotzkij, L. 139
Tschu En Lai 219, 254, 362, 364(2)

Ulbricht, W. 206(3), 207(9), 208(3)

Vance, C. 201(6)
Vassakara, Minister 366(2), 367
Vologaises I. v. Parthien 416(4), 417(2)

Waldemar V. Atterdag v. Dänemark 448(2), 449
Wedge, B. 239, 240, 241(3), 245(2), 246
Wehner, H. 338
Wickert, E. 172(2)
Wilde, O. 336
Wilhelm II. 349
Wilson, W. 188
Wissmann, M. 67, 68

Xenophon 393, 394

Zimmer, H. 368(2), 371, 372, 373, 377
Zimmerling, D. 442(2), 444, 445, 446, 448

Sachwortverzeichnis

Zahlen in ( ) bezeichnen die Häufigkeit des betreffenden Sachworts auf der jeweiligen Seite. Die Abkürzung (Def.) hinter der jeweiligen Seitenzahl signalisiert eine Worterklärung oder Definition des entsprechenden Sach- bzw. Begriffswortes, womit sich eine Verwendbarkeit als Begriffsregister abzeichnet. Im übrigen gilt das fürs Namensverzeichnis Gesagte.

Abkommen 32 (Fn.)
Ambiente 250
Anforderungsprofil 373
Angebote 62 f.
Ansatzpunkte, emotionale 104(2)
Appelle 62 f.
Arthashastra, Kautilyas 367 ff.
Auftreten, persönliches 252
Augenmaß (fürs Machbare) 28(2)
Aushandeln (Feilschen) 33, 271
Ausstieg 252, 278, 355

Begriffsregister 8, 465
Behandlung, verhandlungstaktische 157 (s. Gegenmaßnahmen!)
Beweggründe 43
Blickkontakt 88, 89 f.
Bündnisstrategie 351

Charakter-Eigenschaften 82 (s. Checklisten, 82–84)
Charakter-Einschätzung, Grundfragen der 105–111
Chironomie 90(2)
Code of Ethics 85
Communicatio 11

Daseinswelt 21, 22, 25
Demagogie 281 (Def.)
Denk-Sprech-Vermögen 94 ff.
Dialog-Atmosphäre 437
Dialogik 21(2), 281, 282
Dialogik-Bausteine (40): 321–338, 418
Dialogistik 14
Dialektik, eristische 283 (Def.), 418
Diplomatie- u. Politik-Verhandlungen 268–276
Dissonanz, kognitive 112 f.
Distanzkreise 121 (Checkliste) f.
Drei-Ebenen-Schema der Chironomie/Gestik 90(2)
Drohung 59, 385 (offene)

Einschätzung, psychotaktische 105
Einstellung, psychotaktische (auf Verhandlungspartner/gegner) 101
Einstieg 251 f., 353
Emotionalisierungstechniken, verwerfliche 287 ff., 300 f.
Entscheidungsphase 251, 261, 354
Ergebnisphase 251, 276 f., 355
Eristik 281 (Def.)
Ermüdungstaktik 250(2)
Eröffnung, persönliche 252 f.; sachliche 253

Fairplay-Basis 308
Fallbeispiele/Fallstudien, historische 8, 341, 345
Fünf-Phasen-Modell der Verhandlungsführung 250 ff. (s. Diagramm)
Fußangeln, Fehler, Fallen der Verhandlungsführung 314–320 (s. Checklisten)

Gedächtnis, schriftliches 98 f.
Gegenmaßnahmen, verhandlungs- u. psychotaktische, vgl. diesbezgl.

Checklisten zu: (1) 161; (2) 163; (3) 168-170; (4) 172; (5) 177; (6) 181; (7) 189; (8) 195-197; (9) 199; (10) 202; (11) 204; (12) 206; (13) 208; (14) 210; (15) 213-215; (16) 219-220; (17) 227-231; (18) 233; (19) 325; (20) 240 f.
Geheimdiplomatie, hellenistische 398
Gentleman-Agreement 308
Geschäftsmoral 71
Gesellschaftsvertrag 48
Gesprächsführung 21(3), 281
Gesprächsmanipulationen, gefährliche 285 ff., 299 f.
Gesprächspartnerschaft 11
Gestik 88, 90 (Checkliste) f.
Gewaltdiplomatie, römische 405, 406, 417, 421
Gleichgewicht der Kräfte/Mächte, Gesetz vom 73(3), 371
Grenzsituationen des Verhandelns 33
Grundelemente (Kategorien) 35
Grundsätze der Verhandlungsführung 354
Grundsituationen des Verhandelns 33
Grundzüge der Verhandlungsführung 35

Hauptrichtungen des Verhandelns 341(2)
Historik 8, 339

Image des Verhandlers 99
Interessenausgleich 269
Interessenlage 269
Interessenpartnerschaft 268, (Byzanz: Persien) 430, 431
Instrumentarium, gesprächstaktisches 321-338
Instrumentarium, hermeneutisches (verstehendes) 87 (Checkliste) f.

Karma(n) 76 (Fn.)
Kasuistik 8, 341, 345
Kategorien (Grundelemente) der Verhandlungsführung, strategische 35, 36, 77, 79
Kategorienlehre 8
Kategorientafel der Verhandlungsführung 36 (Mini-Checkliste), 77 (Lang-Checkliste), 79 (Kurz-Checkliste)
Kinesik (Posen und Gesten der Körpersprache) 114-121 (Checklisten), 376 (Ersterwähnung der Körpersprache!)
Kommunikation 21(2), 22
Kommunikation, dialogische 22
Kommunikationslücke 13
Kompetenzprofil 85
Kompromiß 265
Konditionen 64 f.
Konferenz-Diplomatie (Sparta: Athen) 390, 391, 392, 397
Konförderation, Kölner 448, 450(2)
Konkurrenzbeobachtung 351 f.
Konsensbildungsstrategie 51, 56 ff.
Konter-Negoziatorik 281 (Def.), 342 (3; Def.), 364, 378, 396, 417
Kontokorrent der Verhandlungsführung, moralisches 76
Konzessionen 64
Kriegskunst, Buch der (Sun-Dse) 348(2)
Kriterienbeeinflussung 272
Kritikforum 281, 282(3)
Kulminationspunkt 251, 276, 355
Kunstgriffe 36, eristische 283, 285-297
Kurskorrektur, verhandlerische (in römischer Kaiserzeit) 415

Logik, parlamentarische (bzw. Logik der Debatte) 298, 299-305

Mandala-Geometrie 372
Meinungsbeeinflussung 63
Melier-Dialog 386
Mimik 91 f.

Mimognomik (Mimikerkennung) 123–140 (Checklisten); vgl. Gesamt-Checkliste 155 f.
Minimal/Maximalforderung 39 (Fn.), 269
Minimal/Maximalposition 39(2), 269
Minimal/Maximalziele 269
Moralkodex 85
Motive/Triebfedern 43
Motivation 42 (Fn.), 44 (Def.)

Negoziatorik 8, 21(4), 281(3), 282, 341(2), 342(2), 378, 396, 417(2), 418, 431
Negoziologie 21

Operationen, unlautere, scheinlogische 293 ff., 303 f.

Persönlichkeitsprofil 80
Perversionen des Denkens 295 ff., 304 f.
Pflichtenkatalog 375
Phonognomik (Stimmerkennung) 140–155 (Checklisten); vgl. Gesamt-Checkliste 156 f.
Polysemie (Mehrdeutigkeit) der Körpersignale 11 f.
Positionsbestimmung 251, 256 ff., 353
Problemlösungen 65
Profile 101
Proxemik (Lehre von den Distanzkreisen) 121 (Checkliste) f.
Proxenie 394 (Fn.)
Praktik 8, 17, 247
Praxis, theoriegesteuerte 8, 17, 247

Qualifikationen des Verhandlers 82, 101; logisch-intellektuelle (Checkliste) 82; kommunikativ-interpersonale (Checkliste) 83; voluntativ-emotionale (Checkliste) 84

Rabulistik 281 (Def.)
Räumlichkeiten 68
Reagieren, schnelles 253
Reden und Verhandeln (spätklass. Hellas) 293
Redekunst und Verhandlungsführung, enge Verbundenheit zwischen 396
Rentabilitätsgesetz der Verhandlungsführung 63, 278 ff.
Rhetorik 14, 418

Sachargumentation 66
Sachverhalt, Ebene des eigentlichen 26
Sachzwänge 42
Schlußphase 252, 278, 355
Schweigetaktik 250
Selbsttore, argumentative 266
Signale, vertrauensbildende 436
Sitzpositionen 122 (Checkliste)
Sondierungsphase 251, 256 ff., 353 f.
Sophistik 281 (Def.)
Spielregeln rechtverstandener Verhandlungsführung 307–312
Sprechkontakt 92 f.
Staatenkreis (Mandala) 371(2)
Startphase 251, 252, 353
Stöße, Finten, Paraden der Verhandlungsführung, legitime 312 ff.
Strafe/Benachteiligung 60
Strategie 35 (3; Def.), 36, 249 (Def.)
Strategiekonzept 36
Strategie des Überredens 271
Strategien (36) (Kriegslisten des Tan Daoji) 357 ff.
Strategien, fünferlei 51 (Checkliste): Offensiv- 51; Defensiv- 52; Konstruktiv- 53 (s. Checklisten 54 f.); Kombinations- 56; Vertragspartnerschafts- 56 ff.

Tagungsort 67
Taktik 35 (2; Def.), 36(2), 249 (Def.)

Taktiken (s. 40 Dialogik-Bausteine) 321-338: 1. Affirmative (bejahende) (321-323): Gemeinsamkeits- 323; Ja- 321; Kompromiß- 322; – Suggestiv- 322; Übereinstimmungs- 323; Wiederholungs- 322; 2. Defensive (abwehrende) – (323-326): Abfang- 324f.; Dankes- 323; Leerlauf- 323f.; Polster- 324; Relativierungs- 325; Umformungs- 325; Verlagerungs- 326; Würdigungs- 325; Zerlegungs- 324; 3. Offensive (angreifende) – (326-328): Distanzierungs- 328; Gegenfrage- 326; Herausforderungs- 327; Umfassungs- 327; Unterbrechungs- 327f.; Überraschungs- 326; Übertreibungs- 327; Vorwegnahme- 326; 4. Negative (verneinende) – (328f.): Nein- 328; Widerspruchs- 329; 5. Interrogative (fragende) – (329-337): Anwortsteuernde Frage- 334; Befehls-Frage- 334; Gegenfrage- 336f.; Herausforderungs-Frage- 337f.; Informations-Frage- 331; Ja/Nein-Frage- 332; Manipulativ-Frage- 332; Relativierungs-Frage- 337; Rhetorische Frage- 331; Suggestiv-Frage- 334f.; Übereinstimmungs-Frage- 325f.; Unterstellungs-Frage- 331f.; Wahl-Frage- 333f.; Was/Wesens-Frage- 330f.; Zwischenfrage- 333
Tatvergeltung, Gesetz der 71, 76 (Fn.)
Täuschung/Bluff 60 (Fn.-Def.), 61
Täuschungsmanöver, fragwürdige 289ff., 301f.
Theorie, praxisgesteuerte 8, 15, 23
Theoretik 8, 15, 23
Thesen u. Leitsätze f. zielbewußtes Verhandeln 307-312

Überschneidungen und Verflechtungen zwischen Verhandlungskategorien 45

Verallgemeinerungstaktiken, unzulässige 291ff., 302f.
Verhaltensbeobachtung 111ff.
Verhandeln (als Kampf) 33, 35
Verhandeln, Grund- und Grenzsituationen 25-34
Verhandeln, modernes 34
Verhandeln, zielbewußtes, ergebnisbringendes 21, 22
Verhandeln 421 (mit Barbaren), 423-430 (mit Persern), 441ff. (innenpolitisches: Hanse), 444-450 (außenpolitisches: Hanse)
Verhandler-Bild (China) 360-364
Verhandlergestalten (hellenist. Geheimdiplomatie) 398-401
Verhandler-Image 99ff.
Verhandlerprofile, 20 unterschiedliche 157-240; vgl. Diagramm 158, u. Vorschau-Checkliste 158f.
Verhandlertypen, unterschiedliche 105-111
Verhandlungen, geschäftliche, als Interessenkonflikt 33
Verhandlungen im Alltags- u. Privatleben 25-28; vgl. Checklisten 26, 28
Verhandlungen im Geschäfts- u. Politikbereich 28-31; interne, m. Partnern 28-30, 46, 49; externe, m. Partnern 30-31, 46, 49; mit Gegnern 31-34, 46, 49
Verhandlungsauftrag 41
Verhandlungsdemokratie 21
Verhandlungsduelle, Kennedy: Chruschtschow 240-246, vgl. Rezept-Auflistung Nr. 0-10: 241-244; Athener: Melier 386-390
Verhandlungsergebnisse, -erfolge 71
Verhandlungsführung 21(3), 71, 250ff. (Diagramm: 5-Phasen-Modell), 281, 297 (rechtverstandene), 354 (chines. Grundsätze), 421 (byzantinische Flexibilität)

Verhandlungsführung, Kunst der 22
Verhandlungsführung, moralisches Kontokorrent der 76
Verhandlungs- u. Führungspsychologie 352f.
Verhandlungs- u. Gesprächsdialektik 70
Verhandlungsgegenstände 27, 29(2), 30, 31, 45
Verhandlungsgeschick 267, 435
Verhandlungsgründe 42
Verhandlungs- u. Interessengegensätze 34
Verhandlungsinstrumente 58-66
Verhandlungskern 251, 261, 354
Verhandlungskultur 365f. (buddhistische), 378; 367-378 (hinduistische), 378; 431 (oströmisch-persische)
Verhandlungskunst 8(3), 22 (4; Def.), 79 (Def.), 341(2), 418
Verhandlungskunst, Defizit an 7
Verhandlungskunst, Wesen und Gegenwesen 345
Verhandlungskünste, punische 402(2)
Verhandlungslücke 7
Verhandlungsmacht 38
Verhandlungsnotstand 7
Verhandlungsortswahl 68f. (s. Checkliste, ebd.)
Verhandlungspartner 34
Verhandlungspartnerschaft 8, 34, 268
Verhandlungsposition 32, 37(3)f. (s. Checkliste ebd.)
Verhandlungspsychologie 70
Verhandlungsruf 99
Verhandlungsspiel, typisches 27
Verhandlungsspielräume 39
Verhandlungsstrategie(n) 35 (Def.), 51 (Checkliste), 249 (Def.), 350f., 417 (flexiblere
Verhandlungstaktik(en) 28, 35 (Def.), 45, 249 (2; Def.), 250, 358
Verhandlungstempo 249
Verhandlungsverhalten 103(2)
Verhandlungsvollmacht 41
Verhandlungsvor- u. -umfeld 250, 353
Verhandlungswesen, Geschichte des 341, 381 (klass. Hellas), 419 (außenpolitisches)
Verhandlungszeitpunktswahl 67f. (s. Checkliste, ebd.)
Verhandlungsziele u. -zwecke 29(3), 31, 32, 39, 47, 50f. (s. Checkliste ebd.)
Verkaufsverhandlungen 262-268
Vorschläge/Angebote 62f.
Verschleierungsmanöver, sprachliche 355
Vorteilspräsentation 65
Vertragspartnerschaft 34, 48, 56(2)

Wesensanalyse des Verhandlers 80
Wesensbild des Verhandlers 80
Widerstandspunkt 271

Zeitdauer 67
Zeitpunkt 67
Ziele/Zwecke 48 (Def.), 50f. (s. Checkliste, ebd.)
Zielerreichung 58
Zielverwirklichung 59
Zugeständnisse 64
Zuhören, aktives 96
Zuhören, analytisch-kritisches 96f. (s. Checkliste ebd.)
Zusammengehörigkeit von Verhandlungskunst u. Redekunst 383